Les Porteurs
de lumières

Catalogage avant publication de la Bibliothèque nationale du Canada

Fleury, Jean Louis

    Les porteurs de lumières : l'histoire de la distribution de l'électricité au Québec

    Comprend des réf. bibliogr.

    ISBN 2-89544-058-1

1. Hydro-Québec. Distribution – Histoire. 2. Électricité – Distribution – Québec (Province) – Histoire. 3. Hydro-Québec – Service à la clientèle – Histoire. I. Titre.

HD9685.C34H94 2004   333.793'2'060714   C2004-940760-0

Jean Louis Fleury

Les Porteurs de lumières

*L'histoire de la distribution
de l'électricité au Québec*

ÉDITIONS
MultiMondes

Révision : Dominique Johnson

Photographies : À moins de mention particulière, la plupart des photos
de cet ouvrage proviennent des Archives d'Hydro-Québec.

Impression : Marc Veilleux Imprimeur inc.

ÉDITIONS MULTIMONDES
930, rue Pouliot
Sainte-Foy (Québec) G1V 3N9
CANADA
Téléphone : (418) 651-3885
Téléphone sans frais depuis
l'Amérique du Nord : 1 800 840-3029

Télécopie : (418) 651-6822
Télécopie sans frais depuis
l'Amérique du Nord : 1 888 303-5931
multimondes@multim.com
http://www.multim.com

DISTRIBUTION EN LIBRAIRIE AU CANADA
Diffusion Dimedia
539, boulevard Lebeau
Saint-Laurent (Québec) H4N 1S2
CANADA
Téléphone : (514) 336-3941
Télécopie : (514) 331-3916
general@dimedia.qc.ca

DISTRIBUTION EN BELGIQUE
Librairie Océan
Avenue de Tervuren 139
B-1150 Bruxelles
BELGIQUE
Téléphone : +32 2 732.35.32
Télécopie : +32 2 732.42.74
g.i.a@wol.be

DISTRIBUTION EN FRANCE
Librairie du Québec
30, rue Gay-Lussac
75005 Paris
FRANCE
Téléphone : 01 43 54 49 02
Télécopie : 01 43 54 39 15
liquebec@noos.fr

DISTRIBUTION EN SUISSE
SERVIDIS SA
Rue de l'Etraz, 2
CH-1027 LONAY
SUISSE
Téléphone : (021) 803 26 26
Télécopie : (021) 803 26 29
pgavillet@servidis.ch
http://www.servidis.ch

Les Éditions MultiMondes reconnaissent l'aide financière du gouvernement du Canada
par l'entremise du Programme d'aide au développement de l'industrie de l'édition (PADIÉ)
pour leurs activités d'édition. Elles remercient la Société de développement des
entreprises culturelles du Québec (SODEC) pour son aide à l'édition et à la promotion.
Les Éditions MultiMondes remercient également le gouvernement du Québec –
Programme de crédit d'impôt pour l'édition de livres – gestion SODEC.

Préface

À ma naissance, la ferme de mes parents était alimentée en électricité depuis peu. C'était au début des années 40. Je me souviens qu'une ligne sur poteaux de bois de la Southern Canada Power traversait la terre que cultivait mon père à Saint-Luc, en Montérégie. Quand j'étais petit gars, la compagnie démantela la ligne et je me revois, avec mes amis du temps, ramassant les isolateurs de porcelaine laissés dans le champ par les monteurs. La Southern avait un bureau qui faisait aussi magasin sur la place du Marché, à côté de l'abreuvoir à chevaux. C'est là que papa allait payer ses factures d'électricité…

Combien de Québécois comme moi ont des souvenirs rattachés à l'arrivée de l'électricité dans leur milieu ? De moins en moins, bien sûr. On oublie aujourd'hui qu'il y a si peu de temps, nos grands-parents, parfois nos parents même, vivaient sans cette énergie. Cette histoire de la Distribution nous le rappelle, retrouvant les racines de la longue, très longue, difficile et colorée implantation des lignes électriques à la dimension du Québec.

Oubliez les grands titres qui, périodiquement depuis des décennies, ont mis Hydro-Québec à la une des journaux. L'histoire racontée dans les pages que vous allez lire ici n'est pas celle de la grande Hydro des gigantesques complexes nordiques et des premières technologiques importantes. C'est une histoire au quotidien, à la fois sereine et laborieuse, parfois grise et presque austère, et d'autres fois drôle et parfaitement débridée. C'est Hydro-Québec et ses prédécesseurs de l'industrie privée dans leur vie de tous les jours, des compagnies avant tout axées sur le service à leur clientèle.

Je retiendrai, quant à moi, de cette lecture deux grandes lignes de force qui nourrissent tout à fait la vision que j'ai personnellement développée de la division Distribution d'Hydro-Québec. D'abord, l'évidence de la pérennité de cultures diverses à l'intérieur de la grande Hydro, celle qui est née en 1944 et qui a été remodelée en 1963 par le regroupement sous son égide de compagnies typées, bien campées dans leur milieu, avec chacune ses forces et ses faiblesses. Le croirait-on, eh bien!, soixante ans après la naissance d'Hydro-Québec, on trouve encore dans l'énorme monopole d'État la personnalité de ces composantes. La culture transmise çà et là est toujours présente et perceptible: on est collectivement différent à Québec de ce qu'on est à Hull ou Montréal, on n'est pas le même «HydroQuébécois» à Rimouski qu'à Valleyfield et cette histoire, dans une large mesure, nous aide à comprendre pourquoi.

J'ai aussi renforcé au fil de la lecture de ces pages ma conviction intime que c'est par la distribution que le Québec évalue et apprécie les performances d'Hydro-Québec. Depuis plus de huit ans que je dirige cette entreprise, je suis toujours étonné et impressionné de constater l'incroyable élévation du taux de satisfaction des clients à son endroit. Année après année, au-delà de 90% de la population se déclare satisfaite du service reçu d'Hydro-Québec. La vraie variable de ces sondages réside en fait dans la nuance entre «satisfait» et «très satisfait». Je me dis que les gens nous jugent avant tout sur ce qui, dans nos actions, les touche le plus directement. Hydro-Québec Distribution, avec qui ils transigent, a su au fil de son histoire maintenir des tarifs bas alors que partout autour de nous le coût du kilowatt a explosé. Et puis, l'électricité, au Québec, ça fonctionne! Même le grand verglas de 1998 n'a pas véritablement mis Hydro sur le dos. La clientèle le sait et nous fait confiance grâce avant tout à nos performances de «distributeur».

Laissez-vous raconter l'histoire de l'Hydro quotidienne d'hier et d'aujourd'hui. Prenez le temps de comprendre pourquoi vous êtes satisfaits de cette entreprise et voyez comment Hydro-Québec Distribution est parvenue à ce degré de qualité et de sécurité dans l'approvisionnement en électricité qu'ailleurs dans le monde on envie au Québec.

Le président-directeur général d'Hydro-Québec,

André Caillé

André Caillé

Avant-propos

Le modèle économique des grandes compagnies nationales d'électricité partage traditionnellement leur mandat de base en trois principaux secteurs d'activité : la production, le transport et la distribution. Tout un chacun comprendra qu'il faut, dans un premier temps, produire l'électricité, qu'il faut ensuite la transporter jusqu'aux zones économiques où elle est requise et qu'il faut enfin la distribuer aux clients : vous, moi, les écoles, les commerces, les industries, les hôpitaux, les entreprises agricoles, les administrations, bref l'ensemble de la population, puisque c'est toute la population qui utilise l'électricité.

C'est ce modèle intégré qui, pour être actuellement remis en cause dans les pays industriellement avancés au nom de l'ouverture et de la libéralisation des marchés de l'énergie, s'est appliqué au Québec tout au long du XXᵉ siècle, avant comme après l'apparition d'Hydro-Québec.

Il est question du patrimoine de l'industrie de l'électricité au Québec dans un certain nombre d'ouvrages de référence évoquant ou narrant par le menu la genèse et le développement des compagnies finalement groupées dans le monopole Hydro-Québec. Nous y ajoutons aujourd'hui un autre volet, celui de l'histoire des relations entre les distributeurs d'énergie québécois et leur clientèle.

On oublie vite qu'il y a à peine deux ou trois générations, nombre de demeures ne disposaient pas d'eau chaude, que la majorité des rangs de campagne n'étaient pas électrifiés, que les maisons se chauffaient, et les industries tournaient, en brûlant du bois ou de l'huile. Quelles transformations en à peine plus d'un demi-siècle ! Nous sommes tous, au Québec, liés à Hydro, l'électricité est désormais partout dans notre vie de tous les jours. Comment en sommes-nous arrivés là ?

Pour refaire le chemin, il fallait trouver les fils conducteurs, la trame, les enjeux du développement, les temps forts de l'histoire propre de l'industrie de la distribution au Québec. D'où partions-nous collectivement et comment sommes-nous parvenus à cette réalité d'aujourd'hui qui fait que chacun peut disposer à sa convenance et selon ses besoins d'une énergie abondante, fiable, propre et économique, permettant à peu près n'importe quel type de réalisation personnelle ou collective ? Faire comprendre que, plus que tout autre facteur, c'est, au fil du siècle dernier, la mise à la disposition de cette énergie à l'ensemble de la population et de ses forces vives qui allait permettre la modernisation de ce Québec où l'on aime vivre aujourd'hui. Exposer comment le développement des marchés par les distributeurs s'est croisé avec celui de l'aménagement des rivières par les ingénieurs de Production. Démontrer que c'est à la remarquable réussite technique et sociale que représente l'existence du tentaculaire réseau de distribution québécois, rejoignant tout ce que le génie des gens d'ici a créé de maisons et d'entreprises, que l'on doit une énorme part de notre activité économique et, plus généralement, notre qualité de vie collective.

Une réussite de cette nature a des aspects techniques fascinants que l'on évoquera dans ces pages. C'est aussi et toujours une question de choix de développement. Des hommes politiques ont choisi, passée la moitié du siècle dernier, des développements gérés par l'État plutôt que par l'industrie privée ; d'autres que les gens de Distribution ont privilégié, à l'intérieur des entreprises chargées de ces développements, le judicieux choix de l'hydroélectricité par rapport à d'autres formes de production ; d'autres encore ont réussi à résoudre l'immense complexité du transport de cette énergie produite à des centaines, voire des milliers de kilomètres de leurs lieux de consommation. De ceux-là, l'histoire a abondamment parlé et leurs noms figurent déjà dans notre patrimoine. Le grand mérite des gens de Distribution n'est pas moindre, et il importait de le distinguer et de le faire connaître. Ils auront su rejoindre tout au long du siècle les coins les plus reculés de la province avec une débrouillardise jamais prise en défaut et des techniques de plus en plus efficaces. À chaque tempête, ils seront parvenus à rétablir le service au fil d'une histoire de bravoure et de résignation où, là comme en transport, des monteurs s'illustrèrent et méritent toute notre reconnaissance collective.

Mais, surtout, quelques-uns d'entre eux auront su convaincre les gens d'ici, leurs clients comme leurs pairs dans les entreprises, les décideurs de notre société comme nombre d'agents économiques réticents, que l'avenir du Québec serait avant tout « électrique ». Par des mesures de promotion avant-gardistes, la mise en avant de maints programmes commerciaux, un dévouement sans faille à leur clientèle et leur profonde conviction d'agir au service du bien collectif, ces visionnaires allaient finalement faire en sorte que notre essor collectif serait essentiellement fondé sur une électricité omniprésente dans nos foyers comme dans nos hôpitaux, nos écoles, nos fermes et nos usines. Ce rôle majeur de l'électricité dans notre devenir, ces précurseurs l'ont imaginé, conçu et à la limite imposé à des époques pas si lointaines où l'électricité était considérée comme un produit de luxe beaucoup plus coûteux que les dérivés du pétrole ou le bois qui chauffaient l'essentiel des foyers québécois et produisaient la vapeur dont nos usines avaient besoin. C'est une révolution fondamentale des façons de vivre d'ici qu'ils ont ainsi induite à l'avantage de tous, et c'est un des buts de cette histoire que de raconter la façon dont ils ont su faire aboutir leurs idées.

Un autre de ces buts est de présenter à la collectivité québécoise une autre Hydro-Québec, moins médiatisée, moins «*high-tech*», plus populaire, en symbiose quotidienne et souvent complice avec la population d'ici. Hydro-Québec Distribution et ses prédécesseurs distributeurs privés d'électricité ont toujours eu des relations tissées serré et signifiantes avec les ménagères, les fermiers, les industriels, en fait avec tout un chacun de leurs «*abonnés*», comme on disait avant, des «*clients*», comme on dit aujourd'hui. Combien sont-ils au Québec ceux qui ont un cousin, un neveu, une tante ou un grand-père qui travaille ou a travaillé pour une de ces entreprises-là? Pour un président d'Hydro-Québec et quelques cadres connus des médias, combien d'employés au fil du siècle dernier ont ainsi fait simplement leur travail, au mesurage de l'électricité, à la facturation, aux relevés des compteurs, en service à la clientèle? Tâches souvent obscures qu'il convenait de mettre en valeur alors même que plusieurs de ces métiers ont aujourd'hui disparu ou ont connu une telle évolution technologique qu'ils ne sont plus aujourd'hui ce qu'ils étaient alors. À la recherche des traces laissées par ceux-là, c'est une entreprise plus bon enfant, plus collée à l'évolution de son siècle, plus festive, bref, ressemblant en tous points à la société québécoise au service de laquelle elle travaille qui apparaît et va revivre ici.

Et puis enfin, la fin du siècle dernier a été marquée par un perfectionnement technologique spectaculaire et déterminant, brillamment mené par mon prédécesseur immédiat, Yves Filion. Hydro-Québec Distribution longtemps le parent pauvre technique de l'entreprise – la lecture de cette histoire vous le démontrera abondamment –, va soudain accéder à une maîtrise technologique peut-être sans égale ailleurs dans le monde, une évolution tout à fait remarquable sur à peine quelques années qui a valorisé le travail des hommes et des femmes, ingénieurs, informaticiens, techniciens ou monteurs qui font vivre le réseau.

C'est sur ces bases de réflexion et ces constatations que nous avons mandaté un petit groupe de travail composé de responsables actuels ou retraités de la fonction Distribution et de ressources internes chargées de la préservation du patrimoine de l'actuelle division Distribution. Nous l'avons chargé d'écrire cette autre histoire d'une Hydro-Québec de service, tournée vers sa clientèle et phare à ses heures du développement socio-économique du Québec.

Il s'en dégage le portrait d'une industrie à dimension humaine, à coloration québécoise grand teint, à la recherche constante d'amélioration technique et de satisfaction de sa clientèle qui, au fil de décennies de rationalisations, de recherches et de complexifi-cations techniques majeures, offre aujourd'hui à ses clients un service que nous continuerons de vouloir impeccable.

Anciens, actuels et futurs employés de la division Distribution et vous tous, clients d'Hydro-Québec, je vous souhaite bonne lecture.

André Boulanger

président d'Hydro-Québec Distribution

Table des matières

1

*Mise en place
de l'industrie
de la distribution
au Québec*

Il y eut soixante ans en 2004...

*Le 14 avril 1944, le premier ministre québécois
Adélard Godbout, en faisant adopter le projet de
loi 17, étatisait la Montreal Light, Heat and Power
Consolidated et ses filiales, créant en lieu et place
la Commission hydroélectrique de Québec, mieux
connue sous son autre nom : Hydro-Québec.*

Un momument s'effondre. La Montreal Light, Heat and Power disparaît avec fracas au printemps 1944. C'est la fin d'une ère à Montréal, la chute d'une entreprise plus que quadragénaire, solidement implantée dans son milieu, efficace, brillante, multi-millionnaire, redoutable, dirigée par des capitalistes purs et durs d'une totale arrogance envers leurs pairs et les gouvernements, comme on l'était à cette époque. C'est une grande compagnie qui s'éteint alors, longtemps le symbole et le moteur de la remar-quable vigueur économique de Montréal dans la première moitié du XXe siècle.

Une demi-douzaine d'autres solides entreprises privées de service public d'électricité, actives alors au Québec, assistent, impuissantes, à la disparition de la plus lucrative des leurs. Pas de grands discours de leurs dirigeants, pourtant, pour la plupart d'entre eux, autres capitalistes à la rigidité éprouvée. La grogne se fait sourde et se limite aux clubs d'affaires et aux salons huppés. Pas de déclarations de guerre ouverte, pas de réactions hostiles exposées dans les médias nationaux, pas même mention de la nationalisation montréalaise dans les journaux que ces sociétés font rédiger à l'intention de leur personnel[1]. L'État québécois vient de prendre le contrôle de ce que chacun savait être une véritable vache à lait. Ça se passe dans la métropole, à Montréal. On ne l'apprécie guère dans les grands fiefs régionaux, mais l'on se tient coi, on garde des positions que l'on croit plus solides que celles de cette machine à faire de l'argent, vulnérable parce que trop riche, qu'était la «Montreal Light, Heat».

Le gouvernement québécois n'a pas exprimé l'intention d'étendre l'«accaparement» au reste de l'industrie, inutile de le provoquer.

Des hommes d'affaires nommés commissaires par le gouvernement investissent les entreprises du groupe montréalais étatisé. Ailleurs en région, on poursuit sur sa lancée. Hydro-Québec est née, oui…, et la vie et le «business» continuent sans grand

---

1. Le fait est remarquable, les journaux internes de la Shawinigan Water and Power (SW&P) passent complètement sous silence la nationalisation de la Montreal Light, Heat and Power Consolidated (ci-après MLH&P) et, *a fortiori*, la création d'Hydro-Québec. La première mention d'Hydro-Québec dans un communiqué se fera en mars 1946, deux ans après la création de la société d'État, à l'annonce du départ de Léo Roy «pour Montréal à l'emploi de l'Hydro-Québec comme assistant-surintendant de la Distribution».

changement perceptible dans les entreprises pour les employés, comme dans le public pour les clients. On continue de faire, à Hydro comme dans les autres compagnies, ce que l'on ne cesse de faire depuis plus de soixante ans qu'on produit de l'énergie ici comme ailleurs : on la distribue aux «*abonnés*», comme on appelle alors le plus souvent les clients de l'indispensable électricité : c'est là le train-train quotidien des gens d'exploitation des sociétés.

Distribuer l'électricité aux abonnés, c'est la vocation ultime, la raison d'être même autant que la source des profits de toutes ces entreprises qui, depuis les découvertes de Thomas Alva Edison, dans les années 1880, ont poussé dans le désordre le plus total, brûlant du charbon ici, produisant de la vapeur par combustion de pétrole ailleurs, barrant des cours d'eau au Québec.

Distribuer l'électricité, c'est la routine, le jour après jour, le répétitif des activités sans gloire de ces stars médiatiques que sont, sur d'autres plans, les grands producteurs et transporteurs d'électricité. C'est vrai aujourd'hui au XXIe siècle, ce l'était tout autant en 1944 comme depuis la relative stabilisation de l'industrie au début du XXe siècle.

Distribuer l'électricité, c'est l'aboutissement des activités premières que sont la production et le transport d'énergie, c'est faire en sorte que la merveille technologique créée et livrée en amont, le courant électrique, soit mise à la disposition de tous et de chacun. C'est encore planifier et monter ces petites lignes sur poteaux de bois qui bordent nos rues et nos routes, les entretenir, les réparer quand elles brisent ; c'est raccorder les maisons, les écoles, les usines, les fermes, les hôpitaux ; c'est vendre l'électricité, lire la consommation de chacun, tarifer les produits, facturer la clientèle, percevoir les revenus des compagnies. C'est enfin répondre aux questions des clients, promouvoir le produit quand on en dispose abondamment et en restreindre la consommation quand on a moins de kilowattheures à mettre sur le marché.

De telles pancartes étaient affichées dans certains hôtels américains de la fin du XIXe siècle. Les gens ne connaissent pas l'électricité, il s'agissait alors de les familiariser avec son usage : « Cette pièce, dit le texte en anglais, est dotée de la lumière électrique Edison. N'essayez pas d'allumer avec une allumette. Tournez simplement le bouton sur le mur près de la porte. L'usage de l'électricité pour l'éclairage n'est en aucune façon dangereux pour la santé. Il n'affecte pas non plus la qualité du sommeil. » (Illustration aimablement prêtée par M. André Vaillancourt)

Ailleurs, dans ces grandes compagnies, on imagine, on conceptualise, on emprunte, on dépense des sommes faramineuses pour des projets d'anthologie, on négocie avec actionnaires et gouvernement, on se bat contre la compétition, on est dans les journaux, on finance les arts, on participe aux grands débats de société. Pendant ce temps-là et sur le terrain, à Distribution, on érige des poteaux, on tend des fils, on émonde des arbres, on serre des boulons, on parle au monde ordinaire, on agit pour que les abonnés soient satisfaits…

Il en va ainsi depuis les tout premiers débuts de l'industrie. Les promoteurs, les banquiers, les ingénieurs, les politiciens, qui lancent compagnie sur compagnie à la fin du XIXe siècle pour occuper le jeune créneau industriel que représente la fourniture d'électricité aux consommateurs, ne vont cesser d'embaucher des petites gens pour assurer les services qu'ils proposent. De tout temps, les compagnies distributrices d'électricité auront d'énormes besoins de main-d'œuvre et compteront parmi les grands (et les meilleurs) employeurs des économies locales. Nul besoin de grande compétence universitaire pour joindre les rangs. On formera, longtemps plutôt mal que bien, la main-d'œuvre nécessaire, à moitié des cols bleus pour construire et entretenir les infrastructures (monteurs, émondeurs, jointeurs[2], techniciens d'appareillage, etc.), à moitié des cols blancs (commis à tout crin dans les bureaux, releveurs de compteurs, agents de recouvrement, vendeurs, etc.). Ce sont ceux-là qui, encadrés, pour l'essentiel, par des ingénieurs et quelques comptables, vont assurer l'interface des entreprises avec tout ce qui vit, agit et travaille dans la société québécoise. C'est l'histoire de ces gens ordinaires que nous allons essayer de reconstituer.

Poteau par poteau : des réseaux

Cette histoire, elle commence, au Québec comme ailleurs, en 1880-1890, et bien des éléments en ont déjà été contés. Elle n'est guère dissociable à ses débuts de l'histoire de l'ensemble de l'industrie de l'électricité qui se met alors en place. Des gens de talent, intelligents, dynamiques, de grands capitalistes, quelques aventuriers, des diplômés en génie et des opportunistes de tout acabit flairent la manne et se lancent dans la mêlée de ceux qui veulent ériger des centrales, construire des réseaux et convaincre les municipalités et les marchés urbains d'acheter leur produit.

Sur l'île de Montréal où, comme dans la ville de Québec, la concurrence sera longtemps féroce entre plusieurs compagnies, des milliers de poteaux apparaissent sur les trottoirs tout au long des deux dernières décennies du XIXe siècle. L'implantation des réseaux de distribution est

---

2. Entendons-nous ici une fois pour toutes : «*jointeur*» est un mot d'un français assez suspect. On essaya un temps à Hydro de lui substituer le mot «*épisseur*», dont les principaux intéressés ne voulurent jamais s'affubler. Nous emploierons donc le terme «jointeur», à l'évidence consacré par l'usage au Québec.

Un peu d'humour dans le premier journal de la MLH&P en 1916. On notera la référence à la cuisson au gaz naturel que l'entreprise distribuait également sur l'île de Montréal.

rendue incroyablement complexe par la multiplicité des acteurs en cause : compagnies de distribution, certes, mais aussi compagnies de téléphone, d'alarmes d'incendie, de signalisation… Et puis il y a les municipalités (il en existe à l'époque plus de 60 dans la seule île de Montréal) qui accordent les permis de construire sur (ou sous) les trottoirs, mais qui aussi passent de lucratifs contrats d'éclairage de rues et qui, parfois, décident de distribuer elles-mêmes l'électricité achetée de producteurs.

Dans cette ambiance de Klondike, il arrive que certains acteurs s'entendent pour accrocher différentes lignes au même poteau, mais le plus souvent, c'est la petite guerre, on coupe les fils du concurrent, on plante son poteau à quelques pieds du poteau de l'autre, on se vole les clients la nuit d'un distributeur à l'autre, les polices municipales interviennent, les employés de diverses compagnies se chamaillent, les fils s'entrecroisent, les lignes de distribution suivent des routes d'une grande fantaisie, bref, c'est l'anarchie quasi totale. On tente bien d'encadrer quelque peu les extravagances des distributeurs. On interdit ainsi à toute entreprise d'installer ses fils sur les poteaux d'une autre. Bien, mais comment procède-t-on aux coins de rues ? Que faire si une compagnie doit raccorder un de ses clients situé de l'autre côté de la rue, là où passe la ligne du concurrent ? On admet que les poteaux d'angle soient accessibles à tous et qu'une compagnie ne puisse s'opposer à ce qu'une autre fasse aboutir une traverse sur l'un de ses poteaux. Et la chicane reprend. Qui passe par-dessus ou par-dessous les lignes de l'autre ? Et bien sûr, souvent, on ne s'entend pas.

On raconte ainsi à Québec : «*Au coin de l'avenue Chauveau et de la rue Sainte-Anne, il y avait sur le même coin de rues sept poteaux ; un homme pouvait monter dans le premier et se promener de l'un à l'autre pour ne redescendre qu'au septième ; la distance entre eux n'était que de deux pieds[3].*»

---

3. «*Souvenirs de Joseph Giasson, contremaître général, service des Lignes*», *Notre Revue*, Quebec Power Company, octobre 1950.

➤ *Dix petits hommes de la brigade d'entretien*

Dix hommes d'une brigade,
à l'ouvrage se rendaient
L'un tomba de l'auto,
plus que neuf survivaient.

Les neuf qui survivaient,
levaient une pesée
Quand un lâcha le câble :
les huit firent la levée.

Ces huit, avec éperons,
montaient dans les hauteurs :
L'un échappa sa hache,
les sept furent porteurs.

Sept petits hommes de ligne,
élevaient les poteaux.
La perche d'un fut cause,
qu'un autre est au tombeau.

Les six qui demeuraient,
oublièrent le courant.
Un fit circuit à terre,
et tomba en mourant.

Il n'en reste que cinq,
sur le sol revenus ;
Brûlé par la soudure,
un autre n'existe plus.

Les quatre survivants,
mettent ordre dans le bois.
Mais la haute tension,
les réduisit à trois.

Ces trois se dépêchaient,
de terminer entre eux ;
L'un, montant sans ceinture,
les réduisit à deux.

Ce couple se trouvait,
leur tâche presque accomplie ;
S'étant trompés de ligne,
un seul resta en vie.

Ce petit homme de ligne,
dernier de la brigade.
Jure d'être plus prudent,
que ses neuf camarades.

Il fut un temps, aux débuts de l'ère industrielle, où la vie d'un homme au travail comptait bien peu. Ce fut tout particulièrement vrai dans le cas de l'industrie de la distribution d'électricité. On le sait, les monteurs de ligne du début du siècle dernier étaient des travailleurs le plus souvent sans instruction, sans grande compréhension des techniques électriques, mal préparés, mal équipés et envoyés au travail dans des conditions d'une extrême précarité. Les accidents seront nombreux et graves parmi les monteurs. Des dizaines d'entre eux paieront de leur vie leur manque de formation et le manque d'encadrement de sécurité de la jeune industrie. À cette époque où la vie humaine n'avait pas, loin s'en faut, le prix qu'elle a aujourd'hui, il apparaît que les dangers d'accident courus par les travailleurs et la nécessité de les protéger n'étaient pas des sujets de grande préoccupation dans les compagnies.

Pire que cela, les distributeurs de l'époque avaient une façon bien à eux de faire savoir à leur main-d'œuvre la plus à risque que la sécurité était son problème et que le travail n'était dangereux que s'il était mal fait. En d'autres termes, c'était dire à l'employé, sur un ton soit réprobateur, soit moralisant : « *À toi de faire attention mon garçon et de bien t'y prendre pour faire ton travail. Ce ne serait tout de même pas la faute de la compagnie si tu devais avoir un accident à cause de ton imprudence ou de tes erreurs. Sers-toi de ta tête. Tu vivras vieux et tout le monde sera content.* »

Mais parfois, le ton employé pour faire passer le message était à ce point désinvolte qu'on en reste interloqué aujourd'hui. Qu'on en juge ici en lisant le texte de ces incroyables versiculets publiés en septembre 1922 dans le *Bulletin* de la MLH&P.

Une des façons pour une compagnie naissante de s'assurer un avenir, au moins de court terme, est de convaincre l'une ou l'autre des municipalités de l'île de Montréal de lui confier une portion ou l'ensemble de l'éclairage des édifices municipaux et des rues avoisinantes ou des centres d'affaires. De tels contrats permettent l'installation d'équipements, la rentabilisation sur quelques années des investissements initiaux et, ainsi, la mise en place de réseaux locaux rendant possible le raccordement d'autres clients privés immédiats et, progressivement, des autres rues des zones environnantes. La compétition pour les obtenir sera très vive. D'énormes sommes sont en jeu et bien des choses seront écrites sur la probité de certains conseillers municipaux mis en situation de choisir entre des soumissionnaires peu scrupuleux. On le sait, c'est ainsi, par l'obtention plus ou moins nette des contrats d'éclairage de Montréal, que la Royale Electric coiffera tous ses concurrents. C'est à compter de juillet 1886 qu'elle commencera à éclairer à l'électricité le port et les rues de Montréal. C'est cette même Royale qui, fusionnée avec la Montreal Gas Company, deviendra la Montreal Light, Heat and Power Company (MLH&P) en 1901.

Cette fusion, renforcée deux ans plus tard par l'intégration de la Lachine Hydraulic & Land Company et sa filiale de distribution, Standard Light & Power Co., va nécessiter dix années de rationalisation technique du réseau de distribution montréalais de la MLH&P. Pendant quelque temps, les livraisons d'électricité vers le centre-ville de Montréal vont toutes converger au poste Central, établi en 1902 rue Wellington[4], avant la distribution à sept sous-stations réparties sur l'embryon de territoire de la compagnie. Le réseau de distribution montréalais adopte à l'époque ses premières caractéristiques : on uniformise le courant à 60 cycles. La tension primaire est généralisée à 2 400 volts.

De longue date et de façon assez avant-gardiste en Amérique du Nord, les ingénieurs montréalais qui, tout au long de cette histoire, brilleront par leur compétence technique à la pointe de ce qui se fera sur le continent, n'ont pas hésité à enfouir des câbles dans le centre-ville. Ils ont eu recours à cette technique dès 1899 au moment de la construction de la ligne de transport à 25 kilovolts menant au poste Central (rue Wellington) l'électricité produite à la centrale de Chambly. On trouve trace aux Archives d'Hydro-Québec d'un contrat passé en 1905 par la MLH&P avec un entrepreneur new-yorkais (Guy Gest) pour la construction de conduites souterraines autour du poste Central, sous les rues du Séminaire, Ottawa, Prince, des Sœurs-Grises, McGill et Craig. Mais déjà, à l'époque, les techniques d'enfouissement sont coûteuses et la compagnie qui compte ses sous hésite à les appliquer en distribution. Celle-ci n'aura bientôt plus le choix.

---

4. *Électrification de la région montréalaise : synthèse historique*, Hydro-Québec, vice-président Environnement, région Maisonneuve, mai 1991.

Des lignes, il y en a partout dans le centre-ville. Dans une conférence prononcée en 1958 devant le Club d'électricité de Montréal, R.N. Coke, ancien responsable de l'exploitation des réseaux à la MLH&P et agissant comme ingénieur consultant pour Hydro-Québec, raconte ceci dans son texte consacré à l'histoire des débuts de l'électricité à Montréal : « *À l'époque, l'existence de compagnies rivales faisait en sorte qu'on pouvait avoir deux lignes de poteaux d'un côté de la rue et une troisième de l'autre. Sur Bleury et Notre-Dame et jusqu'à Sherbrooke au nord, la congestion était si importante* […] *qu'il avait fallu demander l'autorisation des propriétaires d'immeubles pour distribuer en passant sur les toits l'électricité depuis le poste Central[5].* »

« *Avec la prolifération à l'époque de nouveaux branchements dans le quartier des affaires* », rappelle Jean-Claude Nepveu qui dirigera et présidera la Commission des services électriques de Montréal dans les années 50 et 60, « *les charges qui augmentaient tout le temps, on avait dans certaines rues comme Saint-Jacques, Notre-Dame ou des Commissaires, de véritables toiles d'araignée de fils et de poteaux, assez pour faire obstacle à la pénétration du soleil. Les rues étaient un peu partout traversées par des lignes, tellement que les pompiers se plaignaient de ne pouvoir passer avec leurs grandes échelles. Il fallait agir.* » C'est alors qu'on créera, en 1909, cette Commission des services électriques de Montréal, avec le mandat de décréter l'enfouissement des câbles (non seulement d'électricité, mais de téléphone, d'alarme, de signalisation, etc.) et le pouvoir d'imposer ses volontés aux compagnies tributaires de tels équipements.

La chose dans un premier temps ne plaira pas à la MLH&P qui la contestera jusque devant le Conseil privé de Londres. Sa cause perdue, la compagnie coopérera avec la Commission et, rapidement, le centre-ville de Montréal sera parmi les premières villes du monde occidental à disposer d'une distribution d'électricité souterraine[6].

Pauvre MLH&P qui n'en finit pas d'avoir des difficultés avec la compétition. Dans un texte laudatif retraçant son histoire au bénéfice de ses employés dans les années 30, la malheureuse exprime ainsi ses soucis à cet égard : « *Commença* [en 1910] *une orgie de concurrence folle qui recula de plusieurs années le progrès et l'économie du service d'utilité publique dans Montréal[7].* » Plusieurs compagnies rivales de distribution font leur apparition qui établissent des réseaux à la périphérie de celui de la MLH&P. Un véritable encerclement du « *Power* », une déclaration de guerre. Un nouveau front s'ouvre avec la

---

5. R.N. Coke, « *The early history of Montreal, dealing particularly in the early days with the formation and amalgamation of the electric power companies* », Archives d'Hydro-Québec, 9 avril 1958.

6. La MLH&P trouvera la construction souterraine à ce point onéreuse qu'elle vendra un temps à des tarifs plus élevés ses kilowattheures aux usagers desservis en réseau souterrain. (MLH&P, rapport annuel 1912.)

7. *Bulletin Dual Service Double*, MLH&P, avril 1934.

Le 20 novembre 1992, une équipe de jointeurs de Montréal retirait du sol du Vieux-Port ce qui peut être considéré comme l'un des plus vieux couvercles de puits d'accès d'un réseau d'électricité souterrain en Amérique du Nord. La lourde pièce de métal couvrait le puits 159 de la ligne en provenance de la centrale de Chambly et qui rejoignait le poste Central, rue Wellington. Elle avait été installée probablement en 1898, près du canal Lachine.

Quebec-New England Hydro-Electric Corporation et la Montreal Tramways and Power Company qui, au fil de tractations en Bourse et d'acquisitions de plus petites compagnies, sont devenues les principaux concurrents montréalais. La guerre ne s'achèvera qu'en 1924 alors qu'un consortium formé de la MLH&P et de la Shawinigan Water and Power (SW&P) absorbera ses rivaux. Ainsi, après 40 années de luttes d'influence, 40 années de coups bas, de parties de bras de fer et de mariages forcés, les positions de chacun, âprement conquises sur l'échiquier économique québécois, vont solidement se stabiliser[8].

---

8. On lira pour le détail de cette histoire les deux ouvrages déjà consacrés à l'histoire d'Hydro-Québec et de l'électricité au Québec : *Québec, un siècle d'électricité*, de Clarence Hogue, André Bolduc et Daniel Larouche, publié chez Libre Expression et, de Jean-Louis Fleury : *Les coureurs de lignes : histoire du transport de l'électricité au Québec*, paru chez Stanké. On gagnera également à consulter les ouvrages de John Dale, *Hydroelectricity and industrial development : Quebec 1898-1940*, Jean-Pierre Kesteman, *La ville électrique : un siècle d'électricité à Sherbrooke, 1880-1998*, et Claude Bellavance, de l'Université de Trois-Rivières, auteur d'études sur la dynamique de l'électrification du Québec méridional et du livre : *Shawinigan Water and Power, 1898-1963, Formation et déclin d'un groupe industriel au Québec*.

On est au quart du siècle. Désormais, à Montréal, un seul gladiateur, le plus fort de tous ceux qui sont entrés en lice, règne en maître absolu : la Montreal Light, Heat and Power (devenue «*Consolidated*» en 1918). Elle va pouvoir entreprendre une nouvelle vague de rationalisations de la distribution de son produit sur l'ensemble de l'île et rendre son réseau homogène. C'est à une grosse tâche technique qu'elle s'attaque. Il faut situer différemment certains postes en fonction de la seule répartition des charges et non plus selon la possession des territoires, normaliser les équipements acquis des diverses compagnies regroupées et entreprendre de moderniser les installations en généralisant progressivement l'utilisation d'un niveau de tension de 4 160 volts – ordinairement désigné par «4 kV». On ne va cesser également à l'époque d'améliorer les performances du réseau de distribution en perfectionnant les systèmes d'isolation des défectuosités pour en limiter l'impact au plus petit nombre possible d'abonnés et en dédoublant tous les équipements sensibles afin d'écourter les interruptions. Il convient de le souligner, ces travaux seront menés avec une grande rigueur technique et la compagnie ne lésinera pas sur la qualité du matériel qu'elle installera. Contrairement à quelques idées véhiculées au moment de la nationalisation de la MLH&P et depuis, c'est d'un réseau de distribution en bon état de fonctionnement qu'Hydro-Québec prendra charge en 1944. Gilles Perron, l'un des premiers ingénieurs d'Hydro, estime aujourd'hui : «*C'est la montée du nationalisme québécois et le besoin de devenir maîtres chez nous qui ont conduit à l'expropriation de la MLH&P, bien plus que la mauvaise qualité du service à la clientèle ou la décrépitude des réseaux, comme certains l'ont laissé entendre. Certes, là comme ailleurs, la technologie allait nous permettre de considérablement en améliorer les performances dans les décennies suivantes, mais je n'ai jamais eu l'impression que le réseau montréalais de l'époque dut être critiqué pour ses performances.*»

➤ *Des histoires de poteaux*

En 1932, la MLH&P plante essentiellement des poteaux de cèdre blanc de l'Est et accessoirement de pin. Leur hauteur varie de 25 à 60 pieds, leur circonférence au pied de 32 à 39 pouces. Le 2 400 volts est installé sur des poteaux de 35 pieds et le 12 000 volts sur des poteaux de 45 pieds. La durée moyenne de vie d'un poteau de cèdre non traité est de 15 à 20 ans, et celle d'un poteau de pin de 6 à 10 ans. De plus en plus, compte tenu de leur coût élevé, on en traite le pied, généralement à l'huile créosotée sous pression.

Mais la chose n'est pas sans occasionner des problèmes d'un nouveau type aux distributeurs. Un rapport issu du Service de l'électricité de la MLH&P mentionne que le constructeur d'une ligne à poteaux créosotés peut s'attirer des poursuites si «*quelque piéton vient s'appuyer et endommager son habit*». Et le malheureux constructeur n'est même pas exempt de risques en zone rurale. Le même rapport fait état de poursuites de fermiers «*parce que leurs moutons endommageaient leur*

Photos prises en 1941 dans la « cour à poteaux » de la rue Bercy où la MLH&P pouvait entasser jusqu'à 2 000 mâts de bois.

toison en se frottant sur des poteaux créosotés ». La cour, mentionne-t-on encore, aurait entendu d'autres causes *« où des vaches au pâturage léchèrent les poteaux et furent empoisonnées[9] ».*

En 1941, le réseau de la MLH&P compte 55 000 poteaux de bois[10]. Émile Forget, le responsable de la Distribution, l'homme dont on dit qu'il connaissait chaque poteau du réseau montréalais, signe en juin dans *Entre-nous* un article de présentation des activités du Services des lignes où les poursuites semblent choses du passé. Désormais, tous les pieds des poteaux de bois sont traités par la maison qui les fournit. Leur durée de vie est de 30 ans pour les cèdres blancs de l'Est et de 20 ans pour les cèdres rouges de l'Ouest. On en installe ou en remplace un millier par année, dont quarante renversés par des chauffards. Pas de petits profits chez la millionnaire MLH&P, les vieux poteaux sont vendus, souvent à des particuliers montréalais pour servir de supports aux cordes à linge.

L'expansion des autres réseaux de distribution en dehors des grands centres est lente entre 1900 et le début de la Première Guerre mondiale[11]. Les promoteurs locaux manquent souvent d'envergure, les techniques sont rudimentaires, le service parfois donné dans les villes par des organismes municipaux aux moyens limités ne permet la mise en place que de petits réseaux de distribution précaires aux performances

9. *« Sauvons la forêt »* par F.-L. Ducharme, Service de l'électricité, *Bulletin Dual Service Double*, MLH&P, janvier 1932.

10. Pour les amateurs de statistiques, mentionnons qu'à la fin des années 40, SW&P comptera 282 500 poteaux et sa filiale, QPC, 50 000.

11. Consulter à cet effet les travaux de Claude Bellavance sur *La dynamique spatiale du processus d'électrification du Québec méridional*, Sainte-Foy, PUL, 1995.

douteuses. Une exception notoire : la SW&P qui, active dans l'exploitation des eaux du Saint-Maurice depuis 1897, ne cesse de prendre de l'expansion, notamment grâce à ses ventes à la MLH&P, mais aussi par ses acquisitions et l'extension de ses réseaux de distribution[12].

La SW&P s'est entendue, en 1910, avec son concurrent le plus acharné de l'époque, l'incontournable MLH&P. L'entente entre les deux colosses réserve à la MLH&P l'exclusivité de la distribution sur l'île de Montréal, tandis que la SW&P, depuis ses bases de production mauriciennes, distribuera son énergie à sa guise, où bon lui semblera, dans le reste de la grande région montréalaise et le centre du Québec.

La Première Guerre mondiale passée, on se met de plus en plus à l'électricité, la demande ne cesse de croître et les profits rentrent chez les promoteurs, qui vont donner aux plus forts d'entre eux les moyens de consolider leurs positions et d'étendre leurs réseaux, tout en améliorant leur performance. Surtout, les progrès en matière de transport d'énergie et la construction au Québec d'ouvrages de production de plus en plus considérables liés à l'abondance des ressources hydrauliques vont amener une forte croissance de l'offre dès l'après-guerre. L'expansion de la SW&P, qui s'affirme à l'époque comme le leader technologique québécois en ce qui regarde la production et le transport, ainsi que le principal pourvoyeur d'énergie dans le centre et le sud du Québec, va connaître dès lors un élan irrésistible. L'entreprise ne sera limitée, dans la décennie suivante, que par l'existence sur la scène énergétique québécoise d'autres solides joueurs régionaux qui vont, un temps, établir les frontières géographiques de l'empire shawiniganais. Certains de ces joueurs, entreprises à vocation initiale de service public, comme la Southern Canada Power (SCP) en Estrie ou la Quebec Power Company (QPC) dans la région de Québec, n'ont fait que confirmer leur hégémonie régionale sur des territoires occupés depuis le début du siècle. La SW&P fera l'acquisition des deux, la QPC dès sa création en 1923[13], et la SCP, beaucoup plus tard en 1957. D'autres, tributaires de grands groupes industriels, comme la Gatineau Power dans la région des Outaouais, filiale de l'américaine International Paper Company, la Saguenay Power, au Lac-Saint-Jean, filiale de l'Alcan, elle-même filiale à l'époque de l'américaine Alcoa, ou la Northern Quebec Power, en Abitibi, laquelle fournit le secteur minier local et particulièrement la Noranda Mines, vont accaparer, dans les années 20, les marchés régionaux périphériques en devenant, avec l'accord de Québec, les maîtres d'œuvre uniques des projets

---

12. Lire à ce propos l'ouvrage *Shawinigan, Water and Power – 1898-1963 – Formation et déclin d'un groupe industriel au Québec*, la bible sur ce sujet, de Claude Bellavance, Montréal, Boréal.

13. La Quebec Power Company a été créée en 1923 alors que la SW&P se porte acquéreur des actions de la Quebec Railway, Light, Heat and Power Co. et la fusionne à la Public Service Corporation of Quebec, créant ainsi une filiale en situation de monopole dans la région de Québec.

hydroélectriques des rivières de leur territoire. D'autres enfin, plus petites à l'exception de la Compagnie de Pouvoir du Bas-Saint-Laurent dans la péninsule gaspésienne, verront le jour dans les mêmes années par la volonté de quelques promoteurs régionaux ambitieux ou pour répondre aux besoins particuliers d'une entreprise, voire d'une municipalité[14].

➤ *Les hommes (et les femmes) en place dans les villages*

Au début du siècle dernier, les compagnies privées établissent le modèle : dans les petites localités qu'elles desservent, elles mettent en place un employé qui, dès lors, va devenir leur unique représentant dans le village concerné et sa région de proximité. Pas deux histoires pareilles : l'un sera nommé parce qu'il a déjà pignon sur rue au centre de la municipalité, l'autre pour avoir travaillé pendant la construction du réseau local, un troisième parce qu'il a prêté ses chevaux aux planteurs des poteaux des lignes. Celui-ci est un ancien contremaître itinérant qui souhaite poser ses valises, celui-là, c'est son père, en autorité ailleurs dans la compagnie qui l'a casé, un autre enfin succède à son frère ou à son oncle.

L'heureux désigné doit savoir tout faire des métiers de la distribution ou, en tout cas, démontrer qu'il pourra vite tout apprendre, car effectivement on attend de lui qu'il fasse tout : de la réparation des pannes à la lecture des compteurs, de la facturation aux raccordements, en passant par le « *filage* » des maisons et l'entretien des appareils. En fait, il convient qu'il « *soit* » la compagnie, incarnant complètement son image auprès des abonnés qu'il dessert. Et, rapidement dans le siècle, ces gens-là vont devenir des personnages aimés et importants dans leur communauté.

Ils ont pour caractéristiques communes d'être débrouillards, autonomes et d'avoir de l'entregent. Ils sont généralement conscients de leur importance et, même s'ils sont, là comme ailleurs – salaire de subsistance et conditions d'emploi misérables –, parfaitement exploités, ils sont fiers de leur compagnie et la servent avec un zèle sans défaut. Leur sens des responsabilités impose le respect. Ce sont gens à se lever la nuit, par les temps les plus invraisemblables, au moindre appel, sachant pourtant qu'ils n'auront aucune rémunération en échange. Et, le plus souvent, leur dangereux travail est solitaire. Ils se promènent avec leur téléphone qu'ils branchent aux lignes pour appeler chez eux où, inquiète, l'épouse veille : « *Ça va bien, ne te tracasse pas. Y a-t-il eu d'autres appels ?* »

Certains passent la journée dans leur véhicule de service, carriole l'été, traîneau l'hiver, triporteur ou camion un peu plus tard avec les années ; d'autres, comme le

---

14. Le Québec comptera 46 entreprises productrices d'électricité à la création de la grande Hydro-Québec en 1962.

Thérèse et Jean-Paul Soulières, en des temps plus tranquilles, à la retraite en 1984. À noter qu'Édouard, le père de Jean-Paul, avait lui-même travaillé 39 ans pour la SWP, étant son homme de confiance à Louiseville. Jean-Paul, lui, sera durant 38 ans l'homme clef de la Shawinigan à Boucherville. « À nous trois, nous avons compté 109 années de service », se plaît à souligner aujourd'hui Gérald, leur fils et petit-fils, directeur Distribution à la fin des années 80.

réputé Hector Lavallée de Nicolet, ont pignon sur rue au magasin général du village. Mais, la plupart du temps, la compagnie règle son problème de présence et de visibilité régionales en installant son bureau au domicile même de l'employé. A-t-il un garage, un petit local attenant à sa maison ? Parfait, la compagnie y entreposera son équipement. Bien sûr, on choisira un homme marié et, si possible, avec de grands enfants ; ainsi disposera-t-il d'aides naturels pour répondre aux appels des abonnés, et, à l'occasion, de bras : il faut savoir rendre service à son père.

Ils vont être des dizaines et des dizaines ainsi, au Québec. Souvent leurs charges vont se transmettre de père en fils – ils se reconnaîtront, les Asselin, Soulières, Bélanger, Fournier, Baker, Lemay, Lalonde, etc. Ces fils-là seront embauchés plus tard ailleurs dans l'entreprise, munis ou non d'un bagage universitaire (parfois, pour les meilleurs d'entre eux, boursiers de la compagnie), pour avoir appris les bases du métier en ayant vu faire leur père.

Avec le paternalisme sans-gêne qui les caractérise, les compagnies témoignent beaucoup de reconnaissance aux épouses de ces employés modèles qui sont considérées comme faisant partie de la *« grande famille Shawinigan, chose ou machin »*. De la reconnaissance, mais en paroles, guère plus. Pour sa disponibilité constante au téléphone, l'assistance à son mari dans le service à la clientèle, l'entretien du bureau qu'occupe son époux, etc., elle aura une paire de gants ou une dinde à Noël. Le siècle avançant, les récriminations devenant plus fréquentes, les compagnies finiront par délier les cordons de leur bourse. Oh! pas beaucoup... Gérald Soulières, futur directeur de Distribution dans les années 80 à Hydro-Québec, se souvient que sa mère, Thérèse, recevait 5 $ par mois de la SW&P dans les années 40, assistante presque permanente qu'elle était de son père, Jean-Paul, le « Monsieur Shawinigan » de l'époque à Boucherville. C'était une autre époque...

À l'exception notoire de l'Abitibi où l'électricité, produite comme en Ontario à 25 cycles pour répondre aux besoins de l'industrie minière, est vendue à cette fréquence à ses autres clients par la Northern Quebec Power Company, la fréquence est uniformisée à 60 cycles partout au Québec entre les deux guerres mondiales. Les travaux de conversion commenceront en 1919 à la SW&P, sur la rive nord du Saint-Laurent. Ils seront ralentis par la Grande Crise (1929), pour s'intensifier en 1935 sur la rive sud. D'autres investissements majeurs sont consentis par les compagnies pour hausser la tension de distribution de 2,3 à 4 kV. Ce travail a un impact majeur sur la quantité de main-d'œuvre des monteurs. On raconte ainsi que le nombre d'hommes de lignes passe à l'époque de 15 à 60 pour la seule Quebec Power[15]. Il est vrai que cette dernière connaît alors une expansion importante de ses réseaux, reliant tous les villages de la périphérie de Québec et entamant son expansion, vers la fin des années 20, sur la rive sud vers les comtés de L'Islet, de Témiscouata et de Kamouraska.

On estime qu'en 1930 toutes les régions de l'œkoumène québécois, à l'instar de la moyenne des pays industrialisés à l'époque, disposent de services électriques et que près de la totalité des villes et la majorité des villages sont électrifiés. Ne restent alors dans le noir et pour encore assez longtemps que les rangs de campagne dans leur grande majorité, une histoire que nous raconterons plus loin. Jusqu'en 1944 et à la naissance d'Hydro-Québec, le secteur ne cessera plus sa croissance, la MLH&P de faire beaucoup d'argent, la SW&P d'accroître sa présence et sa puissance par des acquisitions d'entreprises et la continuelle extension de ses réseaux, et les autres compagnies, comme les municipalités propriétaires de leurs réseaux de distribution, de mener leurs affaires dans un Québec assez indifférent à leur présence. On apprécie le service, même si on le trouve généralement trop cher. Ceux qui n'ont pas les moyens de beaucoup consommer se restreignent, les autres paient et, à quelques exceptions notoires et bruyantes près, se taisent.

---

15. « *Souvenirs de Joseph Giasson* », *Notre Revue*, Quebec Power Company, octobre 1950.

En fait, on est de plus en plus dépendant de l'électricité qui, en quelques décennies, a, au Québec comme partout au monde où elle est implantée, complètement modifié les façons de vivre de tout un chacun.

Un nouveau type de citoyen : *l'abonné-usager-client*

Le phénomène n'est pas encore réellement sensible au XIXᵉ siècle alors que la consommation d'énergie électrique par les particuliers est, dans les deux dernières décennies du siècle, un luxe que ne peuvent s'offrir que les municipalités, les familles les mieux nanties et des établissements commerciaux. En fait, l'essentiel des revenus des entreprises d'électricité jusque vers la Première Guerre mondiale provient surtout de la croissance de la consommation des entreprises et de l'éclairage urbain dont les municipalités paient la facture. Il faut attendre les années 20 pour voir les réseaux rejoindre la presque totalité des habitants des villes, les quartiers pauvres suivant les quartiers riches. La pénétration est dès lors généralisée en dix ans à peine. En 1930, l'électricité est devenue un service essentiel, distribué et vendu à tous, à Montréal et dans la plupart des villes québécoises.

Apparaît alors, dans les sociétés occidentales, au gré du développement des compagnies de service, un tout nouveau type d'individu : le consommateur de service, qu'on l'appelle « *abonné* » (au service), « *usager* » *(du service)*, ou « *client* » des fournisseurs de services.

➤ *Chauffer à l'électricité ? N'y pensez même pas !*

Au début du XXᵉ siècle, l'électricité était perçue comme un produit de luxe et vendue comme tel à des tarifs trois fois plus élevés qu'aujourd'hui, cent ans plus tard, alors que le dollar a pourtant perdu peut-être cent fois la valeur qu'il avait alors. Gageons qu'on ne laissait pas les lampes allumées pour rien quand le kilowattheure était facturé à 12 ou 15 cents l'unité et qu'un cent valait presque un dollar.

Très longtemps, en fait jusqu'aux années 60, l'idée perdurera dans les compagnies privées et à la première Hydro-Québec montréalaise que l'électricité, énergie noble, devait essentiellement être destinée à des fins d'éclairage et de production de force motrice. Le chauffage devait rester acquis au gaz, au charbon ou au mazout, combustibles abondants à des coûts dérisoires à l'époque.

Pourtant, dès le début du siècle, on savait chauffer à l'électricité. En Europe, dès 1904, on rapporte l'expérience d'églises et de temples ainsi chauffés aux heures du culte, donc pour de courtes périodes généralement hors pointe. Mais la chose était très nettement perçue comme une excentricité fort peu raisonnable. On savait également que quelques millionnaires anglais, américains, voire canadiens chauffaient leurs résidences à l'électricité, mais ce privilège était dénoncé comme antisocial et unanimement réprouvé.

Un ingénieur du nom de Vaillancourt déclarait ainsi, dans une conférence donnée en 1919 : *« Le chauffage électrique est un luxe qui, pour peu qu'il se généralise, deviendra antinational*[16]*. »*

Le raisonnement tenu à l'époque par les pouvoirs publics et les compagnies d'électricité repose sur l'analyse que le chauffage aux périodes de grands froids suppose l'existence de coûteux équipements de production, de transport et de distribution inutilisés aux autres moments de l'année, ce que l'on apparente à des capitaux mal investis, voire à du pur gaspillage.

En février 1918, Ontario Hydro, dans un rapport portant sur la pertinence de développer le chauffage électrique, avançait : *« Le climat de la plus grande partie du pays est tellement rigoureux l'hiver, que ses immenses réserves de force hydrauliques, même entièrement utilisées, ne pourraient fournir l'énergie nécessaire au chauffage électrique si celui-ci se généralisait. »*

La Commission des services publics de Québec se fondera sur cette étude ontarienne pour faire connaître son opposition au chauffage électrique par jugement public rendu le 28 février 1927. Rappelant l'opinion unanime des corporations de services publics de même que des compagnies distributrices d'énergie de partout au Canada et aux États-Unis, elle conclura son jugement en des termes non équivoques : *« Le chauffage par l'électricité est impraticable et doit être prohibé*[17]*. »*

Ce sera là le point de vue dominant chez les distributeurs québécois jusqu'à la fin des années 50.

Il y aurait beaucoup à réfléchir et à dire – et les gens d'Hydro-Québec y réfléchiront et en diront abondamment, du reste, et là encore, nous y reviendrons – en pesant et comparant les trois termes à l'aune de la considération et du traitement accordés audit consommateur de service. La notion est nouvelle dans la première moitié du siècle précédent et essentiellement liée à cette conséquence indirecte de l'extension de la production de masse et de l'avènement des services propres aux sociétés industrielles.

On était jusqu'au XIXe siècle les habitués d'un magasin particulier, les acheteurs de produits ou de services de proximité. Passé cette époque, d'immenses compagnies à vocation régionale, nationale, ou internationale vont voir le jour et proposer leurs services à de vastes pans de la société, voire l'ensemble d'une population donnée. On n'en est certes pas à la mondialisation actuelle, mais à une forme d'avènement du grand commerce qui induit cette notion d'un lien à définir, éthique et commercial à la fois, entre le public de plus en plus vaste des consommateurs de produits et de services, et les fournisseurs de ces biens et de ces services.

---

16. *« L'électricité au foyer »*, par W. Vaillancourt. Cité par la *Revue trimestrielle canadienne*, 1919.

17. *« Le chauffage électrique des maisons est impraticable »*, *Bulletin Dual Service Double*, MLH&P, avril 1927.

➤ *Heureux, les fermiers*

Dur, le métier d'agriculteur ? Allons donc ! Pas avec l'électricité, clament les publicités des distributeurs livrant cette nouvelle forme d'énergie en zone rurale. Regardez ce beau jeune fermier, fier et sûr de lui, appuyé nonchalamment sur le mur de son étable

sous l'œil approbateur de ses ruminants, la main tout près de l'interrupteur de la « Shawi ». Car oui, là encore, c'est la SW&P qui publie cette illustration dans son *Bulletin* d'octobre 1936. La légende de l'image comporte un dialogue pas *« quétaine »* du tout, mais non. Qu'on en juge par soi-même. C'est le vieux monsieur, l'homme à la pipe, qui commence :

« Oui monsieur ! Vous pouvez être fier d'avoir la lumière électrique dans vos bâtiments. Ça paraît bien... tout est clair... pas de coins noirs... et il ne doit pas y avoir de danger pour le feu !

– Lorsque je me suis aperçu que la lumière était si bon marché, j'ai fait filer tous mes bâtiments... Ils paraissent si bien maintenant que

Illustration originale publiée dans le Bulletin *de la SW&P, octobre 1936.*

tout le monde en parle... et le dimanche les visiteurs n'arrêtent pas... Sans compter que ce que vous avez dit au sujet du feu est vrai. Je me sens plus en sécurité depuis que je ne me promène plus avec une lanterne. »

Qu'on pense aux grands magasins qui apparaissent à l'époque, en Amérique comme en Europe, et qui visent à séduire une clientèle sans cesse croissante et répartie sur des territoires aux limites constamment repoussées grâce au développement des infrastructures de communication et aux ventes par correspondance. C'est l'époque où de plus en plus d'industries de fourniture de biens voient le jour qui, par la distribution en gros de leurs produits, vont joindre des quantités considérables de consommateurs. C'est l'époque encore où se développent les chemins de fer, les services postaux centralisés et, ce qui est notre propos, la fourniture de masse de l'énergie à l'ensemble des habitants de communautés données. Pas étonnant que le sens de *« personne qui achète*» donné au mot «*client*» soit adopté au XIXe siècle[18], de même que le mot «*usager*» le sera au siècle suivant[19] pour désigner les personnes qui utilisent un service. En quelques décennies, les populations des pays s'industrialisant vont se retrouver dépendantes, «*clientes*», pour la qualité de leur vie quotidienne, de nouveaux acteurs sur le marché qui, vite, vont prendre une place économique considérable au point de devenir indissociables des modes de vie des sociétés où ils sont actifs : les grandes entreprises, publiques ou privées, monopolistiques ou en concurrence. Les heureux mortels qui, parmi ceux qui à l'époque les imagineront, leur donneront vie et les dirigeront, vont «*réussir*», deviendront ces capitalistes que l'on juge, sans doute, un peu sévèrement aujourd'hui mais qui jouèrent un rôle essentiel dans le développement de nos sociétés modernes.

Ce phénomène, dans le domaine de la fourniture de l'électricité, connaîtra une ampleur sans beaucoup d'égal ailleurs dans l'industrie par le développement, parallèlement à celui des compagnies de distribution (et, à bien des égards, lui servant de locomotive), d'un nouveau mode de vie lié à la généralisation de l'emploi des moteurs électriques.

Faire affaire avec la MLH&P ou avec quelque autre compagnie du genre ailleurs au Québec, c'est, pour tout un chacun, après la Première Guerre mondiale, non seulement voir un peu plus clair le soir dans la rue comme à la fin du siècle dernier, mais encore être, chez soi, relié au monde, informé et diverti par la radio et disposer d'un ensemble de facilités, du réfrigérateur à l'aspirateur, de la machine à laver au chauffe-eau, du fer à repasser au fer à friser, du grille-pain à la cafetière, réputés rendre la vie incomparablement plus agréable et le travail des «maîtresses de maison» de l'époque tellement plus simple et efficace.

Tout le monde va vouloir obtenir le service électrique et tout le monde va devenir «*captif*» des compagnies fournissant ce service.

Face à cette situation, les entrepreneurs les plus avisés dont, sans nul doute, font partie les ténors québécois de l'industrie électrique de l'époque, adoptent, pour la majorité d'entre eux, un vocabulaire et des pratiques d'affaires propres à entretenir leurs abonnés dans l'impression qu'ils se soucient d'eux et qu'ils prennent leurs intérêts à cœur. Le ton arrogant des années de mise en place de l'industrie disparaît rapidement à mesure qu'entre l'argent des consommateurs dans les goussets des actionnaires des compagnies contrôlant les marchés. On comprend très rapidement à la MLH&P, pour une, qu'il faut tout faire pour se rendre agréable aux abonnés, même si on leur est indispensable, et surtout, en fait, à cause de cela.

---

18. En 1826 précisément, selon *Le nouveau petit Robert*. On notera que le terme «*d'abonné*» date, en français et selon la même source, de 1798, et est lié à la prolifération de journaux à la Révolution.

19. En 1933, toujours selon *Le nouveau petit Robert*.

➤ *Bien heureuses, les ménagères*

Le XXe siècle révèle les bienfaits de l'électricité à la maison, et le moins que l'on puisse dire est que cette découverte va inspirer quelques morceaux de bravoure aux plumitifs embauchés au «*service de la propagande*» des distributeurs de la merveille.

Que celles qui liront les lignes qui suivent veuillent bien nous excuser, mais voilà un aperçu de ce que l'on disait à leurs mères et à leurs grands-mères, dans le *Bulletin Dual Service Double* de la MLH&P de septembre 1927 : «*Songez donc, la ménagère dispose*

maintenant de la machine à laver, du fer à repasser et de la machine à sécher la vaisselle. Elle peut faire le café, le pain grillé et faire cuire les œufs pour ainsi dire sans y toucher. Quant à la poussière, il y a belle lurette qu'il n'y en a plus dans nos maisons. Grâce à ces appareils, la femme travaille moins dur, se fatigue à peine et semble vieillir moins rapidement.»

Était-il nécessaire d'enfoncer davantage le clou? Le même *Bulletin* fait paraître deux mois plus tard, dans un article judicieusement titré «*L'électricité fidèle servante de la femme moderne*»: «*Le jour du blanchissage n'est plus un cauchemar, c'est un jour de plaisir grâce à la laveuse électrique.* [...] *La vie* [des femmes] *est plus facile, plus agréable*

Illustration originale publiée dans le Bulletin *de la SW&P, novembre 1936.*

grâce aux domestiques fournis et alimentés par les compagnies d'utilité publique. [...] *L'ancienne cuisine qui la* [la femme des temps d'avant l'électricité] *faisait paraître vieille à 40 ans est devenue chose du passé. La femme moderne garde indéfiniment sa fraîcheur et sa santé et elle ne commence à vieillir gracieusement qu'à l'âge où nos grands-mères étaient déjà épuisées.*»

Et n'allez pas croire qu'on était en reste ailleurs en province quand il s'agissait de dire aux dames toute la chance qu'elles avaient de pouvoir compter sur la bonne fée Électricité. Un exemple? ces lignes publiées dans le journal de la Shawinigan en décembre 1936 : «*Partout les ménagères s'émerveillent: l'eau chaude sans peine, le nettoyage des planchers devenu* [...] *presque un plaisir, et la cuisine sans mains sales, sans transports fatigants, sans allumettes, sans flamme, sans suie et sans danger d'asphyxie*[20].» C'est du même Bulletin du département commercial et de la

---

20. Allusions perfides au gaz, concurrent de l'électricité du groupe Shawinigan. Bien sûr, on ne fera jamais de telles allusions dans les publicités de la MLH&P, la compagnie montréalaise étant également distributrice de gaz.

distribution qu'est tirée l'illustration accompagnant le texte, «*La ménagère et la vieille dame*», originalement publiée dans l'édition de novembre 1936. La légende mérite, là encore, de passer à la postérité : «*Jeunes femmes*, écrit le pousse-crayon, *ne vous acharnez pas au lavage, au repassage ; ne cuisez pas votre figure au feu violent du poêle, laissez ces soins à l'électricité et vivez un peu !*»

Woh, les moteurs (électriques)!

Il fallait des femmes pour dire aux dithyrambiques gratte-papier de freiner quelque peu leur enthousiasme. L'une d'entre elles écrira à l'époque : «*Parce que nous, femmes modernes, avons les outils pour l'atteindre, nous poursuivons tous les jours la poussière que nos grands-mères laissaient à un cataclysme printanier. Si peu d'entre nous doivent donner un bain hebdomadaire à neuf enfants, nous en donnons un quotidien à deux ou trois[21]*». Réfléchissant sur le phénomène quelques décennies plus tard, une analyste aux visions plus féministes écrira : «*Les machines à laver vous permettent de faire des lavages quotidiens plutôt qu'hebdomadaires ; les balayeuses et les nettoyeurs à tapis vous rappellent que vous ne devez pas vivre dans la poussière ou endurer une tache sur le tapis. Chaque appareil est l'incarnation matérielle d'une tâche qui vous rappelle silencieusement de travailler[22].* »

Une autre façon de voir les choses...

À sa naissance, dans la première décennie du siècle, le «*Power*» avait dû faire front à la grogne de quelques grands corps de l'économie montréalaise, la chambre de commerce et l'Association des manufacturiers canadiens, largement relayée par la presse locale, estimant les tarifs trop élevés par rapport à l'Ontario[23] et dénonçant sa gestion de «*trust*». La compagnie allait commencer alors à baisser ses tarifs, mais surtout, avec beaucoup d'à-propos, elle allait très vite se rendre compte de l'impérieuse nécessité de plaire à sa clientèle et de viser à la satisfaire.

On pourra lire, tout au long de ses quatre décennies de vie, dans les journaux internes qu'elle publie à l'intention de ses employés tout comme dans ses messages publicitaires destinés au grand public, des engagements formels, répétés et crédibles à cet effet. Le «*Power*» fait à Montréal des profits extraordinaires et, en bon commerçant, se garde bien

---

21. Témoignage d'une ménagère américaine cité dans le *Ladies' Home Journal* de mai 1930, cité par Suzanne Marchand dans un article intitulé : «*L'impact des innovations technologiques sur la vie quotidienne des Québécoises du début du XXᵉ siècle*», *Bulletin d'histoire de la culture matérielle*, automne 1988.

22. Barbara Ehrenreich, *Des experts et des femmes : 150 ans de conseils prodigués aux femmes*, Montréal, Remue-ménage, 1982.

23. La société gouvernementale Ontario Hydro a vu le jour en 1906 avec le mandat de fournir l'électricité aux réseaux municipaux au plus bas coût possible. Sa création par Adam Beck est le résultat d'une lutte de petits industriels contre les monopoles privés qui commençaient, là comme au Québec, à prendre le marché et qui, conséquemment, vont disparaître de l'Ontario à l'époque.

de «*cracher dans les mains qui le nourrissent*». Est-ce une forme de mépris de sa clientèle que de s'enrichir indûment sur son dos ? Est-ce un manque de considération pour son personnel que de ne lui verser que de minces rétributions tandis que l'on réalise des profits pharaoniques ? Ce ne sont pas là les préoccupations de l'époque. Ces questions ne posent absolument pas problème dans le Québec et l'Amérique du Nord du temps où s'enrichir, fût-ce sur le dos des autres, est une activité respectable, enviée et parfaitement légitime. Mais toujours est-il que tout cela se passe avec beaucoup de civilité et de prévenance, que l'on s'adresse très poliment et courtoisement aux uns et aux autres et que l'on attend des fidèles employés qu'ils soient particulièrement aimables envers les chers abonnés.

Cela n'empêche pas une nouvelle vague de contestations de la compagnie dans les années 30, qui viendra, cette fois, non plus du milieu des affaires, mais des abonnés éreintés par la crise économique et avisés par certains leaders d'opinion, hostiles à l'exploitation par le privé des richesses hydroélectriques québécoises, des profits énormes réalisés par ces mercantis. Cette houle mènera à la création de la Régie provinciale de l'électricité puis à l'étatisation de la MLH&P, mais la vigueur du credo constamment répété par la compagnie – la qualité du service offert par ses employés est une des conditions essentielles de sa survie – ne peut être contestée.

Les exemples foisonnent tout au long de l'histoire des journaux de l'entreprise. En 1916, les pages de *Our Magazine*, la première publication interne distribuée aux employés, ne sont qu'un long plaidoyer à la gloire du client, un catéchisme verbeux sur la façon de le bien servir, mélangeant évidences, vœux pieux et poncifs commerciaux. «*Without consumers there would be no MLH&P. [...] Impress upon him (the consumer) the fine good fellowship in our company, the no-trouble-to-shoot-you spirit. [...] Always remember the customer pay your salary. He is your immediate benefactor*[24].»

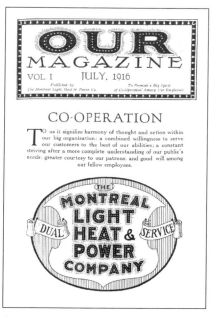

Première page du premier journal jamais publié à l'intention d'employés d'une compagnie électrique. Les journaux d'entreprise ont toujours eu énormément d'audience au Québec. On notera, dès les premières lignes écrites, le souci des rédacteurs de faire passer le message de la nécessité de servir les clients «au mieux de nos capacités».

---

24. *Our Magazine*, vol. 1, MLH&P, juin 1916.

On ira plus loin dans le prosélytisme en 1917 en publiant les dix commandements du vendeur :

- *Be agreeable*
- *Know your goods*
- *Don't argue*
- *Make things plain*
- *Tell the truth*
- *Be dependable*
- *Remember names and faces*
- *Don't be egotistic*
- *Think success*
- *Be human*

Le tout est agrémenté de modes d'emploi, de trucs et de conseils sur la façon de (bien) faire. On veut des employés vertueux au «*Power*» et on ne se prive pas de le leur dire. Crainte d'être mal compris de ceux qui donnent le service ? On va même le leur dire en français à compter de 1922, alors que l'unilingue *Our Magazine* cède sa place au bilingue *Bulletin Dual Service Double*[25]. On y enfonce inlassablement le même clou : «*Comme utilité publique, il nous faut la bonne volonté du public : nos patrons. Tout doit tendre vers ce but suprême : plaire aux clients.* […] *Le devoir de tout employé est de faciliter les affaires et d'agir en sorte que le client retourne satisfait de la manière dont il a été traité*[26].» On ne prendra pas plus qu'il ne faut de précautions oratoires pour dire aux employés ce qu'on attend d'eux : «*Qu'ils soient propres et bien mis. Tout ce qui pourrait être désagréable au client, langage grossier, usage du tabac ou d'autres produits analogues, devrait être complètement éliminé*[27].»

Et l'on continue sur le même ton. En fait, on ne cessera jamais : en 1925, «*Au million de Montréalais : vous avez droit au meilleur service qu'il est humainement possible à une compagnie de donner. Si vous croyez que vous n'avez pas tout cela, écrivez-moi s'il vous plaît au Power Building.*» Signé John S. Norris, vice-président et gérant général[28]. Un Norris par ailleurs bien peu réputé pour son aménité ou ses talents de communicateur.

---

25. Le nom du bulletin désigne les deux services (gaz et électricité) que distribue la MLH&P. Le premier numéro paraît le 16 janvier 1922.

26. *Bulletin Dual Service Double*, MLH&P, mai 1923.

27. *Ibid.*, novembre 1927.

28 . *Ibid.*, août 1925.

En 1926 : «*Une clientèle satisfaite est le principal actif d'une compagnie publique*[29]», ou encore, «*Nous devons continuer de mériter la confiance de nos abonnés en généralisant, par nos procédés courtois et bienveillants, le sentiment de notre obligeance* […][30].»

En 1930 : «*Chaque employé d'une compagnie venant en contact avec le public fait partie du corps diplomatique de cette compagnie*[31].» Et le vertueux discours se poursuivra sur le même ton tant et aussi longtemps que vivra la MLH&P. Que ceux qui pensaient que les riches propriétaires du «*Power*» méprisaient leur clientèle se le tiennent pour dit : que ce fût ou non le cas, la compagnie ne cessera jamais d'encourager avec conviction ses employés à donner le meilleur service possible aux Montréalais.

Mais, en fait, il faudrait pousser l'analyse un peu plus loin. Oui, la compagnie tient un discours proclientèle d'un type assez universel, mais, à l'évidence, il y a plus. À la lecture de ses journaux internes, la MLH&P se dévoile comme une entreprise qui se sent menacée, que l'on sent sur la défensive et qui, tour à tour, sollicite la compréhension et l'aide des siens, et dénonce et attaque ceux qu'elle perçoit comme ses adversaires. On sent un certain «*mal-être*» dans sa propension à l'auto-encensement, dans sa quête de reconnaissance et dans cette volonté constamment renouvelée que ses employés l'aident à obtenir la compréhension, le respect, voire l'affection des «*clients-abonnés*». Jamais, ou disons très rarement, Hydro-Québec devenue monopole de fait de la distribution n'ira aussi loin, plus tard, dans cette recherche de soutien du personnel aux politiques de l'entreprise et d'adhésion du public à ses positions. On sent que c'est pour la MLH&P une question de survie.

➤ *Le vague à l'âme des «money-makers»*

Herbert Holt

On peut être dirigeants actionnaires de la MLH&P, faire des millions de profits, exploiter à la corde ses employés, les envoyer au sommet des poteaux sans le minimum de précautions nécessaire à leur sécurité et… avoir un cœur.

Un cœur bien malheureux de constater son manque de popularité. On voudrait être aimé de ses abonnés et de son personnel, mais voilà, il y en a toujours pour vous critiquer et s'en prendre à vous. La chose chagrine et l'on s'en plaint bien gros à la direction du mal aimé «*Power*» montréalais.

Cri du cœur en 1922 : «*Les compagnies d'utilités publiques ont été considérées dans le passé comme les ENGRAISSÉES* [l'emploi de majuscules est d'origine] *de l'industrie et*

29. *Ibid.*, février 1926.
30. *Ibid.*, septembre 1926.
31. *Ibid.*, juillet 1930.

l'on sait qu'une personne grasse et grosse a peu d'attraits. Le caricaturiste doit s'être inspiré de ceci lorsqu'il [nous] caricatura en personnages corpulents et opulents, coiffés de haut-de-forme et à l'allure farouche, occupés à secouer les écus de la poche du contribuable. Il y a des fabricants dont les profits sont plus forts, de beaucoup plus forts que la mince marge de profit que l'on permet aux utilités publiques. Les attaque-t-on ? Pourquoi pas ? Simplement parce qu'au premier carrefour il y a une proie beaucoup plus facile : l'utilité publique et ses administrateurs que la force des circonstances a laissés à peu près sans protection. »

Pauvres gens !...

Et rien ne se sera arrangé vingt ans plus tard en dépit de tant de baisses de tarifs. Une ingratitude si injuste qu'un employé simple, sans grade viendra spontanément au secours de sa compagnie dans le journal de l'entreprise en 1940. Dans le numéro de janvier, un brave releveur de compteurs explique son travail et philosophe ainsi : *« Je suis en contact avec les clients depuis bien des années, mais je ne comprends pas encore bien leur point de vue. »*

Et le brave homme de s'étonner : pourquoi trouvent-ils les compteurs *« trop vite »*, pourquoi s'en prennent-ils au *« trust de l'électricité »* ? Pourquoi *« hurlent-ils »* que les tarifs sont trop élevés ? Lui, qui justifie très bien tout ça, explique, parlant des *« ouvriers »* de sa bonne compagnie : *« Du grand boss à celui qui balaie le bureau, nous sommes tous des êtres humains bien ordinaires, ni mieux ni pires que les autres »*, avant de conclure avec conviction son plaidoyer par cet acte de foi : *« Je crois qu'un jour le monde réalisera que les compagnies d'électricité ont rendu bien des services à l'humanité, qu'elles ont réduit les tarifs tant qu'elles ont pu et qu'elles n'exploitent pas le public. »*

Adélard Godbout soutiendra une autre opinion.

Jean-Baptiste, le releveur de compteurs à la défense de Sir Holt.

Ainsi, de 1922 à 1925 publie-t-on de nombreux textes sous le titre *« Les employés d'utilités publiques et le public »*, textes qui ne sont que de longs plaidoyers en faveur de l'existence du monopole montréalais de distribution d'électricité. On n'en fait aucun mystère : on donne *« la bonne information »* aux employés pour qu'eux-mêmes puissent *« en discuter intelligemment avec le grand public »*. On veut les persuader de cela et leur donner les outils pour convaincre leurs proches. C'est ce que l'on attend d'eux quand on leur dit qu'ils font partie du *« corps diplomatique »* de la compagnie. Au début des années 30, on va les stimuler avec nombre d'articles brandissant le spectre d'une étatisation à la mode ontarienne. L'honnie Ontario Hydro ! On la stigmatise à la première occasion, on la dépeint comme un véritable repoussoir, on la caricature comme inefficace, coûteuse, tellement moins performante que les modèles privés québécois. On reprend dans les publications internes les articles de la presse d'affaires ontarienne critiquant sa gestion, son administration ou ses services[32].

Hiver 1936, dans la campagne mauricienne. La légende, publiée dans le Bulletin, *le journal d'entreprise de l'époque à SW&P, est assez savoureuse.* «Lorsque la neige est épaisse, un traîneau tiré par des chiens est beaucoup plus rapide qu'une voiture ordinaire et permet de voyager plus "confortablement" [sic] dans les cas où, comme le 27 janvier, par exemple, la température est à 10 degrés sous zéro [*Fahrenheit*], tandis que le vent souffle à 35 milles à l'heure.»

Tout au long de l'histoire, les gens des compagnies devront faire montre d'infiniment d'imagination et de débrouillardise pour rendre le service aux abonnés, qu'il s'agisse d'entretien ou de réparation de lignes, ou encore de lecture de compteurs ou de perception des comptes. Trois exemples sont illustrés ici.

Hiver 1941. Un autre releveur de compteurs dans des conditions difficiles. Ici, Paul Longval, quelque part entre Baie-Saint-Paul et Saint-Urbain.
(Photo publié dans *Notre Revue*, journal de la Quebec Power Company. en avril 1941)

Automne 1944. «La fonte des neiges est toujours un problème pour les releveurs de compteurs dans les campagnes», *dit la légende de cette photo publiée dans le* Journal *du groupe Shawinigan en 1944. La scène se passe à Montmagny. Le releveur s'appelle Amédée Giasson.*

---

32. Et quand on dit que la critique fait feu de tout bois, qu'on en juge à la perfidie de ces quelques lignes lues dans l'*Entre-nous* d'août 1938: *«Le courant à vingt-cinq cycles (au lieu des soixante de la MLH&P) produit un papillotage de la lumière auquel on peut imputer l'affaiblissement de la vue qu'on déplore dans tout l'Ontario.»*

On n'en finit plus d'enrager contre l'impôt que l'on doit payer, au fédéral comme au provincial, alors même que l'épouvantable créature publique ontarienne échappe à la taxe d'Ottawa. Celui-là, l'impôt fédéral, on ne le digère pas, mais alors pas du tout. La rancœur revient constamment. «*Cette taxe est franchement injuste*», s'insurge le journal de la compagnie en 1930; il faut «*rectifier l'injustice faite à la province*[33]». Et l'on ne manquera jamais, jusqu'aux derniers jours d'activité de l'entreprise, l'occasion de reprocher l'inefficacité de ces «*flancs mous*» de politiciens et de fonctionnaires de Québec incapables d'imposer les intérêts des distributeurs privés à leurs vis-à-vis d'Ottawa.

On ne perd pas, non plus, l'occasion de répéter que le monopole régional de distribution de l'électricité (que l'on coiffe du vocable de «*service public*») est de loin la meilleure garantie d'un service fiable et de qualité pour l'usager. «*L'élimination de la concurrence améliore le service et réduit les tarifs*[34]», affirme, péremptoire, le président Norris. «*Une entreprise d'utilité publique, corporation exploitant un service essentiel au public, doit nécessairement être exclusive*», renchérit le journal[35]. La MLH&P ne veut plus de la concurrence sur l'île de Montréal! Est-ce assez clair? Sa situation de monopole, la compagnie s'est défendue bec et ongles pour l'obtenir. Pour elle? Mais non, pour ses usagers montréalais. Elle pontifie: «*Les fréquentes difficultés engendrées par une concurrence acharnée, ne pouvaient amener un développement économique stable ni donner satisfaction aux abonnés. Il était évident que dans l'intérêt des abonnés et de la compagnie, les fusions devenaient nécessaires*[36].» Elle y tient tellement qu'à l'occasion, du reste, elle n'hésite pas à montrer les dents, révélant un caractère quelque peu ombrageux, comme en témoigne cette conclusion d'un de ses messages publicitaires en 1926: «*Des services d'utilités publiques forts et prospères, fonctionnant efficacement sont indispensables au développement et au bien-être d'une ville. Si on les contrarie imprudemment, les activités industrielles se ralentissent et la rouille se manifeste*[37].» Sous-entendu: que l'on ne nous contrarie pas trop, ou attention aux conséquences… Même ton mobilisateur et proclientèle chez les autres grands, la SW&P, la Quebec Power Company (QPC) et la Southern Canada Power (SCP), où l'on ne s'encombre pas non plus de circonvolutions oratoires: le client est roi, le client est votre *boss*, il faut tout faire pour lui plaire et le bien servir. Le message est dit, redit et redit encore. Dans les trois cas, les journaux d'entreprise sont de véritables catéchismes-clientèle, le *SCP News* étant

---

33. «*Annonce de la quatorzième réduction dans les tarifs d'éclairage électrique*», *Bulletin Dual Service Double*, MLH&P, mai 1930.

34. John Norris, *ibid.*, MLH&P, février 1926.

35. «*Un service exclusif exige plus de courtoisie envers le client*», *ibid.*, septembre 1926.

36. «*Résumé des origines et du développement de MLH&P*», *Entre-nous*, MLH&P, août 1937.

37. *Bulletin Dual Service Double*, MLH&P, juin 1926.

probablement le meneur à ce chapitre. Un seul exemple ici : ce que l'on attend de ses employés en contact avec le public, on le leur dit tout de go à la SW&P et on n'en cache pas les motifs : «*D'abord, nous devons faire l'impossible pour que nos relations avec tous nos clients soient amicales, ce qui augmentera notre popularité ; en second lieu, il est de nécessité absolue et urgente que nous augmentions les revenus de la compagnie*[38].» Et c'est le président Robert John Beaumont qui signe l'éditorial.

Le leitmotiv des gens de Distribution : vendre

Il faut vendre, oui, et les administrateurs des compagnies ne s'en cachent pas du tout : ils sont dans les affaires pour faire de l'argent et l'on fait de l'argent quand on vend ses produits. La doctrine est simple. Elle ne cessera d'être rabâchée aux employés de tous les distributeurs privés au Québec dans la première moitié du XXe siècle.

Devant les premières décennies d'existence de l'industrie électrique, les grands distributeurs sont aussi des marchands d'appareils électriques. On a compris rapidement dans les bureaux de direction qu'on exploite un bon créneau et qu'il y a des profits à réaliser en vendant non seulement le produit kilowattheure, mais aussi les appareils qui en dépendent pour fonctionner et qui permettent de «*construire la charge*». On est ainsi doublement gagnant : plus d'appareils vendus, plus de profits engrangés, mais aussi plus de charge électrique à alimenter et plus de consommation d'électricité par abonné. Des magasins sont donc ouverts un peu partout dans les territoires où l'on distribue, magasins dans lesquels on vend toute la gamme des appareils électriques alors disponibles sur le marché. Un marché en croissance phénoménale alors que les manufacturiers américains ne cessent de fabriquer de nouveaux produits «*au bénéfice de l'homme et* [surtout] *de la femme modernes*».

Pas folles, les compagnies ont bien compris l'énorme potentiel représenté par l'engouement pour le nouveau confort électrique qui se manifeste à l'époque. La première chose que l'on vendait au client à peine raccordé était des ampoules électriques, des «*pochettes*» comme on disait alors, mais vite on se rend compte qu'il y a beaucoup plus de kilowattheures à vendre avec les cuisinières, les chauffe-eau et la multitude d'appareils ménagers qui apparaissent entre les deux guerres.

Plus les familles auront d'appareils électriques, plus elles consommeront, plus l'avenir des compagnies sera assuré et plus les profits seront juteux. C'est sur ce thème qu'on va mobiliser les employés.

---

38. Bulletin de la Shawinigan Water & Power, novembre 1935.

> ➤ *Non, ce n'était pas cher, l'électricité !*

Élevés, les tarifs d'électricité du début du XXe siècle ? Allons donc ! Quelles drôles d'idées hantaient parfois les cerveaux des abonnés victimes de quelque *«grand-gueule»* se laissant aller dans les journaux à dénoncer les profits des distributeurs. Non, l'électricité à l'époque n'est vraiment pas chère aux yeux de ceux qui la vendent, et les publicités des compagnies vont le clamer sur tous les tons. Ainsi, la MLH&P, en 1930, annonce une nouvelle baisse de tarifs : *«Nous pouvons affirmer que nous rendons vraiment service [...] à nos abonnés. On constatera la vérité de cet avancé si l'on conçoit ce que 3 cents d'électricité peuvent accomplir : employer une lampe de lecture ordinaire pendant une semaine, griller des rôties pour deux pendant le même temps, ou du café pour 2 semaines. Il actionne votre aspirateur ou votre laveuse pendant 8 heures, votre réfrigérateur ou votre radio pendant 10 heures. Vous pouvez employer votre masseur ou votre lampe solaire pendant un mois, cuire des gaufres pour un groupe de 50 [...]. Vous lisez l'heure à l'horloge électrique pendant 20 jours, ou vous vous rasez au rasoir électrique pendant 6 ans. Pouvez-vous imaginer un domestique aussi versatile et aussi peu coûteux[39] ? »*

Cette notion de domestique, de «serviteur électrique», avait été fréquemment mise de l'avant aux débuts de l'implantation de l'électricité dans les foyers, surtout à l'époque où le produit était livré chez les familles les plus aisées. Méditons un instant sur cette conclusion d'un discours prononcé par un ingénieur devant l'Association des anciens élèves de l'École polytechnique en janvier 1919. *«Dans beaucoup de foyers, avec le secours d'appareils électriques, on pourrait peut-être se passer d'un serviteur, ce qui serait une économie d'au moins 300 $ par an, somme plus que suffisante pour payer l'énergie électrique des appareils ainsi que leur amortissement. »*

Pauvres petits humains que nous serions sans électricité. *«Si un homme vendait son énergie physique pour concurrencer l'électricité, nous prévient la MLH&P dans sa publicité de 1936, il gagnerait... moins de 2 cents par jour. »*

Cette mobilisation n'aura pas la même intensité à la hautaine MLH&P qu'ailleurs en région. À Montréal, pas de racolage tapageur auprès des employés, à l'exception notable du début des années 30 où l'on sent que la crise qui ralentit la consommation fait mal aux responsables du service des Ventes. *«De l'action positive,* peut-on lire dans le journal de l'entreprise en 1930, *telle est l'attitude prise par J.E. St-Jean, gérant des Ventes, aidé de tout son personnel d'enthousiastes vendeurs, pour contrebalancer l'effet de la résistance à l'achat qui semble sévir dans le monde entier par suite de la dépression générale[40]. »* Et le journal d'inviter tout le personnel à participer aux efforts de vente de la compagnie.

39. *«Appréciation de nos magasins et invitation à nos actionnaires »*, Bulletin Dual Service Double, MLH&P, juin 1930.

40. *«Campagnes intensives du service des Ventes et prix offerts pour promouvoir les affaires »*, Bulletin Dual Service Double, MLH&P, septembre 1930.

Les employés sont incités à faire acheter des appareils par leurs parents, amis et connaissances. Ils sont intéressés au profit de la vente. Le service des Ventes met à leur disposition des «*feuillets pour commandes en perspectives*» qui leur valent une commission de 2 % si la vente est conclue. Ils peuvent faire pour eux-mêmes des achats à taux privilégié, «*sans aucun profit pour l'entreprise avec seulement un léger pourcentage pour frais d'administration*», précise la direction qui s'indigne et moralise: «*Des cas ont été relevés où des employés abusèrent de ce privilège, en faisant profiter des étrangers [...] C'est voler à la compagnie un revenu qui lui est dû. [...] Quand le service des Ventes fait une vente, il contribue à la prospérité de la compagnie. Et comme la prospérité de l'employé dépend de celle de la Compagnie, abuser du droit d'achat, c'est de la stupidité*[41].»

La MLH&P a ouvert depuis longtemps des magasins «*bon chic bon genre*», dont elle assure la promotion par de la publicité dans les journaux. Elle a en quelque sorte hérité du premier de ces magasins de l'une de ses deux compagnies mères, la Montreal Gas Company, qui tenait boutique rue Saint-Jacques depuis 1893. Ce n'était là, en fait, qu'un petit bureau où l'on vendait exclusivement des lampes et des poêles à gaz. En 1911, le «*Power*» se lance dans la vente d'appareils au gaz et à l'électricité en inaugurant un premier vrai gros magasin rue Sainte-Catherine Ouest. Une succursale rue Sainte-Catherine Est suit en 1912, puis deux autres (boulevard De Maisonneuve et avenue Papineau) en 1913. En 1917, la MLH&P déménage son magasin dit «de l'Ouest» rue Sainte-Catherine Est et l'établit dans un vaste immeuble de près de 16 000 pieds carrés de surface, au coin de la rue de la Montagne, en face de chez Ogilvy. Ce sera longtemps la façade et la vitrine de la compagnie puis celle d'Hydro-Québec dans l'«Ouest». D'autres magasins de dimensions plus modestes seront ouverts en 1920 rue Saint-Denis et avenue du Parc. En 1922, l'entreprise dispose de huit magasins en comptant celui de son siège social, au 83, rue Craig Ouest. En 1932, le service des Ventes de la MLH&P, doté d'une centaine d'employés, gère dix magasins avec les ajouts de Verdun (1924) et de Saint-Henri (1931). Les gens, qui sont invités à assister à des démonstrations diverses, à prendre à l'occasion des leçons d'art culinaire et à acheter, souvent à tempérament, les compagnies distributrices d'électricité au Québec de l'époque étant, le fait est notoire, très souples à cet égard[42] – des appareils, peuvent également régler leur facture d'électricité et enregistrer leurs réclamations ou leurs demandes de service.

---

41. «*Le chant du vendeur*», *ibid.*, juillet 1932.

42. Il était facile pour les distributeurs privés de l'époque d'accorder de telles facilités de crédit à leurs clients, puisque ceux-ci étaient relativement «*captifs*» et aisément joignables par le moyen de la facture d'électricité. Dans ces conditions, le crédit va jouer un rôle majeur dans l'implantation des appareils électriques dans les milieux les plus pauvres. Ainsi la SW&P acceptera-t-elle de financer les installations électriques de moins de 5 $ à compter de 1937. Sa politique à cet effet est de se déclarer «*prête à financer toute addition à une installation électrique même si ce n'est qu'une prise de courant. Le paiement minimum mensuel est pour tous les contrats de 50 cts.*» (Bulletin de la SW&P, février 1938.)

Désireuse de stimuler l'accroissement des charges en ces temps de crise où la majorité des abonnés restreignent leur consommation, la MLH&P offre même aux acheteurs éventuels des garanties d'une générosité tout à fait étonnante. Ainsi, tout appareil acheté dans un magasin de la MLH&P au début des années 30 bénéficie de ce que la compagnie appelle sa *« garantie de service perpétuel »*, avec, pour clauses, l'installation et la mise en service par un expert à la livraison, le réglage et l'entretien chaque fois que cela est nécessaire pendant la durée de vie de l'appareil et le remplacement de tout article jugé défectueux après essai. Du service *« mur à mur »*, impeccable, des engagements qui, en fait, se révèlent vite de plus en plus lourds à assumer et coûteux au fil des années suivantes. Ceux-ci seront progressivement confiés à des sous-traitants. À peine quelques années plus tard, en 1935, la MLH&P, dépassée par la fulgurante popularité de l'appareillage électrique et moins naturellement encline au simple commerce de détail que ses consœurs provinciales, retournera à son commerce de base, la vente de kilowattheures, et fermera tous ses magasins à l'exception de sa populaire vitrine de la rue Sainte-Catherine Ouest. Plus jamais dans son histoire le fier *« Power »*, pas plus qu'Hydro-Québec qui prendra sa suite, ne sollicitera ses employés pour en faire des vendeurs d'aspirateurs.

➤ *Un magasin où l'on ne voudra plus vendre*

On le sait, la MLH&P avait pignon sur rue dans l'Ouest cossu de la ville, au coin des rues Sainte-Catherine et de la Montagne. À la fermeture de ses autres magasins au milieu des années 30, le *« Power »* ne gardera plus que cette brillante vitrine dont Hydro-Québec prendra charge à la nationalisation de 1944.

Bien des témoignages concordent à cet effet, on n'était pas de très bons vendeurs au sein de la première Hydro des années 40 et 50, et disons que le magasin de l'Ouest n'était pas le secteur le plus en vue ni le plus dynamique de l'entreprise. Mais c'était un actif de valeur, une espèce de symbole qu'il eut été maladroit pour la jeune entreprise d'État d'enlever d'un trait de plume du décor montréalais. La clientèle riche et sensible de l'Ouest de l'île avait coutume d'y venir enregistrer ses déménagements, payer ses factures, voir les nouveaux appareils électriques mis sur le marché, et on hésitait à la priver de ses habitudes.

Ainsi laissera-t-on un temps subsister le magasin, en fait, un bien drôle de magasin. Un ancien vendeur, Lionel Guindon, raconte : *« Bien sûr qu'on avait des appareils à vendre, mais la consigne était de ne surtout pas faire d'ombrage à la compétition des autres marchands d'appareillage électrique. Chez nous, jamais de promotion, jamais de prix d'aubaine. Ce que l'on vendait 439 $, on le voyait proposé à 355 $ dans le magasin d'en face. Mais les gens venaient quand même, pour la garantie de 5 ans, pièces et service. Certains clients ne voulaient faire affaire qu'avec nous. Parfois, souvent, des marchands bien moins nantis que nous en termes d'espaces de montre, de facilités d'entreposage ou de volume d'inventaires, venaient au magasin avec leurs*

clients. Nous n'étions absolument pas dupes de leur jeu. Le client choisissait un modèle, le marchand en prenait la référence, les deux constataient notre prix de vente et, bonjour, on ne les revoyait plus. Retourné dans sa boutique, le marchand commandait le produit directement au fournisseur et, nos prix étant délibérément élevés, pouvait sensiblement baisser la facture du client tout en réalisant un excellent profit. Tout le monde était content, nous aussi... »

Reste que ce n'est probablement pas ainsi que l'on fait de bonnes affaires... En 1957, la Commission mettra finalement un terme à l'existence de l'anachronique boutique.

On est certes beaucoup moins « regardant » à cet égard dans les autres compagnies privées du début du siècle. Toutes sans exception ont des magasins qu'elles garderont jusque dans les années 50, voire, dans le cas de la Southern Canada Power, jusqu'à leur achat par Hydro-Québec. Ils sont nombreux ceux qui, comme Aurélien Michaud de la Compagnie de Pouvoir du Bas-Saint-Laurent, qui deviendra l'un des plus fameux responsables des Ventes de la région Matapédia d'Hydro-Québec dans les années 60 et 70, arrondiront leurs difficiles fins de mois en vendant des appareils électriques à leurs concitoyens. Il se rappelle aujourd'hui : « *Ma journée terminée à planter des poteaux, bander des lignes ou raccorder des transfos, je gagnais l'argent de la famille en faisant de la vente pour la compagnie. J'ai déjà vendu jusqu'à 8 frigidaires en une soirée, et livrés, à part de d'ça! Nos salaires n'étaient pas gros à l'époque et les 2 % de commission que versait la Compagnie de pouvoir étaient les bienvenus.* »

À la SW&P en 1935, alors même que la MLH&P abandonne la vente d'appareils à Montréal, c'est le président Beaumont lui-même qui harangue les employés : « *Tous les employés doivent collaborer de leur mieux avec la division des Ventes d'appareils en vendant quand c'est possible ou encore en donnant aux vendeurs les noms d'acheteurs possibles*[43]. » Du reste, on ne cache absolument pas ses intentions mercantiles à la SW&P où le journal interne dans les années 30 n'est pas la publication d'un quelconque service de communications ou de relations publiques, mais bien « *l'organe du département commercial et de distribution* ». Parution après parution, on ne cesse d'y inciter les employés de toute la maison à vendre, vendre et vendre encore.

« *Le printemps s'éveille,* leur dit-on en mai, *il faut imiter la nature et déployer un surcroît d'énergie.* » Là, on insère le beau dessin d'une colombe volant vers une branche et l'on va droit au but : « *Tous à l'œuvre, donc ! Vendez des kWh*[44] *!* » On y organise des concours de vente entre employés, entre unités, avec d'importantes sommes d'argent et des voyages à l'étranger comme récompenses pour les meilleurs. On y publie les résultats des ventes effectuées périodiquement par les différents bureaux de districts comme s'il s'agissait de compétitions sportives. On y lance d'ambitieuses promotions internes. On y fait état de hauts faits des plus impressionnants : « *Un record* [de vente d'ampoules électriques] *a été établi par M. A. Héon, percepteur au bureau de Sorel, qui a vendu 46 boîtes de lampes à St-Célestin où il n'y a que 61 clients*[45]. » On fait démonstration, à l'occasion, d'un étonnant sens poétique : « *Un vieux crapaud s'étant promené pendant plusieurs lunes arriva finalement un soir sur la galerie d'une ferme électrifiée…* » Bon, tentons de la faire courte, l'animal y découvre un tue-mouche électrique, se régale des cadavres électrocutés des pauvres insectes et conclut philosophiquement sa réflexion par ces mots : *Si moi un vieux crapaud, je puis tirer de tels bénéfices du service électrique, quel confort et quelle commodité doivent être le partage du fermier vivant sur une ferme entièrement électrifiée*[46]. » Jean de La Fontaine, tenez-vous bien !…

---

43. Bulletin de la SW&P, éditorial, novembre 1935.

44. *Ibid.,* mai 1935.

45. *Ibid.,* janvier 1935.

46. *Ibid..*

Ce rutilant attelage faisait le tour de toutes les villes et de tous les villages des territoires desservis par la Shawinigan vers la moitié des années 30.

Durant l'été 1934, le journal interne suit un temps les déplacements de la cuisine modèle ambulante de la compagnie, une vaste remorque blanche tirée par une rutilante limousine et qui parcourt le territoire de la « Shawi » en vantant « *l'incomparable confort de la cuisine à l'électricité* ». L'article se termine ainsi : « *S'il* [le camion] *n'a pas encore passé chez vous, soyez assuré qu'il le fera dans un avenir rapproché[47].* » À l'été 1938, le journal rend cette fois compte de l'extension des réseaux de distribution en zone rurale que fait la compagnie, le tout pour conclure en donnant mission à tous les employés de « *s'appliquer à convaincre tous les gens qui résident le long des réseaux de s'abonner au service[48]* ».

Même son de cloche à la QPC où les responsables du journal destiné aux employés sont également chargés de la promotion des ventes. Ce sera le cas de Léo Roy, passant en janvier 1938 de la division des Ventes de pouvoir de la SW&P à Montréal au département des Ventes de l'énergie à Québec, avec pour mandat précis l'accroissement de la charge. Lui n'y va pas de main morte pour passer le message au personnel. Il écrit dans le journal qu'il dirige : « *Il est du devoir de chaque employé de propager l'usage de l'électricité[49] !* » Un peu plus tard, c'est l'agronome Jean-Paul Pagé qui lui succédera à la direction de *Notre Revue*. Redoutable vendeur lui-même dans les années 40, ce que Roy, naturellement plus réservé n'était pas, Pagé sera un remarquable motivateur de vendeurs, tout au long d'une brillante carrière que nous aurons l'occasion d'évoquer abondamment plus loin.

Partout dans les compagnies on vend ou on loue des appareils. Au hasard des souvenirs d'employés publiés dans les futurs journaux d'Hydro-Québec, on lira que la compagnie Électrique du Saguenay fabriquait elle-même des chauffe-eau d'une capacité de

47. *Ibid.*, juillet 1934.
48. *Ibid.*, juin 1938.
49. *Notre Revue*, QPC, décembre 1938

22 gallons qu'elle louait à ses abonnés à raison de 0,75 $ par mois[50]; que la Gatineau avait le monopole de la vente de tous les appareils et de l'équipement électriques sur les territoires qu'elle desservait et que les gens se rendaient dans ses magasins aussi bien pour acheter des appareils, payer leurs comptes ou… téléphoner, la compagnie assurant également les services téléphoniques dans certaines municipalités. Aucun mépris pour les petites ventes au sein de la compagnie millionnaire : l'été, la Gatineau employait des étudiants pour faire du porte-à-porte et proposer aux abonnés des ampoules électriques à 1,20 $ le paquet de six. L'étudiant touchait 25 cents du carton vendu, ce qui, notons-le, était assez généreux. Quant à l'abonné, il pouvait payer en trois versements mensuels ajoutés à sa facture[51]. »

À la Southern Canada Power (SCP) aussi on vend, on vend et on installe. Quand ils ne construisent pas de lignes ou qu'ils ne réparent pas de pannes, les monteurs vont « *filer* » chez les particuliers et installer les appareils que les abonnés ont achetés de la compagnie. L'un de ces hommes de ligne se rappelle que les « gars » de la Southern installaient même les trayeuses dans les fermes. « *Alors, on partait à 5 h 00 du matin et on allait traire les vaches*[52]. » Mais il y a plus : on pousse à la consommation. Pierre Godin qui, comme administrateur délégué à SCP par Hydro-Québec en 1963 aura l'occasion d'étudier en profondeur les pratiques d'affaires de la Southern, mentionne que « *certains vendeurs passaient dans les campagnes chez les clients fraîchement raccordés au réseau de distribution en leur mentionnant que la compagnie était en rupture de stock côté compteurs, ce qui était totalement faux. Qu'importe on s'entendait vite sur un prix fixe temporaire pour le coût de l'énergie et on installait bien généreusement de l'équipement chez le propriétaire tout heureux d'en avoir tant à si bon compte. Une fois le client bien installé, comme par miracle on retrouvait des compteurs…* »

Un ancien de la Compagnie de Pouvoir du Bas-Saint-Laurent (CPBStL) se souvient, lui, qu'il devait, à la fin des années 20, facturer les clients sans compteurs. « *La facturation était établie selon le nombre d'appareils électroménagers qu'on comptait.* […] *J'avais l'œil*, ajoute-t-il, *on s'empressait souvent de les faire disparaître quand je passais*[53]. » Ce que ne dit pas notre homme, c'est qu'il devait, en fait, avoir une excellente idée du nombre exact de ces appareils, puisque c'est la CPBStL qui détenait presque le monopole de leur vente dans l'un des six magasins qu'elle exploitait dans la région en 1929. (Elle en comptera jusqu'à huit dans les décennies suivantes.)

---

50. « *Souvenirs de René Casgrain* », *Hydro-Presse*, Hydro-Québec, mi-avril 1971.

51. « *Souvenirs d'Henri-Claude Calvé* », *Hydro-Presse*, Hydro-Québec, mi-mai 1981

52. « *Souvenirs de Cléophas Lapierre*, *ibid.*, mi-mai 1976,

53. « *Souvenirs d'Alphonse Fournier* », *ibid.*, fin avril 1990.

Partout, on encourage les employés à faire des cadeaux «*électriques*» à l'occasion des Fêtes. Partout, on leur accorde des tarifs privilégiés. La plupart du temps, comme à la MLH&P, on garantit, on installe, on ajuste et l'on entretient à la résidence les appareils achetés aux magasins des compagnies. On dispose aussi d'ateliers (*repair shops*) un peu partout en province où l'on répare en cas de bris. Le client est choyé. Ces magasins de compagnie, n'en doutons pas, ont eu leurs heures de gloire et ont généralement connu une grande popularité. Mais l'arrivée sans fin de nouveaux appareils électriques et l'augmentation rapide des coûts du service après-vente, conjuguées avec l'apparition de commerces spécialisés dans l'appareillage ménager, provoqueront la fermeture progressive de tous les magasins des compagnies. La MLH&P, on l'a vu, montrera la voie. Les autres emboîteront le pas dans les décennies suivantes. La Quebec Power fermera ses quatre magasins de Québec, Saint-Pascal, Lévis et Baie-Saint-Paul en 1951[54]. La Shawinigan, qui en exploitait à Montréal, à Trois-Rivières, à Shawinigan, à Sorel et à Victoriaville, les fermera en 1955-1956. La dernière compagnie à fermer ses boutiques sera la Southern. Pierre Godin témoigne : «*C'est moi qui mettrai la clef dans la porte de la vingtaine de magasins qu'avait encore la Southern au début des années 60. La décision n'avait pas été difficile : ils ne faisaient plus d'argent.*»

La baisse séculaire des tarifs

C'est le grand sujet de fierté publique des compagnies des débuts de l'industrie, l'élément essentiel de ce qu'elles-mêmes qualifient de «*propagande*», terme qu'il convient d'interpréter dans son sens de «*publicité*», mais qui siérait tout aussi bien à cette histoire dans son acception la plus péjorative. L'idée de base du boniment est la suivante : les producteurs et les distributeurs d'électricité privés, avec un désintéressement remarquable – ils ne manquent pas une occasion de le souligner –, ne vont cesser de baisser, face à une opinion publique qui ne leur en sait pas assez gré, les prix des services qu'ils fournissent au peuple. En dépit, ajoutent-ils, des investissements majeurs qu'ils doivent consentir pour produire et livrer l'énergie à leurs abonnés, en dépit du coût croissant des améliorations qu'ils apportent à leurs réseaux, ils vont, disent-ils, s'acharner à baisser les tarifs de l'électricité tout au long de la première moitié du siècle. La démonstration est facile à faire et ne cesse d'être claironnée dans les publicités des entreprises : dans un monde et un siècle où tout augmente, l'électricité, elle, ne cesse de baisser. Générosité des compagnies ? Altruisme des grands entrepreneurs présidant à leurs destinées (eux évoquent leur «*courage, clairvoyance et esprit d'initiative*[55]»)?

---

54. Hydro-Québec ne gardera aucun magasin après 1963. Rappelons qu'elle-même avait fermé en 1957 son seul et unique magasin, celui de la rue Sainte-Catherine Ouest.

55. Extrait d'une déclaration intitulée «*Menace d'expropriation*» publiée dans les journaux montréalais des 14 et 15 octobre 1943.

Sagesse des dirigeants du secteur privé sachant gérer «*en bons pères de famille*» les ressources énergétiques collectives, ce que, de toute évidence, n'auraient su faire l'État et ses fonctionnaires?… C'est ce que répètent *ad nauseam* dans leurs discours les présidents et les cadres supérieurs, et ce que véhiculent leurs messages internes ou publicitaires. Ces baisses sont fort louables, clament-ils dans les journaux qu'ils destinent à leur personnel, mais, hélas, fort peu louées, déplorent-ils dans ces mêmes feuilles où les rédacteurs, on l'a vu, martèlent en conséquence la nécessité impérieuse qu'ont les employés d'expliquer et de faire comprendre les justes positions de leur bonne entreprise.

L'argumentation, n'en déplaise à la mémoire de ses auteurs, se dégonfle assez vite à l'analyse. Il est loisible de constater, tout d'abord, que le mouvement de diminution des tarifs n'est ni spontané, ni encadré. Les premières années de compétition sauvage entre les distributeurs passées, il ne résultera pas non plus de la simple application de la théorie de l'offre et de la demande. Les baisses sont décidées par les seules compagnies, à les écouter, en fonction de leur bonne volonté, en fait et à l'analyse, selon leurs intérêts bien ménagés. Elles ne sont pas imposées par quelque autorité gouvernementale et, les distributeurs étant tous en situation de monopole régional à compter des années 20, elles ne résultent pas non plus de pressions proprement dites des clients. Les chutes successives de la courbe globalement descendante correspondent en fait de très près aux hausses de ton de leaders d'opinion relayées par la presse et à diverses actions des gouvernements municipaux ou provincial souhaitant cycliquement voir un peu plus clair dans les pratiques d'affaires des distributeurs.

Il convient de comprendre que la courbe des tarifs d'électricité partait de très haut: 15 cents du kilowattheure aux débuts de l'industrie dans les années 1885-1900. Le chiffre, notons-le, pour élevé qu'il soit, n'était peut-être pas si abusif que cela pour l'époque. C'est le propre d'une industrie débutante, qu'on pense à l'informatique dernièrement, que d'offrir initialement ses produits à des coûts qui ne pourront que baisser par la suite, l'industrie prenant forme. Les premiers tarifs avaient été établis en fonction d'une production d'énergie à très petite échelle, fondée sur de minuscules centrales thermiques, avec des investissements relativement importants pour la construction des premiers réseaux et difficilement amortissables compte tenu du faible volume de clientèle. Les risques étaient énormes. Autre élément justificatif du prix de l'offre: la clientèle, constituée, au début de l'industrie, par les éléments les plus riches de la société. Tout concordait pour que les tarifs soient élevés et ils l'étaient: l'offre était effectivement à fort prix, mais la demande était là.

La situation va considérablement changer à compter des premières décennies du XXe siècle, alors que la clientèle décuple et se démocratise, et surtout à partir du moment où la production de masse dans les grandes centrales hydroélectriques qu'on implante à l'époque partout sur le continent réduit considérablement les coûts moyens de production du kilowattheure. Certes, les producteurs d'énergie ont besoin de l'argent des ventes à la distribution pour disposer des capitaux nécessaires pour engager la construction d'énormes ouvrages de retenue des eaux et de production d'énergie. L'hydroélectricité, on le sait, exige une très forte capitalisation initiale. Certes, les transporteurs ont besoin d'argent pour financer les lignes de transport rejoignant des ouvrages de plus en plus éloignés des centres de consommation. Mais nul doute que les entrepreneurs laissés à eux-mêmes, sans contrôle réel de la part des gouvernements, ont le crayon pesant à l'heure de calculer le montant des factures à leurs abonnés.

Ce phénomène de cherté des prix pratiqués par le secteur privé durant la première moitié du XXe siècle n'est, du reste, pas seulement québécois. Longtemps, en fait, c'est un constat bien établi chez les historiens du domaine, dans toute l'Amérique de Nord, que les tarifs de l'électricité vont rester anormalement élevés et les abonnés « *surfacturés* » de façon manifeste pour leur consommation.

Quant à elle, la direction de la MLH&P à Montréal montrera l'exemple à ses consœurs régionales en maintenant fermement, tout au long de son histoire, de fortes exigences en matière de profit. Elle ne cessera de garder des tarifs élevés par rapport à ses coûts d'exploitation. Elle suivra cette orientation qui, en définitive, provoquera sa chute, en dépit des protestations publiques qui ne cesseront guère de l'accompagner tout au long de son chemin. Ces protestations auxquelles donnent abondamment écho les journaux montréalais, surtout les francophones (plus éloignés alors du monde des affaires et plus spontanément critiques à son endroit), commencent dès les premières années 1900, avec la dénonciation des profits des « *trustards* » de l'industrie de l'électricité. C'est l'époque où certains contrats d'éclairage de rues soulèvent la controverse quant aux pratiques de la MLH&P et la probité de plusieurs élus municipaux. La grogne s'amplifie quand les mêmes journaux exposent la situation de l'Ontario où la fertilisation croisée entre Ontario Hydro et les réseaux municipaux de distribution de gaz et d'électricité donne de premiers bons résultats. Le modèle paraît prometteur et intéresse divers observateurs de la scène économique et de nombreux commerçants et industriels montréalais de l'époque, de plus en plus captifs des tarifs jugés exorbitants des distributeurs. Mais c'est moins leur action pourtant virulente que la compétition entre vendeurs d'électricité qui va amener la MLH&P à concéder sa première importante baisse de tarifs en 1909[56]. «*Tout en maintenant le tarif de base à 15 cents le kilowattheure, elle consent un escompte de 33,1/3 % à ceux des abonnés qui signeront un contrat de 5 ans et qui acquitteront chaque facture dans un court délai*[57]. »

La compétition, on l'a dit, disparaîtra, mais, même sans son aiguillon, les baisses ne cesseront plus. La MLH&P en comptera 14 pendant les 30 premières années du siècle alors que, graduellement, le tarif est abaissé à 3 ¢/kWh en 1930. Celui-ci continuera sa descente et passera de 2,52 ¢ en 1934 à 9/10e ¢ à la veille de la nationalisation de 1944. Foin des analystes qui, on l'a dit, voient essentiellement là l'effet du très faible coût de production aux nouvelles et puissantes centrales hydroélectriques du Saint-Laurent et du Saint-Maurice mises progressivement en service dans les premières décennies du siècle, associé à la phénoménale expansion du volume de la clientèle montréalaise. La compagnie, elle, y voit plutôt la preuve du grand désintéressement et de la générosité de ses dirigeants et actionnaires. Et il faut bien admettre qu'elle n'est tout de même pas sans quelque crédibilité à cet effet. Après tout, elle n'est ni plus ni moins qu'une compagnie de son temps, dans les affaires pour réaliser des profits et peu préoccupée par l'environnement social, responsabilité clairement dévolue au gouvernement. Qu'elle fasse, sous quelques pressions ou motifs que cela soit, moins de bénéfices qu'elle pourrait espérer en faire, ce qui est probablement le cas à l'époque, peut légitimement lui apparaître comme l'effort d'un citoyen «corporatif» méritoire.

Jacques Bisaillon, dont on reparlera abondamment et qui restera probablement dans l'histoire l'expert québécois en tarification du XXe siècle, se faisant un peu ici l'avocat du diable, tempère tout jugement trop sévère sur l'avidité des compagnies ou, du moins, le présente sous un autre angle d'analyse. Faisant état de conversations avec Jean Saint-Jacques[58], autre remarquable ingénieur et cadre supérieur de la Quebec Power, son patron de 1952 à 1963, il fait le point: «*Il est facile de caricaturer les distributeurs d'électricité du début du siècle, de les montrer hyper puissants et tyranniques face au pauvre petit*

---

56. Les feuilles internes divergent quelque peu avec cet avancé des auteurs de *Québec, un siècle d'électricité*. Lorsqu'elles évoquent les baisses de tarifs de la MLH&P, elles prennent pour référence de départ l'année 1901, date de la création de la MLH&P, alors que le tarif aurait été de 13,50 ¢/kWh. Elles évoquent une première baisse en 1903, à 12,75 ¢/kWh. Cela concorde avec les recherches de Clarence Hogue en ce qui concerne la date de 1909 où tout le monde s'entend pour dire que le tarif pour les meilleurs clients est ramené à 10 cents dans les conditions décrites plus haut.

57. Extrait de *Québec, un siècle d'électricité, op. cit.*

58. Jean Saint-Jacques était le frère aîné de Maurice Saint-Jacques, l'un des principaux cadres de la fonction Distribution d'Hydro-Québec des années 60 à 80. Homme de grande compétence, Jean Saint-Jacques était un ingénieur formé à McGill, qui sera le directeur des divisions de l'Électricité et des Ventes, tout au long des décennies 40 et 50. Il ne laisse que d'excellents souvenirs à tous ceux que nous avons rencontrés et qui ont travaillé pour lui. Beaucoup déplorent qu'à la prise en charge de la Quebec Power par Hydro-Québec en 1963, il n'ait eu l'occasion d'exercer un rôle important dans la grande Hydro issue de l'acquisition des compagnies privées.

consommateur démuni. En fait, c'était là des compagnies de leur époque, soucieuses de profit, bien sûr, mais pas plus voraces que d'autres, face à des petits consommateurs laissés à eux-mêmes par des gouvernements sans colonne vertébrale. Une étude plus poussée démontrerait sans doute, du reste, que les industriels du temps, membres des mêmes clubs que les patrons des compagnies d'électricité, qui pouvaient se payer les services d'experts et qui pouvaient offrir des garanties, bénéficiaient de tarifs beaucoup plus "réalistes". Tout cela était aussi question de définition des rôles de chacun, distributeur, gouvernement, régies, etc. et de maturité économique de la société québécoise. »

En janvier 1924, le rédacteur du *Bulletin Dual Service Double* s'extasie devant la onzième baisse consentie par son employeur. Le tarif est alors à 4 ¢ et il écrit : *« Nous ne craignons pas de dire qu'il y a bien peu de localités où les clients bénéficient d'un tarif aussi avantageux pour l'éclairage électrique… »* En février 1926, le richissime président de la MLH&P, Sir Herbert Holt, déclare on ne peut plus sérieusement (l'homme, comme le montre sa photo, n'est pas porté à rire ni à faire rire de lui) : *« La compagnie s'est toujours efforcée de faire profiter ses abonnés de sa prospérité. »* Pas plus comique que Holt, son second, John S. Norris, déclarera en mai 1930 : *« Le nouveau tarif réduit de l'électricité, nous l'espérons avec confiance, devrait répandre le confort et la commodité qui résultent de l'emploi généreux du précieux élément au foyer. »*

Pas de baisse des tarifs entre 1930 et 1934, durant la crise économique pourtant particulièrement cruelle pour l'abonné moyen montréalais. Le journal de la MLH&P explique complaisamment : nous avons *« abordé la crise avec des tarifs déjà diminués au plus bas niveau »*. La compagnie n'a aujourd'hui *« aucune marge de tarif ni de surplus de rendement dont elle puisse faire bénéficier les abonnés »*. C'est en novembre 1932 que le distributeur montréalais fait ce dur constat d'incapacité. Pourtant, miracle, il parviendra de nouveau à baisser les tarifs quelques mois plus tard d'un substantiel 16 %. Le journal interne commente (mars 1938) : *« Ces chiffres résument l'histoire d'une direction compétente qui a permis de distribuer l'électricité dans le territoire métropolitain à des tarifs qui étaient non seulement économiquement justes, mais encore équitables. »* Non, le journal ne mentionne pas que durant toute cette décennie (1930), le ton a sensiblement monté un peu partout au Québec contre les distributeurs et que, chiffres à l'appui, de grands leaders d'opinion d'horizons divers, T. Damien Bouchard, Philippe Hamel, Ernest Robitaille, René Chaloult, etc., ne cessent de dénoncer au grand jour l'énormité des profits réalisés par les distributeurs. Le journal oublie encore de mentionner que, cette fois, les gouvernements, municipaux et provincial, ont fait plus que s'indigner et s'interroger : des commissions ont été mises sur pied qui confirment que les compagnies et particulièrement la MLH&P ont régulièrement pratiqué la surcapitalisation, des dilutions coupables du capital-actions, des gonflements frauduleux des valeurs au livre, des profits d'une envergure injustifiable en fonction des investissements engagés et des coûts réels de production et d'exploitation. Dans ce contexte, les baisses de tarifs précipitées consenties par les entreprises ont bien l'air de largages de lest pour pouvoir se maintenir.

Ces baisses ont pourtant une autre raison fondamentale d'exister, un peu plus technique, un peu plus subtile, que ni les compagnies ni leurs détracteurs ne mettent jamais de l'avant, ce qui est dommage pour la qualité des débats. Il y a là, et la chose est soulignée dans l'analyse que fait Jacques Bisaillon de ces quatre décennies de baisses continues, avant tout l'effet de la rationalisation de la consommation des kilowattheures : *« Il ne faut pas se surprendre que les tarifs d'électricité aient pu être réduits de façon draconienne sans que les compagnies d'électricité ne cessent de faire des profits confortables. Une grande partie des dépenses de production et la presque totalité des frais de distribution sont des coûts de puissance (par kilowatt) qu'il a fallu de tout temps appliquer à la clientèle, quelle que soit sa consommation. Que les coûts du kilowattheure baissent au fur et à mesure que cette consommation se généralise, s'amplifie et s'équilibre, ce que produisent la diversification des usages et l'amélioration des courbes de charge que l'on observe à l'époque, est tout à fait normal. Mais l'argument n'est utilisé ni d'un bord ni de l'autre : les compagnies veulent qu'on les croie altruistes, leurs détracteurs, c'est bien facile, les dépeignent en vautours. Il n'y a pas de milieu. »*

La tendance à la baisse continue à la MLH&P qui, sous la loupe des vérificateurs et des comptables du gouvernement à compter de 1938, se sent *« mal prise »* et menacée. L'entreprise diminue effectivement ses exigences de revenus, mais, on le sait, trop tard, après avoir trop longtemps et trop ras tondu ses abonnés. Elle continue de bien s'en défendre, pourtant. À Adélard Godbout, premier ministre, qui laisse entendre, en annonçant en chambre le 8 octobre 1943 son projet de nationalisation, que la compagnie a exploité ses abonnés, celle-ci répond : *« Le fait que les tarifs aient été diminués progressivement […] devrait être une preuve suffisante que le public n'a pas été exploité*[59]. » En 1944, à la veille de la nationalisation, les tarifs seront de trois à quatre fois moins élevés que dix ans plus tôt, pendant la crise économique, à moins d'un cent le kilowattheure. La MLH&P était-elle effectivement alors au bout des efforts de réduction qu'elle pouvait économiquement consentir sans risquer sa survie ? Ce n'est même pas sûr. Le président de la première Commission hydroélectrique de Québec, Télesphore Damien Bouchard, pourra la même année, quelques jours après la prise de possession des actifs de la MLH&P par Hydro-Québec, annoncer d'autres baisses importantes de tarifs appliquées par le nouvel actionnaire unique, Québec, le tout pour une diminution annuelle de 2 210 000 $, et ce, en dépit d'une hausse de 300 000 $ du salaire des employés

---

59. *Entre-nous*, MLH&P, octobre 1943.

de la société étatisée. Voilà 2 510 000 $ qu'il était donc encore possible d'aller chercher dans les revenus de la compagnie montréalaise, sans mettre en péril ses finances. L'énormité du chiffre pour l'époque laisse songeur.

Il est intéressant, au demeurant, de lire l'argument essentiel par lequel le président Bouchard justifiera ce premier *« cadeau aux abonnés »* fait par la nouvelle Hydro-Québec. *« Ces tarifs […] sont destinés à fournir l'électricité au public au taux le plus bas possible compatible avec le maintien de l'entreprise dans une solide position financière*[60] *»*, dit-il à la presse. Et qui pourra mettre en doute la sincérité de l'argument avancé par l'homme politique aux profondes convictions sociales qu'était monsieur Bouchard ? Hydro-Québec, comprend-on à ce discours, n'est pas là pour faire de l'argent sur le dos de ses abonnés, mais pour fournir un service à ses clients et le bien fournir, ce qui justifie des dépenses qu'elle doit couvrir par le produit de ses ventes. On le sait, cet incontournable argument d'une nécessaire *« solide »* ou *« saine »* gestion financière de l'entreprise sera celui qui justifiera la politique tarifaire d'Hydro-Québec de cette époque jusqu'à nos jours.

On croirait le discours neuf quand T.D. Bouchard le prononce, mais on s'étonne de lire exactement les mêmes arguties dans les avancés publics de la MLH&P rédigés bien avant l'étatisation de l'entreprise. Adroites, les publicités de la compagnie privée se fondent sur une logique semblable et les exemples abondent : en 1926, *« la compagnie […] vend ses produits aux plus bas tarifs compatibles avec un excellent service »* ; en 1932, *« le coût moyen* [de l'électricité] *sera toujours disponible au plus bas prix compatible avec la haute qualité du service »* ; en 1938, *« la compagnie a toujours eu pour ligne de conduite de fournir ses services au plus bas prix compatible avec une saine économie et le maintien d'un haut degré d'efficacité »*. La MLH&P, en fait, court deux lièvres, vise deux objectifs et tient deux langages. L'un, public, sans cesse claironné à ses abonnés, ses employés et aux gouvernements, voulant convaincre qu'elle ne lésine pas dans ses efforts et ses dépenses pour améliorer la qualité d'un service qu'elle veut impeccable. Et il convient d'admettre que cette préoccupation était tout à fait réelle. La MLH&P, nous l'avons dit, était une compagnie responsable et performante, soucieuse d'offrir un bon service, souhaitant égaler, voire dépasser les meilleures *utilities* américaines à ce chapitre. Mais, dans l'esprit de ses dirigeants, tout cela devait être compatible avec une logique d'affaire toute simple et admise à l'époque, visant la réalisation des plus grands profits possibles. La qualité était là pour justifier les coûts du service, mais, aussi, ce que la MLH&P néglige de mentionner, et c'est là l'autre langage, les bénéfices de l'entreprise. Un objectif que la compagnie n'admettra jamais publiquement, bien entendu, mais qu'on imagine volontiers débattu par quelques rares initiés dans les riches bureaux lambrissés de

---

60. *Ibid.*, mai 1944.

l'étage directorial du «*Power Building*» de la rue Craig. Et, si, malgré quelques erreurs de parcours, on peut avancer que le premier objectif de la société, donner un bon service aux abonnés, fut globalement atteint par la MLH&P, on ne peut que constater la réussite magistrale des dirigeants dans l'atteinte de leur second objectif, la mainmise sur un maximum de profits. Un véritable «*sans faute*», répété, année après année, tout au long des quatre décennies d'existence de la MLH&P.

Des tarifs élevés qui baissent tout au long du siècle en fonction des pressions populaires et de préoccupations gouvernementales, mais qui restent globalement élevés, sont une caractéristique commune à l'ensemble des compagnies de distribution d'électricité au Québec durant la première moitié du XXe siècle. Si les tarifs sont notoirement différents d'une région à l'autre ou d'un distributeur à l'autre, il reste que, partout, ils ont généralement cet effet direct de rendre millionnaires les administrateurs des compagnies.

Une exception peut-être, est la compagnie Électrique du Saguenay qui, avec sa réputation de parent pauvre du groupe Alcan, semble avoir, un temps du moins, pratiqué des tarifs plus acceptables. «*La compagnie appartenant à l'Alcan, il fallait que les relations avec la population fussent très bonnes et que tout marchât bien*», racontera à *Hydro-Presse* l'ancien responsable de la perception des comptes des abonnés à Chicoutimi, René Casgrain, expliquant que de 8 ¢/kWh aux débuts de la Saguenay, les tarifs étaient tombés à 2,75 cents pour les 60 premiers kilowattheures, puis à moins d'un cent pour l'excédent de consommation, dès 1935[61]. Il est vrai qu'Alcan, profitant d'énormes concessions hydrauliques de la part de Québec, avait toutes les raisons de filer doux et d'alimenter hors de toute polémique publique sa clientèle composée, par ailleurs, d'une large part de ses propres employés.

Mais c'est bien là l'exception. La CPBStL gardera longtemps, quant à elle, en fait jusqu'à la création de la grande Hydro-Québec au début des années 60, la réputation de champion toutes catégories pour la cherté des tarifs à ses abonnés, preuve, s'il était besoin de la faire, que les profiteurs n'étaient pas que de «*méchants Anglais*». Il est exact que la production de l'énergie lui coûtera plus cher qu'aux autres distributeurs, ses ressources hydroélectriques étant limitées. Mais, quand même, sa réputation d'âpreté au gain et sa rapacité envers sa clientèle ont traversé le siècle. Un percepteur de comptes de l'époque se rappelle qu'avant la crise de 1929, la compagnie, sans prendre la peine d'installer des compteurs, facturait ses abonnés à l'ampoule : «*un demi cent par mois pour les 15 watts et un cent par mois pour chaque 25 watts*[62]».

---

61. «*Gros plan*», Hydro Presse, mi-avril 1971.

62. «*Alphonse Fournier raconte les débuts de l'électricité dans le Bas Saint-Laurent*», *ibid.*, fin avril 1990.

Poseurs de câbles et de lignes au travail entre les deux guerres

➤ *Près de ses sous, dites-vous, à la Gatineau Power ?*

Paul-Émile Proulx
(*Hydro-Presse,*
mars 1975.)

Paul-Émile Proulx entrait comme technicien à la Gatineau Power en 1938. Il y exécuta tous les travaux, y exerça tous les métiers qu'un employé modèle de son genre pouvait faire au point de terminer sa carrière avec Hydro-Québec comme gérant de Hull, secteur autonome aux dimensions d'une région. Comme tant d'employés des anciennes compagnies privées, il aimait son premier employeur et n'en disait pas grand mal. Mais, quand même, il n'avait pas son pareil pour évoquer avec humour et ironie, un gros cigare vissé au coin des lèvres, l'avarice éhontée de la pingre Gatineau.

« Je fus embauché à 25 sous de l'heure avec promesse de passer dans les six mois à 30 sous. Huit mois se passent et mon salaire n'avait pas bougé. J'allai demander à mon gérant ce qu'il en pensait et il me dit : "Oh ! mais si, nous sommes bien satisfaits de ton travail, seulement l'hiver a été dur, on a eu beaucoup de neige, on a augmenté nos dépenses, etc. Enfin, on va essayer de te la donner ton augmentation !" *À la paye suivante, j'étais effectivement augmenté... de 2 sous de l'heure ! Furieux, je retourne voir mon gérant et sous le coup de la colère je lui lâche :* "Vous savez, si ce n'est pour me donner que 2 sous de plus de l'heure, vous pouvez aussi bien vous la garder, votre augmentation !" *Eh bien, à la paye suivante, ils m'avaient pris au mot. Ils les avaient gardés leurs 2 sous ! »* Pas de petites économies à la Gatineau !

Un syndicat était vraiment nécessaire et, en 1942, Paul-Émile était de ceux qui allaient participer à son implantation. À cet égard, un autre souvenir du caustique fumeur de cigares : *« Le premier contrat signé entre le syndicat et la compagnie stipulait que nous avions droit à deux semaines de vacances (jusque-là, nous n'en avions tout simplement pas). Ce contrat-là avait été signé à la fin de l'été. Pas trop de bonne humeur à la suite de ça, le président de la compagnie nous avait dit :* "Vous avez droit à des vacances, eh bien, allez-y, prenez-les !" *Ça fait que tout le monde se pressa de prendre ses deux semaines en automne. Mais l'année suivante quand revint la belle saison et qu'on reparla vacances, le même président nous dit :* "Messieurs, relisez bien votre contrat. Il y est écrit que pour avoir deux semaines de vacances, il vous faut avoir travaillé un an. Vous venez de travailler un an, mais vos vacances, vous les avez déjà prises !" *Ça fait que cette année-là, on n'a, à nouveau, pas eu de vacances. À notre tour de ne pas être de très bonne humeur... »*

La Gatineau Power n'est, de son côté, généralement pas perçue comme la plus affamée de revenus parmi ses consœurs (en fait, on la décrit même comme l'une des plus raisonnables à ce sujet[63]), mais elle reste dans le souvenir de plusieurs comme d'assez loin la plus « *broche à foin* » du lot. Elle aura été la compagnie la moins convaincue dans l'histoire de la distribution d'électricité au Québec de la nécessité de fournir des services de qualité à ses usagers captifs. Les témoignages abondent sur son avarice et sa mesquinerie envers ses employés mal payés, mal équipés, mal formés, mal protégés et sur son apparent mépris de la clientèle. La caricature qui circulait dans la région à l'époque où elle exerçait ses activités voulait qu'elle aurait pu fournir de l'énergie « *sur des poteaux de clôture* », pour moins investir dans son réseau. On racontera à Jacques Grenier, directeur d'Hydro-Québec de la région Laurentides dans les années 80, que, lorsqu'une ligne de distribution vétuste devait être remplacée, on ne changeait alors à la Gatineau qu'un poteau sur trois, jugeant que celui-ci devait suffire à supporter les deux autres. Reste, clin d'œil dans l'histoire, que le tarif domestique qu'elle pratiquait de façon tout à fait exceptionnelle à Hull était le plus bas de la province. On le devinera, il était important qu'il se comparât bien à celui de la municipalité voisine, Ottawa.

Les tarifs, ils sont élevés également à la Southern Canada Power, sur la rive sud, mais là, la tradition de bon service à la clientèle, solidement établie, ne semble pas avoir fait trop défaut. Excellente réputation d'employeur également, la SCP garde encore aujourd'hui l'affection de tous ses anciens employés, en tout cas de ceux que nous avons rencontrés dans nos recherches, même si, à l'évidence, sa générosité n'était pas sans limites. L'un d'eux raconte : « *J'ai déjà travaillé treize dimanches de suite sans toucher une cenne !* [...] *On ne comptait pas les heures. Tu partais sur une « job » et si à 5 h 00 elle n'était pas terminée, eh bien tu "toffais"*[64]. » Jean-Paul Rousseau, autre solide vendeur de la compagnie, confirme : « *Les salaires étaient très bas et le temps supplémentaire n'existait pas. La seule récompense qu'accordait la Southern quand on terminait un gros travail, l'installation d'un petit réseau rural, par exemple, c'était un "party" dans l'hôtel local. Et ça, ce n'était généralement pas triste. Les hôteliers y trouvaient leur compte. Boss et employés prenaient un verre jusqu'à ce que tous se retrouvent à 4 pattes dans l'escalier. Les patrons ramassaient la facture.* »

Cela dit, qu'elle verse des salaires très bas, que le plan de retraite qu'elle offre à ses employés soit d'une chétivité d'agonisant n'empêchera jamais la Southern, filiale à compter de 1957 de la SW&P, de démontrer la même âpreté au gain que ses consœurs. C'est même, d'une certaine façon, par elle que le scandale arrivera dans le merveilleux

---

63. Dans un « Gros plan » d'*Hydro-Presse*, fin mars 1975, Paul-Émile Proulx, ancien gérant du secteur de Hull, explique que la Gatineau, « *en dépit de moyens modestes, faisait de 8 à 10 millions de dollars par an, tout en appliquant à ses abonnés les tarifs les plus bas de la province* ».

64. « *Visite à un retraité, Cléophas Lapierre dit "Stone"* », *Hydro-Presse*, Hydro-Québec, mi-mai 1976.

monde des distributeurs. Le champ de bataille est la ville de Saint-Hyacinthe. Une des personnalités les plus étonnantes de l'histoire de l'électricité au Québec, le futur premier président d'Hydro-Québec Télesphore Damien Bouchard, en est l'un des citoyens les plus en vue, directeur du *Clairon*, l'hebdomadaire local, futur maire de la ville et député de la circonscription. C'est un rouge, un atrabilaire, un orateur, un sur les pieds duquel on hésite à trépigner. Il agite et ne cessera d'agiter le grelot dans les années 20 et 30 sur le thème qui suit : l'électricité vendue par les producteurs aux municipalités est trop chère. Saint-Hyacinthe en avait fait la démonstration éclatante. La Ville payait son fournisseur privé local 6 ¢/kWh pour l'éclairage des rues et 12 ¢ pour l'éclairage des bâtiments municipaux quand, en 1911, elle se décide à produire elle-même son électricité au moyen d'une turbine à vapeur[65]. Surprise, cette électricité lui revient à moins d'un cent le kilowattheure, à une époque, rappelons-le, où elle est vendue ailleurs au Québec sur une base d'environ 7 à 8 ¢. Mais il y a plus. Pour établir son empire régional qui se développe depuis 1913, voilà que la privée SCP accepte de livrer à ce prix, « *une cenne* », l'électricité qu'elle s'engage à fournir à Saint-Hyacinthe, tout en continuant à facturer à des tarifs beaucoup plus prohibitifs les autres municipalités de son territoire. On comprend toute l'indignation qu'un politicien comme T.D. Bouchard peut ressentir à la vue de ces chiffres et le profit politique que le redoutable tribun qu'il est va en tirer. Il ne cessera plus de dénoncer les profits des compagnies et de militer pour la municipalisation des services. Son action amènera la SCP à considérablement baisser ses tarifs dans les municipalités qu'elle desservira tout au long de son histoire, et nombre d'analystes soutiennent que c'est bien avec comme déclencheur cet épisode de Saint-Hyacinthe et comme acteur principal T.D. Bouchard que l'idée menant à la création d'Hydro-Québec fera son chemin dans la société québécoise.

La Quebec Power elle aussi défraiera la chronique dans ses affrontements tarifaires contre une municipalité, cette fois-ci Québec. Elle non plus ne donne pas son énergie. En 1925, le tarif aux consommateurs est de 6 ¢/kWh (fort probablement le tarif en cours à l'époque dans le groupe Shawinigan, à comparer aux 3,50 ¢ de la MLH&P!...). On le baisse légèrement en 1926 et en 1927, mais pas suffisamment, et certaines élites municipales qui le comparent avec celui payé par les villes en Ontario crient au scandale. Un solide mouvement d'hostilité populaire naît alors à Québec contre la compagnie qui va pousser le conseil municipal à mettre sur pied une commission d'enquête en 1930. Résultat immédiatement perceptible : la Quebec Power diminue dramatiquement ses tarifs en septembre de la même année. À 4,50 ¢ pour les premiers 30 kilowattheures et baissant graduellement jusqu'à 1,50 ¢ passé le 500e, ils sont *grosso modo* deux fois moins chers que cinq ans plus tôt. Mais la grogne continue et une nouvelle baisse à 4 ¢

---

65. Selon *Québec, cent ans d'électricité, op. cit.*

les 60 premiers kilowattheures est adoptée en 1931. Cela n'empêchera pas la Ville de poursuivre l'étude de son projet de municipalisation des réseaux de distribution. Comme à la MLH&P, on est déçu à la direction de la QPC par ce manque de reconnaissance du public. Pour quelle raison ? On ne cesse de baisser les tarifs et les gens de leur côté ne cessent de critiquer ! Le journal de la compagnie, évoquant ces temps cruels, expliquera : « *Avant 1928-29, tout le monde semblait content, chacun donnait son coup d'épaule à la prospérité.* […] *Sans qu'il nous soit nécessaire d'analyser les causes, nous savons que le fait brutal des critiques a commencé à cette date.* […] *Les critiques trouvent toujours facilement des oreilles attentives*[66]. »

Des tractations plus ou moins secrètes se poursuivront tout au long des années 30 entre les plus hautes autorités municipales et la direction de la compagnie qui auront pour effet de maintenir, pour les 20 années suivantes, le statut de monopole de la QPC à Québec. Mais la compagnie a eu bien peur de disparaître dans la tourmente et restera marquée par cette crainte qui l'engagera à faire le moins de vagues possible dans l'opinion et, pour parvenir à ce résultat, à maintenir et à améliorer, tout au long des années qui lui resteront à vivre, une qualité des services fournis à sa clientèle sans égale à l'époque au Québec.

Dans l'immédiat, elle baisse de nouveau sensiblement ses tarifs jusqu'à 2,5 ¢/kWh (1 ¢ au-dessus de 500 kWh consommés), en janvier 1937, une trajectoire presque identique à celle des tarifs de la MLH&P à la même époque. Dithyrambique devant ces remarquables efforts, le rédacteur du journal interne de l'entreprise québécoise conclura ainsi l'un de ses articles consacrés au dossier en 1938 : « *Malgré les sommes énormes dépensées pour l'entretien et l'amélioration de ses services, la Compagnie a tout de même consenti à ses clients des réductions* […] *excessivement considérables*[67]. » On est admiratif ou on ne l'est pas !…

Curieusement, l'histoire de la Shawinigan fait peu mention de l'évolution tarifaire de ses services. Son journal d'entreprise n'évoque que rarement le sujet sinon pour souligner périodiquement que, non, l'électricité ce n'est vraiment pas cher et qu'il convient qu'un bon employé de la « Shawi » en soit bien convaincu et sache le faire valoir à ses concitoyens. Mais pas plus, et la chose paraît significative. Par ailleurs, ni dans *Québec, un siècle d'électricité,* ni dans les nombreuses et précieuses études consacrées à la SW&P par Claude Bellavance, le sujet des tarifs n'est abordé. En l'absence de données précises, on peut évaluer que la SW&P a globalement suivi l'évolution de son *alter ego* montréalais et su intégrer à sa propre grille tarifaire les enseignements tirés des

---

66. « *Critiques contre la compagnie* », *Notre revue*, QPC, décembre 1937.

67. « *Nos relations avec le public* », *ibid.*, février 1938.

expériences de ses filiales principales, la Quebec Power et, beaucoup plus tard, la Southern. Consulté spécifiquement à cet effet, Jacques Bisaillon, lui-même issu du groupe Shawinigan, confirme cette évaluation : « *La consigne pour le groupe Shawinigan était :* don't rock the boat. *Ses stratégies au niveau des tarifs étaient circonspectes, prudentes, suivaient sans originalité le mouvement général de l'industrie et les autres distributeurs québécois. Un peu plus tard dans le siècle, quand elle aura des mouvements importants à faire à cet égard (tarification propre aux abonnés du chauffage électrique, redressement des tarifs industriels pour les clients de 250 HP et plus, etc.), la Shawinigan laissera prendre l'initiative à sa filiale, Quebec Power, plus proche physiquement et culturellement du pouvoir politique et plus sensible à ses humeurs et réactions. Reste qu'à la QPC tout pareil ces questions relèveront toujours de la seule direction générale et malheur au jeune cadre – j'en fus un à l'époque – qui aurait eu la velléité de communiquer directement avec les pouvoirs publics, fût-ce pour des questions de peu d'importance relative.* »

La compagnie, là comme ailleurs, évite les débats de fond sur le sujet et se révèle dans ses écrits publics bien fière d'elle-même et parfaitement auto-satisfaite devant la baisse de ses tarifs. En éditorial de son *Bulletin* de décembre de 1936, son rédacteur philosophe : « *L'équipement électrique du logis s'impose à tous les esprits par sa simplicité et sa commodité. Grâce à ses tarifs assouplis, et, disons-le étonnants de bon marché, l'électrification devient rapidement la formule toute naturelle*[68]. »

1944 : La disgracieuse chute de la MLH&P

Ce survol de la mise en place et des premières pratiques de la Distribution au long de la première moitié du XXe siècle est sans doute trop limitatif. L'esquisse de la jeune industrie est certes faite à bien grands traits : l'établissement des réseaux, le souci de la clientèle, les pratiques de vente et les politiques tarifaires des premiers entrepreneurs. Il y aurait beaucoup d'autres choses à dire sur l'immense et fébrile chantier que fut l'électrification des villages et des villes québécois jusqu'en 1944 et sur l'établissement progressif des modes de travail et des traditions propres à la distribution de l'électricité qui se mettent en place à l'époque et qui perdureront pour nombre d'entre elles jusqu'à aujourd'hui. C'est une évidence, l'électricité change tous les modes de vie dans les sociétés où elle pénètre. La tendance née avec la généralisation de l'éclairage fourni à leurs abonnés par les compagnies privées au début du siècle ne fera que s'affirmer par la multiplication à l'infini des usages de l'électricité sous Hydro-Québec. Décennie après décennie, le siècle va confirmer l'absolue nécessité du service, son caractère de plus en plus indissociable de toute activité humaine.

---

68. « *L'électricité dans nos foyers ; un bienfait pour notre économie nationale !* », *Bulletin*, SW&P, décembre 1936.

➤ Le préposé aux compteurs : *tout un personnage dans l'imagerie populaire*

En 1924. en «beaux habits», comme l'exige la compagnie qui ne leur fournit que la casquette, ils étaient 17 «préposés aux compteurs» à la MLH&P.

«Si vous ne pouvez pas ou ne voulez pas être courtois, utile, gracieux et aimable à chaque pas que vous faites vers les clients, n'essayez jamais d'être préposé aux compteurs.»

C'est ainsi que la MLH&P légendait en mai 1924 la photo publiée sous le titre *«Album de famille – Nos préposés aux compteurs»*. Regardez comme il est beau, comme il est fier, comme il est sérieux, comme il bombe le torse, le releveur de l'époque. Pas surprenant, avec ce que la compagnie dit de sa tâche : *«Pas des plus faciles. Il doit être diplomate, gentil, patient, habituellement souriant, avoir du tact et laisser les clients sous l'impression qu'il est heureux de les voir...»* Est-ce assez de qualificatifs méritoires ? L'heureux possesseur de tant de grâces existe-t-il ?

Il semble bien que oui. *«Préposé aux»*, au début de l'industrie, puis, vers 1940, *«releveur de»* ... compteurs : c'est un travailleur typique, bien identifié à son entreprise, une figure d'emblée populaire et sympathique qui apparaît alors dans les sociétés développées et que les honnêtes gens, ici comme ailleurs, vont généralement placer très haut dans leur échelle d'appréciation, près des facteurs, des pompiers ou des maîtres d'école de l'époque. Certes, il y aura bien quelques mauvais payeurs qui le jugeront «aussi impopulaire que des fourmis à un pique-nique[69]», mais ces fâcheux semblent l'exception.

---

69. *«Life of meter-readers is varied and thrilling one»*, op. cit.

Ses patrons attendent de l'oiseau rare qu'il lise les compteurs, certes, et la chose est relativement aisée même s'il arrive que lesdits compteurs soient installés dans des coins impossibles, au fin fond de greniers poussiéreux où dans d'invraisemblables

sous-sols malsains et nauséabonds. Mais à ces époques où les abonnés déplorent le coût des services, en ces temps difficiles pour les compagnies où l'opinion trouve à redire sur leurs profits, on attend des releveurs encore qu'ils soient de fervents défenseurs de la juste cause des distributeurs. Et la chose est beaucoup moins facile. Alors, inlassablement on enfonce encore le clou et on entretient sans relâche le préposé dans cette idée qu'en contact constant avec l'abonné il est l'une des pièces maîtresses du dispositif de relations publiques de l'entreprise. Cela donne, dans les journaux internes, des messages du genre : *« Il est de la plus haute importance que les employés du département des préposés aux compteurs soient parfaitement au courant des affaires de leur Compagnie. Ils devraient profiter de toute occasion possible, dans leurs relations avec les clients pour mettre en lumière les raisons d'agir de la Compagnie[70]. »*

On lui a tellement dit et redit, au préposé, d'être aimable qu'il l'est généralement et au tout premier sens du terme, et à l'occasion certains d'entre eux redouteront les élans d'amabilité de quelques âmes esseulées en mal d'affection. Mais c'est une chose dont on ne parle jamais à l'époque – en tout cas on ne l'écrit pas – lorsqu'on évoque les risques de leur métier. Non, ce dont on parle, ce dont on parlera le siècle durant, ce sont... des chiens.

Ont-ils été mordus, dans l'histoire des compagnies, les releveurs de compteurs ! Pas un article sur eux dans les journaux d'entreprise sans que Médor, Tex, Fido et autres *« bêtes à poil »* soient mis en scène. *« Tous les préposés aux compteurs aiment les chiens*, avance, facétieux, le journal de la MLH&P. *La plupart des chiens trouvent le préposé aux compteurs délicieux. Les uns préfèrent le mollet, d'autres le siège du pantalon...[71] »*

Le préposé aux compteurs de l'époque est une vedette médiatique et il arrive que de grands journaux consacrent des articles à la vie mouvementée de ce sympathique travailleur. On y parle... de chiens, de morsures et de pantalons déchirés.

---

70. *« Le préposé aux compteurs et ses relations avec le public »*, *ibid.*, août 1924.

71. *« Voyez le préposé aux compteurs comme il lit et court »*, *ibid.*, juillet 1929.

Et que ceux qui penseraient que les préposés aux compteurs du début du siècle exerçaient, en dépit de ces risques canins, un métier bien tranquille et enviable à côté de celui de leurs confrères monteurs méditent un peu sur les exigences de rendement qu'on imposait aux releveurs de l'époque. Un journaliste mentionne que le préposé le plus méritant de la MLH&P, un dénommé D. Dobby, atteignit le record de 144 710 lectures de compteurs dans l'année 1929, soit 499 par jour ou 62 à l'heure en moyenne annuelle[72]. L'histoire ne précise pas si celui-ci sut trouver le temps de répondre « *d'une manière intelligente, honnête et juste* » aux questions de ses clientes. Elle ne précise pas non plus s'il était « *courtois, utile, gracieux et aimable* »...

En 1942, portant cette fois un bel uniforme, ils seront 26 « releveurs de compteurs » à la même MLH&P.

De nouveaux métiers au service de la collectivité vont vite nous devenir aussi familiers que pouvaient l'être autrefois ceux de prêtre, d'institutrice de rang, de docteur ou de facteur. Ce seront d'autres professions riches en traditions et hautes en couleur : les électriciens, ces artisans si fiers de leur travail qu'ils revendiqueront le statut de « *maîtres* », les émondeurs, ces coupeurs de branches que l'on n'aime pas forcément, les monteurs, ces faiseurs de lumière qu'on plaint souvent et que l'on admire toujours aux heures les plus difficiles, ou les releveurs de compteurs, ces artisans du « *compte des lumières* », comme

---

72. « *Life of meter-readers is varied and thrilling one* », *op. cit.*

on dit à l'époque. On va s'habituer à la «*forêt de poteaux*» qui va modifier tous les décors urbains, accepter que chaque rue de nos villes soit enlaidie par les lignes, tolérer que des fils au toucher possiblement mortel courent à quelques pieds au-dessus de nos têtes. Si peu de temps pour tant de changements, à peine une vie d'homme et la génération suivante qui tiendra le tout pour acquis et ne remettra rien de tout cela en cause…

➤ Touche pas à mon arbre !

Arbres et réseaux électriques font assez mauvais ménage là où ils cohabitent, particulièrement en zone rurale ou montagneuse, mais aussi dans beaucoup de secteurs résidentiels. C'est vrai aujourd'hui, c'était vrai hier, en fait ce le fut à la première ligne installée. Une branche dans les fils est un risque de panne. Les distributeurs n'ont guère le choix, ils coupent. Dans toutes les compagnies du début du siècle, à l'implantation des premières lignes, on ne met pas de gants blancs, on coupe, et pas seulement les branches, mais bien souvent les arbres entiers.

Mais, très vite, l'électricité étant d'abord installée dans les quartiers cossus des villes, le plus souvent les plus verts, les plaintes vont s'accumuler. Les abonnés veulent, certes, l'électricité, mais ils aiment leurs arbres et manifestent à leur endroit un instinct farouche de propriété qui fait que nombre d'entre eux voient rouge quand les «*lignards*» s'arrogent le droit d'y toucher.

Car c'est à leurs monteurs que les compagnies ont d'abord fait appel pour dégager les lignes. Ainsi à l'occasion doivent-ils se muer en bûcherons, ce qui les ennuie le plus dans leur travail. Non seulement la tâche en elle-même les rebute, mais ils doivent souvent faire face aux propriétaires des arbres qu'ils taillent ou coupent, et la chose ne se déroule pas toujours à l'amiable.

Une compagnie va prendre le problème au sérieux, la SW&P qui, gérant les réseaux les plus étendus en zones boisées, met sur pied un service d'émondage dès juin 1934. C'est elle qui, la première au Québec, comprend qu'il lui faut agir pour rendre les coupes acceptables. Sous la plume d'un dénommé H. Crissinger, son *Bulletin* publie plusieurs articles à la fin des années 30, exposant clairement la situation. *«Autrefois,* écrit Crissinger, *les ouvriers, ne sachant pas comment entretenir les arbres, croyaient qu'ils n'auraient pas dû exister et semblaient souvent agir comme si la meilleure manière d'émonder un arbre était de le faire mourir. Cette manière d'agir a créé beaucoup d'animosité et de ressentiment. Depuis quelques années cependant, les employés de la compagnie Shawinigan ont appris à émonder les arbres tout en ayant égard aux sentiments du public. »*

Les grandes lignes des politiques d'émondage des entreprises sont alors définies et dureront jusqu'à nos jours : la compagnie, qu'elle sous-traite l'émondage ou qu'elle le réalise, en assume tous les coûts, tout en faisant en sorte que le service satisfasse le propriétaire. Deux consignes à cet effet aux émondeurs : coupez bien sûr tout ce qui touche aux lignes, mais, ce faisant, enlevez *«les branches mortes, malades ou inutiles, améliorant par là la santé et l'apparence de l'arbre »*.

C'est la SW&P qui va donner à l'époque ses premières lettres de noblesse à l'honni émondage.

On est à l'hiver 1944. Il semble probable que la guerre en Europe s'achève bientôt. Une guerre qui, elle aussi, sera bien différente de ce qu'étaient les guerres précédentes, et ce, dans une large mesure, compte tenu de l'électricité. Ce sont des industries qui s'affrontent sur les champs de bataille. C'est 180 000 avions de guerre que le continent nord-américain va produire à l'époque, créant ainsi une demande fantastique d'aluminium à laquelle le Québec répondra pour un solide tiers, grâce à son électricité. La province est devenue le temps d'une guerre l'un des plus importants centres de production de matériel militaire pour les Alliés. Ses industries électrochimiques et métallurgiques, tout particulièrement énergivores, vont tourner à plein régime. Les trois grands producteurs d'électricité québécois, la MLH&P, la SW&P et la Saguenay Power sont presque *«mobilisés»*, au sens militaire du terme, par le gouvernement fédéral, un bouclier efficace contre les velléités de nationalisation par Québec. Ces entreprises augmentent de plus d'un tiers leur production, les turbines tournant au maximum de leur capacité. L'essentiel va aux usines de canons, de navires, d'avions ou de munitions alors qu'on réduit considérablement la fourniture d'énergie aux commerces, aux municipalités et aux industries non directement liées à l'effort de guerre comme les pâtes et papiers. On peut objectivement affirmer que l'industrie privée de l'électricité québécoise a joué un rôle déterminant dans cette guerre et qu'elle peut prétendre à sa part de mérite dans la victoire canadienne que l'on pressent.

Peu enclines à la modestie, on le sait, les compagnies ne manqueront évidemment pas cette occasion de « *s'auto-louanger* ». Citons ici James Wilson, le président du temps de la SW&P, évoquant les « *efforts titanesques* » conjoints des trois producteurs du Saguenay, du Saint-Maurice et du Saint-Laurent, « *un triomphe pour les ingénieurs canadiens* ». Emporté par l'enthousiasme, Wilson n'hésite pas et avance : « *Il est douteux qu'ailleurs sur le continent nord-américain on ait pu obtenir une plus grande efficacité*[73]. » C'est ce même Wilson qui affirme le 16 février, alors même qu'à Québec on mitonne le projet de loi qui nationalisera la MLH&P : « *Le capital privé et l'initiative privée ont donné ces résultats*[74]. » Son collègue John Norris, président de la MLH&P, va beaucoup plus loin en présentant, devant ses confrères actionnaires, « *l'énorme contribution de la compagnie à l'effort de guerre canadien* ». Il déclare alors : « *Je laisse au public* [le soin] *de juger si ce vaste développement, exécuté économiquement et sans ostentation, aurait été possible si le gouvernement avait été propriétaire de notre entreprise*[75]. »

➤ *Une conséquence inattendue des mesures de guerre*

> Avant la guerre de 39-45, les lectures de compteurs étaient faites au mois par les distributeurs d'électricité, tout comme la facturation aux abonnés et la perception des comptes. La rareté des autos pendant le conflit et le rationnement du carburant et des pneus engage les compagnies à ne faire relevés et factures que chaque deux mois à compter du début des années 40. Le *Journal* de la Shawinigan en août 1944 tire cette conclusion de l'expérience : « *La pratique de facturer bimestriellement adoptée comme mesure de guerre est tellement satisfaisante que l'on ne reviendra sans doute jamais aux factures mensuelles.* »
>
> Bonne prédiction. C'est, depuis et jusqu'à aujourd'hui, tous les deux mois que l'on facture l'électricité aux abonnés domestiques québécois.

Et voilà que, dans ce climat d'euphorie, le gouvernement d'Adélard Godbout avance dans son consternant projet d'« *accaparement* » des biens d'une personne morale aussi méritoire. À l'évidence et jusqu'au bout, on n'y croira pas au « *Power Building* », sinon comment justifier l'étonnante résistance qu'opposera la compagnie au projet législatif jusqu'à la veille de son adoption ? On croit entendre ses dirigeants : elle a tout fait, la Montreal Light, Heat, elle donne un bon service, elle a baissé ses tarifs plus qu'aucune

---

73. « *Québec est prêt pour l'après-guerre* », allocution de James Wilson, publiée dans la revue commerciale et financière de la *Gazette de Montréal*, 4 janvier 1945.

74. « *Remarques de M. James Wilson, président de The Shawinigan Water & Power Company, à l'assemblée générale annuelle tenue à Montréal le 16 février 1944* », Archives d'Hydro-Québec.

75. « *Contre la confiscation* », allocution de John Norris à l'assemblée annuelle des actionnaires de la MLH&P, Montréal, 16 février 1944.

autre de ses consœurs sur le continent, elle aide Ottawa à gagner la guerre, elle a fait de Montréal une des plus grandes cités économiques en Amérique, et voilà que ces politiciens de Québec veulent mettre un terme à sa marche triomphale !

Leur guerre, les patrons de la MLH&P vont la médiatiser dans une croisade d'opinion d'une envergure rarement atteinte dans l'histoire de Montréal. Les journaux anglophones prennent assez spontanément sa défense et on inonde la presse francophone de publicité. On publie des brochures. On commandite un feuilleton radiophonique sur CKAC, *La famille Jolicœur,* où les personnages avec un gros bon sens démagogique émettent tout ce que l'on peut imaginer de poncifs caricaturaux sur l'inefficacité des fonctionnaires, la jalousie des gens de Québec à l'égard de la métropole et se félicitent des excellents services obtenus de leur si bon « *Power* » montréalais. Le résultat de l'incorporation de cette propagande presque diffamatoire au texte du feuilleton est tellement gros que la direction de CKAC se pose des problèmes d'éthique et finalement « *défend ce genre de présentation*[76] ». Qu'importe, on achète du temps d'antenne avant la mise en ondes du feuilleton et tous les soirs de la semaine, durant cinq minutes, *Le Courriériste de MLH&P*[77] expose les vues de la compagnie et répond aux prétentions québécoises d'acquisition du joyau montréalais. C'est d'une partialité sans fard et d'une agressivité manichéenne inouïe. La bête est aux abois et elle mord. Des exemples ? *Le Courriériste* fustige la future Hydro-Québec : « *imaginée, conçue et élaborée dans la haine qu'ont les gens de Québec contre toutes les institutions de la métropole,* [elle] *est le plus formidable attentat d'un gouvernement contre la propriété de ses sujets* ». Il caricature le gouvernement : « *Tout ce qu'il encourage languit, tout ce qu'il dirige va mal, tout ce qu'il conserve périt.* » Il diabolise son projet de « *confiscation* » : « *qui, selon nous, constitue le plus formidable abus de pouvoir jamais perpétré dans aucun pays !* » Il vomit sa loi créant la Commission hydroélectrique : « *injuste, vexatoire, spoliatrice pour les actionnaires de la MLH&P et pour toute la population par le dangereux précédent qu'elle crée* »…

Le 14 avril 1944, Hydro-Québec naissait.

---

76. « *Ceci vous concerne* », *Entre-nous*, MLH&P, janvier 1944.

77. *Le Courriériste de MLH&P*, 1944, Archives d'Hydro-Québec.

FERME
BIEN ÉLECTRIFIÉE

BÉDARD

2

*La campagne
de l'électrification
rurale*

La longue noirceur rurale

L'électricité est arrivée en ville chez les familles
très aisées dans les deux dernières décennies
du XIXᵉ siècle, chez les familles de classe moyenne
avant la Première Guerre mondiale et chez tous
les citadins ou presque aux alentours de 1925.
Mais le Québec rural, lui, est alors toujours en partie
dans le noir. Il n'en sortira graduellement et
péniblement qu'à compter de la seconde moitié
des années 30. L'installation des réseaux ruraux
s'étendra encore sur un peu plus de 25 ans.
L'ensemble des campagnes québécoises,
ou presque, sera considéré comme totalement
électrifié en 1963, une mise en place sur presque
huit décennies: tout de même pas un modèle
de rapidité.

À la question «*Qu'est-ce que l'électrification rurale?*», l'agronome Albert Rioux, président dans les années 30 de l'Union catholique des cultivateurs (l'UCC), l'un des principaux promoteurs de l'électrification des campagnes et auteur d'une thèse de doctorat sur le sujet, répondait: «*C'est l'électricité mise à la disposition des ruraux, comme elle l'est déjà au service des citadins*[1].»

Qu'on ne s'y trompe pas, cette façon de répondre à la question était loin d'être anodine, légère ou gratuite. Ce que demandait le monde rural d'avant la Seconde Guerre mondiale – et qu'on ne cessait, dans les faits, de lui refuser – c'est, ni plus ni moins, l'égalité avec le monde urbain, l'accessibilité aux mêmes services électriques que ceux dont disposaient les villes et les gros villages depuis une ou deux générations, le droit des ruraux d'avoir accès à l'électricité. C'est l'égalité de traitement devant un service jugé de plus en plus indispensable à la vie quotidienne et au développement économique. Cela peut sembler absolument normal et légitime aujourd'hui. Ça ne l'était à l'évidence pas à l'époque, alors que les seules lois économiques régentaient la mise en place de l'industrie privée de l'électricité au Québec et dictaient l'expansion des réseaux de distribution sur le territoire.

Un thème fréquemment repris dans les publicités des compagnies privées à l'intention du monde rural : le fier cultivateur, jeune, costaud, sur fond de ferme bien électrifiée.
(Illustration: Shawinigan Water & Power)

Pas d'argent, pas de courant!

On peut l'écrire de bien des façons, le simple et froid constat maintes fois fait par les compagnies privées de l'époque est qu'il n'est pas payant pour elles d'aller vendre leur produit dans

---

1. Albert Rioux, «*L'électrification rurale au Québec*», Sherbrooke, Imprimerie Le messager St-Michel, 1942.

les campagnes. C'est le discours que le groupe Shawinigan tiendra jusque vers les années 40 et celui que maintiendront tout au long de leur existence la plupart des autres distributeurs privés d'avant Hydro-Québec.

René Dupuis est l'un des cadres francophones en vue de l'industrie privée de l'époque, futur fondateur de l'École de génie électrique de l'Université Laval et commissaire d'Hydro-Québec. Élevé sur une ferme par des parents cultivateurs, alors assistant surintendant général de la QPC, il écrira en 1940 : « *Plus j'étudie le problème de l'électrification rurale dans notre pays, plus je me convaincs qu'il n'existe pas d'électrification rurale proprement dite. L'électricité est partie des villes pour se rendre dans les campagnes et elle a pu se développer avec une certaine aise seulement aux endroits où les conditions de la ville existaient à la campagne* [...] *Je suis encore à la recherche de l'endroit où l'électrification a été réellement rurale, c'est-à-dire où elle a atteint avec succès la ferme moyenne et la petite ferme*[2]*.* »

➤ *Le fermier des années 30 : comment le convaincre de passer à l'électricité ?*

Les distributeurs d'électricité se désolent. Leurs vendeurs dans les rangs ont beau se démener comme des diables, rien n'y fait : les cultivateurs boudent littéralement l'électricité. On leur explique qu'une pompe mue à l'électricité pourra leur donner les 500 gallons d'eau requis quotidiennement par leurs 20 vaches et ne leur coûtera qu'un kilowattheure par jour, eh bien non ! C'est à croire qu'ils préfèrent porter l'eau.

C'est l'époque où les compagnies du groupe Shawinigan font le calcul que leurs employés, dans l'immense majorité venus fraîchement du monde rural, doivent pouvoir les aider à sortir du marasme et enfin pénétrer le marché des agriculteurs. On les sollicite sans vergogne à cet effet dans les journaux d'entreprise :

« *Voici l'occasion de rendre service à vos voisins cultivateurs en augmentant vos revenus personnels et ceux de la compagnie. Vendez des appareils agricoles aux fermiers !* »
Comment ? La compagnie qui pense à son affaire, ici la Shawinigan dans son *Bulletin*, explique longuement les réticences du fermier, effrayé à l'idée de se payer tout l'équipement disponible d'un seul coup. C'est une approche « à petits pas » que conseille l'entreprise : faites-lui d'abord acheter un appareil qui se paiera par lui-même et produira l'argent de l'achat d'un second. À cet effet, les scribes de la compagnie pondent cette édifiante parabole. C'est presque « *Perrette et le pot au lait* [électrique] » :

« *Prenez l'exemple théorique d'une ferme de 100 arpents en culture, sur laquelle on a 100 poules et une douzaine de vaches laitières. L'éclairage électrique du poulailler en hiver fera augmenter suffisamment la ponte pour payer, dès la première année, l'installation et le courant utilisé et donner un excédent de profit appréciable. Investi dans une pompe, ce profit fournira de l'eau en quantité pour abreuver les vaches et les poules. L'augmentation de la production d'œufs et de lait permettra d'acheter un*

---

2. « *L'électrification rurale* », conférence donnée par René Dupuis au congrès des agronomes, automne 1940, Archives d'Hydro-Québec.

refroidisseur à lait qui gardera le lait en parfait état et fera augmenter le montant des chèques mensuels de la laiterie. Le surplus d'argent reçu permettra d'acheter une moulange de ferme qui permettra l'utilisation du grain produit sur la ferme pour la préparation des moulées, réduisant ainsi les coûts de production des œufs et du lait. Cette économie utilisée pour acheter des éleveuses à poussins donnera des poulettes et des cochets plus vigoureux et fera diminuer la mortalité durant la période d'élevage. Le produit de la vente de ces oiseaux de haute qualité pourra être investi dans un chauffe-eau pour les abreuvoirs des vaches et des poules : plus d'eau bue, plus de lait et plus d'œufs produits, plus de bénéfices. Nous pourrions continuer presque indéfiniment.»

La force de ventes de la SW&P, en 1955.

Là, chez Jean de La Fontaine, Perrette ne se sentant plus d'exaltation devant tant d'abondance, sautait de joie, le pot se cassait et la pauvrette n'avait plus que ses yeux pour pleurer. À la «Shawi», non. L'heureuse parabole est plutôt suivie d'un trivial message de la direction en «*happy end*» : «*Vendez ! En plus de la commission ordinaire vous gagnerez peut-être un des magnifiques prix offerts par la division des Ventes de Pouvoir.*» On savait faire de la vente en ce temps-là !... sauf que les habitants continuaient de ne rien vouloir entendre.

On l'a dit, l'électricité au début de l'industrie est moins un service public garanti à l'ensemble de la collectivité qu'un produit de luxe destiné aux plus nantis. Le modèle de développement est un peu partout le même dans les sociétés industrielles de l'époque. Les années d'expérimentation passées, alors que les premiers groupes thermiques installés ne permettaient que l'éclairage de quelques rues et de rares résidences cossues, forcément urbaines, les énormes travaux d'aménagement hydroélectriques vont être avant tout conçus et exploités pour répondre aux besoins de la grande industrie dont la croissance se fait à l'époque en parallèle.

Tout cela, on l'a abondamment mentionné, est mené non pas au nom de quelque fin philanthropique de service à la communauté, mais bien en vertu de l'opportunisme d'affaires des promoteurs de l'électricité... Ils ne se sont pas donné la «*mission*» d'électrifier, non, ils brassent des affaires, point. Ces gens-là au Québec et leurs confrères ailleurs dans le monde ont constaté de longue date que, si l'on pouvait faire des profits en électrifiant villes, gros villages et zones industrielles, il y avait, *a contrario*, beaucoup d'argent à dépenser sans garantie de revenus lorsqu'il s'agissait de rejoindre les rangs. Pourquoi perdre de l'argent alors que, par nature, ils sont là pour en faire ?

En d'autres termes, les compagnies ont été conçues et sont nées pour alimenter peu de clients riches, particuliers, industriels ou communautés urbaines consommant beaucoup d'énergie, activité particulièrement rentable. Au bout de trois ou quatre décennies d'activité de ce type, l'expérience a montré aux distributeurs que le raccordement, par de courts réseaux nécessitant peu d'investissements de nombreux petits abonnés groupés sur un territoire donné, qui consomment chacun, peu d'énergie, mais, globalement, beaucoup, pouvait être tout aussi payant. Mais qui aurait pu faire entendre à ces promoteurs qu'ils auraient dû aussi, au nom d'on ne sait quel raisonnement forcément antiéconomique, aller vendre à perte leur précieuse énergie tout au bout du rang *« du cochon qui tousse »*, au fin fond de nulle part ?

L'argument est solide et motivera longtemps le fait que les compagnies ne s'intéresseront tout simplement pas à la distribution en campagne. Heureuse MLH&P, véritable poule aux œufs d'or, aux activités concentrées sur l'île de Montréal avec sa forte densité de population justifiant l'installation rentable de lignes à la grandeur de son territoire et qui n'a pas à se préoccuper de ce problème. Mais la donne est différente pour les autres compagnies qui, elles, couvrent les territoires du Québec profond, en grande partie agricole. Bien sûr, elles ne se sentaient aucunement l'obligation d'aller avec des installations coûteuses servir les colons du fin fond des rangs. Non, l'assistance à l'habitant pris dans le noir n'était pas leur vocation. Encore devaient-elles s'en justifier devant une opinion généralement méfiante et soupçonneuse à leur endroit.

Ainsi, les compagnies n'iront longtemps en zone rurale que pour planter les poteaux des lignes de leurs réseaux de transport tirées entre les centrales de production et les villes, les usines ou les gros villages de leur territoire. En chemin, bien sûr, elles construiront çà et là quelques sous-stations et électrifieront des rangs à proximité immédiate des grosses lignes. Que les heureux fermiers bénéficiaires du précieux service ainsi accessible en aient profité, tant mieux, mais l'exemple ainsi créé ne donnait aucun droit aux autres cultivateurs d'exiger le même traitement.

L'aventure n'étant pas à première vue rentable, les compagnies privées ont toutes les raisons du monde de ne pas la tenter. Cette façon de poser le problème se traduit par un cercle vicieux : pas d'argent, pas de ligne ; pas de ligne, pas d'électricité, pas d'électricité pas d'argent. Il faudrait bien finir par briser le cercle ! Qui en prendrait alors la responsabilité ?

Ailleurs, d'autres modèles de développement existent qui contournent efficacement le problème. Car le phénomène, bien évidemment, n'est pas seulement québécois. Un peu partout dans le monde de l'époque, on s'interroge aussi sur la pertinence économique d'électrifier les campagnes. Celles de nombre d'États américains resteront ainsi dans le noir tout aussi longtemps que les campagnes québécoises. Mais certains États, de même que quelques pays plus préoccupés que d'autres par l'injustice de cette situation, vont agir beaucoup plus rapidement pour corriger le tir. C'est ce que l'on constate assez généralement en Europe à compter des années 20[3] et en Californie, notamment. Mais l'exemple le plus frappant, celui qui par sa proximité suscitera le plus d'envie et d'intérêt dans le monde rural et politique québécois, est, bien sûr, le cas ontarien. Chez ce voisin, on fait de la distribution en zone rurale depuis la création d'Ontario Hydro en 1906, clairement mandatée à cet effet par le législateur. C'est surtout à partir de 1921, alors que le gouvernement adopte le *Rural Hydro-Electric Distribution Act*, que les campagnes vont être de plus en plus électrifiées. La loi prévoit des subventions de l'État aux distributeurs d'électricité (généralement les municipalités) de l'ordre de 50 % du coût global de construction des nouveaux réseaux ruraux. En 1930, le Parlement ontarien ira encore plus loin en adoptant le *Rural Power District Service Charge Act*, remboursant les distributeurs quand leurs coûts de fourniture dépassent le montant entendu qu'ils peuvent facturer aux clients ruraux. Encore plus progressiste, le gouvernement adopte, cette même année 1930, une autre loi offrant une formule de prêts de 1 000 $ ou plus, à intérêts minimes, consentis directement aux cultivateurs pour qu'ils puissent se raccorder au réseau et s'équiper en appareils électriques[4].

Dans ces conditions favorables, l'électrification des zones rurales ontariennes se fait à l'époque beaucoup plus rapidement qu'ici. En 1941, seulement 18 % des fermes québécoises seront électrifiées contre un peu plus du double, soit 36,8 %, en Ontario[5].

Cette évolution ontarienne est évidemment sous la loupe des compagnies privées, du gouvernement du Québec et des tenants de l'électrification des campagnes québécoises. Chacun tire les conclusions qu'il souhaite de l'exemple interventionniste du voisin. Certains politiciens souhaitent l'application pure et simple du modèle de l'Ontario au Québec. Ce n'est évidemment pas l'avis des compagnies privées, par nature hostiles à l'idée de voir le gouvernement intervenir dans leurs affaires. La plupart, aux quatre coins du Québec, vont rester sur leurs positions, indisposant à leur encontre les autorités régionales et le gouvernement de la province. D'autres montreront plus de compréhension face au

---

3. Ici, une nuance fondamentale doit être faite entre le type de répartition des fermes en territoire européen et celui que l'on trouve en Amérique du Nord. « *Si, dès 1930*, explique Guy Desormeau, l'un des ingénieurs vedettes de cette histoire, *l'Europe rurale est pratiquement électrifiée alors que les États-Unis et nous ne le sommes qu'à 10 %, c'est que les cultivateurs de là-bas sont généralement regroupés en villages alors que ceux d'ici habitent sur leur terre. Électrifier un village, c'est techniquement facile et économiquement rentable pour le distributeur. Les Européens vont donc le faire vite et bien. Ici, il faut rejoindre les fermes une à une, un processus totalement différent qui, effectivement, sera beaucoup plus long à réaliser.* »

4. Voir à ce sujet Yves Tremblay, « *L'Histoire sociale et technique de l'électrification du Bas-Saint-Laurent, 1888-1963* », Sainte-Foy, Les Presses de l'Université Laval, juin 1993.

5. Selon Marie-Josée Dorion, dans son mémoire de maîtrise « *L'électrification rurale du centre du Québec, rive sud du fleuve, 1920-1963* », Trois-Rivières, Université du Québec à Trois-Rivières, 1997.

problème et manifesteront une volonté plus évidente de participation à sa solution. À ce jeu-là, le groupe SW&P tranchera nettement dans le lot des distributeurs à compter des années 40. René Dupuis évoquera ainsi le problème devant un parterre d'agronomes réunis en congrès en 1940: «*Qui va trouver la solution du problème d'électrification rurale, Messieurs? Est-ce le gouvernement, non! Est-ce le gérant de l'une ou l'autre des compagnies distributrices d'électricité? Pas plus! Est-ce la politique? Non! Est-ce enfin le transfert intégral des méthodes d'électrification de la Suède, de la Norvège, de la France, des États-Unis, de l'Ontario? Pas davantage[6]…*»

Alors qui? Le groupe Shawinigan qui, dans les années 30, feignait totalement d'ignorer le problème, va devenir en fait beaucoup plus préoccupé par le dossier qu'il le laisse paraître. À la grande différence de la MLH&P et d'autres distributeurs privés au Québec, SW&P et sa filiale de Québec, QPC, distribuent leur produit sur à peu près tout ce que le Québec compte de meilleures terres agricoles, des deux côtés du Saint-Laurent. Si leur consœur montréalaise peut en pratique ignorer, sans conséquence sur son image et ses pratiques d'affaires, le problème de l'alimentation des cultivateurs, elles, en revanche ne le peuvent pas. Si leurs autres collègues en région peuvent afficher leur désintéressement total de ce secteur en fonction de sa faible vigueur économique locale, elles ont tout à craindre de se mettre à dos un milieu agricole actif, vivant et bien représenté politiquement à Québec. Leur cheminement, des années 30 jusqu'à la fin des compagnies privées en 1962, dans le dossier rural ne sera pas linéaire, mais, d'abord ponctué d'avancées et de reculs, d'hésitations et d'initiatives étonnantes, puis d'une participation enthousiaste et sans réserve, imaginative et féconde, au gré d'une histoire attachante à plus d'un titre.

Les compagnies «font des sacrifices pour aider au progrès de la classe agricole dans cette province». *Leurs monteurs aussi. Sur cette photo publiée dans le journal interne de la SW&P, on voit trois hommes de la division Beauharnois du département Clientèle et Distribution. Honoré Montpetit, Raymond Hogue et Alex* («Bulldozer») *McKenzie, travaillant dans les terres noires de Sainte-Clotide.* «Il leur fallut travailler, *dit la légende de la photo,* dans l'eau boueuse à la ceinture pour creuser les trous, planter les poteaux et les consolider avec de grosses pierres. Cela se passait le 15 mai 1946.»

---

6. *Ibid.* Note 2.

➤ *Colons de colons!!! Ces fermiers n'y comprennent décidément rien!*

On sentira, tout au long des années 30, cette incompréhension réelle et totale au sein des dirigeants du groupe Shawinigan devant l'obstinée volonté d'une majorité de cultivateurs des territoires qu'il dessert de ne pas, ou si peu, utiliser ses services.

Autre tentative pour provoquer le changement, on va émettre, en 1937, pour aider les employés qu'on envoie à l'assaut des têtus de colons, une petite brochure supposée répondre *« à la plupart des questions que l'on se pose sur l'électrification rurale »*. De lecture facile, questions et réponses enchaînées, pas de longs textes, juste les faits tels qu'ils sont présentés par la compagnie, c'est un pur outil de propagande. Mais le ton employé est, à l'évidence, assez maladroit. Le groupe est de mauvaise humeur vis-à-vis du fermier québécois moyen, et ça transparaît.

La force de ventes de la SW&P, en 1957.

L'argutie est simple. On démontre dans un premier temps, chiffres comparatifs à l'appui, que *« dans le territoire desservi par la Shawinigan, le fermier peut se procurer le service électrique à meilleur marché que dans n'importe quel district rural de l'Amérique du Nord »*. On s'attache ensuite à faire des comparaisons avec l'Ontario en démontrant que l'électricité y est plus chère et les pratiques commerciales plus compliquées et que malgré cela les avisés fermiers ontariens consomment trois fois plus d'électricité que leurs confrères québécois.

Et l'on enfonce le clou dans la tête de l'habitant, aux limites passées de la redondance, par 35 autres questions-réponses aboutissant toutes à la même conclusion: son voisin anglais est pas mal plus rusé que lui, s'y prend beaucoup mieux que lui, sera plus riche que lui. C'est verbeux, hautain, en définitive parfaitement inefficace. Certain que ce n'était pas là la bonne méthode pour convaincre Jean-Baptiste du quatrième rang de Saint-Chose!

La Shawinigan fera beaucoup mieux quelques années plus tard en laissant ce discours à des hommes de terrain: les agronomes.

Les deux compagnies, SW&P et QPC, sont manifestement traversées par plusieurs courants identiques qui, à tour de rôle, prendront le dessus les uns par rapport aux autres. Elles sont à la fois solidaires, par leur actionnariat et leur direction, mais en compétition étonnante, et à l'analyse, fructueuse en ce qui regarde les membres de leur personnel, chacun persuadé que sa compagnie fait mieux que l'autre sur le plan du service à la clientèle. Certes, la recherche du meilleur profit est la ligne de conduite maîtresse du groupe, mais ce serait le caricaturer à outrance que d'analyser ici ses actions selon ce seul critère.

Oublions un instant le grand actionnariat anglais, américain ou montréalais qui préside aux destinées du groupe et qui en perçoit les gains d'exercice, il reste que la SW&P, tout comme la QPC, sont des compagnies parfaitement bien intégrées à leur milieu, solidaires des enjeux du développement collectif des régions où elles s'activent. Leurs employés, personnel de terrain et d'encadrement, sont tout à fait en prise avec les collectivités dont ils émanent et où ils travaillent. Il y a des agriculteurs souffrant du manque d'électricité dans leur famille ou leur entourage immédiat.

La SW&P et sa filiale francophone, QPC, sont des compagnies dotées d'une très solide culture interne où l'on a de tout temps entretenu l'esprit « clientèle » et la notion de service aux abonnés, de façon probablement plus profonde, franche et systémique que dans la MLH&P, toujours suspecte à cet égard. Ce sont encore, toutes deux, des compagnies qui ont de réelles raisons de craindre pour leur survie à terme et qui craindront encore davantage après la disparition en 1944 de leur compagnie de route montréalaise. Ce sont enfin des entreprises au fort bagage technique, qui tiennent à leur réputation d'efficacité, des compagnies qui, à la différence d'autres de leurs consœurs du réseau des distributeurs québécois de l'époque, répugnent à s'avouer vaincues par l'adversité ou incapables de trouver des solutions par elles-mêmes aux problèmes qu'elles rencontrent.

Bref, des forces contradictoires sont en jeu à l'interne qui vont influer sur l'attitude publique des compagnies et orienter leurs décisions d'affaires dans l'épineux dossier de l'électrification des campagnes. Quand les premières pressions pour que les distributeurs étendent leurs réseaux en zones rurales commencent à se manifester, disons, grossièrement, après 1925, la Shawinigan, comme ses consœurs, fait d'abord la sourde oreille et adopte un profil plutôt bas dans ce dossier. C'est que ses premières expériences de distribution rurale se révèlent alors assez négatives. Elle gère déjà quelques lignes sur des rangs proches de son réseau de transport. De plus, elle fait à l'époque, début des années 30, la promotion soutenue, auprès des fermiers raccordés, du matériel électrique agricole alors sur le marché. Mais que constate-t-elle dans un premier temps ? Que les cultivateurs hésitent à se raccorder au réseau passant devant leur porte. Certes, la plupart des fermiers relativement aisés – ne parlons pas ici des plus riches, mais bien des moins pauvres – à qui l'on offre le service font « *filer* » leurs installations et la maison, mais beaucoup y renoncent. En dépit des facilités de paiement offertes par la compagnie, bien des cultivateurs estiment qu'ils n'ont tout simplement pas les moyens de se payer le « *service de pouvoir* », largement perçu alors comme un luxe.

Le *Journal* de la « *Shawi* » déplore en mars 1935 : « *Il y a encore 4 000 maisons sans installation électrique le long de nos réseaux de distribution. C'est le désir de la compagnie que chacune de ces maisons soit raccordée à nos réseaux du moment qu'il y a possibilité pour le client de payer l'installation et les factures d'électricité[7].* » Car, bien sûr, c'est sur cette question de capacité financière du client fermier que le bât blesse.

Dans ces conditions, le service rural coûte cher aux compagnies et se rentabilise à peine, les fermiers, pauvres comme on pouvait être pauvre dans le Québec profond du temps de la Grande Crise, se révélant, de plus, être de piètres consommateurs d'énergie lorsque finalement ils sont raccordés. On a beau leur vanter, et on ne cesse de le faire à l'époque, l'efficacité des couches chaudes électriques[8], les incroyables avantages d'une broyeuse à grains[9], leur présenter une gamme complète de produits performants, des pompes, des chauffe-eau, des aérateurs d'étable, des trayeuses, des écrémeuses, des éleveuses de poussins et même des brouettes, tout cela électrique, bien sûr, les agriculteurs tergiversent et hésitent à s'endetter, ce qui est la clef de l'électrification des fermes. « *Le fermier québécois est aussi entreprenant que les autres, peut-être un peu plus économe, il est vrai…* », déplore-t-on du bout des lèvres chez les distributeurs[10].

La construction d'une ligne de distribution électrique en zone rurale, explique René Dupuis, coûte, selon les paramètres retenus, de 1 200 à 2 000 $ du mille. Pour couvrir ses frais de construction, de gestion et de distribution, la compagnie estime qu'elle doit percevoir annuellement un retour d'un minimum de 15 % sur son investissement. C'est dire, en comptant au plus bas, qu'une ligne construite au coût de 1 200 $ le mille doit lui rapporter 18 $ par mois. Douze abonnés sur la ligne payant chacun 1,50 $ par mois, l'affaire serait rentable pour tout le monde. Pour manifester sa bonne volonté, l'entreprise baisse le nombre à dix : dix clients au mille et la « Shawi » va construire. Seulement voilà, les cultivateurs jugent souvent la dépense hors de leurs possibilités et René Dupuis s'interroge : « *La question est de savoir si le cultivateur de notre province peut et veut tirer de l'électricité des avantages égaux à ce que ça peut lui coûter[11].* » On comprendra ce que sous-tend le raisonnement : l'électrification rurale est le problème des cultivateurs bien avant d'être celui des distributeurs d'électricité.

---

7. « *Campagne d'installation électrique* », *Bulletin*, SW&P, mars 1935.

8. Avec photo à l'appui, le *Bulletin* (juillet 1934) expose brièvement la technique des couches maraîchères chauffées à l'électricité et cite l'éloquent exemple que voici : « *Au cours du printemps dernier, le propriétaire de l'installation sema ou planta des radis et du céleri. La récolte de radis faite trente jours après l'ensemencement paya à elle seule tout le courant employé et le céleri fut prêt pour le marché deux semaines avant la récolte faite en couches au fumier.* » Hardi, les cultivateurs ! C'est payé par les radis ! Les céleris, c'est le profit ! Qu'attendez-vous, les amis ?

9. « *Moulée fraîche chaque jour, élimination des voyages au moulin, l'économie paie pour la machine en une année, le fermier paie seulement quand il emploie le moteur* », etc. Mais comment s'en passer ?

10. Léo Roy, « *Électrification rurale* », *Notre Revue*, QPC, décembre 1938.

11. *Ibid*. Note 2.

➤ *Le fermier, drôle de client :* « Il crie pour avoir l'électricité, mais ne s'en sert pas quand il l'a ! »

René Dupuis reste dans l'histoire d'Hydro-Québec comme un homme de pouvoir, l'un des tout premiers ingénieurs canadiens-français en électricité. Il est cadre supérieur dans le groupe Shawinigan quand, en 1940, il définit ainsi les attentes des distributeurs (comprendre la SW&P et la QPC) envers les agronomes :

« Qui va trouver la solution du problème de l'électrification rurale, messieurs ? [...] C'est vous, et si vous ne la trouvez pas, le problème ne sera pas résolu. Quand une solution économique saine et efficace sera trouvée, soyez sans inquiétude, elle sera appliquée. »

Il y a là de quoi vous motiver pour vrai un Jean-Paul Pagé (à moins que ce ne fût lui qui ait rédigé l'allocution de son directeur). Plus loin dans le même discours de Dupuis, prononcé à l'occasion du Congrès des agronomes de 1940, des considérations sur le nécessaire apprentissage des cultivateurs en disent long sur la mauvaise humeur (plus ou moins refoulée passé la fin des années 30) que cette clientèle éminemment rétive engendre chez ces compagnies : *« Vous-mêmes, messieurs, vous avez la plus grande tâche. Vous devrez parfaire l'éducation électrique du cultivateur, lui apprendre les usages et les avantages de l'électricité à la ferme. Savez-vous qu'actuellement plusieurs abonnés ne se servent pas de l'électricité à laquelle leur paiement minimum mensuel leur donne droit ! Combien d'autres voient les lignes passer à leur porte et refusent le service électrique mis à leur disposition pour un dollar par mois. »*

Qu'en termes polis ces choses-là étaient exprimées ! Tentons, une fois n'est pas coutume, une traduction moins civilisée, moins langue de bois : *« Vous êtes notre dernière chance, Messieurs. Cela fait des décennies que l'on essaie de faire rentrer quelque chose dans la tête des cultivateurs et il n'y a rien à faire. Sont plus butés que leur mule ! Consomment même pas ce à quoi ils ont droit ! Sont même assez gratteux, tiens, que, même à une piasse, ils ne se raccordent pas. »*

Mais on était en 1940 et le groupe Shawinigan avait décidé de mettre des gants blancs pour frapper à la porte du monde rural.

Allant au bout du raisonnement des distributeurs, les compagnies sont donc fondées, dans un premier temps, à prétendre à qui veut les écouter qu'il n'est ni logique ni économiquement justifiable de mettre en place des installations de distribution d'électricité coûteuses dans les campagnes alors que les consommateurs potentiels, les fermiers, sont réticents à acheter l'énergie dans la proportion qui permettrait de rentabiliser les investissements. Pensez-y, de s'indigner le journal de la Quebec Power : *« Un sur quatre clients ruraux utilise moins de 12 kWh par mois[12] ! »* (Sous-entendu : « Comment voulez-vous que l'on fasse des affaires dans ces conditions ! »)

---

12. *« L'électrification rurale »*, *Notre Revue*, QPC, juin 1939.

Équipe de la Quebec Power Company occupée au posage d'un fil sur une ligne de distribution à Cap-Saint-Ignace : Franck Langlois, Gérard Robin, Réginald Langlois, Georges Lemieux, Claude Paradis et Ulric Côté (été 1946).

La SW&P expose très clairement ce constat dans une étude qu'elle consacre en 1937 à l'électrification rurale. Ses analystes y démontrent que, si la compagnie devait facturer aux cultivateurs le coût réel de l'installation des lignes et de la fourniture de l'énergie, le kilowattheure serait d'un prix tel que les clients raccordés ne pourraient pas en consommer. Dès lors, pourquoi dépenser inutilement de l'argent en les raccordant ? De là à penser que l'électricité serait par nature un service « *urbain* », il n'y avait qu'un pas que, cela dit, la Shawinigan ne fera pas, du moins dans les analyses qu'elle fait du dossier à l'époque[13].

Elle se contente plutôt de déclarer : « *Pour être un succès, un réseau rural doit offrir l'électricité à ses abonnés à un tarif assez bas pour en permettre l'usage intégral et doit, en même temps, produire un revenu suffisant pour justifier son existence*[14]. » On arrive aux mêmes conclusions à la filiale du groupe, QPC, où, en novembre 1938, Léo Roy, responsable de l'accroissement de la charge, déplore : « *Une ligne rurale doit permettre la vente de l'électricité à un tarif assez bas pour justifier son usage libéral par les consommateurs et en même temps apporter suffisamment de revenus à la compagnie pour justifier sa construction*[15]. » Plus loin, dans le même discours de Roy, cette douloureuse

---

13. D'autres le feront. La revue américaine *Electrical World*, évoquant le phénomène des coopératives d'électrification rurale, publiera en éditorial le 8 avril 1939 : « *La triste vérité, découverte depuis longtemps par les compagnies privées, c'est que l'électrification rurale n'est pas payante et que le fermier n'a pas plus le droit que le citadin de demander quelque chose pour rien, même s'il a le droit de vote.* » Une agressivité dans le ton dont jamais n'usera le groupe Shawinigan.

14. « *L'électrification rurale est un problème tellement complexe…* », *Bulletin*, SW&P, 1937.

15. Causerie donnée par Léo Roy le 21 novembre 1938 à la réunion du Département de l'électricité de la QPC, Archives d'Hydro-Québec.

constatation : « *L'utilisation de l'électricité par les abonnés ruraux* [déjà raccordés] *est tellement limitée que souvent elle ne justifie pas l'existence des lignes construites et, par conséquent, n'encourage pas la construction de nouvelles lignes.* »

Léo Roy ne tire d'autres enseignements de son analyse du problème que la nécessité impérieuse pour les employés de la QPC d'aider leur entreprise à « *augmenter le nombre des clients sur les réseaux existants et à augmenter la consommation de tous* ».

Mais à Shawinigan, on va plus loin. C'est qu'en fait l'analyse purement économique a ses limites et la compagnie en est bien consciente. Elle écrit dans ce même texte d'analyse du « *problème tellement complexe* » qu'est l'électrification rurale, prenant cette fois de front ses détracteurs dans le dossier : « *Certains politiciens prétendent : On aurait l'électricité dans toutes les fermes du Québec si l'État contrôlait les centrales et les réseaux électriques* » ou, plus loin : « *Certains politiciens nous disent : Réduisez vos tarifs et vous vendrez plus de kWh.* » La SW&P ne cache donc pas les véritables enjeux du problème. Certes, sa conclusion, qu'elle fait imprimer en majuscules – ne lésinant sur rien pour que le message passe et retienne l'attention –, semble manifester sa volonté ferme d'écarter dans un premier temps le problème. Elle écrit, taillé à l'emporte-pièce : « *L'ÉTATISATION N'AMÈNERAIT PAS L'ÉLECTRIFICATION DE TOUTES LES FERMES ET NE RÉSOUDRAIT PAS LE PROBLÈME DE L'ÉLECTRIFICA-TION RURALE.* » Voilà ! Sa position officielle sur le sujet, même si elle était bien prévisible, aura désormais le mérite d'être connue des lecteurs de son journal.

Un agriculteur s'est décidé et regarde l'équipe de la SW&P raccorder sa ferme à l'été 1947.

Mais, et les faits vont vite le démontrer, il reste que, sans aucun doute, la compagnie s'interroge et réfléchit sur son rôle dans le développement des campagnes québécoises et sur la meilleure façon d'aboutir à la nécessaire rentabilisation des marchés ruraux. Ce n'est pas tout que de dire aux politiciens que leur place n'est pas là. Encore faut-il justifier le fait qu'ils n'y soient pas et pour cela faire taire les voix hostiles et répondre à la demande des autorités rurales.

Démontrant ainsi son intelligence politique et son intuition commerciale, le groupe Shawinigan sait, dès cette époque, qu'il lui faut être proactif s'il veut éviter le risque de voir effectivement le gouvernement chausser ses gros patins, sauter sur la glace et, aux acclamations d'une assistance plutôt hostile aux gros joueurs millionnaires que sont les compagnies privées, changer les règles du jeu. «*Le projet d'électrification rurale n'est pas à importer ou à copier*, résume joliment René Dupuis, *il est à faire*[16].» Et, à la différence notoire des autres distributeurs privés de l'époque, la SW&P et la QPC vont s'interroger et se mettre à la tâche avec une imagination et, en fin d'analyse, une réussite à mettre au crédit de leur mémoire.

Le temps des agronomes

Entendons-nous bien, les compagnies n'atteignent pas à ce stade de leur simple chef et sans raison. C'est que l'opinion s'agite, et ce, depuis une bonne quinzaine d'années. Tout ce qui vit dans le secteur agricole au Québec et autour de lui est de plus en plus exaspéré par la lenteur des processus qui devraient faire que les campagnes soient enfin entièrement électrifiées. D'autres que nous ont déjà abondamment écrit sur le sujet et nous ne ferons ici que survoler ce qu'ils ont pu dire et écrire sur les tenants et les aboutissants politiques du dossier[17]. Des commissions mises sur pied sous la pression des régions se succèdent à Québec pour imposer des solutions politiques à ce qui est perçu comme de la lenteur, voire pour certaines de l'inertie de la part des compagnies privées dans la recherche de solutions au problème. Les gouvernements passent, chacun défaisant ou modifiant les initiatives du précédent. En 1935, la commission Lapointe avance l'hypothèse de la création de coopératives d'électricité en partie soutenues financièrement par le gouvernement comme solution potentielle au problème. Le gouvernement Taschereau ne donnera pas suite à la suggestion. La Commission de l'électricité lui succédera, elle-même remplacée par la Régie provinciale de l'électricité en 1936, laquelle cédera sa place à la Régie des services publics en 1940. Tout ce beau monde, tantôt bleu, tantôt rouge, touche à tour de rôle au dossier. On s'entend sur le versement de subventions de 50 % des coûts de construction des lignes rurales par des municipalités, une copie du modèle ontarien qui dans les faits ne sera suivie d'aucun effet, les municipalités ayant, dans leur immense majorité, laissé la voie libre aux distributeurs privés.

Ainsi Québec n'impose-t-il rien aux compagnies qui les contraignent à faire bon gré mal gré de l'électrification rurale, mais on en parle tout le temps et la menace de mesures coercitives reste constamment dans l'air. Sentant ces pressions, conscientes de devoir trouver par elles-mêmes des solutions à défaut de s'en voir imposer par le gouvernement, la SW&P et la QPC décident donc d'agir et vont changer habilement de cap au début des années 40. En symbiose manifeste prouvant hors de tout doute la mise en commun progressive de leurs réflexions, les deux compagnies vont reprendre le dossier

---

16. *Ibid*. Note 2.

17. On gagnera ici à lire sur le sujet les analyses faites par Yves Tremblay et Marie-Josée Dorion, déjà respectivement cités aux notes 4 et 5.

avec, à l'évidence, de réelles préoccupations d'efficacité. Leurs efforts, cela dit, vont vite être ralentis par des circonstances parfaitement hors de leur contrôle : le Canada entre en guerre et toute son industrie va devoir, dans l'immédiat, tourner à d'autres fins.

Première constatation évidente : à la fin des années 30, le ton employé par les entreprises du groupe Shawinigan à évoquer le dossier de l'électrification rurale va changer radicalement. Le phénomène ne peut qu'être mis en parallèle avec le fait que c'est à cette époque que les deux grands distributeurs que sont la SW&P et la QPC vont, pour la première fois, ajouter un tout nouveau type de diplômé à leur personnel : l'agronome. On va cesser, et c'est tout à fait frappant, de déplorer dans les journaux d'entreprise le véritable *« paquet de troubles »* pour les compagnies qu'engendrait, jusque-là, la nécessité d'amener l'électricité dans les rangs ; on ne va plus jamais recourir au ton culpabilisant qu'on prenait pour dire aux employés qu'ils n'étaient pas assez convaincants vis-à-vis de leurs amis et de leurs parents fermiers, réticents à se brancher ; on va cesser de dire à l'habitant qu'il est trop près de ses sous, qu'il ne consomme pas assez, qu'il laisse passer le train de la postérité en n'achetant pas les appareils électriques, qu'il n'est même pas capable de voir son intérêt en ne profitant pas des offres de financement des distributeurs. Au contraire, on commencera une opération de charme et rentrera dans les fermes par les bonnes portes, celles de l'étable, de la grange, de la laiterie ou du poulailler.

Le fermier s'appelle Bédard, sa ferme est située près du lac des Deux Montagnes et nous sommes en 1953. Monsieur Bédard montre à l'agronome de la Shawinigan à Sainte-Thérèse, Jacques Beaudet, « comme il est facile de tondre ses vaches avec la tondeuse électrique ».

N'accompagne pas qui veut le fermier près de ses animaux. Surtout pas un vendeur *« en beaux habits »*. Un agronome, lui, est à sa place dans une étable. La « Shawi » et le « Power » de Québec vont ajouter des agronomes à leur personnel.

En juillet 1938, le *Bulletin* de la SW&P fait état de l'embauche pour l'été d'un étudiant de l'Ontario Agricultural College de Guelf, nommé W.J. Lavigne. L'article précise : *« Après avoir gradué l'an prochain, M. Lavigne reviendra probablement à la compagnie en qualité de technicien agronome. En plus de renseigner les fermiers sur la technique et les avantages des différentes applications de l'électricité à l'agriculture, ses fonctions consisteront à se tenir en relation avec les agronomes et les sociétés agricoles, à organiser des assemblées et des démonstrations et à donner gratuitement des conseils aux clients ruraux sur leurs problèmes agricoles en général. »* La description de fonction est certes un peu courte, mais la volonté est là : si le monde agricole ne vient pas à la «Shawi», la «Shawi» ira au monde agricole. Et Waldo Lavigne, *Wally* pour beaucoup de ceux qui travailleront avec lui, connaîtra une brillante carrière de précurseur à la SW&P[18].

La QPC ne restera pas longtemps en reste. L'été suivant, *Notre Revue* de juillet-août annonce en quatre lignes : «*Le service de la Vente de l'énergie s'est adjoint les services de Monsieur Jean-Paul Pagé, étudiant en agronomie, pour la saison d'été. Monsieur Pagé, originaire de Knowlton, poursuit ses cours d'agronome à Oka. Il sera attaché au service de l'Électrification rurale.*» On souhaitait un candidat francophone, on le choisira bilingue. Le Jean-Paul Pagé finalement retenu est déjà tout un personnage, atypique, bourru, doté d'un franc-parler qui sera sa marque de commerce tout au long de sa remarquable carrière. C'est un leader naturel au solide talent d'orateur, déjà considéré comme tel dans son collège. Dans la même langue passionnée et colorée qu'il emploiera tout au long de sa vie de communicateur, Pagé raconte aujourd'hui : «*Que veux-tu, tout cela se passait il y a plus de 60 ans ! Les gens dans les campagnes étaient d'une pauvreté navrante. Leur niveau d'éducation faisait pitié. Ceux qui étaient branchés pouvaient avoir alors un fer à repasser, un toaster et une ou deux ampoules. Rien de plus ! Ils craignaient de raccorder leurs bâtiments agricoles par peur du feu, et puis ils hésitaient à s'endetter sur une base annuelle, compte tenu de leur peu de revenus l'hiver, alors que leurs vaches étaient en "noillère"[19]. Gray-Donald, l'ingénieur chef du Quebec Power, voulait quelqu'un pour faire bouger la patente. Léo Roy m'a donné un premier contrat de trois mois.*»

Léo Roy, gérant Ventes et Contrat de la QPC à l'époque, ne se trompait pas lorsqu'il embauchait. C'est à un personnage qui marquera profondément de sa forte personnalité l'histoire de la distribution, de la promotion et des ventes de l'électricité au Québec qu'il ouvrait les portes de l'industrie[20]. Pour l'heure, raison d'être de son stage de 1939, le jeune homme se fait les dents sur son premier mandat : faire une étude du marché que représentent les campagnes, effectuer le relevé des rangs du territoire où l'électricité ne se rendait pas et proposer des approches et une méthode d'implantation des futures lignes. «*J'ai pondu un plan de 5 ans, en partant des régions les plus rentables, celles où étaient les meilleures fermes, vers les régions les plus pauvres. Cette stratégie avec ses volets d'information et de planification budgétaire a plu à mes patrons…*»

---

18. Un temps après l'absorption de la SW&P, Waldo Lavigne travaillera dans le domaine des implantations industrielles à Hydro-Québec avant de quitter l'entreprise pour le gouvernement fédéral.

19. Eh oui, en «*noillère*», ou quelque chose du genre, nous ne garantissons pas ici l'orthographe du terme qui désignait cette époque de l'année où la vache n'a plus de veau à nourrir, donc plus beaucoup de lait. Disons qu'elle n'en a guère, elle est donc en «*naguère*», devenu à l'usage «*noillère*»… vous suivez ? L'explication sémantique est de Jean-Paul Pagé.

20. À noter que Jean-Paul Pagé ne sera pas le seul de sa famille à marquer cette histoire. Son jeune frère Jacques, technicien, occupera divers postes de responsabilité pour la Shawinigan. Un de ses cousins, Joseph, s'illustrera à la Southern Canada Power. Ayant commencé tout en bas de l'échelle comme apprenti, il en deviendra le directeur général et administrateur en 1952.

➤ *L'électrification des écoles de rangs, selon Jean-Paul Pagé*

Nous sommes vers la fin de la Seconde Guerre mondiale, à cette époque où, à la Quebec Power, on se sent prêt à intensifier ses programmes d'électrification rurale. *«On»*, dans le cas présent, s'appelle surtout Jean-Paul Pagé. Cela fera bientôt cinq ans qu'il est l'agronome de la QPC et qu'on lui demande de rentabiliser les lignes dont la compagnie est prête à doter les campagnes. Mais comment faire pour que les

Maison d'école du rang des Cinq-Chicots, à Saint-Christophe-d'Arthabaska.
(Ministère de la Culture et des Communications)

cultivateurs acceptent de s'électrifier et consomment les kilowattheures que l'entreprise est prête à leur vendre ? Pagé raconte aujourd'hui :

«Électrifier un rang, bien beau, la QCP savait faire ça et n'avait pas besoin de moi pour planter ses poteaux. Alors, c'était quoi, ma job ? Comment un agronome pouvait-il s'y prendre pour faire son travail d'aider sa compagnie à vendre ses kWh dans le respect des fermiers et à leur avantage à eux aussi ? J'ai pris un rang en particulier, le troisième rang de Saint-Michel de Bellechasse sur lequel j'ai concentré un temps des efforts avec l'idée d'en faire une espèce de modèle-maison. Ce rang-là, j'ai appris à le connaître par cœur. J'ai rencontré personnellement tous ses habitants, ai vécu avec eux, ai appris à comprendre ce qui motivait leurs hésitations. Un dimanche après-midi, alors que je me servais de l'école du troisième rang pour faire une réunion de sensibilisation, je me suis rendu compte que la ligne que l'on projetait de construire et dont nous parlions tous passait juste devant l'école. À l'époque, aucune école de ce type n'était raccordée. Pas d'électricité, pas d'eau courante, les enfants, en mangeant à midi allaient s'abreuver à la grange de l'habitant voisin. J'ai réalisé tout ça d'un coup en pensant que ça n'avait aucun bon sens de passer une ligne là sans raccorder l'école, or il était inutile de demander à la commission scolaire d'envisager l'investissement. Ces gens-là n'avaient pas d'argent.

Je suis allé à la réunion suivante de la commission scolaire. Je leur ai passé mon film en français sur les bienfaits de l'électricité en milieu rural. Ça les a laissés yeux ronds et becs ouverts, mais pas un commissaire pour accepter de payer pour l'installation électrique de l'école, même pour un minimum. Je les provoquais : "L'électricité va passer devant l'école. On est tout de même pas pour la laisser dans le noir !" *Ben non, ça passait pas, pis c'était ci, pis c'était ça. Finalement, j'ai dit :* "OK, on va vous l'électrifier pour rien, votre école, pis le logement de la maîtresse avec !"... *Ça a fait comme un grand silence, ils n'y croyaient pas.*

On l'a électrifiée l'école, avec l'eau courante pour la maîtresse et l'éclairage dans la classe. Ça a pu coûter peut-être 100 piasses à la Quebec Power. Pas cher pour la publicité que ça lui a apportée. On ne me l'a jamais reproché en tout cas. Quand la chose a été connue, ça n'a pas été une traînerie, tous les rangs voulaient l'électricité pour leur école. On était tout prêt à la leur fournir. On l'a fait, gratuitement, au début, pour l'école, un peu, ensuite les affaires sont redevenues les affaires...»

Mais avant que l'on puisse véritablement travailler à la réalisation du programme proposé par le jeune agronome, la guerre vient quelque peu brouiller le projet et freiner les ardeurs. Les effets de l'apparente et toute nouvelle empathie des compagnies du groupe Shawinigan en regard de l'extension des réseaux en milieu agricole seront considérablement ralentis par les contraintes engendrées par les mesures de guerre. Cette fois, les compagnies n'auront pas à chercher d'excuses pour expliquer la non-extension des réseaux. C'est le Canada qui prend sur ses larges épaules l'imposition de restrictions sur l'utilisation des matériaux à des fins de construction civile. Moins de cuivre, moins d'acier, une large proportion de l'électricité absorbée par les usines de guerre, les campagnes doivent se contenter d'une portion congrue. «*Quand même*, se souvient Jean-Paul Pagé, *on pouvait faire quelques développements, mais dans la mesure où ils se justifiaient par un accroissement immédiat de la production. Construire*

Détendu, à l'aise, souriant, le premier agronome du groupe Shawinigan, Waldo (Wally) Lavigne, de la SW&P, au début des années 50.

des lignes pour alimenter des beurreries, des fromageries, des «lineries[21]*» n'était pas un problème. Saint-Jacques faisait une application au contrôleur des Métaux et l'on avait généralement les feux verts.*» Mais, rangs éloignés et petites fermes familiales et autarciques restent dans le noir.

On imagine volontiers les jeunes Lavigne et Pagé rongeant leur frein pendant cette période. Les deux, comme prévu, leur premier stage d'été terminé, ont fini leurs études et sont entrés à plein temps l'été suivant, Wally à la «Shawi» en 1939, Jean-Paul au Quebec Power en 1940. Les deux s'y feront très vite remarquer. Pagé n'attend même pas d'être permanent pour ce faire. Dès l'été 1939, *Notre Revue,* de la QPC fait état d'une conférence donnée par le nouveau stagiaire agronome de la compagnie. Le «*pas-encore-diplômé*» s'adresse au vaste auditoire de tous les employés du service des Ventes et, pas du tout impressionné, semble-t-il, leur expose ses méthodes de travail, celles avec lesquelles il compte faire sortir la QPC du bourbier rural. Il parle alors des quatre façons qu'il aura de rejoindre la clientèle ciblée : «*grâce aux agronomes de comté du gouvernement provincial, au moyen d'exhibits aux expositions rurales, par des conférences aux écoles moyennes d'agriculture et, enfin, par les caisses populaires*». Un langage tout neuf pour parler d'électrification rurale.

---

21. Les «*lineries*», usine de traitement du lin, revêtaient alors une importance tout à fait particulière compte tenu du fait qu'on y produisait des équipements, cordage et câblage, requis par la marine de guerre, au souvenir de Jean-Paul Pagé.

Il dit aujourd'hui : « *J'étais embauché pour rentabiliser la construction des réseaux en campagne et c'est ce que j'allais faire. Mon mandat était clair. J'étais parfaitement autonome. J'avais "bien de la corde". Le travail ne me faisait pas peur. J'aimais le contact des gens de campagne, j'aimais les provoquer, les mettre en face de leurs contradictions. J'aimais surtout les convaincre car comme tous les agronomes de l'époque, j'étais convaincu que le progrès à la ferme passait par l'électricité.* »

Pendant toute la durée de la guerre, on va adopter dans les deux compagnies des nouveaux outils et peaufiner des façons de faire pour aborder particulièrement le marché des cultivateurs et faire savoir à l'opinion publique concernée qu'on s'occupe du dossier. On adapte des films aux fins et à la réalité régionales, « *qui font l'exposé de la situation dans une ferme sans électricité en comparaison avec une ferme bien électrifiée* ». Pagé – qui post-synchronisera lui-même un film de la compagnie de trayeuses Babson – se souvient qu'il les présentera longtemps dans les assemblées paroissiales. Tirant parti de l'entregent démontré par Lavigne et Pagé dans les milieux agricoles et auprès de leurs confrères, on va jeter des ponts vers les principaux acteurs du milieu, centres de formation et écoles, syndicat de cultivateurs (l'UCC), services d'agronomie du gouvernement, etc. On va adroitement participer aux congrès d'agronomes, ne jamais perdre l'occasion de donner des conférences ou d'organiser des sessions de formation sur le thème général de l'électricité à la ferme, bref, établir des premiers liens de confiance dans le milieu agricole et convaincre les fonctionnaires de l'efficacité à terme des stratégies adoptées par le groupe Shawinigan.

Surtout, point majeur de la campagne de marketing, on met au point une politique de compagnie concernant le raccordement des fermiers. Afin de les aider à faire le geste crucial de se brancher au réseau de distribution et en l'absence de subventions gouvernementales à cet effet, on s'entend avec les artisans électriciens pour payer leur travail et se faire ensuite rembourser par le client fermier. Ainsi les agriculteurs n'auront-ils plus de gros investissements à consentir sur-le-champ pour obtenir le courant. La SW&P et la QPC vont payer en leur nom les montants requis pour régler ces dépenses initiales à l'électricien, montants que les fermiers rembourseront aux compagnies sur 40 mois, en même temps qu'ils s'acquitteront de leur facture d'électricité. Le chiffre magique avancé est de un dollar mensuel de remboursement.

La SW&P et la QPC préparent ainsi l'opinion rurale à la promesse d'une période d'après-guerre prospère pour les campagnes. Elles se glorifient du fait que, grâce aux millions consentis par le groupe, le pourcentage des fermes électrifiées sur les territoires qu'elles desservent est passé de 15 % en 1931 à 33 % en 1942. Leurs dirigeants et particulièrement James Wilson, président du groupe, courent les tribunes publiques pour affirmer l'engagement ferme de la SW&P de développer ses réseaux de distribution en zone rurale.

C'est l'été. Il fait beau. Les équipes de promotion de la SW&P passent dans les campagnes. On expose un réfrigérateur, une cuisinière, un chauffe-eau. Le gars des ventes au micro met de l'ambiance. Tout le village (ici, Inverness) s'est déplacé.
(Photo de Lucie Normand)

Dans son discours annuel aux actionnaires de 1944, Wilson affirme, sous le sous-titre : « *Shawinigan leads in rural electrification : Avec confiance on prévoit que, la paix revenue, la compagnie pourra poursuivre son programme*[22]. » Dans le journal interne, à la même période et sur le même thème, il précise : « *Les projets seront poussés avec vigueur dès que les conditions le permettront*[23]. » On le constate, le ton a changé du tout au tout en quelques années. Et c'est brillant de la part du groupe qui sème ainsi le doute dans les rangs de ses critiques. Car enfin, et tout le monde s'entend sur ce point, ce sont les compagnies qui disposent du savoir-faire en matière de distribution d'électricité, bien plus que les municipalités, le gouvernement ou d'éventuels groupes de citoyens prêts à s'organiser en coopératives. Qu'elles finissent, ces compagnies, par régler elles-mêmes le problème de l'électrification rurale ferait bien, au fond, l'affaire de tout le monde. Et voilà qu'à point nommé les deux distributeurs du groupe Shawinigan envoient de leur plus haut degré hiérarchique des signaux manifestant une toute nouvelle bonne volonté. Ces déclarations sont faites, ne l'oublions pas, en février 1944, alors même qu'à Québec on met la dernière main au texte de loi qui va étatiser la MLH&P. On peut prétendre que ce tout nouveau credo du groupe envers le développement du Québec profond et agricole est conçu comme une véritable police d'assurance contre la « *confiscation* » par les adroits dirigeants de SW&P.

22. « *Remarques de M. James Wilson, président de The Shawinigan Water and Power Company, à l'assemblée générale annuelle tenue à Montréal le 16 février 1944* », fascicule publié par la SW&P, Archives d'Hydro-Québec.

23. « *L'associée invisible* », *Bulletin*, SW&P, février 1944.

Sont-ils parfaitement sincères quand ils affirment que «*la compagnie s'est toujours rendu compte de l'importance d'un service d'électricité bon marché pour les fermiers et les autres habitants des régions rurales*[24] »? Certains diront que oui, d'autres en douteront, mais il reste qu'à Québec, où l'on tergiverse avec le problème, où manifestement on ne sait pas trop comment piloter à terme l'épineux dossier, le groupe Shawinigan marque des points. Même si l'on ne se laisse pas totalement prendre par l'habile propagande, même si certaines discussions restent musclées en coulisses, on hésite à chercher querelle à une entreprise, devenue soudain soucieuse du bien commun et de l'avenir de l'agriculture. Que le groupe s'engage à consentir lui-même à ces investissements, si manifestement risqués que le gouvernement hésite à les engager lui-même, impressionne. Et puis les hommes politiques écoutent leurs hauts fonctionnaires qui, eux, écoutent leurs hommes de terrain. Dans le cas du ministère de l'Agriculture, les plus crédibles de ces fonctionnaires sont bien souvent des agronomes qui rapportent à leurs patrons que des gars comme Lavigne et Pagé, leurs semblables, sont en train de drôlement changer les choses dans le groupe Shawinigan. De là à laisser la chance aux coureurs… On peut certainement risquer l'argument que c'est cette volonté de service manifestée par le groupe Shawinigan qui engagera dans une large part le gouvernement à permettre les vingt ans de survie des distributeurs privés au Québec après la disparition de la MLH&P.

Un nouveau joueur : l'Office d'électrification rurale

Lavigne, depuis les bureaux de la SW&P à Montréal, et Pagé à Québec vont véritablement ouvrir la voie aux agronomes dans les deux compagnies. Sous leur gouverne directe, le plus souvent, quelques dizaines d'agronomes comme eux vont être embauchés dans les années suivant la guerre ; ils modifieront à jamais les rapports entre le monde agricole et les distributeurs d'électricité.

Reste que cette évolution des deux grands distributeurs du Centre du Québec est loin de constituer l'espoir d'une solution à l'ensemble du problème de l'électrification rurale québécoise. Ce n'est pas pour rien que le gros des contestations du milieu agricole prend sa source ailleurs au Québec que dans les territoires alimentés par le groupe Shawinigan. Ailleurs, effectivement, les compagnies continuent, dans les années 40 comme elles le faisaient au début du siècle, à s'en tenir essentiellement à l'application de l'unique et stricte règle de rentabilité économique. Payant d'électrifier? On électrifie. Pas payant? On n'électrifie pas, c'est tout.

---

24. *Ibid.* Note 22.

Preuve facile à faire qu'il n'est pas rentable pour les compagnies d'électrifier les rangs éloignés dans les Outaouais, en Gaspésie, en Abitibi, etc., les compagnies locales manifestent un mépris total à l'égard du dossier et se défendent comme de beaux diables, jusqu'à Québec au besoin, contre le fait que l'on puisse, en démocratie libérale, envisager de leur imposer des contraintes anti-économiques. Leur champion est Jules Brillant, magnat de l'économie gaspésienne, proche des politiciens de l'Union nationale. L'alimentation en électricité de la Gaspésie est un casse-tête à l'époque et le sera jusqu'à ce qu'Hydro-Québec soit appelée à la rescousse dans la première moitié des années 50 pour y livrer de l'énergie. La demande dépasse systématiquement l'offre. Comment imaginer, dans ces conditions, que la Compagnie de Pouvoir du Bas-Saint-Laurent (CPBStL) puisse facilement dégager de l'énergie pour les campagnes, si, par ailleurs, l'affaire est d'emblée assurée de ne pas être rentable ? Même son de cloche chez les distributeurs de l'Abitibi, des Laurentides ou de l'Outaouais. Leur vocation est avant tout industrielle. Qu'ils acceptent *« d'aider le Québec »* en distribuant des excédents de leur produit dans des villes ou de gros villages, soit, mais de là à se sentir obligés d'aller rejoindre tout abonné potentiel et les fermes isolées, *no sir*, ce n'est, disent-ils, ni de leur intérêt, ni de leur compétence. On ajoutera que, comme par hasard, ce sont là les régions où les fermes sont les plus pauvres au Québec, ce qui n'engagera certainement pas les compagnies à déployer un grand zèle pour les alimenter.

Cet argument du dénuement de la potentielle clientèle agricole concernée est, cela dit, moins vrai pour la Gatineau Power dans la partie montérégienne des territoires qu'elle contrôle. Au fil de ses acquisitions dans les années 20, la compagnie est devenue propriétaire de nombre de réseaux municipaux répartis au sud-ouest de Montréal jusqu'aux frontières ontarienne et américaine. Les campagnes de l'île Perrot, de Vaudreuil, de Saint-Lazare, de Hudson, de Rigaud, de Sainte-Marthe, la région de Coteau-du-Lac–Les Cèdres–Saint-Polycarpe, le comté de Laprairie, celui de Napierville (acquis en 1927), une partie du comté de Saint-Jean, font partie des territoires qu'elle dessert. On y trouve certaines des meilleures terres de la vallée du Saint-Laurent et du Richelieu, exploitées par des fermiers aux reins le plus souvent solides et fort conscients des bienfaits des développements électriques offerts à leurs voisins et compétiteurs ontariens. Ceux-là ne sont pas sans remarquer, non plus, que leurs collègues des comtés voisins, Valleyfield, Sainte-Thérèse, Boucherville, etc., se font courtiser par leur distributeur, la SW&P. On n'envoie pas chez le diable un céréalier de Lacolle, un gros maraîcher de Saint-Patrice de Sherrington ou un éleveur de chevaux de Coteau-Landing, comme on se débarrasse d'un habitant d'Huberdeau ou d'un colon de L'Annonciation, ses deux vaches et ses six poules. Les pressions vont être fortes sur la Gatineau et elle devra, de plus ou moins bon gré, faire le nécessaire dans ces régions en électrification rurale.

Elle le fera, relativement tard et à sa manière, pingre, lente et sans envergure, mais elle le fera. Aux dires de la compagnie, les trois gros comtés à très forte vocation agricole qu'elle dessert sur la rive sud, Napierville, Laprairie et Saint-Jean, seront entièrement électrifiés en 1949, à l'exception d'une demi-douzaine de propriétés réparties sur deux milles de lignes à construire. Ce sera certes un peu plus lent ailleurs, avec encore près de 300 clients à raccorder dans le comté de Vaudreuil et 50 milles de lignes à installer à la même époque, mais enfin la compagnie s'astreindra à desservir les rangs[25]. Ne nous y trompons pas, c'était pour elle une question de survie dans ces territoires que lui convoitaient SW&P et la Southern.

La Southern qui, comme la Saguenay du reste, est préoccupée par le problème d'électrification rurale, plus soucieuse, cela dit, de la mauvaise presse que le dossier lui amène que par sa volonté réelle d'y trouver solution. On ne sera jamais aussi proactif que les concurrentes SW&P ou QPC, mais leur exemple intéresse et, si l'on ne le suit pas, on va à l'occasion et souvent sur le tard s'en inspirer. Ainsi la SCP embauchera-t-elle à son tour deux ou trois agronomes, mais l'exemple n'est pas très probant, puisque les embauches auront lieu à la fin des années 50, alors que la SW&P aura pris le contrôle de la SCP. Les deux compagnies, Southern et Saguenay, couvrent des régions où l'agriculture, sans être riche ou dominante, est présente et sur des territoires assez concentrés. Comme leurs autres consœurs, elles sont près de leurs sous et âpres au gain, mais plus que certaines, par exemple, on l'a dit, elles se targuent de donner un service de qualité et d'entretenir de bons rapports avec les communautés qu'elles desservent. Alors, disons que, dans les deux cas sans grand enthousiasme, sans grand empressement et souvent en réponse à des pressions politiques locales, on va faire le minimum, du plus payant à l'acceptable, de l'acceptable au « *un peu risqué* », mais sans jamais s'inféoder à quelque notion de service public que ce soit et sans jamais aller jusqu'à la fourniture sans garantie de rentabilité, ce que demande le monde rural.

Cette politique, comme dans le cas de la Gatineau, est compatible avec l'alimentation des zones agricoles les plus prospères. La Southern en compte dans la partie nord-est du territoire qu'elle dessert, constituée de terres alluviales à très fort potentiel. C'est peu, peut-être, par rapport à la superficie totale de son territoire, mais on parle là de zones où l'agriculture est de longue date bien établie et nourrit son fermier : Saint-Hyacinthe, Yamaska, Bagot, etc. Sur le reste de son fief, la compagnie est devenue ce qu'elle est par l'acquisition d'une multitude de petits réseaux de village au fil de son existence, dans le piémont des Cantons-de-l'Est ou dans le Sud-Est montagneux où les

---

25. Voir, aux Archives d'Hydro-Québec, « *Gatineau Power Company, inventory & evaluation of physical assets in Quebec as of Dec. 31, 1950* », dossier 3-0-10. Voir également, à la même source, « *Électrification rurale, lignes à construire, Gatineau Power Co.* » dossier T.490.14.

pressions seront moins fortes. La SCP va donc composer avec sa réalité régionale, développer les réseaux des villages, les étendre à leur périphérie, mais rester réticente à faire plus en ce qui concerne les hameaux éloignés et les rangs des zones pauvres. À la différence de ses consœurs du groupe Shawinigan, elle tolérera, on le verra, la prolifération des petites coopératives d'électricité sur son territoire, dans les comtés les moins payants. Dans les zones agricoles plus riches, en vraie commerçante, elle sera plus opportuniste et bâtira des réseaux rentables.

Dans un rapport interne exhaustif de 1948[26], où la compagnie fait le bilan de ce qu'il reste à construire de lignes rurales sur son territoire (1 030 milles pour 3 437 clients potentiels), la différence sera tranchée au couteau entre les comtés agricoles riches et les autres. Ainsi, dans Chambly (que la SCP partage avec la SW&P, Hydro-Québec et la compagnie de la municipalité de Belœil), tous les clients potentiels sont rejoints. Ils ne sont que 4 à ne pas être raccordés dans Yamaska, pour 1,4 mille de ligne à construire, 14 à Iberville (5,75 milles), 3 à Rouville (1,1 mille) et 22 à Bagot (7 milles). À la même époque, on dénombre 620 clients non raccordés dans Brôme (176 milles de lignes à construire pour les rejoindre), 493 à Missisquoi (137 milles) et 1 045 dans Compton (303 milles). C'est clairement du *« deux poids, deux mesures »*, on électrifie là où c'est payant et on laisse le reste des campagnes dans un noir dont on ne les sortira qu'à lenteur d'escargot. La grogne, ici comme ailleurs, s'intensifiera contre la compagnie, après les années 40.

Prudente, discrète et toujours circonspecte, la Saguenay fait le minimum. Elle privilégie l'établissement de réseaux municipaux à qui elle vend son énergie en gros. À ceux-là et aux coopératives revient le problème de l'électrification rurale.

La grogne ne peut, à terme, laisser encore longtemps les gouvernements insensibles. Ils l'ont été suffisamment tout au long des quatre premières décennies du siècle. La guerre a pu leur donner motif de tergiverser sur la question, ils avaient effectivement d'autres chats à fouetter. Mais là, la fin du conflit est annoncée, il leur faut agir. D'autant plus qu'il n'y a pas que les plus grandes des *« grandes gueules »* du monde agricole pour les en presser, il y a véritablement consensus dans le milieu pour déplorer le manque de capacité compétitive de la communauté agricole québécoise, mal électrifiée, mal équipée, retardataire par rapport à la concurrence canadienne et nord-américaine. Les deux principaux partis, tour à tour au pouvoir en 1944 et 1945, vont s'atteler à la tâche, les libéraux, d'abord, en créant Hydro-Québec, les unionistes ensuite en mettant sur pied l'Office de l'électrification rurale l'année suivante.

---

26. *« Électrification rurale, lignes à construire, Southern Canada Power, Co. Ltd »*, Archives d'Hydro-Québec, dossier T.490.14.

C'est la réponse d'Adélard Godbout aux multiples pressions qui s'exercent sur lui pour que le gouvernement intervienne dans l'électrification des campagnes : il dote la société d'État qu'il fonde, Hydro-Québec, d'un mandat clair, de pouvoirs et de moyens financiers pour mener à bien l'électrification de l'ensemble des campagnes québécoises. N'oublions pas que le premier ministre Godbout est une personnalité issue du monde rural. Natif de Saint-Éloi, au Témiscouata, c'est un ancien professeur de zootechnie à l'École d'agriculture de Sainte-Anne-de-la-Pocatière[27], qui travaillera également comme agronome pour le gouvernement à L'Islet dont il deviendra député de la circonscription du même nom en 1929. On peut facilement gager que sa vie dans les paroisses rurales sus-mentionnées l'avait sensibilisé de très près aux problèmes liés à la carence des grands distributeurs privés à rejoindre les campagnes. Ministre de l'Agriculture sous Louis-Alexandre Taschereau en 1930, c'est un familier du dossier de l'électrification rurale.

Un camion de la SW&P dans un rang de campagne au début des années 50.

La chose est peu connue, mais les faits sont là : toute une section de la *Loi établissant la Commission hydroélectrique de Québec* de 1944 traite du rôle en électrification rurale que le législateur souhaite voir jouer la montréalaise Hydro-Québec, en fait, un rôle très similaire à celui qui a été confié à l'Ontario Hydro près de 40 ans plus tôt. « *Un budget de 10 millions est prévu pour desservir les municipalités rurales. Une somme supplémentaire d'un million de dollars doit servir à aider directement les agriculteurs désireux de faire les installations nécessaires pour bénéficier de l'électricité. Adélard Godbout estime qu'en 5 ans l'ensemble du Québec pourrait être électrifié[28].* »

C'était beaucoup attendre du personnel à la disposition de la jeune Commission, essentiellement les cadres et les employés de la défunte et urbaine MLH&P, avec pour première caractéristique commune d'être tous des citadins. Un seul des premiers

---

27. L'école était réputée à l'époque comme l'un des châteaux forts des promoteurs de l'électrification rurale. L'un de ses professeurs d'écomomie rurale, Charles Gagné, collègue donc d'Adélard Godbout, aurait été « *le premier porte-parole des cultivateurs pour réclamer l'électrification rurale* » (selon Albert Rioux, déjà cité à la note 1). Dès 1928, il réclamait l'électrification rurale dans des articles publiés dans l'*Action catholique*.

28. Résumé par Marie-Josée Dorion, dans un article intitulé « *L'électrification du monde rural québécois* », Trois-Rivières, Centre d'études québécoises, Université du Québec à Trois-Rivières.

commissaires, mais non le moindre, Télesphore Damien Bouchard, est réellement issu du milieu rural (ou disons semi-rural) et pouvait sembler susceptible de démontrer intérêt et compétence dans le traitement du dossier. Il semble évident qu'Adélard Godbout comptait sur lui, son charisme, sa connaissance du problème, son passé de vieux guerrier en lutte incessante contre les compagnies du trust de l'électricité, pour prendre en main personnellement le secteur de l'électrification rurale, l'organiser, le doter de ressources et asseoir définitivement la volonté gouvernementale de voir l'électricité devenir un authentique service public accessible à tout un chacun. Mais on sait ce qu'il adviendra de l'atrabilaire premier président d'Hydro-Québec, contraint de démissionner quelques semaines après sa nomination pour avoir fait des déclarations publiques anticléricales jugées intempestives dans le Québec de l'époque.

Lui parti, qui pour s'occuper, dans la très citadine Hydro-Québec de l'époque, des dossiers de raccordement des rangs ? Certainement pas son successeur à la présidence de la Commission, Eugène Potvin, le contraire jusqu'à la caricature de Bouchard, un homme de consensus, un comptable, discret, neutre, de santé chancelante et issu plus que tout autre de ses collègues du monde municipal[29]. Le rural, peu pour lui !

Héritière à 100 % de la MLH&P, de ses habitudes et de ses gens, la jeune Hydro n'a tout simplement pas ce qu'il faut pour exercer le moindre leadership en matière de distribution régionale vis-à-vis des autres compagnies. Celles-ci peuvent toutes, à divers titres, faire état d'expériences, voire d'expertise dans le domaine rural. Hydro, non. Le premier ingénieur francophone embauché par la Commission en 1944, Robert Boyd, en témoigne aujourd'hui : « *L'Hydro de l'époque était, à l'interne, une entreprise assez terne, laborieuse, sans grande vision autre que technique. Là, en technique, oui, elle était forte, très forte même, comme, avant elle, la MLH&P, mais davantage dans les secteurs de pointe qu'étaient la production et le transport qu'en distribution proprement dite où il n'y avait guère de défis. Peu de différence entre les deux compagnies suite à la succession de l'une par l'autre : on pensait kW avant de penser client. Notre expertise était strictement urbaine et montréalaise. Le reste du Québec n'intéressait pas nos patrons, en conséquence il nous était étranger.* »

Hydro-Québec, en 1944, fera bien peu pour s'acquitter de son mandat « *rural* ». Son rapport annuel à cet effet n'est qu'un bref chapitre d'excuses où, en une douzaine de lignes, elle explique à l'actionnaire pourquoi il lui a été « *impossible de réaliser des projets pour lesquels nous avions reçu 145 requêtes* ». Elle a bien, dit-elle, embauché « *un ingénieur chargé d'organiser notre service d'Électrification rurale* [...] *et le premier ingénieur susceptible de faire les enquêtes sur le terrain et les études connexes* », mais leur travail n'a abouti qu'à la rédaction d'un certain nombre de rapports internes. Cela dit, notons que

---

29. Eugène Potvin était un comptable dont le fait d'armes principal était d'avoir été membre de la Commission des affaires municipales et d'avoir, dans ce cadre, stabilisé les finances de nombre de municipalités québécoises dont, au premier chef, Montréal.

les deux ingénieurs en question auront leur impact dans l'histoire. Le premier, engagé par une résolution de la Commission du 29 mai 1944, n'est autre que Gérald Molleur, ingénieur de Polytechnique, déjà «senior» à l'époque, qui va jouer un rôle important non pas en électrification rurale, mais au sein de l'unité du Personnel, qu'un temps il dirigera et où il va se spécialiser dans la sélection et l'embauche de la relève du génie de la MLH&P, ces jeunes ingénieurs canadiens-français frais diplômés qui vont entrer à pleines portes dans l'Hydro-Québec des décennies 40 et 50. Son second sera René Gauthier, l'un de ses anciens adjoints à la Régie provinciale de l'électricité où il travaillait avant de joindre Hydro. Il est embauché par résolution (20 juin). Lui non plus n'associera pas son nom à l'histoire de l'électrification rurale québécoise, mais sera l'un des grands de la construction des ouvrages hydroélectriques d'Hydro, de Carillon à la Baie-James.

Aucune réalisation sur le terrain d'Hydro en électrification rurale : de bien piètres résultats pour la seule année où l'entreprise montréalaise sera mandatée à cet effet. Il est vrai que, même si elle avait souhaité en faire beaucoup dans le domaine, elle n'aurait probablement pas pu. Son mandant de Québec, Adélard Godbout, perd le pouvoir au profit de Maurice Duplessis de l'Union nationale, aux élections d'août 1944, quelques mois à peine après la mise en place d'Hydro-Québec. Bouchard et Godbout partis, qui pour exiger que la société d'État s'attaque au dossier rural ? La société le fera d'autant moins que le nouveau premier ministre, partisan affirmé de la libre entreprise, pour ne pas revenir sur le fait acquis de la nationalisation de la MLH&P, ne tardera pas à faire connaître son manque d'intérêt décisif à voir Hydro-Québec mettre son jeune nez dans la chose rurale. Le notaire Joseph-Arthur Savoie, ami du chef et nommé en octobre à la Commission, y fera passer son message. Que les commissaires ne perdent pas de temps sur les dossiers de nature agricole, le «P.M.» a d'autres vues. Le gouvernement de l'Union nationale crée à Québec l'Office de l'électrification rurale (OER) en 1945, dont la présidence est confiée à un juriste connu pour son nationalisme, Thomas Tremblay. Aucune récrimination à Hydro à la suite de la perte de l'épineux dossier. En fait, Duplessis ne fait qu'entériner l'inertie de la nouvelle société d'État dans le dossier à l'époque et son manque évident d'intérêt pour le monde rural[30].

L'Office est créé par la *Loi pour favoriser l'électrification rurale par l'entremise de coopératives d'électricité*, dont l'intitulé est presque le programme. Il est chargé d'encadrer et de superviser la fondation et le fonctionnement de coopératives rurales d'électricité, en leur fournissant des services administratifs, financiers et techniques.

---

30. S'il était besoin d'illustrer la détermination d'Hydro-Québec à ne pas intervenir dans le domaine rural durant les années 1944 à 1962, nous pourrions citer cet échange de correspondance entre le *Bulletin des agriculteurs* et le secrétariat d'Hydro en mars 1949. À un dénommé Bastien, du *Bulletin*, qui demande *«quelques détails sur l'électrification au Québec rural»*, le secrétaire d'Hydro de l'époque, Bernard Lacasse, répond : *«Hydro-Québec ne dispense l'électricité qu'aux consommateurs de l'île de Montréal et à ceux d'une partie du comté de Chambly. Comme ces derniers sont pourvus d'électricité depuis très longtemps, Hydro-Québec ne fait pas ainsi de l'électrification rurale.»* Correspondance du Secrétariat, Archives d'Hydro-Québec.

Une coopérative, c'est localement une association de particuliers qui se rassemblent et versent une part sociale (ordinairement de 100 $) pour constituer 25 % du capital de mise en route d'une petite compagnie publique destinée à desservir en électricité une portion du territoire rural. Selon l'article 32a de la loi, les coopératives sont habilitées à « *construire, louer, posséder, administrer des barrages, des usines, des centrales électriques, des lignes de transmission primaire et secondaire, des lignes de distribution ainsi que toutes machineries s'y rapportant* ». L'État, par l'intermédiaire de l'OER, consent des prêts aux coopératives pouvant atteindre 75 % (le pourcentage sera monté à 85 % en 1948) du coût d'aménagement des réseaux.

Notre propos ne sera pas de réécrire ici l'histoire de l'Office de l'électrification rurale, histoire sur laquelle d'autres se sont déjà penchés[31]. Nous n'en retiendrons que quelques grands traits. Et tout d'abord, un peu pour l'anecdote, plusieurs ingénieurs qui, plus tard, allaient se distinguer dans l'histoire d'Hydro-Québec, firent leurs premières armes à l'Office. Citons ici Paul Carrière (bâtisseur diplômé de Polytechnique en 1942 qu'on croisera tout au long de l'histoire d'Hydro dans des postes de responsabilité, en Abitibi à la conversion de fréquences, à la construction de l'Institut de recherche en électricité du Québec (Ireq) ou sur les grands chantiers d'équipement, et Jean-J. Villeneuve, les deux, en Gaspésie, ou encore Pierre Godin, à la coopérative de Papineau Est, à Ripon. Lui qui longtemps, au début de l'administration Coulombe dans les années 80, allait diriger toutes les activités d'Exploitation d'Hydro-Québec, au-delà de 15 000 personnes se rapportant à lui, commençait là, comme manœuvre, au piquetage de poteaux de lignes de distribution rurale, comme quoi il y a bien un début à tout. Diplômé (promotion 1952) de l'École de génie électrique de l'Université Laval, c'était pour lui un emploi d'été : « *Je ramassais là une partie de ce que me coûtait mon année universitaire.* » Pour Jean-J. Villeneuve, lui, diplômé en 1947, mais de Polytechnique, ce sera plutôt un premier emploi d'ingénieur, quand, embauché par l'Office à la fin de ses études, il sera immédiatement envoyé comme adjoint de Carrière en Gaspésie. Le futur « *général* » de la fonction « Transport » à Hydro entre 1965 et 1980, Jean-J. Villeneuve, témoigne : « *Travailler sur le terrain pour l'Office, à aider une compagnie à se mettre sur pied, ce que j'allais faire à Gaspé-Sud, tout l'été et l'automne 1947 et ce que je ferai aussi deux mois, à Saint-Donat, l'été suivant, était passionnant et sans aucun doute extrêmement formateur pour le jeune ingénieur que j'étais.* »

---

31. On lira à cet effet Yves Tremblay et Marie-Josée Dorion déjà cités aux notes 4 et 5.

➤ *Des histoires de coopératives*

L'élève et le maître, l'employé et le gérant de la coopérative d'électricité de Sept-Îles, Charles-Eugène Paradis et Elphège Boudreau, pendant une rencontre avec Hydro-Presse *en février 1975.*

Chaque coopérative a eu sa propre histoire, beaucoup, malheureusement ne resteront pas dans l'histoire. Voici quelques exemples pris aux quatre coins du Québec.

À Sept-Îles, c'est à l'initiative de l'instituteur du village, Charles-Eugène Paradis, que le 1er mai 1948, la coopérative locale voit le jour. Tout au long de son existence, Elphège Boudreau, un *« p'tit vite »*, ancien (bon) élève de M. Paradis, en sera le seul employé. Il raconte : *« J'étais monteur, releveur de compteurs, agent de recouvrement, opérateur, homme à tout faire, tout, quoi. On a eu de la misère, mais aussi du bon temps. C'était une des meilleures coopératives du Québec. En ce temps-là, on faisait gros de bénéfices, alors pendant quelques mois on donnait l'électricité aux abonnés. »*

On attendra beaucoup plus longtemps pour avoir la lumière sur l'île aux Grues. Là, c'est le modèle proposé par l'OER qui s'appliquera. Pas de promoteur local, mais un propagandiste de l'Office qui vient, un beau jour de 1961, expliquer à une réunion de la paroisse comment pouvoir bénéficier de l'aide de l'État pour édifier un petit réseau sur l'île. Marcel Normand, marin, maçon, guide de chasse, menuisier, facteur et sacristain, écoute plus attentivement que les autres. Ses concitoyens l'élisent séance tenante pour prendre l'affaire en main ; lui aussi deviendra l'employé de la coopérative puis l'homme d'Hydro en place. *« Un beau samedi, dit-il, je reçus une lettre de l'Office. On me donnait jusqu'au lundi suivant, une fin de semaine, quoi, pour collecter 5 000 $. Alors j'ai pris mon bicycle et, en un dimanche après-midi, j'ai ramassé 4 800 $, le 200 $ qui manquait, je me le suis fait prêter par des habitants un peu plus riches que les autres... »*

Aux Îles-de-la-Madeleine, la création de la coopérative a eu lieu en 1951, à l'initiative de la chambre de commerce de Havre-aux-Maisons. Avant cela, précise Augustin Richard, l'ancien comptable de la « coop », *Il y avait une douzaine de maisons éclairées sur les Îles. On utilisait alors des Delco de faible puissance. La chambre a sensibilisé la population à la nécessité d'électrifier les Îles, notamment les conserveries de poissons. [...] La nationalisation a été une vraie bénédiction. Ce qu'Hydro-Québec a fait ici pour développer l'électricité et permettre aux gens de bénéficier du même confort qu'ailleurs au Québec, jamais une coopérative locale n'aurait été capable de réaliser cela. »* Cette opinion de Monsieur Richard était émise dans l'*Hydro-Presse* de mi-avril 1977. Gageons que personne à Hydro ne la contredira...

Louis-Joseph-John Baker se vit confier en 1946 par la coopérative naissante de Gaspé-Sud le mandat de construire une petite centrale diesel puis, l'année suivante, une ligne entre Gaspé-Sud et Newport. L'entrepreneur, aidé bientôt de ses fils fit tellement bien que l'Office de l'électrification rurale allait lui confier plus tard la construction de la ligne de Sept-Îles à Havre-Saint-Pierre, puis ensuite de lignes aux Îles-de-la-Madeleine. Les enfants de Louis-Joseph-John poursuivront son œuvre. John, James, Thomas et André travailleront également en Distribution à Gaspé et Grande-Rivière où longtemps on parlera de la « dynastie Baker ».

Retenons enfin que la gestation des coopératives n'eut pas toujours lieu dans un climat de parfaite harmonie. Gilbert Paquette, un fameux monteur puis chef de monteurs dont nous reparlerons dans ces pages, raconte ainsi l'histoire de la coopérative du Lac Supérieur–Saint-Jovite. *« Mon père, Fernando Paquette était alors conseiller municipal de la paroisse de Saint-Jovite. C'est un homme qui avait l'habitude de se faire respecter. La mise sur pied de la coopérative en 1948 n'était pas son fait mais plutôt celui du gérant de la Caisse pop, et surtout du curé de l'époque qui menait tout. Arrive le moment du raccordement du rang de mon père. Lui et quelques voisins dont son ami Arthur Barbe, une armoire à glace, avaient travaillé fort pour couper leurs cèdres, creuser les trous, dresser les poteaux et engager des monteurs. Ils n'attendaient plus que le fil. Le jour prévu pour le raccordement, le curé les appelle, Arthur et lui. La scène se passe à la Caisse pop.*

– "Désolé, Fernando, c'est pas votre rang qui va l'avoir cette année, l'électricité, mais le rang du Lac Supérieur...

– Et pourquoi donc ?

– Parce qu'il y a des pères Oblats qui restent là...

– On a tout préparé, nos familles attendent le jus. À 6 h 00, s'il n'y a pas de lucioles dans les pochettes, c'est la guerre au village !"

Arthur Barbe n'a rien dit, mais il a pris une chaise et l'a fracassée sur le comptoir.

À 6 h 00, ils avaient l'électricité... »

➤ Souvenirs d'un jeune ingénieur en électrification rurale

Printemps 1947 – Qu'il avait hâte de terminer ses études à Polytechnique ! Deux bonnes raisons au moins à cela : il se mariait et on l'attendait en Gaspésie pour son premier emploi. Ingénieur pour l'Office d'électrification rurale à Gaspé-Sud, Jean-J. Villeneuve nageait à l'époque en pleine félicité.

En voyage de noces, ou presque, il va travailler toute la belle saison dans la baie gaspésienne. *« On faisait tout, se souvient-il. Sous l'autorité de Paul Carrière, un homme solide qui deviendra vite mon ami plus que mon patron, je crois avoir tout fait là de ce qui était alors les métiers de l'électricité. Des choses assez nobles certes, comme m'y préparaient mes études en génie, mais aussi tout ce qui constituait le tout venant du quotidien d'un distributeur : arpentage, négociations de droits de passage, surveillance des travaux de construction, signature des contrats de raccordement, lecture de compteurs, facturation...*

La Gaspésie de l'époque était touchante de pauvreté et de beauté mélangées. Les villages étaient tout petits, entièrement tournés vers la mer et dédiés à leur seule vocation de pêcheries. J'appris alors à la découvrir au volant de la camionnette de l'Office. Les gens étaient le plus souvent d'une grande gentillesse et puis surtout tellement contents d'avoir enfin l'électricité.

J'ai ainsi le souvenir d'un homme, en plein village de Percé qui bâtissait sa maison alors même que nous piquetions la ligne de distribution que nous voulions installer là. J'arrive devant son chantier. Il venait de faire creuser ses fondations et mon poteau tombait en plein sur le coin de sa maison. Paul Carrière me dit : "Négocie avec lui, il faut absolument qu'on plante là où l'on a dit. Tu n'auras qu'à le dédommager." *Je n'ai pas eu à négocier. Le Monsieur a accepté sans rechigner de tasser sa maison, il l'a même spontanément raccourcie de quatre pieds et quand est venue l'heure du dédommagement, il m'a demandé... 12 $. Au bureau, Paul m'a dit* "Bon travail, Jean !" *et moi je pensais* "Bon Monsieur, oui !"

La pauvreté des gens était extrême, liée à leur manque d'instruction, elle créait des situations réellement pitoyables. Dans ce temps-là on faisait payer plus cher les premiers kWh consommés, pour être sûr d'un minimum de revenus et moins cher ensuite. Le calcul était ainsi fait à Gaspé que les abonnés payaient un montant fixe de 4 $ qui leur donnait droit à 20 kWh de consommation, ce qui, à 20 sous du kWh était horriblement cher. Passé 20 kWh, le coût tombait à 4 sous, ce qui était encore cher, mais enfin, un peu plus raisonnable. J'arrive chez une Madame pour relever son compteur. Elle ne consommait plus depuis qu'elle avait atteint son 20 kWh : "On a ressorti les lampes à huile, me dit-elle, passé 4 $, c'est trop cher." *J'ai passé bien du temps cette fois-là à tenter de lui faire réaliser qu'il fallait qu'elle consomme plus pour baisser son coût moyen de fourniture et suis reparti navré, avec cette vilaine impression de ne pas avoir été compris. »*

C'était l'été 1947, que la Gaspésie devait être belle, Monsieur Villeneuve !

L'OER mis sur pied, le groupe Shawinigan clamant à qui veut l'entendre qu'il est prêt à électrifier tous les rangs de ses territoires, de l'argent débloqué à Québec pour financer les projets, des habitants, des élites régionales piaffant d'impatience à l'idée d'enfin pouvoir mettre des réseaux locaux sur pied, toutes les conditions semblent réunies pour que le monde rural québécois puisse être électrifié à la grandeur. On est en 1945.

La campagne d'électrification rurale qui commence alors durera, pour l'essentiel, 15 ans. Certes, il y aura encore des lignes de distribution de rang à construire passé 1960 dans quelque fin fond de l'immense Québec – il s'en construira jusqu'en 1963 –, mais, le grand coup donné durant 10 ans de 1945 à 1955, l'essentiel des fermes sera raccordé à la fin des années 60. On estime qu'en 1957, 86 % des fermes québécoises seront électrifiées, 95 % en 1959 et 97 % en 1961[32].

Ladite campagne sera essentiellement menée sur deux fronts, par deux armées, aux motivations, aux cultures, aux moyens, aux gens et aux façons de faire totalement différents : d'un côté le mouvement coopératif, de l'autre les compagnies privées.

Le front des coopératives est constitué, on l'a vu, de tous ces coins de pays, ces rangs isolés, ces zones excentriques où les compagnies ont calculé qu'elles n'avaient pas d'intérêt à se rendre. La majorité des coopératives vont se développer ainsi dans le bas du fleuve et en Gaspésie, dans le Nord-Ouest, le Témiscamingue et les Laurentides, dans les Cantons-de-l'Est et au Lac-Saint-Jean. On en trouvera également dans tout ce que le Québec compte d'îles peu habitées et de villages alors non reliés de la Côte-Nord. Deux types de modèles à l'établissement d'une coopérative et parfois, bien sûr, des fertilisations croisées entre les deux. Une coopérative voit le jour par génération spontanée ou à la suite de pressions exercées par l'Office. Chaque « *génération spontanée* » a son histoire. Ici, la coopérative naîtra à l'initiative du maire, là d'un professeur, d'un gros cultivateur, d'un villégiateur millionnaire, du gérant de la banque, du docteur ou du curé de la place. Parfois l'enfantement sera douloureux, il faudra passer outre aux vieilles chicanes, marier des clans hostiles, faire des compromis entre Rouges et Bleus. On imagine des assemblées de cuisine au fanal, le soir après le train, chez « *celui-qui-en-sait-un-peu-plus-que-les-autres* » sur la loi et les aides que le gouvernement est prêt à accorder. Et chacun, l'assemblée finie, de repartir chez soi, dans le noir, avec des rêves de travail facilité et de confort, mais aussi cette hantise de devoir consacrer 100 $ au projet[33], de ces dollars si difficiles à gagner dans les campagnes éloignées.

---

32. Selon le « *Répertoire du fonds d'archives de l'OER* », par Pierre-Louis Lapointe, juillet 1991, Archives d'Hydro-Québec.

33. Les experts de l'OER avaient estimé que le raccordement moyen d'une ferme de rang isolé coûtait environ 400 $. C'était la règle au pouce appliquée alors pour faire les prévisions de coûts des infrastructures. Le cultivateur raccordé était donc dans l'obligation d'assurer le quart des investissements. D'où ce montant de 100 $ généralement admis comme part initiale d'un particulier dans le capital de la coopérative.

Ailleurs, là où il ne se passe rien, c'est le «*propagandiste*» de l'Office qui finit par annoncer sa visite. Monsieur le curé l'a dit en chaire ce dimanche à la grand-messe, il sera demain soir à la salle paroissiale, ce «*missionnaire de progrès*[34]» et tous les habitants du village et des rangs de la paroisse sont invités à venir l'écouter. Ils y viendront, les hommes surtout – c'était comme ça alors –, et l'entendront déclarer qu'une propriété électrifiée acquiert de ce simple fait une plus-value de 1 000 $, et conclure avec emphase : «*L'énergie électrique est de nature à rendre sur son lot un colon deux fois plus heureux qu'un cultivateur sur sa belle terre*[35]»… Parfois – en fait, passé 1955 –, l'homme fera l'obscurité dans la salle et passera un film dont l'OER s'est fait le producteur : *Merveille rurale*[36], un film remarquable, dira le propagandiste que le premier ministre Duplessis lui-même a vu et qui l'a émerveillé. Beaucoup, tout ça, pour les habitants des rangs toujours sombres de la province qui, les yeux ronds, s'en font ainsi conter. Et, là pareil, ils retourneront chez eux dans la nuit noire avec des rêves de lumière dans la tête et l'obsession de ce 100 $ de part sociale qu'il faudra, là aussi, bien finir par trouver.

L'Office a ses exigences qu'il impose aux promoteurs des compagnies. On sent chez ses dirigeants une volonté ferme de tuer dans l'œuf toute propension de certains entrepreneurs locaux à profiter pour leur propre bénéfice de la générosité gouvernementale. Cette crainte, notons-le, n'est pas sans fondement. L'histoire des coopératives ne sera pas exempte de ces mêmes rumeurs de magouillage et de patronage si souvent associées à la gestion privée de l'industrie de l'électricité et aux pratiques régionales de l'administration Duplessis. L'encadrement communiqué à l'automne 1945 par le président Thomas Tremblay est pourtant rigoureux : l'Office veut une organisation locale structurée, des plans de développement des réseaux et des estimés précis des coûts engendrés et des revenus attendus. Il impose des règles d'éthique : «*L'entrepreneur ou le constructeur de lignes ne devra pas faire partie du conseil d'administration de la coopérative.*» Il exige, avant d'accorder quelque prêt que ce soit, la preuve que «*les membres de la coopérative ont soumis approximativement une somme représentant 25 % du coût probable de la construction des lignes*[37]». Le reste du capital nécessaire pour construire est avancé par l'État sans intérêts et remboursé sur 30 ans, 3 % par année du montant emprunté, par versements égaux semi-annuels.

---

34. Le mot est d'Yves Tremblay, dans un texte publié dans la *Revue d'histoire du Bas-Saint-Laurent* : «*Le monde rural et l'électricité*».

35. Discours d'un dénommé Jean Blanchet, propagandiste de l'OER, cité par Yves Tremblay, *ibid*.

36. On retiendra que le film avait également été financé par les grands distributeurs privés de l'heure : SW&P, QPC, CPBStL, SCP et Gatineau Power, qui s'en serviront à leurs propres fins de promotion et de publicité.

37. *Lettre circulaire du président Thomas Tremblay aux coopératives*, 4 octobre 1945, Archives nationales du Québec, fonds OER.

➤ *Droits de passage : l'inflexibilité de l'OER*

L'Office de l'électrification rurale ne riait pas avec les droits de passage. Vous voulez l'électricité, habitants, eh bien! vous allez nous laisser entrer gratuitement sur votre terre pour planter nos poteaux, ou bien vous n'en aurez pas. Jean-J. Villeneuve se rappelle : « *C'était automatique, si le fermier voulait de l'électricité, fallait qu'il nous laisse travailler sur sa propriété, avec autant de poteaux que nous le décidions. Pas de discussion !* » Il faut croire, cela dit, qu'il y en eut ici et là des discussions. Il n'est qu'à constater le changement de ton de l'Office entre 1946 et 1947 sur cet épineux problème. En 1946, c'est l'ingénieur en chef, un dénommé Jules Leblanc, qui établit la position officielle de l'OER dans une circulaire : « *Il faut éviter de payer une indemnité pour un droit de passage. C'est un mauvais précédent. Si on l'accorde pour l'un, il n'y aura pas de raison pour le refuser à l'autre. Le fait d'accorder une indemnité pour droit de passage occasionne du marchandage. Chacun hésite de peur de recevoir moins que son voisin. Tout en est retardé. [...] L'Office a assez de lignes à construire sans en augmenter le coût indûment et sans perdre le temps des ingénieurs à discuter de droits de passage. [...] Une ligne ne vaut pas plus ni moins selon ce que l'on a payé pour les droits de passage.* »

Dès l'année suivante, le ton va se durcir. Cette fois, c'est le président Tremblay lui-même qui signe la lettre à tous les directeurs de coopératives. Leur soulignant que l'opposition au passage d'une ligne par un propriétaire constitue désormais une infraction passible d'une amende de 25 à 100 $ et d'un emprisonnement éventuel (n'excédant pas un mois), il conclut : « *La courtoisie, la politesse, l'esprit de coopération commandent qu'on obtienne la permission avant de passer sur la propriété d'autrui et qu'on fasse signer la formule de droit de passage. On doit user d'abord de persuasion. Mais il ne faut pas que par entêtement ou mauvaise volonté la construction de la ligne soit retardée. Lorsqu'un propriétaire vous défend absolument de passer sur sa propriété, vous devez vous munir de deux témoins. En présence des deux témoins, vous sommez le propriétaire de vous laisser passer. S'il refuse encore, vous rédigez un procès-verbal sommaire, vous le faites signer par les deux témoins et vous adressez votre rapport à l'ingénieur en chef de l'Office. Nous nous occuperons d'instituer des procédures contre les récalcitrants.* »

Certes, il est un peu plus difficile pour Hydro-Québec d'implanter aujourd'hui une ligne sur une propriété privée. Les temps changent.

Tout au long de la brève histoire des coopératives, l'Office agira ainsi en comptable et chien de garde, et c'est un peu l'image qu'il gardera dans cette histoire. La distribution de l'électricité, une fois les réseaux construits, n'était pas en soi, à l'époque, une activité technique très compliquée et stimulante. Elle l'était, certes, encore moins dans ces « *territoires de distribution plus ou moins artificiels, marginaux et souffrant d'un mal congénital, leur excentricité*[38] », selon les mots de René Lévesque. Un ingénieur s'ennuie vite à l'Office. Beaucoup le quitteront après quelques années, voire quelque mois, comme Jean-J. Villeneuve qui reconnaît aujourd'hui que : « *Si travailler sur le terrain à la mise en place des réseaux était tout à fait plaisant et riche en enseignement pour un ingénieur débutant, travailler au bureau de l'Office sur la rue Dauphine à Québec, ce que je fis à l'hiver 48, à l'étude des dossiers de la coopérative de Fort-Coulonge dans Pontiac Ouest, était, disons, pas mal moins… enthousiasmant. L'ambiance au bureau était plutôt tranquille et les journées m'y semblaient bien longues. C'est sur ces entrefaites que je suis passé à Hydro-Québec avec un salaire sensiblement plus élevé, 250 $ par mois au lieu des 175 $ de l'Office. Meilleur salaire, travail plus intéressant, défis beaucoup plus grands, je le reconnais bien volontiers, j'étais fort heureux du transfert.* »

➤ Le cultivateur gaspésien en 1950

Un agronome, au milieu du siècle dernier, c'était devenu quelqu'un, un *« expert »*. Notre homme ne connaissait pas seulement les techniques agricoles, mais aussi, valeur ajoutée inestimable à tout groupe envisageant un projet en région, les hommes les pratiquant. Mais oui, lui connaissait, pour en avoir vu et touché, ces drôles de créatures peuplant les campagnes, les habitants et les colons, qu'il présentait aux administrateurs retenant ses services avec la verve et le vocabulaire ethnologique de grands explorateurs revenant des îles Mouk-Mouk.

Écrites sous le sous-titre « *L'agriculteur du bas Saint-Laurent* », ces quelques lignes sont tirées d'un rapport de l'agronome Jean Blanchet au président de l'Office de l'électrification rurale à l'automne 1949 :

« *Le cultivateur du Bas de Québec est un homme de tradition, attaché à son bien, individualiste mais prêt à rendre service, à la fois crédule et méfiant, économe mais ouvert aux idées progressives ;* [...] *il donne difficilement en argent, mais, comme sa terre, il donne largement en nature. Le long du littoral et dans les fermes perchées sur la colline, on trouve le type* "sanguin-respiratoire" [NDLR : peut être violent mais sans danger tant qu'il respire par le nez] ; *la vallée et la plaine produisent le type* "lymphatique-digestif" [à rencontrer après le dîner], *sur les terres rocheuses et escarpées prédomine le type* "bilieux-musculaire" [attention, celui-là frappe et il est costaud !]. »

Il se dégage un certain ennui de l'étude de l'OER. C'est vrai même aux Archives nationales aujourd'hui quand on consulte les quelques boîtes de carton contenant les restes écrits des vingt années ou presque de vie active de l'Office. Ce n'est pas du tout remettre en doute l'importance historique de l'OER que de penser que, oui, la vie devait

---

38 . René Lévesque, *Discours au Banquet de l'Association des coopératives d'électricité, Montréal, 28 janvier 1963,* Archives nationales du Québec, fonds OER.

y être bien grise. On imagine un monde de comptables au veston lustré aux coudes, usant leurs crayons jusqu'à ne plus pouvoir les serrer entre leurs doigts. La consultation aux Archives nationales de la correspondance échangée entre l'OER et ce que René Lévesque qualifiera assez abruptement *«d'organismes de bien-être social à qui on dispense des subsides*[39]*»* laisse un peu perplexe quant au ton des propos. L'Office – avait-il de bonnes raisons de l'être ? – y apparaît tatillon, suspicieux, sentencieux. On ne badine pas avec les droits de regard sur les comptes, on craint, ici, qu'on paie trop pour des droits de passage, là qu'on revende du matériel de l'Office à des tierces parties ou encore qu'on achète, par d'autres intermédiaires, des poteaux de qualité douteuse normalement fournis par l'Office. Le ton est pète-sec, moralisateur et… ennuyeux.

Au total, 193 coopératives seront constituées au Québec entre 1945 et 1963[40]. De ce nombre, 58 seront effectivement actives à un moment ou l'autre de l'histoire et 46 subsisteront en 1962-1963 quand Hydro-Québec, mandatée par le gouvernement libéral de Jean Lesage pour distribuer l'énergie sur l'ensemble du territoire québécois, proposera de racheter leur actif évalué à 28 000 000 de dollars. L'Office, au long de son existence, leur avait prêté 21 millions. C'est assez dire que cette histoire aura été sans histoire. 21 millions de l'Office, un quart du tout mis par les coopérants, on est bien à 28 millions, pas de plus-value, pas de dépréciation en 20 ans : du beau travail… de comptables. Les coopératives avaient érigé des milliers de kilomètres de lignes, permis à quelques dizaines de milliers d'abonnés de disposer de l'électricité et contribué à mettre au jour des coins de territoire insoupçonnés. René Lévesque, qui décidera de leur sort en pilotant le grossissement du mandat d'Hydro-Québec aux dimensions de la province au début des années 60, évoquera *«leur rôle social ingrat rempli avec ardeur et détermination*[41]*»*.

Finalement, en 1963, la thèse Godbout, reprise par le gouvernement de Jean Lesage, prenait définitivement le pas sur celle de Duplessis. Hydro-Québec desservirait désormais les campagnes. C'est Roger A. Labrie, économiste et adjoint de Robert Boyd, qui dirigera les négociations pour le compte d'Hydro-Québec. *«Il n'y eut jamais obligation comme telle pour les coopératives de s'intégrer à Hydro-Québec»*, précisait-il dans *Entre-nous* (février 1966). Elles le feront toutes à des degrés divers d'enthousiasme, entre le 1er novembre 1963 et le 29 octobre 1964. La plupart d'entre elles, étant déficitaires, accepteront rapidement les offres d'Hydro-Québec, d'autres seront plus difficiles à convaincre, une enfin tiendra jusqu'au bout à sa survie et de ce simple fait l'obtiendra : l'atypique, l'irréductible coopérative régionale de Saint-Jean-Baptiste-de-Rouville, toujours prospère et active quelque 40 années plus tard.

---

39. *Ibid.*

40. *«Historique de l'Office de l'électrification rurale»*, préparé le secrétaire de l'Office, 21 septembre 1988, Archives d'Hydro-Québec.

41. *Ibid.* Note 38.

➤ *Preuve, s'il en fallait une, que le modèle coopératif n'était pas si fou :*
La Coopérative régionale d'électricité de Saint-Jean-Baptiste-de-Rouville

Première date à retenir : le 24 septembre 1944, dans l'entrepôt à pommes de Calixte Bienvenue, dans le cordon de Saint-Jean-Baptiste, devant un parterre de 40 personnes fatiguées d'attendre le bon vouloir de la Southern Canada Power pour avoir l'électricité, une coopérative naît. L'enfant est sain et vigoureux. Il n'a même pas besoin du parrainage de l'OER qui ne naîtra, quant à lui, que l'année suivante. La coop créée ce soir-là sera la première de l'histoire de l'électrification rurale au Québec.

Seconde date importante : le 23 avril 1963, les membres de la Coopérative régionale de Saint-Jean-Baptiste-de-Rouville, réunis en assemblée générale, affirment unanimement que leur coopérative n'est pas à vendre. Ce soir-là et sans le savoir, ils venaient de faire en sorte que leur coopérative serait la dernière de l'histoire.

« Ça peut paraître un peu surprenant, dit aujourd'hui René Montambeault, secrétaire-trésorier de la coop, *mais c'en est resté là. La coopérative n'a jamais eu d'offres formelles d'Hydro-Québec pour entamer des négociations en vue d'un achat ou d'un transfert quelconque. On est resté dans une espèce de flou et les choses ont pris leur place ainsi, décennie après décennie ».*

Et s'il n'en reste qu'un... eh bien, c'est elle. La coop est toujours vivante et bien mieux que ça, on la sent en pleine possession de son âme, de ses moyens, de son devenir de distributeur d'énergie en zone rurale. *« C'est un beau petit joyau du patrimoine québécois qu'il faut conserver,* poursuit René Montambeault, qui précise : *Vous savez, nous sommes un des meilleurs clients d'Hydro-Québec. Nous achetons pour pas loin de 10 millions de dollars d'électricité par année et nous payons nos factures rubis sur l'ongle au nom de 5 500 clients dont la division Distribution d'Hydro n'a pas à se soucier. Ce sont des clients très bien servis. »*

La mise sur pied de la coop est éclairante sur les politiques de l'époque de la Southern qui, alimentant le village de Saint-Jean-Baptiste et les gros villages avoisinants, refuse de consentir des taux acceptables aux gens de la périphérie qui doivent s'organiser eux-mêmes. C'est ainsi que la jeune coop sera appelée tout naturellement à étendre les tentacules de son réseau à certains des rangs des villages voisins de Marieville, Saint-Angèle, Saint-Damase, Rougemont-Saint-Charles, Saint-Hilaire et Saint-Pie[42]. En fait, on a ici l'illustration presque parfaite des limites du système en place avant l'intégration des compagnies privées à Hydro : la SCP exploitant ses choux gras dans les communautés et laissant les écarts se débrouiller avec le reste du territoire non rentable. Déjà bien bonne de leur vendre de l'énergie, qu'ils se débrouillent pour la distribuer !

---

42. Dès 1945, les coop de Mont-Saint-Grégoire et de Sainte-Brigide se fusionnent à elle. Aujourd'hui, selon René Montambeault, la coop alimente 16 municipalités rurales.

Mais alors, me direz-vous, la coop ayant pignon sur rue dans le village de Saint-Jean-Baptiste-de-Rouville, desservi aujourd'hui par Hydro, est-elle, pour ses bureaux, une abonnée de la société d'État depuis que celle-ci a racheté les actifs de la SCP ? La réponse est non. La coop, propriétaire d'une grosse maison bourgeoise du centre du village depuis 1957, à un jet de goupillon de l'église, eut de tout temps l'autorisation de se tirer une petite ligne personnelle depuis son propre réseau.

Et vogue tranquillement l'atypique galère que René Montambeault aime à comparer à ce petit village d'irréductibles Gaulois qui fit la fortune de MM. Gosciny et Uderzo.

Dans un premier temps, et jusqu'à l'organisation interne d'Hydro-Québec en zones et en régions, les coopératives seront groupées régionalement sous l'autorité administrative des filiales récemment acquises, exception faite, mentionne Robert Brunette (l'homme de Robert Boyd en Abitibi à l'époque[43]), des quatre coopératives du territoire de la Northern Quebec Power (NQP). Il explique : «*La coop de Rouyn-Noranda avait été l'une des premières à accepter les offres du gouvernement, mais quand ses dirigeants et ses membres apprirent qu'ils devraient désormais se rapporter à leur ennemi juré, la NQP, ils adressèrent un déluge de lettres au bureau de René Lévesque sur le thème : "Quoi ! Ces gens-là n'ont jamais voulu nous alimenter ni nous fournir de service et voilà que vous nous donnez à eux !". De quoi faire réagir ledit Lévesque qui, effectivement, réagit. Un beau jour Boyd, m'appelle et m'explique ça. Un silence, un long, comme Robert les aimait, et puis…*

– "Serais-tu prêt à prendre les coopératives à Hydro ?

– Pas de problème, si je peux m'organiser.

– C'est quoi *"t'organiser"* ?

– Eh bien si vous me donnez aussi La Sarre Power et le personnel local de l'Office de l'électrification rurale, je devrais pouvoir constituer un groupe qui se tienne debout."

Boyd a dit oui. Et c'est ainsi qu'on a bâti en Abitibi, avant toutes les autres régions d'Hydro, l'embryon d'une première unité régionale Distribution. On a eu une excellente coopération du Syndicat pour régler les quelques problèmes de relations de travail que le transfert pouvait poser. Les gens ont immédiatement eu de meilleures conditions salariales, sinon l'ensemble du paquet des avantages sociaux d'Hydro, ce que l'on ne pouvait leur offrir légalement. Tout le monde fut content et on a créé ainsi un excellent groupe régional qui allait rester longtemps très motivé et compétent.»

---

43. Le délégué de la Commission aux réseaux du Nord-Ouest, qui, donc, prenait charge de la NQP était Roland Lalande. Mais Hydro était déjà de longue date en Abitibi où elle avait des installations et du personnel sous l'autorité de Robert Brunette.

Reste qu'en règle générale, ce ne seront pas des «*joyaux électriques*» qu'Hydro ajoutera à son parc de distribution par l'acquisition des coopératives, mais bien autant de petits boulets disparates, peu fiables et onéreux, bref, pendant encore un bon moment des postes de dépense. Hydro-Québec, qui ne sait pas à cette époque ce que sont les problèmes de difficulté financière, a les reins assurément assez solides pour gérer cet aspect des choses et absorber les petits cancers dans son large giron. Les coopératives d'électricité campagnardes n'auront désormais plus à craindre les fins de mois difficiles.

➤ *Le curé des Éboulements et l'électricité d'Hydro-Québec*

Une des premières décisions d'Hydro-Québec lorsqu'elle prit en charge, en 1963, les coopératives d'électricité, fut d'en confier la gestion à ce qu'à l'époque on appelait ses «filiales régionales», placées, on s'en souviendra, sous la direction d'administrateurs délégués par la compagnie montréalaise. C'est le modèle qui s'appliquera jusqu'à la création des régions de distribution et des zones de production et de transport en 1965. Ainsi, la filiale Quebec Power se retrouva du jour au lendemain responsable de toutes les coopératives situées sur la rive nord du golfe dont celle... des Éboulements. L'histoire est racontée par Roger Latouche, grand bonhomme solide et sûr de lui, un patron de monteurs imposant le respect.

«*Peu de temps après l'acquisition de la coop par Hydro, on reçut au bureau de Québec quelques dizaines de lettres de protestation de clients des Éboulements mécontents de la qualité du service qu'on leur fournissait. Allons bon! J'y suis allé voir pour découvrir que l'installation locale était tellement "broche à foin" qu'elle acceptait mal notre alimentation, ce qui provoquait des baisses de tension. Il n'y avait qu'une solution: refaire le réseau local. Mais voilà que les gens me disent: "Pauvres vous, le curé est très mécontent après vous autres et va tomber sur Hydro à bras raccourcis dans son sermon de dimanche à la grand-messe." Voyez-vous ça! Je suis allé le rencontrer, le curé, avec mon air le plus sérieux et sévère. "Ce qui se passe, lui ai-je dit, c'est que vos fils à vous sont trop petits. Vous nous demandez de l'électricité, on vous la fournit, mais vous n'êtes pas capable de la prendre! C'est comme si l'on vous donnait du foin pour mettre dans une charrette et que vous veniez le chercher avec une brouette! Je ne comprends pas que vous ne soyez pas contents!"... Le dimanche suivant, il félicitait Hydro d'avoir raccordé les Éboulements.*»

L'Office sera actif jusqu'au groupement sous Hydro-Québec de l'essentiel des activités de distribution électrique au Québec dans les années 1962-1963. Le temps de mettre ses papiers en ordre et l'OER entamera dès cette époque, et dans l'indifférence générale, une période d'hibernation d'une vingtaine années permettant à ses quelques rares administrateurs de «*satisfaire aux exigences de la Loi et de compléter la remise des parts sociales à chacun des membres des coopératives que l'Hydro-Québec a acquises*[44]». L'Office de l'électrification rurale sera officiellement aboli le 19 juin 1986.

---

44. *Ibid.* Note 40.

Build the load!

Les compagnies privées échappent complètement à l'autorité de l'Office qui, on l'a vu, n'a pas été pensé pour elles. Elles relèvent plutôt de l'autorité de la Régie provinciale de l'électricité qui, en vertu de sa loi constituante, a le pouvoir théorique d'exiger d'elles qu'elles prolongent leurs réseaux pour donner l'énergie à des îlots d'habitations isolés[45]. C'est un pouvoir coercitif qu'en fait la Régie n'a jamais exercé ni avant la guerre, pour cause de flou politique, ni pendant celle-ci. En pratique, elle n'aura pas besoin d'y recourir après la guerre non plus, en tout cas pour ce qui est des deux grands distributeurs que sont la SW&P et la QPC qui vont, les mesures de guerre à peine levées, résolument opter pour l'électrification rurale, intensifier leurs actions dans le domaine, mobiliser leur personnel et s'en aller en campagne non plus à reculons, mais au pas de charge[46].

Si leurs consœurs laissent, comme on l'a vu, passer le bateau[47] et vont devoir vivre désormais, dans les zones qu'elles desservent, avec la présence de plus en plus fréquente de coopératives, les deux distributeurs du Centre du Québec vont tout faire et sans attendre pour occuper toute la place que la Régie leur reconnaît comme territoire,

---

45. La Régie provinciale de l'électricité, instituée par les unionistes de Maurice Duplessis en 1938, est née des cendres de la Commission de l'électricité, créée, elle, deux ans plus tôt par les libéraux de Louis-Alexandre Taschereau, à la suite des recommandations de la Commission Lapointe de 1935. On sait qu'un des principaux mandats pilotés par la commission dirigée par Ernest Lapointe était de faire des recommandations visant à développer l'électrification rurale et l'on reconnaît bien là la touche d'Adélard Godbout, alors ministre de l'Agriculture.

46. Pour en finir avec la Régie, mentionnons tout de même qu'elle reste présente dans le processus, à la satisfaction, semble-t-il, des principaux intervenants du domaine. Ainsi, faisant le point sur le dossier d'électrification rurale en 1946, Léo Roy mentionnera avec déférence : « *Lorsque la compagnie décide de construire un réseau, elle en demande la permission à la Régie provinciale de l'électricité...* », « *Électrification rurale* », *Shawinigan Journal*, mars 1946.

47. Cela dit, avec toutes les précautions requises. Les compagnies, on l'a dit, continueront de faire du rural, et même avec une certaine intensification à la création de l'Office, mais, à la différence du groupe Shawinigan, avec la seule préoccupation évidente de ne pas se faire souffler par l'OER les quelques zones de leur territoire pouvant être rentables. Prenons ici comme exemple la Compagnie de Pouvoir du Bas-Saint-Laurent qui va effectivement construire de 200 à 300 milles de lignes rurales dans les années 1945-1947. Sa politique d'investissement n'est pas un secret : sa ligne de conduite est de ne pas engager son capital dans des entreprises ne rapportant pas au moins 6 %. C'est le rendement qu'elle espère obtenir sur ces lignes de 1945-1947, mais c'est un rendement qu'elle sait pertinemment ne pas pouvoir aller chercher dans la construction des 1 220 milles de lignes qu'il reste à monter dans son territoire en 1949. Elle ne les érigera donc pas et même à l'Office de l'électrification rurale, qui enregistre le fait, on semble la comprendre : « *Il est vrai que depuis l'établissement de l'Office en 1945, la Compagnie du Bas Saint-Laurent, comme les autres du reste, a intensifié son programme d'électrification dans certaines paroisses agricoles, en couvrant surtout les rangs les plus payants. Peut-on la blâmer de ne pas avoir fait plus ? Une compagnie est organisée en vue du profit d'abord [...] Agirions-nous autrement si nous étions au nombre de ses directeurs ?* » Selon un rapport sur l'état de la distribution rurale soumis au président de l'OER, signé le 15 octobre 1949 par l'agronome Jean Blanchet, Archives d'Hydro-Québec, P3/200-000/222.

allonger les réseaux, écarter toute forme de concurrence, rejoindre la clientèle agricole potentielle et développer leurs services ruraux.

On ne veut pas, c'est clair, de compétition à l'intérieur de son territoire, fût-ce par de tout petits joueurs locaux ; rien de mieux pour cela que de prendre toute la place disponible. Pierre Ostiguy, agronome dont nous reparlerons plus loin, explique : « *Les compagnies du groupe Shawinigan étaient prêtes à servir et voulaient tout le marché parce qu'elles ont réalisé qu'il pouvait être rentable à terme, certes, mais aussi et surtout peut-être pour ne pas avoir d'ennuis avec de petits réseaux plus ou moins bien bâtis, enclavés dans leur territoire. Elles craignaient d'être obligées par la Régie de fournir les coopératives, par ailleurs hors de leur contrôle quant à la qualité de leurs raccordements et de leurs lignes, et de déstabiliser ainsi, techniquement, leur réseau. Elles redoutaient de plus d'être obligées un jour de les acheter et de payer de la plus-value sur l'achat. Le raisonnement de l'époque était : Si on doit les reprendre un jour, aussi bien aller de l'avant et ne pas les laisser s'installer.* »

C'est si vrai que lorsque des coopératives se formeront dans des paroisses proches de villages desservis par une compagnie du groupe Shawinigan, dans Nicolet ou Yamaska, par exemple, en 1945-1946, la SW&P, vite au fait des projets, procédera immédiatement à l'extension de ses réseaux dans les zones visées, tuant dans l'œuf les velléités commerciales locales.

Guy Desormeau, ingénieur de la division Distribution que nous citerons fréquemment dans ces pages et qui fera, en 1956, sous Howald (Howie) Walker, ses premières armes en électrification rurale pour le groupe SW&P, synthétise : « *C'était l'espoir de vendre du kilowattheure à moyen terme, mais, avant tout, de l'autoprotection !* »

On sentait la SW&P et la QPC prêtes à agir pendant la guerre, n'attendant que le feu vert gouvernemental. Leur départ, la guerre terminée, sera fulgurant. Les années 1945 à 1950, avec un pic en 1947, se révéleront pour la SW&P et la QPC de grandes années pour ce qui est de la construction de lignes rurales.

Fils de Gratien, surintendant de la SW&P à Saint-Joseph de Beauce, Gérard Spénard terminait en 1944 sa dixième année commerciale et se cherchait un emploi. Son oncle, Willie Parenteau, gérant de la SW&P à Victoriaville, lui offre d'entrer comme apprenti monteur à l'électrification rurale. Gérard est robuste, c'est un excellent joueur de hockey, ce qu'apprécie particulièrement tonton Parenteau[48]. Il n'y a guère de travail alors en

---

48. Grand connaisseur de hockey, Willie Parenteau dirigeait personnellement l'équipe de la SW&P à Victoriaville. L'équipe était une des gloires de la Ligue provinciale de l'époque. On y pratiquait un excellent calibre de jeu, semi-professionnel et assez rude dans les coins de bande. Plusieurs bons joueurs de l'époque virent leur embauche à la SW&P facilitée par leur aptitude à porter les couleurs de l'équipe de la compagnie. On nous a cité les Georges-Émile (Pete) Mercier, Roland Deneault, Pierre Marcotte, Russel Blackburn, André Champagne, Pete Gallant, etc. « *Nous n'étions pas payés pour jouer, se souvient Gérard Spénard, mais si l'on gagnait on avait congé le lendemain ; perdants, il va de soi qu'il fallait travailler…* »

région rurale et le jeune homme accepte par enthousiasme. «*Nous étions 6 ou 7 hommes par camion plus le contremaître et le chauffeur. On a commencé par les rangs de Sainte-Sabine de Bellechasse à installer du 2,3 kilovolts. J'étais costaud, j'aimais monter, ça allait bien. On pensionnait dans les hôtels de village. Quand il y en avait deux, la compagnie nous divisait pour plaire à tout le monde. On était reçu partout comme des rois. Enfin, les gens allaient avoir la lumière. Cet engouement pour les jeunes costauds que nous étions n'était pas sans inquiéter, du reste,… les curés locaux. Je me souviens de celui de Sainte-Camille qui en chaire le dimanche avait sorti, le doigt tendu vers les bancs des jeunes filles:"Attention, Mesdemoiselles, les taureaux de la Shawinigan sont arrivés!"* »

Plusieurs des jeunes ingénieurs francophones des compagnies s'initieront alors à la distribution rurale, considérée à l'époque comme une bonne formation pour eux que la haute direction du groupe Shawinigan voyait volontiers, au terme de leur carrière, occupant les postes de gérance des opérations régionales (guère plus[49]). Les Maurice D'Amour, Marc Méthé, Pierre Simard, Jean-Paul Millette, à la QPC, seront de ceux-là. Tout comme les Marc Charest, Guy Desormeau et Maurice Huppé, à la SW&P, qui, à l'occasion, assisteront l'homme chargé de la fin des travaux d'électrification rurale de la rive sud du territoire de la SW&P, le véritable capitaine de la campagne mise sur pied à l'époque: Louis-Georges Boivin. À la fin des années 40, c'est d'abord un dénommé Georges Lebeau, suivi par Howie Walker qui, en cinq ans devaient à eux deux construire 2 600 milles de lignes[50]. Boivin, ingénieur de Polytechnique embauché en juin 1949, «Luidji» pour ses proches, finira le travail et pilotera l'ensemble des installations de lignes rurales sur la partie rive sud du territoire de la SW&P. Il acquerra, ce faisant, une grande réputation de compétence en technique de distribution régionale. La chose se saura dans l'industrie et montera, on le verra, jusqu'aux oreilles d'un de ses confrères ingénieurs montréalais, un certain… Robert Boyd.

Louis-Georges Boivin, cigare aux lèvres, épaules en tressautement perpétuel, avec sa manière à lui, bourrue, soucieuse et joviale à la fois, se souviendra de son jeune temps héroïque à l'heure de prendre sa retraite. Il contera au journaliste d'*Hydro-Presse* que,

---

49. Les témoignages à cet effet abondent. Citons celui de Maurice Huppé, ingénieur de Polytechnique, embauché en 1955 par la SW&P: «*Notre chemin de cadre était tracé d'avance. Nous prenions nos promotions dans les districts régionaux et nous pouvions espérer terminer ingénieur divisionnaire à Trois-Rivières. Nos collègues anglophones étaient tous sensiblement plus payés que nous et c'est eux qu'on pressentait pour devenir boss. En fait, on nous laissait monter jusqu'aux niveaux où l'on ne dérangeait personne.*» Gilles Béliveau, embauché à la même époque par la filiale Quebec Power, confirme: «*Ces gens-là n'en faisaient pas mystère, nous étions destinés à rester des seconds. Je me souviens de cours de formation donnés aux jeunes ingénieurs par la Shawinigan où l'on nous disait très clairement:"Voilà, si vous êtes francophones, jusqu'où vous pourrez monter. Plus haut, vous devrez être parfaitement bilingues."En fait on comprenait très bien que"plus haut", ce n'était pas pour nous.*»

50. Raoul Lachapelle, «*Victoriaville, hier et aujourd'hui*», *Shawinigan Journal*, SW&P, décembre 1948.

On est en 1949. Les jeunes filles du monde rural (ici, de la région des Bois-Francs) répondent à l'invitation de la Shawinigan et viennent suivre des cours d'électricité que leur donnent les agronomes. Ici le professeur, mains croisées, est Arthur Létourneau. L'écoutent, assis, Waldo Lavigne et, au bureau, Vincent Lanouette, agronome du gouvernement provincial, responsable de l'éducation de la jeunesse rurale.
(Photo de Pierre Ostiguy)

pour lui, l'électrification rurale dans les années 50 au groupe Shawinigan avait été l'une des trois missions importantes de sa carrière : «*Après avoir préparé nos projets, planifié nos travaux durant la saison morte, on partait en campagne dès le printemps venu. C'était toujours pour moi avec une certaine émotion. J'ai connu l'arrivée de l'électricité à 12 ans dans mon village natal, l'électricité qui faisait qu'on n'avait plus besoin de la pompe à eau manuelle! Maintenant, c'était à mon tour d'apporter du nouveau aux gens[51].*»

Systématiquement, la compagnie commence par électrifier les rangs doubles, ceux où les habitations et les bâtiments sont situés des deux côtés du chemin, avec ainsi, un plus fort potentiel de raccordement. Mais en fait on va vite oublier comme s'il n'avait jamais existé le fameux facteur de 10 clients minimum au mille facturés à au moins 1 $ par mois, pilier de l'argutie de la décennie précédente pour ne pas électrifier les rangs les moins denses en fermiers. On est conscient, ce faisant, d'ouvrir un marché de moyen terme renonçant à la rentabilité à court terme des équipements installés. On prête foi

---

51. «*Louis-Georges Boivin, ingénieur missionnaire*», *Hydro-Presse*, Hydro-Québec, décembre 1986.

aux collègues agronomes qui prétendent que les campagnes constitueront un marché phénoménal pour les distributeurs, pour peu que les cultivateurs finissent par réaliser tout le potentiel de développement que peut leur permettre l'électricité. «*Nos gars du rural sont des plus optimistes, écrit le Shawinigan Journal en 1947. Wally Lavigne, le surintendant, soutient que nos fermes deviendront éventuellement le groupe qui consomme le plus d'énergie. Il croit que la consommation moyenne de 561 kWh par ferme l'an dernier peut être doublée en 1954[52]*». Wally Lavigne ne se trompait pas dans ses prédictions. L'avenir lui donnera parfaitement raison.

Mais, car il y a un mais, force est pour les compagnies de constater que la réponse des cultivateurs continue d'être diablement décevante. La majorité d'entre eux ne veulent en rien consentir aux investissements qui feraient entrer leur exploitation dans l'ère électrique et les amèneraient à consommer ce que l'on attend d'eux. On ne dénonce pas l'inertie paysanne, comme on l'eut fait à la décennie précédente, mais on s'étonne: «*Au 31 juillet 1947, 25000 fermes* [une sur deux dans le

Quelques publications destinées aux agriculteurs que le bureau du Service rural du groupe SW&P produisait après la guerre. On en comptera ainsi une dizaine. tirées à plus de 100 000 exemplaires.

territoire desservi par la SW&P] *sont électrifiées et un nombre indéterminé ne le sont pas bien que le courant passe devant leur porte[53]…* » Jacques Beaudet[54], un des agronomes qui marquera cette histoire, raconte qu'à ses débuts dans le comté de Sainte-Thérèse (aujourd'hui Blainville), certains cultivateurs profitaient de la lampe de rue installée sur le rang devant chez eux par la Shawinigan pour venir le soir faire leur lecture, assis sur une chaise au pied du poteau, leurs maisons derrière eux restant bien noires dans la nuit. «*On rêvait de les voir traire électriquement, sécher leur foin électriquement, pomper,*

---

52. «*Électrification à la ferme* », *Shawinigan Journal*, SW&P, octobre 1947.

53. *Ibid.*

54. Embauché en 1950 à Sainte-Thérèse de Blainville par la SW&P, Jacques Beaudet était un agronome formé au Collège MacDonald de l'Université McGill. Il mènera une longue et fructueuse carrière de 34 années à SW&P puis à Hydro-Québec. Membre du personnel d'encadrement de la fonction Commercialisation mise sur pied par Jean-Paul Cristel en 1964, il évoluera par la suite à divers titres dans le personnel supérieur des Ventes avant de terminer dans la promotion du transport à l'électricité et le développement des énergies renouvelables: une carrière particulièrement représentative de la diversité de l'apport des agronomes à la construction de la fonction commerciale à Hydro-Québec.

chauffer, réfrigérer, ventiler, mettez-en, électriquement, et eux ne voulaient que la lumière. Ils se faisaient installer une entrée de 30 ampères avec deux fusibles et un fil d'extension et ils se promenaient avec la pochette dans la maison », se souvient Jean-Paul Cristel, un autre jeune agronome qui fait alors ses classes pour la Shawinigan quelque part dans les rangs du côté de Valleyfield.

Les compagnies ne peuvent y croire. Les choses doivent changer dans le Québec rural profond et elles feront leur part pour y arriver. Alors, on organisera la conquête du monde rural en y associant toutes les forces vives, tous les employés des entreprises derrière les agronomes. C'est une mobilisation générale du personnel sur le thème *« Build the load »* à laquelle vont à l'époque procéder les compagnies. *« Bâtissez la charge »* est le mot d'ordre, mais cette fois on ne va pas envoyer ses troupes à l'aveuglette dans les rangs : les agronomes, véritables officiers de cette campagne, seront là pour diriger la manœuvre. On a des kilowatts en abondance, on en a presque trop en raison de l'accroissement de la production pendant la guerre. Il faut les vendre et l'on fait le pari que ce sont les campagnes qui, bien loin d'être le poids mort qu'on pensait qu'elles étaient au début du siècle, vont aider à y parvenir. *« C'est avec le concours de chacun des employés de la compagnie qui vient en contact avec le public que nous atteindrons notre objectif »*, martèle Lavigne dans le *Shawinigan Journal*[55].

Pagé gagne des galons dans l'exercice. Dès 1945, il est élu par ses pairs président du Comité d'électrification rurale de l'Association canadienne de l'électricité. *« Nous sommes devenus à l'époque de véritables missionnaires de l'électrification. J'y croyais si dur, je le criais si fort, qu'en 1946 mes patrons me passaient du rural aux Ventes comme directeur adjoint ! »*

Les cultivateurs, on va les provoquer, les courtiser, les séduire, les former, sur leur terrain, dans la cour et les bâtiments de la ferme. Plus encore, on pénétrera dans leur environnement familier par un autre front : la cuisine de la fermière. Sans lésiner sur le nombre des nouveaux employés à embaucher, les compagnies accroîtront leur personnel de vente en mettant sur pied un véritable *« duo gagnant »* : l'agronome et la *home economist* [56], véritables commandos de choc envoyés à l'assaut des campagnes et qui vont avoir, dans les années 50, une influence considérable sur l'évolution du milieu rural québécois… et sur l'accroissement de la demande d'électricité.

---

55. *Ibid.* Note 52.

56. On nous excusera de garder ici le terme anglais de *home economist*. Il fut maintes fois traduit dans les compagnies, on le lira dans ces pages, mais aucun terme francophone ne rallia jamais tous les suffrages. La fonction ayant désormais disparu, l'emploi du terme anglais nous semble aujourd'hui le mieux refléter ce qu'elle fut à son heure.

Ce monsieur, tout fier avec son balai, est un authentique inventeur. Il s'appelle H. Fecteau et était cultivateur à Saint-Benoît. Le système de chaînes à ses pieds permettant l'évacuation du fumier dans l'étable, c'est lui qui l'a inventé et mis au point à la fin des années 40.
(Photo d'Albert Bonneau)

Dès la fin de la guerre, Lavigne et Pagé se voyaient donner le feu vert de leurs supérieurs pour constituer de premières équipes d'agronomes (les *home economists* viendront quelques années plus tard). Ils embauchent rapidement une dizaine de leurs jeunes collègues, qu'ils disséminent dans les principales places d'affaires des compagnies : Arthur Létourneau, Clément Lemire**,** Pierre-Armand Gélinas, Clément Héroux, Paul Larose, Norman Saint-Jean, Albert Bonneau, Dominique Lemay, Jean-Paul Cristel, Bernard Payeur, à Victoriaville, Sorel, Trois-Rivières, Sorel, Joliette, Québec, Saint-Joseph-de-Beauce et Valleyfield[57]. Certains de ceux-là, et comment ne pas penser ici, tout particulièrement, à la recrue de Valleyfield Jean-Paul Cristel, en embaucheront d'autres et d'autres encore. On perdra la trace de plusieurs à la création de la grande Hydro en 1963. Certains resteront fidèles à leur vocation essentiellement agricole et retourneront au monde rural ou à son administration. D'autres, comme Albert Bonneau, Clément Héroux, Gérard

---

57. Il serait fastidieux d'énumérer ici le nom de tous les agronomes qui laisseront leur trace d'une façon ou d'une autre dans l'histoire de la distribution rurale. Il y en eut beaucoup, et de fameux. Au pic de l'époque de gloire des agronomes, disons de 1955 à 1960, on peut estimer qu'ils furent au moins une trentaine, essentiellement à la SW&P et à la QPC. Pas un seul dans l'Hydro montréalaise d'avant 1963. Plusieurs seront cités dans cette histoire qu'ils marqueront de leur apport, soit dans leur strict domaine, soit dans le domaine plus large des ventes.

Un beau sourire, tout le monde : ce sont les agronomes de la Shawinigan en 1951.
De gauche à droite : Marcel Carignan, Armand Gélinas, Roger Deniger, Jean-Paul Cristel,
Jean-Bernard Payeur, Albert Bonneau et Jacques Beaudet.
(Photo d'Albert Bonneau)

Tremblay ou Roger Deniger, iront assez naturellement aux Ventes régionales ou industrielles. D'autres enfin, les Jacques Beaudet, Pierre Ostiguy, André Roy, Dominique Lemay, Bernard Payeur, etc., constitueront longtemps la garde rapprochée de Jean-Paul Cristel, les *« Shawiniganais de la mise en marché »* quand, à la demande et à proximité immédiate de Robert Boyd, il mettra sur pied puis gérera durant presque deux décennies, le secteur Commercialisation d'Hydro après 1963.

Il faut équiper ces agronomes, leur donner les moyens de « faire leur job ». Mais, au tout début de leur ère, on hésite à faire l'investissement coûteux d'automobiles. On les apparie avec des vendeurs qui, eux, c'est la coutume, disposent de voitures. Mais les résultats sont plus ou moins heureux. Jean-Paul Cristel se souvient : *« Je voyageais avec un vendeur phénoménal, un dénommé Bibeau, gros bonhomme jovial qui prenait toute la place. Moi, plutôt mince et réservé, le verbe tranquille, disons que j'avais de la difficulté à passer mes messages. Finalement, j'aimais autant faire mes visites seul à pied dans les rangs. »* La solution la plus facile sera qu'ils se paient leur propre auto et que la compagnie les dédommage en remboursant en fonction du nombre de kilomètres (de milles à l'époque) parcourus pour elle. Ce sera le modèle en usage après les premières années des pionniers.

Ces agronomes vont être longtemps les principaux «*propagandistes*», mot de l'époque, des compagnies dans les campagnes. Effectivement, le pari des cadres de la fonction est bon. Les portes des fermes s'ouvrent devant eux beaucoup plus qu'elles ne s'ouvraient devant les vendeurs ou les gens de «techniques». Le modèle est vite adopté (il serait, en fait, Jean-Paul Cristel n'en fait pas mystère, copié de l'exemple d'États agricoles américains), c'est l'agronome que les compagnies envoient en premier sur les rangs qu'on envisage équiper, avant les vendeurs et les bâtisseurs de lignes.

Cette façon d'agir, c'est aussi le résultat des premières expériences de Lavigne et de Pagé, les pionniers. Pas facile de convaincre un fermier de se raccorder à un réseau pas encore construit quand on lui dit qu'il va être le premier à le faire sur son rang. «*J'essayais*, dit Pagé, *de commencer par ceux que je pensais être les plus solides, avoir la meilleure tête, et je prenais le temps que ça prenait pour les convaincre. Je mangeais avec eux, couchais chez eux à l'occasion. Je laissais un peu d'argent sur la table de la cuisine en repartant le matin. Quand ceux-là se décidaient, c'était plus facile d'en convaincre d'autres…*» Jean-Paul Pagé, solide vieillard de bientôt 90 ans, n'engendre pas la mélancolie. L'homme, on l'a dit et on le répétera, est un conteur, un provocateur, un orateur à la Pierre Bourgault, capable de grands envolées oratoires, mais sachant aussi mesurer le poids d'un silence. Son ton hâbleur change quand il dit: «*Les fermiers, vous savez, étaient parfois tellement sans ressources à l'époque qu'on ne pouvait que respecter leurs hésitations. Ils n'avaient généralement pas l'argent requis pour s'équiper, fallait qu'ils s'endettent et ils détestaient cela*[58]. *Ce qui les intéressait le plus dans ce qu'on leur proposait, à part la lumière, c'était la réfrigération du lait, parce qu'ils en perdaient chaque année aux chaleurs et que le gaspillage était contre leur nature et le pompage de l'eau, parce qu'ils n'en pouvaient plus de porter l'eau à leurs animaux. J'ai vu de mes yeux des pompages à grandes roues mues par le chien du fermier. On avait encore ça dans nos régions à l'époque. La traite électrique, pour eux, c'était du luxe, les troupeaux n'étant pas considérables et la main-d'œuvre à bon marché pas difficile à trouver. Traire à la main, dans ces conditions, n'était pas la plus rude de leurs charges. On oublie aujourd'hui ce que la vie pouvait être dure, alors, dans les campagnes québécoises…*»

Quelques années plus tard, la routine sera plus solidement établie. L'agronome en campagne d'électrification rurale aura le plus souvent préparé son terrain. Sur le thème général: «*Le progrès s'en vient chez vous, ratez pas ça vous autres!*», il aura tenu une grosse assemblée dans la salle paroissiale du village[59], pour parler d'électricité et expliquer les

---

58. Pierre Ostiguy partage ce point de vue, tout en soulignant que plusieurs de ces fermiers n'étaient pas sans ressources, qu'ils avaient des «bas de laine», mais qu'élevant souvent de grandes familles sans aide de l'État, ils hésitaient à gruger dans leurs économies.

59 . «*L'approche de Duplessis!*, se rappelle en souriant Albert Bonneau. *On passait par le curé! On allait au presbytère et on demandait au prêtre d'annoncer notre réunion pour le lundi suivant. En même temps, on lui demandait de nous prêter la salle paroissiale. On la trouvait toujours pleine de gens pour nous écouter le lundi suivant.*»

intentions et les façons de faire de la compagnie. «*Une ? pas toujours,* se souvient l'un des premiers d'entre eux, Albert Bonneau[60]. *Il fallait faire avec les clans de village. À Saint-Joseph-de-Beauce, par exemple, il y en avait trois de ces clans selon la parenté, le voisinage ou les convictions politiques, eh bien, croyez-moi, cela prenait trois réunions, pas une de moins !*» Les réunions se passaient généralement bien, les gens étant réellement intéressés. Quelquefois un empoisonneur public, un trouble-fête, Bonneau en a connu : «*Ils se mettaient souvent au deuxième rang et t'ostinaient. J'ai des fois perdu patience. M'est arrivé d'en sortir. Le plus souvent, le reste de l'assistance me donnait raison.*» Souvent, se souvient un autre, l'agronome du comté participait à l'assemblée, ce qui rendait l'exercice crédible. «*Dans les rangs,* ajoute Jacques Beaudet, appliquant la même approche que Pagé, *il y avait toujours des leaders qui donnaient le ton aux autres. Les agronomes de comté nous les identifiaient et c'est ceux-là qu'on essayait de convaincre en premier. On tentait de leur faire manifester publiquement leur* a priori *favorable aux assemblées et ça nous aidait par la suite pour nos visites dans les rangs.*»

Sa population cible ainsi sensibilisée, l'agronome faisait ensuite du porte-à-porte, et venait rencontrer directement les fermiers un à un, parfois, mais pas systématiquement, les fermières. Avec l'homme, on parlait le même langage, hygiène à l'étable, propreté du lait, ventilation des bâtiments, centrifugeuses, séchage du foin, difficulté de fournir l'eau au bétail, etc., et chaque fois l'agronome de la compagnie arrivait avec des solutions. Pensif, ébranlé, le fermier ne pouvait que penser que cet avis que lui donnait l'homme de «*la compagnie de pouvoir*» rejoignait drôlement celui que lui donnait de temps à autre l'autre agronome, celui du gouvernement, de quoi faire réfléchir. Le fermier hésite, interroge, «*ça doit coûter ben cher ?*». L'agronome prend des notes. Un de ses collègues vendeurs viendra et donnera ces réponses-là, mais non, le service n'est pas si cher quand on voit tout ce qu'il permet de gains. La formule est consacrée : «*L'électricité c'est un homme engagé que tu ne paies que tous les deux mois*[61].» Et puis la compagnie offre des facilités de paiement réellement intéressantes. Le fermier pourra se faire expliquer tout ça par le vendeur. Qu'il accepte donc de le recevoir et d'en discuter avec lui !

S'il a l'occasion de rencontrer l'épouse du cultivateur, l'agronome lui glisse quelques mots sur les facilités que lui procurerait l'usage d'appareils électriques domestiques. Parfois il va même lui dessiner le plan de ce que pourrait être sa future cuisine sur un coin de table. Elle écoute attentivement cet homme manifestement honnête qui a l'oreille de

---

60. Toute une carrière au service de la QPC d'abord puis d'Hydro-Québec, Albert Bonneau, bachelier de Sainte-Anne-de-la-Pocatière, sera un autre de ces agronomes qui, l'électrification rurale achevée, finira avec brio sa carrière aux Ventes.

61. «*Et que l'on ne paie pas cher*», de rappeler les compagnies. «*Si un homme vendait son énergie physique pour concurrencer l'électricité, il gagnerait moins de deux cents par jour*», affirment les publicités dans les années 30.

son époux. Elle lui parle de la lumière qu'elle a tellement hâte de voir arriver dans le logis, il lui répond en lui parlant de cuisine moderne, de plats et de boissons rafraîchis, de machines à faire tout simplement disparaître la poussière. Là, souvent, le message passe moins bien. C'est propre chez elle, non ? Elle s'y donne assez de mal ! Et puis pour la cuisine, elle a le poêle à bois, déjà dans la maison bien avant elle, dont elle ne se séparerait pas pour tout l'or du monde. Notre homme patine un brin, il est certes moins à l'aise dans cette partie-là de son travail qu'avec les problèmes agricoles du mari. De retour au bureau, il en parlera avec son patron. *« Faudrait faire de quoi pour les fermières, boss… »* L'idée fera son chemin.

Parfois, il faut faire des démonstrations d'équipement et la chose est à l'occasion plus laborieuse. Pour un Pierre Ostiguy élevé sur une ferme qui sait depuis des lustres comment traire une vache, il y en a bien dans le lot des diplômés universitaires en agronomie qui ne sont pas si à l'aise qu'ils aimeraient le laisser paraître quand il s'agit de montrer au cultivateur goguenard comment fixer la trayeuse aux pis de sa bête. Pour un, Albert Bonneau concède avec bonhomie : *« J'ai failli me faire tuer par la première vache à qui j'ai essayé de mettre ça. Elle le savait bien, la vache, elle, que je n'y connaissais rien à la traite. »* L'ensemble du dossier *« Traite »*, du reste, fut parsemé d'embûches. Nous l'avons dit, traire les vaches n'était pas à l'époque le gros problème des cultivateurs. Ils ne manquaient pas de mains disponibles à peu de frais pour faire le travail. Et puis la traite, ils l'avaient toujours faite, et c'était loin d'être la chose la plus pénible de leur quotidien. *« Les vieux particulièrement*, de souligner Pierre Ostiguy, *regardaient nos trayeuses avec un peu de dédain. Ils étaient réticents à l'idée de "brancher leurs vaches". Ça nous a pris du temps pour faire connaître et apprécier la machine. »*

« Elle le savait bien, la vache, elle, que je n'y connaissais rien à la traite ! » *Albert Bonneau, à l'heure de ses exploits en 1947.*

Les agronomes connaîtront immédiatement plus de réussite et de crédibilité dans leurs calculs de plans de ventilation, un service essentiel qu'ils rendaient gratuitement aux cultivateurs et dans lequel ils s'étaient rendus maîtres. Traite et ventilation étaient leurs gros secteurs d'expertise, avec l'éclairage des étables, le conditionnement du lait, les divers systèmes de pompage et, plus tard, le séchage des foins. Encore des équipements, encore des frais pour leurs clients…

En effet, le vendeur suit l'agronome, prend les commandes, fixe l'ampérage requis pour les appareils souhaités par le client. La chicane prend souvent. Le cultivateur voudrait bien des équipements, mais pour une entrée de 30 ampères seulement – « *30 tempêtes* », comme il dit souvent –, pour ne pas être tenté de faire trop de frais. Là, il faut que l'agronome revienne lui expliquer que, non, il lui faut une entrée plus considérable, de 60, de 100, voire de 200 ampères. Gros doutes sous la casquette du fermier. Où tout cela va-t-il l'emmener ? Certains comprennent assez spontanément ou, disons, se laissent convaincre assez facilement, d'autres s'effraient et résistent. Il y a aussi que tout cela paraît bien compliqué pour le néophyte qu'est le fermier de l'époque. Il a eu jusqu'ici le 110 volts qui lui permettait d'éclairer, de faire marcher sa pompe, la lessiveuse de sa femme. Quelle est donc cette autre idée de vouloir lui faire acheter du 220, clef de l'installation de la trayeuse, du ventilateur, du chauffe-eau ou du séchoir à foin ? Où s'arrêtera-t-on ?

Et l'agronome pense qu'il faut former le fermier et ses fils, les clients de demain, leur expliquer ce que c'est que l'électricité, leur donner un minimum de compréhension des phénomènes en jeu, afin qu'ils aient une base conceptuelle et un minimum d'habileté technique qui leur permettent de comprendre que la voie du développement de leur exploitation agricole passe effectivement par une bonne électrification de leur ferme. Dans chaque agronome à l'époque, il y a un pédagogue qui va s'assumer et vulgariser ses connaissances électriques avec cœur et compétence, en trouvant les mots justes pour rejoindre sa clientèle des rangs. Tous ou presque donneront des cours toujours bénévolement, le soir et hors saison, pour les agriculteurs eux-mêmes ou, le plus souvent, leurs enfants. « *C'était la philosophie des compagnies de l'époque* », dit Pierre Ostiguy qui, lui-même, enseignera à Sainte-Croix de Lotbinière et à Nicolet. « *Il fallait* "former" *les futurs bons clients. On a beaucoup travaillé à l'époque à développer une nouvelle génération d'agriculteurs. On y croyait. Il était tout à fait symptomatique de constater qu'au début à tout le moins, ce sont les cultivateurs les plus progressifs, les plus ouverts, les plus d'avant-garde, qui nous envoyaient leurs enfants. C'est par ceux-là, pères et fils, que le mouvement s'est créé.* »

Ces cours-là seront d'authentiques réussites. Il y en aura une panoplie, depuis les formations les plus officielles qui soient, dans tout ce que le Québec compte alors de centres de formation agricole, dans les universités ou dans l'une ou l'autre de la vingtaine d'écoles moyennes d'agriculture, jusqu'aux apprentissages sur le tas, en journées d'information plus ou moins improvisées à l'intention de quelques irréductibles. Les jeunes cultivateurs qui en sortiront auront une perception beaucoup plus claire du domaine électrique démythifié. Les agronomes des compagnies vont stimuler les classes en organisant des concours de compétences entre divers cercles d'agriculteurs ou divers groupes de jeunes, souvent dans le cadre de l'organisation des camps de jeunesse 4H. C'est Jean-Paul Cristel qui supervise les compétitions, lui qui, agronome mais aussi ingénieur, a écrit ce fameux petit livre bleu consacré à l'énergie à la ferme qui connaît alors une distribution monstre, servant de base théorique à tout ce que les agronomes des compagnies et du gouvernement donneront comme cours et conférences sur l'électricité, ici et là dans le Québec profond.

Ces trois photos datent de 1954. Albert Bonneau, agronome du groupe Shawinigan, montre sur une fameuse maquette de la SW&P une ferme bien électrifiée, transmet son savoir à des enfants d'agriculteurs, filles et garçons, en cours du soir et explique le fonctionnement d'un moteur électrique à des étudiants en agriculture de l'école de Saint-Barthélemy.
(Photos d'Albert Bonneau)

« *Je préparais les examens,* dit Jean-Paul Cristel aujourd'hui. *On allait en délégation dans le village qui avait gagné et on organisait un grand "party" et, croyez-moi, ce n'était pas triste.* » Jacques Beaudet confirme : « *Les résultats des concours étaient très attendus et c'était pour nous l'occasion d'énormes fêtes où l'on se trouvait en contact direct avec ce qui serait l'agriculture québécoise de demain. C'était très stimulant, et pour eux et pour nous. On avait l'impression de bâtir solide.* »

On va beaucoup, à l'époque, travailler avec les journaux de cultivateurs. Pas de compétition entre les trois rédactions spécialisées de l'époque, toutes composées de collègues agronomes. On écrit sur les mêmes sujets, on s'échange de l'information, on véhicule les mêmes messages. Intelligemment, les grands distributeurs ruraux gardent des budgets d'annonce pour les autres journaux que le leur, bref tout est pour le mieux dans le meilleur des mondes.

➤ *Les journaux agricoles : des alliés naturels*

Les agriculteurs québécois des années 50 étaient déjà abondamment alimentés en information par deux périodiques qui leur étaient spécialement dédiés : La *Terre de chez-nous,* l'un des plus anciens journaux du Québec, publié depuis 1929 par l'Union catholique des cultivateurs (aujourd'hui l'Union des producteurs agricoles), et le *Bulletin des agriculteurs,* journal d'origine privée dirigé par des agronomes. Mais ne renonçant à aucun effort pour s'assurer la clientèle du monde rural, le groupe Shawinigan va sortir une autre revue spécialisée qui connaîtra ses heures de gloire : *Le progrès à la ferme.* Publiée durant 22 ans, de 1952 à 1974, à raison de 4 numéros par année, sa parution sera maintenue par Hydro-Québec.

Page couverture du tout premier numéro de la revue Le progrès à la ferme *publiée par le groupe SW&P en août 1952.*

Il faut dire que, de tout temps, ce sera l'un des enfants chéris de Jean-Paul Cristel qui en confia la publication du premier au dernier des numéros édités à son ami et membre de sa garde rapprochée : André Roy. Celui-ci avait suivi des études d'agronomie, mais n'en avait pas le diplôme. C'était, pour la petite histoire, le frère de Léo Roy, une courroie de transmission assez efficace entre la haute direction et le groupe de Cristel après son ralliement à Hydro-Québec. *Le progrès à la ferme,* avec son tirage de 135 000 copies, sa distribution gratuite dans le monde rural et l'indubitable animation qu'il créa dans le milieu, eut un impact considérable dans les campagnes et contribua sans nul doute à la réussite de la croisade de charme de la « Shawi », puis de son héritière dans le domaine, Hydro-Québec, dans le monde rural.

C'était une affaire importante que l'édition du journal destiné par la SW&P puis par Hydro-Québec aux agriculteurs, si l'on en juge, à tout le moins par le nombre des participants à son comité de rédaction réunis sous la direction éditoriale de Pierre Ostiguy. Autour de la table : Michèle Lévesque, Jean-Marc Paquet, Gérald Loranger, Jacques Laliberté, Pierre Ostiguy, Yvon Parent, Gilles Dubuc, Nicole Routhier, Bernard Levac et Robert Giasson.
(Photo Pierre Ostiguy)

« *Les trois journaux agricoles collaboraient entre eux, sans véritable esprit de concurrence, se rappelle Pierre Ostiguy. Nous poursuivions essentiellement les mêmes buts. Ils nous ouvraient les portes des fermiers partout en province.* »

L'agronome repassera, expliquera. Ainsi se construiront les premiers réseaux. Au bout du compte, un ingénieur fera les additions des charges à raccorder et décidera des paramètres de la ligne à ériger. Alors seulement, un beau matin de la belle saison, les cultivateurs verront arriver les équipes de montage[62]. Encore quelques semaines et la lumière serait. À cette étape encore, leur naturel reprenant le dessus, les compagnies privées seront capables du pire comme du meilleur. Marcel Pageau, technicien d'une compétence rare qui fera toute sa carrière à Québec, se souvient que la QPC n'hésitait pas à faire pression sur les cultivateurs pour qu'ils creusent eux-mêmes les trous des poteaux de lignes passant sur leur propriété. « *La QPC ne les payait pas pour ça, bien évidemment. Qu'importe, la plupart du temps les gens étaient quand même bien fiers de participer !* » Voilà pour le pire. Le meilleur ? « *Nous autres, les employés,* c'est encore Marcel Pageau qui parle, *on allait souvent bénévolement, après la job, planter des poteaux pour des patinoires, des aires de jeu ou des terrains municipaux*[63]. »

62. Ce n'était pas systématiquement que des équipes de la Shawinigan ou de la Quebec Power qui plantaient les poteaux et tendaient les lignes. Des contrats étaient souvent confiés à des entrepreneurs privés. Mais ce sont toujours les gens des compagnies qui procédaient aux raccordements, selon André Champagne, ancien chef de section de la SW&P en Beauce.

63. Allégation que confirme Gérard Spénard, monteur de la Shawinigan à l'époque, qui témoigne que les monteurs étaient encouragés par la compagnie à procéder à de telles bonnes actions et qu'elle n'hésitait pas à les laisser, pour ce faire, utiliser les camions aux couleurs de la SW&P, geste généreux et du meilleur effet sur les relations publiques de la « Shawi ».

La ligne installée, les agronomes repassaient dans le rang avec un double but, assister les fermiers raccordés et convaincre les autres de revenir sur leur décision de ne pas s'abonner au service. «*Que voulez-vous,* dit l'agronome Pierre Ostiguy, *y'en a qui la voulaient l'électricité, et puis il y en a d'autres qui en avaient une peur du diable ! Seulement en voyant que ça aidait leurs voisins, ils finissaient par réfléchir et mieux nous accueillir à la deuxième ou troisième visite.* »

Sous l'effet combiné des ajouts constants d'équipements et des additions de raccordements, les réseaux initialement planifiés en fonction de faibles charges vont rapidement se révéler assez peu efficaces. «*Sûr que durant les premières années l'industrie n'a pas toujours bien conseillé les fermiers*», de reconnaître celui qui, toute sa carrière, restera comme l'agronome expert et patron d'agronomes d'Hydro-Québec, Pierre Ostiguy. Quand les autres s'en iront dans des fonctions plus diversifiées de vente et de mise en marché de l'électricité, il sera celui que Jean-Paul Cristel gardera au strict service du monde agricole. Une forme de reconnaissance de la part d'un connaisseur. L'homme, un colosse embauché en 1955 par Wally Lavigne pour s'occuper de la région de Saint-Agapit, raconte aujourd'hui : «*Je me méfiais des vendeurs, fussent-ils des nôtres, et de certains artisans plus ou moins improvisés électriciens. Avec ceux-là, je prenais ma grosse voix pour dire : «Vous ne four... [NDRL : disons «tromperez»] pas ce monde-là tant que je les conseillerai !!!*». *Pour les cultivateurs, comprenez-vous, il y avait le petit courant, 30 ampères, le moyen, 60 et le gros, 100 et plus. On savait bien, nous les agronomes que d'autres équipements allaient s'en venir et qu'en fait c'est 100 ampères minimum, mais mieux 200, qu'il fallait leur installer. C'était de la foutaise que de leur vendre moins. Il faudrait qu'ils refassent le travail plus tard, et ça, c'était des reconstructions de systèmes en cascades à n'en plus finir. Il valait beaucoup mieux faire tout de suite de bonnes installations. Mais d'autres passaient derrière nous et bâclaient bien souvent une entente qui, dans un premier temps, coûtait moins cher à l'agriculteur et lui semblait une bonne affaire, mais qui, en fin d'analyse, se révélait néfaste à long terme et plus coûteuse en fait puisqu'il fallait souvent tout reprendre une ou deux années plus tard. On aboutissait à des rafistolages successifs dans le "filage", inesthétiques, plus ou moins efficaces et sécuritaires. Le constat que ces braves gens se faisaient avoir me mettait hors de moi !*»

Issues de ces tractations de tables de cuisine, les premières lignes rurales des compagnies offriront des performances assez désastreuses. À cet égard, les fiers distributeurs privés ne feront guère mieux, du moins dans les premières années de leur service rural, que les coopératives qui, pour la majorité d'entre elles et leur vie durant, connaîtront bien des avatars techniques. On construit à l'économie, systématiquement à 2,3 kV. Le phénomène a ses conséquences : les lignes sont saturées, les moteurs chauffent, les lampes clignotent, les pannes abondent. «*Nos premières lignes de rang valaient pas d'la...* [NDRL : «*pas grand-chose*»], concède élégamment Jean-Paul Pagé.

Au début des années 50, Dominique Lemay, agronome au service de la Shawinigan, donne un cours pratique sur les moteurs électriques à quelques membres du Cercle des jeunes agriculteurs de Tingwick, en Arthabaska.

Quand un habitant partait un moteur, ça coupait l'alimentation chez son deuxième voisin. C'était rendu que les derniers clients sur la ligne n'avaient jamais l'électricité aux heures les plus importantes, celles de la traite, entre autres.»

«*Quand sur une petite ligne à bas voltage,* d'illustrer Jacques Beaudet, *toutes les fermes partaient ensemble leur réfrigérateur à lait à l'heure de la traite, vous pouvez imaginer que le pauvre fermier du bout de la ligne, à deux ou trois milles de là, avait bien de la misère avec sa machine, surtout qu'à la mise en route, ces compresseurs-là ont besoin de sept à huit fois leur capacité. Ça sautait partout. Les équipements s'abîmaient. Les cultivateurs étaient en beau maudit…*»

Les compagnies, encore elles, sans l'aide des gouvernements, mettront de l'ordre dans le milieu des plombiers et des électriciens. Dès cette époque et bien avant que ceux-ci aient à obéir à quelque code de déontologie que ce soit, les distributeurs sentiront la nécessité de s'en faire des alliés. Les plans de financement faisant en sorte que la majorité des factures d'installation en zone rurale soient acquittées par les compagnies aux artisans électriciens, allaient, dans les faits, permettre un certain contrôle naturel du travail accompli et la mise sur pied progressive de normes encadrant les raccordements. «*Ce contrôle était devenu absolument nécessaire,* se rappelle Albert Bonneau. *Je me souviens très bien qu'aux débuts de ma carrière, en 1946, à Saint-Joseph de Beauce, il nous fallait conseiller aux cultivateurs d'être prudents avec les électriciens qui se présentaient spontanément à eux. Il y avait tellement d'ouvrage alors sur certains rangs que des électriciens plus ou moins qualifiés venaient des villes vers les campagnes. Et certains avaient le crayon fort…* »

«*Au début,* confirme Jacques Beaudet, *les plombiers et les électriciens laissés à eux-mêmes faisaient un peu ce qu'ils voulaient, vendaient à peu près n'importe quoi aux cultivateurs. Il fallait les contrôler et aider les fermiers à ne pas tomber dans leur panneau. Qui mieux que nous, les agronomes des compagnies, pour être crédibles à cet égard ?* »

Et puis, ce sera la responsabilité des distributeurs de grossir et grossir le voltage des lignes. On aura toujours tendance à le faire en réaction aux surcharges et sans grande vision. On passera ainsi du 2,3 au 4 kV, puis du 4 au 6,7 ou 7,2, puis du 6,7 au 12. Et toujours des pannes et toujours plus de charges et de besoins. Aujourd'hui, tout le réseau de distribution rural québécois est à 25 kV en primaire, réseau fiable et solide, faisant en sorte que les cultivateurs québécois, où qu'ils soient dans la province ou sur leur rang, sont des clients très bien alimentés par Hydro. Il n'en aura pas toujours été ainsi.

Au fil de la laborieuse électrification, les agronomes des compagnies vont acquérir et confirmer dans les communautés rurales une réputation d'honnêteté, de fiabilité et d'efficacité tout à fait justifiée. On les écoutait religieusement comme on écoutait leur pape et confrère de Radio-Canada chargé des émissions pour les cultivateurs, animateur du *Réveil rural,* Paul Boutet[64]. On respectait leurs avis tout comme ceux que donnaient les agronomes du gouvernement. En fait, on ne faisait guère de différence entre les deux catégories : «*Normal,* de souligner Pierre Ostiguy, *c'était là finalement nos confrères de classe, nous nous entendions à merveille et, surtout, nous disions les mêmes choses. Pas de compétition entre nous, nous faisions équipe. Nos buts de recherche de qualité étaient les mêmes…* » Ce même Ostiguy déclarait à *Hydro-Presse,* quelque temps après sa retraite prise en 1985 : «*Nous étions d'abord des agronomes, un peu comme on est médecin ou écologiste. Nous n'étions pas des vendeurs d'électricité.* »

Embauché dans la foulée de la création de la grande Hydro, Raymond Godbout, diplômé de Laval en sciences commerciales, est un de ces jeunes universitaires spécialistes qu'on fera rentrer à l'époque à pleines portes à Hydro pour développer le secteur des Ventes. En 1965, il est en Beauce, représentant aux ventes, plein de dynamisme, d'enthousiasme

---

64. Preuve, s'il en fallait une autre, de la parenté réelle qui existait entre les deux professions d'agronome et de *home economist,* la fille de Paul Boutet, Lorraine, sera elle-même *home economist* et travaillera à ce titre pour Hydro-Québec vers la fin des années 50.

et de confiance en ses moyens. Il concède aujourd'hui : «*Il a bien fallu qu'on l'admette, nous les jeunes diplômés en commerce tout fringants, c'était comme ça. Inutile de nous adresser nous-mêmes à des groupes de cultivateurs. Ils ne nous écoutaient même pas. Il fallait que ce soit un agronome qui leur parle !*»

À l'assaut des cuisines

Souvent, l'agronome en visite à la ferme glissera à la fermière avant son départ : «*Soyez attentive à ce que va dire le curé au cours d'une prochaine messe, une de mes consœurs experte en économie domestique pourrait bien donner sous peu une démonstration d'art culinaire au village. Ne manquez surtout pas d'aller l'entendre.* »

C'est que la réussite des agronomes qui, effectivement dans les années 45 à 60 – leur grande époque de gloire –, vont jouer un rôle considérable dans l'électrification de l'ensemble du monde rural, va faire réfléchir les cadres des compagnies privées responsables de l'accroissement des ventes. Il est un autre secteur de l'économie qui connaît à l'époque des modifications fondamentales liées à l'arrivée massive de l'électricité dans les maisons et qui est une des clefs de la «*construction de la charge*» : l'équipement domestique. Il a fallu entrer dans les bâtiments des fermes, on a embauché des agronomes. Il faut désormais entrer également dans les maisons des fermiers, les cuisines tout particulièrement. On va engager des spécialistes en économie familiale.

On fait ce même calcul, aux résultats positifs abondamment démontrés en ce qui a trait à l'approche des agriculteurs, qu'une personne compétente dans son domaine, ici les sciences ménagères, fera beaucoup mieux auprès des clientes potentielles qu'un simple vendeur, qu'elle inspirera confiance, qu'elle trouvera de bons arguments, bref qu'elle saura plus naturellement convaincre les clients par la vertu de l'exemple. Et, cette fois encore, ce choix sera le bon. Ce recours à des spécialistes femmes, notons-le, sera aussi à mettre au crédit des agronomes. Parce que les responsables des services de Ventes à l'époque, les Waldo Lavigne et Jean-Paul Cristel, à la SW&P, et Jean-Paul Pagé et Paul Larose, à la QPC, qui vont procéder aux embauches, sont des agronomes, certes. Mais

Toujours aimable, toujours là pour expliquer aux fermières et aux maîtresses de maison les vertus de l'électricité pour le confort et l'efficacité dans la cuisine : la home economist.

aussi parce que sur le terrain, ce sont eux qui souvent perçoivent les premiers que leur discours est moins crédible quand ils s'adressent aux fermières.

Là encore c'est le groupe Shawinigan qui assure le leadership. La SWP et la QPC vont embaucher de 1945 à 1960 de nombreuses spécialistes en sciences ménagères. Assez curieusement, mais au fond peut-être la chose s'explique-t-elle tout simplement par la similitude des mandats : des marchés à gagner à une époque précise de l'histoire des compagnies, les deux catégories de professionnels, agronomes et *home economists,* vont évoluer en parallèle avec des caractéristiques de groupe tout à fait semblables[65]. On les situe physiquement au sein des mêmes unités administratives, les Ventes. Il semble que leur nombre soit assez comparable, même si, et nous y reviendrons, la perpétuelle rotation de l'effectif chez les femmes complique un peu la comparaison. Quelques dizaines – on pourrait risquer un chiffre de 30 à 40 – de femmes occuperont ce type d'emploi dans l'ensemble des compagnies et ce nombre doit être bien proche de celui des agronomes. Aucune d'entre elles cependant, et c'est symptomatique, ne restera suffisamment de temps en poste pour, à la différence des agronomes, marquer véritablement l'histoire de son nom. Leur apport à cet égard, leur réel impact sur l'évolution de la société rurale québécoise de l'époque, sera collectif.

➤ *Une journée dans la vie de Lucie Normand au début des années 50*

Depuis son bureau de Victoriaville, Lucie Normand fut, de 1953 à 1957, la *home-economist* de SW&P, chargée de tout le territoire de la rive sud du Saint-Laurent entre Sorel et la Beauce. Son vaste mandat : promouvoir l'usage de l'électricité auprès des fermières et des villageoises en les familiarisant avec l'art culinaire ; son outil le plus efficace pour ce faire : les démonstrations.

Lucie Normand adorait manifestement son travail, cela se constate aisément à la vivacité, à la chaleur qu'elle met à raconter ses souvenirs de jeune fille à la SW&P : *« Les démonstrations étaient toujours données en soirée, dans la plus grande salle que l'on pouvait trouver dans les environs. J'arrivais là tôt le matin dans l'auto de la compagnie ; d'abord un petit coupé à deux passagers, bien trop petit pour mettre mon stock, puis un beau gros station-wagon bleu, marqué de l'insigne de la compagnie, avec les jantes de roue jaune-orange dans lequel je ne passais pas inaperçue, je vous prie de me croire !*

Premier travail, me familiariser avec les lieux. Des collègues de la Shawinigan étaient généralement avec moi pour installer le 220 V pour la cuisinière et dresser ma table de travail avec de grands miroirs pivotant pour que de partout dans la salle on puisse voir les plats sur lesquels je travaillerais. C'est l'heure aussi où l'on rencontrait le marchand d'appareils électriques local qui venait mettre ses équipements à notre disposition et préparer en arrière-scène la présentation de ses produits.

---

65. Cette communauté entre agronome et *home economist* n'était pas sans racines à l'époque. Jean-Paul Cristel se souvient ainsi qu'alors qu'il était étudiant au Collège MacDonald, dans les années 40, la moitié de la classe, les garçons, étudiaient pour obtenir un baccalauréat en agronomie et l'autre, les filles, pour un baccalauréat en sciences ménagères.

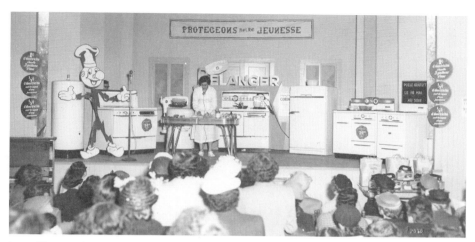

Lucie Normand, pendant une démonstration d'art culinaire à Warwick.
(Photo de Lucie Normand)

À mi-matinée, je partais faire mes courses dans l'épicerie la plus proche. C'est moi qui décidais du menu, 5 ou 6 plats, en fonction de ce que je trouvais de frais dans le magasin. La facture était assumée par le marchand d'appareils qui parrainait la séance. L'après-midi, je préparais mes plats et organisais l'ordre de ma présentation. Le cours avait toujours lieu à 7 h 30 précises, mais les femmes commençaient à arriver dès 6 h 30, emmenées par les maris qui s'éclipsaient discrètement. C'est l'heure où moi j'allais souper. Un gars de la Shawi, parfois un agronome, agissait comme maître de cérémonie et m'annonçait comme une véritable star tandis qu'en coulisses je fumais une dernière cigarette, souvent prise d'un épouvantable mal au ventre. J'entrais en scène et c'était fini. C'était un show, j'aimais ça. Aussitôt que j'avais dit bonsoir, le trac était passé. Apparemment j'étais bonne, je racontais des histoires, faisais rire les femmes...

Souvent, à la moitié de la présentation, l'agronome prenait un moment la parole pour expliquer des points techniques, l'alimentation de la cuisinière à 220 volts, par exemple. Ça me donnait une petite pause. Les salles étaient bondées, des femmes assises jusque dans les escaliers. Vers la fin, les maris revenaient, discrètement, mal à l'aise, cherchant quelque coin sombre. Tout était planifié pour qu'à la fin du cours, à 10 h 30 précises, les plats soient finis et décorés. On les faisait alors tirer dans l'assistance, en même temps que des sacs de provisions ou des produits offerts par des fournisseurs comme Robin Hood. Les appareils qui avaient servi étaient proposés à l'achat, avec un bon escompte, par le concessionnaire qui les avait prêtés pour la soirée. Et ça partait tout le temps. Je sortais de là éreintée et heureuse, généralement bonne pour continuer un peu la fête avec les collègues chez le marchand qui, heureux des bonnes affaires qu'il avait faites et qu'il pressentait aux lendemains du show, payait plus ou moins généreusement la traite...

Mais on ne s'éternisait pas. On remettait ça dès le lendemain dans le village voisin... »

Autre similitude avec les agronomes, l'autonomie. Ces femmes-là sortent du bureau, se promènent, parlent en public, donnent des cours, participent à des émissions de radio ou de télévision, conduisent pour plusieurs d'entre elles, privilège incommensurable, une voiture de l'entreprise. Émancipées professionnellement avant l'heure, elles font souvent figure d'originales, ce qui leur vaut l'envie de quelques-unes de leurs consœurs au travail plus routinier, particulièrement chez les secrétaires, et les mesquineries de petits «boss» de l'heure. De temps à autre mais avec une belle régularité, les journaux internes mentionnent le départ de l'une ou de l'autre. Le plus souvent, apprend-t-on à la lecture des entrefilets, la jeune femme a décidé de convoler en justes noces et elle quitte la compagnie. On s'étonne aujourd'hui : qu'elles se marient, parfait, mais pourquoi, pour autant, quitter l'entreprise ? L'une d'entre elles, Lucie Normand, de Victoriaville, explique : «*C'est pourtant bien simple : Tu perdais ta place quand tu te mariais. On le savait. C'était comme ça. Et j'ai l'intime conviction que c'est exactement ce que souhaitaient les compagnies du temps. C'est une chose qui allait de soi. Ils n'embauchaient jamais de femmes mariées.*» En 2007, cela fera 50 ans que madame Normand-Rouleau aura quitté le groupe Shawinigan. Cette année-là, ceci expliquant donc cela, elle fêtera également ses noces d'or avec l'étudiant comptable qui avait su lui plaire alors qu'elle faisait ses démonstrations d'art culinaire à Victoriaville dans les années 50. Elle-même restée très grande dame, toujours animée de ce même goût de plaire et de convaincre qui devait lui valoir des miracles devant ses cercles de ménagères impressionnées par son savoir et sa prestance, sourit quand on lui fait remarquer qu'elle et la majorité de ses collègues *home economists,* dont on peut voir les photos publiées çà et là dans les divers journaux d'entreprise de l'époque, étaient de drôles de belles filles. Elle réfléchit et, dans un éclat de rire, affirme : «*Je ne crois pas effectivement qu'on nous aurait embauchées si nous avions eu les jambes croches.*» En fait, beaucoup pensent que les compagnies, souhaitant effectivement le départ rapide de leur personnel féminin, estimaient que la solution idéale à cet effet était d'embaucher de jeunes personnes avenantes qui sauraient vite trouver l'âme sœur. Gilles Béliveau, jeune ingénieur prometteur à la QPC dans la seconde moitié des années 50, est catégorique : «*On n'engageait que de belles femmes parce qu'on voulait qu'elles se marient et qu'elles ne vieillissent pas dans l'entreprise. Les quelques célibataires âgées qui restaient, les "erreurs d'embauche", devenaient secrétaires de boss, prenaient du pouvoir et menaient tout le monde par le bout du nez*[66]».

---

66. Lorraine Leclerc, entrée à la QPC en 1958, fut l'une des secrétaires en vue des dernières années de la compagnie. Elle raconte être la première femme mariée que la QPC ait gardée à son service après son mariage, en 1962. Son patron du temps, Pierre Chamberland, avait dû faire des démarches jusqu'auprès de la haute direction pour pouvoir conserver son employée. Madame Leclerc travailla donc jusqu'à ce qu'elle devienne enceinte, en 1963. Plus tard, d'autres femmes obtiendront des traitements identiques alors que l'aberrant et non écrit règlement sera annulé. Lorraine Leclerc ? Lorraine Leclerc ? Vous ne mettez pas un visage sur ce nom ? Peut-être vous aiderait-il de savoir que l'enfant qu'elle mit au monde fut baptisé du prénom de Jean-Pierre et que son mari s'appelait (s'appelle encore) Jacques Finet.

Mais oui, mais oui, la chose arrivera. Que ceux qui brûlaient de poser la question le sachent sans autre artifice : oui, des agronomes, on parle de trois cas au moins, épouseront des *home economists*. Le plus célèbre d'entre eux, puisqu'il fera toute sa carrière à Hydro-Québec, est Bernard Payeur, à l'époque agronome à Victoriaville pour la SW&P qui épousera Denise Marchildon, laquelle quittera immédiatement son emploi de *home economist* à la SW&P, libérant, ce faisant, la place pour Lucie Normand en 1953.

Ce bataillon de choc féminin envoyé à l'assaut des résidences des abonnés, de par sa nature unique à bien des égards dans l'histoire de l'électricité au Québec, se distingue rapidement du lot assez terne des milliers d'employés des compagnies par sa fraîcheur, son entregent et son évidente bonne humeur. Écrire l'histoire des *home economists*, c'est retracer quelques-unes des pages les plus agréables, les plus vives, les plus sensibles de l'histoire de la distribution d'électricité au Québec. Ces jeunes femmes-là, car elles étaient jeunes on le sait maintenant, vont considérablement, par leur présence enjouée, stimulante et atypique, bousculer le quotidien des étages où sont situées leurs bases administratives, dépoussiérer les vieux et ternes bureaux de districts des électriciens locaux. Elles sont conscientes de leur complémentarité et elles en jouent. Tous leurs collègues deviennent les goûteurs officiels des gâteaux et autres amuse-gueule qu'elles préparent dans la cuisine expérimentale que les compagnies finiront bien par leur aménager çà et là dans les districts. Elles participent à toutes les fêtes internes, de départ, de mariage, d'anniversaire, de promotion, de fin d'année, cuisinant d'autres gâteaux et petits plats dont s'empiffrent les confrères. Elles organisent des démonstrations pour les femmes des autres employés. Elles écrivent avec assiduité des potins d'étage dans les journaux d'entreprise, mais avec une vivacité de plume et un ton adroit, léger, mutin, souvent frondeur, qu'on s'étonne de trouver là, véritables éclairs d'intelligence et de finesse, au milieu du bla-bla prévisible et soporifique des plumitifs promus correspondants des journaux. Dommage à cet effet qu'elles ne restent pas en poste plus longtemps. Elles sont conscientes aussi de cette précarité. Sachant qu'elles ne feront pas de vieux os dans l'entreprise et conscientes d'appartenir à un groupe de pointe, instruites, diplômées universitaires, différentes à bien des égards, relativement bien traitées et bien payées[67], elles se sentent estimées de leurs confrères, ont le verbe leste, ne se laissent pas monter sur le pied par le premier « flanc mou » en mal d'autorité venu, bref, elles humanisent le milieu où elles travaillent en secouant ses habitudes et sa torpeur routinière.

---

67. Lucie Normand mentionne que son salaire d'embauche à la SW&P était annuellement de 2 200 $, alors qu'elle gagnait jusque-là 1 500 $ au gouvernement où elle exerçait le même type d'emploi (professeure en art culinaire). « *Cette différence, c'était quelque chose !* dit-elle aujourd'hui. *Nous étions assimilées au personnel cadre, payées au mois au lieu de toutes les deux semaines pour les employés. Ça nous donnait comme un statut. J'ai demandé une auto, je l'ai eue. On nous encourageait à prendre toute la formation que l'on souhaitait. J'ai suivi à l'époque des cours de familiarisation à la congélation donnés par Jehane Benoît. J'en ai suivi d'autres à Toronto, On nous abonnait aux revues que nous demandions. Je travaillais en uniforme blanc payé par la compagnie qui nous remboursait aussi le coiffeur, deux fois par mois. Nous gérions notre propre petit budget de fonctionnement… Bref, nous étions fort bien traitées, surtout pour l'époque et nous nous sentions considérées et estimées.* »

Admirez comme on l'écoute avec attention, la home economist *! Essayez pour voir de trouver une paire d'yeux qui ne fixe pas avec intensité, intérêt, attention, Lucie Normand donnant un cours, au début des années 50, aux élèves de l'Institut familial de Saint-Georges de Beauce.*
(Photo de Lucie Normand)

Il y aura une hiérarchie parmi elles, les « *diététistes* » formées dans une université ou l'autre avec un bac en sciences, option nutrition, au degré supérieur et, sous elles, l'armée des *home economists,* la plupart du temps formées dans l'une ou l'autre des écoles ménagères de la province avec souvent un bagage additionnel acquis à l'université en sciences domestiques, cours en vogue à l'époque. Là encore, le modèle est américain. Les distributeurs voisins du Sud qui influencent fort les leaders de la Shawinigan ont à l'époque recours avec succès à ce type d'expertise féminine. D'où ce nom partout reconnu de *home economist* qu'on essaie avec plus ou moins de bonheur de franciser. Cela donne « *économiste en sciences ménagères* », « *économiste ménagère* », « *économiste domestique* », « *spécialiste en cuisson commerciale* », « *technicienne en économie domestique* », « *technicienne en enseignement ménager* », etc. ; rien de bien accrocheur. Dans les années 70, elles feront suivre leur signature des trois lettres « c.a.d. », pour « *conseillère en application domestique* », le vocable de l'heure. Une des correspondantes de Lucie Normand trouvera un titre plus évocateur : à l'heure d'envoyer la lettre qu'elle lui destinait, elle l'adressera à « *Madame la tartiste de la Shawinigan – Victoriaville* ».

Elles vont pendant 15 ans se faire leur niche à elles au sein du monde machiste des ingénieurs, des techniciens, des vendeurs et des monteurs des grands distributeurs. « *Nous n'étions pas gênées,* nous confie aujourd'hui Mme Normand-Rouleau, *nous avions confiance en nous. On nous donnait une place et nous allions l'occuper. Quant à moi, j'avais conscience d'être importante. Je n'avais pas une job, j'avais une position. J'étais en avance sur mon temps.* »

Ce sont clairement, pour l'essentiel d'entre elles et à la différence de leurs consœurs d'Hydro-Québec dont nous reparlerons, des filles de champ, des battantes, des fonceuses. La majorité de leurs interventions sont rurales. Les gens des villes sont plus naturellement en contact avec les progrès du monde moderne. À la campagne, il faut porter les bonnes nouvelles. C'est ce qu'elles vont faire. À la façon de leurs collègues agronomes, parfois en équipe avec eux, parfois seules, elles vont rejoindre les fermières.

« Notre mandat était simple. Il s'agissait en fin de compte de vendre du courant électrique en faisant connaître l'usage de tous les appareils que pouvait utiliser la femme au foyer moderne. Notre boss était Wally Lavigne qui ne connaissait rien de rien à l'art culinaire et nous laissait nous organiser. Moi, je fonctionnais essentiellement par des démonstrations publiques, je pouvais en donner 150 par année. On répondait aussi aux "home calls", on allait, à l'occasion, au domicile de clientes qui avaient acheté beaucoup de matériel de l'entreprise et étaient mal prises à l'heure de s'en servir seules chez elles. Il y avait toutes sortes de pistolets. J'en ai vu qui m'appelaient pour vérifier la cuisson de leurs gâteaux. Je me souviens d'une autre que j'ai trouvée avec ses trois livres de haché, son gras, sa farine et qui voulait que je lui fasse ses tourtières des Fêtes… »

Démonstrations dans des salles paroissiales ou au cinéma du coin, *kitchen parties* chez les vendeurs d'appareils électriques, expositions agricoles l'été où elles trônaient devant l'étal des mêmes marchands, distribuant des *biscuits « frigidaire*[68] *»* tout chauds aux passants, elles étaient populaires, les *home economists* ! Leur stratégie était simple : mettre la femme au foyer, fermière ou villageoise, au contact de cette multitude de nouveaux appareils qui allaient faciliter sa vie, et la familiariser avec leur utilisation. Qu'un cercle de fermières, la directrice d'une école de filles, ou un groupe social féminin les appelle pour une démonstration et elles arrivaient où qu'on les attende, la boîte de biscuits frigidaire sous un bras, des casseroles au bout de l'autre : *« Où est-ce que je m'installe, Mesdames ? »*

Parfois, accompagnées de l'agronome, elles vont rencontrer quelque fermière jusque dans ses derniers retranchements, la cuisine familiale. Ce n'est pas fréquent, seulement quand l'agronome estime que le jeu en vaut la chandelle. C'est le cas entre autres moments quand la compétition est forte. *« Sortir le poêle à bois d'une ferme, c'était pas évident ! »*, soupire éloquemment Jacques Beaudet. Pierre Ostiguy ajoute : *« C'était difficile*

---

68. Ah ! le biscuit « frigidaire » et son immense succès dans les sorties de ces dames ! C'étaient de petits rouleaux de pâte fourrés à tout ce que vous pouvez imaginer de sucré ou de salé. Les *home economists* les préparaient au bureau, dans leur cuisine expérimentale, à temps perdu, et les congelaient en boudins de pâte crue farcie. À chacune de leurs prestations sur le terrain, elles n'avaient plus qu'à les couper en petites portions, les chauffer au four et les faire circuler sur des plateaux dans l'assistance, un succès assuré… *« et si facile à réaliser, et si économique, croyez-moi, Mesdames ! »* (NDLR : nos remerciements à Lucienne Jetté-Aubert.)

aussi de convaincre les fermières quand les gars du gaz propane, qui couraient les rangs comme nous à l'époque, étaient passés avant nous. Si on arrivait dans une ferme et que la fermière avait déjà son poêle à gaz, son chauffe-eau et sa laveuse à gaz, là ça partait mal pour nous. » C'était des cas d'intervention des *home economists* qui, tandis que les hommes partaient discuter entre eux à l'étable ou dans la grange, s'asseyaient avec la fermière et parlaient… hygiène, confort, sécurité, autant d'ancrages solides avec ces mères de familles souvent nombreuses. «*Très bien le poêle à bois, le vôtre, du reste, est particulièrement beau… mais pour chauffer. Pour la cuisine, entre nous, il y a tellement mieux sur le marché aujourd'hui que ces vieux poêles-là dont devaient bien se contenter nos grands-mères. Les pauvres n'avaient pas le choix, nous, heureusement, nous l'avons! Ah, vous cuisez au gaz propane. Très bien, le gaz propane, très bien. Cela cuira presque aussi bien que l'électricité, en salissant un peu plus la maison, par exemple, la flamme, vous comprenez… Bof, on n'a rien sans rien. Mais pour laver le linge, par exemple, ah, non, là je vous plains vraiment, pensez-y: ce moteur dans la cuisine, quel vacarme! et puis ces fumées d'échappement par la fenêtre, pas très sain, tout ça… Bien sûr, il y a aussi que l'usage du gaz, surtout avec des enfants, est un peu plus dangereux que celui de l'électricité. Ah l'électricité, quelle tranquillité d'esprit, quel confort*»… La fermière est perplexe devant cette jeune femme bien gentille et bien savante et qui semble lui dire la vérité. Elle en parlera le soir à son homme de fermier…

➤ *L'homme qui fit rire aux larmes Robert Boyd*

Il s'appelle André Vaillancourt, réside à Québec, est un ancien du groupe Shawinigan, de cette race de fidèles qui se serait fait tatouer le nom de sa compagnie sur le cœur, de ce genre de nostalgique qui comprend toujours mal, 40 ans après les faits, qu'on ait pu faire disparaître une aussi bonne entreprise.

Mais avant de raconter cette histoire et pour en cadrer le titre, précisons que Robert Boyd rit, à l'occasion et, du reste, riait, parfois, pas trop souvent, du temps qu'il présidait aux destinées d'Hydro-Québec. Reste que M. Boyd, il ne nous en voudra pas de l'écrire ici, était plutôt du genre à sourire discrètement qu'à s'esclaffer. Pourtant, eh bien oui! pourtant, il y eut cet épisode Vaillancourt.

André Vaillancourt était – est toujours – de ce type de confrère qui n'engendre pas la mélancolie, un compagnon hors pair. Grand, bel homme, un timbre de voix solide et assuré qu'il tenait de son père, maître de chapelle, des connaissances en musique, il jouait du piano et du violon, le verbe et le verre joyeux, c'était tout un boute-en-train dans les «*partys*» de sa compagnie. Il l'admet aujourd'hui dans un grand éclat de rire. «*J'étais un homme de la Shawinigan, comprends-tu? J'y travaillais sans compter mon temps et j'aimais ça. Je ne me suis seulement jamais arrêté à savoir combien je gagnais.*»

Entré très jeune dans le groupe, il y fit à peu près tout, de la réparation des appareils électroménagers au magasin du bureau de Victoriaville, jusqu'à devenir expert en réfrigération; de l'organisation des tournées d'expositions et de démonstrations dans les villages, jusqu'à l'éclairage architectural des églises de la région. C'est souvent lui qui accompagnera les *home economists* et les agronomes de la rive sud dans leur tournée de démonstrations, lui qui agira en maître de cérémonie pendant les cours ou les expositions. C'est lui, ne cherchez pas, qui avec sa «*grand-gueule*» jouera le rôle du «*pas-futé-comique*» dans les sketchs de mini-théâtre présentés aux habitants.

Il témoigne: «*On arrivait dans les villages, quelques autos de la compagnie et les habitants nous regardaient avec des yeux ronds. C'est un peu, comprends-tu, comme si on arrivait avec un avion plein d'artistes d'Hollywood. Et on venait simplement faire une démonstration d'art culinaire, pas grand-chose, avouons-le aujourd'hui, mais tout un événement alors!*»

Il est des gens, des conteurs naturels, des improvisateurs, qui savent en chaque occasion trouver le mot pour rire. Raymond Godbout, jeune représentant aux Ventes à l'époque, consciencieux, réfléchi, à la limite de la raideur, se rappelle: «*Impossible de rester sérieux quand on faisait de la route avec André. C'est à l'époque où il faisait de l'éclairage d'églises, un domaine où il excellait du reste, comme un véritable artiste. Par un bel après-midi, on arrive dans une église que je ne nommerai pas. Une dame nous reçoit. C'est André qui parle.*

"Bonjour Madame, nous aimerions voir le curé.

– Pas possible, tout de suite.

– Comment cela?

– Il est couché sur la véranda...

– Elle a donc un bien drôle de nom sa servante!"

Sorti du tac au tac. Lui, impassible, la dame qui n'y comprenait rien et moi m'étouffant de rire derrière le large dos d'André.»

Et voilà, grossièrement tracé, le portrait de l'homme qui allait tant amuser Robert Boyd. La chose se passera à Donnacona, vers la fin des années 60, à l'occasion d'une remise de trophée de sécurité que le district remportait avec une belle régularité à l'époque. Vaillancourt y était devenu le responsable des ventes d'Hydro. La Commission s'était déplacée pour l'occasion et les patrons d'André comptaient sur lui – qui d'autre? – pour occuper la distinguée visite montréalaise pendant un temps mort dans la journée, entre les réunions de motivation interne de l'après-midi et le grand banquet. «*J'étais seul avec les commissaires et leur épouse avec une heure à passer. Fallait bien que je leur raconte quelque chose, comprends-tu!*» Il le fallait effectivement, et là André est parti sur la longue histoire d'un de ses beaux-frères qui, la semaine précédente, avait étrenné un rutilant Bombardier. Série d'avatars, l'histoire se terminait par la machine ramenée à la maison derrière le cheval d'un habitant. Rien pour faire s'esclaffer un auditoire, dites-vous... Eh bien, détrompez-vous. À l'heure d'aller au banquet, Robert Boyd, l'homme le plus sérieux d'Hydro-Québec, en pleurait encore de rire.

On a tous les faits de gloire et les souvenirs de carrière qu'on peut. Celui-ci reste cher au cœur d'André Vaillancourt.

À l'occasion, ne reculant devant aucune difficulté, elles feront de bon cœur du théâtre, nos *home economists*. Le thème central des œuvres présentées ne va certes pas bien loin dans l'exploration de la complexité de l'âme humaine. Non, il s'agit généralement de convaincre l'assistance de ne pas lésiner en procédant à l'installation de son entrée électrique. Avouons qu'il y a thème plus porteur, mais les Molière en herbe des compagnies, souvent le responsable local des ventes, croient en leur affaire. Les hommes de métier qui gravitent autour d'eux leur ont bâti quelques décors à la va-vite. On utilisera la scène où l'on présente les cuisinières, les laveuses, les réfrigérateurs. Quelques couvertures sur les appareils, deux fauteuils, un portemanteau, une lampe et nous voilà dans une cuisine de ferme ou une salle de tribunal. Il faut toujours un rôle féminin ; c'est la *home economist* qui, sourire aux lèvres, le tiendra. Et l'on joue devant un public de campagne, gagné d'avance, pas habitué à une telle fête, et on se trompe dans les répliques imaginées par le « boss », et l'on improvise, et l'on s'amuse… et les biscuits frigidaire disparaissent des plateaux et l'on vend des appareils électriques. « *On était jeune*, sourit aujourd'hui Lucie Normand-Rouleau. *C'était l'époque d'après-guerre où la vie paraissait facile. Nous étions un groupe d'excellents compagnons. Certaines soirées où nous restions chez le marchand d'appareils chez qui nous avions fait nos démonstrations à fêter, relaxer après l'effort, chanter, restent parmi les plus beaux souvenirs de cette période de ma vie. Non, nous n'étions pas tristes !* » Autre facette du plan d'attaque des compagnies, les vendeurs qui succèdent aux agronomes et aux *home economists* ont des outils, des plans de location, de financement, des promotions pour rendre plus accessibles à l'achat les merveilles qu'ont présentées leurs prédécesseurs. De tout temps, on l'a vu, les grands distributeurs n'hésiteront pas à faire crédit à leurs abonnés dans le but ultime que ceux-ci s'équipent des installations et des appareils qui permettent aux compagnies d'être assurées de vendre leurs kilowattheures sur une base à long terme. Ils ont fort bien compris qu'il y va de leur intérêt vital d'asseoir une clientèle dont la prospérité future assurera la leur.

➤ Le séchage du foin

Le foin fait partie de l'alimentation de base des animaux d'élevage. L'engranger dans de bonnes conditions est une opération délicate. Le fourrage doit être ni trop humide, ni trop séché par le soleil. Il doit rester peu de temps au sol, une fois coupé, pour ne pas perdre sa valeur nutritive, bref, de longue date les agronomes évaluèrent que l'électricité, par des principes de séchage à air soufflé, devrait faciliter les récoltes et garantir un engrangement de qualité.

Curieusement, il faudra attendre au début des années 70 pour qu'au Québec la technologie du séchage soit bien définie et normalisée. Jusque-là, les divers essais et expériences ne seront pas véritablement concluants. Pourtant, le sujet était de longue date étudié. Dès ses débuts comme jeune agronome stagiaire de la « Shawi » à Victoriaville, Jean-Paul Cristel se souvient que Wally Lavigne et lui avaient planché sur un premier modèle de séchoir. L'affaire avait failli virer à la catastrophe, se souvient Cristel : *« Le moteur électrique à l'essai avait été installé trop près des chevaux du cultivateur qui tiraient la charrette de foin qu'on voulait sécher. Un paquet d'habitants étaient là pour assister à l'expérience qui avait été loin d'être un succès. Les chevaux se sont emballés. Le foin est tombé d'un bord, le bonhomme de l'autre, se blessant assez gravement, bref, l'échec total ! »*

Durant presque trois décennies, on va sécher le foin électriquement au Québec avec plus ou moins de réussite selon des procédés assez empiriques issus de l'imagination et de la créativité technique de quelque agronome local, de l'électricien sur place et des fermiers. Et puis, au début des années 70, le groupe de Pierre Ostiguy va prendre le taureau par les cornes. Philippe Granger, également agronome versé dans l'enseignement, directeur de l'École de laiterie de Saint-Hyacinthe, avait « patenté » son propre séchoir. *« Et ça n'allait pas trop bien, se souvient Pierre Ostiguy. Il fit appel à nous. Moi, je savais que de nombreuses expériences avaient été menées çà et là avec assez peu de succès. J'ai dit : "OK, on va le faire, mais on va se trouver une petite place tranquille pour mener l'étude, que si l'on se casse la figure on ne fasse pas trop rire de nous autres". On s'y est mis à quatre : Pierre Villemure, Jean-Marc Paquet, Bernard Levac et moi et on a mené nos études dans le plus grand secret chez un cultivateur proche de Rimouski, un nommé Desjardins. On a mis deux ans pour établir nos normes et adapter au processus que nous avons imaginé les appareils proposés par les fournisseurs. En 1973, on a sorti une brochure à grand tirage présentant l'ensemble de nos réflexions sur le sujet et nos conseils aux agriculteurs. Ce sont les procédés que nous avions définis alors qui, depuis, avec certes bien des améliorations liées à l'usage, sont encore appliqués de nos jours. »*

C'est particulièrement vrai dans le monde rural où l'on partait de rien, on l'a dit. Pas d'argent, pas de client. Il fallait contourner ce mur, les distributeurs vont assez systématiquement à compter des débuts de leur grande offensive sur le monde rural, avancer en presque totalité à leur clientèle les moyens de se doter de leurs services. Il y aura à cet effet de très nombreux programmes constamment renouvelés ou mis à jour, depuis les premiers financements par l'intermédiaire des paiements directs des électriciens installateurs que l'on va garder bien longtemps dans l'histoire, jusqu'aux prêts consentis sur huit à dix ans pour l'achat de chauffe-eau, en passant par le financement de chaque nouveau palier de tension des entrées électriques de la ferme. Jusqu'en 1974, année célèbre dans l'histoire des promotions commerciales d'Hydro-Québec alors que la majorité de tous les programmes seront arrêtés, les entreprises du groupe Shawinigan puis Hydro-Québec, prenant, dans ce cas, purement et simplement le relais des compagnies privées, factureront ainsi les cultivateurs : 8,20 $ pour leurs installations à 100 ampères, 16,40 $ pour le 200, sur chacune de leur facture d'électricité durant les années nécessaires au remboursement total de l'installation. «*Un des programmes de la Shawinigan qui a le mieux marché*», de juger un connaisseur, Jacques Beaudet. Et les campagnes ne vont plus cesser de s'électrifier et de consommer.

Avec tous ces fers au feu, ses activités d'animation en milieu rural, ses cours, son tableau d'excellence de la ferme bien électrifiée, ses participations aux camps d'été des jeunes cultivateurs, ses agronomes au service de chacun, ses *home economists* de charme, c'est une véritable campagne de séduction que finiront par gagner haut la main la SW&P et la QPC dans le monde rural. À un point tel que les autres compagnies, un peu sur le tard cependant, les imiteront. La SCP et la CPBStL auront elles aussi vers la fin des années 50 leurs agronomes (deux ou trois par compagnie) et leur *home economist*[69] (une dans chaque cas, sauf erreur).

«La première enseigne de "ferme bien électrifiée"», *disait la légende de cette photo publiée dans le journal de la Shawinigan Water & Power en octobre 1960*, «a été remise récemment à un cultivateur de St-Isidore de Laprairie, Fernand Perras». *Et par qui la poignée de main ? Qui d'autre que Jean-Paul Cristel ? De gauche à droite : Émile Bellefeuille, surintendant du district de Saint-Rémi, Marcel Carignan et Yves Chartier, agronomes de la SW&P, Wilfrid Hébert, agronome provincial de Laprairie, Fernand Perras et Jean-Paul Cristel, alors directeur Stimulation des ventes au service Distribution.*

Ainsi attaqué et séduit de toutes parts, dans ses cuisines, ses étables, ses granges et autres écuries, le monde rural va s'ouvrir sans retenue à la venue de l'électricité et faire gagner leur pari à tous ceux qui pensaient que l'agriculture serait l'un des premiers grands clients de l'électricité. La demande est telle que bien avant le temps et pionnière ce faisant, la QPC commencera à distribuer à 25 kV dans les campagnes comme elle le faisait déjà dans la ville de Québec (à l'initiative de Marc Méthé, un de ses ingénieurs francophones dont nous aurons abondamment l'occasion de reparler). C'est là, 25 kV, le degré de tension que généralisera Hydro-Québec, dans les années 60 et 70. La toute montréalaise Hydro-Québec ne pourra que constater, en 1963, alors qu'elle prendra ses dimensions provinciales, que l'expertise de la distribution de l'électricité

---

69. Au meilleur de nos recherches, il y eut trois agronomes à la SCP : Yvon Parent, qui venait du groupe SW&P, Pierre Lagacé et Gilles Dubuc. La *home economist* s'appelait Pierrette Bergeron. Elle quittera l'entreprise à la prise en charge de celle-ci par Hydro. À la CPBStL, on nous a parlé de Pierre Villemure et de Jean-Marc Paquet, alors que la *home economist* qui restera en poste jusque dans les années 70 s'appelait Francine Bélanger.

dans les campagnes, les villages et les petites villes est bien présente dans ses rangs, pas chez elle-même, mais bien au sein des compagnies issues du groupe Shawinigan. Robert Boyd, le bâtisseur d'entreprise, ne s'y trompera pas.

Tempête dans un verre de lait : les tensions parasites

Le domaine agricole québécois ainsi fidélisé à l'électricité dans les années 50 et 60 ne cessera plus de constituer une clientèle choyée du distributeur unique que va devenir, en 1963, Hydro-Québec. Sous l'impulsion du directeur général de Distribution et Ventes de l'époque, Robert Boyd, l'entreprise reconnaîtra cet apport historique des agronomes des compagnies privées en leur confiant nombre des postes de décision du secteur de la promotion et des ventes placé, nous y reviendrons, sous la responsabilité d'un d'entre eux, Jean-Paul Cristel. Celui-ci déléguera la gestion du secteur agricole proprement dit à Pierre Ostiguy. Au cours des dix années suivantes, les politiques du groupe Shawinigan seront étendues à l'ensemble du territoire québécois. Là comme ailleurs dans toutes les activités de mise en marché, 1974 marquera un changement assez brutal, alors que l'essentiel des mesures de promotion et de financement seront abolies. Mais, en 1974, et ce depuis déjà bien longtemps, l'électricité était parfaitement intégrée au monde rural.

Aujourd'hui, la consommation du monde agricole est assez difficile à isoler, puisqu'Hydro-Québec, qui longtemps comptabilisa la consommation de ses clients ruraux comme un bloc à part, au même titre que la moyenne ou la grande entreprise, ne fait plus aujourd'hui qu'une seule catégorie du domestique et de l'agricole. Anachronisme, peut-être, droit acquis ici comme un peu partout en Amérique du Nord, certainement : le cultivateur québécois paie toujours le même prix au kilowattheure, le tarif D (D pour domestique) pour sa maison et sa ferme que le particulier client de base d'Hydro. C'est une situation qui fait réfléchir les responsables des tarifs à l'heure où des élevages agricoles de milliers de têtes, beaucoup plus proches à tous égards d'industries que de fermettes bucoliques, s'implantent de plus en plus sur le territoire[70]…

---

70. Voir l'encadré du chapitre 6 : « *Les cochons comme les familles* ».

➤ *«La ferme bien électrifiée»*

Coup fumant de marketing, mise sur pied géniale d'un concept liant fermier, électricien et distributeur autour d'un événement monté de toutes pièces : peu de campagnes de promotion connaîtront autant de réussite que celle de *«La ferme bien électrifiée»*, idée du groupe Shawinigan vers 1958-1959.

Quatre noms sont associés à la genèse du projet, quatre agronomes du groupe : Roger Deniger, Yvon Parent, Yves Chartier et Pierre Ostiguy. Ce dernier raconte :

L'agronome, à gauche, est Pierre Ostiguy. Monsieur Rousseau montre assez qu'il est fier. La photo est de 1960.
(Photo de Pierre Ostiguy)

«Ça venait en quelque sorte compléter notre travail. On avait tellement prêché au fermier de s'équiper, on avait tellement harcelé les électriciens pour qu'ils soient honnêtes et francs avec leurs clients, que quand tout fonctionnait, que la magie opérait, qu'une ferme d'un coup s'équipait avec bon sens comme on souhaitait qu'elle le fasse, il nous fallait un outil pour exprimer notre reconnaissance, dire aux gens qu'ils avaient bien fait et le faire savoir dans leur entourage. Au début, c'était tout. On était loin d'imaginer le véritable engouement que l'initiative allait susciter.»

L'affaire allait avec des budgets. On allait planter une pancarte devant chaque ferme digne du mérite, signer un certificat aux propriétaires, donner des boutons de manchette au fermier, une épinglette à sa dame. On les inscrirait au tableau d'honneur des fermes bien électrifiées du Québec qu'on publierait dans les trois journaux du monde rural. Il faudrait dégager du temps pour que les agronomes jugent des installations et décident des meilleures. Bref, de dire Ostiguy : *«Il s'agissait de convaincre Cristel, notre boss de l'époque, qui connaissait pas mal la game.»*

En fin renard, l'ancien agronome, devenu directeur des Ventes au service Domestique, ne sera pas long à convaincre et reprendra ce faisant sa longue marche de «photos-poignées de main» dans le Québec rural. *«C'était la première fois que les cultivateurs se voyaient valorisés dans leur métier,* analyse Pierre Ostiguy. *La grande pancarte verte et jaune devant leur ferme, c'était pour eux un facteur de prestige énorme. Le succès fut immédiatement phénoménal. Le cultivateur qui voyait la fameuse pancarte devant la maison de son voisin n'était pas long à nous appeler. "Pourquoi qu'il a ça, lui ? Qu'est ce qui me manque, moi, pour en avoir une ?"»* Albert Bonneau confirme. *«À la première pancarte sur un rang, la dynamique s'accélérait de façon immédiate. Tous et chacun ne pouvant admettre que son voisin lui fût meilleur voulait la même distinction, et vite à part de ça.»*

Le programme continuera sans dévier d'un pouce de sa lancée à l'arrivée d'Hydro-Québec qui l'étendra, comme son mandat l'y engageait, à tout le Québec. Il durera jusqu'en 1974 et à la fin de la «récréation-promotion» de l'entreprise.

Les *home economists* – toutes mariées? – ne sont qu'un souvenir. Leurs confrères agronomes de l'époque héroïque ont tous également quitté un à un Hydro-Québec. Ils étaient encore douze en 1971, sous l'autorité fonctionnelle de Pierre Ostiguy. Mais on ne les remplacera pas à l'heure de leur départ à la retraite. Leur travail était fait. Une page était tournée et ce monde d'ingénieurs qu'est avant tout Hydro-Québec les oublia bien vite. *Hydro-Presse* mentionnera la présence de trois agronomes en 1988. Le journaliste, peu au fait de la glorieuse participation de ces spécialistes dans l'histoire de l'électrification rurale au Québec, titrera son texte ainsi: «*Les agronomes: des professionnels trop peu connus dans l'entreprise*[71]». Tiens donc! Ils l'avaient pourtant tellement été. L'article laisse une drôle d'impression. Le mandat dévolu à Nathalie Major, Yves Lefebvre et Jacques Milliard, les petits nouveaux, semble tellement étriqué, comparé à ce qu'était celui de leurs prédécesseurs sur qui les compagnies comptaient comme une armée en campagne compte sur ses éclaireurs. Engagés dans les unités de transport, ils doivent, en fait, appliquer l'entente conclue entre l'Union des producteurs agricoles et Hydro-Québec concernant le passage des lignes et déterminer les montants compensatoires qui seront versés aux fermiers affectés par la construction du réseau. Quand on pense à l'imagination, à la créativité, à l'entregent qu'on attendait de leurs confrères au mitan du siècle, à l'autonomie qu'on leur concédait…

L'une des dernières home economists *d'Hydro-Québec en 1972. Francine Bélanger, de la région Matapédia.*

Des rangs très pauvres, il n'y en a à peu près plus dans le Québec contemporain, alors que la structure des exploitations s'est étoffée et solidifiée et que les fermes dans leur majorité sont devenues des outils de production fiables, efficaces et de haute performance technique. La venue de l'électricité régulière et abondante grâce à la généralisation du 25 kV, combinée aux progrès phénoménaux de l'industrie du matériel agricole tracté, a transformé la majorité des fermes en exploitations souvent imposantes, fleurons d'une économie rentable et vigoureuse. Il y avait 100 000 fermes au Québec en 1965, il n'y en avait déjà plus que 50 000 en 1990, produisant environ 4 fois plus que 25 ans plus tôt. Et la tendance n'a pu que s'accroître. En ce qui regarde le dynamisme et la vitalité économiques, les campagnes sont aux antipodes de ce qu'elles étaient au début du siècle dernier.

La belle relation d'affaires établie depuis les années 60 entre Hydro-Québec Distribution et le monde rural connaîtra ses seuls véritables moments difficiles dans les années 80 alors que le problème des «*tensions parasites*» va, un temps, venir au premier plan de l'actualité.

---

71. *Hydro-Presse*, Hydro-Québec, fin novembre 1988.

À votre service

Vous avez des problèmes concernant les nombreuses applications de l'électricité à la ferme ? Certaines de vos questions demeurent sans réponse ? Consultez l'agronome ou l'ingénieur agricole de l'Hydro-Québec de votre région.

SIÈGE SOCIAL
Pierre-A. Ostiguy, agronome, chef du service de la Vente agricole, direction Mise en marché
Montréal   875-4311

RÉGION LAURENTIDES
Charles Alarie, agronome
499, rue Calixa-Lavallée
Joliette   756-0581

RÉGION RICHELIEU
Gilles Dubuc, agronome
52, rue Saint-Jacques
Saint-Jean   347-5581

RÉGION RICHELIEU
Pierre Dumas, ing. agronome
1145, boul. Langlois
Valleyfield   373-2620

RÉGION RICHELIEU
Michel Fortier, stagiaire
228, rue Hériot
Drummondville   472-3314

RÉGION MONTMORENCY
Michel Gauvin, agronome
64, Trans-Canada
Lévis   837-5829

RÉGION SAGUENAY
Gaston Grenier, ing. agronome
30 est, rue Racine
Chicoutimi   549-9330

RÉGION MONTMORENCY
Clément Héroux, agronome
399 est, rue Saint-Joseph
Québec   529-8761

RÉGION MAURICIE
Bernard Levac, agronome
59, rue Monfette
Victoriaville   752-5571

RÉGION MAURICIE
Gérald Loranger, agronome
340, rue Saint-Maurice
Trois-Rivières   376-3771

RÉGION MATAPÉDIA
Jean-Marc Paquet, agronome
355 ouest, rue Saint-Germain
Rimouski   723-2215

RÉGION RICHELIEU
L.-Yvon Parent, agronome
4509, boul. Bourque
Rock Forest   563-6262

RÉGION LAURENTIDES
Marc Rompré, agronome
190, rue Parent
Saint-Jérôme   436-1220

L'une des dernières «grandes» équipes d'agronomes d'Hydro-Québec, en 1971.

Un peu partout dans le monde industrialisé, mais surtout en Amérique du Nord, on découvre que les vaches et les porcs se font du mauvais sang, vivent des jours difficiles, bref, deviennent neurasthéniques. Les animaux semblent stressés, hésitent à boire ou à se nourrir, perdent du poids et donnent conséquemment moins de rendement en lait, pour les vaches, et en viande pour l'ensemble des troupeaux.

Perplexité initiale chez les cultivateurs et les vétérinaires… et puis, peu à peu, on va soupçonner l'électricité d'être la grande responsable du problème. Des chercheurs établissent que ce sont les mises à la terre des réseaux de distribution à proximité ou dans les fermes qui, induisant des courants indésirables, donc *«parasites»* dans l'environnement immédiat des gros mammifères, provoquent des différences de potentiel entre les équipements métalliques de l'étable ou de la porcherie et le sol sur lequel les animaux reposent. Les pauvres bêtes touchant le métal se trouvent donc à servir de conducteur entre ce courant de faible intensité et la terre. Aussi faible que soit le courant, l'animal, beaucoup plus sensible que l'homme à ses effets, en souffre et dépérit. On prétendra même à l'époque qu'une différence de tension de 0,5 volt entre les pattes avant et arrière est suffisante pour incommoder un animal d'élevage (alors que le seuil de sensibilité de l'humain est de cent fois plus élevé à 50 volts.)

➤ Jean-Paul Cristel, l'agronome-ingénieur

Adroit et rusé, le plus connu des agronomes de l'histoire de Distribution, celui en tout cas qui mènera la carrière la plus déterminante dans cette histoire, n'était pas seulement qu'agronome. Jean-Paul Cristel était aussi ingénieur du Virginia Polytechnical Institute, véritable police d'assurance pour se maintenir à flot dans la tourmente des divers remaniements administratifs périodiques de la grande maison. Il confie aujourd'hui, avec la sérénité ratoureuse de celui qui sait : *« Jeune agronome dans le groupe Shawinigan, j'avais tenu à continuer mes études pour aller me chercher une maîtrise en génie de l'Université. Je sentais que cela me serait nécessaire pour faire carrière dans un monde d'ingénieurs. Ce fut l'une des décisions les plus heureuses de ma jeunesse, sans aucun doute la clef de ma survie à Hydro. »* Pragmatique – Jean-Paul Cristel est un des cadres d'Hydro-Québec qui aura su le mieux gérer sa fortune personnelle tout au long de sa carrière et de sa vie subséquente –, il ajoute : *« Il y a aussi que les ingénieurs étaient mieux payés que les agronomes. J'aimais beaucoup l'agronomie mais ce facteur n'était pas négligeable. »*

Première photo de Jean-Paul Cristel, publiée dans le Bulletin *de la SW&P (août 1948). à l'occasion de son embauche.*

C'était probablement le plus petit de taille d'entre tous les agronomes de l'histoire d'Hydro. Sa photo d'embauche, dans le *Bulletin* de la Shawinigan d'août 1948, nous montre un jeune homme bien sous tous rapports, à l'évidence réservé, qu'on imagine discret et courtois. Il l'est naturellement. C'est un jeune Belge, un profil de premier de classe, parfait bilingue, à l'humour à deux temps. Discret, certes, au début de sa carrière, il sera néanmoins vite distingué par ses supérieurs pour ses qualités naturelles de *« vendeur »* et son potentiel de gestionnaire hors pair. À l'heure des promotions, c'est lui qui le premier à la « Shawi » (Jean-Paul Pagé, son aîné, l'avait précédé en cela à QPC) sortira définitivement du rang des agronomes de terrain. Son petit livre bleu de vulgarisation de l'électricité à l'intention du monde rural l'élèvera à l'égal des ingénieurs vedettes de la maison. Ses nombreuses adaptations de cours américains d'utilisation de la chaleur dans l'industrie, son aisance à traiter de notions pointues d'éclairage devant des tribunes d'experts autant que devant des néophytes, son art de dire les choses sans heurter de front son auditoire, associé à son adresse à convaincre, tout cela, en sus de sa connaissance profonde du monde rural, en faisait une espèce de leader naturel, le patron derrière lequel toutes les forces vives de la vente se regrouperont naturellement quand, après 1963, Boyd l'assoira à titre de responsable du domaine.

Toujours tiré à quatre épingles, Jean-Paul Cristel gardera son allure de jeune homme tout au long de sa carrière, en dépit de l'érosion à laquelle le prêtaient ses fonctions. On pourrait parier qu'il fut le cadre d'Hydro qui au long d'une impressionnante carrière publique serra le plus de mains de bonnes sœurs, de fermiers, d'élèves méritants, d'électriciens, d'alliés d'Hydro dans la Ligue électrique, d'industriels, etc.

Directeur du Service rural de la Shawinigan, Jean-Paul Cristel visite le camp 4 H au lac St-Joseph, à l'été 1952. À gauche, Pierre Gélinas et Albert Bonneau, deux autres agronomes du groupe SW&P.

On est en 1961, l'ami Cristel est devenu directeur du Service de l'économie domestique et remet le trophée Shawinigan à la révérende mère de l'Institut familial de Sainte-Marie, en Beauce.

On est cette fois en 1966, notre Jean-Paul est devenu directeur Mise en marché d'Hydro-Québec et se soucie cette fois de «cuisson commerciale». De gauche à droite: Marcel Lapierre, directeur de la région Laurentides, Abel Benquet, président de l'Association des chefs cuisiniers de la province de Québec, Léo Roy, alors directeur général Distribution et Ventes, Jean-Paul Cristel et Louis Paré, du ministère du Tourisme, de la Chasse et de la Pêche.

Sans doute est-il aussi l'un de ceux, sinon celui, qui prononça le plus de discours devant tous les parterres imaginables, ici et ailleurs, à Montréal comme dans une multitude de villages, celui encore qui porta le plus de toasts, un aspect de son travail qu'il ne méprisait pas.

Il n'y en eut qu'un autre, peut-être, pour rivaliser avec lui, à ce chapitre, celui des toasts, mais à bien d'autres égards plus quotidiens aussi, son *«ami-et-ennemi-intime»*, Marcel Couture, l'homme des communications. Deux êtres aux antipodes, l'un, grand et extroverti comme une diva un soir de première, l'autre, discret et réservé comme le disciple de M. Boyd qu'il était; l'un, cancre notoire, irrévérencieux et provocateur, l'autre, bon élève, en tous points bon chic bon genre; l'un, revendiquant bruyamment la moindre place libre, l'autre, défendant avec calme et efficacité son territoire; l'un, à la publicité dite «institutionnelle», l'autre, à la publicité de produit. Les deux avec un solide entourage de lieutenants ne perdant jamais l'occasion de montrer les dents aux officiers d'en face, et toujours des chicanes pour des histoires de clocher.

La tension montait, montait, jusqu'à ce que l'un des deux téléphone:

«*Es-tu libre à midi?*

– *Ben, c'est à voir...*

– On sera que nous deux, faut qu'on discute !

– OK ! Où donc ?»

C'est l'époque où chacun de ces messieurs avait son restaurant qu'il aurait presque pu faire vivre à lui seul tant le train qu'ils menaient était imposant. Le petit personnel aux fonctions obscures les voyait partir, grandes démonstrations d'affection, verbe haut de Marcel, sourire entendu de Jean-Paul, même taxi. Ces repas-là duraient longtemps. L'après-midi y passait le plus souvent. Ils en revenaient le teint coloré, la langue hésitante, fatigués par l'effort. Et les choses allaient mieux... quelque temps.

«La direction s'amusait je le crois à nous jouer l'un contre l'autre, dit aujourd'hui Jean-Paul Cristel. Réputé familier de Marcel, j'étais supposé le maintenir dans les normes. On se respectait lui et moi. Vous ne m'en auriez jamais fait dire le moindre mot qui pût lui nuire, mais que d'affrontements entre lui et moi !...»

Jean-Paul Cristel sera l'un de ces nombreux cadres qui perdront leur statut de membres du cénacle de direction d'Hydro à la prise en main de l'entreprise par Guy Coulombe au début des années 80. Un temps, il travaillera comme adjoint de Claude Boivin qu'il avait embauché et que Guy Coulombe avait nommé alors vice-président Commercialisation.

La tête à juste titre très haute, Monsieur Cristel quittera Hydro-Québec en 1984.

Le problème des «tensions parasites» ne surgit pas de nulle part dans les années 80. En fait, d'assez longue date on avait constaté l'apparition épisodique de ce genre de phénomène dans les réseaux ruraux. Gilles Béliveau se souvient que, dans les années 50, Lionel Boulet, à l'époque professeur à la Faculté de génie électrique de l'Université Laval, faisait figure d'expert dans ce type de dossier, arrondissant ses fins de mois en agissant comme consultant pour de grands cultivateurs contre la Quebec Power. Mais ce qui va changer, c'est l'ampleur médiatique que va prendre le dossier.

C'est au Minnesota, semble-t-il, que le problème sera véritablement rencontré et médiatisé pour la première fois. Des plaintes vont vite être déposées ici et là en Amérique du Nord et, au Canada, particulièrement en Ontario, d'abord, puis au Québec, beaucoup d'agriculteurs voyant dans les tensions parasites la cause probable de tous leurs ennuis de production. Dans ces conditions, l'inquiétude est réelle chez les grands distributeurs canadiens. À juste titre, puisqu'on estimera en 1988 qu'un quart des fermes laitières et porcines pourraient être touchées par le phénomène[72].

«La mise au jour immédiatement médiatisée du problème nous a pris un peu de court», dit aujourd'hui Jean Bertin-Mahieux, ingénieur vedette à Distribution, ce qu'il est convenu d'appeler une sommité à Hydro-Québec. C'est lui, transfuge du génie nucléaire, que

---

72. *Hydro-Presse*, fin juin 1988 : *«Les tensions parasites, ces tensions qui indisposent»*.

l'entreprise va mettre sur le dossier au début des années 80. Il ajoute : «*L'induction, les tensions neutre-terre, on croyait bien connaître ce phénomène et l'on fut tout à fait surpris de constater que cela pouvait poser problème. Et puis, disons que les cultivateurs vont en rajouter un peu à l'époque. Au premier problème dans leur troupeau, ils vont mettre ça, c'est de bonne guerre, sur le large dos d'Hydro et ameuter une presse trop heureuse d'aller faire ses choux gras à la campagne. Les tensions parasites allaient devenir à l'époque de véritables boucs émissaires. Il fallait agir.*»

Hydro-Québec va effectivement intervenir sur deux tableaux en envoyant au front ses avocats et ses ingénieurs. Les premiers défendront, au cas par cas, la position de l'entreprise estimant que, dans la majorité des poursuites, les sources des difficultés étaient les installations des clients et non le réseau de distribution ; les seconds analyseront techniquement le problème et tenteront d'y trouver des solutions. «*Pour arrêter l'hémorragie, dit Me Pierre Denault, avocat d'Hydro-Québec, le Contentieux entreprit de contester tous les dossiers qui faisaient l'objet de poursuites devant les tribunaux, que ce soit vis-à-vis des fermes laitières de la région de Québec, des installations porcines de la région Richelieu ou même des pisicultures de la Matapédia. La démarche s'étendra sur 10 ans. Elle était d'envergure puisqu'en face de nous, l'Union des producteurs agricoles (UPA) assurait le suivi et le financement de certaines des poursuites des défendeurs.*»

Les ingénieurs, eux aussi, vont étudier au cas par cas les dossiers, corrigeant çà et là des imperfections dans les installations. Mais, à l'évidence, le problème est plus global. Les distributeurs de tout le Canada l'étudieront au sein de l'Association canadienne de l'électricité (l'ACE), tout particulièrement Ontario Hydro et Hydro-Québec qui, prises à partie plus vigoureusement par leur clientèle rurale, navigueront de conserve dans le traitement du dossier. Ontario Hydro, associée à Agriculture Ontario, va dans un premier temps mener des expériences à New Liskeard, près de North Bay. Elle démontrera dans ce cadre que le seuil de sensibilité des vaches est plutôt à 5 volts et plus qu'à 0,5 volt. Hydro-Québec, qui suit l'expérience de près, étudie, elle, la sensibilité des cochons à Lennoxville, en partenariat avec Agriculture Canada et l'Université de Montréal. Jean Bertin-Mahieux s'y découvrira une véritable affection pour les petits gorets. «*Les porcs sont curieux et attachants*», dit-il aujourd'hui, de ce ton ironique qu'il adopte volontiers quand il vulgarise la science qu'il maîtrise. «*La façon qu'ils ont d'appréhender, de comprendre et d'interpréter leur environnement, c'est par le groin. Ils le promènent à ras de terre, le mettent en contact avec tout ce qu'ils rencontrent sur leur chemin. C'est donc, littéralement, dans le nez qu'ils prennent d'abord les chocs électriques, ce qui, admettons-le, ne doit pas être bien agréable pour ces animaux à la sensibilité reconnue.*»

Jean Bertin-Mahieux définira et prouvera qu'aucun effet sensible des tensions chez le porc n'est vérifiable jusqu'à 10 volts. Il va, cela dit, définir une norme et des lignes de conduite établissant qu'Hydro prendra désormais action corrective sur son réseau à l'enregistrement de toute tension de neutre excédant 5 volts. L'application de la norme encadrera le travail assez considérable des équipes de monteurs en régions rurales, alors qu'à chaque cas répertorié et lorsque les inspections le justifieront, l'entreprise répartira différemment les charges, augmentera la capacité des conducteurs ou remplacera de vieux équipements, toutes mesures susceptibles d'atténuer, voire de régler définitivement le problème.

Mais rapidement, dans les faits, les divers intervenants de bonne foi vont aboutir à la conclusion que les tensions parasites, quand elles existent effectivement et persistent malgré les mesures d'atténuation d'Hydro, sont attribuables aux mauvaises installations du client. Dans la très grande majorité des cas, les jugements rendus en cour sont, du reste, favorables à l'entreprise, et ce tant en cour supérieure qu'en cour d'appel. « *Il n'y a pas de doute*, analyse Me Pierre Denault, *que ces victoires devant les tribunaux vont préparer le terrain et favoriser la conciliation plutôt que la poursuite de l'affrontement quand le moment sera venu pour Distribution de proposer des solutions à l'échelle du Québec.* »

« *Les étables, ou disons de façon générale, les bâtiments où l'on élève des animaux*, poursuit Jean Bertin-Mahieux, *sont des environnements généralement très corrosifs, humides, plus ou moins salubres, probablement plus à risque à l'époque qu'aujourd'hui, du reste, alors que les inspections du gouvernement imposent plus d'hygiène et d'entretien aux agriculteurs. Les installations avaient souvent été faites en plusieurs étapes, à la va-vite, un peu "broche à foin" et, en fait l'essentiel du problème était là !* »

Souvenez-vous des agronomes qui luttaient contre ces installations bâclées, souvenez-vous des colères des Ostiguy, Beaudet ou Bonneau à l'endroit des électriciens plus ou moins qualifiés sillonnant les campagnes dans les années 50. Le prix à payer était là, dans de défectueuses installations, des bricolages successifs résistant mal à l'usure du temps. La division Distribution, qui réalise le constat, aura l'heureuse initiative d'agir en grand seigneur. Plutôt que de renvoyer la balle des accusations à ses clients cultivateurs ou à l'électricien concerné par chaque situation particulière, elle va, avec pragmatisme, tenter de trouver des solutions au problème et convaincre l'Union des producteurs agricoles (UPA) de la suivre ce faisant. À chaque cas répertorié, elle va procéder à l'analyse approfondie de ses propres installations et faire les réparations nécessaires. Lorsque, clairement, il apparaîtra que le problème est à l'intérieur de la ferme, Hydro participera au financement du diagnostic demandé aux électriciens locaux, tandis que le ministère de l'Agriculture, des Pêcheries et de l'Alimentation du Québec (MAPAQ) aidera le cultivateur à acheter, quand le besoin s'en fera sentir aux conclusions du diagnostic, des appareils d'atténuation des tensions, essentiellement des filtres, mis en service à l'époque sur le marché.

Jacques Finet (à droite), alors vice-président exécutif Marchés internes, visitant à l'été 1987 une serre expérimentale du Centre de spécialisation des cultures abritées de l'Université Laval, en compagnie du vice-recteur à la recherche. Denis Gagnon. Jacques Finet annoncera alors le versement d'une subvention de 400 000 $ pour un projet portant sur l'utilisation des hautes irradiances en éclairage d'appoint de serres.

On remobilise à cette occasion les électriciens des zones rurales. On les sensibilise au problème, on leur enseigne les solutions. L'un d'entre eux, Michel Sénécal, maître électricien à Saint-Valentin, confirme : «*Des tensions parasites, on ne parlait jamais de ça dans les années 70. Et puis d'un coup, c'est venu à la mode : tous les habitants se sont mis à chialer qu'ils avaient des problèmes avec leurs vaches. Hydro nous a conviés dans un hôtel de Saint-Jean pour nous expliquer quoi faire. Le plus souvent, c'est dans l'installation électrique du fermier qu'était le trouble. Il y avait du vieux "filage" intérieur tout abîmé sur les murs ou sous les plafonds des étables. On a changé tout ça ! Ça nous a donné pas mal de travail pendant une secousse. Aujourd'hui, on n'entend plus jamais parler de ça !*»

Effectivement, on ne parle à peu près plus aujourd'hui et ce, depuis 1994, des tensions parasites. La majorité des fermes, prenant le virage de la grande production, disposent maintenant de systèmes électriques modernes, efficaces et régulièrement entretenus. Les relations entre le distributeur Hydro-Québec (il en va parfois différemment avec le transporteur) et les cultivateurs sont au beau fixe ou, disons, sans grande histoire. Les services de base que permet l'électricité sont toujours globalement les mêmes que ceux pour lesquels militaient les agronomes des générations précédentes : traite, propreté, réfrigération, séchage, manutention, etc. Mais la réduction de la main-d'œuvre associée aux exigences constamment accrues d'hygiène et de protection de l'environnement ainsi qu'à la production de masse ont entraîné une mécanisation effrénée des opérations et le raffinement incessant des diverses technologies. Hydro-Québec, par le moyen de plusieurs programmes, a participé aux recherches : infrarouge pour l'élevage du poulet de chair, production d'eau chaude par la récupération de la chaleur du refroidisseur à lait, hautes irradiances en éclairage d'appoint des serres, technologies combinant l'éclairage artificiel et la culture « *hydroponique* », chauffage radiant bi-énergie en production avicole, etc. L'entreprise, en collaboration avec l'Université Laval, a fait nombre de recherches pointues sur le chauffage des serres ; elle y a, à une époque, appliqué ses programmes bi-énergie. Le secteur de l'agroalimentaire, boissons gazeuses, produits laitiers, brasseries, boulangerie, transformation des viandes, etc., est devenu, en aval de la production agricole, un secteur industriel d'une importance majeure au Québec qui, lui aussi, a bénéficié des « *électrotechnologies* » mises au point conjointement par Hydro, le monde agricole et des centres universitaires et de recherche.

L'agriculteur, si longtemps méfiant de l'électricité, gâté aujourd'hui par une politique tarifaire fort tolérante à son endroit, rejoint par un réseau uniformisé à 25 kV, fiable et apte à répondre à des accroissements majeurs de charge, est un client « *énergivore* » résolument choyé par Hydro-Québec.

3

La quête séculaire
de la qualité
du service au client

Distribution, le parent pauvre technique ?

Longtemps dans les compagnies intégrant
la production et le transport d'électricité,
la distribution fut considérée comme un secteur
relativement « mou », n'engendrant guère de défis
techniques et caractérisé par des tâches répétitives,
faciles et sans éclat.
Que la perception soit juste ou non, il reste
qu'aujourd'hui à Hydro-Québec, la division
Distribution a atteint un niveau de
perfectionnement technologique inégalé,
au terme de décennies de recherche obstinée
d'amélioration du service.

On ne cessera jamais, au Québec comme dans tous les pays industrialisés, d'améliorer, au long du siècle dernier, les techniques de production et de transport d'électricité. On concevra, dans une course internationale échevelée au progrès, des centrales électriques de plus en plus grosses, de plus en plus éloignées, aux technologies sans cesse raffinées. On mettra au point des techniques de plus en plus pointues de production d'énergie à partir du pétrole, du charbon, de l'atome, on apprendra à capter l'énergie du vent, de la biomasse, des mers, etc. Pour transporter l'énergie produite, on haussera de décennie en décennie les tensions des lignes. Pour en assurer la fiabilité, on n'arrêtera jamais, génération d'équipements après génération d'équipements, d'améliorer tous les éléments des réseaux, un à un. Cette quête technologique effrénée, caractéristique des activités de Production et de Transport d'électricité, sera de tout temps beaucoup moins perceptible en Distribution.

Un quotidien longtemps élémentaire

À la moitié du siècle dernier, les enjeux de Distribution sont des enjeux de construction. Il faut bâtir, rejoindre les clients là où ils sont, dans les rangs de campagne, dans leurs résidences secondaires et dans les banlieues qui ne cessent de se développer. Techniquement, tout cela est relativement simple. C'est dans l'ampleur de la tâche quotidienne à accomplir et dans la difficulté de prendre du recul pour analyser les situations à long terme que réside le gros des problèmes.

Distribuer l'électricité était et est toujours d'une certaine façon une technique assez simple à comprendre et à appliquer. Un grand spécialiste du domaine, Roger Latouche, technicien embauché en 1947 par la QPC, qui deviendra surintendant de Distribution, l'homme qui, à Québec, comme Émile Forget à Montréal, connaissait presque tous les poteaux un par un de son réseau, rationalise : « *La technique en Distribution, c'était facile, pas compliqué à apprendre. Mais elle génèrera, jusqu'aux années 70, des métiers rudes, éreintants, très exigeants physiquement. C'était alors un monde où tout marchait un peu sur la gueule, sans besoin évident de normes. Il fallait que ça marche et ces hommes-là qui connaissaient leur métier savaient se tirer d'affaire et répondre aux attentes.* »

Un réseau de distribution : rien là de bien spectaculaire, des « *sous-stations* » pour recevoir et abaisser la tension de l'électricité transmise par les lignes de transport, des poteaux de bois pour soutenir des lignes de distribution et des transformateurs en haut de certains de ces poteaux pour baisser à nouveau la tension avant qu'elle n'entre dans les maisons, les commerces ou les industries. Un modèle somme toute assez élémentaire, répété des milliers et des milliers de fois sur le territoire et n'évoluant pas de façon majeure tout au long du siècle.

À la « *sous-station* », anglicisme au sens de « *poste de transformation* » ou « poste de distribution », l'électricité était livrée, est toujours livrée, en gros, par une ligne de transport. L'*Entre-nous* d'août 1955 fait cette plaisante analogie : « *La sous-station ressemble à la salle d'expédition d'un grand magasin. On y reçoit une certaine quantité de marchandise. On la divise en quantités plus petites qui sont expédiées aux clients selon leur commande*[1]. » Les tensions de transport ne vont cesser d'augmenter au cours du siècle, de 12 à 49 kV, puis 69, 120, 315 et 735 kV, évolution absolument phénoménale. Les tensions de sortie du poste pour la distribution du produit connaîtront certes, elles aussi, d'incessants grossissements, mais plus tranquillement et sans progrès technique spectaculaire. Au fil des décennies, elles passeront de 2,4 à 4 kV en milieu urbain, de 6,9 à 12 kV en milieu rural, ou directement à 12 kV, et, tension de plus en plus en plus uniformisée sur le territoire québécois, villes et campagnes confondues, de 12 à 25 kV à partir des années 60.

On ouvrait un poste – on l'ouvre encore – pour répondre aux besoins de la clientèle locale. C'est dire que les postes vont vivre au même pouls que les quartiers, tantôt en progression, tantôt en régression. On les fermera aussi facilement qu'on les aura ouverts. En a-t-on besoin que des équipes spécialisées des compagnies vous les installent en deux temps trois mouvements, au croisement d'une rue ou dans quelque coin à l'écart d'un boulevard. Le besoin disparaît-il pour une raison ou une autre, parce que l'on regroupe autrement les charges ou que l'on développe un plus gros poste dans les environs, que ces mêmes équipes le font disparaître avec la même célérité. Il arrivera qu'ils dureront et perdureront des décennies dans certains coins où la consommation restera stable, mais, le plus souvent, on les exploite dix, quinze ou vingt ans et puis changement : on les ferme, on les grossit ou on les déplace pour suivre la charge et mieux répondre aux besoins de la clientèle.

Dans ces postes, une technologie simple, de longue date éprouvée et, au fil du siècle, de plus en plus automatisée : des transformateurs, bien sûr, pour baisser la tension, des disjoncteurs pour, au besoin, interrompre l'alimentation d'une ligne, des barres omnibus pour recevoir et transmettre l'énergie, des régulateurs pour maintenir le degré de

---

1. « *Un lien vital* », *Entre-nous*, Hydro-Québec, août 1955.

Employés de la Shawinigan de Victoriaville, à la fin d'une journée de travail, en 1948. De gauche à droite : André Vaillancourt, Germain Piché, Achille Boisvert, Léodore Labbé, Philippe Arsenault, Eddie Bédard, Adrien Béliveau, Alphonse Labbé, Wilfrid Racine, Bruno Prince et Clément Rodrigue.

tension et des relais de protection, véritables systèmes nerveux du poste, surveillant en permanence la charge des appareils et la température des transfos. Au début du siècle, un travail d'ingénieurs, puis de techniciens, d'opérateurs fixes puis *«volants»*, de manœuvres et enfin de robots au fur et à mesure que les progrès technologiques faciliteront l'automatisation de la maintenance de l'appareillage.

Généralement, dans les postes de campagne, dans les années 50 et 60, des opérateurs, souvent d'anciens monteurs blessés au travail, se relayaient, assurant une présence plus ou moins utile, en tout temps, nuit et jour *«C'est une époque,* concède Guy Desormeau alors de la Shawinigan, *où il faut bien admettre qu'en exploitation à la Distribution, on était tout nu. Le gars prenait des lectures, fermait les disjoncteurs, répondait au téléphone et avisait qui de droit en cas de bris. Une job pour le moins peu valorisante… »*

À chaque poste, des lignes de distribution pour livrer l'électricité aux clients : *« Une expédition,* dit *Entre-nous, qui se fait au moyen de conducteurs et de câbles, tentacules innombrables dont l'ensemble forme ce que l'on appelle un réseau de distribution*[2]. » Quoi de plus simple qu'une ligne de distribution ? des poteaux de bois plantés aux 100 pieds pour soutenir des fils s'en allant rejoindre, une à une, les installations des abonnés. Plus de 120 années ont passé depuis les débuts de l'électricité et ce sont toujours ces mêmes troncs de cèdre ou de pin qui se dressent (plus ou moins fièrement) au bord de nos routes. Quand on constate l'évolution phénoménale des autres technologies, on ne peut être que frappé par cette inertie technique apparente du monde de la distribution

2. *«Les tentacules du réseau», Entre-nous,* Hydro-Québec, mai 1955.

151

d'électricité, ici comme ailleurs. En transport, les pylônes ont changé vingt fois de forme, il en est de tous les genres selon que la ligne tourne, qu'elle traverse un milieu agricole, résidentiel, sensible au verglas, qu'elle soit érigée dans un sol mou ou dur, etc. En distribution, l'arbre ébranché, écorcé et étêté, bref, le poteau raide et nu dans les éléments, semble immuable. Parfois, tiens, une, voire deux traverses, d'autres simples morceaux de bois fixés perpendiculairement à l'approche de son sommet. Bien peu de chose, c'est comme si le modernisme galopant, pourtant si étroitement associé à l'industrie de l'électricité, avait oublié le vieux support chenu[3].

➤ Distribution : un monde de « patenteux »

Tout a bien changé aujourd'hui, alors que monteurs et jointeurs du XXIe siècle disposent dans les camions de service et dans les nacelles de tout l'équipement moderne et normalisé leur facilitant le travail. Ne dit-on pas même que bientôt les camions seront équipés d'ordinateurs ? Il est loin le temps où les monteurs accrochaient leurs *« barrouches »* aux poteaux à la fin de la journée de travail. C'était une petite remorque où ils laissaient un peu de matériel de dépannage[4].

Au début, presque rien. Les compagnies fournissaient, avec la parcimonie que l'on sait, quelques rares paires de gants à leurs hommes. On trouvait dans les camions *« une couple »* de pelles, de barres à mines, de haches, une clef anglaise, voire un marteau, mais l'essentiel du matériel personnel, les ceintures de sécurité, les éperons (Cadieux ou américains), les limes pour les aiguiser, etc., les hommes les achetaient de leur compagnie sur leurs premières payes. Au fil des décennies, ce sont les employés, au sommet des poteaux ou au creux des voûtes, qui perçurent les premiers les besoins et qui les exprimèrent aux plus adroits et *« patenteux »* d'entre eux. Souvent, ce sont ceux-ci qui développeront les outils d'intervention sur le réseau qu'ensuite copieront des manufacturiers.

Roger Latouche, pilier de la distribution à Québec, raconte : *« La Quebec Power économisait sur tout et l'on était limité dans l'achat d'outils. Je me souviens qu'à l'époque, les hommes montaient au sommet des poteaux et ouvraient les interrupteurs avec leurs gants de caoutchouc, une manœuvre délicate et potentiellement dangereuse. On avait un atelier avec un menuisier, un mécanicien, un soudeur et une petite forge. J'ai dit : "Montez-moi un crochet adapté aux interrupteurs sur un bâton !" On a fait ainsi le premier bâton vivitechnique utilisé à Québec. On l'a amélioré par la suite sur les recommandations des monteurs. »*

---

3. Guy Desormeau précise : *« Ce n'est pas faute d'avoir voulu améliorer la technique. On fera beaucoup d'essais (poteaux de béton ou métalliques, avec de nombreuses configurations de conducteurs, traverses en matériaux composites, etc.) mais pour toujours revenir aux bons vieux supports de bois. »* Nous évoquerons plus loin ces recherches.

4. Le fait nous a été narré par Claude Daigneault et confirmé par Guy Desorrmeau. On nous a précisé que l'habitude fut abandonnée vers la fin des années 50, alors que les dites *« barrouches »* se faisaient allégrement dérober par des voleurs d'outils.

Rosaire Néron et son gonfleur à gants, en 1979.

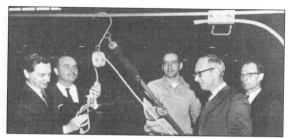

Devant les membres de la direction de la région Saint-Laurent, Claude Gosselin, monteur AA, fait, en 1968, la démonstration de son palan amélioré. De gauche à droite : Gilbert DuSablon, Roland Gingras, Claude Gosselin, Maurice Saint-Jacques et Paul Paradis.

L'histoire gardera le nom de quelques grands *«patenteux»* du réseau et il y en aura eu évidemment bien d'autres que nous ne citerons pas. Rosaire Néron, dit *«le roi de la patente»* à Québec, est l'inventeur d'un *«gonfleur à gants de caoutchouc»* et d'un *«connecteur d'aluminium à gâches parallèles»*, ses principaux exploits à côté de dizaines d'autres *«patentes»* à l'usage de ses confrères hommes de ligne. Paul Lemay, à la SCP puis à la région Richelieu d'Hydro, fabriquait des sectionneurs et des perches pour les vérifications d'appareils. *«On était pauvres à la Southern*, dit-il, *il n'était pas question d'acheter.»* Pierre Parent, contremaître Distribution en Mauricie, inventera une méthode de renforcement des poteaux de bois par des palans à chaînes. Paul-Émile Dion, un autre contremaître autodidacte, est devenu expert dans les procédés de mesurage...

«On "patentait" ainsi tout ce qu'on n'avait pas et dont on avait besoin», dit Roger Latouche. Parents pauvres peut-être, les gens de Distribution, mais drôlement dégourdis et efficaces...

Les compagnies ont leurs ingénieurs vedettes à l'expertise pointue, véritables coqueluches dans ces maisons où la complexité technique des tâches est le premier critère d'évaluation et de classement des postes. À l'exception de quelques rares ingénieurs atypiques dont nous reparlerons, il est bien peu de ceux-là à la division Distribution où les défis techniques seront longtemps réputés à peu près inexistants. Qu'y a-t-il de difficile à implanter une ligne dans un milieu ? En fait, pas grand-chose, même si l'*Entre-nous,* dans les années 50, cherchera à valoriser l'activité : *«Le profane ne peut s'imaginer tout ce que la pose d'un poteau peut représenter d'études et de travail...* [5] »

---

5. *«Le piquetage des poteaux»*, Entre-nous, Hydro-Québec, novembre 1954.

Non, ce n'est pas toujours évident, effectivement, de bien placer les poteaux, surtout en milieu urbain. Il faut s'informer avant de le faire pour ne pas commettre d'erreur! Cette activité, les compagnies la nomment le «*piquetage*», mais l'*Entre-nous* n'est guère convaincant lorsqu'il tente de nous la présenter comme une réalisation complexe, une «*tâche écrasante*». Il faut, dit le journal, que les valeureuses équipes de piquetage se rendent pour chaque nouveau projet à l'hôtel de ville pour s'informer «*de la situation exacte des égouts, des conduites d'eau, de la largeur des rues et des trottoirs, de la division des lots, ainsi que du projet d'éclairage des rues. Munis de ces renseignements, les préposés procèdent au piquetage. Ils calculent leurs distances à l'aide de leurs instruments de mesure et indiquent au moyen de jalons l'endroit précis du futur poteau[6].*» Avouons que l'on ne sort pas de cette lecture absolument convaincu du grand degré de difficulté du piquetage de poteaux de Distribution dans l'Hydro-Québec des années 50.

Mais bon, dans ces années-là, on en plante des milliers de poteaux à Hydro-Québec, 5 500 en 1953, 7 000 en 1954, presque 10 fois ce que l'on plantait aux dernières années d'existence de la MLH&P, et l'on se trouve bien bon d'en faire tant. C'est beaucoup de poteaux, certes, mais tellement moins que ce que plantent alors les compagnies privées et l'OER dans le cadre de l'électrification rurale.

Planter les poteaux était l'un des travaux les plus pénibles que l'on exigeait du monteur. En comparaison, y accrocher les fils était une partie de plaisir. Aujourd'hui, les vieux monteurs vous racontent comment leur première tâche était de creuser le trou devant recevoir le poteau. Moitié formation, moitié initiation, presque tous les employés de profil technique des compagnies, de l'homme à tout faire à l'ingénieur, passaient, dans les années 40 et 50, à un moment ou à un autre au creusage. Un travail éreintant, «*étroitement surveillé par les contremaîtres*, raconte Gérard Spénard, l'ancien monteur beauceron de la SW&P, *qui se souvenant sans doute qu'eux autres aussi, quand ils étaient monteurs, n'aimaient pas trop creuser, ne nous lâchaient pas d'une semelle et vérifiaient scrupuleusement les profondeurs des trous: 5 pieds pour un poteau de 30 pieds, 5 pieds 1/2, pour 35 et 6 pieds pour 40*». Un autre, Gérard Leclerc, véritable pan de mur, ancien monteur de la Hoosier puis d'Hydro, expert de la rive sud, raconte. «*Pour placer le "deadman", la base du poteau à enterrer, on travaillait à la "spoon", une pelle à très long manche et envoye! 6 pieds de creux, 6 pieds de long, 2 pieds de large, ça nous faisait les bras solides!*» Gilbert Paquette, monteur de Saint-Jovite dans les années 60, aujourd'hui directeur Réseaux du territoire Laurentides, évoque, lui, en plus de la fameuse *spoon,* la barre à mine de 10 pieds de long, et le *spud,* un fer tranchant au bout d'un long manche. «*Les vieux monteurs me disaient,* raconte-t-il, *tu vas voir, le flo, c'est pas facile de planter des poteaux! Mais avant ça j'avais longtemps travaillé l'été dans une scierie. J'étais costaud et en forme et je ne fatiguais pas.*»

---

6. *Ibid.*

Costaud, il fallait sans nul doute l'être quand il s'agissait de creuser les fameux trous en plein hiver. Paquette poursuit : «*L'hiver ne nous a jamais empêchés de planter des poteaux, même s'il nous ralentissait. S'il fallait qu'une ligne soit construite, elle était construite. Je me souviens d'un janvier sous zéro [Fahrenheit], à Ste-Véronique où l'on devait bâtir une ligne pour rejoindre un terrain de camping qui devait ouvrir au printemps. On travaillait à deux gars, mon chef d'équipe, Roger Lacasse, et moi, chacun son tour de creuser à la barre où d'ôter les débris à la pelle. À notre force qui était réelle, à chaque grand coup de barre, la barre pesant ses bons 35 livres, on ne faisait sauter que l'équivalent d'un 30 sous de sol gelé. Il fallait y croire ! Des fois ça nous prenait une grande journée pour finir par défoncer la croûte. Pouvait bien faire –25, on n'avait pas froid !*»

Fallait ensuite planter le poteau, un travail dangereux où tous participaient. On présentait le poteau couché, la base devant le trou. L'un des hommes parmi les plus forts bloquait, d'une façon ou d'une autre, avec sa barre à mine ou l'un des nombreux outils «paten-tés», le pied du *deadman* vis-à-vis du trou. De sa force et de son habileté dépendaient sa sécurité et celle de ses compagnons, toute la manœuvre reposant sur le principe que la base du mât ne devait en aucun cas riper, bouger ou sortir du trou. Les hommes levaient le poteau par le sommet et le maintenaient dressé à la limite de portée de leurs bras. Un autre compagnon amenait alors la «*chèvre*», ou «*vache*», espèce de chevalet de bois ou d'acier qu'il glissait en butée sous le mât, permettant ainsi de souffler un peu. «*Prêts, les gars ? On continue : un, deux, trois*», les hommes relevaient un peu plus haut le poteau en se rapprochant de sa base. Le chevalet suivait, le mât prenait peu à peu sa verticalité et ainsi de suite, jusqu'à ce que, presque droit, il glisse de lui-même dans le trou.

Dresser les poteaux à la force des bras : quel travail éreintant ! Ici, une équipe du groupe Shawinigan à l'œuvre dans les campagnes de Charlevoix en 1948.

Ne s'agissait plus que de poser les fils, le travail le plus agréable pour ces «*lignards*». «*Les poteaux debout et assurés au pied, c'était la course pour sauter sur les éperons et grimper. C'était à qui monterait le plus de poteaux et installerait le plus de fils*», se souvient Gilbert Paquette.

Près des clients, une dernière «*marmite*» en haut de certains poteaux, un autre transfo abaissant, celui-là, la tension de distribution, 2, 3, 4, 12 ou 25 kV, à la tension de consommation, 110 ou 120, 220 ou 240 ou encore 550 ou 600 V pour la moyenne entreprise et les abonnés commerciaux. Là encore, rien de techniquement bien compliqué, mais un travail d'homme fort pour les monteurs. Monter sous son bras une citerne métallique de 150 à 200 livres au sommet d'un poteau – ce que les monteurs pouvaient être appelés à faire avant la généralisation des palans et des treuils dans les années 50, ce qu'ils faisaient encore souvent en zones montagneuses ou boisées où ne pouvaient accéder les véhicules, dans les décennies suivantes –, certain que ça se fait, mais disons qu'il convient d'avoir les bras, les jambes, la force, l'assurance et l'équilibre pour ce faire lorsqu'on est seul à assurer la manœuvre.

On demandait également aux monteurs d'installer ou de remplacer des lampes d'éclairage urbain. C'était, encore là, un travail épuisant, les hommes devant travailler à bout de bras au sommet des poteaux. Ici, le monteur est Yvan Duguay. On est à Montréal, au début des années 50.
(Photo de Gérard Leclerc)

Le reste des interventions sur le réseau de distribution ne sera très longtemps pas beaucoup plus complexe techniquement, qu'il s'agisse d'entretien des emprises, de réparation, d'installation ou de remplacement de systèmes d'éclairage de rues ou d'élagage. Rien qu'un homme de métier formé *a minima* ne puisse faire. Là encore le travail, pour absolument nécessaire qu'il soit, est plus fastidieux qu'enrichissant, plus routinier que stimulant intellectuellement, plus éreintant que créatif. Quand il fait beau et qu'on n'a rien à faire faire aux monteurs, on les envoie, on les enverra jusqu'au début des années 60… élaguer! «*Je n'ai pas connu un seul monteur, dit avec conviction Gilbert Paquette, qui aime l'élagage, en vrai, on haïssait tous ça!*»

Tout cela paraît simple, relativement facile d'accès au néophyte. On comprend aisément qu'il ait fallu augmenter les tensions au long du siècle alors que les clients n'ont cessé d'être plus nombreux et de consommer davantage. On admet qu'il a fallu plus de ces postes de distribution, en fait souvent si petits qu'à la différence des honnis équipements de transport, ils se fondent aux paysages ruraux ou urbains et suscitent rarement la polémique. Les poteaux ? Il y a longtemps que le Québec s'y est fait. Peut-être un jour disparaîtront-ils pour la plupart, mais on en doute fort à Distribution alors que les plans que l'on met de l'avant avec un bel esprit d'initiative depuis le grand verglas de 1998 pour enfouir les lignes se heurtent souvent à l'indifférence des clients premiers intéressés et au dédain de nombre de promoteurs.

On a l'impression que la distribution d'électricité, c'est un peu le mariage d'Hydro et du Québec au quotidien, c'est routinier, répétitif, depuis des décennies, sans grande histoire. Ça marche, ça a toujours marché ou presque, pas de grande question à se poser. Parfois des pannes, bien sûr, mais les gens d'ici ont d'assez longue date développé une certaine forme de compréhension, sinon de fatalité, à l'égard des déchaînements d'éléments naturels. On vit dans un pays rude, ne se le dit-on pas assez ? On conçoit généralement qu'après un coup de tonnerre qui a fait trembler toute la maison, habitants compris, la lumière puisse, à la limite, faire défaut. *« Les gars d'Hydro vont s'en occuper, au lit les enfants, ce sera réglé demain ! »* Autant les pannes du réseau de transport avec des répercussions à l'échelle du Québec pouvaient indisposer car on comprenait mal leur justification – une tempête à des centaines de kilomètres au nord, ce n'est pas comme un coup de vent à sa porte ; un orage solaire affectant les lignes de Churchill Falls au Labrador, ce n'est pas comme le camion du voisin qui a renversé un poteau – autant, tout au long du siècle, on aura été bien tolérant envers les difficultés du métier de distributeur.

Cela est moins vrai depuis les années 80, alors que nombre de particuliers, d'agriculteurs, d'industriels et de gens d'affaires se sont vus, de plus en plus nombreux, dépendre, pour leurs ordinateurs, leurs chaînes de production, la qualité de leurs stocks, etc., d'une alimentation non seulement régulière, mais fiable, constante et pure sur le plan de la « qualité » de l'onde électrique. Ce sera l'un des éléments déclencheurs, mais non le seul, de l'entrée de Distribution dans le domaine de la haute technologie dans les deux dernières décennies du XXe siècle.

Le long chemin vers le 25 kV

Longtemps, du moins pendant les cent premières années d'existence de l'industrie de l'électricité, la Distribution sera ainsi un monde technologiquement sans grand relief, à la remorque de Production et Transport, vu de haut par les gens de Génie, sans défi ni véritable intérêt pour les plus brillants des ingénieurs en électricité des compagnies. Une preuve parmi tant d'autres ? C'est le champ d'activité que laisseront le plus volontiers les ingénieurs anglophones à leurs confrères francophones, quand, à compter de la moitié des années 40, les universités québécoises commencent à former des ingénieurs électriciens à qui, bon gré mal gré, il faudra bien faire une place. Dans leur immense majorité, ces jeunes diplômés-là iront à Distribution, au vertueux motif qu'il fallait des ingénieurs francophones pour servir la clientèle dans sa langue. Ils se retrouveront, à l'image du premier d'entre eux, Robert Boyd, à l'exploitation des lignes et des postes. Nombre des ingénieurs qui dans les années 60 à 80 dirigeront Hydro-Québec feront là leurs premières armes, que l'on pense à Boyd, déjà cité, à Jean-J. Villeneuve, à Pierre Godin, à Maurice Saint-Jacques, à René Gauthier, à Maurice Paradis, à Alexandre Beauvais, à Georges Lauzon, à Gilbert DuSablon, etc. La chose est encore plus évidente peut-être dans le groupe Shawinigan où, là également, se forme, à compter de la fin des années 40, un groupe particulièrement brillant de futurs exploitants avec les Louis-Georges Boivin, Jean Saint-Jacques, Marc Méthé, Gaston Galibois et, un peu plus tard, Pierre Simard, Guy Desormeau, Maurice Huppé, Gilles Béliveau, Jean-Paul Millette ou Claude Pouliot. Là encore, comme pour Hydro-Québec, la liste, bien sûr, est loin d'être exhaustive.

«La distribution, philosophe l'un de ces ingénieurs et non le moindre, Marc Méthé, *c'est le quotidien, l'interaction avec le public. Dans les grandes compagnies intégrant Génie, Construction, Production et Transport, c'est toujours le bas de la structure hiérarchique.»*

C'est encore à Distribution qu'on enverra Léo Roy quand, sous la pression des commissaires francophones, on souhaitera voir un ingénieur canadien-français occuper un poste de haut degré hiérarchique dans l'organigramme technique de la nouvelle Hydro de 1944. Roy, qui occupait sensiblement les mêmes fonctions à la Quebec Power, deviendra en 1946 surintendant adjoint de la Transmission et de la Distribution. De sa sphère d'influence relativement limitée, plus ou moins englué dans le quotidien des petits soucis de Distribution, petit homme calme et réfléchi à côté des grandes vedettes anglophones et extroverties du Génie, le pauvre M. Roy, pour mener au demeurant une fort brillante carrière, décevra ceux qui attendaient de lui qu'il fasse bouger de l'intérieur la rigide Hydro montréalaise des années 50. *«Monsieur Roy était davantage un conciliateur qu'un "fighter",* analyse froidement le même Marc Méthé. *C'était un politique qui pratiquait plus la diplomatie que l'affrontement.»*

Une exception à Montréal où le sommet de la pyramide hiérarchique de Distribution sera, jusque dans les années 60, occupé par des ingénieurs anglophones, nommément Dale Farnham, son adjoint Herb Haberl (plus naturellement versé, quant à lui, vers le transport) et le grand spécialiste, Archie Benjamin. En ce qui concerne Farnham et Benjamin, la clef de leur intérêt est bien simple. C'est qu'à Montréal la distribution est pour une large part souterraine et que les unités chargées du souterrain gèrent tout aussi bien le transport que la distribution. Les deux sont des spécialistes de l'installation de câbles. L'un, Farnham, est un grand patron hautain voyant les choses à sa hauteur… (comprendre, de très haut); l'autre, Archie Benjamin, au long d'une carrière de 42 années, deviendra véritablement – c'est le nom dont il s'affublait encore tout dernièrement, plus de 30 ans après sa retraite – le *Mister Underground* de Montréal. C'est un ingénieur formé à McGill, se définissant lui-même comme le *poor guy* de sa promotion où ses confrères sont fils de présidents de compagnie (Bell, Molson, etc.). «*Il n'y avait rien de particulièrement remarquable ou hors du commun dans notre réseau de distribution montréalais*, soulignait-il, presque centenaire. *La distribution en milieu urbain, ici comme ailleurs, c'est toujours un peu la même chose : adapter le réseau aux besoins des clients et aux exigences de la ville[7].*»

Archie Benjamin, en 1959.

Le souterrain a néanmoins, d'emblée, plus de lettres de noblesse que les cordes à linge sur poteaux de bois de la distribution aérienne. Hydro-Québec, en digne héritière de la MLH&P, est très fière du reste de ses performances à cet égard, ne manquant aucune occasion de rappeler, dans les années 60, que le réseau de Montréal est à lui seul aussi étendu que l'ensemble des lignes souterraines de toutes les autres villes canadiennes. Ainsi, Robert Boyd, alors ingénieur en chef adjoint de la division métropolitaine de l'Exploitation, témoigne de cette fierté en avril 62, établissant que : «*Cette année [1961] 20 milles de rues dans Montréal seront transformés de la distribution aérienne à la distribution souterraine, comparativement à 7 milles en 1952 et il y a actuellement 160 milles de rues entièrement en distribution souterraine, autant que l'ensemble de toutes les autres villes du Canada[8].*»

L'exploitation de ce réseau souterrain présente-t-elle beaucoup plus de difficultés techniques en distribution ? La chose n'est pas évidente. Reste qu'on aime, on l'a dit, la voir gérée par des ingénieurs anglophones. Ainsi Gilbert DuSablon, l'ingénieur qui va s'y appliquer à compter de 1949, pour porter un nom francophone, est-il en fait plutôt anglophone à son entrée à Hydro, frais émoulu de l'Université de génie électrique de Nouvelle-Écosse. L'ingénieur aux nœuds papillon, qui, fidèle second de Maurice Saint-Jacques, succédera à Archie Benjamin comme l'expert en distribution souterraine d'Hydro-Québec à Montréal, déclare aujourd'hui : «*Nous avions dans les années 50 un bon réseau souterrain hérité de la MLH&P. Benjamin et Farnham construisaient chaque année, en accord avec la Commission électrique de la ville de Montréal, de nouvelles ramifications et nous, nous exploitions et établissions les normes de distribution. On entretenait, on réparait et on servait les abonnés. C'était un réseau fiable, sans grande histoire à l'époque, particulièrement bien isolé, ce qui était sa caractéristique principale par rapport*

---

7. Archie Benjamin est décédé après que nous ayons écrit ces lignes à l'été 2003. Il avait laissé le témoignage auquel nous renvoyons ici, sur bande magnétique enregistrée par Environnement-Distribution en 2002.

8. «*Rapport de l'Exploitation métropolitaine*», par Robert Boyd, avril 1962, Archives d'Hydro-Québec.

aux réseaux souterrains des compagnies privées. » Ne voyez-vous rien venir ? Oui, aussi élémentaires et bien connus que soient les divers précédés en usage çà ou là, il y aura compétition, parfois très vive du reste, dans le domaine de la distribution souterraine, entre techniques et façons de faire des gens de Montréal et ceux des compagnies privées. Une compétition qui perdurera jusqu'à la dernière décennie du siècle et sur laquelle nous aurons l'occasion de revenir.

La grande originalité nord-américaine, voire mondiale, du réseau électrique souterrain montréalais n'est pas d'ordre technique, mais plutôt d'ordre administratif et organisationnel. Elle réside dans le partage de responsabilités établi depuis la première décennie du XXᵉ siècle entre la Municipalité, par sa Commission des services électriques et les exploitants de réseaux de lignes et de câbles, avec Hydro-Québec, bien sûr, au premier chef. De longue date, ces derniers sont tenus de se soumettre aux décisions de la Ville qui statua, bien avant les autres grandes villes du monde, que son centre ne serait pas couvert de toiles d'araignée de lignes de toute nature et que son sous-sol n'accueillerait pas n'importe comment le « *maudit spaghetti*[9] » des câbles de tout un chacun. La coopération forcée aura ses hauts et ses bas. Aujourd'hui bien loin des choses de l'électricité – il est devenu diacre –, Jean-Claude Nepveu[10], ex-ingénieur en chef (1959) et président (1965-1984) de la Commission, évoque une existence de négociations serrées et incessantes avec Hydro. « *Avec un facteur de plus de 80 % d'utilisation de nos conduits, il est évident qu'Hydro était notre partenaire majeur, du reste, un de ses représentants siégera de tout temps comme l'un des trois membres de notre direction, Louis O'Sullivan, Léo Roy, André Lavoie, Claude Boivin, d'autres avant, d'autres après. Sûr qu'avec une société d'État du type d'Hydro, on avait d'emblée davantage de collaboration que mes prédécesseurs en avaient eu de la part de la MLH&P qui ne se souciait ni d'esthétique ni d'environnement, comme le voulaient les mœurs du temps. Avec Hydro et sous ma gouverne, nous avons essayé d'atténuer les heurts entre nos deux fortes cultures et entités décisionnelles. De là à dire que les relations entre nous furent toujours harmonieuses, disons qu'il y a une marge…* » Côté Hydro, Archie Benjamin est particulièrement nuancé lui aussi : « *L'existence de cette Commission était très particulière à Montréal. C'était à la fois une contrainte à nos activités et un stimulant fantastique. Comme responsable de Distribution, je me devais de couper les dépenses et ainsi m'opposais fréquemment à*

---

9. Le mot est d'Yvan Hardy qui, jeune ingénieur en structure à Hydro-Québec en 1951, avait été, au début des années 50, prêté à la division du projet de métro de la Commission de transport de Montréal. « *On a appris, dit-il, en creusant le métro de Montréal, qu'il y avait déjà des canalisations de lignes dans tous les sens : un maudit spaghetti ! Il a fallu en relocaliser, en mettre en suspension pendant le creusage et faire en sorte que la Commission de mon ami Jean-Claude Nepveu mette de l'ordre là-dedans.* »

10. En 1958, lorsque l'offre lui fut faite d'entrer à la Commission comme ingénieur civil, Jean-Claude Nepveu, diplômé de Polytechnique (promotion génie civil, 1950), était au service d'Hydro-Québec à Labrieville dans le cadre des travaux de construction du complexe Bersimis.

l'enfouissement des lignes que je jugeais trop onéreux. Mais, moi qui ai connu la rue Sainte-Catherine couverte de lignes aériennes, je dois bien reconnaître aujourd'hui que notre action conjointe, forcée ou non, a été grandement bénéfique pour Montréal. »

En aérien, les enjeux techniques sont, là également, simples et redondants de décennie en décennie. Ils sont grossièrement au nombre de trois : il faut d'abord rejoindre les clients et, pour ce faire, constamment adapter la capacité des équipements à la charge demandée par les abonnés ; il faut ensuite essayer d'être esthétique, considération certes plutôt urbaine mais qui, effectivement, apparaît assez tôt dans les grandes villes de Montréal et Québec ; il faut enfin tenter d'être fiable, réduire les pannes et les temps d'interruption, bref, donner un service de qualité à la clientèle.

Rejoindre les clients, c'est, on l'a dit, bâtir des postes de transformation aux limites des réseaux et, de là, faire repartir des lignes vers les zones où la demande se manifeste. C'est ainsi, de poste en poste, quand elle en aura le mandat après 1963, qu'Hydro-Québec finira par couvrir tout le territoire d'un vaste filet de lignes. Pour l'heure, des années 20 aux années 60, les diverses compagnies ne vont cesser d'en construire et d'en démanteler un peu partout dans leur territoire. En avril 1934, le *Bulletin* de la MLH&P avance : *« Des 25 sous-stations qu'aient comptées les réseaux de distribution de Montréal depuis 1900, 13 ont été abandonnées, plusieurs autres disparaîtront bientôt et le reste, exception faite de quelques constructions récentes, a été agrandi et refait au point qu'on ne peut reconnaître les formes primitives*[11]*. »*

Avec une belle régularité jusque dans les années 60, les compagnies privées et Hydro vont faire la part belle au développement des postes dans les pages des journaux internes. On y fera fréquemment le point sur les installations et on y présentera chaque poste nouveau-né. Le plus souvent, ces articles ne seront pas le fait des journalistes maison, mais de cadres ou d'ingénieurs : Émile Forget à la MLH&P, puis à Hydro ; René Plamondon, Gaston Galibois, Pierre Simard ou Claude Pouliot à la QPC. On tire manifestement fierté des équipements qu'on installe, on est fier de démontrer à ses employés, considérés comme autant de relais vers la clientèle, qu'on fait le maximum pour satisfaire l'abonné et même aller au-devant de ses besoins. C'est ce même phénomène de soif de reconnaissance qui amènera assez systématiquement les compagnies privées de l'époque (et Hydro fera exactement la même chose dans ces années-là en Abitibi) à inaugurer officiellement avec discours, bénédictions et petits fours la moindre de ces humbles et ternes structures.

---

11. *« Étapes dans l'évaluation du service électrique », Bulletin Dual Service Double*, MLH&P, février-avril 1934.

➤ *Inauguration de réseaux de distribution à la Quebec Power à la moitié du siècle*

À force de si bien représenter sa compagnie auprès des agriculteurs, Jean-Paul Pagé verra rapidement ses talents de communicateur hors pair reconnus par la QPC. Il y deviendra directeur adjoint aux Ventes sous Jean Saint-Jacques, puis rapidement directeur des Ventes et des Relations publiques. À ce titre, il aura de nombreuses manifestations à organiser dont, un beau jour de 1945, l'inauguration d'une ligne raccordant, de Saint-Pascal de Kamouraska, les villages de Saint-Athanase, de Saint-Éleuthère, d'Escourt, de Sully et de Rivière-Bleue. Il lui reste aujourd'hui quelques souvenirs de l'aventure. Ceux-ci ne sont pas trop tristes et évoquent une époque où la vie, pour être rude, devait avoir ses bons côtés.

« Il y avait eu bien du "taponnage" politique dans ce comté-là pour avoir l'électricité. Ça s'était brassé sous les Rouges entre Godbout et la QPC, par le député libéral de l'époque, un dénommé Joseph Alphonse Beaulieu, maire de Rivière-Bleue. Mais la ligne s'était finalement construite sous Duplessis, avec cette fois un certain André Pelletier, un notable de Saint-Louis-du-Ha! Ha! député unioniste du comté de Témiscouata devenu Bleu dans l'intervalle. À l'inauguration, la Quebec Power avait voulu qu'on mette le paquet en associant la presse et les politiques aux mises sous tension. Quel député inviter ? celui qui avait obtenu le projet pour la région ou celui qui la représentait à Québec ? J'ai invité les deux et nous voilà partis, eux deux, des journalistes du Soleil, *de l'*Action *et du* Quebec Chronicle, *Lionel Swift, Jean Saint-Jacques et moi.*

On débarque du train à Saint-Pascal, on est en plein hiver, un "frette" du maudit. On part en gros snowmobile de Bombardier direction Saint-Athanase. Arrivés là, c'est tout le village qui nous attend, notables, curé et enfants de chœur en tête. Nous voilà au poste pour la mise sous tension devant la foule et nos invités. Des choses bien importantes sont rapidement dites, le curé bénit et je demande au maire de mettre la "switche".

Un éclair et POUF!!! on est à la noirceur.

Certains avaient des delcos et quelqu'un n'avait pas débranché le sien qui avait provoqué une mise à la terre. On a fini par trouver qui et là ça a marché. Saint-Athanase avait le courant et nous pouvions continuer notre mission glorieuse. Saint-Éleuthère nous attendait.

Tout le monde était pressé, un gros banquet nous attendait à l'hôtel Plourde. C'est le père Émile Journault du village voisin d'Escourt, tout de même pas n'importe qui, qui devait procéder à la mise sous tension officielle. Il bénit le poste, baisse le bras du commutateur et...

Nouvel éclair, POUF!!! tout ressaute, on reste en pleine noirceur !

Gros problème : où pouvait bien être la panne ? Swift, toujours incroyable dans ces situations-là, a dit "je m'en charge" et il est parti en pleine nuit sur la ligne avec des patrouilleurs. Nous, qu'est-ce que tu voulais faire ? On est allé au banquet. Un banquet de l'électricité éclairé aux lampes à huile : c'était pas pour dorer trop trop le blason de la Quebec Power, ça! Pis d'un coup, à mi-banquet, l'électricité est revenue. Swift avait trouvé le trouble. L'assemblée a applaudi à tout casser et on a enfin pu fêter, et on a fêté...

Le lendemain, départ pour Rivière-Bleue. Le notaire Langlais était l'homme fort de la place. Re tout-le-kit: notaire, curé, enfants de chœur, députés, journalistes, tout le monde à la sous-station. Faisait un "frette" du baptême, assez "frette" que l'eau du goupillon arrivait en graines sur les transfos. Va pour mettre la switche:

Éclair et POUF!!! tout le village à la noirceur!

Une autre fois, il s'agissait de trouver où se produisait la mise à la terre! Cette fois c'est moi qui l'ai eu, dans le sous-sol du presbytère, près du carré à patates du curé. Comme de fait, son maudit delco était encore raccordé. On l'a fermé et le courant est revenu. Rien n'allait. On voulait porter un toast à la santé du curé. Le curé dit: "Je ne bois pas je suis lacordaire." Du coup, on a bu, et pas mal, du reste, à la santé de nos deux députés. On a terminé ça par un banquet, danse, harmonium, on s'est amusé au coton... À trois heures du matin, le Bombardier nous laissait à Rivière-du-Loup sur le quai de l'Océan limité. On l'avait-tu inaugurée, la ligne!...»

Et les cérémonies seront fréquentes. C'est que l'accroissement des besoins après la guerre de 39-45 est phénoménal avec le développement de l'immobilier et la reconversion des usines militaires à des fins civiles, l'expansion rapide et incessante des banlieues, dans les années 50 et 60 et l'électrification des chalets et des résidences secondaires dans les années suivantes. Dans la grande région de Montréal, entre septembre 1957 et juillet 1958, pas moins de huit nouveaux postes seront mis en service, dont Esplanade, totalement souterrain, à l'angle de l'avenue de l'Esplanade et de la rue Jarry. On comptera 42 postes de distribution dans le territoire de la première Hydro en 1958, dont 38 sont télécommandés par les quatre postes majeurs de distribution que sont Pointe-Claire, Saint-Maxime, Saint-Paul et Fleury.

Partout dans le Québec il faut modifier, agrandir, réinvestir pour répondre à la hausse de la consommation. Le poste de La Suète, à Sainte-Foy, en banlieue de Québec est construit par la QPC au coût de 250 000 $ à la fin 1957. À peine 20 mois plus tard, il faudra reprendre le programme de construction et y réinjecter 210 000 $ pour répondre à l'accroissement des

En aura-t-on bénit, des postes au Québec, au siècle dernier! On est ici à Charlesbourg, à l'automne 1960. De gauche à droite: le maire de Charlesbourg-Ouest, Eugène Mathieu, Jean Saint-Jacques, alors vice-président de la QPC, Odilon Gauthier, le curé de Charlesbourg et Henri Béique, directeur général de la QPC.

besoins. Cette même année 1959, la QPC doit agrandir 7 de ses postes, pour des dépenses globales de 3 000 000 $, au nom de « *l'augmentation constante de la consommation d'électricité chez nos clients* [12] ».

« *La Quebec Power nous donnait assez aisément les feux verts,* se rappelle Marc Méthé, déjà chargé à l'époque de la planification des projets d'expansion des réseaux, sous l'autorité d'un autre ingénieur vedette de la QPC, Maurice d'Amour. L'affaire, à son souvenir, était tellement plus simple qu'elle le sera, les décennies suivantes, avec Hydro :

« *Maurice, faudrait construire une sous-station à tel endroit.*

– *T'es sûr de ça ?*

– *Pas moyen de faire autrement.*

– *D'accord, mais explique ça à Monsieur Béique.* »

Henri Béique, c'était le président, celui qui signait les chèques. Tout un administrateur, et pratiquement ingénieur lui-même, aussi bon que nous en technique. Il n'y avait pas à lui exposer très longtemps les choses. "Entendu, nous disait-il invariablement, mais allez-y mollo sur le budget." On "gossait" tous les crayons et on passait au travers. »

Les postes au long du siècle vont tranquillement évoluer vers plus de génie civil. On installe plus solidement l'appareillage, on privilégie des structures intérieures, on sort systématiquement, pour le souterrain comme pour l'aérien, en conduits bétonnés. « *Dans les années 50* », raconte Claude Pouliot, qui, jeune ingénieur diplômé de Laval, fera à cette époque ses premières armes dans le génie civil des postes de la QPC, « *quand on mettait un poste à l'étude en mai, on construisait en juillet et en octobre, il était livré. À la fin de ma carrière, le même travail prendra de cinq à six ans.* »

C'est à Québec, à la charnière des années 50-60, que prendra forme l'idée des « *postes annexes* », abaissant la tension à 600 volts. Qui sera le promoteur du poste annexe que l'on retrouvera dans les décennies suivantes un peu partout dans la grande Hydro-Québec ? Tout un personnage, l'un des ingénieurs les plus atypiques de l'histoire de Distribution au Québec, l'une de ses figures les plus rugueuses et attachantes : Marc Méthé. Il dit aujourd'hui : « *Il existait dans les compagnies d'électricité à l'époque, toutes sortes de règles concernant la livraison du service aux gros clients. Pour résumer, elles obligeaient ceux qui désiraient des niveaux de puissance aussi faibles que 75 ou 100 kV à prendre livraison à 4,16 ou 12,4 kV. Ils devaient assurer eux-mêmes les coûts de la transformation, ce qui se traduisait par des dépenses immédiates d'installation d'un poste et récurrentes en termes d'entretien et d'exploitation du poste. Au hasard de lectures de revues techniques, nous avons appris qu'en Caroline du Nord, on avait mis au point un*

---

12. Claude Pouliot, « *Projets de sous-stations 1959* », *Notre Revue*, QPC, octobre 1959.

système de distribution à 14,4/24,9 kV, en utilisant une ligne de 25 kV conçue comme équipement de transport. Nous nous sommes rendus sur place, Pierre Simard et moi, et avons découvert que le distributeur qui avait mis cette option au point laissait à l'abonné le choix entre une livraison à haute ou basse tension. C'est ce que nous avons fait à la QPC pour nos clients industriels et les gros commerciaux. L'option basse tension a immédiatement connu un grand succès. La QPC, à l'époque, était clairement en avance en distribution dans le groupe Shawinigan, beaucoup plus conservateur que nous[13]. Nous l'étions aussi par rapport à Hydro-Québec, qui ne nous impressionnait guère et que nous jugions être, sur bien des plans techniques, assez loin derrière nous. C'est alors que s'est créée et solidifiée cette tradition d'autonomie de Québec. Nous avions nos propres normes et n'étions pas à la remorque de la Shawinigan. Notre autonomie, c'est d'abord contre la Shawinigan qu'elle s'est développée, bien avant qu'elle se manifeste au sein de la grande Hydro. Nous avions nos propres pratiques d'affaires et les Anglos de la Shawi nous laissaient faire. "Jugez-nous par les résultats!", leur disions-nous et, en hommes d'affaires pragmatiques qu'ils étaient, c'est ce qu'ils faisaient. Nous avons pensé "clientèle" de façon absolue et méthodique, bien avant tous les autres distributeurs au Québec. Nous autres, on se précipitait pour raccorder les clients. Cette conscience de notre supériorité dans le service de la clientèle et la fierté en découlant, ce sont des choses qui resteront, à Québec, après la création d'Hydro[14]. »

La QPC est un modèle de distributeur effectivement intéressant sous trois angles : c'est la vitrine canadienne-française du groupe Shawinigan qui s'affirme francophone et veut être perçue comme telle bien avant Hydro-Québec ; c'est un pur distributeur de plus en plus conscient et fier de ce rôle ; c'est enfin, dans les années 60 à tout le moins, sous la gestion d'Henri Béique un véritable laboratoire d'amélioration du service à la clientèle. Pierre Duchastel, ingénieur en chef de la compagnie, déclare à l'époque : «*Des 330 MW de charge que nous avons desservis en 1960, 30 MW ont été fournis par nos propres centrales et le reste a été acheté d'autres compagnies. C'est dire que de plus en plus nous nous spécialisons dans la distribution de l'électricité, laissant à d'autres le soin de la produire[15].* »

---

13. Une allégation qui heurte quelque peu les anciens ingénieurs de la Shawinigan qui ne concèdent pas avoir jamais fait preuve de conservatisme à l'époque, que ce soit vis-à-vis d'Hydro ou de la filiale QPC. Ainsi, Guy Desormeau avance : «*Je ne crois pas qu'une compagnie puisse prouver* a posteriori *une véritable suprématie en études techniques. Personnellement et en un très court laps de temps (1958-1962), j'ai participé à la Shawinigan à de nombreuses études qui représentaient pour l'époque des avancées techniques importantes : l'enfouissement direct de câbles 12 kV en milieu rural en une seule opération, à Pointe-du-Lac, l'installation d'un câble aérien isolé à 12 kV, à Nicolet, l'installation des premiers réenclencheurs-disjoncteurs à contrôle électronique, l'installation d'un système de télésignalisation par ondes hertziennes, à Châteauguay et Woodlands, etc. En pratique, je crois que tous les groupes techniques ont fait de leur mieux dans les limites budgétaires qui étaient les leurs et avec toujours en vue le meilleur intérêt de leur clientèle.* »

14. Parfaitement intégrée dans son milieu, la QPC serait, nous sommes-nous laissés dire dans le cadre de nos recherches, l'entreprise à l'origine de la mise sur pied du Carnaval de Québec.

15. *Le réseau de la compagnie Québec Power*, conférence donnée au club Kiwanis de Québec par Pierre Duchastel, ingénieur en chef de la QPC, 1961, Archives d'Hydro-Québec.

Beaucoup de travail, on le constate dans les postes au milieu du siècle, mais pas d'avancée technologique spectaculaire : on améliore, on raffine, on capitalise sur l'expérience pour, de fois en fois, faire mieux et plus gros. C'est un peu le même modèle que l'on va appliquer aux lignes. Là, l'enjeu principal est d'en hausser les tensions et, comme partout ailleurs, d'en baisser les coûts. *« C'est le problème chronique existentiel des réseaux de distribution dans les milieux semi-urbains ou ruraux, synthétise Claude Pouliot. On les charge et on les surcharge jusqu'à provoquer des chutes de tension qui, compte tenu de la longueur des circuits, se manifestent particulièrement chez les clients des bouts de ligne dont la tension baisse en bas de 100 volts. Les lumières deviennent jaunes, la télévision se brouille si le voisin se sert de sa scie ronde, les moteurs surchauffent. La clientèle, à juste titre, se plaint. Dès 1956, à Québec, on installera, pour régler une partie des problèmes, des transformateurs avec régulateurs intégrés dans les postes urbains et des transformateurs et régulateurs séparés dans les postes ruraux. On fera preuve alors de beaucoup d'imagination et de maîtrise techniques pour corriger à la fois la tension et le facteur de puissance. Mais toutes les améliorations ne suffisent pas. La conversion périodique vers des tensions plus élevées devient impérative. »*

Hausser la tension, c'est pouvoir allonger les circuits en milieu rural et alimenter plus de clients en milieu urbain. Les distributeurs ayant épuisé toutes les astuces techniques n'ont en fait plus d'autres choix face à l'augmentation constante de la consommation des abonnés domestiques à la suite de l'apparition régulière de nouveaux appareils ménagers.

« Tous les réseaux de distribution ont été reconstruits deux ou trois fois pendant ma vie à la Quebec Power puis à Hydro », raconte de son côté Marcel Pageau, l'un des techniciens en électricité les plus brillants de la région de Québec, qu'à l'image de son confrère de l'époque, Roger Latouche, on retrouvera particulièrement actif dans cette histoire comme cadre d'exploitation à Montmorency puis comme membre de comités de normalisation de la fonction Distribution dans les années 60-70. *« À compter de 1950, on est passé du 2,4 au 4,160 kV. Deux ans après, on convertissait à 7,2, puis à 12 000 étoile, puis à 14,4 kV entre phase et neutre qui équivalait en fait à du 25 kV entre phases. »* Guy Desormeau, initialement de la Shawinigan puis d'Hydro-Québec, pousse encore plus loin la constatation, affirmant : *« Je peux pratiquement dire que de 1955, date de mon entrée à la Shawinigan, jusqu'au début des années 70, l'essentiel de mon travail a été de convertir des réseaux. Ce fut la véritable clef des 15 premières années de ma carrière. »* À la question : *« Quelle fut selon vous la principale évolution technique en distribution depuis que vous suivez le domaine ? »*, Archie Benjamin, le « pur » distributeur urbain montréalais, répond sans hésitation : *« La tension des lignes fut de tout temps le principal enjeu. »*

La longue évolution du Québec vers le 25 kV, on va la constater dans toutes les compagnies. Partout on s'essouffle à suivre la demande, moins cependant à Montréal où la concentration de la charge simplifie le problème. En 1955 encore, on y distribuera l'électricité à 2,4 kV dans certains quartiers et, si l'on envisage alors de faire disparaître ce palier de tension associé aux débuts de l'industrie, c'est pour installer du 4 000 volts. Tout cela pour se rendre compte dans les années 60 qu'il faut hausser la tension des conducteurs à 12 kV. « *Une erreur* », selon Gaston Plamondon, jeune ingénieur aux Ventes à l'époque. « *On va convertir alors l'essentiel du souterrain du centre-ville à 12 kV croyant bien faire. Je ne jette pas le blâme sur d'autres, j'étais de cette décision. Mais il va y avoir tant de développements au centre-ville que dix ans après tout le réseau craquait et fallait reconstruire à 25 kV.* »

C'est effectivement à la fin des années 70 qu'Hydro entamera la conversion du souterrain à 25 kV et encore, à reculons, en tentant de le « mixer » avec du 12 kV, ou, plus exactement, de l'installer tout en gardant les systèmes d'isolation à 12 kV, entreprise assez improvisée qui vaudra sa part de problèmes aux exploitants dans les années suivantes.

Dans les compagnies privées des années 50, après les conversions depuis longtemps faites à 4 kV, voire à 7,2 kV, c'est le 12 kV qu'on implante massivement, même le 13,8 kV dans le territoire de la Southern (ou le 13,2 kV, dans certaines coopératives d'Abitibi alimentées en tension dite « de transport » à 25 kV par l'Hydro de l'époque). Le 12 kV sera longtemps la tension que l'on croira optimale pour les régions québécoises. « *D'après les études faites par le département des Services techniques et d'après l'expérience de plusieurs compagnies* », écrivent dans un rapport conjoint, publié en 1960, Jean-Paul Millette et Roger Latouche, de la QPC, « *il semble bien que l'emploi du 12 kV comme voltage de distribution sera le voltage qui permettra de rencontrer l'augmentation rapide de la charge de la façon généralement la plus acceptable[16].* » Suivent, énoncés par l'ingénieur et le technicien, tous les « *avantages techniques du 12 kV* » et ses inconvénients, essentiellement les coûts. Les compagnies doivent dépenser plus, pour un meilleur service, certes, mais renâclent à l'idée que, puisque leurs tarifs sont autorisés (et jugés dans l'opinion) sur une base comparative à ceux d'Hydro-Québec, qui, elle, peut vendre bas compte tenu de la forte densité des abonnés de son réseau, elles ne peuvent espérer récupérer rapidement ce surcroît d'investissements. Reste que le rapport conclut un peu imprudemment : « *Il est sûr que ce voltage* [12 kV] *sera le voltage de distribution pour de nombreuses années à venir.* » On le sait, dès le début des années 60, on commencera à implanter le 25 kV, et c'est la QPC de Marc Méthé qui ira de l'avant dans l'apprentissage du nouveau degré de tension[17].

---

16. Jean-Paul Millette, en collaboration avec Roger Latouche, « *Nos clients demandent davantage* », *Notre Revue*, QPC, février 1960.

17. La grande Hydro d'après 1963 sera un temps réfractaire à l'idée imaginée à Québec. Louis-Georges Boivin, comme directeur Distribution, viendra fréquemment en discuter avec Marc Méthé à Québec. Finalement, la distribution à 25 kV et le choix offert au gros client d'une livraison à haute ou basse tension seront normalisés dans l'entreprise.

Pour les ingénieurs, les techniciens et les monteurs des compagnies, changement de tension voudra toujours dire *shutdown*, interruption momentanée de l'alimentation des clients. Ils en ont tous fait dans les années 50-60. Les conversions, du 4 au 12 kV, par exemple, le cas type à cette époque, alors que c'est généralement sous Hydro, dans les décennies suivantes, que l'on procédera aux conversions à 25 kV, étaient à l'époque réalisées hors tension, donc en fin de semaine ou de nuit pour incommoder le moins possible la clientèle. C'étaient de véritables opérations de commandos effectivement menées avec la préparation, la rigueur et l'efficacité d'opérations militaires réussies.

➤ *Triste* **shutdown** *à la Quebec Power*

Faut-il le répéter, les métiers de la distribution étaient des métiers très dangereux. Certes, ils nécessitent encore aujourd'hui beaucoup de formation, d'attention et de précaution de la part des hommes de ligne qui les pratiquent, mais au début du siècle et jusqu'à la généralisation des pratiques de formation et l'extension continuelle des mesures de sécurité dans la seconde moitié du siècle, ils furent directement cause de nombre de drames. Même s'il est encore des responsables de la fonction pour affirmer que les accidents n'auraient jamais dû arriver après les années 50 et que les monteurs et jointeurs formés, consciencieux et responsables ne devraient jamais en être victimes, l'histoire de tous les distributeurs, privés, coopératifs ou municipaux et celle d'Hydro-Québec, reste assombrie par nombre de pages noires. Voici un exemple raconté par deux « capitaines » d'hommes de ligne à la Quebec Power.

Marcel Pageau : *« C'était en 1951. On avait fait une conversion de nuit à Charlesbourg, de 2 300 à 4 160 volts. Il y avait sur les poteaux où nous travaillions un réseau d'éclairage qui fonctionnait à 2.3 kV. Il devait être ouvert, il ne l'était pas. Erreur d'un opérateur, un des deux coupe-circuits était resté fermé : pas d'éclairage mais la ligne encore sous tension. Je me souviendrai toujours, j'étais sous le poteau quand un premier monteur a grimpé. Il tomba tête première à mes pieds sur l'asphalte de 25 pieds. Terrible ! C'est moi qui me suis chargé d'aller parler de ça à sa femme. Il avait sept enfants... »*

Roger Latouche de terminer l'histoire : *« Maurice D'Amour m'a appelé en pleine nuit. Je suis allé rejoindre les équipes. Dans la lumière des phares de camion, un prêtre au pied du poteau donnait les derniers sacrements au pauvre gars devant une cinquantaine de monteurs, à genoux dans la nuit autour du corps... C'était d'une tristesse infinie. Le curé parti, j'ai parlé aux hommes... On a fini la job... »*

Le monteur s'appelait Jules Hamel.

Technicien de la QPC à l'époque, René Plamondon, raconte : «*Lorsque tout est prêt pour la conversion, les équipes sont amenées deux jours à l'avance sur les lieux afin de leur indiquer les changements à faire, leur montrer où sont installés les transformateurs et les mettre au courant du travail que chaque section aura à exécuter le soir de la conversion. Le soir même de la conversion, tous les hommes se rencontrent au Centre de service une heure avant l'heure fixée pour la conversion et le travail leur est de nouveau expliqué. À deux heures [du matin] précises, le service est interrompu et le travail commence*[18]…*»

C'est souvent dans la nuit du vendredi au samedi que l'on procédait. Claude Pouliot qui évoque ce détail raconte encore : «*Le groupe Poste dont je faisais partie s'occupait de modifier le poste pour que les transformateurs fournissent à point nommé la nouvelle tension aux circuits de distribution. Le groupe Distribution veillait à changer les équipements sur les circuits mêmes.*»

Marc Méthé se souvient : «*Jeune ingénieur, j'accompagnais les hommes et contrôlais les manœuvres à chaque interruption programmée. Drôle de sensation : on éteignait tout et ça travaillait fort dans la nuit. Chacun sa tâche. C'est comme ça que j'ai appris mon métier de distributeur.*»

C'était généralement l'affaire de deux ou trois heures. Quand le jour se lève, le courant est rétabli pour les cafetières et les grille-pain des clients. Les gars des compagnies, eux, avaient généralement droit à un «*déjeuner-party*», une période de détente dans un restaurant voisin. Oh! pas trop longue, la journée de travail recommençait à 8 h 00 du matin. «*Et ne vous y trompez pas,* d'ajouter Roger Latouche, *les gars étaient payés pour être à 8 h 00 dans le poteau, pas dans le garage, dans le camion ou à chausser leurs éperons au pied du poteau. À 8 h 00, ils étaient dans le poteau.*»

Deuxième défi de Distribution, l'esthétique des réseaux, une préoccupation qui, plus prosaïquement, pourrait tout aussi bien s'accommoder du titre : «*Comment distribuer l'électricité sans imposer aux abonnés des installations trop laides?*» Les équipements de distribution d'électricité ont cette caractéristique commune d'être fort visibles dans l'environnement et, pour dire le moins, de ne pas contribuer à la beauté des sites urbains et ruraux où ils sont établis. Il en fut tout au long du XXe siècle, il en est encore aujourd'hui pour défendre le principe que l'on n'a rien sans rien et que le désagrément créé par leur présence est bien peu de chose en regard au confort et à l'amélioration de la qualité de vie qu'ils apportent. Disons que ce n'est pas la perception actuelle à Hydro-Québec alors que de nombreux programmes dits d'«*atténuation environnementale*» ont considérablement modifié les façons d'implanter les équipements sur le territoire.

---

18. René Plamondon, «*La conversion de Ste-Foy*», *ibid.*, octobre-novembre 1957.

Quelques-uns des ténors de la distribution technique de la montréalaise Hydro-Québec en 1960, à l'occasion de la remise d'un trophée de sécurité à la section aérienne de la Transmission et Distribution (T&D). De gauche à droite: Thomas Alston, Émile Forget, Robert Boyd (alors ingénieur en chef de l'Exploitation métropolitaine), Gilbert DuSablon et Alexandre Beauvais.

Mais, si l'on resitue l'analyse vers le milieu du siècle dernier, il est certain que les états d'âme des compagnies à ce sujet se rapprochent du constat suivant: «*On n'a rien sans rien! Vous voulez l'électricité? Vous aurez les sous-stations et les lignes qui vont avec! Et que puis-je y faire, je vous prie?*» Si le discours passe facilement en campagne où l'habitant, qui les a si souvent cruellement attendus, comprend aisément que les poteaux doivent venir jusqu'à lui, en ville on est conscient de longue date, héritage de l'histoire, qu'on ne peut pas faire n'importe quoi. Les chicanes de compagnies autour des premières lignes, les interventions politiques qu'elles déclenchèrent à l'époque ont persuadé les distributeurs en place dans les années 50 de faire le moins de vagues possible dans l'opinion. Alors, on va assez naturellement chercher à atténuer l'impact visuel des équipements. Certainement pas au terme de recherches pointues à cet effet, mais par du concret, du simple, du *«comme à la maison»*. On va dissimuler, cacher à la vue, masquer, enjoliver…

On assure le plus souvent une enceinte de clôtures aux postes. La plupart des compagnies de l'époque ont des serres où un jardinier professionnel, assisté d'anciens monteurs blessés au travail, produit des plants. Alors oui, à l'occasion, dans les villes, on verra de superbes massifs de saint-joseph fleurir au beau milieu de flaques de bitume, à côté d'austères transformateurs. Des postes, paraissant quant au reste dépourvus de toute vie humaine, arboreront, derrière les grillages, de chaque côté de leur porte, de saugrenus parterres aux couleurs éclatantes.

➤ *Quand la mort rôdait dans les voûtes*

« Le grand danger dans les voûtes », explique Gilles Bélanger, un expert du domaine de Québec, *« ce sont les arcs électriques et les courts-circuits. Ils sont souvent le fait d'erreurs humaines, mais pas systématiquement, l'usure des équipements peut parfois être en cause. »* Des accidents, il y en aura plusieurs dans les voûtes souterraines tout au long du siècle.

Serge Pepin est aujourd'hui un homme d'affaires prospère, président de la compagnie Thermoco, entreprise de Belœil spécialisée dans l'installation de thermopompes. Dans la première moitié des années 60, hésitant entre l'électricité et la plomberie, il est apprenti jointeur pour un entrepreneur et travaillera à l'alimentation électrique du métro, d'Expo 67 et de l'usine d'épuration du pont Victoria. C'est là, sous le pont, qu'il aura l'accident de sa vie. *« Il y avait là une voûte creusée dans un ancien dépotoir. J'avais hésité avant d'y travailler : elle empestait le méthane. J'avais dit à mon contremaître : "Il sent donc bien le gaz, le man-hole." Le bonhomme en avait vu d'autres : "Jettes-y ta cigarette, ti-cul ! Si ça ne s'enflamme pas, y'a pas de danger !" Ce que j'avais fait avant de descendre. La cigarette n'avait rien fait, mais quand j'ai débloqué le vacuum, une étincelle a enflammé le trou. J'ai été pris dans la voûte en feu. Les flammes étaient là et j'étais dedans. Heureusement, j'avais des lunettes de soleil qui m'ont sauvé les yeux. J'ai eu le réflexe de sauter et d'agripper les bords du trou. Mes compagnons m'ont sorti par les habits. La peau me tombait partout en lambeaux ; j'étais brûlé au troisième degré. »*

Des semaines et des semaines à Notre-Dame et Serge Pepin sortira de l'hôpital, mais plus question pour lui de travailler ensuite dehors. De toute sa vie, son corps ne supporterait plus jamais le froid. Il laissa l'électricité et se fit plombier.

Donald Latour, en 1967.

« J'ai vu tellement de tragédies en 30 ans de métier », soupirait Donald Latour à l'issue d'une carrière tout entière passée au réseau de transport souterrain de Montréal. *« Une fausse manœuvre dans une voûte sur un câble de transport et tu es cuit : littéralement ! Je me souviendrai toujours de la journée du 6 juin 1960, au poste Beaumont. Nous étions quatre dans le trou. Il était midi. Je suis sorti chercher des Pepsi pour tout le monde. C'est alors qu'un transfo a explosé dans la voûte. Mes trois confrères sont morts, asphyxiés. Ils s'appelaient Beaudet, Chaput et Turgeon. »*

Note : Ce texte veut rendre hommage à tous les jointeurs blessés sur les réseaux de distribution au cours de l'histoire et à tous ceux qui, moins chanceux que Donald Latour ou Serge Pepin, y laissèrent leur vie.

Dans les grandes villes, très tôt dans le siècle, on a pour politique de bâtir, quand faire se peut, en «*arrière-lot*», à l'arrière des maisons, afin que les lignes créent le moins de nuisances visuelles possible aux usagers des trottoirs. Les fils dominent les cours intérieures, les jardinets, les cordes à linge, les escaliers de secours et les tables de camping des patios. Pas de poteaux devant les portes, sur les trottoirs. Les derniers transformateurs, ces «*marmites*» qui desservent trois ou quatre maisons, trônent au sommet des poteaux, devant les fenêtres des cuisines. Parlons-en de ces «transfos». Là encore la technique est bien rudimentaire et n'évoluera guère durant les premières décennies du siècle. *Entre-nous* le constate en 1958: «*Le transformateur n'a guère changé. Exceptions faites des quelques modifications apportées aux coupe-circuits, aux parafoudres et aux traverses, le transformateur d'aujourd'hui n'aurait pas de secret pour le monteur d'hier*[19]. »

Et puis, bien sûr, sous les pressions des autorités municipales, on a de longue date, on l'a vu, enfoui les conducteurs dans les quartiers centraux des grandes villes. On a déjà évoqué dans ces pages la création de la Commission des services électriques de la Ville de Montréal (CSEVM). On se souviendra qu'en fait à l'époque c'était moins des questions d'esthétique que de sécurité qui avaient présidé à la création de la CSEVM, les pompiers montréalais se plaignant de ne plus pouvoir dresser leurs grandes échelles dans certaines rues du quartier des affaires. Dans beaucoup d'autres villes québécoises, on copiera le modèle, non pas de créer une commission chargée du travail civil de l'établissement des «*massifs*» de conducteurs – cette initiative restera strictement montréalaise[20] –, mais d'imposer aux compagnies d'enfouir leurs fils dans les principaux centres d'affaires. Le mouvement amorcé, les compagnies vont généralement bien s'en accommoder, les centres urbains et leurs immeubles à bureaux étant des zones payantes pour les distributeurs. Qu'importe alors de devoir les alimenter en souterrain dans la mesure où les investissements sont rentables. Les compagnies vont donc développer, au fil du siècle, une compétence réelle dans la gestion de leurs propres réseaux enfouis sous terre. Le cas est patent à la QPC qui va, avec brio et efficacité, alimenter ainsi une large part de la capitale, sans véritable encadrement municipal contraignant. Là encore, le fait que les techniques ne soient pas très compliquées pour de bons ingénieurs en électricité va amener les compagnies à mettre sur pied leurs propres façons de faire et leurs procédés particuliers. Les réseaux souterrains qui en découleront auront des caractéristiques fort différentes qui, longtemps, constitueront un véritable casse-tête lorsqu'Hydro, devenue propriétaire de l'ensemble, jugera bon de les harmoniser.

---

19. «*Le vingt millième de la ligne*», *Entre-nous*, Hydro-Québec, décembre 1958.

20. Jean-Claude Nepveu, ex-président de la CSEVM, évoque l'existence d'une commission de nature identique dans la ville de Baltimore, aux États-Unis.

➤ *Différences entre les réseaux souterrains de Montréal et de Québec*

Deux cultures, deux façons de faire qui s'affrontent et s'affronteront pendant presque tout le XXᵉ siècle : on ne distribuait pas, en souterrain, à Québec comme on le faisait à Montréal. Gilbert DuSablon, ce grand pacifiste qui, dans les années 70, au plus fort de la crise de croissance d'Hydro, dirigeait les relations «fonction-régions» en Distribution, de soupirer : *«Ce n'était plus de la compétition mais de l'affrontement! Les deux pensaient qu'ils savaient tout et les conflits devenaient impossibles à gérer!»*

Oui, les façons de faire étaient complètement divergentes et probablement impossibles à «harmoniser», selon le vertueux vocable en usage fonctionnel à l'époque. Un expert, Gilles Bélanger, survole les différences :

Gilles Bélanger, dans une voûte, en 1980.
(Photo de Gilles Bélanger)

«– À Montréal, du fil COMPAC, à Québec du fil COMPRESS

– Du 500 000 MCM pour les Montréalais, du 750 000 à Québec.

– Ici, des conduits de béton, là, de l'enfouissement direct.

– À Montréal, une plus courte distance entre les voûtes, compte tenu de la configuration urbaine (coins de rues plus rapprochés qu'à Québec).

– Des câbles d'aluminium à Montréal, de cuivre à Québec.

– Ici, des massifs de conducteurs de 4 po, là, de 4,5 po.

– À Montréal, longtemps du 12 kV, à Québec du 25.

– Des tourets montréalais d'embobinement de 96 pouces et de 108 à Québec.

– Massifs de conduits partagés à Montréal, pas à Québec.

– Pas de pompes dans les voûtes montréalaises, une dans chaque trou à Québec.»

Et sachez qu'il en était d'autres que nous vous épargnerons...

Mais il y a plus que les centres urbains. À compter de la moitié du siècle, les compagnies vont se mettre de plus en plus à considérer la possibilité de distribuer l'énergie de façon souterraine dans certains nouveaux quartiers résidentiels. Jusque-là, on avait tout fait pour dissuader la clientèle de souhaiter un tel service, n'hésitant pas à affirmer qu'il en coûtait six, huit, dix, voire quinze fois plus cher de distribuer en souterrain que par du traditionnel aérien[21]. À la fin des années 50, il semble d'un coup y avoir apparence de consensus au sein des distributeurs québécois pour envisager désormais plus volontiers de tels développements. SW&P bâtit, à Lorraine-Sud, un vaste réseau souterrain alimentant 600 abonnés desservis à 12 kV. Peu de temps après, Hydro suit en 1959 en réalisant à Pointe-aux-Trembles un premier système dit « *semi-souterrain* », câbles enfouis et transformateurs installés moitié dans la terre et moitié au-dessus du sol. Et dès 1961, la QPC dont ce n'était pas le genre, on l'a vu, de rester à la traîne, procède à des développements comparables à Sainte-Foy, où, sous la responsabilité de Pierre Simard, elle installe un réseau directement enfoui. Avantage Hydro et QPC : les deux installent dès cette époque du 25 kV. L'idée est avant-gardiste. Elle permettra dans les décennies suivantes l'ajout du chauffage électrique dans les lotissements en question sans modification sensible aux structures initiales (alors qu'il faudra entièrement refaire à l'automne 1983 le réseau souterrain de Lorraine-Sud pour en hausser la tension à 25 kV).

La même année, l'ingénieur en chef de la QPC confirme la tendance en baissant soudain ses prix. Il l'affirme en conférence, sa compagnie peut envisager de procéder à des installations souterraines pour, seulement, deux ou trois fois le prix de l'aérien[22]. André Lemaire, alors ingénieur-surintendant adjoint Transmission et Distribution d'Hydro-Québec, validera ces données en 1964 en parlant d'un ratio comparatif de 2,3 le souterrain, pour 1 l'aérien. Dès cette époque, affirme Lemaire, 16 installations résidentielles en

André Lemaire, en 1972.

souterrain ont été effectuées par Hydro dans le Grand Montréal, pour un total de 1 433 raccordements de service, notamment à Anjou, Hampstead, Saint-Lambert et Chomedey[23]. Un mouvement s'est amorcé qui ne va plus cesser…

---

21. On trouve cette évocation de « *15 fois le coût de l'aérien* » dans une conférence de Pierre Duchastel de la QPC (voir note 15).

22. *Ibid.* Note 15.

23. P.A. Lemaire, « *La distribution souterraine résidentielle* », *Entre-nous*, Hydro-Québec, octobre 1964.

➤ *De l'électricité pour Expo 67*

Un client, c'est un client. Il en est de petits, il en est de gros, il en est d'énormes… Ceux-là, le plus souvent, Hydro les alimente directement depuis son réseau de transport à des tensions très élevées. Au client, ensuite, de gérer la répartition du courant dans ses murs. Une exception notable : la Compagnie canadienne de l'Exposition de 1967 qui restera dans l'histoire comme «*le*» client majeur de Distribution durant la décennie 60.

Alimenter Expo 67 allait représenter toute une entreprise pour Hydro-Québec, et particulièrement ses équipes de la région Saint-Laurent, compte tenu de l'insularité et de l'échéancier serré du projet, mais également des exigences esthétiques par nature associées à une manifestation du genre. L'aventure devait commencer avant même que

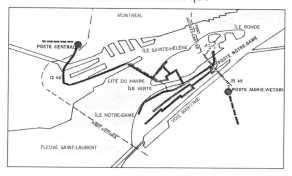

soient créées les îles. Gaston Plamondon, à l'époque ingénieur aux Ventes d'Hydro, se souvient encore de l'assez joyeux casse-tête technique que devait constituer l'alimentation temporaire des dragues édifiant les remblais.

Il fallait ensuite planifier l'alimentation des îles, travail assez aléatoire en 1963-1964, alors que la grande majorité des paramètres de charge étaient, pour dire le moins, dans le flou le plus abstrait. Combien y aurait-il de pavillons ? Quelle serait l'alimentation requise par chacun d'entre eux ? Quelles charges s'ajouteraient en dernière minute compte tenu du prévisible effet «*boule de neige*» de l'événement ? Quelle serait l'énergie que nécessiteraient les services publics associés à l'Expo ?

Finalement, le Génie bâtit sa conception sur l'hypothèse d'une charge de 50 000 kW, l'équivalent de la consommation de la ville de Sherbrooke à l'époque et décida, en conséquence, de tirer deux faisceaux de lignes. L'un, comptant 5 circuits à 12 kV, viendrait sans grand problème, du côté nord, depuis le poste Central en empruntant le pont de la Concorde. Pour l'autre, du côté sud, le problème était d'emblée plus ardu. On optera pour la création d'un nouveau poste sur les bords du Saint-Laurent, le poste Marie-Victorin. Mais comment le joindre aux îles ? On repoussera l'option du sous-fluvial longuement à l'étude pour finalement passer 5 circuits à 25 kV dans la structure même du pont Jacques-Cartier, une solution d'une grande complexité technique compte tenu de maints facteurs mais surtout du remblai récent des terrains devant recevoir les câbles, et de la grande différence de niveau entre le pont servant de support aux lignes et le sol des îles.

Dernier front mais non le moindre, la distribution sur les îles. Hydro et ses entrepreneurs la feront en deux temps, établissant d'abord un réseau temporaire aérien pour les besoins de la construction, réseau que l'on démantèlera à partir de 1966, alors que l'on enfouira, en un temps record, les 300 000 pieds du réseau permanent.

Un fameux projet, parfaitement mis en œuvre par la région Saint-Laurent qui confirmera dans l'opinion publique la réputation d'excellence associée à l'époque à tout ce que touchait le «*colosse en marche*».

Difficile, le passage au souterrain ? Citons Lemaire : «*Il faut s'attendre à certaines difficultés dans ce genre de distribution, mais l'expérience acquise permet d'en éliminer plusieurs. Ces difficultés se présentent sous diverses formes, entre autres, les dommages à l'équipement durant la construction des habitations. Il arrivera par exemple que les machines lourdes se déplaçant sur les terrains, ou encore les machines excavatrices, causent des dommages à l'équipement*»…

On est en 1964, période hyper-active au secteur Génie d'Hydro-Québec et dans les unités de Construction, de Production et de Transport. C'est l'époque où l'on construit à Manic 5 le plus gros barrage à voûtes multiples au monde. C'est l'âge d'or de l'industrie du transport d'énergie québécoise, alors que le monde industriel électrique nord-américain et européen est mobilisé derrière le projet d'Hydro de transporter l'énergie à la tension record de 735 000 volts. Et les gens de Distribution d'avancer qu'il est difficile d'enterrer leurs lignes sans que l'opérateur de la «*pépine*» rate des fois son coup. On fait vraiment figure de parent pauvre.

➤ *Ligne de distribution contre ligne de transport : autre son de cloche*

On tient généralement pour acquis que tout ce qui touche au transport est techniquement plus difficile et compliqué qu'en distribution. Ici, une voix discordante, celle d'un grand de la distribution et du service à la clientèle : Claude Pouliot.

Claude Pouliot, en 1981.

« Je ne prétendrai pas qu'il n'y a aucune complexité technique dans l'exploitation d'un réseau de transport. Loin de là. Mais, imaginons par exemple qu'il faille tirer une ligne à haute tension entre Québec et Trois-Rivières. Un bon ingénieur de transport peut facilement prévoir sa tension de départ, celle à l'arrivée et les pertes en chemin. Prenons la même ligne, cette fois en distribution. L'ingénieur en distribution va devoir constamment lui accrocher des dérivés : tout à coup une ferme aux 300 pieds, plus loin un village, puis plus loin encore des zones boisées, sans connexion pendant 5 ou 6 milles et enfin une banlieue en pleine expansion. Une ligne de distribution, c'est de l'adaptation permanente. Il n'y a pas deux lignes pareilles ! C'est constamment qu'il faut modifier les paramètres de charge. Ce ne sont pas nécessairement de gros problèmes techniques à chaque fois, mais de constantes remises en cause. Il faut continuellement réorganiser le puzzle. On joue avec les circuits, les uns en fonction des autres. Un ingénieur, selon les choix qu'il fait, peut y imprimer sa marque personnelle. Rien de figé ni de statique, c'est de la recherche quotidienne d'équilibre, une réalité en perpétuelle évolution. »

Jean-J. Villeneuve, témoin autant qu'acteur privilégié du domaine des lignes à Hydro-Québec de la fin des années 40 aux années 80, rationalise. «*La distribution était l'héritage de décennies de service par les ancêtres des compagnies. Jeunes ingénieurs, notre préoccupation était de voir comment améliorer le service. Mais il n'y avait pas de gestes spectaculaires à poser. Tout fonctionnait globalement à la satisfaction d'une clientèle qui n'était pas trop exigeante. Pourquoi aurions-nous dû changer quelque chose qui allait bien ? Quand même, au fil des ans, on s'est rendu compte que ce qui avait répondu aux besoins pendant 25 ou 30 ans pouvait être amélioré. Ainsi au début des années 50 avons-nous décidé de réduire les temps d'interruptions programmées. C'est alors qu'on a commencé à faire des mises en parallèle. Mais rien de spectaculaire en termes de développement technologique. Tout cela était routinier, des applications des principes de base de nos cours d'électricité.* »

L'un des rares à le faire, Claude Pouliot, s'insurge. «*À partir de la fin des années 50, dit-il, et quoi qu'on en dise, Distribution sortit lentement mais sûrement de l'artisanat et du flolklore. Certes, on s'y est toujours senti "petits et ordinaires", parce que l'intérêt médiatique et la valorisation internes étaient ailleurs, mais sur de nombreux tableaux, Distribution fit alors des avancées techniques tout à fait notoires qu'on n'a pas toujours jugées à leur juste valeur. Il faudrait parler ici de la protection des circuits en vue de limiter le nombre des clients affectés par une panne et des solutions trouvées à nombre de petits problèmes quotidiens qui furent autant d'améliorations tout à fait sensibles pour la clientèle (interférences téléphoniques, surtensions sur les circuits ruraux suite aux mises à la terre, chutes de tension lors du démarrage de gros moteurs, problèmes d'harmoniques, complexification de réseaux au fur et à mesure de l'implantation massive du chauffage électrique, etc.). Souvent ces travaux furent l'œuvre de jeunes ingénieurs ou de grands techniciens régionaux assez anonymes, mais leur apport ultime à la qualité du service à la clientèle eut mérité plus de considération de la part de la haute direction d'Hydro-Québec. Il fut très réel.* »

Pierre Godin, philosophe, conclut : «*La distribution, c'est des petits bouts de réseau, puis d'autres petits bouts de réseaux, et puis d'autres encore…* »

Pierre Godin en 1987.

Le mandat de Louis-Georges

Georges Gauvreau est un analyste parfaitement initié, lucide et implacable de ce que fut Hydro dans les années où il siégea à la commission présidant à ses destinées. Durant 20 ans, de sa position privilégiée, avec la passion d'Hydro au cœur, une certaine sérénité naturelle et un humour réservé lui servant de façade, il observa la maison et ses gens au moins autant qu'il la pilota de concert avec ses collègues commissaires. Il était réputé poète, songeur, intellectuel face au pragmatisme bien ancré de ses confrères financiers ou ingénieurs. Et… il était un peu tout ça… ce qui vaut aujourd'hui à la postérité sa lecture originale et colorée de ce que furent les motivations internes du «*colosse en marche*». Pratiquant une langue recherchée, aux antipodes de celle dite «de bois» de nombre de ceux que la vie et le pouvoir favorisèrent, le grand et vert vieillard de Roxton Falls reste une référence incontournable sur les débuts de la grande Hydro de 1963-1965.

Lorsque nous lui avons demandé s'il pensait que Distribution était un peu le parent pauvre d'Hydro à l'époque, il prit un long temps de réflexion plus ou moins feinte pour, finalement, nous dire tout à trac: «*Distribution?... Moi, je pense que ça n'intéressait personne! Les problèmes que cette unité-là venait nous présenter à la Commission nous semblaient insignifiants. Dans mon souvenir, en fait, le plus souvent on accédait rapidement aux demandes pour pouvoir passer à des dossiers plus stimulants!*» Le 735 kV, l'Ireq, la construction des complexes hydroélectriques, les menaces de grèves, les finances de la maison, voilà qui constituait de la matière à brassage d'idées à la Commission, mais les affaires dites «régionales», les poteaux de bois ou les recouvrements difficiles, quel ennui! «*Boyd*, poursuit Gauvreau, *nous a libérés de tout ça. C'était un peu notre idée, en nommant un PDG, que celui-ci s'occupe du tout venant, des affaires de la boîte dans ce qu'elles avaient de plus quotidien. Boyd, à cet effet, a dépassé toutes nos espérances. Il n'était pas bavard, alors nous n'entendions tout simplement pas parler des régions, preuve que tout devait bien aller. On a bien fait quelques tournées régionales à l'occasion, mais tout cela était très superficiel. L'écho des régions, la Commission ne l'avait tout simplement pas!*»

➤ La conversion de fréquence en Abitibi... et les humeurs de Réal

Un peu comme le Nord de l'Ontario, son voisin avec qui, longtemps, elle partagera l'électricité produite au Rapide des Quinze, l'Abitibi, dans la première moitié du siècle,

se développa essentiellement autour de l'activité minière. Les mines, c'est une constante, furent et restent aujourd'hui d'énormes consommateurs d'énergie. À l'époque, explique Robert Brunette, l'ingénieur d'Hydro-Québec qui au long d'une brillante carrière sera le «*lieutenant*» de Robert Boyd pour toutes les affaires concernant le Nord-Ouest, «*les mines ici comme en Ontario exigeaient des tensions d'une fréquence de 25 cycles à la seconde*[24]. *Cette fréquence se révélait pour les industriels beaucoup plus efficace et performante que le 60 cycles que l'on retrouvait partout ailleurs sur le continent, au moment tout particulièrement du démarrage de leurs énormes compresseurs.*»

Ses gros clients industriels servis, la compagnie locale privée, la Northern Quebec Company (NQC), distribuait ce qui lui restait d'énergie aux particuliers dans les villes de Val-d'Or, de Rouyn et de Noranda sur ses réseaux de transport et de distribution «*battant*» donc au pouls de 25 cycles à la seconde. L'ennui pour les consommateurs? Il leur fallait à la maison des appareils (réfrigérateurs, laveuses, cuisinières, etc.) équipés à la même fréquence, qui allaient devenir de plus en plus rares à compter des années 50, toute l'industrie électrique, mines à part, optant pour le 60 cycles. À l'époque, même l'Ontario voisin va l'implanter dans ses villes et villages frontaliers. Essentiellement vouée à l'alimentation des industries locales, la NQC ne peut ni ne veut faire le coûteux

---

24. On parlerait plutôt d'hertz, aujourd'hui, que de cycles/seconde.

changement et ses abonnés domestiques sont donc, seuls ou presque en Amérique du Nord, contraints d'utiliser leurs vieux équipements ou d'acheter les quelques rares appareils à 25 cycles disponibles sur le marché. Aucun choix possible. C'était ceux-là ou rien. «*Un type de réfrigérateur*, dit Robert Brunette, *un type de cuisinière, mais pas de lave-vaisselle et rien qui fonctionne avec une minuterie!*» Une situation déplorable pour la clientèle abitibienne à laquelle Hydro-Québec, avec la générosité que lui permettent ses moyens de l'époque, mettra un terme au milieu des années 60.

Ici, quelques chiffres. En à peine deux ans, de 1963 à 1965, Hydro va convertir, au coût de 7 500 000 $, 150 000 appareils chez 17 000 clients dont 14 500 abonnés résidentiels. Soixante-quinze employés d'Hydro seront affectés à cette tâche, aidés par 200 employés de la compagnie Inspiration ltée[25] sous la direction d'un grand nom de l'industrie privée du Transport et de Distribution d'électricité, Joe Corej.

Certes, l'ensemble de la conversion ne sera pas achevé en 1965. «*Il restera encore,* mentionne Jean-Guy Couture, l'ingénieur abitibien de Distribution de l'époque[26], *de nombreux rangs de campagne à 2,4 kV-25 cycles en piètre état, particulièrement au Témiscamingue. Nous allions les convertir directement à 25 kV-60 cycles. À 10/15 % par an, l'augmentation des charges dans l'Abitibi de l'époque était phénoménale.*»

«*La conversion de fréquence fut une entreprise globalement réussie,* résume Robert Brunette. *Seule ombre au tableau, nos rapports tout au long du projet avec le député local fédéral, le redoutable chef créditiste Réal Caouette. C'était un "anti-tout", partisan déclaré du privé, hostile à Hydro et à René Lévesque, qui ne perdait pas une occasion de nous "planter". Son prétexte? Nous avions affirmé à nos clients que la conversion ne leur coûterait rien. Et effectivement, elle ne devait rien leur coûter en fin d'analyse, sauf que... sauf que l'électricité coûtant moins cher que du temps des compagnies ou des coopératives, les gens consommèrent plus. Sauf que les marchands locaux d'appareillage électroménager firent à l'époque des affaires d'or, les gens se ruant sur les équipements dont ils étaient privés auparavant. Total, la consommation locale augmenta de 50 % en quatre ans à la suite de la conversion et les factures suivirent. Et Caouette qui ne nous aimait pas en profita pour nous livrer une véritable guerre à toutes les tribunes où il passait. Je dus moi-même entrer dans l'arène pour lui répondre coup pour coup. Peut-être n'aurais-je pas été un adversaire à la mesure de l'étonnant tribun populaire qu'était Caouette, si je n'avais pu compter sur l'aide de Jean Boileau. Un poids lourd régional que ce Jean-là, une grande gueule sympathique, un baryton au verbe haut, à la voix grave, un animateur de radio locale qui joignit alors nos rangs comme gérant Relations publiques. Lui sut river son clou à Caouette. Hydro suite à ça eut toujours une relation privilégiée avec sa clientèle abitibienne.*»

25. Inspiration ltée était une compagnie née des cendres de la division Construction du groupe Shawinigan, rachetée par Power Corporation. Elle sera active jusqu'à la fin des années 60.

26. Jean-Guy Couture est un diplômé de génie de Sherbrooke, promotion 1966. Il raconte: «*Je ne voulais pas aller en Abitibi. Quand un poste en Distribution s'y est ouvert en 1966, ça ne me tentait absolument pas mais je me suis laissé convaincre d'aller y voir, quelques jours, avec mon épouse. J'y suis allé pour des vacances. J'allais y rester presque sept ans. L'accueil des gens, tout particulièrement celui de Robert Brunette, le directeur, et son épouse était incroyablement chaleureux. Impossible de s'en aller quand ces deux-là s'étaient mis dans la tête de vous garder. L'Hydro en Abitibi, sous leur gouverne, c'était une vraie famille à l'époque qui exerçait un pouvoir attractif énorme sur les cadres. On vivait ensemble, travail et loisirs compris. J'allais vivre là une des plus belles périodes de ma vie professionnelle.*»

Robert Boyd va effectivement faire un pari dans les années 1962-1964. Sur ces deux années-là, il va établir pour deux décennies son pouvoir en l'assoyant sur le contrôle des unités de Distribution. Ils sont plusieurs alors à Hydro à pressentir que l'un d'entre eux, tôt ou tard, devra diriger la maison. Tous ingénieurs : Gilles Perron, le directeur des Ventes, à la carrière en ascension régulière dans la décennie précédente, Yvon DeGuise, valeur sûre, issu et toujours proche, par affinité entre mathématiciens, du puissant Génie, Léo Roy, pouvant enfin espérer son heure après avoir touché à presque tout en plus de quinze ans de carrière au plus haut degré administratif d'Hydro, et Robert Boyd, le sphinx, à l'ascension aussi régulière que celle de Perron, mais toujours en Exploitation. Boyd va agir avec une adresse qui laisse pantois. Georges Gauvreau raconte : « *Boyd ne donnait pas l'impression d'être actif, mais il touchait à tout. DeGuise nous impressionnait tous par sa connaissance des dossiers de pointe et sa rigueur quasi monacale. On aimait bien la personnalité de Léo Roy, mais il nous semblait un peu fatigué par ses luttes précédentes et dépassé par l'ampleur de la tâche que nous envisagions pour le futur PDG. Boyd, lui, ne montrait pas ses limites, s'il en avait : il savait tout, nous donnait l'impression qu'il connaissait tout le monde, ne se trompait jamais. Il nous apparaissait clairement comme ayant ce qu'il fallait pour passer au-dessus de tous les autres.* »

Sous la pression de René Lévesque qui a annoncé son intention de grossir le mandat d'Hydro-Québec à la dimension provinciale, la Commission entame en 1962 une étude d'organisation qu'elle confie au cabinet Bélanger-Ouellet. Gauvreau lui-même, qui est à l'initiative du projet, envoie deux ingénieurs vedettes de la maison, Jean Perreault et Maurice Saint-Jacques, pour étudier les structures du géant Électricité de France (EDF). Boyd a dans son équipe un jeune ingénieur prometteur, Gilles Béliveau lequel, quittant la QPC où il était entré en 1956, a répondu aux offres de Gilles Perron et a rejoint le secteur des Ventes d'Hydro en 1961[27]. Dans les conditions négociées du transfert, le jeune homme

---

27. Gilles Béliveau ne le cache pas : le brillant étudiant qu'il était, avait choisi le domaine de l'électricité pour faire carrière, réussir et trouver place à la mesure de ses espoirs et de ses ambitions qui n'étaient pas minces. À sa sortie de l'Université Laval, Gilles Perron lui avait fait l'offre d'entrer à Hydro. Béliveau avait préféré la Quebec Power, l'avancement lui semblant plus facile dans une petite compagnie. Philosophe, Perron avait dit au jeune homme : « *Tu reviendras me voir si tu changes d'avis…* » Et Béliveau, effectivement, allait finir par changer d'avis. Il raconte : « *J'étais à la Quebec Power depuis cinq ans quand s'ouvre un poste de surintendant de l'Exploitation à La Canardière. Je pose ma candidature pour apprendre quelque temps plus tard qu'elle ne serait pas retenue, la compagnie préférant un de mes collègues anglophones gradué de McGill. J'aurais sans doute pu accepter la chose, mais voilà que mon patron immédiat, Pierre Duchastel, me convoque pour m'expliquer, un bon quart d'heure durant, pourquoi je n'avais pas eu la job. Je l'ai écouté bien poliment et lui ai dit :*

    "Monsieur Duchastel, m'avez-vous dit tout ce que vous vouliez me dire ?

    – Mais oui, mon garçon.

    – Pourquoi ne me dites-vous pas que je n'ai pas eu ce poste parce que le candidat retenu est le fils de Dave Ellis, vice-président de la Shawinigan ?"

    Il n'a pas su répondre et je suis sorti de son bureau. Quelques instants après, j'appelais Gilles Perron… »

a demandé de bénéficier d'un stage d'un an offert chaque année par EDF à des ingénieurs en électricité québécois. Quand, un an après son embauche à Hydro-Québec, Gérald Moelleur, du Personnel, l'appelle pour lui offrir un poste, il refuse et insiste : il veut ce stage promis à EDF. Boyd, qui a vent de l'affaire, lui donne un coup de fil.

« *Vous souhaitez faire un stage en France ?*

– Certainement.

– Eh bien, vous irez. Maintenant, pendant votre séjour à EDF, vous voudrez bien analyser pour moi les structures administratives des Français et surtout, la façon dont ça marche dans le champ, leur affaire. À votre retour, vous me ferez rapport. »

Faut-il le répéter, on n'est alors qu'en 1962. Robert Boyd n'est encore que chef ingénieur de la division métropolitaine de l'Exploitation, donc sous Yvon DeGuise, alors directeur général de l'Exploitation et des Ventes. Béliveau, lui, relève de Gilles Perron. Il fallait tout de même de la témérité, un certain toupet, voire un solide sens du risque pour, à la place de Boyd, agir de la sorte. Or, le futur président d'Hydro n'en manquait pas. Béliveau de retour lui fera son rapport qui ne tombera pas dans l'oreille d'un sourd. Boyd enverra discrètement le jeune ingénieur partager ses connaissances avec l'équipe Bélanger-Ouellet. Quand la Commission consultera ses directeurs généraux sur l'avenir administratif d'Hydro, Boyd, seul, saura l'impressionner par la justesse de son jugement. Un hasard ?…

Deux jeunes boursiers de la Shawinigan au printemps 1956. Ceux-là seront des acteurs importants de l'histoire de la Distribution au Québec. À gauche, Gilles Béliveau, à droite, Gérard Fournier, et entre eux, le vice-président de l'époque de la QPC, E.D. Gray Donald.

Première réorganisation, disons d'« *étape* » en 1963. Robert Boyd, en fin renard, accepte le poste pratiquement le plus humble, celui de directeur général Distribution et Ventes, né de la division du poste de directeur général Exploitation et Ventes en Production et Transport, que prend DeGuise, et Distribution et Ventes, qu'accepte donc Boyd. Un poste hiérarchique dont ne relèvent dans l'immédiat que deux employés : une secrétaire et un adjoint. La Commission décide en effet dans un premier temps, et sur les conseils de l'inévitable Boyd, de laisser la première Hydro et les filiales fonctionner comme elles le faisaient auparavant, chacune comme une entité particulière dirigée par un administrateur délégué (sauf Hydro, gérée par la Commission). Administrateur délégué ! Beau poste ! La place en vue idéale pour se faire remarquer par les commissaires.

Il semble qu'on ait offert la Southern à Robert Boyd qui transfert élégamment le mandat à Pierre Godin. Non, lui choisit de rester à Montréal avec ce mandat étriqué, à définir, de directeur général Distribution et Ventes.

Imaginons Robert Boyd à l'époque, la jeune quarantaine, un pouvoir déjà bien établi au sein d'Hydro, une compréhension profonde des enjeux de l'heure, ambitieux sans nul doute, en pleine possession de ses moyens face au défi de sa vie : l'intégration à terme, et sous sa direction, de toutes les filiales au sein de la grande Hydro. Son unité peut bien ne compter que trois personnes, lui compris, il sait qu'un jour c'est elle qui aura pour tâche d'unifier Hydro et c'est pourquoi il l'a choisie. Il dit aujourd'hui : « *Je crois qu'à la différence de certains de mes collègues, j'avais une vision relativement claire du travail à faire. Il fallait intégrer les compagnies en une seule et la tâche, à l'évidence, ne serait nulle part aussi lourde qu'en Distribution et Ventes qui constituait le véritable corps de l'entreprise à créer. Soixante-dix pour cent du personnel des compagnies, comme de la première Hydro, du reste, travaillait dans ces unités. Ma première préoccupation fut de me trouver des relevants compétents dans les trois secteurs que je voyais les plus préoccupants : les Ventes, les Tarifs et la Distribution.* »

➤ *Louis-Georges Boivin, le sage*

« Dis donc, Louis, as-tu vu qu'il s'organise un tournoi pour les hole in one ? Vas-tu t'inscrire ?

– Non ! J'irai quand il y aura un tournoi pour ceux qui comptent au moins "cinq trous d'un coup !" »

Louis-Georges Boivin à son embauche.

Louis-Georges Boivin était un fameux golfeur, sans aucun doute l'un des meilleurs, sinon le meilleur des employés golfeurs de l'histoire d'Hydro. Curieux, l'article qui relate son embauche au groupe Shawinigan en avril 1950 ne le mentionne pas. On y présente le diplômé de Polytechnique comme un fervent de littérature et un adepte du hockey, de la lutte, du ski et de la boxe. Gageons que les kilos pris à la taille avec les ans auront chassé « *Luidji* » des arènes pour le diriger plutôt vers les « *greens* ».

Mais ce n'est pas tant ses talents sportifs qui resteront dans l'histoire de Distribution, mais bien plutôt son aura de premier ingénieur canadien-français à avoir marqué profondément la fonction. Il fit donc ses premières armes à la Shawinigan. Pauvre garçon, Hydro n'avait pas voulu de lui l'année précédente, au motif qu'il ne parlait pas assez bien l'anglais. Pourtant, quinze ans plus tard, quand Robert Boyd cherchera un adjoint pour bâtir l'unité provinciale Distribution, c'est lui qu'il ira chercher... à sa manière : pas bavarde, pas encourageante, mais efficace.

Louis-Georges racontait ainsi sa sélection : « *Boyd me fait venir à son bureau et me demande ce que j'ai l'intention de faire. Comme je n'ai pas de plans précis, il me* désigne une grosse pile de papiers sur son bureau : des lettres d'abonnés de diverses compagnies, des plaintes, des doléances, des demandes de raccordement, etc. *"Voilà, me dit-il en me confiant la moitié de la pile, de quoi vous occuper." Je venais d'être nommé adjoint intérimaire du directeur général Distribution et Ventes* [28]. »

Louis-Georges Boivin
au moment de prendre
sa retraite, 36 années
plus tard.

Un titre certes peu ronflant mais qu'il a raison d'accepter. Il sera directeur Distribution l'année suivante et ne cessera plus par la suite d'occuper des postes de poids en Exploitation et en Construction, terminant sa carrière comme président-directeur général de la SEBJ.

Un sage, un bonze à la Pierre Godin, stabilité tranquillisante, humour, compétence technique, jugement solide, l'homme, un brise-glace, pouvait naviguer sur plusieurs mers. Sobre à l'extrême dans l'expression de ses sentiments, il saura toujours susciter l'admiration, le respect et l'affection de ses relevants. *« Il avait l'apparence*, dit aujourd'hui avec émotion l'un de ses seconds et amis, Claude Pouliot, *d'un gros ours mal léché, mais sous cet abord rugueux, il était d'une sensibilité extrême qu'il cachait bien. »*

Rares sont les acteurs majeurs de l'histoire d'Hydro sur lesquels l'un ou l'autre ne décoche pas quelque flèche plus ou moins venimeuse. Louis-Georges Boivin était de cette poignée-là.

En l'espace de quelques mois, Boyd va sélectionner les trois oiseaux rares : il assigne Jean-Paul Cristel aux Ventes, Jacques Bisaillon aux Tarifs et Louis-Georges Boivin à Distribution. À sa manière, discrète et un brin *« ratoureuse »*, il écarte les autres candidatures et fixe un choix qui ne peut rétrospectivement que forcer le respect. Certes, d'autres candidats de prestige ont pu alors, et à fort juste titre, se sentir lésés, oubliés, sous-évalués, mais les trois élus marqueront profondément, chacun à sa manière, l'histoire de Distribution et, effectivement, vont avec talent et efficacité créer la fonction et la gérer jusqu'au grand chamboulement de l'époque Coulombe au début des années 80. *« J'ai regardé dans ce qu'on avait à Hydro et dans les filiales*, analyse Boyd aujourd'hui, avec une assurance toujours perceptible, *et je suis allé chercher ceux que je croyais être les meilleurs. Les trois sont devenus mes adjoints, s'ajoutant à Roger Labrie. Dès lors, à cinq, on a constitué "une méchante bonne équipe" qui allait travailler très fort et jeter les bases de la fonction Distribution. »*

Les trois sont fort dissemblables, on aura l'occasion de l'exposer abondamment, mais ils ont pour caractéristique commune de venir, tous trois, du groupe Shawinigan : Cristel et

---

28. *« Louis-Georges Boivin, ingénieur missionnaire »*, *Hydro-Presse*, Hydro-Québec, décembre 1986.

Quelques grands de la QPC à la moitié des années 50, qui ne grossiront pas les rangs d'Hydro-Québec après la disparition de la filiale : Jean Saint-Jacques, Henri Béique et Lionel Swift.

Boivin de la SW&P, Bisaillon du privé, mais après avoir été longtemps l'homme de la Tarification à la Quebec Power. Personne d'Hydro-Québec, dans le nouvel entourage de Robert Boyd, si ce n'est son adjoint chargé de l'intégration des coopératives, Roger Labrie. Boyd, dans un premier temps, s'en explique ainsi : «*On n'avait pas beaucoup d'expertise en ventes ni en tarification à Hydro-Québec. Le marché montréalais était là avec sa croissance historique de 7 % qui n'était pas à stimuler. Les Ventes allaient toutes seules. On avait de la difficulté à les suivre. En Tarification non plus nous n'étions guère en avance. Cooper Antcliff qui dirigeait le secteur n'était plus l'homme de l'heure. Il approchait de la retraite et n'était pas d'un dynamisme tel qu'on pût lui confier le dossier global de l'uniformisation des tarifs à la grandeur du Québec. En Distribution, le constat était encore plus simple à établir, nous étions techniquement bons à Hydro, mais comme une compagnie strictement urbaine. Nous n'avions pratiquement pas d'expérience régionale si l'on excepte l'Abitibi où nous agissions plus en grossiste auprès des coopératives qu'en véritable distributeur. Bref, il fallait injecter du sang nouveau. J'avais eu l'occasion de côtoyer Cristel, Bisaillon et Boivin au sein de l'ACE et j'avais une bonne opinion de ces gars-là et de leurs compétences. Je les ai choisis, ce qui m'a valu, du reste, des critiques au sein d'Hydro où plusieurs se seraient bien vus dans ces postes. Reste qu'aujourd'hui encore je suis convaincu d'avoir fait le bon choix !*»

Il n'empêche que l'on peut être étonné que la fonction se soit créée sans que plus de cadres francophones de la Quebec Power aient été appelés à participer à sa mise sur pied. C'est du reste une remarque tout à fait générale concernant la QPC, dont l'ensemble des cadres, si l'on admet que Jacques Bisaillon ne faisait plus partie de la compagnie lorsque Robert Boyd lui proposera de devenir son adjoint, est dans un premier temps ignoré. Ce n'est qu'au degré de chef de division que les gens de la QPC,

Claude Pouliot et Jacques Finet en tête, entreront, parcimonieusement, à la Distribution d'Hydro. Les Béique[29], Saint-Jacques, Galibois[30], D'Amour, Duchastel, Pagé[31], Méthé[32], ne seront ni de la première ni de la seconde vague d'élus et il en est encore aujourd'hui plusieurs pour le déplorer car c'était là, sans nul doute, à des degrés divers, des gens de valeur qui avaient fait leurs preuves dans l'approche commerciale de la clientèle québécoise autant que dans les développements techniques propres à la Distribution.

À leur tour, les trois lieutenants de Boyd, Boivin, Bisaillon et Cristel, vont recruter presque une douzaine de chefs de service, le plus souvent issus du groupe Shawinigan, qui, à leur heure, vont se doter de chefs de division. Le directeur général est de toutes les

---

29. Il en est pour penser qu'Henri Béique, «*un sapré bon gars avec une maudite bonne épine dorsale*», à l'évaluation de Jean-Paul Pagé, avait l'étoffe pour devenir un éventuel cadre supérieur, voire directeur général d'Hydro-Québec. Il ne semble pas au terme de nos recherches que la chose ait été véritablement étudiée à Québec. Consulté à cet effet, Georges Gauvreau se souvient avoir reçu à l'époque Henri Béique et le contrôleur de la QPC, Robert Després, lesquels souhaitaient proposer à Hydro de prendre en main et de gérer le fonds de retraite des employés. «*On avait déjà du monde efficace là-dessus,* d'évoquer l'ex-commissaire, *ce n'était pas un de nos sujets de préoccupation et l'affaire est morte au feuilleton.*» Henri Béique dirigera la compagnie Hoosier et mourra prématurément pendant un voyage en Alaska.

30. Gaston Galibois nuira quelque peu à l'avancement de sa carrière dans les années 1962-1963, étant l'un des cadres francophones les plus farouchement et ouvertement opposés à la prise en charge des compagnies privées par Hydro. Rentré dans le rang, il vivra quand même quelques années de purgatoire à la région Montmorency avant d'être appelé à Montréal en remplacement de Louis-Georges Boivin, nommé à Richelieu. Il sera par la suite, lui aussi, nommé directeur Richelieu en 1969, quand Boivin passera à Saint-Laurent. Il restera surtout dans l'histoire d'Hydro comme le fondateur de la direction Environnement d'Hydro.

31. Jean-Paul Pagé ne le cache pas, il vivra la déception de sa vie en n'étant pas nommé directeur Relations publiques quand la Commission décidera de remplacer René Therrien en 1965. «*J'avais manifesté mon intérêt pour le poste et ne fus même pas convoqué pour une entrevue : une humiliation terrible !*», évoque-t-il avec une amertume perceptible encore aujourd'hui. C'est que l'autre prétendant au poste, le futur gagnant sans course, Marcel Couture, avait su piper les dés. Georges Gauvreau se souvient : «*La nomination de Marcel Couture fut, je crois, la première et la seule occasion de conflit que j'eus avec Jean-Paul Gignac. Je n'aurais peut-être pas refusé la candidature de Couture, mais j'aurais souhaité que l'embauche se fasse au terme d'une sélection où nous aurions entendu plusieurs candidats que nous aurions évalués en fonction de critères logiques et connus. Rien de tout ça ! Marcel fit réaliser une étude par des Français qui poussèrent l'outrecuidance jusqu'à suggérer son nom pour le poste. J'étais en beau maudit ! Mais Gignac, entiché de Marcel à l'époque, poussa pour que la Commission accepte et Couture eut le poste.*» Jean-Paul Pagé, cela dit, viendra à Montréal, mais à la fin des années 60, comme directeur-adjoint de la région Saint-Laurent, un mouvement dont cette histoire reparlera.

32. Marc Méthé n'ira jamais à Montréal, se contentant d'être, depuis Québec, jusqu'à la fin de sa carrière à Hydro en 1984, l'immuable et redouté gérant des Projets techniques de la région Montmorency. Qu'il ait reçu des offres pour joindre le siège social est évident. Plusieurs responsables d'Hydro s'en souviennent. Georges Gauvreau, qui avait été un de ses confrères de classe au collège, se déclare encore aujourd'hui impressionné par la grande culture et la compétence technique reconnue de l'atypique ingénieur de Québec, «*mais,* dit-il, *Marc était à l'aise dans son comportement de marginal. On lui a fait plusieurs fois des offres, mais il ne voulait rien savoir de Montréal et ne s'embarrassait pas de nuances oratoires pour refuser tout net nos propositions.*» Maurice Saint-Jacques, qui, directeur général de la fonction Distribution de la fin des années 60 au début des années 80, aurait, bien sûr, préféré faire de Méthé son adjoint fonctionnel plutôt que de constamment l'affronter, déplore quant à lui : «*C'était un gars brillant et intelligent, mais quoi qu'on ait pu lui offrir, il n'a jamais accepté de venir travailler avec nous au siège social.*»

nominations, approuve ou écarte, c'est selon, les candidats qu'on lui propose. Pas un seul nouveau cadre nommé ne passe au bureau du «D.G.» recevoir son adoubement. Quand, en 1965, la Commission entérine le rapport Bélanger-Ouellet, effectivement très directement inspiré des structures de l'EDF de l'époque, et crée les huit régions administratives de Distribution, c'est encore lui, Boyd, qui, dégageant la Commission de la «*fastidieuse sélection*[33]», procède à la nomination des directeurs régionaux. Bref, quand, selon les recommandations du même rapport, on le nomme directeur général de la maison, Robert Boyd en trois ans aura dessiné 70% de l'organigramme qu'on lui demande de diriger. Des dizaines et des dizaines de nominations y étant par lui faites, il laissera à Léo Roy une unité Distribution et Ventes dont il aura choisi tous les cadres en véritable «*bâtisseur d'entreprise*[34]».

➤ *La sobriété de Robert Boyd, l'énigmatique*

Robert Boyd, à sa nomination comme directeur général, en 1965.

Robert Boyd, dont chacun reconnaît et admire l'apport déterminant dans la création et la gestion de la grande Hydro des décennies 60 et 70, n'était pas un grand communicateur. Son efficacité première ne résidait pas dans la façon dont il s'adressait aux foules ni dans sa manière d'exprimer ses attentes ou de manifester son approbation à ses relevants.

Robert Brunette: «*Il appréciait les gens autonomes qui ne faisaient pas remonter les problèmes, mais les réglaient régionalement. Il nous couvrait tant qu'on ne faisait pas d'erreurs. Pas d'encouragement, pas de remontrances. Tant qu'il ne nous disait rien, c'est que ça allait bien.*»

Maurice Huppé: «*J'étais directeur régional à l'époque. Une fois par année il m'appelait au moment des augmentations de salaire. Quand Boyd vous appelait, il y avait toujours de curieux silences sur la ligne.*

"Allô...

– Ici Robert Boyd! (grand silence)

– Bonjour, vous allez bien, Monsieur Boyd? (re-grand silence)

– Tu as 4% d'augmentation... (silence)

– Merci. Êtes-vous satisfait de mon travail?"

Une autre longue pause et j'entendais un vague "oui". Il raccrochait. Je n'obtiendrai jamais plus d'évaluation de sa part.

---

33. Le mot est de Georges Gauvreau.
34. Le mot est de Pierre Godin.

Jean-Claude Nepveu : «*C'était en 1965. J'étais alors directeur de la Commission des services électriques de Montréal. Mon président venait de mourir et nous étions dans l'attente de la nomination de son successeur. Je n'étais, dois-je le préciser, absolument pas dans la course à sa succession. Un jour, mon téléphone sonne, Robert Boyd au bout du fil.*

"*Ça va bien Monsieur Boyd ? Cet homme-là cultivait les silences. Vingt bonnes secondes se passent peut-être avant qu'il me revienne.*

– Je vais vous apprendre une nouvelle.

– Ah oui ?

– Votre commission va avoir un nouveau président.

– Ah bon ! *Autre long silence que je brise finalement en lui demandant :*

– Est-ce que je vais être surpris du choix, Monsieur Boyd ? *Et l'autre, au bout d'un autre long silence de me répondre :*

– Si vous le connaissez, vous ne serez pas surpris ; si vous ne le connaissez pas, vous allez être surpris. Bonjour." *Et il raccrocha.*»

Quelques jours plus tard, René Lévesque, le ministre responsable, appelait Jean-Claude Nepveu et lui annonçait qu'il était nommé président. Depuis cette époque, l'ex-président devenu diacre médite la phrase de Rober Boyd, le sphinx, et s'interroge encore...

Gilles Béliveau : «*Quand vous demandiez quelque chose à Monsieur Boyd, il ne s'engageait jamais sur-le-champ, mais vous répondait généralement : "Je m'en rappellerai." Et fallait bien vous contenter de la réponse. Je lui avais signalé quant à moi, vers la fin des années 60, mon intérêt pour diriger une région. Un vendredi soir, le téléphone sonne. C'était lui. J'étais alors directeur adjoint avec Cristel aux Ventes :*

"*Vous vouliez aller en région ?*

– Oui.

– Voulez-vous tout le temps y aller ?

– Oui, mais je n'ai pas terminé le travail que j'ai commencé ici.

– Un bateau passe. C'est le temps d'embarquer.

– C'est où, Monsieur Boyd ?

– Rimouski. Je veux votre réponse lundi."

Et il avait raccroché aussi sec. On était en 1972. Des années s'étaient passées depuis ma demande, mais il n'avait pas oublié.»

Le 1er janvier 1966, la grande Hydro est prête à fonctionner aux dimensions panquébé-coises[35] sous l'autorité opérationnelle parfaitement assise de Robert Boyd.

Louis-Georges Boivin est plus que son second pour les affaires techniques ; c'est encore, pour la petite histoire, son *« pro »* de golf presque attitré et, plus quotidiennement, un conseiller sobre mais systématiquement écouté[36]. L'ex-expert en électrification rurale du groupe Shawinigan est nommé pour, aux mots de Boyd : *« uniformiser les normes techniques de distribution à travers la province, déterminer les meilleures pratiques, les codifier et les appliquer à l'ensemble de la province »*. Tout un mandat fédérateur dans une Hydro disparate et mal soudée où des entités régionales très fortes issues essentiellement des trois compagnies SW&P, QPC et SCP vont d'emblée être rébarbatives à ladite *« harmonisation »*.

Pas facile, le mandat de Louis-Georges et de tous ceux qui lui succéderont[37]. Le point de mire de la maison et de ses dirigeants n'est clairement pas aux vulgaires chicanes techniques internes. Il faut travailler dans l'ombre de Boyd à une tâche ingrate, érodante et vite impopulaire. Hydro vit alors ses heures les plus flamboyantes, filant le parfait amour avec l'opinion québécoise, en symbiose avec tout ce que l'industrie internationale de l'électricité compte de plus grands joueurs, elle surprend, elle crée, elle innove en Génie, en Production et en Transport. Pendant ce temps-là, Louis-Georges Boivin rationalise, se chamaille en dépit de sa bonhomie naturelle avec les collègues régionaux pour des questions de hauteur de poteaux de bois, de grosseur de conducteurs ou de protection de câbles souterrains. De quoi faire bâiller le commissaire Gauvreau qui, sourcils froncés, concède volontiers ne se souvenir de Louis-Georges Boivin que comme d'un *« gars de kilowatt, bien "down to the facts". Je préférais*, précise-t-il, *les visionnaires, les pelleteux de nuages… »*

---

35. En fait, il lui restera alors à prendre en charge les réseaux du Nouveau-Québec pour être véritablement l'Hydro québécoise qu'elle est aujourd'hui. Cette prise en charge des douze réseaux jusque-là administrés par le gouvernement fédéral aura lieu le 1er avril 1981. On notera que neuf réseaux municipaux resteront actifs et prospères au Québec jusqu'à nos jours : Alma, Amos, Baie-Comeau, Coaticook, Joliette, Jonquière, Magog, Sherbrooke et Westmount.

36. La chose était connue : quand Louis-Georges Boivin connaissait quelque difficulté avec ses vis-à-vis d'autres unités, il n'était pas homme à s'obstiner. Mais, si la chose lui tenait à cœur, il s'adressait à Robert Boyd dont il avait l'oreille. Un de ses adjoints, Claude Pouliot, raconte : *« Les gens de Génie ou de Production et Transport savaient très bien que "si Boivin montait chez Boyd", c'est fort probablement à lui que le PDG donnerait raison. Ça aidait dans bien des discussions. »*

37. Ils seront relativement nombreux de 1966 à 1980 dans une Hydro caractérisée alors par la stabilité de ses structures. On reste peu de temps dans le siège de directeur Distribution qu'occuperont successivement Louis-Georges Boivin, Gaston Galibois, Gilbert DuSabon et Jean-Claude Roy.

Comment organiser techniquement la distribution à l'échelle du Québec ? On attend du premier directeur qu'il définisse des normes de conditions d'alimentation de service pour l'ensemble des abonnés domestiques et commerciaux, qu'il établisse l'encadrement de la fonction au moyen de directives technico-commerciales, qu'il soit en mesure d'évaluer et de comparer la qualité du service aux abonnés pour ce qui est de la fréquence et de la durée des interruptions et, par-dessus tout ça, qu'il assoie un pouvoir fonctionnel sur les employés des anciennes compagnies devenues « régions ».

Louis-Georges Boivin va imaginer une structure favorisant la collecte et l'analyse des données régionales en vue de codifier et d'uniformiser les meilleures méthodes de travail. Le mandat qu'il a reçu de Boyd est particulièrement ouvert. Dans une Hydro-Québec où l'argent n'est pas un problème, il a carte blanche pour doter son unité des ressources jugées par lui nécessaires. Il va effectivement aller chercher à Hydro et dans les filiales des ingénieurs chevronnés qui constitueront un noyau de base technique d'une très solide crédibilité. C'est la fine fleur du monde de la distribution de l'heure qui va joindre la nouvelle direction : Paul-André Lemaire, Lorenzo Daneault, George De Witt, Howald Walker, Guy Desormeau, Claude Pouliot[38], Edmund Gillepsie, Léonard Viens, plus tard Maurice Huppé, etc. Du bien beau monde, certes, mais pour une mission diablement difficile qui en éreintera plusieurs. « *La distribution dans le Québec d'alors,* rationalise Claude Pouliot, *était le secteur par définition difficile à normaliser, d'abord parce qu'à l'évidence et quelle que soit l'époque c'est une activité décentralisée, et puis parce que de tout temps il fallut composer avec les particularismes régionaux. Pourtant, Louis-Georges avait une vision fort pragmatique, raisonnable et "civilisée" du travail à accomplir et des façons d'y parvenir. Il savait que sa tâche était énorme et, en homme sage, il ne souhaitait pas brûler les étapes, privilégiant le développement de relations de confiance visant à une meilleure compréhension mutuelle avec les gens de région. Les résultats, pensait-il, viendraient dans un second temps.* »

Guy Desormeau, en 1978.

Guy Desormeau abonde dans le même sens : « *Boivin ne voulait pas faire un monstre de sa direction, mais pouvoir surveiller ce qui se passait et corriger les situations les moins justifiables. Reste qu'il lui fallait aussi livrer la marchandise*

---

38. Claude Pouliot raconte : « *En 1965, je voyais bien que je n'avais pas grand avenir à Québec. J'ai donc souhaité m'en aller à Montréal. Je rencontre Louis-Georges Boivin au congrès des ingénieurs :*

    "Auriez-vous quelque chose pour moi ?

    – *Qu'est-ce que tu sais faire ?*

    – *Je sais construire des postes de distribution.*

    – *Viens, on va prendre une bière."*

    On a jasé, rien de précis. Quelques semaines plus tard il m'offrait un poste au service Appareillage de Distribution, sous Paul-André Lemaire. »

à ses supérieurs et donc, politesses et consultations faites, émettre des normes et des encadrements forcément contraignants pour les gens de région peu enclins à se voir dirigés de quelque façon que ce soit par une autorité extérieure. »

Comment influer sans imposer ? Louis-Georges Boivin va commencer par convoquer des réunions périodiques de tous les gérants techniques de Distribution régionaux. «*Au début,*

se souvient Robert Boyd, j'étais le plus souvent présent. On demandait à chacun comment il fonctionnait. Les gens issus des compagnies nous présentaient des rapports détaillés sur leurs façons de faire. On comparait, on triait et on gardait les meilleures. À la réunion suivante, on leur présentait les options que nous avions retenues. Ils les commentaient. Je procédais au choix final avec Louis-Georges Boivin. »

Louis-Georges Boivin (le pro), Yvan Montcalm, Claude Pouliot et Gilles Perron, en 1977.

Les gérants de Distribution à l'automne 1967, en compagnie de leurs vis-à-vis fonctionnels. Assis, de gauche à droite : André Lemaire (Saint-Laurent), André Hamel (Saguenay), Fernand Roy (Matapédia), Louis-Georges Boivin et Paul Carrière (Abitibi), Yvon Chabot et Howard Walker (Richelieu), Paul-Émile Taillon, Jean-Paul Chamberland et Lorenzo Daneault (siège social), John Burroughs (Laurentides) et Jean-Paul Dick (Montmorency) ; debout et dans le même ordre : Alex Lang (Mauricie), André Gatien (Abitibi), Léonard Viens et Georges Bellavance (siège social), Gaston Galibois (Montmorency) et Edmund Gillespie (siège social).

Monsieur Boyd n'aurait pu tenir ce rythme bien longtemps. De telles réunions, il y en aura régulièrement plusieurs fois par année pendant plus de vingt ans alors que Boivin et ses successeurs vont encourager tous leurs cadres, chefs de service ou de division, à faire des rencontres sur chacun des procédés, chacune des méthodes techniques de distribution, chacune des nouvelles améliorations technologiques à apporter au réseau. Nombre de ces points feront l'objet de la mise sur pied de comités techniques conjoints composés de spécialistes du siège social et de pendants régionaux. Ces réunions assureront longtemps la rentabilité des lignes internes des transporteurs aériens québécois[39] et coûteront une fortune à Hydro-Québec en remboursement de frais de déplacement. Méthode après méthode, pièce d'équipement après pièce d'équipement, la liste des sujets en cause est interminable.

Avant que Louis-Georges Boivin quitte pour le Richelieu, sa direction publiera le premier petit livre bleu, la bible interne établissant les conditions du service d'électricité. « *Un livre qui ne cessera de grossir avec les années*, précise Claude Pouliot. *La normalisation, c'est éternel, parce que tout évolue. Tous les ans, il fallait reprendre ce que l'on avait fait les années précédentes.* »

Guy Desormeau conclut sur cette évaluation des efforts consentis à l'époque pour uniformiser les pratiques de distribution : « *Notre credo de penseurs de l'activité Distribution était sincère et nous y croyions : nous voulions mettre de l'ordre. Notre volonté était d'aller chercher ce qui se faisait de mieux dans l'entreprise et d'en généraliser l'usage. Tout cela était pourtant simple, clair et articulé, mais force est de constater qu'on connut beaucoup plus de difficultés que nous l'avions escompté et cela sans véritablement parvenir à nos fins. Tout était long et laborieux. Les mandats n'étaient pas très bien définis. Notre secteur fonctionnel était mou, nous ne sentions pas de sentiment d'urgence, Boyd parti, nous eûmes l'impression d'être laissés à nous-mêmes. Et puis il y avait ce constant affrontement avec les régions qui induisait une atmosphère bizarre, assez contre-productive, qui nous épuisait… »*

À l'exemple de leur patron Louis-Georges Boivin qui quittera en 1968 le siège social pour aller diriger la région Richelieu, plusieurs des cadres de Distribution et beaucoup d'employés retourneront assez rapidement dans leur milieu d'origine : l'Exploitation. Un de ceux-là, Roland Gingras, technicien issu de la première Hydro-Québec et qui deviendra l'un des gérants les plus solides de la région Saint-Laurent, avait ainsi accepté en 1962 des responsabilités « *fonctionnelles* ». Il retournera avec soulagement dans les opérations dès la création de la région Saint-Laurent. Avec la retenue qu'imposait le bulletin, il exprimait ainsi ses états d'âme de l'époque dans *Information-Cadres* : « *Nous vivions alors*

---

39. Claude Boivin, devenu président et chef de l'Exploitation d'Hydro, tiendra à cet égard une diatribe restée fameuse dans l'histoire de la décennie 80.

[au fonctionnel] *une période de transition où quelquefois nous ne savions plus s'il était opportun d'agir ou non. Ces trois années m'ont par moment paru un peu longues. Il me semble que ce n'était pas assez actif pour moi qui venais du milieu de la distribution où j'avais la responsabilité de réaliser des travaux, de résoudre des problèmes bien concrets[40].* »

Longtemps la direction fonctionnelle Distribution gardera cette aura d'une unité difficile à motiver, érodante pour ses cadres et employés, en mal d'être au sein de l'entreprise.

La guérilla des « opérationnels »

Reste que, climat maussade et tendu ou pas, des progrès sont sans conteste réalisés. En 1969, Gaston Galibois, le nouveau directeur Distribution, dressera un bilan fort positif des améliorations : «*On a réduit*, dit-il à *Hydro-Presse, les 11 tensions à 4 (4, 12, 13,8 et 25 kV), normalisé les méthodes de construction et standardisé le matériel. Les monteurs de distribution n'auront qu'à se réjouir de ce travail. Ils n'auront plus à manipuler que 9 types d'isolateurs au lieu de 75, que 22 conducteurs au lieu de 400 et ainsi de suite dans tous les domaines[41].* » Et l'article de conclure, sur un ton nécessairement prudent, quoique suspect d'un optimisme excessif : «*Les quelques succès que l'on a déjà obtenus ont été réalisés grâce à la collaboration de toutes les régions qui, en plus d'apporter des réponses aux multiples questions que pose la normalisation, ont accepté de conduire des essais sur leurs réseaux ou dans leur école de monteurs.* »

Les régions, ont-elles raison ou tort ? Toujours est-il qu'à l'époque, elles vont plutôt percevoir la nouvelle autorité montréalaise de Distribution technique comme un vis-à-vis centralisateur et bureaucratique à la compétence douteuse. Elles vont lui prêter, comme à l'ensemble du pouvoir montréalais, du reste, des intentions expansionnistes et revanchardes. «*L'Hydro montréalaise*, pensent ouvertement plusieurs cadres en vue issus des filiales, *estime avoir "acheté" les régions, donc en fait les posséder et se sent tout à fait légitimée d'y "extensionner" son pouvoir en y imposant son autorité[42].* » Ceux-ci résisteront face à ce qu'ils considèrent comme d'inadmissibles prétentions du siège social, perçu non comme un support, mais comme le clone d'un ex-concurrent ! Même un sage comme le placide Pierre Godin, devenu directeur de la région Montmorency dans les années 70, prêtera des intentions coupables à ses ex-collègues montréalais : «*On constatait une méfiance* [du siège social] *envers les régions. Comme si l'on se disait :*

---

40. «*Une vaste expérience en exploitation, entrevue avec Roland Gingras, gérant, secteur Sud, Saint-Laurent*», *Information-Cadres*, Hydro-Québec, octobre 1979.

41. «*Près de 80 % du matériel de ligne est normalisé*», *Hydro-Presse*, Hydro-Québec, fin janvier 1969.

42. Il est, au demeurant, tout à fait exact que des tendances outrancièrement centralisatrices se manifesteront dans ces années de mise en place interne de la grande Hydro. On raconte ainsi que certains «*zélés*» des Ressources humaines du siège social appelaient chaque matin les directeurs régionaux pour savoir d'eux le nom des employés s'étant rapportés malades ! (Anecdote communiquée par Claude Pouliot.)

Ces gars-là, si on leur laisse la bride sur le cou, ils vont se lancer dans des dépenses inutiles, ils vont nous jouer des tours… La devise était : Faut pas trop se fier[43] *!»*

Ce sentiment plus ou moins fondé ne va jamais s'exprimer plus violemment qu'à la Distribution, où, à juste titre, on l'a dit, les ingénieurs régionaux se sentent parfaitement compétents pour desservir, mieux, à la limite, que l'Hydro montréalaise, leur clientèle locale. Dans ces conditions, les ténors des fiefs régionaux considéreront et traiteront longtemps leur direction, même composée d'ingénieurs qui leur ressemblent, qui, pourtant, souvent, viennent de leurs rangs, comme une empêcheuse de tourner en rond, une nuisance plus ou moins nécessaire, à l'efficacité incertaine.

On acceptera et maintiendra le dialogue avec le siège social, mais quel dialogue ! Les réunions « fonction-régions » qui, à la dimension d'Hydro-Québec, vont être le moyen constamment privilégié par l'administration de l'entreprise pour harmoniser les positions des uns et des autres pendant toute la décennie 70 ne seront nulle part ailleurs aussi tendues qu'en Distribution technique. Cette table réunissant les gérants techniques des régions aux cadres fonctionnels du siège social devrait probablement rester dans l'histoire comme l'une des plus riches, en contenu, certes, mais surtout comme l'une des plus *« écorchée »* par les perpétuels affrontements dont elle sera le théâtre. *« Tant de résistances, tant d'incompréhension et d'engueulades »*, dit Claude Daigneault, grand technicien de Distribution à la région Saint-Laurent brièvement passé au siège social dans les années 1965-1970, *« ça m'évoquait irrésistiblement les relations fédérale-provinciales quand elles vont au plus mal. Les régions n'étaient tout simplement pas prêtes à suivre le siège social. »*

« Il y avait dans les régions des tempéraments très forts, très indépendants, très naturellement insoumis », analyse Claude Pouliot qui, passé de l'opérationnel à la QPC au fonctionnel à Hydro, en 1965, était assez constamment sur la corde raide à l'époque. *« Leur compétence technique éprouvée n'aidait pas : ils nous ramassaient à la première erreur et il fallait bien concéder qu'ils avaient souvent raison. Des gens comme Marc Méthé, mon ancien boss à Québec, André Dugré à Trois-Rivières, Maurice Paradis, à Montréal, les meneurs, mais aussi des personnalités fortes comme André Gatien en Abitibi, John Burroughs, en Laurentides, Gérard Fournier, à Richelieu, ou Louis Le Hir à Matapédia, pouvaient complètement changer l'allure d'une réunion en quelques grands coups de gueule. Nos supérieurs craignaient comme la peste leurs sorties. Méthé et Dugré, surtout, avaient une emprise extraordinaire sur leurs collègues et invariablement ça brassait aux réunions… »*

---

43. *« Pierre Godin au seuil de la retraite : le décentralisateur persiste et signe… »*, *Hydro-Presse*, Hydro-Québec, fin mai 1987.

Même aujourd'hui, Marc Méthé reste d'une sévérité teintée de mépris à peine érodée par le temps quand il évoque le sujet : «*Les gens de Montréal attendaient qu'on leur dise quoi faire. On leur disait et ils n'aimaient pas ça. On savait bien qu'au bout de la ligne, on passerait sous leur rouleau compresseur, mais des fois on se débattait un peu, on leur compliquait les choses.*»

➤ *Marc Méthé, l'irréductible !*

Tel Victor Hugo, de son rocher d'exilé à Guernesey, qui, n'acceptant aucun compromis pouvant le ramener en France pourfendra pendant seize ans les politiques de «*Napoléon le petit*», Marc Méthé, de son bureau de gérant Projets techniques, à Québec, refusant toute promotion pouvant l'amener à Montréal, sera durant deux décennies le critique le plus rugueux des politiques de Distribution.

Marc Méthé, en 1979.

Il dit aujourd'hui : «*Ça ne m'a pas tenté d'aller à Montréal. J'ai préféré les challenger depuis Québec !*», mais ajoute, en fin d'entrevue : «*Je crois qu'Hydro-Québec m'a mal utilisé, avant tout parce que ses préoccupations n'étaient pas à la Distribution.*» L'homme n'était pas sans humour, loin de là, mais la verve féroce et l'ironie grinçante qui lui servaient de façade dissuadaient toute velléité facétieuse chez ses interlocuteurs. On dira tout de lui, qu'il parlait grec et latin, que sa bibliothèque était d'une richesse étonnante, que c'était un grand ami de René Lévesque, un patron charismatique, un humaniste passionné d'histoire, que, fort d'une culture exceptionnelle, il gagnait tous les jeux radiophoniques auquel il participait...

Critiquer le siège social ne l'empêchait surtout pas d'être avant tout un homme d'Hydro-Québec, persuadé du bien-fondé de son statut de monopole au Québec et visionnaire de son avenir. Ainsi pensait-il en 1972 : «*Il faudrait réduire le nombre de sièges régionaux et leur conférer plus d'autonomie. L'idéal serait de créer cinq régions pour que les décisions se prennent sur les lieux mêmes de l'action[44].*» Impressionnant : 30 ans plus tard, c'est pratiquement le modèle reproduit par les 5 CED de Distribution.

Marc Méthé terminera sa carrière à l'international et particulièrement en Afrique où il trouvera un bataillon d'adversaires à sa mesure : les ingénieurs français d'EDF, à qui il livrera l'un des combats de sa vie sur le thème d'initié : «*Mono ou tri-phasé ?*»

---

44. «*Gros plan : Marc Méthé : Les régions sont d'autant plus intéressantes pour l'ingénieur qu'elles favorisent sa polyvalence*», *Hydro-Presse*, Hydro-Québec, mi-mai 1972.

> Une véritable guerre de tranchée... Et les dirigeants d'EDF de l'époque, Pierre Delaporte pour un, président du conseil d'administration, d'interroger, perplexe, son vis-à-vis du temps à Hydro-Québec, Richard Drouin : « *Mais qui est donc ce Marc Méthé ?* »
>
> Tout un personnage, Messieurs les présidents. Résistant, battant, dérangeur, emmerdeur : chapeau bas, un très grand ingénieur a traversé, en maugréant, le monde québécois de la Distribution.

Mais les difficiles rapports avec la direction de la Distribution sont loin d'être les seuls griefs des régions envers le siège social à l'époque. Il est d'autres unités de la nouvelle grande Hydro qui ne vont pas mettre de gants pour dire et tenter de faire comprendre assez abruptement aux « opérationnels » que désormais leur monde avait changé et qu'ils allaient à l'avenir devoir faire selon les volontés « fonctionnelles » montréalaises. Autant de mises au pas jugées intempestives et provocatrices par les régions et qui vont littéralement saborder les efforts de bonne entente pendant des années en Distribution.

Yvan Hardy, acteur incontournable des 20 premières années d'histoire de la grande Hydro, s'est vu donner, au lendemain de l'arrivée au pouvoir de l'équipe libérale de Jean Lesage, le mandat de nettoyer, de définir et d'encadrer les procédures d'appel d'offres publiques et d'acquisition de biens et de services par Hydro-Québec. De façon toute naturelle, à la création de l'Hydro panquébécoise, il aura pour mandat et préoccupation l'extension à la grandeur du Québec des pratiques développées pour la première Hydro. Ce sera la guerre. Et Hardy, travailleur rigoureux et infatigable, battant de nature, solidement mandaté, épaulé sans équivoque par Jean-Paul Gignac à la Commission, réputé proche du ministre René Lévesque, est particulièrement bien équipé pour la faire, cette guerre.

➤ Yvan Hardy à Trois-Rivières

> En ce temps-là, Yvan Hardy, véritable missionnaire, passait de conseil de direction de filiale en conseil de direction de filiale, pour expliquer aux élites techniques des compagnies groupées au sein d'Hydro-Québec que désormais leurs achats de plus de 25 000 $ seraient encadrés par les nouvelles réglementations en usage. En bref, c'était leur dire, du moins c'est ce qu'ils comprenaient : « *Dorénavant, Messieurs, vous voudrez bien nous demander l'autorisation avant de dépenser !* »
>
> En combattant d'expérience, le directeur des Contrats d'Hydro était prêt à prendre des coups. Et il allait en recevoir. En battant naturel, il était également prêt à en donner. À preuve, cette anecdote qu'il raconte avec le cœur qu'il sait mettre à l'évocation de ses faits de guerre passés : *Mes pires moments ? à Québec, où Méthé et Duchastel me firent la montée de lait à laquelle je m'attendais au motif d'une*

ingérence éhontée de Montréal dans les affaires de Québec. À Trois-Rivières, ce fut plus profondément hostile, une résistance toute faite de silences sournois conclus par des never *farouches. Tant d'opposition, pas très saine à la vérité, m'avait ébranlé. Coup du hasard, le soir au restaurant, je rencontre René Lévesque qui, toujours intéressé par mes histoires, me demande où j'en suis. Comment ne pas lui conter mes déboires de la journée avec certains cadres de la Shawinigan ? Ça l'avait mis dans une belle colère !*

Le lendemain, coup de fil de Léo Roy :

"Coudon, Yvan, as-tu parlé au ministre de ta rencontre à Trois-Rivières ?

– Ben oui. Je l'ai vu par hasard au restaurant où je soupais…

– Il veut que je les mette tous à la retraite !"

Ça ne traînait jamais avec René Lévesque ! »

«*Des "never", j'en aurai entendu dans ma vie !*», s'amuse à dire aujourd'hui l'ex-directeur Contrats. *Quand, à partir du 4 mars 1964, on m'a chargé d'appliquer à ce qui était alors les filiales nos procédures d'appel d'offres, je me suis fait ramasser quelque chose de rare d'un bout à l'autre du Québec. J'arrivais devant les conseils de direction régionaux et leur expliquais qu'au-dessus de 25 000 $ tout devait passer par moi. Disons que le discours passait mal, merci… Mais que ça leur plaise ou non, telle était la norme et la volonté de la Commission et du gouvernement, et j'allais l'appliquer.* » Aucun doute là-dessus et les régions durent passer sous les fourches caudines de la direction Contrats. Claude Pouliot se souvenant de cette période, alors qu'il était encore à l'ingénierie de postes de la QPC, raconte : «*On a perdu ainsi, pour des raisons que nous percevions avant tout comme procédurières, une large part d'autonomie. Pour le mieux, pour le pire ? Ce n'est pas à moi de me prononcer, mais je sais que cela a considérablement rallongé nos délais d'approvisionnement et réduit d'autant nos marges de manœuvre.* »

Mais les régions allaient connaître pire encore sur le front du Génie, voire de Production et Transport. Chacune des unités, persuadée d'agir au meilleur des intérêts ultimes des réseaux et, par là même, de la clientèle, va défendre âprement ses points de vue dans des discussions sans fin. Il faut admettre qu'à l'époque, avant que Guy Coulombe lui intime l'ordre, assez raidement merci, de s'en tenir à son strict rôle, le Génie d'Hydro était le véritable roi et maître de la maison et prenait en toute chose technique une place considérable dans le processus décisionnel. Représentée et défendue par Yvon DeGuise à la Commission à compter de 1965, auréolée de ses impressionnantes performances technologiques, ses cadres et ingénieurs classés au plus haut des grilles d'évaluation des emplois de la maison (payés, en conséquence, plus que tous les autres), l'aristocratique unité évoluait dans un monde privilégié, notoirement supérieur à celui des besogneux distributeurs de kilowatts régionaux.

Le Comité de projets d'équipements de distribution (CPED), c'est la table où va se vivre aux trois semaines l'affrontement entre le pragmatisme, le bon sens, l'efficacité des gens de région et une certaine conception minimaliste du rôle de Distribution, perçue comme l'unité à tout faire, l'exécutante, le simple bras de l'entreprise, par les gens de Génie. Le comité pouvait bien être dirigé par le directeur de Distribution, les gens de Génie, comme dans chaque comité où ils étaient partie, y parlaient haut et fort. Imaginons la scène entre, disons, Marc Méthé et Marcel Laflamme, son vis-à-vis du temps au Génie. Le même Méthé qui, souvenez-vous, demandait à son supérieur et obtenait en confiance et sans coup férir l'autorisation de construire un poste ou une extension de poste du temps de la QPC, doit désormais se reporter à un collègue montréalais, souvent plus jeune que lui et peu au fait de la situation locale.

« Il me faut un nouveau poste !

– Pour quand ?

– On est en 1975, j'en ai besoin en 1979.

– Ton poste, tu l'auras à ton tour, quand on en sera là.

– Je répète que j'en ai besoin en 1979 !

– Tu l'auras au mieux en 1981.

– Ça n'a pas de bon sens !

– On ne fera pas d'exception pour toi !

– Mais les clients…

– Débrouille-toi ! Nous autres, on a fait des prévisions et on peut te le dire : tu dois y arriver avec ce que tu as jusqu'en 1981.

– Mais enfin, qui est le mieux placé pour juger des besoins ? Nous, qui travaillons depuis des décennies à répondre aux besoins de Québec, ou vous, de Montréal, qui ne les connaissez pas ?

– La question n'est pas là. Notre mandat est de planifier le réseau. Tu auras ton poste en 1981, pas avant. Débrouille-toi ! »

Méthé, qui connaissait sur le bout des doigts sa région et ses besoins après 30 ans de pratique, sortait de ses gonds, le ton montait… et rien ne changeait. Il repartait à Québec et, effectivement, trouvait le moyen d'arranger les choses, de jouer avec la répartition des charges pour attendre la date fixée par les « fonctionnels », mais quelle frustration ! Et cela durera presque jusqu'à sa retraite, en 1984… *« C'était*, analyse Guy Desormeau, *le problème existentiel à l'état pur, l'éternelle lutte entre le conceptuel et le pragmatique, deux façons de voir les choses diamétralement opposées qui ne pouvaient que s'affronter violemment compte tenu de la haute compétence et de la qualité d'homme de leurs tenants respectifs. »*

Dans ces conditions de tension, l'harmonisation souhaitée par Hydro va connaître bien des ratés. Les directives du siège social arrivent en région où les gérants, mécontents, les appliquent, parfois, mais, plus souvent, les adaptent, ou les oublient tout simplement dans un tiroir de leur bureau. Claude Pouliot, qui, en 1967, a succédé comme chef de division Planification de la Distribution à Guy Desormeau, retourné à l'Exploitation (gérant adjoint à l'Ingénierie, à Saint-Laurent), raconte : « *On le savait bien qu'ils faisaient ce qu'ils voulaient avec nos normes. Un gars comme Marcel Pageau, un de mes bons chums à La Canardière, me le disait carré :* "Ta directive, là, ben on l'a réécrite !" *Qu'y faire ?* » Il cite un autre « fonctionnel », son collègue Léonard Viens : « *Lui s'occupait de la gestion de l'usage en commun des poteaux avec Bell Canada. Il disait :* "En arrière-lot, un poteau de 30 pieds suffit." *Il en fit donc, à son heure, une norme provinciale. Mais, à Québec, les gens préféraient mettre des poteaux de 35 pieds… bien évidemment, ils continuèrent.* »

En région, on s'explique : Roger Latouche, alors surintendant de Distribution à Québec, est certes convaincant : « *Des encadrements, il en faut, mais ils ne peuvent pas s'appliquer partout pareil. Exemple, le verglas. Nous, on y est très sensible, autour de Québec, alors chez nous on a toujours haubané un poteau sur cinq pour éviter les chutes en cascade. Quand des directives provinciales sont sorties qui modifiaient cette façon de faire, on les a tout simplement ignorées, jugeant qu'elles n'étaient pas adaptées à notre situation.* »

Il y a là tous les ferments pour de nouvelles réunions houleuses où tout le monde pense agir au meilleur intérêt du client et où personne n'est content. On s'y rudoie si vertement à la face même de l'autorité fonctionnelle de Maurice Saint-Jacques et de Gilbert DuSablon, deux hommes de consensus, calmes et peu enclins à l'affrontement, qu'un mouvement pacifiste bilatéral va finir par prendre forme à l'initiative de « *poids lourds* » du domaine. Il se trouve que Claude Pouliot, le « fonctionnel », Guy Desormeau, devenu « opérationnel » à Saint-Laurent et Gérard Fournier, alors gérant technique à Richelieu, habitent à trois pas les uns des autres à Boucherville. Ils vont prendre l'initiative parfaitement personnelle de se rencontrer à la veille des réunions les plus sujettes à dérapages pour tenter d'harmoniser leurs points de vue et d'éviter ainsi les prises de bec aux forums de Distribution.

Reste, avant de conclure sur ce point, que ce climat conflictuel de rivalité constante n'empêchera pas à l'occasion les brillants ingénieurs en lice de s'entendre et de mener à bien des projets de pointe particulièrement efficaces. Ainsi, le premier poste 315-25 kV, un modèle du genre, sera conçu à Frontenac, dans la région Montmorency, en 1975.

Ce sera le résultat d'une rare mais parfaitement efficace collaboration entre le Génie du siège social et l'unité des Projets techniques de la région Montmorency, fief de l'hyper-doué mais rebelle Marc Méthé. Dans un même ordre d'idées, c'est à Gérard Fournier, le gérant des Projets techniques de la région Richelieu, que l'on devra l'organisation du premier séminaire technique à l'intention de tous les acteurs de la fonction et des opérations Distribution. Une initiative tenue en 1980 et qui fera école jusqu'à nos jours dans les divisions TransÉnergie et Distribution. Jean-Claude Roy, le nouveau directeur adjoint Distribution, la saluera ainsi, avec enthousiasme, dans les pages d'*Hydro-Presse* : « […] *C'est faire avancer la technique en mettant en commun les solutions trouvées aux problèmes. L'échange est important pour le développement de la technologie, d'autant plus que, dans le domaine de la distribution, les activités sont décentralisées et que les gens sont isolés*[45]*…* »

Il faudra attendre les deux dernières décennies du siècle pour que la tendance se modifie et que l'ensemble des unités de Distribution régionales commencent peu à peu à marcher au pas souhaité par le siège social. Il faudra attendre les toutes dernières années du siècle pour que la marche en commun devienne effectivement harmonieuse, et nous y reviendrons. Les conditions du début du changement ne seront véritablement réunies que sous l'ère Coulombe-Godin, alors que trois paramètres majeurs du dossier vont changer la situation du tout au tout. Un, le balancier centralisation-décentralisation va, alors, nettement favoriser le pouvoir régional au détriment de l'autorité fonctionnelle ; deux, des budgets considérables vont être alloués à la division Distribution soudainement hissée au premier plan des préoccupations de la nouvelle direction montréalaise ; trois enfin, les principaux leaders de la vieille et farouche garde des opposants traditionnels régionaux vont, à l'époque, prendre un à un leur retraite.

La métamorphose de Distribution

Quand, au début des années 80, Jean Bertin-Mahieux, alors ingénieur aux centrales nucléaires, le secteur normatif probablement le plus rigoureux d'Hydro-Québec à l'époque, passe à la Distribution, c'est la surprise. Il découvre un monde à la fois disparate, irrationnel et bon enfant qui l'étonne. «*Près de 20 ans s'étaient écoulés et l'uniformisation des procédures techniques n'était toujours pas faite. Ici et là en province, les gens continuaient de faire comme bon leur semblait. Un problème aussi bête que les méthodes de protection du réseau de distribution n'était pas codifié. On réglait les protections sur les lignes, pour qu'elles signalent les défectuosités : eh bien nous avions alors trois valeurs de réglage différentes à Hydro, une pour Montréal, une pour Richelieu et une pour le reste du Québec. C'était inexplicable, indéfendable. Quand allions-nous finir par régler ce problème de nécessaire uniformisation ?*»

---

45. «*Séminaire technique 1980 : La technologie en distribution, ça se communique !* », *Hydro-Presse,* Hydro-Québec, décembre 1980.

Jean-Marc Tremblay, l'actuel directeur Projets du réseau de distribution, confirme : « *Distribution, à la différence de Production et Transport qui de longue date marchait comme une entité soudée et cohérente, restait au début des années 80 un milieu encore largement caractérisé par ses cultures et ses pratiques locales. Il fallait la faire passer à un niveau supérieur d'efficacité, de rigueur et de performance technique.* » Il y a eu pourtant de nombreux progrès techniques réalisés en continu sur le réseau de distribution au long des années 70, au Québec comme ailleurs au Canada. L'Association canadienne de l'électricité (ACE) a mis sur pied, au début de la décennie, un comité national pour subventionner des projets de recherche spécifiques à la Distribution. C'est Claude Pouliot qui y représente Hydro-Québec. On y amorcera de nombreuses études et recherches, souvent en relation avec l'Ireq, sur les calculs de pertes, les chutes de tension, la définition de systèmes de protection de plus en plus complexes, des mesures de mise à la terre, la mesure des harmoniques, etc. Mais le grand coup de barre reste à donner.

Plusieurs facteurs, on l'a dit, aideront au changement. Sans nul doute, le premier d'entre eux est la nomination à la tête d'Hydro de Guy Coulombe. L'homme est un gestionnaire déjà confirmé à l'époque, rude, rigoureux, expéditif. Il a le mandat de bousculer le colosse quadragénaire et possède l'envergure pour ce faire. Doté d'un leadership époustouflant, d'un sans-gêne absolu, d'une vitalité et d'une force de travail du même tonneau, il va systématiquement remettre en cause les dirigeants, les façons de faire, les objectifs de développement de la maison, bref, remodeler l'Hydro imaginée par Robert Boyd pour l'adapter à l'évolution du siècle et aux nouvelles attentes de l'actionnaire gouvernemental.

Guy Coulombe, c'est le moins que l'on puisse en dire, a les épaules larges, à la taille du mandat. Ajoutons qu'il ne fait pas dans la dentelle. Il va s'attaquer à la tâche avec méthode, imagination et détermination. Rien ne sera laissé à l'arbitraire ou à la routine. Le PDG connaît peu Hydro ? Qu'à cela ne tienne, il va plonger au cœur de l'entreprise avec une véritable boulimie de savoir et de comprendre. Tout l'intéresse, des grandes aux petites choses. Jamais plus l'Hydro des certitudes, celles de la prédominance du Génie, de la priorité à la Construction, de la pérennité des budgets *ad vitam* renouvelés ou de la sérénité des permanences acquises, ne sera la même. Et Coulombe va voyager dans toutes les régions et s'intéresser tout particulièrement à ce parent pauvre de l'entreprise qu'est, à l'époque, la Distribution.

Le « *timing* », il faut le dire, est excellent pour qu'Hydro revienne à des préoccupations de base. Or, on l'a dit, la distribution, c'est la base d'une entreprise de service électrique. « *Excellent* », le timing, parce qu'en fait rien n'ira jamais aussi mal, la conjoncture ne sera probablement jamais aussi mauvaise pour l'entreprise qu'en ce début des années 80. Lorsque ça va mal, il faut revenir aux choses essentielles. *Back to the basis !* devient le leitmotiv de la direction de l'époque. Et pour le nouveau PDG, sociologue de formation, l'essentiel, la base, c'est clairement le client, les relations que l'on a avec lui et la qualité du service qu'on lui fournit.

➤ Une voûte pas comme les autres

Convenons-en, les voûtes, ces puits d'accès où les jointeurs descendent travailler sur les câbles du réseau souterrain des villes, ne sont pas les lieux les plus conviviaux qui soient. Elles sont humides, parfois partiellement ou totalement inondées. Dotées de puisards communiquant avec les égouts, elles sont fréquemment nauséabondes et le plus souvent sales, ce qui complique fort la tâche des jointeurs. Un spécialiste, Gilles Bélanger, explique : « *L'une des grandes difficultés du métier est que les hommes sont dans un milieu malpropre et doivent y faire une job très propre. La moindre saleté dans un joint et le travail est à reprendre.* »

Trahissons des secrets d'entreprise, il était néanmoins à Montréal une voûte tout à fait particulière. « *Sise près du 75 de la rue Craig*, se souvient Donald Latour, *elle était peinte en blanc, équipée d'une pompe assurant en permanence son drainage : il n'y en avait qu'une seule propre et belle de même.* » Sa vocation ? Recevoir les visiteurs de marque d'Hydro intéressés au souterrain.

À cet effet, une autre anecdote, cette fois de Claude Daigneault, technicien d'appareillage travaillant à l'époque en approvisionnement. « *J'avais alors reçu une grosse commande de transfos souterrains qu'on avait commencé à installer ici et là sur le réseau. Rapidement, on constata plusieurs explosions consécutives. On en analyse un à l'atelier de Jarry pour constater qu'il souffrait d'un vice de fabrication majeur et que toute la série était dangereuse. J'en fais part à mon patron, lui suggérant d'enlever immédiatement tous les appareils déjà installés. Il me répond : "OK, mais l'ordre doit venir du gérant Paul-André Lemaire." J'appelle Lemaire en urgence et attends. Je ne le verrai cette fois-là qu'en fin de journée. Je lui explique mon affaire. Il me donne son accord pour tout enlever au plus vite et s'informe : "Où y en a-t-il ?" Je lui dis et le vois blanchir. Il venait de passer l'après-midi avec des ingénieurs français en visite, dans une voûte ainsi équipée.* » L'histoire ne précise pas s'il s'agissait de la fameuse voûte blanche ; gageons que oui...

Question d'aller mal, ça va mal à l'époque ! L'entreprise a des surplus d'énergie à la Baie-James où, véritable hérésie économique, il faut ouvrir les déversoirs et perdre ainsi l'eau coûteusement stockée derrière les barrages. La hausse vertigineuse de ses frais d'exploitation doit être sabrée. Le climat économique est d'une morosité proche de la dépression. Les cours du pétrole sont au plus bas, réinduisant une concurrence accrue et efficace de l'« *huile à chauffage* » dans les maisons et les industries, alors que l'on croyait avoir éradiqué pour l'essentiel ce compétiteur dans la décennie précédente. La monnaie canadienne s'effrite, alourdissant considérablement la dette de l'entreprise et, comble des combles, le gouvernement, soucieux de diversifier les approvision-nements énergétiques du Québec, fait la part belle au gaz qui fait son entrée sur le territoire. Guy Coulombe de retrousser ses manches, de remonter vigoureusement son pantalon sur ses larges hanches dans un geste bien connu de ses familiers : les temps s'annoncent durs !

S'il s'entoure de collaborateurs venus comme lui de la fonction publique pour prendre en charge les principales fonctions administratives (finances, ressources humaines, planification, vérification, organisation, etc.), Guy Coulombe décide de déléguer l'ensemble de l'exploitation à un poids lourd de la maison : Pierre Godin, ingénieur issu du monde du Transport et de la Distribution de la première Hydro-Québec, devenu tour à tour administrateur délégué à la SCP, directeur des régions Mauricie, puis Montmorency et enfin vice-président Clientèle et Régions à la dernière réorganisation de janvier 1979. Des conflits siège social-régions, il en a vus et subis, sinon arbitrés. On n'est pas le supérieur hiérarchique d'un Marc Méthé durant dix ans sans être sensibilisé aux difficultés d'être des acteurs du domaine de la distribution. À sa première nomination de vice-président au siège social, Godin déclarait à *Hydro-Presse* : «*Il faut reconnaître que l'activité principale des régions, c'est la distribution… il faut mieux intégrer les actions du siège social à celles des régions*[46]. » En fait, sous ce langage vaguement de bois, Godin n'en fait pas mystère, loin de là, l'homme est et restera jusqu'à la fin de sa carrière en 1987 un décentralisateur que tout engage à pencher fortement du côté des régions. La chose est pour plaire à Coulombe qui le choisit donc pour second.

➤ Il était un câble… à l'île aux Grues

Alimenter une île du Saint-Laurent en électricité n'est jamais une mince affaire. Souvent, jusque vers les années 60, les insulaires produiront leur propre électricité, individuellement ou groupés au sein d'une coopérative, au moyen de petits moteurs. Les compagnies privées qui auront à alimenter des îles, autant qu'Hydro quand elle sera devenue le méga-distributeur d'électricité au Québec, tenteront de restreindre les coûts d'alimentation en les raccordant à leur réseau au moyen de câbles immergés. À l'exception des Îles-de-la-Madeleine qui, compte tenu de leur éloignement, sont toujours équipées de groupes électrogènes thermiques, les îles québécoises habitées sont pour l'essentiel aujourd'hui toutes raccordées au réseau principal d'Hydro. Reste que le Saint-Laurent, c'est le Saint-Laurent, un golfe aux dimensions d'une mer, sensible aux marées, aux tempêtes et qu'un câble n'y a pas toujours la vie tranquille.

Janvier 1997, un embâcle formidable se produit en amont de Québec. Des blocs de glace de 14 mètres d'épaisseur s'entassent à la surface des eaux. Défaits par des brise-glace, ils descendent le fleuve vers l'océan. Le 29 janvier, l'un d'eux, raclant le lit du fleuve, sectionne le câble de 5 kilomètres de long alimentant l'île aux Grues depuis

---

46. *De directeur régional à vice-président, Pierre Godin, « toujours plus près de la clientèle »*, Hydro-Presse, Hydro-Québec, fin février 1979.

Saint-Ignace, sur la rive sud du fleuve. Ses clients, alimentés par la petite centrale thermique locale, Hydro-Québec dut attendre le printemps pour repérer dans le fleuve l'endroit du bris et procéder aux travaux de réfection.

L'équipe de la région Montmorency remplaça le câble endommagé. De gauche à droite : Louis-Philippe Dionne, Maurice Houde, Charles Greer, Denis Laferrière, Gaétan Picard, André Villeneuve et Gilles Bélanger.

« Notre principe de recherche du point de bris fut bien simple », racontait Gilles Bélanger, alors contremaître général Lignes souterraines à Québec. *On a pris notre câble en mains depuis le poteau de Cap-Saint-Ignace, on l'a suivi jusqu'où il entre dans le fleuve et là, sans le lâcher, on est entré dans le fleuve avec lui... »* Et comment cela ? direz-vous. Hydro retint les services de deux plongeurs professionnels, *« deux petits hommes de 250 livres chacun, »* les frères Pelletier de La Pocatière.

Dans des conditions de difficulté incroyables, eaux sombres et opaques, au milieu de débris printaniers dangereux descendant le fleuve, les deux plongeurs suivirent le câble, cent mètres par jour environ, un bateau avec des gens d'Hydro au-dessus d'eux. Le soir, ils raccordaient une bouée au point du câble où ils étaient rendus et reprenaient les choses du même point le lendemain. Au bout de huit jours de cette manœuvre : *« On en vit un remonter, dit Bélanger, avec le câble sectionné en main. Là, par exemple, on était contents. Mais on n'était pas au bout de nos misères... Il fallut chercher l'autre bout. Les plongeurs partirent à l'aveuglette au fond de l'eau, raclant le sol devant eux sur des rayons de plus en plus grands. Plus d'une semaine, sans rien trouver. »*

Il fallut bien se résoudre à reprendre l'exercice en partant cette fois de l'île. Et les plongeurs finirent bien par retrouver l'autre bout sectionné, flottant entre deux eaux à plus de 600 mètres du point de rupture. On affréta un autre bateau sur lequel les jointeurs travaillèrent deux jours pour raccorder les deux bouts.

Le 7 novembre, Hydro fournissait à nouveau l'énergie à ses clients de l'île aux Grues à même son réseau de distribution.

Note : Ce texte veut rendre hommage à tous les dépanneurs des réseaux de distribution (et leurs « alliés ») au cours de l'histoire, à leur bravoure, leur ténacité, leur débrouillardise et cette volonté qui, de tout temps, et dans des milliers de situations diverses, leur permettra d'assurer le service aux clients, quelles que puissent être les difficultés rencontrées.

Gilles Béliveau, qui succédera à Pierre Godin comme directeur régional à Montmorency, en témoigne. Tout au long des années 70, Distribution était le petit dernier à l'heure du partage des enveloppes budgétaires. « *La construction de la Baie-James*, dit-il sans ambages, *s'est faite aux détriments de la Distribution. Nous étions dans l'ombre des autres unités. Dix ans de temps, Hydro reporta d'année en année, sans autre analyse, notre enveloppe budgétaire de l'année précédente avec une indexation minable, en nous disant : "Débrouillez-vous ! Vous n'aurez pas une cent de plus !" Fallait faire avec 400 millions pour répondre aux attentes de la clientèle quand 4 milliards allaient chaque année aux constructeurs de la Baie-James.* »

Claude Boivin, entré à Hydro en 1965 au service des Ventes, ne restera jamais bien longtemps dans les nombreux postes qu'il occupera tout au long de cette brillante carrière qui le mènera de simple ingénieur spécialisé en éclairage à président et chef des opérations en 1988. On le trouvera en 1969 à la région Saint-Laurent, adjoint de Jean-Paul Pagé, en 1975, à la Société

Un autre étudiant boursier de la Shawinigan qui fera remarquablement son chemin dans l'histoire de la Distribution jusqu'à devenir président et chef de l'Exploitation : Claude Boivin. On est ici en 1957. De gauche à droite : le président J.A. Fuller, du groupe SW&P, à ses côtés un étudiant de Montréal du nom de Jacques Bellemare et, venant de Saint-Jean-sur-Richelieu et terminant sa cinquième année à Polytechnique, Claude Boivin.

d'énergie de la Baie-James (SEBJ), au Contrôle des coûts, puis, de nouveau à Saint-Laurent, comme directeur adjoint en 1979. Il ne peut être à l'époque mieux placé pour témoigner : « *Passer de la SEBJ à Saint-Laurent fut pour moi tout un choc. Je tombais du monde de la construction, celui du plus vite, du plus gros, du plus fort, où l'argent n'était pas une limite, à la réalité quotidienne d'une région d'Hydro où fallait économiser à la cent ! […] À Saint-Laurent, nous étions les seuls en Amérique du Nord à l'époque à implanter du 25 kV en souterrain. L'équipement idoine n'existait pas. Il fallait l'inventer. Mais l'Ireq n'avait ni le temps ni l'argent pour s'occuper de nous. Longtemps, le 25 kV en souterrain à Montréal nous vaudra son lot de problèmes et je reste aujourd'hui persuadé qu'une bonne part de ceux-ci reste due à cette absence de recherche technologique en amont des premières installations.* »

Godin sait tout cela. C'est lui qui va convaincre Guy Coulombe de renverser la tendance et d'investir massivement dans la distribution au bénéfice ultime de la clientèle. Le catastrophique hiver 1980-1981 va l'aider à sensibiliser le nouveau président. On va, aux mois de décembre et de janvier, connaître des froids réguliers de −35°. Dans ces conditions, le réseau de distribution cède un peu partout, particulièrement dans les régions Saint-Laurent, Laurentides et Richelieu où les constructions ont été débridées tout au long de la décennie précédente[47]. «*Le réseau de distribution,* explique le directeur adjoint Jean-Claude Roy, un des premiers ingénieurs transfuges de Planification, de plus en plus en vue à l'époque, *est construit pour résister sans dommage à l'ensemble des facteurs suivants: 1/2 pouce de glace, des vents de 90 km/h et une température de −18° [...] La température de −35° a mis notre réseau durement à l'épreuve. On a pu croire que tous les points faibles ont cédé en même temps[48].*»

➤ *De la distribution à 34,5 kV?*

La totalité du réseau de distribution d'Hydro est aujourd'hui, et cela depuis plus de vingt ans, normalisée à la tension de 25 kV. Une exception à la règle: la ville de Fermont. En 1971, la compagnie Québec Cartier Mining demandait à Hydro d'alimenter la ville minière située à 240 km au nord de Sept-Îles depuis le poste de transport Normand, exploité à 315-34,5 kV. Deux choix s'offraient à Hydro: soit construire un autre poste abaissant la tension de 34,5 kV à 12 ou 25 kV, soit distribuer directement à 34,5 kV.

Le dossier fut soumis par Berthier Rossignol, alors chef de division Exploitation à la région Manicouagan, à la direction Distribution. Une équipe de choc, composée dudit Rossignol, de Marc Méthé et de Claude Pouliot, fut envoyée en Virginie qui exploitait alors, avec succès, un système à cette tension. Au terme des études, un projet pilote fut conçu pour les fins particulières de la ville nordique tout-électrique et mis en place par les équipes de Rossignol.

L'année suivante, l'expérience pilote était reprise dans le territoire de la région du Richelieu, à Huntingdon, où une ligne, exploitée à 12 kV mais isolée à 34,5 kV, se prêtait bien à l'exercice.

Ces cas resteront des exceptions. Le 25 kV, qui est à la Distribution ce que le 735 kV est au Transport, palier de tension mis au point par les ingénieurs québécois et propre aux réseaux d'ici, reste pour l'avenir prévisible la tension la mieux adaptée aux besoins de la clientèle québécoise.

La charnière des années 70-80 va constituer un véritable point tournant dans l'évolution de la pensée en Distribution, alors que l'on va mieux évaluer l'importance essentielle de la qualité du service technique dans la satisfaction de la clientèle et prendre les moyens pour donner suite au constat. Sensibilisé à la situation, Guy Coulombe décide d'agir significativement. L'ancien président d'Hydro déclare aujourd'hui: «*Godin,*

---

47. On signale ainsi que l'augmentation de la demande, de longue date établie à environ 7 % par année en moyenne québécoise, va atteindre 28 % dans certaines zones de la région Laurentides en 1980.

48. «*À bâtons rompus avec des gestionnaires de Distribution: des difficultés d'un hiver exceptionnel aux améliorations du service de demain...* », *Hydro-Presse*, Hydro-Québec, mi-avril 1981.

Caron[49] et moi sommes arrivés à la conclusion que si l'on diminuait les investissements dans la construction, ce que nous imposait la conjoncture, on devrait pouvoir reprendre sur le retard indéniable qu'Hydro avait pris en distribution. Les gens du gouvernement voyaient d'un mauvais œil que l'on suspende le programme d'équipement, mais on les a convaincus en leur disant : "Vous favorisez l'entrée du gaz avec de gros investissements. Nous, nous pensons que ce capital gaz additionné à nos investissements en distribution devrait compenser pour la baisse de grands travaux." On leur a démontré que de l'argent investi en distribution créait plus d'emplois et favorisait l'activité économique régionale. Ça leur a finalement plu et on a pu procéder comme nous l'entendions. »

À partir de 1982-1983, Hydro-Québec va dépenser des millions de dollars dans ses deux programmes Amélioration de la qualité du service (PAQS), rares programmes de Distribution d'Hydro-Québec partant du sommet de la pyramide vers la base. Ce n'est plus le cri d'alarme des exploitants qui justifie les dépenses, mais une véritable volonté politique de la maison d'améliorer le service offert aux clients. C'est qu'au gré de la décennie 70, un fait nouveau tout à fait majeur est apparu sur le réseau : l'importance prise par le chauffage électrique dont le taux de pénétration dans les foyers québécois est passé de 3 % en 1966 à près de 44 % en 1981[50]. Ce constat implique non seulement qu'il faut que Distribution s'adapte à la croissance vertigineuse de la demande de son produit, mais encore qu'elle améliore considé-

Marcel Couture trouvait donc que Guy Coulombe avait l'air sévère et rébarbatif à son entrée à Hydro-Québec. Le mot d'ordre était de tenter de montrer dans les publications internes le nouveau président sous un jour le plus possible aimable et souriant. D'où cette idée en 1982 de présenter le rapport d'activité de l'année avec le PDG et deux enfants d'employés, Élodie et Jeff.

rablement sa continuité de service : couper la lumière en pleine noirceur, quand chacun dispose de bougies ou de lampes à huile est une chose, mais interrompre l'alimentation

---

49. Michel Caron fut le premier vice-président exécutif Finances et Ressources humaines de l'administration Coulombe. Il quittera Hydro un peu avant Guy Coulombe pour exercer des fonctions de sous-ministre associé au ministère des Finances à Ottawa.

50. Discours de Pierre Godin à la *Conférence sur la fiabilité, disponibilité, « maintenabilité » pour l'industrie de l'énergie électrique (FDM)* tenue à Montréal du 24 au 27 mai 1983, Archives d'Hydro-Québec.

en plein hiver chez des clients qui ne comptent que sur l'électricité pour se chauffer en est une autre aux conséquences potentielles bien évidemment beaucoup plus graves.

Du bel argent frais, un milliard de dollars sur trois ans à compter de 1983 est donc ajouté aux budgets déjà prévus et rendu soudainement disponible aux autorités régionales qui n'ont que l'embarras du choix pour le dépenser. On va mettre la toute dernière main à l'installation définitive du 25 kV[51] en alimentation triphasée à la grandeur du Québec en ajoutant de nouvelles sections de lignes aériennes et souterraines. À l'issue du programme, le réseau de distribution comptera 140 000 kilomètres de lignes. On augmente les points de sectionnement pour réduire le nombre d'abonnés touchés par une interruption. On change tous les éléments jugés vétustes sur le réseau et le choix ne manque pas : «*On avait déterminé dans ces années-là,* dit Gilles Béliveau, alors directeur régional Montmorency, *que plus de 60 % de nos poteaux avaient atteint l'âge limite de 40 ans, créant des situations précaires et dangereuses. On va faire alors un grand et nécessaire ménage.*» On généralise l'implantation d'appareillages de plus en plus performants : contrôles de variation de la tension, transformateurs à faible perte et à voltage multiple, transformateurs-régulateurs dans les postes pour tenir compte de l'évolution horaire et quotidienne de la charge, nouvelles technologies de protection, de mise à la terre et de parafoudres, etc. On remplace les vieux réseaux de radios mobiles. Enfin, on entame d'imposants et coûteux programmes de réfection des réseaux souterrains, particulièrement à Montréal.

➤ Une bombe à Montréal ?

1979 marque le retour de Claude Boivin à Exploitation. Robert Boyd lui confie le poste de directeur adjoint de la région Saint-Laurent, second de Jean Lespérance évalué par plusieurs comme un brillant intellectuel péchant, peut-être, au jugement de plusieurs par manque de sens des opérations, de pragmatisme et d'assurance technique. Boivin sans nul doute a toutes ces qualités-là. Boyd, en le nommant, démontre une autre fois son impeccable jugement de meneur d'entreprise.

Responsable de 35 % des revenus d'Hydro, la région de Montréal est perçue à l'époque par la direction comme un mastodonte difficile à contrôler, rétif aux directives d'entreprise et problématique à bien des égards. Claude Boivin ne tarderait pas à réaliser l'ampleur desdits problèmes.

---

51. Aujourd'hui, le 25 kV est la tension uniforme de distribution au Québec, villes, villages et campagnes confondus. Son installation s'amorça dès le début des années 60. L'essentiel du travail de conversion eut lieu dans les années 1965-1975, dans une campagne de construction de grande intensité alors que 300 équipes de monteurs de compagnies privées assistèrent les équipes de construction d'Hydro. Quelques exceptions, bien sûr, ainsi en distribution souterraine où plusieurs câbles resteront longtemps exploités à 12 kV, particulièrement à Montréal où l'on ne commencera à implanter le 25 kV qu'en 1976 et le 34,5 kV de Fermont dont ces pages font état.

«*À mon arrivée en poste, raconte-t-il aujourd'hui, j'ai décidé de rencontrer chacun des quatre gérants de secteur pour savoir où étaient leurs priorités. Je me souviendrai toujours de ma rencontre avec Roland Gingras, chef du secteur sud, responsable à cet égard de l'alimentation du centre-ville. J'arrive là tôt le matin. On prend un café à son bureau et je lui demande :* "Pis, mon Roland, c'est quoi les problèmes de ton secteur ?" *Je le revois encore. Il avance sa chaise, me regarde comme s'il voulait être bien sûr que, pour une fois, un de ses patrons allait l'écouter et, énigmatique, me dit :*

"C'est pas compliqué, le gros problème, on va l'avoir le jour où je vais prendre ma retraite.

– Que veux-tu dire ?" *Sans répondre immédiatement, il ouvrit le tiroir de son bureau et sortit une grosse chemise.*

– "Ça, *dit-il en me tendant le dossier,* c'est tous les rapports que j'ai écrits depuis 1974 à la direction de la région pour démontrer qu'il faut rebâtir le réseau souterrain du centre-ville. Il va passer au feu, ça fait longtemps que je le dis, et personne ne veut entendre parler de ça. Te voilà averti, Claude : le jour où il passe au feu, moi, je prends ma retraite et je rentre à la maison. Je vous aurai prévenus !"

Un dossier brûlant. Je ne savais trop que faire. Après réflexion, j'ai "by-passé" *tout le monde et suis allé directement à Boyd.*

"Monsieur Boyd, on est assis sur une bombe au centre-ville !

– Expliquez-moi ça", *m'a-t-il dit, le moins nerveux du monde.*

Je lui raconte ma rencontre avec Gingras.

"Ça va prendre quoi ?

– Nous, 400 ou 500 millions. La ville autant". *Il n'a pas sourcillé.*

"D'accord, on va les investir. Occupez-vous en !"

J'avais carte blanche. C'était bien beau, mais il me fallait désormais convaincre la Ville. On ne peut rien faire en souterrain à Montréal, sans sa participation active au génie civil. Je me souviendrai, là encore longtemps, de la réponse du maire Drapeau lorsque la première fois je lui présenterai le projet et les énormes dépenses qu'il impliquait pour la Ville. "Monsieur Boivin, *m'avait-il répondu,* 500 millions sous les trottoirs, vous savez, ça ne paraît pas beaucoup pour les électeurs !"»

De connivence avec Jean-Claude Nepveu, président de la Commission des services électriques, Boivin présente une première fois le projet au Comité exécutif de la Ville. Un échec : «*Ça leur est tombé "frette" sur le dos, pas de réaction !*» Il fallait imaginer plus gros, plus fort pour faire bouger la haute hiérarchie de la métropole. Le directeur adjoint décide de sortir les gros canons. Marcel Couture est mis dans le coup. C'est l'époque de gloire du grand Marcel, qui, de Jean Cournoyer à Guy Joron, a su manœuvrer avec une habileté consommée à Québec et parle désormais comme l'égal des boss de ses boss. Train princier, pouvoirs plénipotentiaires, une armée de spécialistes talentueux à son service dans tous les domaines de la communication, budgets semblant illimités, le disciple avoué de Charles Maurice de Talleyrand-Périgord, dit Talleyrand, n'en mènera jamais aussi large. Il va mettre le paquet pour aider le petit directeur adjoint, gestionnaire à ses antipodes personnels, rigoureux, sobre, bourreau de travail, mais dont, en fin renard, il perçoit le potentiel d'avancement dans la hiérarchie.

«*Un vrai musée des horreurs!*», évoque Claude Boivin. *On a pris des photos d'épouvante dans les voûtes et on les a montées sur de grands panneaux. J'ai convaincu Pierre Godin, mon boss de l'époque, d'aller présenter ça avec moi au Conseil exécutif, lui faisant la concession d'ôter le mot "bombe" de la présentation. Couture s'assura je ne sais trop comment qu'il n'y aurait pas de journalistes à la séance. Et, finalement, on a convaincu les élus municipaux que c'est tout l'essor économique de la ville qui était en jeu et on a pu entamer une collaboration intense de réfection prévue pour cinq ans et qui allait durer pratiquement dix ans.*»

Ce milliard «*sous les trottoirs*» de Montréal prendra souvent l'allure d'un bras de fer entre les deux géants, Hydro et la métropole. Guy Coulombe est aujourd'hui fort bien placé pour évaluer le dossier, passé de président d'Hydro dans la décennie 80 à directeur exécutif de la Ville à la jonction des deux siècles. Il analyse : « *Hydro avait la volonté politique et les budgets pour régler le dossier. C'était moins clair à la Ville, en tout cas au niveau des budgets. Chaque année, le maire Drapeau m'appelait :* «Monsieur Coulombe, je n'ai pas l'argent pour vous suivre!» *Finalement, quand je suis arrivé à la Municipalité, j'ai réalisé que le programme tel qu'initialement prévu n'était pas entièrement réalisé. Certes, on ne vivait plus sur une bombe, mais il y avait encore place à amélioration. J'ai appelé André Caillé et on s'est vite entendus sur la meilleure personne qui pourrait fournir un cadre d'analyse valable du dossier et nous aider à le mener à terme ; c'était... Claude Boivin.* »

Sur un autre front et pour une des premières fois de l'histoire, Hydro va également commencer, à l'époque, à travailler de façon plus pointue sur les caractéristiques de son produit. Jusque-là et depuis presque un siècle, les distributeurs québécois, comme ceux de l'ensemble du monde industriel, du reste, fournissaient des kilowattheures à leur clientèle sans trop se soucier d'autre chose que de la régularité de l'approvisionnement et du maintien de la tension, deux impératifs de livraison à la base de l'évolution technique des réseaux tout au long du siècle. Les problèmes propres au maintien de la tension, longtemps épineux dans les décennies d'implantation tous azimuts des réseaux, avaient été globalement résolus par l'industrie dans les années 60. C'est alors qu'on avait réglé le gros des nuisances liées aux baisses et aux variations de tension en normalisant le voltage à 115-120 V, les distributeurs se donnant ainsi une marge pour assurer un service à la tension minimale de 100 V requise par les fabricants d'appareils électriques. À cette époque, Hydro avait encore installé des boucles, des circuits fermés, des contrôles et des asservissements destinés à diminuer l'amplitude de tension entre le premier et le dernier client d'une ligne. Bref, le réseau était globalement performant à cet égard. Mais, au début de 1980, on découvre que l'appareillage installé pour régulariser les tensions crée en fait d'autres problèmes qui nuisent à la clientèle. Un des problèmes de l'heure est celui de la prolifération des « *harmoniques* ».

« *Quand on fait du redressement de courant* », dit Jean Bertin-Maheux, un des ingénieurs qui, à l'époque, vont travailler sur ce dossier, « *on crée des ondes qui provoquent elles-mêmes des pertes d'énergie sur les conducteurs et chez les clients, et des interférences sur les lignes téléphoniques.* » Il fallait maîtriser le phénomène. « *On a regardé*, poursuit Bertin-Mahieux, *ce qui se faisait ailleurs pour découvrir, par l'ACE, que l'expertise dans le domaine était en Alberta. Pourquoi en Alberta ? Parce que là-bas les distributeurs d'électricité sont privés alors que la compagnie de téléphone est publique. C'est elle donc qui, ayant le gros bout du bâton et le législateur derrière elle, a dit d'une grosse voix aux autres : "Vous nous nuisez, réglez le problème !"* » Sur la base des études albertaines, on va donc s'attaquer au problème, établir des normes et régler l'essentiel des nuisances, mais, même aujourd'hui, le problème reste « *vif* », selon le mot de Jean Bertin-Mahieux, du fait de la généralisation des équipements de redressement jusque dans les appareils domestiques (réfrigérateurs, téléviseurs, ordinateurs, etc.).

Durant toute la décennie 80, Hydro-Québec ira donc d'efforts particulièrement importants et inusités jusque-là dans l'histoire de la Distribution pour améliorer son service à la clientèle. Tout cela pour une énorme déception alors qu'à la fin de la décennie, l'entreprise ne peut que constater que ses efforts auront été insuffisants. « *Oui* », concédera en conférence de presse le nouveau président et chef des opérations Claude Boivin, en décembre 1988, « *le réseau de distribution est vulnérable dans des secteurs précis.* » Le nouveau président veut parler de l'île de Montréal, de la région de Québec, de la rive sud, de quelques endroits en Estrie, autant de zones où la consommation a augmenté de façon particulièrement rapide. Les développements dans ces « *zones problématiques* » ont été tels à l'époque qu'en dépit de l'envergure des actions récemment entreprises, Hydro peine encore à répondre efficacement aux attentes et aux exigences du marché. Les appareils de sectionnement et les parafoudres sont pointés du doigt par les exploitants comme sources de nombreux problèmes. On va consacrer avec l'Ireq d'autres millions de dollars à leur amélioration dans le cadre de programmes intensifs de recherche[52].

---

52. Le service Appareillage technique de la direction Distribution, l'Ireq et un partenaire privé, la compagnie Joslyn Canada, vont alors mettre au point un parafoudre à oxyde de zinc et enveloppe de béton polymère de grande résistance mécanique et durable qui éliminera les risques d'explosion que l'on constatait avec les équipements classiques faits de porcelaine.

Guy Coulombe, qui, à la fin de 1987, annoncera son départ d'Hydro pour le printemps suivant, garde encore aujourd'hui une grande fierté mêlée d'un peu de déception face au dossier. «*Ma perception est que nos efforts de l'époque, notre parti-pris décisif en faveur de la Distribution, sont passés assez inaperçus, surtout après le tambour de la Baie-James de la décennie précédente qui avait mis le focus sur l'Hydro des bâtisseurs. Même à l'interne, nos investissements intensifs n'ont pas créé l'impact positif de valorisation que nous souhaitions au bénéfice des activités d'exploitation. On a pourtant transféré alors 2 000 postes du siège social en régions, pour essentiellement rapprocher nos gens des clients. Mais ces efforts n'ont pas vraiment marqué l'opinion, ni à l'externe, ni à l'interne.*»

À l'heure de l'évaluation de ces efforts des années 80, Pierre Godin, le décentralisateur, garde quant à lui, avec son flegme coutumier, une perception un peu plus positive : «*Je crois que c'est dans ces années, 83-84, que le sens du rôle d'encadrement a été clairement compris au siège social.* [...] *Nous avons mené la décentralisation sur deux fronts, du siège social vers les régions, des sièges régionaux vers les secteurs* [...] *J'estime que cela a été réalisé d'une manière intelligente*[53].» Les secteurs à l'époque apparaîtront effectivement comme l'unité de base de Distribution et connaîtront le summum de leur popularité auprès des cadres souhaitant faire carrière dans cette entreprise. Au premier poste de gérant ouvert, les listes seront longues de candidats de prestige issus des fonctions du siège social souhaitant brusquement plonger dans la réalité régionale soudainement revalorisée. C'est sur eux, les secteurs, que les planificateurs vont fonder, dans un premier temps, le projet du siècle en Distribution, celui qui fera définitivement passer le parent pauvre dans l'ère technologique : les centres d'exploitation de distribution automatisés.

Réinventer la distribution technique

Jean-Claude Roy, le nouveau directeur fonctionnel Distribution nommé par Pierre Godin depuis 1982, est un jeune cadre en devenir. Tout un symbole de l'évolution de l'entreprise à l'époque : il vient du monde du Génie et du Transport. Il fait flèche de tout bois. Directeur adjoint depuis la fin de la décennie 70, il brasse la cage, fait apparaître les problèmes. Dans une note interne aux directeurs de régions restée célèbre[54], il pose au printemps 1979 un diagnostic d'une sévérité assez inusitée sur les performances de Distribution. «*Depuis quelques années,* attaque-t-il d'emblée ses vis-à-vis régionaux, *des études effectuées à la direction Distribution ont permis de constater une dégradation de la continuité du service rendu à la clientèle.*» Le pavé dans la mare ! Mais où s'en va donc le jeunot ? Il le précise un peu plus loin en décrivant l'«*outil essentiel*» qu'il va proposer

---

53. *Ibid.* Note 43.

54. «*Gestion intégrée des réseaux de distribution*», correspondance interne de Jean-Claude Roy aux directeurs de régions, 22 mai 1979, Archives d'Hydro-Québec.

aux régions d'implanter : des centres d'exploitation de distribution (CED) qui, fortement automatisés, permettront l'intégration de l'essentiel des tâches des exploitants.

CED : l'idée, l'acronyme sont lancés. C'est tout un changement de conception du rôle et des méthodes de travail de Distribution que l'on voit poindre pour la première fois à cette occasion. Le jeune directeur-adjoint en a la vision claire. En fin de note, il convoque les directeurs régionaux à une réunion d'échange sur le sujet, laquelle, dit-il, n'y allant pas de main morte, *« nous permettra de finaliser l'orientation que nous voulons donner à la Distribution »*.

La direction fonctionnelle Distribution en 1982. Assis, de gauche à droite : Camille Gaudreault, directeur adjoint, Jean-Claude Roy, directeur, René Cantin, chef de service ; debout et toujours de gauche à droite, trois autres chefs de service : Ghislain Ouellet, Henri-Paul Aubin et Robert Foisy.

➤ Yvon Fournier, le roi québécois de l'émondage

Le vieux colosse octogénaire est depuis longtemps retraité. Lui, issu d'un milieu, pour dire le moins, très modeste, élevé à la dure, *« forestier »* de formation, jouit désormais d'une vie dont, à l'évidence, on perçoit l'aisance. Il a, comme on dit, réussi dans la vie.

Non sans travail ! À 32 ans, en 1954, Yvon Fournier est arpenteur au service la Ville de Cap-de-la-Madeleine. Il a de l'ambition, veut réussir. Alors, en plus de son travail, il bûche des lignes de séparation de lots boisés, aménage une pépinière, travaille comme paysagiste pour de riches propriétaires de la région.

C'est alors qu'il entend dire que le groupe Shawinigan a des besoins d'entretien sur ses emprises de ligne qu'il n'arrive pas à combler avec sa propre main-d'œuvre. Fournier obtient un premier contrat d'arrosage chimique : 2 000 $ pour la ligne Saint-Raymond de Portneuf–Rivière-à-Pierre. «*Un travail très dur qu'en fait personne ne voulait faire. J'avais trois employés avec moi et on arrosait de front, à la main, avec nos vaporisateurs de 75 livres sur le dos. Un camion avec un gros réservoir nous suivait sur la route voisine. Le soir on couchait dans d'anciens camps au bord de la ligne...*»

L'année suivante, d'autres contrats de la Shawinigan, cette fois du côté d'Oka et de Valleyfield, pour 6 000 $. Fournier donne encore une fois satisfaction. L'année suivante, la SW&P lui en donnera cette fois pour presque 100 000 $ et ça ne cessera plus. «*Dès lors*, dit-il, *je crois bien avoir eu tous les contrats qu'allait accorder la Shawi durant le reste de son existence. Une seule exception, un coin de la rive sud qu'Howie Walker, le responsable local du temps pour la Shawinigan, donnait à une compagnie américaine. Je lui dis un beau jour :*

"Monsieur Walker, pourquoi donner ça à des Américains et pas à nous qui sommes sur place ?

– You know, Yvon, it's a big, big company. You'll never be able to get big as they are !"

Ça m'avait insulté. Dès lors je n'eus de cesse d'établir une entreprise puissante aux dimensions du Québec.»

Son premier contrat avec Hydro, Yvon Fournier l'aura avant la fin des années 50 sur le réseau de Bersimis. «*J'en étais rendu alors à 25 ou 30 hommes. Nos activités étaient encore bien artisanales. On avait un cheval, quelquefois des mules, qui tiraient derrière nous des barils de 45 gallons de désherbant, en fait je ne sais trop quel produit chimique que l'on mélangeait avec des huiles usées. L'argent rentrait l'été, mais les hivers restaient difficiles. Heureusement, je continuais l'arpentage en parallèle.*»

C'est le gros verglas de 1961 et l'immense travail d'élagage qu'il devait engendrer dans les années suivantes qui allaient définitivement lancer l'entreprise d'Yvon Fournier, qui, jusque-là, subsistait d'année en année. Après le verglas, il va stabiliser l'entreprise dont il rêvait : une compagnie saine et solidement implantée sur le territoire (Québec, Trois-Rivières, Montréal et Laval). «*Avant 1961, c'était véritablement de l'improvisation. Le travail était très dur. Les hommes finissaient par se blesser dans le dos à force de porter les pulvérisateurs sur des kilomètres et des kilomètres de sols inégaux. Dans ces conditions, la main-d'œuvre était difficile à trouver et à garder. Faut dire qu'en plus on ne payait pas cher, 7 à 8 $ par jour, nourri. On allait chercher les gars dans les tavernes le lundi dans les régions où l'on avait des contrats. On les gardait une semaine et bien souvent on ne les revoyait plus le lundi suivant. Je me souviens même avoir sorti des gars de prison à La Tuque pour les embaucher. Époque héroïque, ma femme m'aidait fort pour l'administration même si l'on avait déjà cinq enfants. Mon bureau, c'était le sous-sol de ma maison...*»

Pendant les 20 années suivantes, Yvon Fournier va acheter tous ses compétiteurs au fur et à mesure de leur entrée sur le marché, doter ses équipes de camions-nacelle (jusqu'à 175), voire d'hélicoptères, faire donner des cours à son personnel de plus de 600 hommes par des professeurs de foresterie renommés. C'est lui qui, véritablement, créera et structurera l'industrie de l'émondage au Québec. Obtenant la grosse majorité des contrats d'Hydro dans les décennies 60 et 70, alors même que la société d'État choisit de laisser au privé l'essentiel de ses activités d'émondage, Yvon Fournier deviendra un véritable poids lourd du domaine. Ses activités s'étendront aux provinces voisines et aux États-Unis. Il deviendra même le président de l'Association internationale d'arboriculture, groupement américain de 4 000 entreprises spécialisées dans l'émondage.

Pas mal, non, pour un « ti-cul » de Rivière-à-Pierre, treizième enfant d'un trappeur et guide de chasse ?

On est en 1979 et un virage s'amorce. Un mouvement est nettement engagé qui s'amplifiera singulièrement quand, au fil de la décennie 80, on va se rendre compte que les efforts techniques considérables consentis pour l'amélioration du réseau sont loin de répondre au but ultime visé de satisfaction totale de la clientèle. C'est en fait que la réalité ne cesse de se modifier et de dépasser Hydro, aussi consciente soit-elle de la nécessité d'améliorer son service technique, aussi désireuse soit-elle, et elle l'est, de plaire à sa clientèle et de la satisfaire.

L'électricité est désormais à peu près partout et dans tout au Québec et, grâce aux efforts de promotion des collègues des Ventes, ne cesse, dans un mouvement séculaire irrépressible, de percer les secteurs industriels où elle n'était pas. L'accroissement ininterrompu des charges qui en découle, les nouvelles attentes de la clientèle pour ce qui est de la fiabilité et de la qualité de l'onde, la responsabilisation de l'entreprise vis-à-vis de l'énorme proportion de sa clientèle désormais dépendante du chauffage électrique induisent un nouvel environnement particulièrement exigeant pour les distributeurs. C'est toute la société québécoise qui, en quelques décennies, vit désormais, fonctionne, travaille, s'organise en fonction de la disponibilité d'une électricité abondante, omniprésente et nécessairement attendue sans défaut. Dans ce contexte, toute interruption mineure devient un problème majeur pour les clients touchés et toute interruption majeure prend vite des allures de catastrophe nationale[55].

---

55. Ces lignes sont écrites le 15 août 2003, alors même qu'une panne majeure touche le Nord-Est des États-Unis et l'Ontario. Quelques heures sans courant et l'on y parle de milliards et de milliards de dollars de pertes. La vie est invraisemblablement perturbée à New York et Toronto. Les journaux, les radios ne parlent plus que de la panne. Les premiers ministres Bush et Chrétien sont sur la sellette. Non, la vie moderne ne peut plus se concevoir sans l'électricité.

Nos sociétés atteignent alors un degré d'exigence de qualité quant à leur service électrique jamais atteint dans le passé et ne peuvent désormais s'accommoder de maillons faibles dans la chaîne production-transport-distribution qui fournit le kilowatt au client. Cet état de fait, les dirigeants d'Hydro l'ont vu venir et les persuadera dans les dernières vingt années du siècle de devoir ni plus ni moins *« réinventer la distribution électrique »*. Et ils vont le faire.

Les gens de technique vont à cet effet travailler en symbiose avec ceux des services à la clientèle. Sur les conseils de Jean-Paul Cristel, Pierre Godin, à l'automne 1981, nomme un ingénieur féru de techniques de distribution au poste nouvellement créé de directeur adjoint Services à la clientèle : Claude Pouliot. Un geste très important qui sera lourd de conséquences immédiates et à long terme. Pouliot à l'époque est déjà associé aux premières initiatives d'automatisation. C'est dans son service que, à l'issue des études de Denis Hayeur, on a aménagé une salle dédiée au développement des systèmes informatiques nécessaires à la représentation graphique du réseau et à la mise sur pied des futures bases de données essentielles aux CED. Sous son impulsion, l'automatisation des données du réseau va avant tout viser à mesurer la qualité du service offert à la clientèle. *« Jusque-là,* dit Claude Pouliot, *on mesurait la continuité du service en fonction des minutes ou des heures sans alimentation. Une donnée d'ingénieur. On était capable de quantifier les interruptions et de connaître avec précision leur durée, mais incapable de dire combien de clients avaient perdu le service. Les gens du réseau faisaient des approximations certes relativement valables compte tenu de leurs connaissances des clients et de leur expérience, mais qui n'avaient rien de précis ni de scientifique. Là, on a demandé à nos confrères de Distribution d'identifier avec exactitude le nombre et le profil des clients raccordés sur chacune des adresses électriques déjà définies. C'était une véritable révolution des façons de penser. Elle allait nous permettre de mieux connaître les impacts de nos décisions sur la clientèle. C'est ainsi que l'on a pu définir un ordre de priorité au rétablissement du service en fonction des divers groupes de clients (hôpitaux, usines de traitement des eaux, polices, services d'incendie, usines à procédés continus, etc.). Ainsi à l'étape même de leur conception allions-nous penser les CED en fonction d'une finalité prioritaire de service à la clientèle. »*

Coup d'envoi signifié par Jean-Claude Roy, le processus d'automatisation entamé au début des années 80 va durer, s'implanter, se peaufiner jusqu'à nos jours. En fait, il n'est pas encore achevé aujourd'hui et ne le sera probablement jamais tant la quête d'amélioration est par nature sans limites. Hydro-Québec Distribution, aujourd'hui, c'est toujours des postes, des poteaux de bois et des transformateurs, mais derrière ce monde tangible d'une simplicité aux apparences trompeuses il y a désormais une logistique informatisée d'une envergure et d'une profondeur relevant d'une technologie hautement complexe et performante.

Au tout début du projet, à la fin des années 70, le chiffre de 64 CED à créer, un par district de distribution, est avancé, puis, rapidement, les spécialistes informaticiens et distributeurs vont caresser l'idée de doter plutôt d'un centre du genre chacun des 50 secteurs régionaux que compte alors l'entreprise. Le directeur de Distribution, Gilbert DuSablon, déclare en juin 1980 à *Information-Cadres*: «*La direction Distribution a élaboré un vaste programme visant à l'automatisation de 50 CED répartis dans les régions.* […] *Cette approche est conforme à l'historique de l'exploitation du réseau de distribution à Hydro-Québec qui a toujours été décentralisée dans les régions.*» Quant aux intentions des planificateurs, DuSablon précise: «*Chaque CED sera capable de reproduire sur écran cathodique les artères* [du réseau de distribution sous sa responsabilité] *avec leurs caractéristiques techniques: charges, sections, adresses électriques des abonnés, etc.*[56]»

Les discussions «fonctionnels-opérationnels» – on est, faut-il le rappeler, au début des années 80 – seront, encore là, longues et laborieuses, et les consensus difficiles à établir. C'est finalement Jean-Claude Roy, devenu directeur qui, en janvier 1984, fera approuver la première base tangible du pro-

Robert Jodoin, alors chef de division Projets d'automatisation, donne quelques explications à Claude Pouliot et Pierre Godin, pendant la présentation des nouveaux équipements informatiques de la direction Distribution à l'été 1981.

jet qui sera élaboré dans sa phase préliminaire jusqu'en mai 1986 et implanté jusqu'en décembre 1989. Le plan retenu au terme des années d'études de planification ramène le nombre de CED de 50 à 16. En définitive, on en implantera 13. Non pas un recul, mais une amélioration, une optimisation. On peut parfaitement et efficacement pour la clientèle couvrir le territoire avec une structure plus légère et l'on fera du reste encore mieux que ça dans l'avenir.

Qu'est-ce qu'un CED? Une salle de contrôle du réseau de distribution, dotée de consoles, de pupitres, d'écrans, où l'on va faire en sorte qu'apparaissent toutes les données physiques du réseau en temps réel. Son mandat? «*Connaître, analyser, agir*», bref gérer le réseau au quotidien, détecter ce qui peut nuire à sa performance et prendre immédiatement les moyens d'action pour maintenir ou rétablir la continuité du service.

---

56. «*Des développements importants pour le réseau de distribution – une entrevue avec Gilbert DuSablon*», *Information-Cadres*, Hydro-Québec, juin 1980.

Un des artisans du projet, Mario Boulanger, informaticien devenu depuis chef des Projets d'automatisation et informatique de la direction Conduite du Réseau, explique : «*Cette première version du projet avait pour but de créer un inventaire des installations du réseau. Chaque appareil du réseau fut alors identifié par un numéro LCLCL (L = Lettre, C = Chiffre) sur une petite plaque jaune fixée sur le poteau le soutenant. L'initiative, baptisée IRD (pour Inventaire du réseau de distribution), coûta une quarantaine de millions. Elle se déroula en parallèle avec une autre collecte de données majeure : l'inventaire des adresses civiques et électriques. Toutes ces données, constamment remises à jour, sont à la base de l'activité des CED, permettant aux opérateurs d'avoir accès en tout temps à l'information nécessaire pour prendre action sur le réseau.*»

Autre manifestation de la difficulté d'harmoniser les actions entre les divers acteurs de la Distribution à l'époque, deux technologies forcément concurrentes seront mises au point en même temps par des équipes d'Hydro, chacune persuadée de mieux s'y prendre pour répondre aux besoins de l'entreprise et de la clientèle québécoise. Cette fois, c'est la région Saint-Laurent qui se singularise, travaillant sur un concept de micro-ordinateurs en relation avec l'Ireq qui, ultimement, aboutira à la création de l'entreprise M3i. Le reste de l'entreprise, sous l'égide des «fonctionnels» de la direction Distribution, assistés de ressources issues du groupe HBA de génie conseil[57], une vingtaine d'ingénieurs, d'informaticiens et de techniciens coordonnés par un ancien d'Hydro-Québec, Rosaire Trahan, imaginent plutôt un concept fondé sur l'utilisation de mini-ordinateurs. Et l'affrontement, bien sûr, deviendra inévitable dans la seconde moitié de la décennie. Gilles Béliveau, devenu à l'époque vice-président exécutif Exploitation, se souvient : «*Micro ou mini ? En a-t-on tenu des réunions sur ce maudit thème ! Bien sûr qu'en analysant les choses de la façon la plus positive on pouvait avancer que cette compétition était saine, amenant chacune des deux équipes de recherche à nous proposer un meilleur produit, mais, dans notre quotidien de gestionnaires, quel ennui ! Micro ou mini ? On se moquait bien de la réponse ! Honnêtement, les querelles de spécialistes nous passaient haut par-dessus la tête. Nous, les gestionnaires dans le champ, nous voulions l'outil qui nous permette de donner le meilleur service possible aux clients, point à la ligne !*»

Cet outil-là, les spécialistes de Distribution sont aujourd'hui persuadés de l'avoir conçu et mis au service des exploitants actuels du réseau. Notre histoire à ce sujet sera volontairement courte. On retiendra que les CED sont passés de treize à huit et sont

---

57. Créé en 1962, le groupe HBA, aujourd'hui présidé par Normand Brousseau et dont les activités à l'international sont dirigées par Yvan Bernier, est une autre de ces entreprises québécoises de génie-conseil qui ont bénéficé à leur heure de la synergie de l'unité Distribution d'Hydro-Québec. Autrefois active en génie rural, la firme de Drummondville a commencé à développer une expertise pointue en ingénierie détaillée de poste de transformation et en environnement, dès le début des années 80. Avec le contrat des CED, elle situait son partenariat avec Hydro au premier rang des préoccupations stratégiques de la division Distribution dont elle reste aujourd'hui un partenaire à l'efficacité reconnue.

aujourd'hui au nombre de cinq, répartis à Saint-Jérôme, Montréal (Jarry), Saint-Bruno, Rimouski et Beauport (Montmorency). Entre les CED qui prennent les mesures et les clients, un CPU (Centre de pannes et d'urgences), localisé à Jarry depuis 1995, reçoit les appels de partout en province et les relaie par communication informatique immédiate aux CED. Marcel Jobin, diplômé en génie électrique de l'Université Laval (promotion 1972), l'actuel directeur Conduite du réseau de distribution, analyse : *«Le système a provoqué tout au long de ses 20 ans d'application et de perfectionnement un changement majeur dans les méthodes de travail et dans la perception que les gens de Distribution avaient de leur tâche. On est passé d'une culture où les opérateurs, les décideurs dans les centres de contrôle du réseau, très souvent d'anciens monteurs, devaient avoir une connaissance pratique des installations sur le terrain à une toute nouvelle réalité où les gens dans les CED travaillent de façon conceptuelle sur des schémas unifilaires et des diagrammes. Avant, les gens travaillaient de mémoire dans des territoires qu'ils connaissaient : ils y avaient planté les poteaux, ils connaissaient la clientèle. Ils travaillent désormais sur des concepts et, de n'importe où au Québec, peuvent intervenir où que ce soit sur le territoire. »*

Mais finalement, et pour décrire les choses simplement, qu'est-ce donc qu'un CED ? à quoi sert-il ? comment contribue-t-il à l'amélioration du service aux clients ? Imaginons une panne dans un rang de Saint-Valentin, de Saint-Gédéon, ou de Sainte-Camille. Disons que nous sommes à Saint-Valentin, près de la frontière de l'État de New York, en 1970. Tout à coup, vous voilà dans le noir. Une bougie, l'annuaire du téléphone et vous faisiez le numéro «Pannes et urgences» d'Hydro. Vous composiez… et, souvenez-vous, c'était invariablement occupé. Vous recomposiez, une, dix, vingt fois… Miracle, vous finissiez par être en ligne. Ça sonnait, sonnait et resonnait encore. Manifestement, vous n'étiez pas le seul à appeler. Vous patientiez et, soudain, une voix, fort aimable au demeurant, bien qu'on y perçoive un brin de lassitude :

«Hydro-Québec Secteur Saint-Jean, que puis-je faire pour vous ?

– C'est pour rapporter une panne.

– Vous habitez ?…

– Saint-Valentin.

– En effet, d'autres clients ont appelé. Il y a panne dans votre secteur.

– Ça, je le savais, mais qu'est-ce qui se passe ?

– On ne sait pas encore, Monsieur, mais on y travaille…

– Ah bon ! Et quand aurons-nous le courant ?

– *Quand ce sera réparé, Monsieur.*

– *Je m'en doutais là encore, mais avez-vous idée du temps que ça va prendre ?*

– *Moi, non, Monsieur, je suis du Service à la clientèle, mais je vais transmettre immédiatement vos coordonnées aux opérateurs de Distribution qui vont faire le nécessaire dans les plus brefs délais.*

– *Ah bon !* »

Et vous raccrochiez avec cette vilaine impression de n'en savoir pas beaucoup plus qu'avant votre appel. Et vous attendiez. Parfois, agacé un brin par la noirceur, vous retentiez la loterie des appels. Dix coups pour rien. Au onzième, cinquantième ou centième, une voix, toujours aimable mais un peu plus lasse que deux ou trois heures auparavant : « *La panne de Saint-Valentin ? C'est la foudre qui est tombée sur un transfo à Napierville. Des équipes y travaillent. Comptez encore trois ou quatre heures.* »

Ce qui a changé aujourd'hui avec les CED ? Imaginons la même panne dans le même rang de Saint-Valentin en 2003. Subitement, vous voilà dans le noir. Une bougie, l'annuaire téléphonique et vous composez le numéro « Pannes et urgences » d'Hydro. Vous n'y prêtez même pas attention, mais le numéro commence par « 1 800 », preuve que sa composition est gratuite, ce qui n'est que normal, mais preuve aussi qu'il est accessible de partout en province. Vous composez. À peine le numéro fait, une voix enregistrée répond. Déçu, vous pensez : encore un de ces maudits disques !

« *Bonjour, ici, Hydro-Québec. Si vous appelez pour un service résidentiel, faites le 1.* »

C'est bien ça, encore un de ces satanés systèmes en cascade. Vous faites le 1, puisqu'on vous le demande.

« *Si vous appelez pour une panne, faites le 1.* »

Allons bon, ça continue. Vous refaites le 1.

« *Si vous téléphonez de l'endroit de la panne, faites le 1.* »

Ça n'en finira jamais ! Vous refaites le 1.

« *S'il vous plaît,* dit la voix, *veuillez patienter…* »

Et vous vous dites, voilà, je suis piégé, à moi l'attente. Mais non, quelques secondes à peine se passent et, surprise, une sonnerie, puis une voix, une vraie, vous parle qui connaît votre nom et même, vous le découvrirez plus tard, votre adresse : « *Bonjour Monsieur Untel, ici Madame Unetelle du Centre d'appel provincial d'Hydro-Québec. Comment puis-je vous aider ?* »

C'est cela le résultat des efforts technologiques de Distribution. Il ne s'est pas déroulé 20 secondes depuis le début de l'appel et quelqu'un d'Hydro s'occupe de vous, est en mesure de vous renseigner et va faire ce qu'il faut pour régler le problème[58]. Ce coup de fil (avec nos excuses et nos remerciements aux gens du CAP), nous l'avons réellement fait par un chaud dimanche du mois d'août 2003, alors que tout un chacun s'activait dans ses platebandes, se prélassait à la plage ou faisait balconville. Aurions-nous véritablement été touchés par une panne que la préposée à la clientèle au bout du fil aurait immédiatement signalé la chose au CED concerné, qui aurait agi, nous aurait renseigné sur la cause de la panne, les interventions engagées par Hydro pour y remédier et nous aurait donné une estimation du temps requis pour le rétablissement du service.

Mario Boulanger explique : « *Lorsque le client en panne appelle, il y a un échange entre le système Clientèle qui saisit l'information du client à son écran et le CED concerné, en temps réel, par un lien informatique. Une "coïncidence" est immédiatement faite entre l'adresse du client et l'adresse électrique des appareils du réseau qui l'alimentent. Dès cet instant, les opérateurs du CED sont en mesure de localiser automatiquement le point de protection amont. Avant, on envoyait les équipes qui devaient patrouiller pour trouver l'emplacement du bris avant de réparer, aujourd'hui on les envoie directement sur le lieu de la panne. Le gain de temps est énorme et l'amélioration pour le client, en qualité d'information et d'efficacité de rétablissement du service, est évidente.* »

Le temps mis à rétablir le service au client ? la hantise des distributeurs d'Hydro aujourd'hui ! Gilles Béliveau se souvient d'une commission parlementaire à la charnière des années 80-90, alors que Claude Boivin, comme président et chef des opérations, et lui, comme vice-président exécutif Exploitation, s'étaient faits assez joyeusement « brasser » par les parlementaires sur le thème : « *Vous nous dites que vous visez à réduire le temps d'interruption chez vos clients. Bonne initiative, mais quel est votre objectif précis à cet effet ?* » « *Le soir même*, raconte Béliveau, *on se retrouvait dans une chambre d'hôtel, Claude Boivin, le directeur Distribution de l'époque, Camil Gaudreault, et moi. Fallait que l'on sorte un chiffre. C'est là qu'on a défini le concept d'ICS, l'indice de continuité de service. Le lendemain, on put dire aux députés :* "Voilà nous sommes actuellement à sept heures environ d'interruption annuelle par client. Nous visons, en trois ans, à rejoindre la moyenne nationale à quatre heures. Par la suite, nous verrons à faire mieux !" »

Jean-Luc Beaulieu, technicien aux compétences telles qu'il ravira, fait assez inusité à Hydro-Québec, le poste de directeur Réseau de distribution, de l'île de Montréal, à la redoutable meute de ses concurrents ingénieurs, abonde dans le même sens : « *J'ai*

---

58. On notera qu'en cas de panne majeure touchant un très grand nombre de clients et engendrant un volume d'appels téléphoniques dépassant la capacité de réponse des préposés, une RVI (réponse vocale interactive), une machine, donc, prend le relais, donnant la même information que celle qui est accessible à l'écran des représentants du service à la clientèle.

retrouvé des documents de 1990 signés du vice-président régional de l'époque, Jean Houde, et fixant un objectif de réduction des heures d'interruption de 6,5 à 5,5. Nous sommes aujourd'hui [en 2003] *rendus à 2 heures, un progrès tout de même assez impressionnant!»*

Un progrès dont Hydro-Québec Distribution est à juste titre très fière : «*Notre indice de continuité de service, s'enorgueillit Yves Filion, est aujourd'hui meilleur que la moyenne canadienne, ce qui est une excellente performance compte tenu des coûts engagés. Car, bien sûr et nous le savons, nous pourrions faire mieux. Il y a toujours moyen de faire mieux, mais à quel coût ? C'est là une question de choix de société et nous savons que notre clientèle tient à ce que nous maintenions le plus bas possible les coûts du service que nous lui vendons.»*

Marcel Jobin est un ingénieur d'un genre calme et réfléchi. Il s'enthousiasme néanmoins quand on lui parle de ses CED et de l'ensemble du déploiement technologique qui en découle : «*Nous sommes convaincus, dit-il, que nous avons le meilleur système du genre au monde et nous le savons parce que nous nous comparons!»* La confrontation Distribution-M3i est en voie de s'éteindre. Marcel Jobin précise à ce sujet : «*Hydro a vendu une licence de commercialisation exclusive et mondiale du logiciel de base des CED à Cognicase, entreprise depuis rachetée par le groupe québécois CGI, lequel possède aussi aujourd'hui M3i. Les dés sont donc désormais dans la même main et des projets de convergence des deux systèmes québécois sont mis à l'étude. Les deux technologies se retrouvent et Hydro leur sert de vitrine internationale, une situation stimulante au plan commercial sur les marchés des distributeurs internationaux où notre expertise est bien connue.»*

Et l'amélioration du service ne s'arrête pas là. Les monteurs et les jointeurs intervenant sur les pannes sont un autre élément majeur de progrès. Là également, le travail a changé et continue de changer. Un camion de distribution, c'est désormais une véritable unité de service, autonome et «*communicante*». Marcel Jobin explique : «*Le travail est devenu nécessairement très étroit entre les CED et les intervenants sur le réseau. On est en train d'implanter des systèmes qui nous permettront de savoir en permanence où sont rendus les camions de monteurs et de jointeurs. On a déjà en cours à Trois-Rivières une expérience pilote avec des ordinateurs dans les camions. L'étape suivante sera d'y mettre des systèmes géoréférencés. Il n'y a pas de limites aux progrès que l'on peut imaginer.»*

Diplômé en génie électrique de l'Université Laval, Roger Bérubé, aujourd'hui vice-président Réseau de distribution au terme d'une brillante carrière en Production et Transport et Recherche, est depuis 1998 le maître d'œuvre du renouveau de la Distribution. Il met en contexte et énumère : «*Le passage à l'an 2000 nous a conduits dans une logique de rajeunissement de tous nos systèmes. On a déployé le système transactionnel SAP en Maintenance et Projets. On implante avec Dcartes un volet d'information géoréférencée. On travaille à un projet de répartition des équipes assistée par ordinateur. On commence à installer des ordinateurs portables informatiques dans tous les camions qui permettraient à l'employé*

Métier d'avoir à portée de main et en permanence toute l'information requise pour faire son travail. Tout cela se met en place de façon concertée avec les systèmes que Clientèle étudie et s'apprête à mettre en place de son côté. HQD [pour Hydro-Québec Distribution] devrait prochainement atteindre un niveau d'informatisation unique chez les grands distributeurs mondiaux. Plus jamais le travail ne sera fait chez nous comme il l'était auparavant. »

Cette véritable révolution technologique d'HQD n'arrive pas par hasard en cette fin de siècle. Diplômé en génie civil de l'Université de Sherbrooke, promotion 1972, Yves Filion est un de ces rares cadres d'Hydro-Québec, qui, un peu comme Claude Boivin, une décennie plus tôt, aura gravi tous les paliers hiérarchiques d'Hydro jusqu'à la direction générale des opérations. Carrière régulièrement ascendante, oscillant entre Équipement et Production et Transport, il dirigera la Distribution du lendemain du grand verglas de 1998 jusqu'à l'été 2003, alors qu'il succédera à Jacques Régis à la direction de la division TransÉnergie. Ce sont ses cinq années à Distribution qui vont marquer à jamais la grande unité de service d'Hydro. Filion est un homme de vision, un motivateur : ses ambitions pour son unité étaient simples à exprimer autant qu'à faire comprendre, mais lourdes de conséquences : *« En arrivant en poste, j'ai dit aux gens : "Jamais plus Distribution ne sera le parent pauvre d'Hydro sur le plan technologique. Nous allons relever ensemble ce même défi qu'ont relevé les gens de Production et Transport dans les années 70 ! Vous êtes sans doute très forts avec les logiciels d'exploitation de vos CED, mais il y a encore beaucoup à faire en gestion de la maintenance et en gestion de projets." Et l'on s'est mis à la tâche. »*

Méthodique jusqu'à l'obstination dans son approche de recherche de qualité au service du client, Yves Filion cibla les zones à potentiel d'amélioration important et canalisa sur elles les efforts de recherche technologique : l'amélioration technique du réseau pour diminuer le nombre de pannes, le nécessaire resserrement des temps de rétablissement du service en cas d'interruption et la diminution du nombre des clients touchés par ces interruptions. Avec une conviction contagieuse, il martèle : *« En Distribution, et plus que partout ailleurs dans cette maison, s'il y a un mot qu'il faut mettre en évidence et garder à l'esprit, c'est "CLIENT". Tout est là. C'est notre force, l'élément principal de motivation et de mobilisation de nos employés. »*

Intéressant, le grand patron de son imposant bureau directorial du vingtième étage du siège social aura su garder un contact étroit avec la base opérationnelle. À l'heure de quitter Distribution, il se réjouit : *« On constate une amélioration sensible du climat de travail. On vient de renouveler les conventions collectives sans un seul ralentissement et pourtant, nous sommes bien conscients que nous en demandons beaucoup à nos employés de profil technique. Leur métier qui a toujours été difficile, exigeant et dangereux, est désormais plus rigoureux, demande plus d'entregent et de formation technique. Monteur ou jointeur d'Hydro furent de tout temps des métiers exercés par des travailleurs particulièrement fiers et responsables, mais on exige encore davantage d'eux aujourd'hui, alors que le métier va leur demander plus d'autonomie et de rigueur technologique tout en leur donnant plus de latitude dans la prise de décisions et les contacts avec la clientèle. Ce sont là des choses que nous voyons venir et qui modifieront à jamais l'image "à la traîne" qu'avaient autrefois Distribution et ses gens dans l'entreprise. »*

Parlant le même langage et manifestement nourri de la même conviction, Roger Bérubé, le transfuge de Transport choisi par Yves Filion pour mener à bien le branle-bas technologique d'HQD, confirme : *« Ces implantations tout au long des cinq dernières années ont certes bousculé le milieu. L'histoire a eu ses hauts et ses bas. Il a fallu ménager des temps de réflexion, d'acclimatation. Le milieu nous a parfois envoyé le message de ralentir la cadence, de laisser les changements prendre racine. Mais à l'analyse, la course à l'amélioration du service aux clients n'a jamais cessé. La démarche qualité lancée par l'équipe de direction Drouin-Boivin*[59]*, le verglas de 1998, le passage à l'an 2000 ont été autant d'occasions de remise en question et de quête de mieux faire. Dans ce contexte, la généralisation de nouveaux encadrements, l'établissement d'une normalisation issue de nos expériences, l'implantation à la dimension de l'entreprise de méthodes et de processus unifiés et rigoureux, n'ont plus trouvé d'obstacles dans l'entreprise et les améliorations sont venues d'elles-mêmes, naturellement. »*

Lui aussi, comme Yves Filion, a le sentiment que l'ensemble de la progression technologique influera considérablement au bout du compte sur le travail des premiers intervenants sur le réseau, monteurs, jointeurs et dépanneurs. *« Distribution était morcelée, disparate, teintée de forts régionalismes. Y implanter un encadrement normatif très fort ne fut pas facile. Il nous fallut nous heurter à des reliquats de résistance locale et surtout à l'opposition syndicale qui jouait sur nos incohérences. Il nous fallut encore réagir face au peu d'enthousiasme initial des employés. Mais tout a changé dans les dernières années du siècle et ne cesse d'évoluer positivement depuis. On s'efforce aujourd'hui de tenir les gens dans le haut de la fourchette de leurs responsabilités, ce qui les valorise et qu'ils apprécient. Nous avons réussi, je le crois profondément, à les convaincre que leur vrai patron, c'était, c'est et ce sera toujours… le client. »*

---

59. Roger Bérubé fait référence ici au programme « *Défi performance* » instauré dans l'entreprise à l'initiative du vice-président de la Qualité, Jean-Marie Gonthier, dans la première moitié des années 90. Le programme de recherche de qualité tous azimuts d'une ambition de très grande envergure marquera hors de doute l'entreprise, même si ses allures de grand-messe devaient en laisser plusieurs un brin sceptiques. Roger Bérubé, quant à lui, en fait, sur le plan technique, une évaluation rétrospective fort positive : « *La démarche qualité nous a aidés en ce sens qu'elle nous a forcés à mesurer et à analyser nos façons de faire. Distribution est probablement une des unités d'Hydro qui a gardé le plus d'éléments de « Défi performance » : les revues de gestion, les méthodes d'analyse, la recherche d'amélioration continue, la connaissance des processus, le partage des rôles. Du directeur au monteur, on partage aujourd'hui un même vocabulaire.* » Nous reviendrons au chapitre 6 sur le « *Défi performance* ».

➤ *Les leçons du grand verglas de 1998*

Les années 1998 et 1999 apparaissent dans cette histoire comme des points tournants de l'évolution technique de la distribution d'électricité au Québec. C'est alors véritablement qu'HQD va résolument passer à l'heure du modernisme technologique avec la conjugaison de deux facteurs déterminants : l'arrivée à sa tête de gestionnaires de profil et de culture « Transport », et la remise en question systématique des façons de faire à la suite de l'impact du verglas de janvier 1998.

« En Distribution », explique Roger Bérubé, nommé vice-président Réseau en 1998 et lui-même riche d'une longue expérience en transport d'énergie, *« on avait coutume d'exploiter les réseaux avec un minimum de maintenance. Lorsqu'on faisait le constat qu'il devenait moins fiable, on entreprenait des travaux de remplacement d'équipement ou de reconstruction. C'était là la logique derrière les programmes d'Amélioration de la qualité du service (PAQS) dans les années 80 et 90. Nous avons délibérément changé cette approche pour aller plutôt vers un modèle d'amélioration continue, avec des pratiques de maintenance plus régulières, plus systématiques, plus méthodiques, comme de longue date on le faisait en transport où les particularismes régionaux n'ont jamais vraiment eu cours. »*

Aux lendemains du verglas, les gens de Distribution ont, dans cette optique de rationalisation des pratiques, analysé minutieusement les multiples aspects techniques de l'épreuve que les réseaux d'alimentation des zones sinistrées venaient de subir. À partir des constatations faites dans les zones à risques de verglas dont l'épaisseur est supérieure à 25 millimètres, on a relevé les critères de conception des réseaux. Ainsi, on a renforcé certains axes desservant des clients prioritaires afin qu'ils puissent supporter des charges de glace de l'ordre de 50 millimètres. On a protégé les lignes de l'effet en cascade où un poteau tombant entraîne ses voisins dans sa chute.

« On a surtout, précise Roger Bérubé, *établi un constat très simple : là où l'on avait pu préserver l'infrastructure de base du réseau, en fait là où les poteaux n'avaient pas été brisés et où, seuls, les conducteurs étaient tombés, nous avions pu rétablir le service cinq fois plus rapidement. Nous avons en conséquence modifié nos lignes pour obtenir une séquence de défaillance contrôlée qui fasse en sorte que, lors d'un verglas majeur, les conducteurs en premier se détachent, puis les traverses, avant que les poteaux cassent. »*

Le verglas aura par ailleurs eu le mérite de mettre les gestionnaires face aux problèmes liés au manque d'uniformité dans la construction des réseaux. En transport, degrés de tension et équipements normalisés dans le réseau provincial, c'est une chose acquise et naturelle : on installe les mêmes équipements, on applique les mêmes normes de construction dans un pylône normalisé à 735 kV, qu'il soit érigé dans les Laurentides, sur la Côte-Nord ou en Estrie. « *Là*, de poursuivre Roger Bérubé, *on s'est rendu compte que les plans des concepteurs étaient "adaptés" sur les chantiers de construction de lignes, en fonction de la culture locale et des pratiques du milieu. On pouvait bien, par exemple, demander l'installation de haubans d'un demi-pouce, les monteurs, à certains endroits, en posaient de 7/16ᵉ, parce que c'était ce qu'ils avaient toujours posé et que c'était là la grosseur des câbles qu'ils avaient dans le camion. Un monteur de Distribution se sent propriétaire de ses lignes et a tendance à faire ce qu'il croit être bon pour elles. Une différence d'1/16 de pouce : il n'y avait rien là. Il a fallu tout reprendre à la base, expliquer, convaincre, imposer les normes et superviser systématiquement la qualité des travaux.* »

Le renforcement du réseau de distribution dans les zones sensibles au verglas aura coûté 175 millions de dollars de 1998 à 2007, somme relativement modeste par rapport à l'ensemble des investissements consentis dans les 20 dernières années du siècle. On est d'opinion aujourd'hui à HQD que les pannes causées par un verglas d'une ampleur aussi inhabituelle que celui de 1998 seraient maîtrisées dans un laps de temps d'environ une semaine alors qu'il a fallu plus d'un mois pour y arriver en 1998.

HQD marche-t-elle véritablement du même pas aujourd'hui sous l'angle de la technique ? Roger Bérubé hésite un peu. « *D'énormes progrès ont incontestablement été faits. On a, je le crois, capté les meilleures idées régionales, on les a canalisées et on en a généralisé l'usage. L'amélioration de l'architecture du réseau sur laquelle nous travaillons actuellement, avec un objectif d'automatiser environ 3000 points d'ici 2006, va accentuer encore l'inéluctable uniformisation. Disons que le gros est fait, que les mentalités ont bien changé. Plus la Distribution se complexifie techniquement, plus les gens admettent que le temps de l'improvisation et de la mise en doute systématique des idées nouvelles est dépassé. Nous n'en sommes collectivement plus là alors que le rôle des unités de coordination a été clairement établi et renforcé aujourd'hui. Je nourris énormément de respect pour les élites techniques régionales qui ont fait preuve de beaucoup d'initiative pour concevoir et implanter le réseau de distribution actuel et je comprends à bien des égards les réticences qu'ils ont pu avoir dans l'histoire à modifier leurs façons de faire. Je ne peux que me réjouir du climat actuel de compréhension et de respect mutuels qui anime les gens des territoires et ceux des opérations centrales. Tout cela se fait, sans aucun doute, au bénéfice ultime du client !* »

Pendant ce temps-là, monteurs et jointeurs…

S'il put arriver dans l'histoire de la distribution au Québec que l'on se cherchât quelque peu, au siège social d'Hydro, si l'on y eut parfois l'humeur dubitative sur la finalité de ses actions, rien de cela ne se manifestera jamais dans le champ. Les travailleurs de ligne des compagnies privées, des «*contracteurs*», d'Hydro-Québec n'auront jamais eu trop le temps, tout au long du siècle, d'écouter leurs états d'âme. Eux ont toujours eu des tâches claires et bien définies : construire les réseaux de distribution, en hausser cycliquement la tension, procéder aux réparations. Leur plan de carrière était tracé : d'apprenti dans la «*cour à poteaux*», à aide-monteur, monteur C, monteur B, monteur A et finalement AA, dans l'aérien ; de journalier à poseur de câble, jointeur C, jointeur B, jointeur A, et AA ou chef d'équipe, dans le souterrain.

➤ «*Ça ne fera pas un bon monteur !*»

Pour améliorer l'assurance et l'adresse des monteurs, jouer au ballon dans les poteaux faisait partie de la méthode d'apprentissage du métier à Hydro-Québec dans les années 60.

Bien sûr qu'ils étaient prudents, bien sûr qu'ils étaient conscients des dangers de leur métier, ces jeunes monteurs des années 40, 50 et 60, qui, aujourd'hui retraités, vous racontent leur jeunesse sur les lignes. Mais la plupart d'entre eux vous avoueront qu'ils aimaient le danger, qu'ils se grisaient volontiers avec leur propre force et adresse et qu'ils adoraient se mesurer les uns aux autres à qui montait le plus vite aux poteaux. Ne leur apprendra-t-on pas, dans les écoles de monteurs, à s'envoyer des ballons chacun juché au faîte d'un poteau. Un jeu pour qu'ils se sentent stables et à l'aise. Jouer, c'est ce qu'ils feront souvent.

«*Notre jeu de jeunes monteurs*, raconte André Champagne, *c'était de se laisser tomber d'un coup le long du poteau de 15, 20 ou 30 pieds, en ne replantant les éperons que le plus près possible du sol, à 5 ou 6 pouces. Sûr qu'on cassait souvent les pointes de nos Cadieux, mais on avait du fun !*»

«*C'était à qui allait le plus vite à monter,* se souvient Gérard Leclerc, *à qui changeait le plus de lampes en une journée, à qui montait les transfos les plus lourds. J'ai connu de véritables écureuils. Imaginez des poteaux plantés à 10, 15 pieds l'un de l'autre. Ces gars-là ne descendaient pas de l'un pour monter à l'autre. Ils sautaient d'un sommet à l'autre.*»

Gilbert Paquette a tout cela très frais en tête et se rappelle : «*Il y avait au centre de la voirie de Saint-Jovite un poteau de 85 pieds dédié à un système radiophonique. Je me souviens d'un soir à 5 h 00 où le contremaître me dit :*

"*Gilbert, j'aimerais ça que, demain, tu ailles voir là-haut la sorte de boulon qui tient l'antenne.*

– *Pourquoi demain ? J'y vais tout de suite...*

– *Mais tu n'as pas ta ceinture de sécurité !*"

Click-click-click!... j'étais rendu en haut. J'aimais ça, j'avais vingt ans...»

Le même Gilbert Paquette a une autre façon d'analyser le phénomène. «*Bien sûr qu'on était jeunes et téméraires, mais c'est ce que nos boss, qui avaient déjà fait la job avant nous, aimaient voir dans la relève. Le vieux contremaître qui regardait travailler les jeunots savait bien faire le tri entre les vrais et les autres. Oui, on courait d'un poteau à l'autre pendant les conversions à 25 kV. On ne l'aurait pas fait que le bonhomme aurait dit, méprisant, en tirant sur sa cigarette :* "*Celui-là, ça ne fera pas un bon monteur !*" *Oui, fallait faire des acrobaties d'enfer quand on grimpait dans des poteaux entre des phases vivantes. On travaillait, je me souviens, au vilebrequin, le câble vivant à six pouces de la manivelle. On ne l'aurait pas fait, on se serait plaint que le vieux, en bas, aurait secoué la tête et aurait dit, pensif :* "*Non, tu ne l'as pas, mon gars !*" *Brûlé par des heures et des heures d'overtime en cas de panne, avouer à ces hommes-là* "*J'chus pus capable !*", *jamais on ne l'aurait fait de peur de les entendre soupirer :* "*Tu ne seras jamais un bon monteur !*"»

Nombreux sont ceux d'entre eux qui finiront contremaîtres ou opérateurs dans des centres d'exploitation ; d'autres, blessés au travail, sauront, avant leur retraite, se rendre utiles dans diverses fonctions annexes. Un nombre, hélas, important mourra en service, selon une courbe de fréquence partant de haut, mais, heureusement, globalement descendante au long du siècle, alors que les méthodes de travail, l'équipement et la formation des travailleurs feront conjointement en sorte que ces métiers, toujours par nature dangereux, deviendront moins à risque. Un nombre infime, enfin, montera dans la hiérarchie des entreprises. Quoi qu'on ait pu faire pour intéresser les femmes à ces métiers, la distribution dans ce qu'elle a de plus physique restera toujours et reste aujourd'hui un monde d'hommes avec ses rites d'initiation, ses traditions, sa fierté, sa solidarité… et, disons-le, son «*machisme*[60]».

➤ *Monteuses ? Vous avez dit «monteuses» ?*

Machos, les monteurs ? Il en est beaucoup, parmi eux comme chez leur boss, pour le reconnaître bien naturellement. Leur métier est l'un des plus exigeants physiquement qui soit. Il est également réputé dangereux. Ce ne sont pas tous les hommes, très, très loin de là, qui pourraient l'exercer… alors des femmes !!!

L'un, Gilles Bélanger de Québec, vous dira à la blague : «*Elles vireraient avec la mèche des grosses perceuses qu'on utilise en haut des poteaux.*» Un autre, Gérard Leclerc, laissera tomber, définitif : «*Monteuse ? J'ai toujours été contre ça ! La place d'une femme n'est pas dans un poteau, le travail exige bien trop de force physique !*»

«*J'étais alors directeur des Relations de travail, se souvient Jacques Grenier quand, à la fin 1986, certaines représentantes de milieux féministes firent pression sur Guy Coulombe pour qu'il ouvre des emplois techniques non traditionnels aux femmes. Coulombe accepta de bon cœur et l'on s'entendit sans peine avec le SCFP pour ouvrir 12 nouveaux postes de monteuses.*»

Une sélection interne est entamée en février 1987 : 84 employées se déclarent intéressées, dont 30 sont retenues au terme d'une sélection préliminaire dans les deux régions choisies pour l'expérience : Laurentides et Richelieu. Parmi les 30 candidates, Hydro annonce qu'elle sélectionnera les 12 employées, comme elle le fait avec sa main-d'œuvre de ligne masculine à l'issue d'entrevues, d'examens médicaux et d'une semaine de formation au grimpage. Par la suite, l'entreprise les initiera, en même temps que d'autres hommes de ligne, à la dure école des monteurs, puis elles effectueront un stage de neuf mois avant d'être intégrées dans des équipes des secteurs Ozias-Leduc, à Richelieu, ou Laval, à Laurentides. Beau programme…

Et belle expérience pilote, dont on put croire un certain temps en la réussite. Hydro ira même jusqu'au Japon présenter le travail de deux de ses monteuses en 1990. Marie-France Goyer, alors directrice Égalité des chances, et l'ami Joe Ricci, le populaire instructeur physique aux Ressources humaines, accompagneront Ella Jacobs, monteuse de Richelieu et Chantal Nadeau, de Laurentides, pour démontrer aux responsables japonais de la Distribution ce que pouvaient faire nos Québécoises

---

60. Sur les traditions du monde des hommes de ligne, on gagnera à lire : *Les coureurs de lignes : histoire du transport de l'électricité au Québec*, de Jean Louis Fleury, paru chez Stanké en 1999. Les travaux de Transport et de Distribution ayant longtemps (en gros, jusqu'aux années 50), sous l'angle technique, été effectués par les mêmes équipes d'employés, la description que l'on fait dans ce livre des conditions de travail des monteurs de Transport pendant la première moitié du siècle peut tout à fait s'appliquer aux monteurs de Distribution. On s'y reportera, comprenant qu'il ne sera pas de notre propos de répéter ici ce qui fut écrit alors.

Les quatre premières femmes jointeuses de la région Montmorency.
De gauche à droite : Denise Forand, Line Paradis, Ginette Doré et Marie-Andrée Pichette.

au sommet de poteaux. Quatre cent cinquante experts nippons béeront d'admiration devant les prouesses d'Ella et de Chantal : une réussite totale[61]. Hélas !...

Hélas, l'expérience globale sera un échec. Une à une les monteuses changeront d'emploi. Jacques Grenier d'analyser : *« Finalement tout cela avait été imposé de l'extérieur et ne correspondait pas à un réel besoin, à des attentes du milieu. Mon impression personnelle est que le seul emploi à ne pas toucher était celui de monteur, un véritable bastion de machisme ! Bref, la greffe n'a pas pris. »*

Lucienne Jetté-Aubert fut longtemps la *« conscience féminine »* de Ressources humaines d'Hydro. Pionnière maison des recherches en égalité des chances, elle suivit avec intérêt et sens critique les efforts consentis alors par Hydro pour permettre aux femmes d'exercer des métiers non traditionnels. Son évaluation n'est guère enthousiaste : *« L'idée de l'entreprise*, se souvient-elle, *n'était pas sans intérêt. Les promoteurs du projet estimaient que si des femmes arrivaient à percer le noyau dur des lignes, ce serait la preuve qu'elles pourraient accéder à tous les emplois techniques de la maison. C'était quant à moi très audacieux. J'étais très consciente de nombreux obstacles que je connaissais depuis la taille des vêtements, le poids des outils, la disponibilité des toilettes jusqu'au caractère glorieusement macho des monteurs et de leurs boss. L'échec final de l'expérience, s'il m'a déçue, ne m'a pas surprise. »*

Lucie Bertrand sera la vice-présidente régionale d'Ella Jacobs, la vedette d'Hydro au Japon au début des années 90. Elle raconte : *« Je l'ai finalement aidée à devenir*

---

61. *« Deux monteuses québécoises au pays des K »*, *Hydro-Presse*, Hydro-Québec, mi-novembre 1990.

conseillère Qualité pour qu'elle n'ait plus à monter dans le camion tous les jours. Les monteurs ont repoussé les monteuses. Et quand ce n'était pas les monteurs, c'était les épouses, jalouses de la promiscuité entre leur mari et ces femmes. On n'a pas su créer la masse critique de filles dans l'emploi qui aurait pu faire que les choses changent.»

Il n'y a pas eu beaucoup plus de réussite en distribution souterraine. Les quelques femmes jointeuses que l'on formera en 1989-1990 à la région Montmorency s'orientèrent rapidement vers d'autres emplois plus traditionnellement «féminins». Gilles Bélanger de trancher: *«Mais non, voyons, descendre dans un "man-hole" n'était pas une job de femme. Finalement, celles qu'on a formées travaillaient essentiellement en surface comme "helpers". Leur place n'était pas là, c'est tout!»*

L'histoire des employés dits *«de métier»* de la division Distribution peut se diviser en deux grandes périodes: avant 1965 et après. Pourquoi 1965? Au moins pour trois raisons: la prise en charge du domaine par Hydro qui va normaliser et sans nul doute améliorer la condition des travailleurs devenus employés d'une société d'État, l'arrivée du Syndicat canadien de la fonction publique (SCFP) qui va considérablement valoriser leurs conditions d'emploi et leur donner un véritable pouvoir collectif au sein de l'entreprise et, enfin, la généralisation de l'usage des nacelles et de façon plus globale la modernisation de l'équipement mis à leur disposition. On pourrait écrire des pages et des pages sur l'importance relative et la pondération de chacun de ces facteurs.

Premier camion permettant le tirage de câbles souterrains au secteur de Sainte-Maxime, sur la rive sud, en 1977.
(Photo de Gérard Leclerc)

Gilbert Paquette, ce monteur à la carrière atypique et exemplaire qui deviendra, parmi tant d'autres choses, dirigeant syndical, contremaître, contremaître général, chef de projet à l'international (au Cameroun), chef des Réseaux nordiques et aujourd'hui directeur des Réseaux Laurentides, est, quant à lui, catégorique et particulièrement convaincant lorsqu'il affirme: *«Monteur embauché par Hydro en 1966, j'ai connu deux métiers, avant et après les camions-nacelles.»* Le point de vue est partagé par plusieurs. L'arrivée de camions équipés de tarière permettant d'éviter la corvée éreintante de creusage des trous destinés à recevoir les poteaux, la généralisation de l'emploi des nacelles permettant d'amener mécaniquement le monteur, ses outils et les appareils requis, directement sur les lieux de son travail, en haut du poteau, vont complètement modifier les méthodes d'intervention sur les lignes et faciliter considérablement la tâche des employés. Deux hommes par camion au lieu des neuf des décennies précédentes, moins de fatigue physique pour les hommes, beaucoup moins de danger d'électrocution, interventions plus rapides sur le réseau… l'ensemble du travail des *« lignards »* va être alors complètement remodelé, amélioré et facilité.

➤ *Des nacelles et des monteurs*

« Imaginez si les monteurs travaillaient parfois "broche à foin" avant l'arrivée des camions-nacelles, se souvient Claude Daigneault. Cela pouvait être en 1955. J'ai vu deux monteurs, deux gros gars très forts, tenir une échelle le plus droit possible sur le

capot d'un camion pendant qu'un troisième montait décrocher un fil pris entre les lignes. Le gars était redescendu, blanc pas mal !»

Le métier d'homme de ligne, Gilbert Paquette se souvenant de ses débuts de monteur l'évoque éloquemment, ne sera plus jamais le même avec le recours aux camions de services dotés d'une nacelle ou d'une tarière. Pourtant, curieusement, la généralisation de leur emploi sera relativement lente dans les

L'un des premiers camions à nacelle utilisés par Hydro-Québec (celui-ci à Victoriaville, en 1965). C'est un camion Holan équipé de ce que l'on appelait alors un « bassicot aérien » de 300 livres (135 kilogrammes), d'un treuil hydraulique et d'une double commande.

entreprises. Si le camion à tarière connaît rapidement un immense succès là où l'on en met en service, compte tenu de l'éreintant et impopulaire travail de creusage dont il libère les hommes[62], la première réaction des monteurs et de leurs contremaîtres à l'arrivée des engins équipés d'une nacelle sera souvent la méfiance. Du reste, à l'origine les nacelles sont destinées aux émondeurs et c'est dans un second temps qu'on verra l'intérêt qu'elles présentent pour toutes les interventions sur les lignes.

---

62. *« Il y a vingt ans,* relate Hydro-Presse en 1969, *une équipe de cinq ouvriers sous les ordres d'un contremaître prenait plus d'une demi-journée pour creuser le sol et y planter un poteau. Maintenant* [avec le recours au camion-tarière] *trois hommes exécutent le même labeur en moins d'une heure. »*

231

Pierre Godin, à Transport et Distribution, à la fin des années 50, fut le premier acheteur d'un tel camion à Hydro-Québec. Il se rappelle : « *On avait acheté une des premières machines d'Ashplundt, initialement pour faire de l'émondage sur les lignes de transport. Ce n'est que plus tard qu'on réalisera que les camions seraient plus utiles en distribution. Les monteurs avaient peur de grimper dans les nacelles, d'autant qu'à l'époque les bras qui les soutenaient étaient en fibre de verre, sensibles au vent et fléchissant quand les hommes bougeaient ou manipulaient du matériel pesant. Tout compte fait, ils préféraient faire confiance à leurs jambes et monter aux éperons comme ils avaient toujours fait.* »

Ce n'est qu'une bonne dizaine d'années plus tard que des camions du genre seront livrés dans certaines régions, ce qui démontre la relative lenteur de la généralisation de ce type de matériel dans l'Hydro des années 60. Gilbert Paquette se souvient. « *Chez nous, les premiers camions à tarière et à nacelle sont venus, sauf erreur, en 1972. Les contremaîtres les ont laissés une bonne semaine dans la cour. On ne savait pas comment s'en servir.* »

Reste qu'une fois connus des monteurs et améliorés à tout point de vue à l'usage, les camions vont connaître une immense popularité auprès des hommes de ligne comme de leurs supérieurs, au point qu'aujourd'hui on ne pourrait absolument plus imaginer la Distribution sans ces unités d'intervention mobiles. « *L'engouement des utilisateurs va être tel dans les années 70* », se souvient Maurice Huppé, alors responsable du matériel roulant à la direction Distribution, « *qu'il fallut mettre des limites aux demandes. Les camions devenaient de véritables arbres de Noël. Chacun voulait personnaliser son véhicule, ajouter son gadget au modèle de base. Les camions devenaient la somme de tous les besoins et ça n'avait plus d'allure.* »

Partout où leur usage est possible[63], les camions vont essentiellement permettre une amélioration du tout au tout de la sécurité. Dans sa nacelle isolée dont il dirige les mouvements, tous ses outils à proximité immédiate, l'équipement lourd porté comme lui jusqu'au lieu d'installation, le monteur d'aujourd'hui voit son travail en tous points facilité par rapport aux conditions de ses prédécesseurs. L'effectif a pu être considérablement réduit. Depuis les années 1975-1980, à l'initiative, selon Gérald Soulière (alors gérant en Beauce), des contremaîtres et des monteurs beaucerons, on travaille à deux dans les camions d'Hydro, alors que les équipes, souvenez-vous, étaient de neuf hommes au début du siècle.

Un camion de distribution d'Hydro tout équipé, c'est aujourd'hui un déboursé compris entre 325 000 $ et 450 000 $, selon l'équipement. Reste qu'autonomes, efficaces, leur performance sur le plan ergonomique constamment améliorée, demain équipés en matériel informatique, ils ont à l'évidence justifié leur prix en contribuant considérablement à l'amélioration du service.

---

63. On comprendra ici qu'il est, en ville, des lignes construites en arrière-lot que l'on ne peut rejoindre par camion. On concevra des camions plus petits à l'image de ceux du Bell, mais il restera toujours des poteaux où les hommes devront monter « aux éperons ».

S'il est parfaitement exact de dire que cette généralisation de matériel motorisé va caricaturalement «*embourgeoiser*» les porteurs d'éperons d'Hydro, il reste qu'au premier degré d'analyse le fait syndical est, à l'évidence, d'une importance probablement supérieure dans l'amélioration de leurs conditions de travail et, de façon plus générale, dans la valorisation de leur rôle au sein de l'entreprise. Mais l'histoire ici n'a rien du conte de fée. Elle sera rude, ambiguë, érodante pour ceux qui, d'un bord ou l'autre, l'animeront et qui, souvent, connaîtront bien des désillusions dans l'aventure.

➤ *La nacelle de Bertrand*

Un père et son fils à Victoriaville pendant la guerre. Le père, Léo, est opérateur de tour à la fonderie locale. Son fils, Jean-Paul, s'ennuie à l'école et dès qu'il le peut va le voir travailler. Les deux en 1944 ramassent leurs économies et achètent un vieux tour et quelques outils. Jean-Paul a 15 ans. Il construit lui-même un petit atelier à côté de la maison familiale et répare les machines que lui confient les voisins. Neuf mois plus tard, le travail est tel que le père quitte son emploi et s'associe avec son fils. L'entreprise Poudrier est née.

Yvon Poudrier, l'un des jeunes frères de Jean-Paul et actuel président de Poudrier et Frères, raconte: «*Nous étions alors une des familles pauvres de Victo, des patenteux, machinistes de talent, peut-être, mais partant tout en bas de l'échelle. À nos débuts, nous réparions à peu près n'importe quoi. La famille comptera 11 garçons et tous travailleront dans l'affaire à la grande satisfaction de mon père qui jamais n'envisagea de s'enrichir, mais qui voulait donner un travail à ses enfants. On arrivait les uns derrière les autres, tous les ans un nouveau joignait la compagnie. Ce furent ensuite les neveux, bref, longtemps l'entreprise fonctionnera ainsi, avec essentiellement de la main-d'œuvre familiale.*»

Bertrand Poudrier (troisième en partant de la gauche) devant l'une des premières nacelles de Posi-plus, livrées à Hydro-Québec à l'automne 1981.

Un atelier aux allures de garage, un autre, puis un troisième à l'apparence d'entrepôt et la cour familiale n'y suffira plus. En 1964, l'entreprise déménagera dans le tout nouveau parc industriel de Victoriaville. Il lui faut d'autant plus d'espace que, depuis le début des années 60, les «*frères patenteux*» travaillent de plus en plus dans le domaine du transport, aménageant des boîtes de camion pour plusieurs industriels de la région et bientôt pour les énormes utilisateurs de véhicules utilitaires que sont Bell et Hydro.

« On faisait des carrosseries et des aménagements de camions pour Hydro, dit Yvon. On installait dessus les nacelles qu'Hydro achetait alors aux États-Unis, souvent on les réparait. »

Les réparations de nacelles, c'est le travail où se spécialise alors l'un des frères : Bertrand. *« Je regardais les nacelles américaines, dit-il aujourd'hui, et, mon dieu, que je les trouvais mal bâties ! J'avais l'idée qu'on devrait pouvoir faire mieux... »*

Il en parle à ses associés de frères, pas chauds à l'idée de lancer une ligne de production dans des ateliers essentiellement consacrés à la réparation, des activités peu compatibles. Et puis l'entreprise tourne déjà à capacité. *« Je poussais tellement fort que la chose s'est sue et qu'un jour le CRIQ* [Centre de recherches industrielles du Québec] *est venu me voir. Conscients qu'on n'avait pas alors de constructeurs de bras et de nacelles au Québec, ils avaient compilé de la documentation technique, réalisé des études de marché et souhaitaient intéresser un entrepreneur. On a travaillé de concert avec eux sur deux prototypes construits chez Poudrier à la fin des années 70. Trois ans de travail sans retour sur investissement. Mes frères fatiguaient... »*

En 1980, Hydro-Québec annonce qu'il lui faut 38 machines à court terme. *« C'était là ou jamais »*, se souvient Bertrand, qui se démène comme un beau diable pour obtenir le contrat. Mais Hydro, en dépit de sa volonté affichée d'acheter québécois, est rétive. Pierre Godin, responsable ultime de l'Exploitation à l'époque, s'explique : *« Poudrier voulait que je lui signe son contrat, mais, honnêtement la décision était dure à prendre. Il n'avait pas fait ses preuves. Il fallait lui donner la commande avant qu'il ait, hors de tout doute, développé le produit. On partait à l'aveuglette, un peu trop à mon goût »*.

Faisons l'histoire courte. Bertrand obtiendra finalement le contrat et quittera avec un de ses fils et un ingénieur le giron familial pour fonder sa propre entreprise sur un terrain voisin. *« Et là, dit-il aujourd'hui avec une conviction qui ne laisse aucun doute, j'ai ramé ! Heureusement, une fois partie, Hydro a cru en nous et cela même quand la route serait difficile et elle allait l'être. Je ne pouvais, honnêtement, faire plus que je faisais à l'époque et Hydro a été compréhensive et m'a donné mes chances. J'ai ouvert deux* "shifts" *et je travaillais sur les deux, samedis et dimanches inclus. Fallait être un peu fou, mais je n'étais pas un lâcheux ! Pendant les cinq premières années, mon gérant de banque était, disons,* "rêveur" *à l'heure des bilans annuels. »*

Gageons qu'aujourd'hui le gérant de banque de Bertrand Poudrier se fait moins de souci ! Posi-plus (de *« positif »*, quand il fallait y croire, et *« plus »*, car Bertrand vise à toujours mieux faire), a produit en un peu plus de 20 ans 1200 nacelles dont la moitié pour Hydro. Elle vend aujourd'hui aux États-Unis, en Ontario, au Mexique, en Afrique... L'entreprise emploie 200 personnes. Des entreprises satellites de fibre de verre, de découpage au laser dépendent d'elles. Elle produit les bras et les nacelles qu'installe le plus souvent sa voisine, Poudrier Frères ltée, sur les camions gris ou bleus d'Hydro.

Bertrand Poudrier ne pèche pas par ingratitude : «*Sans un très gros joueur comme Hydro et son premier contrat de 38 machines, jamais nous n'en serions là!*»

Un monteur remarquable, un grand «six pieds» aux mains encore larges comme des pattes d'ours, Gérard Leclerc, l'homme qui, un temps, connaissait tous les poteaux de distribution du secteur Saint-Maxime de la rive sud, déclare quant à lui : «*Il y eut les monteurs d'avant la radicalisation syndicale du début 70, et, par la suite, les syndiqués.*» Il n'est pas le seul de sa génération à tenir ce langage. Dans des termes fort proches, plusieurs, sinon tous les contremaîtres ou surintendants des années 70-80, vous feraient la même évaluation. La génération dont ceux-là étaient issus, celle des ouvriers des compagnies privées et de l'Hydro de 1944, celle d'avant le milieu des années 60, avait deux caractéristiques marquées et en apparence contradictoires. Ces gens-là étaient, d'une part, victimes d'une exploitation parfaitement éhontée de la part des entrepreneurs de l'époque et, d'autre part, totalement dévoués à leur employeur. On fera valoir que c'était là le Québec du temps et que tous les travailleurs du monde industriel présyndical étaient traités de la même manière par les capitalistes de l'époque, reste qu'il faudra tout de même se rappeler dans cette histoire que les travailleurs de l'industrie électrique d'ici furent longtemps tout au bas de l'échelle sociale. Ils étaient mal rémunérés pour leur travail, mal formés, mal encadrés, mal protégés contre les risques élevés, dans les circonstances, de leur métier. Malgré cela, force est de constater que rarement main-d'œuvre sera plus dévouée à sa tâche, plus soumise à ses maîtres. Employés du groupe Shawinigan, d'Hydro-Québec ou même de la pingre Gatineau Power, les monteurs ou jointeurs des six premières décennies du siècle sont incroyablement consciencieux, aiment leur métier et leur compagnie, s'éreintent au travail sans aucune amertume et tout au contraire en tirent fierté et satisfaction. Les témoignages, sur les deux plans, abondent.

À ses débuts, au service des lignes de la Southern Canada Power en 1935, Cléophas Lapierre gagnait 70 $ par mois. Si vous lui demandiez pour combien d'heures de travail, il éclatait de rire : «*Mon pauvre ami, j'ai déjà travaillé 13 dimanches de suite sans toucher une cenne! À cette époque, on avait tant par mois et on ne comptait pas ses heures. Mais on était heureux pareil et on travaillait pas mal plus fort qu'aujourd'hui…*[64]»

---

64. «*Visite à un retraité, Cléophas Lapierre, dit « Stone »*, Hydro-Presse, Hydro-Québec, mi-mai 1976.

Gérard Spénard, embauché par la Shawinigan à Victoriaville en 1944 et immédiatement affecté comme monteur à l'électrification rurale : « *Mon premier salaire ? 24,76 $ pour une semaine de 60 heures. On travaillait en gants de laine avec des mitaines de cuir par-dessus sur du 2 300 V vivant. La compagnie fournissait deux paires de gants de caoutchouc, pas plus, par camion de 9 hommes. Débrouillez-vous avec ça ! Les plus vieux avaient le choix de les prendre. Mais on aimait travailler pour notre compagnie et je n'ai jamais eu un mot à dire contre la Shawinigan.* »

➤ *Gérard Spénard, monteur beauceron et trompe-la-mort*

La maison de Gérard Spénard, à Saint-Joseph-de-Beauce, est un véritable musée de peinture et d'artisanat québécois. C'est une grande demeure cossue, ancienne résidence du juge Léonce Cliche dont Gérard a épousé la fille, Monique. À 75 ans passés, l'ex-monteur de ligne de la Shawinigan reste un homme costaud, droit, énergique, à la poignée de main ferme. Quelques hésitations dans la marche, pourtant, de nombreuses cicatrices et de ce genre de plaques de peau différentes qu'ont les grands brûlés, montrent que sans nul doute cet homme-là a souffert, et souffre encore, peut-être.

Jeune et fringant, avant ses accidents, Gérard Spénard (debout, devant le camion), de la Beauce, dans les années 50.
(Photo de Gérard Spénard)

Sans aucune amertume perceptible, il avoue : « *Il n'y a pas un jour où je ne me ressens pas de mes accidents.* » Plus loin dans la conversation où il nous narrera ses souvenirs de monteur à la moitié du siècle, il ajoutera : « *J'ai 43 ans d'empruntés. J'aurais dû mourir à 32 ans !* » Trois fois, Gérard Spénard frôla la mort sur les lignes de distribution québécoises.

« *La première fois, en 1948, je travaillais sur du 34,5 kV, au-dessus d'une petite ligne vivante à 2,3 kV. Un fil a cassé, connectant le 2,3 au primaire sur lequel j'avais la main. Le courant est rentré par la main et m'a traversé le bras en épargnant le corps, une chance. Vilaine blessure pareil ! Heureusement, j'avais mis mes attaches et suis resté accroché au poteau. Un chum monteur m'a descendu.*

Deuxième accident en 1955, à Disraéli. Cette fois, c'est un hauban du poteau au sommet duquel je travaillais qui a cédé. Je suis tombé de 25 pieds. Fracture de la colonne vertébrale. J'en suis revenu pas trop mal, un coup de chance j'étais bâti solide.

Le troisième accident aurait dû m'être fatal. Il est arrivé le 11 septembre 1958 au poste des Grèves, à Tracy, lors d'une interruption programmée. On avait une heure pour faire nos réparations. Les trois connexions au réseau alimentant le poste étaient à un demi-mille. Pendant la manœuvre de mise hors de tension, les deux baguettes extérieures avaient bien été ouvertes, mais celle du milieu avait cassé, restant donc en place, sans que l'opérateur s'en aperçoive. J'ai fait mon travail sur la phase extérieure qui était morte. Mon compagnon travaillait sur l'autre phase extérieure. Quand, ayant terminé, j'ai voulu aller l'aider, j'ai mis la main sur la phase du milieu. L'électricité m'a, cette fois, traversé le corps pour sortir par la cuisse. Le reste tient du miracle. Je suis tombé de plusieurs mètres, la tête entre deux transfos. Mes chums ont arrêté plusieurs autos. L'une d'elle était conduite par un médecin qui s'est immédiatement occupé de moi. Emmené d'urgence à l'hôpital de Sorel, j'ai eu le temps de voir ma femme et mon père et de leur dire : "Ne vous en faites pas, je vais passer à travers!" Et puis j'ai perdu la carte.

Je suis resté 28 jours dans le coma. Je pesais 190 livres, à l'époque; à mon réveil, je n'en faisais plus que 90. J'étais complètement défoncé du côté gauche.»

Plus de travail sur les lignes pour Gérard Spénard quand il retournera au boulot un an plus tard. Il deviendra commis, *«J'étais un gars de dehors*, philosophe-t-il, *je suis devenu un gars de dedans!»*, puis Raymond Godbout, devenu responsable des Ventes au district en 1968, lui donnera sa chance et Gérard Spénard finira sa carrière comme représentant commercial, *«un des meilleurs que la Beauce ait connus»*, d'apprécier Raymond, connaisseur en la matière.

Note : Ce texte veut rendre hommage à tous les monteurs blessés sur les réseaux de distribution aux cours de l'histoire et à tous ceux qui, moins chanceux que Gérard Spénard, y laissèrent leur vie.

«Deux paires de gants», c'est une fois mieux que ce qu'offrait la Saguenay électrique. Jacques Boucher, employé du temps, se souvient : *«C'était l'époque où l'on disposait d'une paire de gants pour 8 employés. L'époque où il fallait se vêtir lourdement pour se protéger du froid, ce qui faisait grossir les risques d'accident. Tout cela pour 50 cents de l'heure et pas d'overtime.»* Mais, d'ajouter le journaliste Raynald Brière[65] qui rapportait les propos du chef monteur, tout cela, Jacques Boucher le disait *«sans amertume aucune, conscient que cette époque possédait bien des charmes[66]…»*

---

65. L'ex-collègue Raynald Brière est devenu depuis, au terme d'une ascension fulgurante dans l'industrie des communications privées, président et chef de la direction du groupe TVA.

66. *« Jacques Boucher et Jean-Baptiste Robin : deux membres de la bande des "éperons qui ne rouillent pas"»*, *Hydro-Presse*, Hydro-Québec, mi-août 1976.

André Champagne, embauché *groundman* en 1945 par la Shawinigan, en Beauce : «*J'en ai pogné des shots électriques dans les poteaux à mes débuts! Quand j'étais blessé, je m'arrangeais pour que le contremaître ne le voie pas pour ne pas perdre ma job. Je me trouvais bien traité, même si je n'étais pas payé fort, par exemple. On nous faisait courir pas mal pour l'argent qu'on nous donnait. Mais j'aimais ça, on était les "dieux des routes". C'était pas n'importe qui qui entrait à la Shawinigan.*»

Gérard Leclerc, le pan de mur déjà cité, sur ses débuts en 1947 à la Canadian Hoosier : «*On n'avait rien, pas d'équipement. L'hiver, on gelait pour brailler dans les poteaux. L'été, on nous donnait des pilules de sel*[67] *: on transpirait, on devenait tout trempe en lavette. On s'usait le bout des doigts dans les gants de caoutchouc. Pas de normes de sécurité ou presque. J'en ai vu tomber des gars autour de moi [...] On toffait. On aimait travailler. Il y avait de la stimulation, une saine rivalité entre nous. C'était toujours à qui allait le plus vite dans les poteaux!*»

➤ Un monde rude et austère

«*Des fois je me dis qu'il y a un bon Dieu pour les monteurs. Il en faut de la chance pour rester en vie tout en jouant dans les fils électriques durant trente ans.*» Jacques Boucher, monteur, contremaître.

Deux monteurs, Lucien Garneau et Guy Ouellet, raccordent un «secondaire» à Sainte-Catherine-de-Portneuf, pour la Shawinigan, en 1947.

À la même époque, deux jointeurs de la Montreal Light, Heat & Power dont l'histoire n'a pas gardé le nom.

67. Une pratique encore en usage dans les années 50 à Hydro qui durera, précise monsieur Leclerc, jusqu'à ce que le service médical du docteur Georges Rouleau y mette un terme, jugeant qu'elle était néfaste à la santé des travailleurs.

« Un bon monteur, c'est un gars costaud et calme, qui écoute et veut apprendre. C'est une tête sur des épaules. Un gars d'équipe. Celui qui dit : "Y a rien là. Je suis capable !", il faut s'en méfier. » Gérald Leclerc, monteur, contremaître, surintendant...

« Un autre jointeur peut dans un mois ou dans un an faire une autre réparation près du câble où je travaille. Si j'ai mal fait ma job, il risquera sa vie. C'est toujours en pensant aux autres jointeurs que l'on fait son travail. » Sylvio Rubinato, jointeur.

« Une bonne forme physique, le sens de l'équilibre et beaucoup d'habileté et de dextérité manuelles... Mais ce qui importe avant tout, c'est de choisir librement ce métier pour mieux l'aimer. Le reste n'est que courage et persévérance. » Oscar Pilon, monteur.

« Dans la même équipe, les hommes dépendent les uns des autres. Cela crée un lien très fort entre eux. Ce n'est pas un travail où tu peux oublier ton voisin : ta vie dépend de lui. » Emmanuel Touchette, contremaître.

« Quand il faisait très froid, je disais aux hommes : "Allez donc à la shop, les gars, nettoyer vos outils et le camion !" Les monteurs étaient des gars forts et rudes qui se sont laissés gâter par les syndicats. On a vécu des tensions. N'empêche... Je vais toujours aux funérailles de mes anciens hommes ! » Roger Latouche, surintendant.

« Il fallait de la force, de l'endurance et une certaine résignation face aux conditions difficiles pour faire un bon jointeur. Mais, plus que cela encore, il fallait avoir le culte du travail bien fait. Un beau joint, c'est de l'art. Il faut qu'un jointeur ait la fierté de son travail... Aujourd'hui, j'achète le journal pour voir ceux de mes vieux compagnons qui meurent. Pour rien au monde, je ne manquerais d'assister à leur enterrement. » Donald Latour, jointeur.

« Le monteur ne doit pas avoir le vertige, le jointeur ne doit pas être claustrophobe. Mais, pour le reste, ce sont deux métiers identiques destinés aux même gars, costauds, réfléchis et de plus en plus techniques. Gilles Bélanger, chef de section Lignes souterraines, chef de division.

« J'ai choisi le métier de monteur parce que peu d'hommes peuvent l'exercer ! » Marcel Sarrazin, monteur, région Saint-Laurent (Monsieur Sarrazin était ce monteur qui eut son heure de gloire au début des années 70 alors qu'au sommet d'un poteau et sous l'œil des caméras, il déclarait au Québec entier : *« On est 12 012 pour assurer votre confort ! »*)

« J'ai déjà gelé en bas des poteaux avec ces gars-là. Ils travaillaient dans des conditions épouvantables. Ils méritaient vraiment l'admiration ! » Robert Boyd, président (parlant des monteurs d'Hydro à la fin des années 40).

Aux mêmes dates à Montréal, Gérard Filion, monteur d'Hydro, est un autre colosse qui s'illustrera dans l'histoire de Distribution en devenant, spontanément d'abord, puis officiellement, chargé de formation auprès des monteurs de ligne[68] : «*Il n'était jamais question de se plaindre des conditions de température, question de fierté, c'est vrai, mais aussi parce qu'on savait bien que ça n'aurait servi à rien. Les contremaîtres, ils avaient connu ça avant nous, le froid sur les lignes. Ça ne les badrait pas une miette qu'on gèle à notre tour! […] Et pourtant, tu vois, malgré toute cette misère, eh bien on aimait ce qu'on faisait! On était comme une famille. Je me souviens, j'avais hâte d'arriver le matin au travail…*»

Donald Latour, jointeur et futur patron de jointeurs, un trompe-la-mort dont on dira qu'il connaissait une à une toutes les voûtes des réseaux souterrains de Montréal, embauché par Hydro en 1954 : «*Il fallait "bien du cœur" pour être jointeur et descendre dans les voûtes à l'époque. Au long de ma carrière, je verrai personnellement 14 confrères morts dans des "trous d'homme". On n'avait même pas de casque, à l'époque, pas de lunettes non plus et pas de garde-fous près des trous. La fumée, quand on chauffait de l'huile dans les voûtes, était parfois si épaisse qu'on ne se voyait pas et qu'on étouffait. De temps à autre, on sortait griller une cigarette, vite car le contremaître n'aimait pas ça et nous renvoyait en bas. Fallait rester disponible en cas d'urgence la fin de semaine. J'ai été formé à cette disponibilité-là, j'y suis resté fidèle toute ma carrière. J'aimais, j'adorais mon métier[69]…*»

Gilbert Paquette témoigne que, même en 1966, date de son embauche à Hydro, les conditions de travail étaient encore fort précaires et rudes : «*Quand j'ai commencé aide-monteur à Hydro, on avait un vieux camion, le 9227, je me souviens, hérité de la coopérative de Papineauville, un Dodge Fargo rouge. Une horreur! On était trois monteurs, Jacques Renaud, Gérald Vallières et moi, à l'arrière du camion où la chaufferette ne marchait jamais. On voyait tourner la roue de l'intérieur […] Quand on amenait l'électricité à un lac isolé, fallait porter à bras d'homme les transfos dans le bois. On prenait nos barres de 35 livres et on embarquait le transfo de 200 livres dessus. Quand tu fais ça une journée en montagne, dans les roches, en plein bois, tu es mieux d'être fait costaud et résistant! Mais, je n'aurais pas donné ma place. J'adorais ça! On travaillait fort, mais on s'amusait fort!*»

Dans ces conditions, l'implantation de syndicats solides, clairement reconnus et mandatés sera, tout le monde (dirigeants, cadres et syndiqués, alors comme maintenant), en convient, une excellente chose. Avant cela, le fait syndical dans toutes les compagnies relevait du pur folklore. Gilles Béliveau se souvient, par exemple, qu'à la QPC : «*Il y avait un syndicat de boutique que dirigeait un dénommé Gamache. C'était véritablement un autre monde. Quand, une année, les affaires avaient été difficiles, la direction faisait tout*

---

68. On lira l'histoire de Gérard (Gerry) Filion dans l'ouvrage « *Les coureurs de lignes* », *op. cit.*

69. « *Meilleurs souvenirs de Donald Latour, trente ans de souterrain à Montréal* », *Hydro-Presse*, Hydro-Québec, mi-septembre 1984.

simplement savoir à Gamache qu'il n'y aurait pas d'augmentation annuelle de salaire pour les employés. Le bonhomme descendait, la mine basse, dans le champ, faire accepter la décision : "Les temps sont durs, les boys, faut se serrer la ceinture !" Les bonnes années, le Gamache en question, passait, triomphant, dans les ateliers et les bureaux : "Eh, les p'tits gars, je vous ai eu 2 cents d'augmentation de l'heure !" Pas de discussion, pas de conflit : tout le monde s'entendait, tout le monde était content ! »

Il ne faudrait surtout pas croire que l'Hydro de 1944 manifestera beaucoup plus d'ouverture au fait syndical. Bien au contraire, elle obtiendra, dans ses premières années d'existence, la suspension des entités syndicales actives sous l'administration de la MLH&P, au prétexte que, travailleurs d'une société d'État, ses employés ne pouvaient *« négocier avec la reine »*. À Beauharnois, se souvient Antonio Paquette, directeur syndical local de l'époque, on passera alors de *« l'International Brotherhood of Electrical Workers de la Montreal Light, Heat »* à l'*« Association des employés de Beauharnois »*, regroupement plus social que militant. *« C'était en quelque sorte un syndicat… sans les moyens ! On ne négociait pas, on demandait[70]. »*

À la création de la grande Hydro, en 1962-1963, on trouve dans les composantes du groupe la panoplie des représentations ouvrières, depuis le syndicat dûment accrédité jusqu'à l'absence totale de regroupement de travailleurs[71]. Quatre associations d'employés se côtoient dans la première Hydro. On trouve également des syndicats à la Shawinigan, à la Quebec Power, à la Compagnie électrique du Saguenay (la CSN), à la Northern Quebec Power (la FTQ) et à la Gatineau. Aucun regroupement à la Southern, pas plus qu'à la Compagnie de pouvoir du Bas Saint-Laurent. En 1966, à la veille de l'unification syndicale souhaitée par tout le monde, cadres et employés, 36 conventions collectives différentes régissaient les relations entre autant d'unités syndicales et Hydro-Québec.

Il ne sera pas de notre but ici de retracer les modalités de l'unification syndicale à Hydro-Québec. Elles seront longues et tumultueuses avant que le vendredi 30 septembre 1966 les employés se prononcent une fois pour toutes. Après une lutte sans merci, fratricide et coûteuse, menée sur près de dix ans entre la Confédération des syndicats nationaux (CSN) et le SCFP, ce dernier, affilié à la Fédération des travailleurs et travailleuses du Québec (FTQ), devient l'unique représentant des techniciens, des employés de Bureau et des Métiers d'Hydro-Québec : 4 503 voix l'ont choisi contre 2 880 exprimées pour la CSN.

---

70. *« Meilleur souvenir d'Antonio Paquette : de l'Association des employés à la Caisse d'économie », Hydro-Presse,* Hydro-Québec, fin novembre 1984.

71. Nos informations ici proviennent d'une analyse intitulée *L'implantation du syndicalisme à Hydro-Québec : motifs et conséquences des luttes intersyndicales,* publiée sous l'égide de l'École des hautes études commerciales de l'Université de Montréal, sous la plume de Maurice Lemelin, datée du 15 avril 1969 et disponible aux Archives d'Hydro-Québec.

C'est une histoire qui reste à écrire que celle des syndicats SCFP d'Hydro-Québec et leurs rapports avec la direction de la société d'État. Elle a ses hauts et ses bas, ses temps forts et ses déchirements, ses pages de gloire et d'autres moins glorieuses. L'impact du syndicat et particulièrement celui du local 1500 des employés de Métiers va être d'une importance énorme autant sur le quotidien de la gestion de l'entreprise que sur l'évolution globale d'Hydro-Québec. L'histoire, bien sûr, comporte deux faces, selon qu'on la regarde côté patronal ou syndical. Tentons brièvement l'exercice.

Photo publiée par Hydro-Presse, *dans son édition du 24 octobre 1966, illustrant le vote historique par lequel les employés d'Hydro-Québec choisissaient de s'affilier au SCFP.*

Gilbert Paquette, aujourd'hui directeur, mais un temps délégué syndical au début des années 70, avance, se souvenant de ses premières années de travail : «*Il fallait réagir contre la lenteur d'Hydro à manifester son respect effectif des gens de la base. Écoutez, je me souviens qu'en 70, on ne nous payait que le tiers de nos bottes de travail. L'entreprise ne nous fournissait aucun vêtement. Je me rappelle m'être acheté, à l'époque, une «chienne» verte. Mon collègue monteur en avait acheté une grise et le contremaître, un bien brave homme au demeurant, de nous dire :*

"Coudon, les gars, vous auriez pu vous parler avant et choisir la même couleur d'habit !

– Eh, le père, qu'on lui a répondu assez raide, c'est pas vous qui payez, non ? Hydro non plus ? Alors, laissez-nous donc faire avec notre linge !"

Au restaurant, quand on s'asseyait à côté des gars du Bell tout fringants dans leurs beaux habits de travail fournis par la compagnie, ils nous regardaient de haut pas mal. On était de vrais crottés ! En 76, les commis aux matériaux de construction sur les grands chantiers gagnaient deux fois comme nous autres. Nous en avions, c'est vrai, gros sur le cœur. Fallait qu'Hydro le comprenne et nous traite avec plus de respect pour notre travail. Pour beaucoup dont moi, c'était une question d'honneur !» Emmanuel Touchette, contremaître montréalais de l'époque issu du rang, témoigne, lui aussi, de cette sensation éprouvée par les monteurs en 1967 de ne pas être considérés par Hydro avec les égards dus à la valeur de leur travail : «*Les monteurs de ligne ont souvent l'impression qu'on ne leur donne pas toute l'importance qui leur revient. Alors qu'au fond, sans eux, l'entreprise n'a plus de raison d'être[72].*»

---

72. «*Gros plan : Emmanuel Touchette, l'intelligence du cœur*», *Hydro-Presse*, Hydro-Québec, mi-mars 1976.

➤ *Un anniversaire de monteur*

L'anecdote raconte un fait qui s'est déroulé au début des années 80. C'est un temps de l'histoire d'Hydro où les monteurs de ligne Distribution, fer de lance du SCFP, exploités comme on l'a dit tout au long du siècle, manifestent, retour du balancier, une forte insoumission face à leur employeur. Les journaux feront leurs choux gras de leur indiscipline, on en parlera aux *hot-lines* radio : les monteurs de l'époque ont tendance à s'éterniser dans les restaurants où ils déjeunent et dînent, leurs camions restant longtemps dans les stationnements de taverne, au grand dam de clients indignés. C'est cette époque où les contremaîtres, dépassés par la grogne de la base, baissent les bras.

C'est également l'époque où Claude Boivin vient d'être nommé directeur adjoint de la région Saint-Laurent. *«Un jour, un appel à mon bureau. Une voix me dit :* «Vos monteurs, là, eh bien ils sont tous les midis et pour deux-trois heures à la taverne Unetelle du boulevard Laurentien !». *Le lendemain, j'y suis, à 11 h 30, assis derrière mon journal dans un coin reculé. Vers midi moins le quart, les camions arrivent. Une bonne dizaine. Les gars se retrouvent. Une grande table leur est réservée, et ça mange, et ça parle et ça rit. J'ai laissé faire jusqu'à deux heures moins le quart. Là je me suis levé et j'ai traversé la taverne vide vers eux. Un représentant syndical m'a reconnu et s'est levé précipitamment. J'ai dit :* "Salut les gars. Ça travaille pas bien fort qu'on dirait !". *Le bonhomme patine :*

«Euh, c'est bien rare qu'on vient ici. C'est un spécial aujourd'hui. On fête l'anniversaire d'un de nos gars...

– Ah oui, lequel que je le félicite ?"

Là, mon homme était mal pris et j'ai arrêté de sourire. "Faudrait penser à y retourner, les gars, vous croyez pas ?" *La table s'est vidée, ça n'a pas été long.»*

«On a les syndicats que l'on mérite, d'analyser un peu plus tard Claude Boivin. *Il faut bâtir des clôtures et les faire respecter. C'est cela, gérer.»*

Un autre employé de la base à l'époque, Claude Daigneault, technicien d'appareillage de la région Saint-Laurent, fait état de la situation particulière de Jarry, l'immense centre de services où étaient groupées toutes les équipes techniques de la première Hydro devenue «région Saint-Laurent». La situation, c'est clair, ne plaisait pas à la direction du siège social qui trouvait Jarry trop gros, trop indépendant, trop difficile à gérer. Louis-Georges Boivin sera spécialement muté comme directeur de la région en 1969 pour y *«faire le ménage».* Il s'acquittera de la tâche en divisant Saint-Laurent en quatre secteurs, répartissant les services littéralement aux quatre coins de la métropole. Une initiative qui, une nouvelle fois, valut à Louis-Georges le respect de ses collègues cadres et de ses supérieurs. Mais, Claude Daigneault met un bémol aujourd'hui : *«On ne nous a rien* demandé dans le processus. Jarry était alors un immense bureau sans climatisation et sans cloisons. Tout le monde s'y voyait, patrons, assistants, syndiqués. Il y régnait un très gros esprit d'équipe. Les gens prenaient leur travail à cœur. Quand la direction a brisé cette situation, elle a aussi brisé de très forts liens de camaraderie entre les gens. Beaucoup se sont repliés sur eux-mêmes, ont marqué par la suite leur territoire et la motivation des syndiqués n'a plus été la même à Montréal. »

Côté patronal, les opinions bien sûr divergent diamétralement. En ce qui concerne Jarry, l'ancien commissaire Gauvreau est catégorique. « *C'était devenu*, argumente-t-il, *un véritable monstre, un ramassis de toutes sortes d'affaires devenues incontrôlables, un nid de subversion syndicale, cause de l'essentiel des maux de l'ancienne Hydro devenue région Saint-Laurent. C'est bien simple, on ne trouvait pas de boss à la poigne assez énergique pour diriger Jarry. Il fallait décentraliser.* »

Désormais, lorsque la direction fait subir des examens aux monteurs, un représentant syndical est là qui assiste au processus. De gauche à droite : le candidat monteur, Reginald Blake, l'instructeur examinateur, Fernand Beaudry, Paul Taillon, contrôleur, Thomas Alston, contrôleur général, Germain Bolduc, aide-instructeur et Richard Marchand, du SCFP.

Quant au climat général des relations de travail à Hydro, un cadre de terrain, un meneur d'hommes de réseau à la région Richelieu, Gérard Leclerc, synthétise une certaine vision de l'encadrement de premier degré de l'entreprise, directement en contact avec les syndiqués : « *Dans la première période d'activité du syndicat à la fin des années 60, on s'amusait, littéralement. Les communications restaient franches et ouvertes. On avait du fun. On jouait à cache-cache. Le conflit était de type bon enfant. Les gars restaient au bureau, ne sortaient pas mais se sentaient responsables. L'entente continuait de régner. Au moindre besoin, si nous leur demandions, ils faisaient ce qu'il fallait faire sur le réseau, grève ou pas. En 1972, c'était déjà toute une autre game. Les rapports se sont radicalisés. On ne riait plus. Fallait parler beaucoup plus fort pour se faire respecter. Passé 1976, le syndicat est devenu assez puissant que la majorité des contremaîtres ont baissé les bras et l'ont laissé faire.* »

Même son de cloche à Québec où Marcel Pageau témoigne : « *En 1976, le syndicat est devenu incontrôlable. Ce sont les monteurs qui menaient, les autres syndiqués suivaient le mouvement. En 1950, ils travaillaient ventre à terre. En 1976… quand ils en avaient envie. Les contremaîtres n'étaient pas capables de s'imposer entre le patron et l'ouvrier. Ils faisaient des détours pour ne plus avoir à constater ce que faisaient réellement les hommes de métier pendant la journée de travail.* »

Voici un exemple entre mille de cette insoumission frondeuse, à la limite de l'agressivité déclarée, des monteurs envers la hiérarchie. L'anecdote est relatée dans *Hydro-Presse,* en 1976. La journaliste, Danièle Simpson, rencontre le contremaître Emmanuel Touchette dans la salle dite *« de conférence »* du secteur sud de la région Saint-Laurent, et s'étonne devant le mobilier curieusement hétéroclite dispersé sans ordre dans la salle. Le contremaître d'expliquer : *« Cet ameublement vient de la salle des monteurs. Ils l'ont déménagé ici et ont descendu chez eux le mobilier plus chic de la salle de conférence. Ils avaient l'impression que ce partage rétablirait un peu l'équilibre*[73]. *»*

Emmanuel Touchette, en 1976.

La presque totalité des contremaîtres et des surintendants d'Hydro de l'époque 1965-1985 est ainsi provoquée par la base et ne s'y retrouve plus. Il y aura des menaces, du harcèlement à l'occasion des négociations. Tous ces hommes avaient connu, subi, l'époque de dénuement et d'exploitation des travailleurs des décennies précédentes alors qu'eux-mêmes étaient monteurs ou jointeurs. Pas un pour ne pas admettre que le syndicat, sur plus d'un plan (formation, sécurité, équipement), ferait particulièrement bien en poussant l'entreprise à améliorer les conditions de travail des hommes. Mais tous pour déplorer la place outrancière que va prendre le pouvoir syndical dans ce qu'ils percevront comme une tentative de cogestion de fait quotidienne de l'entreprise.

Le climat est à ce point tendu en 1976 que l'entreprise éprouve de sérieuses difficultés à obtenir de ses chefs monteurs qu'ils s'intéressent aux postes de maîtrise. Un exemple ? Jacques Boucher, contremaître d'expérience à la Saguenay électrique, redevenu monteur à Hydro-Québec, a la « gueule », la sagesse, l'expérience pour diriger des hommes de ligne et il refusera obstinément de redevenir cadre. Écorchant un brin au passage ses jeunes confrères, il s'en expliquait ainsi : *« Les jeunes sont trop exigeants, ils veulent tout posséder sans prendre le temps de gagner leurs épaulettes. J'aime encore mieux grimper dans les poteaux à 53 ans que d'user ma santé à diriger du monde qui ne veut rien comprendre*[74] *! »*

---

73. *Ibid.*

74. *Ibid.* Note 66.

➤ *Les curieuses « messes » de négociations de conventions collectives avec le SCFP*

Tous les quatre ans à Hydro-Québec, dans les décennies 70 et 80 tout particulièrement, direction et SCFP se donnaient rendez-vous pour négocier le renouvellement des conventions collectives. Une très grosse affaire mobilisant des mois, parfois des années, un bataillon considérable des forces vives de l'entreprise.

Pas grande différence entre la réalité et la façon dont la dessinait le caricaturiste Jean-Pierre Girerd, un temps pigiste à Hydro-Presse.

Sur la photo prise en janvier 1982, à gauche (côté syndical comme il se doit), du début de la table en allant vers le fond : Charles Cuerrier, président provincial 1500, Métiers, André Charbonneau, président provincial 2000, Bureau, Normand Cadieux du 2000, Gaston Lafond, porte-parole des trois unités de négociation, Luc Chabot, Pacelli Desrosiers (président), Serge Massicotte, Maurice Cardinal et Pierre Paquin, du 957. De l'autre côté de la table et en revenant du fond, Jean Louis Fleury, chef service Relations internes, Guy-Paul Hardy, directeur Relations de travail, Jacques Durocher, vice-président Ressources humaines, Guy Coulombe, PDG, et Gilles Joyal, chef de service Relations du travail.

Notons que ce sont là des équipes réduites en phase préliminaire des négociations proprement dites, la rencontre ayant lieu au siège social dans une salle ne permettant pas d'accueillir plus de participants.

Côté syndical, toute la machine administrative était sur le pied de guerre, représentée à la table centrale de négociations par l'élite du mouvement : les présidents des unités, les conseillers techniques du SCFP et les directeurs des exécutifs régionaux, une bonne vingtaine de gaillards, chacun avec sa grosse mallette de documents.

Côté patronal, toutes les directions de Ressources humaines étaient également sur la brèche, l'entreprise officiellement représentée à la table par un contingent équivalent en nombre de cadres de direction issus de toutes les unités administratives, chacun avec sa grosse mallette et ses brassées d'imprimés.

Cela faisait effectivement beaucoup de mallettes, beaucoup de papier, bien du monde à la table nécessairement immense qu'Hydro retenait dans un grand hôtel de la ville. Et l'on négociait, du moins c'est le verbe qu'on collait aux interminables sessions où l'on s'asseyait devant les camarades d'en face. Que le fond discuté soit important ou non, il fallait siéger un certain nombre d'heures par jour et un certain nombre de jours par semaine, au motif d'importance cruciale qu'il fallait ce minimum de présence pour que les délégués syndicaux aient leur semaine payée. Bon prince, le côté patronal se prêtait bien docilement au jeu.

Un jeu, avec ses règles et son cérémonial ? L'affaire, à bien des égards, en prenait souvent la tournure, même si le plus souvent les *games* étaient d'une platitude sans exemple. Les rencontres avaient leur rituel. Rendus dans la grande salle, on ne se parlait plus, on s'observait. Ça faisait des silences interminables quand l'une des deux parties demandait un caucus. La parole était strictement réservée aux deux porte-parole officiels. Les quarante autres en vis-à-vis, tous directeurs dans leur camp respectif de ceci ou de cela, se taisaient, motus, s'autorisant juste le droit d'approuver à l'occasion leur champion en opinant du bonnet, de désapprouver son rival par quelque moue muette ou de rire aux rares bons mots de l'un ou de l'autre. Dieu ! Grand Dieu ! que l'on pouvait s'ennuyer à cette table !

La seule consolation était de constater que de l'autre côté aussi, ça fatiguait tout autant quand les porte-parole se tiraillaient à propos de virgules. On attendait les pauses santé, pour se réveiller un peu, se dégourdir les jambes et, enfin, parler, à l'occasion même avec l'adversaire, les alignements d'urinoirs ayant toujours été des forums naturels propices à la communication mâle et à la tombée des barrières sociales.

Mais tout bon moment a sa fin et il fallait retourner se taire et écouter dans la grande salle, tentant laborieusement de se convaincre que l'exercice avait son utilité. À l'occasion d'une saillie teintée d'humour de l'une ou de l'autre des deux stars du milieu de la table, on s'esclaffait, d'un coup tiré par les rires d'une béate torpeur. Et puis l'on retombait dans l'épluchage soporifique des clauses normatives.

Et puis, d'un coup, les choses devenaient sérieuses. Les poids lourds des deux côtés de la table se retrouvaient en petits comités et, là enfin, souvent de nuit, les choses avançaient. Nous, nous dormions dans les fauteuils des halls d'hôtel... Il arriva qu'à 4 h 00 du matin, entente fût conclue...

La liste de ce que les cadres de premier degré qualifient d'«*abus*» engendrés par cette situation est longue et va considérablement s'étoffer à l'issue du conflit de 1976, alors que le ministre du Travail de l'époque, Jean Cournoyer, va contraindre l'entreprise de Roland Giroux et de Robert Boyd à concéder au SCFP, au terme d'une résistance opiniâtre, ce que le syndicat percevra comme des gains majeurs et Hydro comme des reculs notoires. Surtout, le ministre laissera à cette occasion la durable impression que le gouvernement avait donné raison au syndicat dans le conflit de principe qui l'opposait à la direction d'Hydro, situation impossible pour les gestionnaires, surtout ceux de première ligne, en contact quotidien avec les syndiqués. Dans ce contexte, la décennie suivante verra les conflits s'envenimer encore sur fond d'amélioration de la sécurité et de lutte à la sous-traitance. Fort de ses victoires passées, le syndicat exigera nombre de modifications aux méthodes de travail. Ainsi, pour la sécurité du personnel affecté aux travaux souterrains, il obtiendra qu'à chaque intervention deux jointeurs descendent dans les voûtes. Un cadre expert de la distribution souterraine à Québec, Gilles Bélanger, reste aujourd'hui dubitatif devant l'utilité de la manœuvre : «*Anciennement tu avais un jointeur dans le trou et son adjoint en surface. Le fait que deux gars soient ensemble dans le trou n'a fait qu'ajouter un tiers de personnel pour une amélioration d'efficacité assez douteuse. On n'a rien gagné en productivité. Ça n'a fait que faciliter le travail des moins habiles…*»

En 1984, avancée majeure, le SCFP obtient le «*cadenassage*» de toutes les sources d'énergie dans les centrales et les réseaux de l'entreprise avant que les employés syndiqués effectuent des manœuvres, de telle sorte qu'aucun geste malencontreux de rétablissement de courant pendant une intervention ne puisse être effectué qui mette en péril la sécurité des travailleurs. Guy Desormeau, qui consacrera les dernières années de sa vie active à Hydro au pilotage opérationnel du dossier pour la direction, reste aujourd'hui sévère lorsqu'il évoque le sujet : «*Trop, c'était trop ! Il a fallu changer tous les panneaux dans les postes, un travail considérable, fastidieux, coûteux et, à bien des égards, plus ou moins justifié. Bien sûr que nous étions tous d'accord sur le principe d'améliorer la sécurité des employés, mais cet énorme branle-bas dans toutes les installations à la grandeur de l'entreprise était-il vraiment nécessaire ? J'ai bien des doutes…*» Pierre Godin, responsable suprême des opérations à l'époque de l'implantation du «*cadenassage*», tempère quelque peu ce jugement. «*Il est vrai*, concède-t-il, *que les exigences syndicales semblaient exagérées. Les coûts immédiats furent, certes, élevés pour modifier les équipements déjà en place, mais sont insignifiants sur les nouveaux appareils. Si la mesure a pu sauver des vies, reconnaissons qu'elle était bonne.*» Claude Boivin, qui succédera à Pierre Godin, partage en tous points cette opinion : «*Les syndicats, à l'évidence, se sont servis alors de la sécurité comme d'un moyen de pression. Le "cadenassage" aura coûté très cher à Hydro, c'est vrai, mais il faut reconnaître que, depuis son implantation, il n'y a plus eu, à ma connaissance, d'électrocution grave de travailleurs et cela, on sera tous d'accord, est le point positif qui doit primer sur tous les autres à l'heure de juger du dossier!»*

Autre front syndical, passée la moitié des années 80, une véritable guerre de tranchée menée par le SCFP contre le recours à des entrepreneurs sous-traitants dans la course à l'amélioration des réseaux de distribution. Il y a tant de travail à faire sur les lignes du réseau de distribution depuis quinze ans qu'Hydro fait régulièrement appel à tout ce que la province compte d'entrepreneurs privés pour l'aider en construction et maintenance. Vite, le syndicat va percevoir dans ce recours massif à l'aide privée une menace pour la sécurité d'emploi de ses membres et leur effectif.

Jacques Grenier, un autre de ces quelques cadres atypiques d'Hydro qui, sans être de près ou de loin formé à la chose technique (c'est un ancien professeur de lettres du Cégep de Baie-Comeau), deviendra gérant de secteur puis en 1989, directeur régional, est nommé en 1986, le directeur Relations de travail d'Hydro. Il se souvient: *«J'étais en poste au plus fort de la guerre de la sous-traitance, alors que le syndicat Métiers avait fait son cheval de bataille la clause 34 de la convention, le recours aux "sous-contractants" dans la construction et l'entretien des lignes. L'affaire, côté syndical, montera jusqu'au président de la FTQ, Louis Laberge. Elle mobilisera chez nous le président Guy Coulombe et chez les entrepreneurs, Pierre Roux, le président de l'Association des entrepreneurs en transport et énergie. Autant de poids lourds respectés et écoutés à Québec. En 1987, le dossier fera l'objet d'une commission parlementaire ad hoc, réunie à la décision du premier ministre Robert Bourassa lui-même. Il nous faudra développer des trésors d'imagination pour faire aboutir les négociations, sauver la face d'un peu tout le monde et trouver un modus vivendi entre toutes les parties. Le débat ne sera pas clos pour autant et se déplacera ensuite des lignes vers l'entretien des postes et des centrales.»*

1980-1990, c'est aussi la décennie où Hydro qui, le point est défendu par plusieurs, ne saura jamais véritablement *«gérer les cheveux blancs[75]»*, va se séparer d'un nombre imposant de cadres et d'employés de tout ordre. Ces *«ingénieurs-canadiens-français-qui-avaient-fait-Hydro»*, les officiers du *«navire amiral»* de Robert Boyd croisant majestueusement sur mer tranquille, vont à peu près tous quitter le bâtiment piloté, stratégiquement, sans aucun doute, par Guy Coulombe, mais à vue, car la mer, d'un coup, s'est agitée. Nombre de cadres de maîtrise, patrons directs de syndiqués, embauchés comme homme de ligne au *boom* de l'après-guerre, profiteront également des offres incitatives de l'entreprise pour tirer leur révérence, accentuant cette impression de fragilisation de l'encadrement d'Hydro-Québec. Beaucoup parmi les plus vieux des syndiqués profiteront des mêmes offres et quitteront une entreprise où le climat de travail ne s'améliore pas.

---

75. Le mot est de Marcel Pageau, fameux cadre d'exploitation du réseau de distribution de Québec, qui lui-même quittera l'entreprise à l'époque.

➤ *Bagarre au 22ᵉ étage ?*

De 1965 à 1985, le développement du réseau se réalisera avec une telle ampleur que les équipes de monteurs d'Hydro ne pourront suffire seules à la tâche. Ce sera l'âge d'or des entrepreneurs privés de distribution d'électricité au Québec. Une situation qui ne sera pas sans créer des problèmes alors que le syndicat Métiers d'Hydro va devenir, au fil de ces vingt ans, de plus en plus rébarbatif à la sous-traitance.

L'univers de Pierre Roux, de Victoriaville, s'effondra en 1958. Il se destinait alors à devenir joueur de hockey professionnel quand, sur une patinoire torontoise, il fut victime d'un grave accident touchant la colonne vertébrale. La même année, son père décédait. Pierre avait 18 ans. Son père, J. Aurèle Roux, c'était le «ro» de Thiro ltée, le «Thi» venant de Firmin Thibault. Thiro était alors une petite entreprise de Victoriaville fondée en 1952 par deux employés de la SW&P, Aurèle et Firmin, sous-traitants pour le groupe shawiniganais de contrats de plantage de poteaux et d'entretien de lignes essentiellement rurales. Son associé décédé, Firmin retourna à la Shawinigan et le jeune accidenté, troisième enfant d'une famille de neuf et premier des garçons, allait diriger la compagnie dont avait hérité sa mère. Pierre allait vite démontrer à ce poste des talents d'homme d'affaires d'une rare efficacité. Au poker des acquisitions de concurrents, il gagnera plusieurs donnes, jusqu'à se retrouver à la tête de plus de 200 équipes de monteurs vers le milieu des années 60, au début de la conversion des réseaux de distribution à 25 kV. La décennie suivante, la compagnie qu'il avait fondée comptera environ 800 employés et obtiendra jusqu'à 60 % des contrats en distribution d'Hydro.

«La clef de ma réussite ? Je collais à Hydro-Québec où je connaissais toute la structure de décisions. Je sentais venir les besoins et faisais en sorte de pouvoir y répondre. J'y ai toujours eu des gens pour m'écouter, à une époque où l'on avait besoin des uns et des autres. Ainsi, assez naturellement, dirai-je, j'allais devenir et aurai longtemps été le porte-parole de l'ensemble des entreprises privées du secteur auprès d'Hydro-Québec. »

Ce qui amènera l'entrepreneur de Victo à croiser le fer avec... Guy Coulombe. Roux raconte: *«À la moitié des années 80, on a eu vent que le SCFP ne voulait plus de sous-traitance. On est évidemment partis en guerre contre ça. J'ai demandé à rencontrer Coulombe et l'on s'est vu plusieurs fois à son bureau pour de méchantes discussions. Il s'en est dit des "tab..." et des "hos..." entre nous ! Coulombe était pris pour défendre ses syndicats et moi, mon industrie. Ça brassait assez fort entre lui et moi. À un moment, j'ai même pensé : "Ça s'peut pas, il va me maudire en bas du 22ᵉ !" Finalement, comme ça n'aboutissait pas, j'ai monté le dossier à Robert Bourassa qui a tenu une commission parlementaire... »*

Guy Coulombe de son côté garde un souvenir plutôt mitigé des moments où il a croisé le fer avec l'industrie. *«J'ai toujours eu un tas de problèmes avec les gens de techniques de l'externe, ingénieurs-conseils, vendeurs de technologies ou entrepreneurs privés en distribution. Ce n'était pas mon monde ! »*

En définitive, Jacques Grenier, alors directeur Relations de travail à Hydro, fera des miracles pour trouver une solution à moyen terme qui ralliait, conjoncturellement, à peu près tout le monde, mais Roux ne s'y trompa pas. «*L'industrie privée en distribution vit depuis sous poumon artificiel au Québec. Il y a du reste de moins en moins d'entrepreneurs, beaucoup moins d'appels d'offres de la part d'Hydro. Il est exact que, devenu très performant, le réseau de distribution a moins besoin de travail, mais quand même, le SCFP a gagné sa guerre contre nous...*»

Aujourd'hui, Thiro reste active essentiellement aux États-Unis où elle dispose d'une centaine d'équipes. Elle participe également à des projets ailleurs dans le monde, aux Antilles, en Afrique... Retraité, Pierre Roux collectionne des tableaux et des sculptures d'artistes de sa région...

Les négociations des deux conventions collectives conclues sous l'ère Coulombe sont menées à terme sans heurts majeurs mais, à l'analyse de plusieurs, pour la bonne raison que la direction, sous les pressions du gouvernement qui ne veut pas de conflit, accorde l'essentiel de ce que réclame le syndicat. Le changement de ton sera total durant les onze dernières années du siècle. C'est d'abord l'équipe Richard Drouin-Claude Boivin qui, lors des négociations de 1989, décide de rester sur ses positions et de résister au pouvoir syndical. Jean-Marie Gonthier y gagnera ses lettres de créance pour la décennie suivante à titre de responsable des Mesures d'urgence, tandis que le nouveau vice-président Ressources humaines, Michel Blais, conduira les négociations. Certains gestes vont être jugés inacceptables par la direction et réprimés comme tels et Hydro-Québec, appuyée cette fois par le gouvernement qui laisse la direction de l'entreprise gérer seule le dossier, va agir et ne pas passer l'éponge une fois les conventions signées. Les mesures disciplinaires décidées pendant le conflit seront maintenues à son issue. C'est un premier changement de climat, un début de reprise en main. La décennie suivante sera marquée par un désir constant de la direction de se rapprocher du SCFP pour l'intéresser à l'amélioration de la performance et au souci de qualité désormais à l'avant-plan de la stratégie globale de l'entreprise. Beaucoup de syndiqués sont sensibles aux messages d'ouverture de la direction, mais l'«exécutif Métier», et tout particulièrement son effectif montréalais, fer de lance de toujours des luttes du SCFP à Hydro, ne se résout pas à mollir le ton. La grève de 1999 sera dure et leur donnera l'occasion d'un dernier baroud. Il y aura du vandalisme au CED et sur le territoire de Montréal, bastion dur du local 1500. Cette fois les dirigeants d'Hydro, André Caillé et Yves Filion en tête, ne vont pas tergiverser : cinq congédiements sont annoncés dont celui du président syndical de la région Saint-Laurent.

La commotion est majeure. Elle va amener un virage sensible dans les positions et les attitudes syndicales. Un nouveau chef est nommé à la tête du local 1500, dirigé durant près de trois décennies par Charles Cuerrier[76], lequel privilégiait, comme ses successeurs immédiats, une tradition de confrontation avec la direction. Le nouveau venu, Richard Perreault, est d'une autre génération plus pragmatique, consciente de l'évolution sociale québécoise et plus ouverte à répondre aux attentes des clients vis-à-vis de la qualité du service. *«Un intervenant de fort calibre,* dit de lui Roger Bérubé. *Un homme direct et franc qui ne fait pas dans la démagogie et avec qui nous pouvons structurer des relations plus ouvertes au bénéfice ultime des deux parties. »*

Un climat de collaboration plus détendu et productif va dès lors s'établir entre les deux parties sur fond de recherche conjointe d'efficacité. Il permettra la conclusion d'ententes portant sur la responsabilisation des chefs d'équipe, par exemple, ou le rétablissement du service, qui vont considérablement aider l'entreprise dans sa recherche d'une meilleure continuité de service. Pour illustrer brièvement cette évolution, évoquons le cas des pannes. Hydro-Québec devait depuis des lustres s'astreindre dans de tels cas à suivre une lourde mécanique de rappel des employés au travail, qui, négociée avec le SCFP, faisait en sorte que cela pouvait prendre jusqu'à six heures pour composer une équipe de travail d'urgence. Aujourd'hui, dans plus de 60 sites répartis géographiquement dans les territoires, un monteur est de garde à chaque instant de la nuit, des journées fériées ou des week-ends. Il dispose d'un téléphone portable et d'un camion de l'entreprise à sa porte. À l'appel de l'opérateur du CED de son territoire, il est prêt dans un délai maximum de 15 minutes, à se rendre sur les lieux d'une panne pour établir son diagnostic, faire les manœuvres sécuritaires requises et communiquer l'information au CED. Pendant ce temps, un second monteur de garde se rapporte au travail et prépare le camion de service selon les diectives du premier, qu'il rejoint dès que possible sur le site de la panne.

On s'enorgueillit aujourd'hui, à la direction de la division Distribution, du nouvel esprit régnant dans les relations de travail. *«L'amélioration est sensible à tous les niveaux,* se plaisait à souligner Yves Filion, au printemps 2003, alors que, président d'Hydro-Québec Distribution, il se réjouissait de constater *«le renouvellement des dernières conventions collectives sans un seul ralentissement».* Roger Bérubé, le vice-président Réseaux d'ajouter, à l'approbation de deux de ses bras droits, Jean-Luc Beaulieu et Jean-Marc Tremblay : *«On a retrouvé ainsi le grand cœur de ces travailleurs courageux et dévoués que sont dans leur grande majorité les gens de ligne. On a touché les personnes une à une derrière les façades. »* Marcel Jobin de conclure : *«La nouvelle génération de dirigeants syndicaux*

---

76. Charles Cuerrier, dont nous aurions souhaité obtenir le témoignage pour densifier notre propos sur le fait syndical à Hydro-Québec, est décédé à l'été 2003, avant que nous ayons pu le joindre.

comprend qu'elle ne peut s'opposer au mouvement d'amélioration technologique et qu'il est intéressant pour ses membres de monter dans un bateau qui va valoriser les emplois et donner plus d'importance à leur travail.»

Toute une évolution sur près de quarante années. Guy Coulombe, en sociologue qu'il est, sera de tout temps passionné par les relations humaines et s'investira comme rarement président d'Hydro le fera, dans diverses tentatives d'assainissement du climat de travail interne. Avec le cynisme de celui qui en a vu beaucoup, il laisse tomber aujourd'hui : *«Le syndicalisme associé à la politique est sans issue. On est dans un cul-de-sac dès qu'un gouvernement se mêle de se chercher une place, de se donner un rôle, entre direction et syndicat d'une société d'État!»*

➤ *Le choix du travail sous tension*

À la différence de nombre de grands distributeurs d'électricité, les entreprises québécoises ont de très longue date souhaité que leur personnel intervenant sur le réseau soit apte à travailler sur des lignes sous tension. Monteurs et jointeurs d'Hydro-Québec sont *tous* formés pour pouvoir travailler sur des lignes «vivantes», quand leurs confrères de compagnies comme EDF, par exemple, ne le sont pas. En effet, dans beaucoup d'autres entreprises, les «TST», travailleurs sous tension, forment des unités d'élite à côté des unités de base qui n'interviennent que sur des équipements hors tension.

Le but du choix d'Hydro : restreindre au minimum les interruptions chez le client. Ce n'est pas d'hier que c'est là la principale préoccupation des distributeurs. On disait ainsi – ce n'est là qu'un exemple parmi des dizaines que l'on pourrait citer – aux monteurs de la Quebec Power au début des années 60 : *«La continuité du service électrique en plein XXe siècle est aussi vitale à la collectivité que la circulation du sang chez l'individu.»*

Ce choix du travail sous tension, c'est aussi celui des monteurs et des jointeurs québécois qui ne l'ont jamais remis en cause. Ils l'ont de tout temps fait leur et en tirent une juste fierté. Ils n'ont cessé au fil des ans de perfectionner l'équipement qu'ils utilisent pour en améliorer l'isolation. Avec le XXIe siècle, les derniers bâtons vivitechniques ont disparu, les hommes travaillant désormais aux gants de caoutchouc sur le 25 kV partout où les lignes sont accessibles par nacelle. Notons que longtemps on a cru que les gants ne résisteraient pas à des tensions supérieures à 2,3 kV, 4 kV au maximum. L'amélioration de leur qualité et la conception d'outils permettant, dans les camions mêmes, de vérifier leur parfaite étanchéité et leur capacité isolante, ont permis cette généralisation de leur emploi que l'on constate aujourd'hui.

Le plus beau métier du monde

Un des bonzes de Distribution au Québec, Pierre Godin, touche probablement à la vérité quand il affirme aujourd'hui, parlant de ses ex-employés hommes de ligne, monteurs et jointeurs : «*Ces gens-là sont à deux temps : difficiles à gérer dans le quotidien, le routinier, mais absolument admirables dans les situations critiques pour le réseau. Durant toute ma carrière, ils vont susciter mon admiration devant leur disponibilité, leur motivation, leur efficacité en période de grands stress et me causer pas mal de soucis le reste du temps. C'est tout à fait remarquable : ils fonctionnent à leur mieux dans les conditions les plus dures. On dirait qu'ils aiment ça et que, revenus dans le quotidien, ils s'ennuient et s'accommodent mal de leurs conditions.*»

Tous ceux qui auront vu des monteurs à l'œuvre dans des conditions de déchaînement météorologique ne pourront qu'approuver le jugement du sage. On se souviendra de ces quelques phrases de Pierre Foglia, chroniqueur à la dent dure de l'actualité québécoise, s'adressant en beau milieu du grand verglas de 1998 aux monteurs de ligne rétablissant le courant en Montérégie : «*C'est vous les héros pour l'instant! Pour une fois que le Québec salue bien bas ses travailleurs. Profitez-en* […] *Un sacré beau métier! Le plus beau métier du monde, les gars, n'en doutez pas*[77]*!*». Eh oui, monteurs ou jointeurs, ces travailleurs qui, dans les conditions les plus extrêmes où les pannes surviennent, dans la nuit, la tempête, la nature hostile, redonnent la lumière aux gens, sont des héros, mais des héros souvent sans cause qui, quand il ne se passe rien au front, s'ennuient dans le train-train du quotidien des réseaux.

Jeunes monteurs en formation dans les années 60 : des gens fiers de leur travail, solidaires, des héros en temps de crise, souvent rebelles aux périodes routinières.

Des pannes consécutives à des verglas ou à des tempêtes sont des occasions pour eux de s'illustrer, et il y en aura tout au long du siècle. Au hasard de la lecture des journaux des entreprises privées de service d'électricité, on peut lire des choses du genre : «*En octobre 1933, durant une autre tempête de verglas (le verglas ça arrive aussi sûrement que*

---

77. Pierre Foglia, «*Des gars loin de chez eux*», *La Presse*, 16 janvier 1998.

la mort et les taxes), on manqua de raquettes à Sainte-Thérèse[78]*, etc.* » La phrase en dit long sur cette hantise ou, à tout le moins, cette habitude prise de longue date par les compagnies d'électricité de voir leurs réseaux périodiquement mis à mal par des pluies intempestives tombant en saison froide. Autre exemple ? « *Une calamité, écrit Entre-nous* en janvier 1943, *d'après le dictionnaire, est "*un malheur public, une infortune qui atteint toute une contrée ou toute une catégorie d'individus'.*Dans le langage des services publics fournisseurs d'électricité, une calamité pourrait facilement se définir comme "un coup de verglas". C'est donc une calamité qui a frappé l'est du Canada aux derniers jours de la dernière année.* » Et le journal de décrire ainsi les précipitations : « *À compter du 30 décembre, le baromètre commença à tomber. Sous un froid croissant, une pluie fine se changea en verglas et se gela sur les fils d'électricité de téléphone et de télégraphe. Puis, ce fut rapidement un vent violent, de lourds dépôts de neige et un froid violent. Le 31 décembre, la pire tempête depuis 40 ans*[79] *immobilisa les trains et les autobus, interrompit les communications, laissant de vastes districts dans l'obscurité et des rues et des rues sans électricité*[80]. » Dernier exemple ici : il date de février 1961, alors que les journaux de toutes les compagnies font état de dégâts terribles subis à Montréal et dans la Montérégie (déjà) après une désastreuse tempête. Relisons quelques lignes de l'*Entre-nous* d'avril 1961 : « *Samedi 25 février 1961. À 6 h 00, il pleut, une petite pluie tranquille, mais sans interruption. 8 h 00, 10 h 00, minuit, 2 h 00, il pleut toujours, le vent augmente de vitesse, des bourrasques fouettent la pluie comme pour la faire mieux prendre au premier objet qu'elle rencontre. […] Un à un les circuits électriques s'écrasent. En quelques heures, ce sont des centaines de milliers d'abonnés qui communiquent avec notre centre de renseignements pour demander de l'aide. Avant même que le jour se lève, alors que le mercure descend, la pluie tourne à la neige, rendant la circulation presque impossible à nos centaines d'employés affectés à la réparation des dégâts. La pire tempête qu'ait connue la population de Montréal depuis celle des 30 et 31 décembre 1942, va semer ses ravages partout dans la région métropolitaine* […][81]. »

Bref, ce n'est pas d'hier que le verglas amène son lot de graves problèmes pour les transporteurs et les distributeurs d'énergie électrique du Nord-Est de ce continent. On n'en finit plus, dans la presse interne des sociétés de service électrique québécoises, de trouver, décennie après décennie, écho de « *la pire tempête qu'ait jamais connue la compagnie* ». Les titres parlent d'eux-mêmes : « *Les éléments nous font la guerre* »

---

78. « *Patrouille en skis* », The Bulletin, SWP Co., 1941.

79. On retiendra cette mention de « *40 ans* » qui nous reporte donc à 1902, laissant entendre qu'à cette date, une autre forte tempête de verglas s'était abattue sur la région de Montréal. De cette dernière, nous n'avons trouvé trace.

80. « *Le baromètre tombe* », Entre-nous, MLH&P, janvier 1943.

81. « *Bruine, pluie, verglas, neige* », Entre-nous, Hydro-Québec, avril 1961.

(Le *Bulletin* de la SWP relatant la tempête déjà citée des 30 et 31 décembre 1942), «*En marge de la tempête de verglas – un esprit d'équipe à toute épreuve*» (*Notre Revue* de la QP, pour une tempête de verglas survenue dans la région de Québec les 30, 31 mars et 1er avril 1960), «*The night the poles fell down*» (*SCP News*, mars 1961), «*Bilan d'un 12 décembre de triste mémoire*» (*Entre-nous,* supplément Mauricie, décembre 1967), «*Le verglas fait encore des siennes*» (*Entre-nous,* supplément Richelieu, février 1969), «*La pire tempête de verglas de l'histoire cause des dégâts de plus de 1 million*» (*Hydro-Presse,* Laurentides, avril 1972), «*Noël "noir" pour des milliers d'abonnés de la région de Québec*» (*Hydro-Presse,* mi-janvier 1974), «*Joliette les glaçons… ou Premier gros verglas de l'hiver 83-84 sur les Laurentides*» (*Hydro-Presse,* mi-novembre 1983), «*Depuis trente ans que je suis à Hydro, on n'avait jamais vu pareil verglas*» (*Hydro-Presse,* fin janvier 1997)… Pays d'hiver, pays de vent et de glace que le nôtre où même à la mi-juin on n'est pas à l'abri du verglas. *Hydro-Presse* rapportera en effet en 1978 que, le 14 juin, une couche de glace de 2 à 3 pouces d'épaisseur («*bien plus à certains endroits*») s'accumulera sur certains pylônes de la ligne Montagnais-Fermont, provoquant le bris de chevalets de pylônes en V haubanés. Une réparation délicate, difficile, compliquée par «*des rafales de vent parfois si fortes que les monteurs restèrent des trois-quarts d'heure bloqués au haut de la tour, sans pouvoir rien faire d'autre que s'accrocher aux poutres, incapables même de seulement descendre. Le vent empêcha aussi le levage des pièces, emportant jusqu'aux casques de sécurité. Et quand ce n'était pas le vent, c'était la neige, la pluie et la grêle qui se mettaient de la partie.*» Et, faut-il le redire, tout cela se passait quelques jours avant la fête de la Saint-Jean… et le Québec n'avait pas encore tout vu.

➤ *Le surprenant manque d'intérêt des clients pour le souterrain*

Excédés par les pannes survenant plus facilement sur les lignes aériennes que souterraines et devenus plus sensibles à l'esthétique de leur environnement, les clients d'Hydro, croyait-on chez les planificateurs actuels des réseaux de Distribution, ne demanderaient pas mieux que d'être approvisionnés par des réseaux enfouis dans le sol si l'entreprise leur en faisait l'offre, dussent-ils participer quelque peu au financement de l'opération.

Or, curieusement, ce ne semble pas être le cas. À la suite du grand verglas de 1998 et compte tenu d'une certaine évolution interne à Hydro-Québec Distribution où une dynamique équipe d'experts en environnement milite sans relâche et avec efficacité à l'amélioration visuelle du réseau, l'entreprise a désormais un parti pris déclaré pour l'enfouissement des lignes. Mais, à la surprise des promoteurs internes de la chose, l'enthousiasme des éventuels bénéficiaires de cette volonté nouvelle n'est pas au rendez-vous.

Cette étonnante tiédeur ne date pas d'hier. Archie Benjamin se souvient: «*Quand vers les années 50 on a passé la rue Queen Mary en souterrain, il y eut énormément*

La quête séculaire de la qualité du service au client

d'opposition de la part de nombreux marchands qui devaient payer pour leur raccordement au câble. Ils ne voulaient tout simplement pas être alimentés en souterrain !»

Ce n'est pas à de l'opposition comme telle que se heurte Hydro aujourd'hui quand elle avance l'option d'enterrer certaines de ses nouvelles lignes de distribution, mais à un manque d'intérêt assez flagrant qui ne cesse de la surprendre. Yves Filion, président de la division, s'étonne : *«Nous croyions répondre à l'attente générale en proposant que dans tous les nouveaux développements nécessitant prolongation de réseaux, nous installions désormais du souterrain. Malheureusement, les promoteurs immobiliers sont loin d'en être là et reculent devant les coûts engendrés et les municipalités n'ont pas toujours les réglementations pour imposer l'enfouissement des câbles. On fait pourtant aujourd'hui de l'"enfouissemnet léger"*

beaucoup moins onéreux à l'installation, mais le marché de l'immobilier n'en est pas rendu là.»

«Ce fut pour nous une grande surprise, concède Sylvie Lacoste, ingénieure en sciences de l'environnement de Polytechnique, promotion 1974, aujourd'hui responsable du service Environnement du réseau de distribution. *Quand après le verglas de 1998 on s'est assis avec les promoteurs immobiliers pour leur faire part de notre désir d'enfouir les futures lignes, on s'est fait répondre que ça ne les intéressait pas et ce, même dans le cadre de lotissements où leurs maisons se vendraient plusieurs centaines de milliers de dollars. Leurs réponses :* "Nos clients ne le souhaitent pas !"». Ce que confirment les sondages de *la «Table des tables».* Ce document interne constamment mis à jour établit, en les classant par odre d'importance, les attentes des clients vis-à-vis de l'amélioration des services offerts par Hydro-Québec. *«Année après année,* note Roger Bérubé, le vice-président Réseau, *l'enfouissement des lignes arrive au dernier rang des préoccupations des clients, quarantième attente sur 40.»*

«Notre perception», d'analyser André Boisvert, urbaniste de formation, conseiller en environnement à Distribution, *«est que de façon générale les Québécois sont habitués à leurs poteaux de bois, qu'ils les acceptent dans leur paysage. Dans ces conditions, la promotion du souterrain reste à faire...»*

257

En fait, il n'est pas de période importante de l'histoire locale de l'électricité sans qu'ici où là on n'ait eu à déplorer des dégâts de verglas ou de tempêtes sur les lignes. Car, l'été aussi, dans notre beau Québec les éléments peuvent se déchaîner en tempête, arrachant les poteaux et coupant les fils. Audrey, Gloria et tant d'autres ouragans dans l'histoire feront des leurs, amenant souvent les équipes de Distribution d'Hydro à franchir les frontières pour dépanner les provinces canadiennes voisines ou les États de Nouvelle-Angleterre, preuve de cette belle solidarité qui lie les distributeurs du Nord-Est de ce continent.

Longtemps, en Distribution, la tendance sera de plier l'échine devant les éléments déchaînés, puis de retrousser ses manches et envoyer ses monteurs braver les éléments, reconstruire les lignes et rétablir le service. Que faire d'autre ? Tornades et orages à l'été, verglas et neige aux temps froids apparaissaient comme de véritables désastres de la nature, des événements incontournables avec lesquels les réseaux de distribution québécois allaient devoir de tout temps composer. C'est à peine si l'on évoque dans l'*Entre-nous* la possibilité d'enterrer les fils après une panne majeure, celle de février 1961. L'article *« Si tout avait été souterrain »* (avril 1961) n'est qu'un long éditorial défendant, au nom du bon sens et du maintien des coûts de service dans des limites raisonnables, la position d'Hydro-Québec de distribuer en aérien.

La fin des années 90, sera, qui ne le sait, particulièrement préoccupante pour les distributeurs et les entreprises de télécommunications québécois. Dans le cas de Lanaudière, les 5 et 6 janvier 1997, *Hydro-Presse* croira voir tous les records battus, évoquant le *« verglas le plus étendu qu'ait connu Hydro-Québec depuis sa création[82] »*, avec 250 000 clients privés d'électricité. Mais on n'avait pas tout vu : il y aura janvier 1998[83]…

Chaque fois, les monteurs sont sur la brèche, des journées complètes et les heures en supplément, jusqu'à ce que l'un des leurs, le chef monteur ou un contremaître, décide qu'il est dangereux de continuer. Un métier éreintant. Il faut entendre parler ceux qui les dirigent à ces heures de travail intense, le respect dans la voix d'un Gérald Soulières[84], par exemple, expliquant : *« Aux journées les plus dures, quand les monteurs reviennent de travailler, c'est comme des sportifs à la fin d'une game éreintante. Ils restent de longs*

---

82. *« Depuis 30 ans que je suis à Hydro, on n'avait jamais vu pareil verglas ! »*, *Hydro-Presse*, Hydro-Québec, fin janvier 1997.

83. Le grand verglas sur lequel nous ne reviendrons pas ici, l'essentiel de ce qui pouvait en être dit, vu d'Hydro-Québec, ayant été conté dans *Les coureurs de lignes*, op. cit.

84. Issu d'une grande famille de *« distributeurs »* d'électricité au Québec, Gérald Soulières entre comme ingénieur à Hydro-Québec en 1965. Homme d'exploitation, *« opérationnel dans l'âme, à l'image de mon père et de mon grand-père »*, comme il aime à se décrire, on le retrouvera gérant de secteur en Beauce, gérant Distribution à Québec et directeur Distribution à la fin des années 80.

moments sur leur banc, prostrés, sans parler, à la limite de leurs forces. Ça sent le cuir de leurs gants trempés et la sueur de leur corps éreinté. Ils sont superbes de fatigue… »

Il y aurait beaucoup encore à dire sur les monteurs et les jointeurs. Il faudrait parler de leur fierté, de leur sens des responsabilités, surtout peut-être de leur solidarité. Insister sur le fait qu'il leur faut certes être forts et résistants, mais également adroits et particulièrement ouverts à la chose technique.

« *Les méthodes de travail,* conclut Roger Bérubé, *deviennent plus rigoureuses, demandent plus de formation. Les monteurs, comme les jointeurs, du reste, doivent désormais ajouter un volet "communication" à leur travail, devant régulièrement échanger avec les CED et renseigner les clients. La culture de ces hommes-là est en train de changer. Ils reprennent confiance dans la gestion, réalisent mieux l'importance du faire-valoir individuel dans la poursuite de leur carrière, n'excluent plus d'emblée la possibilité de monter dans la ligne hiérarchique. Les chefs d'équipe redeviennent de véritables chefs, prennent des décisions, planifient leur travail, ajoutent un volet informatique à leurs activités traditionnelles. Ces métiers, de plus en plus, prennent leurs lettres de noblesse et cette tendance ne pourra que s'accentuer dans le futur. La fierté du métier se rétablit.* »

Monteur de ligne, le plus beau métier du monde ?

4

*Grandeurs
et misères
de la fonction
commerciale*

Comme l'œuf et la poule...

*Il faut disposer d'énergie pour pouvoir vendre de
l'électricité, mais il faut trouver des marchés pour
justifier la construction des coûteux équipements
de production. Quel besoin crée l'autre ? C'est un
croisement constant. Parfois les compagnies
d'électricité ont de l'énergie à revendre et doivent
pousser les consommateurs à utiliser leur produit ;
parfois la demande est là, mais l'offre peine à suivre
et les distributeurs doivent freiner l'appétit de leurs
clients. L'incessant chassé-croisé est une constante
de l'histoire de la Distribution au Québec.*

Jean-Paul Cristel en reste persuadé aujourd'hui : c'est un mélange de chance et de hasard qui fit que Robert Boyd, en 1963, allait lui faire l'offre de devenir son adjoint chargé d'organiser le secteur des Ventes et de la Promotion de la future grande Hydro-Québec. «*On ne se connaissait pas, à l'époque, Boyd et moi,* dit-il. *Je ne dirais pas qu'on ne s'était pas croisés à l'occasion de rencontres à l'ACE ni qu'il n'avait pas entendu dire des choses sur moi ou moi sur lui. Mais on ne s'était jamais parlé. La preuve, le premier jour où, à sa demande, je l'ai rencontré, à son bureau, nous nous mîmes spontanément à nous parler en anglais. Cela dura jusqu'à ce qu'il reçoive un téléphone et réponde en français. Et là, il s'est passé une drôle de chose dont je me suis toujours souvenu. J'entendais vaguement qu'il discutait du choix d'une salle dans un hôtel pour je ne sais trop quelle fin et, d'un coup, il pose la question : "Est-ce qu'on a du 550 volts au Reine Élizabeth ?" Se trouve qu'y ayant moi-même donné des conférences, je savais que oui, il y en avait, et je me suis permis de couper sa conversation pour le lui dire. J'ai eu l'immédiate sensation que ça l'avait favorablement impressionné à mon endroit. L'appel terminé, il m'offrait, en français ce travail d'adjoint, alors qu'il aurait pu sans doute susciter des candidatures plus prestigieuses, après tout je n'étais à l'époque que l'assistant-gérant des Ventes de la "Shawi", sous Charles Talbot...* »

À l'été 1963, Robert Boyd, alors directeur général Distribution et Ventes, procède à un «échange de vues» avec les forces commerciales de la nouvelle grande Hydro-Québec et de ses filiales. De gauche à droite : J. Rivet, secrétaire de la réunion, Jean-Paul Pagé et Paul Larose, de la Quebec Power, John Burroughs, de la Gatineau Power, M. Lavallée, de la Compagnie électrique du Saguenay, Roch Goyer et Robert Boyd, d'Hydro-Québec, Jean-Paul Cristel, encore de la Shawinigan à l'époque, en compagnie de Charles Talbot, de la même compagnie, P. Bégin, de la Compagnie de Pouvoir du Bas-Saint-Laurent, J. Roberts, de la Southern Canada Power, P. Émile Blouin et Roger Labrie, d'Hydro-Québec.

Robert Boyd n'évoque pas l'anecdote quand il se souvient de ce choix de Jean-Paul Cristel pour organiser le secteur des Ventes de la nouvelle grande Hydro qu'il imaginait alors. Il dit plutôt : «*J'étais persuadé que les Ventes allaient prendre une énorme ampleur dans la grande Hydro-Québec que nous mettions sur pied. J'étais, en conséquence, très préoccupé par la sélection du meilleur homme à mettre en place pour diriger la Commercialisation. J'ai choisi Cristel parce que la Shawinigan avait alors la réputation d'être près de ses clients, pas que ses gens soient forcément meilleurs à ce chapitre que les nôtres, mais, en tant qu'entreprise privée, elle devait offrir plus de services à ses clientèles que nous en donnions alors à Hydro, pour justifier la différence entre ses tarifs et les nôtres, sensiblement moins élevés.*»

L'ancien président écarte ce faisant Gilles Perron, depuis 1960 le directeur des Ventes et des Contrats de l'entreprise montréalaise[1]. Perron, au profil technique doublé d'un sens aigu de la communication, du prestige naturel, de l'entregent, avait fait ses classes en Transport et Distribution. Il est à l'époque le mentor de nombre d'ingénieurs un peu plus jeunes que lui qui vont marquer l'histoire des Ventes à Hydro ; cette Hydro devenue provinciale qu'il quittera en gentleman peu de temps plus tard en 1965, constatant qu'elle ne lui ménagera pas le poste hiérarchique que ses états de service passés lui permettaient d'espérer.

À la fin de décembre, Gilles Perron, alors gérant du service des Ventes d'Hydro-Québec, devant une carte du Québec, où figurent les ventes régionales de la montréalaise Hydro de l'époque. À gauche de la photo : son adjoint, Marcel Lapierre.

Sans aigreur, en tout cas apparente, il explique aujourd'hui : «*La culture d'Hydro n'était pas à la promotion de son produit. L'électricité se vendait en quelque sorte toute seule à Montréal sans qu'il soit nécessaire de véritablement en promouvoir l'usage. Il y avait même crainte à l'époque que les gens en veuillent trop et l'establishment de la maison avait le réflexe de mettre des freins aux initiatives que nous pouvions avoir. C'était une chose qui me navrait et démobilisait quelque peu mon personnel. Le problème à l'époque était plus culturel que structurel. Mon unité grossissait comme par la force des choses. Je la ferai passer d'une vingtaine d'employés à près de 80 en quelques années. Mais il fallait constamment faire nos preuves, marquer notre territoire, imposer notre présence dans une Hydro qui n'avait guère de considération, avouons-le, pour les activités commerciales qu'elle jugeait mercantiles et de bien peu d'intérêt, voire à la limite déstabilisantes. Je me souviens ainsi qu'à ma première année en poste aux Ventes, j'avais produit un petit rapport annuel afin de stimuler le personnel. Eh bien l'homme fort de l'Exploitation à l'époque, Louis O'Sullivan, m'avait vertement réprimandé pour cette initiative,*

---

1. Gilles Perron succède à l'époque à Roch Goyer, ingénieur vedette de l'entreprise dans les décennies précédentes.

au motif qu'il ne fallait pas inconsidérément pousser à la consommation au risque, ce faisant, d'engendrer à terme des problèmes de pointe incontrôlables. »

Le service du client, de l'«*abonné*» comme on dit plus fréquemment alors, ne sera jamais, de toute l'histoire de la première Hydro, une préccupation majeure des dirigeants de la maison. On restreint ainsi le secteur piloté par Perron aux limites d'une unité-conseil sur les usages de l'électricité, l'assistance aux grands clients industriels et la négociation de contrats, lui coupant en pratique toute véritable velléité d'amélioration des services ou de développement des marchés. Le secteur, dès lors, est réputé mou, sans grand avenir. Pierre Godin, déjà ingénieur expérimenté à l'époque, n'y fera qu'un bref séjour en 1960 à l'invitation de Perron. «*Les Anglais des compagnies privées étaient peut-être plus naturellement portés vers le commerce que nous,* justifie t-il. *Les Ventes n'étaient définitivement pas le secteur le plus dynamique d'Hydro à l'époque.* » Quand, en 1961, à l'issue de son stage de formation, Gaston Plamondon, un ingénieur diplômé de Laval qui mènera toute sa carrière à divers postes de responsabilités dans le domaine de la promotion commerciale, se verra offrir son premier poste aux Ventes par Perron, il se fera dire ouvertement par ses confrères et les cadres d'autres unités : «*Pourquoi perdre votre temps aux Ventes, un ingénieur comme vous serait bien mieux ailleurs !* » Même accueil réservé à son collègue, Gilles Béliveau, à son arrivée à Hydro-Québec, la même année 1961, en provenance de la Quebec Power : «*L'entreprise n'en avait alors que pour le génie. Quand tu leur parlais client au début des années 60, ils se demandaient bien ce que tu avais en tête et invariablement ça se terminait par la question :* "Veux-tu bien me dire ce que tu fais là dans la fonction commerciale ?", *quand on ne t'ajoutait pas :* "Va donc construire des barrages sur la Côte-Nord !" »

Le noble produit de Maurice Duplessis

Dans ces conditions difficiles, l'apport de Perron dans la première Hydro du début des années 60 est à l'analyse tout à fait méritoire et en avance sur son temps. Perron va non seulement tenir le fort, mais le consolider, y semer des idées et y embaucher des gens de talent. Avec un jugement très sûr, il sélectionnera des ingénieurs qui feront leur marque dans les décennies suivantes : les déjà cités Godin, Béliveau et Plamondon, mais aussi Marcel Lapierre, Conrad Pagé, Marcel Bussière, Hettore Lanfranco, etc. Ces «surdoués» sur le plan technique seront essentiellement dédiés à la grande entreprise, une clientèle de tout temps très chère à la direction de la première Hydro et que privilégiera également, l'heure venue, Robert Boyd[2]. On sent là un certain héritage de la MLH&P par affinité beaucoup plus sensibilisée au service des grands usagers commerciaux ou industriels qu'à ses obligations envers la masse anonyme des consommateurs résidentiels.

---

2. Ce qui ne sera pas sans provoquer quelques étincelles entre Gilles Béliveau et Jean-Paul Cristel, quand le premier dépendra hiérarchiquement du second. Béliveau s'occupant essentiellement de promotion auprès des grands clients industriels et commerciaux aura fréquemment dans ce cadre l'occasion de voir directement le patron, Boyd, à l'irritation compréhensible de Cristel.

Depuis le début du siècle, c'est sur ces marchés de l'énergie fournie aux grands utilisateurs que se sont déroulées les guerres de concurrence avec les autres formes d'énergie, essentiellement le pétrole, le gaz propane ou le charbon. Dans un éditorial de 1938, l'*Entre-nous* de la MLH&P résumait de façon bien révélatrice de la pensée de l'époque la philosophie de l'entreprise à cet égard : « *Au premier abord, ce travail de propagande pour l'utilisation de l'électricité* [chez les grands abonnés industriels] *peut sembler inopportun, mais c'est tout le contraire car la vulgarisation de l'électricité dans l'industrie offre de très grandes possibilités. Chercher ces possibilités, les adapter aux besoins des abonnés et augmenter le débit de l'électricité, tels sont les objectifs du Service Industriel[3].* » L'unité de Ventes de Perron est sans aucun doute imprégnée de ce même état d'esprit privilégiant le service aux grands consommateurs.

➤ *Le professeur de golf de Sam Steinberg*

La Montreal Light, Heat and Power était une grande compagnie, intimement associée au développement de la métropole et naturellement proche de l'aristocratie des milieux industriels, financiers et commerciaux montréalais. Ses administrateurs siégeaient à des conseils de l'élite des compagnies clientes et ses cadres supérieurs fréquentaient les mêmes clubs que le gratin de la grande économie locale.

Sa direction, comme du reste celle de toutes les compagnies privées de la première moitié du siècle, était infiniment plus à l'écoute de ses très gros clients qu'elle pouvait l'être du petit consommateur. Question d'intérêt, certes, mais surtout de culture. Ces entrepreneurs-là étaient beaucoup plus des gens d'argent, d'affaires, des « businessmen » que des gens de service public.

C'est une tradition dont Hydro-Québec héritera en 1944 et dont elle aura longtemps du mal à se défaire, en tout cas tant qu'elle sera essentiellement montréalaise. La nécessité de services à la clientèle actifs et concrets, au-delà des engagements vertueux, était une notion bien peu présente dans les préoccupations de la maison. Sauf pour les très grands clients. Pierre Godin garde de son court passage aux Ventes à la fin des années 50 le souvenir d'un de ses employés, un dénommé Jacques Quintin, connu pour être le professeur de golf de Sam Steinberg, le fondateur de la chaîne d'alimentation portant son nom. « *Les "Ventes", à l'époque*, se souvient Pierre Godin, *c'était essentiellement ça : l'assistance aux gros clients. Que ça aille jusqu'à ce qu'un de nos gars soit payé pour apprendre au bonhomme Steinberg à « putter » dans son bureau n'énervait personne. C'était dans les mœurs de l'Hydro de l'époque.* »

---

3. *« Service à vendre »*, *Entre-nous*, MLH&P, janvier 1938.

Mais, en observateur avisé de ce qui se passe ailleurs dans l'industrie à l'époque, Gilles Perron est sans nul doute l'un des premiers de la maison montréalaise à percevoir également l'importance en devenir de la dimension service au petit particulier anonyme. Il va favoriser l'émergence d'une unité solide de diététistes, jusqu'à une demi-douzaine de jeunes professionnelles compétentes et motivées, véritable patrouille de charme auprès de groupes de femmes montréalais : comités de paroisses, associations communautaires, assemblées de quartiers, organismes de charité, centres de formation féminins, etc. Les jeunes diplômées sont de profil fort comparable aux *home economists* des compagnies privées, mais, par nature, plus citadines, plus *« jet-set »* montréalais, plutôt *« cuisine santé »* que *« biscuit frigidaire »*. Perron leur donnera toutes les facilités de travail requises, grosse voiture, cuisine d'envergure aux allures de salle de démonstration à Jarry, etc.

➤ *Le vague à l'âme des* « **ingénieures en pâtés** » *d'Hydro-Québec*

Hydro-Québec aussi, comme ses consœurs du privé de l'époque, embauchera, dans les années 50-60, des femmes pour montrer à la clientèle féminine les vertus et les bienfaits de l'électricité dans la vie domestique. La MLH&P en avait-elle à son service avant 1944 ? La chose n'est pas acquise. Nous avons retrouvé un vieil article dans un *Dual Service Double* de 1928 faisant état de *« leçons culinaires à la salle de démonstration de notre magasin de l'Ouest »*. Le texte, au machisme d'époque une autre fois navrant, nous apprend ceci : *« Des dames anxieuses d'améliorer la digestion de leur mari ont écouté une intéressante conférencière discuter des façons d'empêcher le jeune mari de retourner chez sa mère parce que la croûte de la tarte est toujours en charbon. Pendant ce temps, deux gentilles demoiselles préparent et font cuire la tarte de la façon indiquée dans la leçon. »* Aucun nom mentionné, ni celui de l'intéressante conférencière, ni celui des deux gentilles demoiselles. Doutons que c'étaient des employées en règle de la MLH&P.

Chose sûre en tout cas, elles seront six jeunes femmes dans les années 60 à enrichir l'équipe des Ventes de Gilles Perron[4]. L'ambiance y est excellente, mais leurs collègues les taquinent volontiers, les affublant, dans leur dos, du titre d'*« ingénieures en pâtés. »* Est-ce que les jeunes femmes apprécient l'humour balourd des confrères ? doutons-en ! La majorité d'entre elles quitteront assez rapidement l'entreprise. Ce sera le cas de Louise Bigras-Desaulniers, une bachelière ès sciences, option nutrition, de l'Université de Montréal qui, embauchée en 1961, donnera sa démission en 1966.

---

4. Louise Bigras-Desaulniers mentionne le nom de la responsable du petit groupe, Thérèse La Fortune, et celui de ses collègues Louise Bellon-Faucher, Rolande Leclerc-Pagé, Lorraine Boutet et Estelle Lefebvre. Nous avons retrouvé également le nom de Jacqueline April. Toutes ne sont pas diététistes, certaines, moins diplômées, se contentant du titre de conseillère en économie domestique.

Elle garde de cette période de sa vie professionnelle des sentiments partagés. «*Je pense*, dit-elle, *que nous avons été d'une certaine utilité. Quant à moi personnellement, j'ai conscience d'avoir à la fois donné et reçu. J'ai beaucoup travaillé et beaucoup appris en termes de communication avec le public. Nous n'étions pas des vendeuses, mais des professionnelles. Ceci dit, nous restions marginales dans l'entreprise. La grosse voiture dont nous nous servions, nos horaires différents, notre statut un peu en marge dérangeaient bien du monde. Nous ne nous sentions pas véritablement intégrées à part entière dans ce monde d'hommes qu'était Hydro à l'époque. Nous n'étions pas prises au sérieux comme nous aurions aimé l'être. Notre image était finalement meilleure à l'extérieur qu'à l'intérieur de l'entreprise.*»

Macho, Hydro ?

Gilles Perron sera encore l'un des premiers cadres d'Hydro – un peu avant le commissaire Georges Gauvreau qui, lui aussi, aura cette préoccupation – à embaucher, non sans mal, des professionnels non ingénieurs. Il se souvient avec un brin d'ironie : «*J'étais persuadé, ce qui semblera une évidence aujourd'hui, qu'il nous fallait des économistes au service des Ventes. Mais la Commission du temps s'y opposait pour je ne sais plus trop quelle raison. Je n'ai pu finalement en avoir quatre qu'en les embauchant comme "représentants des ventes". L'année suivante, je me les faisais tous soutirer par des confrères, dont Boyd qui me prit ainsi son adjoint le plus proche, Roger Labrie.*»

À son départ d'Hydro, Gilles Perron laissera une unité réputée solide dans ses relations avec les grands clients industriels et commerciaux, en fait un véritable réservoir de talents plus ou moins exploités. Plusieurs dans le groupe accepteront, du reste, assez difficilement la préférence massive donnée par Robert Boyd aux gens issus des compagnies privées, Jean-Paul Cristel en tête. Celui-ci ne facilitera pas les choses en s'entourant, à la première organisation de son unité au printemps 1965, d'adjoints majoritairement issus de la Shawinigan (Jacques Beaudet à la promotion résidentielle, Jean-Bernard Payeur aux Études de marchés, Pierre Ostiguy au secteur agricole, et André Roy[5], un peu plus tard, aux publications). Léo Roy, succédant à Boyd cette même année 1965, n'allégera pas le climat en nommant comme directeur de Ventes à la Grande industrie[6] un ex-vice-président exerçant des fonctions similaires à la Shawinigan, vieil ingénieur de McGill, Henry Abbott-Smith, 41 ans d'expérience dans le privé. On le flanquera, il est vrai, de deux adjoints issus

---

5. André Roy était le frère de Léo Roy. Jean-Paul Cristel rapporte que ce même André Roy, réputé pour connaître mieux que d'autres Hydro, vu la carrière qu'y menait son frère, lui avait donné ce sage conseil lorsqu'il avait rejoint Boyd comme adjoint : «*À Hydro, pense tout ce que tu veux, fais tout ce que tu veux, mais "ferme ta boîte" et ne prends jamais position !*» D'aucuns méditeront sur l'aphorisme.

6. La direction des Ventes à la Grande industrie sera abolie à la retraite d'Abbottt Smith et fusionnée à la direction Mise en marché en février 1968.

d'Hydro (Roch Goyer et Marcel Bussières), mais le troisième chef, Norman Beattie, viendra lui aussi de la Shawinigan. Au décès de Beattie, survenu, des proches s'en rappellent, derrière son bureau pendant une journée de travail, un autre anglophone issu de la Shawinigan, le déjà cité Howald Walker, le remplacera.

Seul cadre issu d'Hydro imposé par Boyd à Cristel, exception confirmant le savoir-faire d'Hydro auprès de la grande industrie, Gilles Béliveau est nommé à la promotion commerciale et industrielle. C'est à l'époque un jeune loup qui, on l'a dit, est dans les plans de Boyd. L'avisé directeur général le «*jouera*» fréquemment contre Cristel, histoire sans doute de garder le pouvoir et de modérer les ambitions d'un second de talent. On n'est jamais trop prudent.

La hiérarchie de la direction Ventes à la grande industrie d'Hydro-Québec à sa création, à l'été 1965. De gauche à droite : Roch Goyer, Norman Beattie, Henry Abbott-Smith et Marcel Bussières.

Longtemps, le fait est remarquable, les distributeurs privés feront moins la promotion de leur produit que celle de leur propre image. Si l'on excepte les fronts commerciaux constitués par les cultivateurs et les «maîtresses de maison» à qui l'on a des appareils bien précis à vendre et vers lesquels on ciblera les campagnes de promotion déjà décrites, les efforts publicitaires des compagnies privées vers le grand public vont longtemps porter sur la mise en valeur des qualités de bon citoyen des compagnies, plutôt que sur le produit kilowattheure. On a déjà exposé les difficultés d'être des distributeurs capitalistes du début du siècle. Le fait est réel et se reflète dans les campagnes dites de «*propagande*» que les entreprises vont mener à l'interne comme à l'externe. On sent que l'important est avant tout de dire aux employés comme aux abonnés qu'ils sont de bons citoyens commerciaux, qu'ils participent à la vie de la cité, qu'ils contribuent à faire gagner les guerres, qu'ils sont les moteurs du développement économique des villes où ils distribuent le courant, qu'ils payent des taxes au gouvernement, que leurs braves équipes de dépanneurs sauvent des vies, etc. La préoccupation est palpable dans tout le discours public des compagnies privées. C'est une publicité d'image plus que de produit.

Un curieux personnage fait son apparition à la moitié du siècle et va souvent servir de lien entre les distributeurs privés et le public pour passer les messages de l'industrie électrique : Reddy Kilowatt. C'est le dessin d'un petit être éminemment sympathique, créé pour illustrer les publications des compagnies électriques du continent. Son corps est un éclair, son nez

271

L'équipe des ventes de la Shawinigan à Valleyfield, en 1956. De gauche à droite : Camille Simard, Ventes domestiques, Marcel Carignan, Ventes industrielles et commerciales, Gratien Spénard, gérant du secteur, Jocelyne Nadeau, conseillère en économie domestique, Wally Lavigne, gérant des Ventes domestiques et rurales de la SW&P, Jacques Beaudet, gérant des Ventes, et Paul Vermette, Ventes agricoles.
(Photo de Jacques Beaudet)

une ampoule, ses oreilles des prises électriques. Toujours souriant, poli et enjoué, il est, en monteur modèle, botté et ganté de caoutchouc (comme ne le sont, hélas, pas les vrais monteurs de l'époque). Populaire depuis la moitié des années 30 dans le reste du Canada et aux États-Unis, il personnifie l'industrie électrique. Durant une dizaine d'années, il soutiendra, graphiquement, les efforts de promotion du groupe Shawinigan puis disparaîtra sans avoir marqué bien fort l'histoire. Reddy est moins un vendeur qu'un véritable *«propagandiste»* : *«Ce sera sa fonction de nous aider à dire à notre clientèle ce que lui et nous faisons pour la population du Québec[7]»*, dit-on de lui à la Shawinigan.

On attendra trois ans avant de recourir au service du petit personnage à la francophone Quebec Power. La carrière de Reddy y sera fort sobre et discrète, son allure résolument américaine ne suscitant pas la sympathie escomptée chez les employés et la clientèle.

On sent moins cette hantise de bien paraître chez la première Hydro des décennies 40 et 50. Il y a plus d'assurance dans la société d'État, moins de remise en question existentielle.

---

7. *«Voici Reddy Kilowatt!»*, *Shawinigan Journal*, SW&P, mai 1949.

À l'inverse, presque, elle est plutôt réservée, voire «*taiseuse*», sur le plan de ses interventions publiques, bien plus tournée vers son actionnaire, le gouvernement unioniste de Maurice Duplessis, que vers ses abonnés. Elle est du reste très loin, à l'époque, d'avoir dans l'opinion l'importance et l'impact qu'elle y gagnera à la suite du choix du gouvernement libéral de Jean Lesage de la faire panquébécoise. Reste qu'elle aussi, face à une population qui s'interroge de plus en plus sur la part prise par le coût de l'électricité dans les budgets familiaux, doit recourir dans les années 50 au même type de «*propagande*» que les distributeurs privés. Elle aussi va devoir défendre moins son produit que son image sur le thème redondant dans l'histoire de la distribution : «*Non, l'électricité ce n'est pas cher!*»

La nuance est fondamentale : ce n'est pas l'accroissement de la consommation du produit de l'entreprise que l'on vise, mais bien l'acceptation par le public des tarifs de ce produit. L'argument majeur de la campagne sera de dire : «*Si ça vous coûte cher, c'est que vous consommez plus!*», donc, en poussant le raisonnement, c'est déjà et bien avant l'heure une forme de promotion de l'économie d'énergie qu'induit le message d'Hydro à ses abonnés. Elle s'en expliquera assez laborieusement dans un long texte de trois pages publié en 1958 dans *Entre-nous* et repris dans ses annonces publiques : «*Si la facture de l'abonné domiciliaire moyen a plus que doublé en 10 ans*[8], résume l'article, *c'est parce qu'il a consommé plus de 3 fois plus d'électricité*[9].» De là à dire «*Consommez moins, vous payerez moins, et vous arrêterez de nous reprocher de vendre trop cher!*», il n'y a qu'un pas. Bien évidemment, Hydro n'émet pas publiquement cette conclusion, mais on sent que l'argument est là, présent dans l'entreprise, et qu'il dicte l'attitude d'une direction (déjà) effarée, sinon dépassée, par la hausse constante de la demande de son produit par les abonnés domestiques. Difficile et contre-culturel, dans ces conditions, pour Gilles Perron et sa bande d'imaginer accroître dans l'immédiat les ventes au résidentiel.

Du reste, Perron est fort conscient des limites à ne pas franchir. Quand, à la fin de 1960, il présente son service des Ventes à l'ensemble des cadres supérieurs d'Hydro, voilà comment il décrit le rôle du représentant commercial vis-à-vis de celui qu'on qualifie encore alors d'«*abonné*» : «*C'est*, dit-il, *un informateur, un promoteur et un ambassadeur.*» Informateur, pour faire connaître les règlements et les pratiques d'affaires d'Hydro, promoteur – admirez la sobriété – pour «*faire ressortir les avantages de l'électricité dans tous les domaines*» et, enfin, ambassadeur, et là, on met le paquet, pour «*s'efforcer d'amener le public à penser que l'Hydro-Québec est un organisme de grande envergure en qui on peut avoir confiance et dont le service est au-dessus de tout reproche*[10].» Voilà des

---

8. Elle est passée de 1 080 kWh en 1947 à 3 516 kWh en 1957.

9. «*L'électricité, une aubaine*», *Entre-nous*, Hydro-Québec, août 1958.

10. «*Le service des Ventes*», ibid., décembre 1960.

représentants commerciaux tout à fait originaux au sein de leur confrérie à qui l'on ne demande pas d'augmenter les ventes de la compagnie.

Il y a beaucoup à interpréter dans cette attitude timorée de la direction d'Hydro comme dans la réserve des compagnies privées, à l'époque, à promouvoir l'utilisation de l'électricité. Et la chose est d'importance pour bien comprendre le contexte dans lequel, quelques années plus tard, la promotion des ventes va littéralement exploser dans la grande Hydro sous la pression d'une poignée de promoteurs internes et la résistance que suscitera ce changement culturel majeur.

Pour les décideurs d'Hydro de l'époque comme pour les autorités gouvernementales à Québec, l'électricité est clairement perçue comme une énergie de luxe, un atout majeur pour attirer du développement industriel et économique dans la province, une richesse qui ne doit pas être dilapidée par la consommation éhontée de tout un chacun. Certes, les compagnies privées dont l'existence tient au profit de la vente de kilowattheures ont une perception plus pragmatique de leur « *business* », mais il reste que, d'une part, elles doivent tenir compte des perceptions gouvernementales et que, d'autre part, Québec leur interdit désormais d'aménager d'autres rivières, réservant le privilège à la société d'État. Dans ces conditions, même si elles ont « *bâti la charge* » en kilowatts dans les décennies précédentes, elles ne poussent plus à la consommation depuis la moitié des années 50.

L'exemple n'est nulle part aussi patent et révélateur que dans le cas du chauffage électrique. Partout dans l'industrie, on reste, comme au début du siècle, persuadé que chauffer par des moyens électriques est de la pure hérésie. Déjà, l'utilité de chauffer l'eau à l'électricité avait longtemps été mise en doute. Les témoignages d'employés, installateurs de tels chauffe-eau, vendeurs ou agronomes abondent qui évoquent les hésitations qu'ils avaient à recommander l'achat de tels appareils par les particuliers aux époques héroïques des débuts de l'industrie alors que, mal conçus, mal isolés, installés dans des lieux peu appropriés à les recevoir, lesdits chauffe-eau devenaient une source de dépense indue pour les consommateurs avec un facteur d'efficacité fort douteux.

Lionel Guindon, professeur de mathématiques, de physique et de chimie qu'à l'époque l'enseignement ennuie, entre en 1956 en marketing à Hydro. C'est à lui que l'équipe Perron-Goyer va demander de piloter le dossier interne « *Chauffe-eau* ». Il témoigne : « *C'était un déshonneur de vendre de tels appareils dans des sous-sols mal chauffés, pas isolés. C'était de véritables gouffres d'énergie. Les gens se plaignaient que ça coûtait horriblement cher. L'eau en rouillait les soudures : une vraie honte !* »

On l'a déjà mentionné dans ces pages, on n'hésitait pas à la moitié du siècle dernier à recourir à tous les moyens pour intéresser la population à la nouveauté du phénomène électrique. Le théâtre en était un. Et l'on s'amusait, et l'on riait ferme !

Premier sketch : On est en 1953, Wally Lavigne, alors chef de la simulation des ventes à Montréal, est un représentant de la SW&P qui explique à un marchand général, en fait Norman Saint-Jean, responsable des ventes à Valleyfield, comment pousser la vente des appareils électriques.

Changement de costume et de rôle, cette fois Lavigne, à gauche, est un client du marchand à qui Saint-Jean, en monteur de la SW&P, donne des explications.

On est en 1959. On simule un procès. L'avocat, à gauche, est Omer Vachon, grand vendeur de la Shawinigan à Victoriaville, le juge est Georges-Émile Mercier et le témoin André Vaillancourt, tous deux conseillers en promotion commerciale à l'époque.
(Photo d'André Vaillancourt)

Le problème se posera de façon identique pour le chauffage d'espaces, en l'absence d'isolation adaptée, et là le débat, en toute logique, sera longtemps beaucoup plus crucial, les charges impliquées étant énormes. Promouvoir et répandre le chauffage électrique à l'époque au risque de le voir se généraliser, eut impliqué la redéfinition complète des buts et des pratiques de la distribution de l'électricité, quintupler ou presque son envergure au risque de ne pouvoir répondre aux attentes créées. Longtemps, les autorités concernées vont y être hostiles.

Peut-on imaginer qu'il y a seulement 50 ans, on ne chauffait pas les maisons à l'électricité en Amérique du Nord ? Qui peut croire qu'en avril 1958 un article de la version québécoise de *Sélection du Reader's Digest* proposait à ses lecteurs une réflexion sur le thème : « *Vous chaufferez-vous à l'électricité ?* », sur le même ton futuriste qu'elle aurait pris pour proposer : « *Marcherez-vous bientôt sur Mars ?* »

On ne chauffait pas à l'électricité et, entendons-nous bien, quitte à nous répéter, on ne voulait surtout pas que les abonnés chauffent à l'électricité alors que le bois de chauffage et le mazout étaient disponibles à vil prix et en abondance partout au Québec. Là encore, les témoignages abondent. Pierre Godin, définitif : « *Hydro ne voulait tout simplement pas de chauffage électrique. Nous installions des compteurs à la demande pour contrôler la consommation de ceux qui, en dépit de ce qu'on pouvait leur dire, s'entêtaient à installer des gadgets chauffant genre* glass-heat. *L'énergie leur coûtait tellement cher passé un certain seuil, que l'effet était parfaitement dissuasif.* »

Gilles Béliveau élargit le débat aux préoccupations des politiciens : « *En fait, et même s'il n'était plus au pouvoir, Duplessis avait marqué les mentalités de l'époque. Le "chef" s'imprégnait-il des conseils des dirigeants d'Hydro de l'époque, s'était-il fait une opinion personnelle sur le dossier, ce que je croirais volontiers, où était-ce le résultat d'un mélange, toujours est-il qu'il avait des idées très arrêtées sur l'avenir et l'utilisation de l'électricité au Québec. Son intuition lui dictait de ne pas développer à outrance le potentiel hydraulique, de ralentir l'aménagement tous azimuts des rivières. Pour lui, l'énergie électrique était une source d'énergie noble à réserver essentiellement pour l'éclairage et la force motrice, Il fallait garder les kilowatts pour faire tourner les moteurs et par là l'industrie, pas pour chauffer le monde ordinaire. Il caricaturait le problème en disant : "Si l'on gaspille l'électricité, il nous faudra un jour faire des centrales thermiques au charbon ou à l'huile pour produire d'autres kilowatts pour chauffer les maisons. Ça paraît tout de même pas mal plus intelligent de chauffer tout de suite les maisons à l'huile au charbon ou au bois et sauter une étape inutile et coûteuse." Présenté comme ça…* »

À Gilles Perron de conclure : « *Jusqu'en 1965, la direction d'Hydro considérera le chauffage comme un usage indigne de l'énergie électrique ! Dans son idée, c'eut été « prostituer » l'électricité que de faire du chauffage avec !* » Et l'on retiendra que cette attitude d'emblée hostile était loin d'être seulement montréalaise. Patrick Garneau, l'un des pionniers du domaine, que l'on retrouvera à diverses occasions dans l'histoire du chauffage électrique, était, en 1955-1960, représentant commercial d'une compagnie au nom sans équivoque d'Electro-heat. Il se souvient fort bien des remontrances que lui faisaient les gens de Ventes de la QPC chaque fois qu'il plaçait des appareils : «*Vous n'avez pas d'allure ! Arrêtez de vendre, nos lignes ne sont pas assez fortes. Que des voisins imitent votre client et nous sommes dans le gros trouble !*»

En fait, pendant toute cette époque, l'essentiel des efforts promotionnels non «*institutionnels*» d'Hydro-Québec et des compagnies privées portera sur la stabilisation de la charge, avec une insistance particulière sur la qualité du «*filage*» des maisons. Il y a alors et depuis le début des années 50, en fait, consensus de l'industrie sur la nécessité de définir et d'appliquer des normes encadrant plus strictement les installations électriques chez les particuliers. Après tant de décennies de développement plus ou moins anarchique de l'industrie, c'est à l'évidence un large mouvement de fond qui se dessine alors et qui va englober également des préoccupations éthiques dans tous les processus d'affaires des distributeurs. C'est l'Association canadienne de l'électricité (ACE)[11] qui va le canaliser, jouant à l'époque avec l'Association canadienne de normalisation un rôle majeur dans le dépoussiérage de l'industrie et la recherche de normalisation des pratiques. Tous les cadres et acteurs importants du monde de l'électricité du Québec, qu'ils viennent des publiques Hydro ou de compagnies privées, se retrouveront alors aux divers comités d'études mis sur pied par l'ACE pour des échanges qui feront évoluer considérablement le milieu.

C'est encore l'époque où va naître la Ligue électrique du Québec (LEQ)[12] qui va, également et pour les 30 années subséquentes, jouer un rôle important, elle, non pas dans l'organisation de l'industrie, mais, en complément, en suite logique aux efforts de l'ACE, dans la promotion au Québec des meilleures pratiques d'utilisation de l'électricité chez les abonnés résidentiels québécois. Alliée majeure de l'ensemble des distributeurs, d'abord, puis de l'unique Hydro-Québec, elle va, conjointement avec eux, mettre de l'avant de nombreuses initiatives promotionnelles tout au long des années 50 à 70, auxquelles toutes les compagnies vont adhérer.

---

11. L'Association canadienne de l'électricité a été créée en 1890, à Montréal, avec pour ligne de conduite de «*faire progresser au service du public l'art et la science de la production, du transport et de la distribution de l'électricité dans le but d'en accroître l'utilisation*». De tout temps, elle fut formée de représentants de toutes les compagnies d'électricité canadiennes.

12. La Ligue électrique du Québec sera fondée en 1954 dans le but d'informer et d'éduquer le public afin qu'il connaisse mieux l'électricité et en fasse un usage rationnel. Elle connaîtra ses heures de gloire dans les années 60 et 70. Hydro-Québec la soutiendra de façon massive jusqu'au début des années 80. Elle ne survit depuis que par ses sections de Québec et de Chicoutimi, «*pas forts, mais pas tout à fait morts*», aux dires de Raymond Godbout.

➤ *Saint-Benoît-du-Lac, berceau de la Corporation des maîtres électriciens du Québec*

L'abbaye bénédictine de Saint-Benoît-du-lac (l'hôtellerie et l'église).
(Photo aimablement fournie par les moines bénédictins de Saint-Benoît-du-Lac)

Dom Odule Sylvain est un grand vieillard au regard pénétrant, au sourire affable, au verbe prompt et imagé. À 91 ans, la poigne encore ferme, il jouit aujourd'hui d'une retraite sereine à l'abbaye de Saint-Benoît-du-Lac où il vit sa vie religieuse depuis 1933. Ses frères moines le considèrent avec le plus grand respect et entourent ses vieux jours des soins les plus attentifs. C'est que le dom

Lucien Tremblay et dom Odule Sylvain, dans les années 60.
(Photo de la Corporation des maîtres électriciens du Québec)

Odule fut leur père abbé, le responsable ultime de l'abbaye durant plus de 30 ans, des années 50 à 80, au plus fort de la construction du monastère. Une construction à laquelle il prit une part déterminante, puisque, électricien diplômé lui-même, c'est lui qui, pour l'essentiel, *« fila »* les imposants bâtiments de Saint-Benoît, installa les systèmes de contrôle des chauffages et s'occupa longtemps de l'entretien des deux puissantes génératrices du monastère.

«À chaque panne, dit aujourd'hui le vénérable abbé, *tous les regards se tournaient vers moi. Je crois que c'est à force de me voir leur redonner la lumière que mes frères moines décidèrent de me confier la direction de l'abbaye au milieu du siècle, malgré mon jeune âge à l'époque. »*

L'histoire le démontrera, les moines gagnaient ainsi leur prêtre abbé, dom Odule, mais ne perdaient pas pour autant leur électricien. « *Toute sa vie*, dit-on au monastère, *on le verra tirer des plans et brancher des fils électriques*[13]. »

Le prêtre et l'électricien

Et pour ne pas être le premier venu des moines, l'atypique abbé n'était pas non plus n'importe quel électricien, mais l'un des principaux membres fondateurs et longtemps l'aumônier de la Corporation des maîtres électriciens du Québec.

« *Bien des gens l'ignorent*, dit aujourd'hui dom Odule, *mais c'est ici, dans l'abbaye de Saint-Benoît, que naquit la Corporation. J'avais rencontré à l'époque un entrepreneur électricien natif du Lac-Saint-Jean, futur député de l'Union nationale, proche de Maurice Duplessis et du ministre de l'Énergie du temps, Johnny Bourque. Il s'appelait Lucien Tremblay et parcourait le Québec avec cette idée pas si folle de regrouper les électriciens québécois pour les rendre responsables et valoriser leur profession. C'est qu'à l'époque, le métier d'électricien n'était pas reconnu au Québec. Beaucoup de grosses compagnies confiaient leurs travaux d'électricité à des Ontariens, les électriciens québécois ne gardant bien souvent que la partie la moins lucrative, l'entretien... Et puis n'importe qui s'improvisait poseur de fils. Alors, lui nous haranguait en nous disant dans un effroyable jargon : "C'est pas vrai que c'est des Ontariens, oubedon des plombiers, oubedon des ouvriers qui vont venir faire not' job à nous autres et donner la lumière aux Québécois."*

« *J'étais allé l'écouter à Sherbrooke, électricien parmi d'autres électriciens. L'électricité sous tous ses aspects m'avait toujours intéressé. Jeune, j'avais procédé à diverses petites installations électriques dans la ferme de mon père, à Saint-Henri-de-Lévis. Au Séminaire de Sainte-Foy, je me passionnais aux discours enflammés du docteur Hamel et de René Chaloult, tenants de la nationalisation de l'électricité dans les années 30. Dès mes débuts dans la communauté, j'avais complété ma formation technique et passé les examens requis pour exercer. Bref, ce que disait dans son français bien abominable ce bonhomme de Tremblay me rejoignait. J'allais finir par m'en faire un bon ami, en dépit de sa rusticité et souhaiter l'aider dans l'atteinte de ses objectifs. C'est ainsi que je lui proposai, à la fin des années 40, de lui prêter une salle pour tenir les premières réunions d'électriciens qu'il envisageait. Il accepta et pendant quelques années nous allions nous retrouver dans notre salle du chapitre, trois ou quatre fois par an une vingtaine d'électriciens venus de partout au Québec, pour jeter les bases de notre association.* »

Ainsi naquit non pas le regroupement, l'association, l'ordre, le club, la fédération, la confrérie ou le syndicat des électriciens, mais bien la « *Corporation*», non pas, du reste, des électriciens, des employés, des travailleurs ou des ouvriers de l'électricité, mais bien des « *maîtres*» électriciens.

---

13 Dans la règle des moines bénédictins, le père abbé d'une abbaye doit être élu par les deux tiers des moines de la communauté. Il exerce ensuite son mandat tant et aussi longtemps qu'il le désire et s'en sent capable.

Des maîtres en quelque chose officiellement regroupés, il n'en pleuvait pas, à notre connaissance, au Québec de l'époque. Des corporations non plus, du reste[14]. Comment ne pas croire que le choix de ce pompeux vocable soit pour une part attribuable à la solennité des lieux où se réunissaient les fondateurs. Les privilégiés qui auront la chance de mettre les pieds dans la très auguste salle du chapitre de Saint-Benoît-du-Lac, rotonde lambrissée de vaste dimension, meublée d'austères bancs de bois entourant le trône monumental du père abbé, où la voix résonne, où tout incite au recueillement, nous comprendront certainement. Ne doutons pas non plus que les racines moyenâgeuses de la tradition bénédictine aient certainement influencé les fondateurs de la corporation. Toujours est-il qu'à l'issue de ces rencontres, l'association qui se forma en 1950 prit donc ce nom qu'elle porte toujours de «*corporation*», du latin médiéval *corporari*, dont le premier sens historique dit bien, selon le dictionnaire, que c'est une «*association d'artisans groupés en vue de réglementer leur profession et de défendre leurs intérêts*».

Cela dit, et sauf le respect que l'histoire doit à ces valeureux fondateurs, on peut légitimement mettre en question le degré de spiritualité atteint en ces saints lieux par nos compères entrepreneurs du milieu du siècle. Dom Odule évoque aujourd'hui avec encore trop de réprobation les longues «*platitudes*» de ses confrères électriciens qui retardaient systématiquement le début des séances de travail, pour qu'on puisse douter de la profondeur de leur recueillement dans le sacré cénacle.

Mais il y a beaucoup d'indulgence dans le jugement et les souvenirs du vieil abbé qui raconte : «*Non seulement mon ami Tremblay parlait mal, mais il parlait fort et se sentait, ma foi, tout à fait à l'aise dans son rôle de président, assis, auguste et fier, dans le vénérable trône de père de la communauté monastique que je lui prêtais volontiers pour qu'il puisse diriger nos assemblées d'électriciens. En fait, le bonhomme y occupait si majestueusement la place que, lorsqu'il devait officier, je croyais bon d'ouvrir sur le lutrin voisin tout proche de son regard, le grand livre de nos règlements bénédictins au chapitre de... l'humilité.*

Mais je ne suis pas bien sûr, de soupirer, pince-sans-rire, le vieux prêtre, *que Lucien Tremblay*[15] *daignât jamais y baisser les yeux.*»

---

14. «*Maître*» et «*corporation*» sont des mots qui relèvent en fait de la même tradition d'organisation des métiers dans l'ancienne France. Selon le *Dictionnaire encyclopédique universel* (Quillet et Grolier), les corporations remonteraient au XIe siècle. Chaque corporation avait le monopole d'un métier. Dans chaque profession on distinguait, trois catégories de membres : l'apprenti, le compagnon et... le maître. Les maîtres seuls faisaient partie de la corporation. Les corporations furent supprimées en France à la Révolution.

15. Lucien Tremblay, né en 1916 et mort en 1993, débuta très jeune comme électricien à la firme Gilbert et Frères de Chicoutimi. Il créa sa propre entreprise à Montréal en 1946. La même année, il fondait le Syndicat catholique des électriciens de Montréal. Il présidera la Fédération nationale des entrepreneurs en électricité du Canada et sera l'un des directeurs fondateurs de la Ligue électrique du Québec.

Et là ne s'arrêtent pas les efforts de réorganisation du milieu de l'électricité. Les électriciens eux aussi vont sentir le besoin de se grouper pour mieux organiser leur profession. Ils sont alors plus de 4 200 au Québec à prétendre avoir la formation et la compétence requises pour exercer le métier. C'est beaucoup. Il y a dans le groupe, c'est évident, des amateurs notoires, souvent en fait des plombiers bricolant dans les fils, raccordant les clients *à la «va comme c'est mené»*, avec des conséquences parfaitement imprévisibles et souvent désastreuses sur la charge des réseaux, la qualité du service et l'image de la profession. À l'initiative d'une poignée de quelques artisans et entrepreneurs, la Corporation des maîtres électriciens du Québec naît en 1950. De cette date et jusqu'à nos jours, le dynamique organisme, allié de toujours d'Hydro-Québec, va encadrer de plus en plus strictement la profession.

La valse-hésitation des planificateurs

L'idée de base des promotions de la Ligue électrique pour ce qui est de l'approche du marché sera toujours globalement la même : il s'agira de reconnaître parmi les abonnés les meilleures installations électriques en fonction des critères de l'heure, de les mettre en valeur en suscitant la fierté des propriétaires et l'envie de leurs amis et voisins. Ce sera d'abord la campagne du *« Sceau rouge »* lancée en 1952, une distinction sous la forme d'un sceau bien visible attribuée, par un entrepreneur électricien agréé *ad hoc* par les compagnies, aux propriétaires de maison, attestant l'installation d'une entrée électrique de qualité à 100 ampères minimum. Suivront les campagnes «*Housepower*» et «*Médaillon*», à la fin des années 50, alors qu'électriciens et distributeurs décerneront, cette fois sous l'égide de la Ligue électrique née en 1954, un médaillon de bronze à chaque habitation dotée d'une entrée électrique dite «*Housepower*» (d'un minimum, là encore, de 100 ampères) et d'un certain nombre d'appareils ménagers (cuisinière, chauffe-eau électrique, etc.). Un médaillon d'or est également offert, mais là aux maisons qui y vont d'un effort majeur : cinq gros appareils électriques, de l'éclairage à la grandeur, bref, du luxe réservé aux plus riches. Dans le même cadre promotionnel, on organise des expositions, des concours d'éclairage, des concours pour les meilleures «*fileries*» pouvant valoir des prix aux promoteurs immobiliers, aux entrepreneurs électriciens jugés les plus performants. Rien de comparable côté moyens avec ce qui viendra dans la décennie suivante quand Hydro fera la promotion de la maison NOVELEC, mais l'industrie de l'électricité commence à s'organiser, les «*alliés*» à se rassembler, les manufacturiers et les distributeurs à réaliser l'ampleur de l'incroyable marché potentiel.

Mais, pour que ce marché se développe, il est impératif pour tous les acteurs politiques et économiques qui en suivent l'évolution, et, au premier chef, les distributeurs, qu'il soit organisé, rationalisé, «*civilisé*», sommes-nous tentés d'écrire. Ceux qui pressentent le phénoménal potentiel de développement de l'électricité au Québec, les Boyd ou

Perron à Hydro, les Béique ou Pagé à la QPC et leurs disciples à l'intérieur des compagnies, vont juger alors, comme beaucoup de leurs confrères « *électriciens* » ailleurs aux Canada et aux États-Unis, important de définir l'aire d'expansion possible du produit et d'imaginer les façons de mettre de l'ordre dans le développement sauvage qui menace.

À droite, à gauche, des « patenteux » locaux aux prétentions d'entrepreneurs mettent sur le marché des produits mal « *ficelés* », inefficaces et parfois dangereux. Des manufacturiers américains poussent un peu partout des vendeurs mal formés et pas toujours compétents proposant des appareils souvent performants, mais parfois, dans des initiatives à relents de « *dumping* », de l'équipement plus ou moins adapté au Québec. Les maîtres électriciens, en dépit des volontés de leur corporation, n'ont pas, dans bien des cas, les qualifications pour bien discerner le bon du mauvais dans ce que la clientèle leur demande de raccorder. Total : les clients, mécontents, payent cher des appareils aux performances douteuses, qui, une fois installés, ont surtout pour effet premier de hausser leur facture et, conséquemment, leur mécontentement envers les distributeurs.

➤ Les chauffe-eau de Pagé

C'est peu dire de Jean-Paul Pagé que de souligner son sens étonnant de la vente et son exceptionnel don pour cerner les enjeux de son industrie. Longtemps, avant bien du monde au Québec, il comprendra l'intérêt évident du chauffage de l'eau chaude pour les distributeurs d'électricité : son peu d'incidence sur la pointe en dépit de la forte consommation qu'il provoque.
Des souvenirs de chauffe-eau, le coloré nonagénaire (ou presque) en conte deux, un bon et un mauvais.

Le bon : « *Après la guerre, des chauffe-eau, il n'y en avait pratiquement pas au Québec. Moi, j'en avais vu lors d'une convention de marchands à Philadelphie et étais revenu convaincu qu'il nous en fallait à Québec. J'ai préparé une commande pour deux wagons d'appareils, 300 chauffe-eau par wagon. Personne parmi mes boss ne voulait me la signer. "Es-tu fou, Pagé ! Un char de chauffe-eau ! Comment tu veux qu'on vende ça ?" Finalement, je suis allé au gérant général de l'époque, Eugène Tanguay.*

"Vous êtes sûr que vous allez pouvoir nous vendre ces chauffe-eau-là, Monsieur Pagé ?" qu'il m'a dit, pas énervé une miette.

– Oui, on va les vendre".

Le bonhomme a sorti sa plume et a signé. Il y en avait pour plus de 50 000 $, un très gros montant à l'époque. Et je les ai eus mes chars de chauffe-eau ! J'avais commandé du bon stock en cuivre très épais. On a tout vendu en criant lapin *chez nos clients les plus riches. Certains de ces appareils-là sont encore bons aujourd'hui !»*

Le mauvais maintenant : *«Quand Hydro a fait de la QPC une filiale, j'ai connu ma part de problèmes. On faisait alors affaire avec un fabricant de chauffe-eau de Québec, un dénommé Fleet, aussi bon sinon meilleur que ce qui se faisait alors ailleurs sur le marché. À un moment donné, j'ai une commande qui bloque à Montréal. Je vais voir Alexandre Beauvais, l'administrateur délégué à la QPC.*

"Coudon, qu'est-ce qui se passe avec mes chauffe-eau ?

– Ça ne passe pas aux Achats.

– Ah, et pourquoi donc ?

– Vous devez prendre les chauffe-eau normalisés par Montréal.

– Okay d'abord ! Mais qu'ils les commandent ici à Québec.

– Il n'en est pas question.

– Que vous, comme notre boss, acceptiez-ça, Monsieur Beauvais, c'est inadmissible !" *Là, Beauvais me regarde bien et me sort :*

Jean-Paul Pagé (à gauche) et Alexandre Beauvais en 1964, à une période de leur carrière où tout semblait aller pour le mieux entre eux.

"Monsieur Pagé, on commence à soupçonner que vous êtes intéressé dans cette usine-là.

– "Monsieur Beauvais, vous êtes un écœurant !"

C'est sorti tout net et je suis parti. Montréal a fait comme elle voulait avec ma commande et Fleet a fait faillite. Non, Alexandre Beauvais et moi, nous ne fûmes jamais de très grands amis par la suite...»

À l'évidence, les enjeux majeurs sont, dans un premier temps, parce que la demande est là, le chauffage de l'eau et, à moyen terme, celui des espaces. Les antennes commerciales des compagnies sentent bien, elles, l'ampleur de ce marché potentiel dont les directions et les unités de génie ne veulent rien entendre. Alors ce sont elles qui vont, de leur propre chef, défricher les deux secteurs, définir les problèmes et tenter d'y trouver des solutions. Le phénomène est amorcé dès la moitié des années 50.

Avec un à-propos que l'histoire jugera probablement digne d'éloges, les compagnies privées et Hydro vont progressivement arriver à l'époque au constat qu'il leur faut élever le niveau de compétences et de responsabilités de l'industrie avant d'envisager son développement tous azimuts. Elles vont convenir de directives encadrant plus rigoureusement les activités connexes aux leurs et, pour que ces directives puissent être connues, comprises et appliquées, donner un coup de pouce déterminant à la formation des exécutants en contact avec les clients : leur propre main-d'œuvre au premier chef, mais encore les entrepreneurs électriciens et leurs gens. À l'interne, des ingénieurs ou techniciens comme Gaston Plamondon, Lionel Guindon, d'Hydro, John Hogan, de la Shawinigan, Patrick Garneau ou Paul-Émile Guay, de la QPC, vont tous travailler à des étapes et des degrés divers, séparément ou conjointement, à la rédaction de cours généraux sur l'électricité, puis, progressivement, à la mise en forme de manuels et de cours spécialement consacrés au chauffage de l'eau, d'abord, puis à celui des espaces.

C'est l'époque où un personnage tout à fait fascinant de l'histoire de l'électricité commence à faire sa marque à Québec. Théodore Wildi est, depuis 1948, professeur de génie électrique de l'Université Laval, « *agrégé en machines électriques* », et, à ce titre, contribuera à l'instruction spécialisée de nombre des futurs ingénieurs de la QPC puis d'Hydro. Mais il est de plus, depuis 1951, le président fondateur et principal professeur d'une école d'électricité industrielle où il forme des techniciens et donne des cours du soir aux professionnels et artisans du domaine. Très proche, comme tous ses collègues, de la Faculté de génie électrique de Laval, de la QPC[16], il travaillera en étroite collaboration avec ses unités de Ventes, de Génie et de formation professionnelle. Ses cours du soir et de weed-end destinés aux employés de la QPC, mais également accessibles aux autres techniciens et électriciens intéressés de la grande région de Québec, connaîtront un succès sans précédent. Théodore Wildi, dont cette histoire reparlera abondamment, était un vulgarisateur hors pair et un pédagogue unaniment loué et respecté par ses élèves.

➤ *Itinéraire d'un surdoué* : les multiples carrières du professeur Wildi

La Montreal Light, Heat and Power était fort liée à l'Université McGill. Chaque année, elle accordait un prix au meilleur finissant de la Faculté de génie électrique. Le dernier à recevoir le prix, en 1944, juste avant la nationalisation de la MLH&P, fut un jeune étudiant originaire de Suisse, issu d'une famille très modeste et portant le nom de Théodore Wildi. L'argent du prix ne pouvait mieux tomber : « *Mes parents avaient immigré au Québec en 1929 pendant la Crise et mon père, petit entrepreneur électricien, allait connaître bien des difficultés pendant nombre d'années.* »

Brillant élève, le jeune homme aura deux passions dans la vie : les moteurs électriques et l'enseignement. C'est son père qui l'a initié aux moteurs. « *Depuis tout jeune,*

---

16. Fondée par René Dupuis, lui-même issu de la QPC, la Faculté de génie électrique de Laval sera effectivement de tout temps très proche de la QPC, tout comme McGill l'était de la MLH&P. La filiale francophone du groupe Shawinigan embauchera nombre de ses diplômés, la subventionnera par un système de bourses universitaires, lui commandera divers travaux de recherche. Plusieurs cadres de l'entreprise, Lionel Swift, Gaston Galibois, y donneront des cours, etc.

je jouais là-dedans. Mes premiers emplois à Montréal furent en mécanique électrique industrielle.» Son autre passion, c'est un peu par hasard qu'il allait la découvrir. *«J'ai vu une annonce dans une revue technique. Laval cherchait un chargé de cours. J'ai soumis ma candidature et j'ai quitté Montréal pour Québec et l'université.»*

Il y fera toute sa carrière. Les sirènes ne cesseront de chanter autour de ses oreilles et la tentation sera forte d'aller exercer ses talents ailleurs, mais son goût pour la pédagogie toujours le ramènera à Laval. Il dit, avec une simplicité rayonnante : *«J'ai toujours beaucoup aimé l'enseignement. J'avais, enfin je crois, le talent d'un bon pédagogue.»* Gilles Béliveau qui l'écoute s'exprimer ainsi balaie d'un grand geste la modestie de son vieux maître : *«Bon pédagogue ! Bien plus que ça, Théo ! Vous saviez nous intéresser, vous rendiez les choses faciles ! Vous aviez comme personne le don de rendre claires les choses les plus compliquées !»*

Ce don, Théodore Wildi va l'exploiter en créant dès 1951 une école consacrée à la formation de techniciens qu'il dirigera et où il enseignera jusqu'en 1962, avant de... retourner à Laval. C'est dans ce cadre qu'il va particulièrement travailler à vulgariser l'enseignement de l'électricité. Les traits fins, anguleux et mobiles dessinant un perpétuel sourire fait de modestie, d'affabilité et de goût de convaincre, il explique : *«À Laval,*

Théodore Wildi au travail dans son bureau, en 1959.

mes étudiants avaient une bonne base mathématique. Nous travaillions sur des équations qu'ils comprenaient assez facilement. Mais là, avec mes "huitième année", je devais tout reprendre à zéro. Moi le premier, il a fallu que je comprenne ces équations, ce qu'elles signifiaient dans la vie pratique et j'ai dû beaucoup travailler à l'époque pour y arriver...»

L'école connaît un succès phénoménal. Wildi ne fournit plus seul à la tâche. Ses confrères Lionel Boulet, de l'Université, mais aussi Lionel Swift et Gaston Galibois[17] lui prêteront la main à l'occasion. *«Certains dimanches, je pouvais avoir jusqu'à 200 maîtres électriciens à la fois !»* Certes, le professeur parle bien et ils le comprennent, mais les élèves aimeraient garder des notes écrites du cours. De plus en plus fréquemment la demande est faite au professeur, tant qu'à la fin, il va se décider et rédiger un petit livre d'une soixantaine de pages. *«C'est mon épouse qui l'a dactylographié. Gaston Galibois m'a aidé à le franciser. Là, j'ai cherché un éditeur, mais aucun n'a été intéressé. Je l'ai publié moi-même et ça s'est vendu comme des petits pains chauds. Nous aurions été contents d'en vendre 500. Au fil des années nous en vendrons au-delà de 35 000 !»*

---

17. Les deux, ingénieurs et cadres de la QPC, donneront également, à leurs heures, des cours à Laval.

Des livres et des publications diverses, Théodore Wildi en écrira au-delà d'une trentaine, au point qu'il créera en 1966 sa propre maison de publication, Volta inc., qu'il gérera pendant une dizaine d'années, avant de... retourner à Laval.

En 1959, il avait déjà fondé et dirigé Gentec inc, l'entreprise exploitant ses brevets (il en compte au-delà de 25 enregistrés çà et là dans le monde) et fabriquant ses inventions. Il laissera Gentec en 1969 pour... retourner à Laval.

En 1964, l'expert en enseignement de l'électricité qu'il est apprend qu'un nouvel appareil didactique est proposé aux enseignants. *« C'était alors*, dit-il, *une période de pleine explosion de l'enseignement au Québec. Un de mes compétiteurs avait sorti un appareil avec un petit moteur générateur et des instruments sur un panneau. L'idée était fantastique pour expliquer à des élèves les bases de l'entraînement électrique. Il était évident qu'un tel appareil allait connaître un succès énorme sur le marché. Il me fallait imaginer quelque chose de mieux. J'ai dû passer trois semaines sans dormir à y penser constamment, et puis, une nuit, j'ai réveillé ma femme. J'avais trouvé. J'ai conçu un système modulaire avec une console, un moteur de 150 watts où tout était amovible, où l'on pouvait brancher une infinité d'appareils et faire toutes sortes d'expériences didactiques pour faire comprendre diverses applications de l'électricité. On a proposé un produit à ce point supérieur à celui de la concurrence qu'on a pris tout le marché*[18]. »

Ces développements dans le marché du matériel didactique amèneront la création de la compagnie Lab-Volt, toujours active aujourd'hui et qui compte 200 employés. Il y a longtemps que Théodore Wildi l'a quittée pour... retourner à Laval.

Le professeur enseignera jusqu'en 1982. Il dit encore aujourd'hui avec toujours la même humilité : *« Je suis devenu inventeur parce que j'étais confronté à des problèmes. C'est ça un inventeur, quelqu'un qui a des problèmes. »* Une pause puis il ajoute, convaincu : *« J'ai préféré l'enseignement et n'ai aucun regret. Peut-être affecté, jeune, par les difficultés économiques de mon père, ai-je choisi plus ou moins consciemment la sécurité de l'université, je ne sais pas. Mais j'étais un professeur dans l'âme, plus qu'un homme d'affaires. Je ressens aujourd'hui beaucoup de fierté devant mes réussites en recherche, je suis heureux de constater que les entreprises que j'ai fondées vivent et prospèrent encore à Québec, mais, par-dessus tout, je suis fier de la réussite de mes anciens étudiants. »*

Une amicale des anciens élèves de Théodore Wildi serait à mettre sur pied. Le distingué pédagogue est resté professeur émérite de l'établissement de Sainte-Foy. Une salle y porte à jamais son nom *« pour sa contribution exceptionnelle à l'enseignement de l'électrotechnique »*.

Aujourd'hui encore, à la première occasion offerte, Théodore Wildi, le vieux maître, prend plaisir à... retourner à Laval.

---

18. Au-delà de 100 000 consoles didactiques ont été construites à Québec et vendues un peu partout dans le monde par Lab-Volt.

En 1956, une réunion est tenue par l'ACE à Niagara Falls, à l'initiative d'un dénommé Bob Shelton, manufacturier ontarien de petits appareils électriques, la Knight Industries d'Hamilton. Figure à l'ordre du jour la nécessité d'améliorer le produit *«chauffe-eau»*, d'en normaliser un type à l'échelle du Canada et de faire en sorte que l'industrie électrique canadienne dans son ensemble en favorise l'implantation. Les 31 fabricants de chauffe-eau canadiens de l'époque sont présents à la réunion. Parmi eux, un tout jeune homme, encore un collégien, Claude Lesage. *«J'accompagnais mon père qui n'avait qu'une troisième année en termes de scolarité et avait bien besoin de conseils (même s'il avait sa façon bien à lui de les écouter!)»* Lucien Lesage, le père, est un de ces «patenteux» de génie qui, d'ancien réparateur de fers à repasser, est devenu à l'époque le président d'une petite compagnie prospère fabriquant divers appareils électriques : fers à repasser, grille-pain, chaufferettes, petits réchauds de comptoir, etc. Il assemble aussi des chauffe-eau. Comme bien d'autres, il a commencé dans le sous-sol de sa maison, rue Hochelaga, dans l'Est de Montréal. À l'époque, il rangeait ses clous dans des boîtes de pois *«Green Giant»*. «Giant»? Pourquoi pas, c'est le nom qu'il avait donné à sa compagnie. Et la Giant Electric Manufacturing Co. va répondre à l'appel de l'ACE et s'inscrire au programme pancanadien des chauffe-eau qui prendra le nom de *«Cascade»*. L'une des meilleures décisions de la vie de Lucien, l'avenir le lui confirmera…

► *Comment réussir en affaires ?* La recette de Claude Lesage

Qu'on se le tienne pour dit, la recette n'est pas simple. C'est un mélange de culot, de chance, de roublardise et de solidarité, sur fond de compétition québéco-ontarienne. Les chicanes avec le père sont un ingrédient au piquant essentiel, l'aide étonnante de quelques quidams fait gonfler la pâte et Hydro est là pour lier le tout : c'est l'histoire de l'entreprise de chauffe-eau Giant.

Claude Lesage est aujourd'hui en quelque sorte le *«roi du chauffe-eau»* au Québec. La compagnie dont il préside les destinées, *Giant*, produit 60 modèles de chauffe-eau, 300 000 unités chaque année, et en vend jusqu'en Chine. Son chiffre d'affaires est de 70 millions de dollars. Claude Lesage est un industriel prospère.

En 1966, jeune ingénieur civil, il construisait des autoroutes autour de Montréal et hésitait à joindre la compagnie familiale, petite entreprise de l'Est de la ville fabriquant fers à repasser, grille-pain, plaques chauffantes, etc. Son père, de la main gauche, y assemblait aussi les tout nouveaux Cascade normalisés par l'ACE, avec des cuves venant de Chicago et des éléments chauffants de l'Ontario. Le jeune Claude a son opinion sur tout ça : *«Il me semble évident que les simples assembleurs ne survivront pas à long terme.»* C'est un discours que son père n'aime pas entendre. Les deux, le père et le fils, ont – auront – souvent de ces discussions assez rudes, ainsi par exemple lorsque le fils, entré finalement dans l'affaire, suggère que Giant produise ses propres éléments chauffants.

« En 1968, c'est Claude qui raconte, *on reçut note que la compagnie Westinghouse fermait son usine d'équipement d'Hamilton. Mon père mit l'avis aux vidanges. Moi, je décidai d'y aller voir sans lui en parler avec un jeune mécanicien, Mario Sinegagnese, qui travaillait avec moi. On arrive là. Un monsieur Crowler nous demande 10 000 $ pour son équipement. J'avais en tout et pour tout 2 225 $ sur mon compte. Pourquoi décida-t-il de me vendre à ce prix ? Je ne le saurai jamais.* "T'es jeune, tu veux t'essayer ? Eh bien vas-y !" »

Lucien, le père, est loin d'apprécier l'opération et ne le cache pas à son fils lorsque celui-ci lui demande quelques dizaines de pieds carrés dans l'usine pour installer le nouvel équipement. *« T'es malade, t'es-t-un imbécile ! t'es ci, t'es ça ! »*. Mais, la bordée passée, il finit par accepter et, mieux encore, passe au jeune sa commande annuelle de 60 000 éléments.

« Je l'ai fourni au même prix qu'il payait à Westinghouse ou GE, c'était notre entente, 92 cents la pièce, je me souviens. Je suis allé le voir à la fin de cette année-là :

"Regarde, papa, tu as eu tes éléments et moi j'ai fait 30 000 $ de profit.

– Ça s'peut pas !

– Mais si, j'ai payé mon cuivre, mon oxyde de magnésium, mes employés, j'ai tout payé et voilà mon net.

– Impossible !

– J'ai l'argent en banque, papa !

– Ça se peut pas que je me sois fait voler pendant tant d'années par ces compagnies-là !

– Papa, ces gars-là travaillent à cost plus 100 %, c'est clair..." »

C'était en 1968. Cette année-là, Hydro-Québec cherche un manufacturier qui puisse lui produire tous les chauffe-eau requis pour son programme de location. Les autres manufacturiers hésitent, Giant se lance et soumissionne. Le commissaire Paul Dozois fait confiance à la petite entreprise et prend le risque d'accepter l'offre en rognant quelque peu sur les exigences requises. *« Ce fut pour nous un coup de pouce déterminant »*, avoue Claude.

Mais le marché est rude : *« L'année suivante, notre gros concurrent ontarien, John Wood, décide de nous casser les reins et offre, juste au Québec, les Cascade à 10 % de moins, du vrai dumping interprovincial. Là, je dois dire que le Québec de l'électricité s'est tenu debout et ça nous a sauvés. D'abord le commissaire Dozois en exigeant un contenu québécois de 50 % et les gros distributeurs locaux, les*

Deschênes, Westburne, Nadeau, etc., en me donnant ma chance. "Non, m'a dit Nadeau, c'est pas vrai que l'Ontario va nous mener de même! On ne te laissera pas tomber, mais t'es mieux de te 'grouiller le cul': j'ai parlé aux autres, on va tous acheter de toi!"»

En 1972, nouveau coup bas de John Wood, l'un des deux fournisseurs en cuves de Giant à l'époque. *«On lui en achetait 25 000, il déclare ne plus pouvoir nous en fournir que 12 500. De la pure provocation. Cette fois, Roger Labrie d'Hydro et Jean-Paul Gignac, passé à Sidbec, vont me sortir du pétrin. C'est Labrie qui m'a fait rencontrer Gignac. Une rencontre dont je me souviendrai toute ma vie. Il faut comprendre que Sidbec alors avait de la difficulté à répondre à la demande.*

"D'accord, m'a dit Gignac, mais, si je te les trouve, tes 2 200 tonnes d'acier par année, toi, qu'est-ce que tu fais pour nous?

– Monsieur Gignac, si j'ai l'acier, je bâtis une usine de cuves à Montréal.

– Ça me plaît. Tu auras ton acier."

Encore faut-il la construire et l'équiper cette usine promise à Gignac et, surtout, que la chose ne s'ébruite pas jusqu'en Ontario. Claude sait fort bien que si John Wood apprend que le Québécois entend lui faire compétition, il cessera immédiatement les livraisons de cuves qu'il lui fait. Lucien, le père, accorde en bougonnant un budget de 25 000 $. C'est mince. La première machine achetée coûte 14 900 $. Claude et son second, Mario, vont se rendre au Tennessee sous de fausses identités (François Bédard et Guino Gianacovo) rencontrer un dénommé Saul Pearl qui liquide son usine. La machinerie qu'il vend coûte 100 000 $, mais il veut absolument s'en défaire, histoire d'écarter le syndicat qui veut entrer chez lui. Coup de chance presque ivraisemblable, Claude finit par l'obtenir pour les 10 000 $ qu'il a en poche.

Reste à construire le four et le père qui ne veut plus entrouvrir sa bourse. Cette fois, c'est vers l'usine Ferro d'Oakville que Claude se met en chemin pour obtenir les plans d'un four de haute technologie pour vitrifier ses cuves. Il y rencontre un dénommé Mike Reagan. *«Nous avons immédiatement sympathisé lui et moi. Il savait pourquoi je venais et avait préparé des plans détaillés d'un four. Je n'avais pas d'argent, je ne pus que lui promettre que durant toute ma vie, Giant achèterait son verre de chez Ferro. Je n'oublierai jamais sa réponse: "Je dois sortir. J'ai une pile de dessins sur mon bureau. Voulez-vous m'en débarrasser, s'il vous plaît." J'avais là toutes les spécifications d'une "fournaise" ultramoderne utilisant la céramique fibre comme isolant, une première mondiale! Rien de signé. C'était ma parole et la sienne. Aujourd'hui encore, près de trente ans plus tard, c'est chez Ferro que Giant achète son verre.»*

Le retour du jeune ingénieur dans l'usine paternelle ne sera pas triomphal pour autant. Lucien refuse de mettre ne serait-ce qu'un sou dans une affaire à laquelle il ne croit pas. Le fameux four, Claude et ses intimes le construiront de leurs mains, *«le soir ou les fins de semaine, en cachette».*

Une autre fois dans cette histoire, Claude Lesage comptera sur l'aide de gens d'Hydro, mais de façon non officielle. On est au début des années 70. À l'occasion d'un congrès de la Commission canadienne de normalisation, le concurrent ontarien de toujours, John Wood, a ouvert les portes de son usine aux congressistes. Le geste est imprudent. Claude est là, en compagnie de Jacques Beaudet, d'Hydro. Il souffle entre ses dents *«Jacques, prendrais-tu discrètement quelques notes pour moi ?»* Et Beaudet de s'exécuter, écrivant sur son paquet de cigarettes, caché dans le dos de Claude, les chiffres que l'autre lui dicte l'air de rien. *«C'était tous les paramètres de soudure de John Wood, un secret industriel d'une importance capitale.»*

À la faillite de John Wood, c'est Giant qui rachètera l'essentiel de son actif.

Des 31 fabricants de chauffe-eau que comptait le Canada dans les années 50, il n'en reste plus aujourd'hui que 2 : GSW à Toronto et Giant au Québec. C'est Giant qui a la plus grosse part du marché canadien.

«L'idée Cascade était à la fois simple et géniale, analyse aujourd'hui Claude Lesage : *les fabricants s'engageaient à produire des chauffe-eau selon des normes précises et devaient les garantir dix ans. Leurs chaînes de production étaient inspectées trois ou quatre fois par année par les vérificateurs de l'Association canadienne de normalisation qui avaient le pouvoir de faire fermer l'usine à terme s'ils prouvaient le non-respect des normes. En échange, on apposait l'étiquette identifiant le label Cascade sur nos chauffe-eau et profitions pour leur promotion et leur vente du soutien des distributeurs canadiens.»*

C'est un premier pas. Mais il y aura un certain nombre d'années tampons entre la genèse du concept Cascade et l'arrivée massive des chauffe-eau de ce type sur le marché, en 1962-1963. Cela fera déjà longtemps à l'époque que la Quebec Power, une autre fois en avance sur le plan de l'innovation commerciale, proposera à sa clientèle des locations de chauffe-eau qu'elle achète, depuis le début des années 50, à un producteur local, la compagnie Fleet. *«Nous étions, sur ce dossier comme sur d'autres»,* de s'enorgueillir, le coloré Jean-Paul Pagé, *«pas mal en avance sur les autres distributeurs. Nous avons commencé à louer des chauffe-eau à nos clients domestiques dix ans avant Hydro. Et puis nous nous y prenions mieux : nous les faisions installer et entretenir à contrat par des entrepreneurs alors qu'Hydro les faisait installer par ses hommes de ligne, ce qui lui coûtait beaucoup plus cher.»*

L'implantation de Cascade marque certainement une étape importante dans la prise de conscience des compagnies de leur responsabilité sociale à la veille de l'avènement du concept du *«tout électrique»*. Il ne faudrait pas croire pour autant que la percée des Cascade 40, puis 60[19], à compter des années 70, sera spectaculaire. Longtemps les

---

19. *«40»* pour quarante gallons d'eau chaude, *«60»* pour une capacité… mais oui, de soixante.

consommateurs se méfieront des chauffe-eau électriques, leur image souffrant du peu d'efficacité de leur performance pendant la première moitié du siècle et de leur réputation longtemps fondée d'être très chers à l'usage. Sous l'assaut de la concurrence des autres formes d'énergie menée vers la fin des années 60 par des promoteurs particulièrement dynamiques, Hydro constatera même une baisse de ses ventes (11 000 chauffe-eau électriques de moins en 1968 qu'en 1967). En 1970, Jean-Paul Cristel déplorera ouvertement dans les pages d'*Information-Cadres* une perte sensible de terrain qu'il évalue à un manque à gagner de 2,5 millions dans la vente des Cascade par rapport aux chauffe-eau à gaz ou au mazout[20]. Des campagnes de subvention à l'achat des Cascade et la crise du pétrole de 1973 viendront peu après renverser la tendance.

Le concept du «*tout électrique*» viendra donc à partir de 1963, et, là encore, c'est la Quebec Power, devenue à l'époque filiale d'Hydro-Québec, qui va le mettre de l'avant, alors que Jean-Paul Pagé y est devenu directeur des Ventes et des Relations publiques. C'est dans le journal de la QPC qu'apparaît pour une première fois le vocable «*tout électrique*»: «*Notre compagnie a décidé de continuer ses efforts de vente et de publicité auprès du marché de la construction domiciliaire et de pousser un nouveau concept, celui de la MAISON TOUT ÉLECTRIQUE… une maison Médaillon, chauffée à l'électricité*[21].» Trois mois plus tard, la QPC fera grand cas de la visite par 1 400 personnes en 2 jours de ce qui semble bien être la première des maisons tout électriques du Québec, à La Pocatière, initiative d'Albert Bonneau, notre agronome déjà cité aux chapitres précédents, devenu à l'époque gérant des Ventes aux districts extérieurs de la QPC.

Gageons qu'on fronce les sourcils à la maison mère montréalaise – mais ce n'est (ni ne sera) pas la dernière fois –, devant l'initiative des gens de la future région Montmorency et que, pour le moins, «*Pagé fait jaser!*». Que s'est-il passé qui justifie tout à coup qu'on puisse faire la promotion, même locale, de cette utilisation de l'énergie qu'on écartait unanimement quelques années plus tôt, qu'on écarte encore farouchement à l'époque dans les unités de Planification et de Génie de la montréalaise Hydro? Il y a que, résistance ou non des directions des compagnies, les abonnés résidentiels et les promoteurs immobiliers manifestent de plus en plus leur désir de chauffer à l'électricité. Hydro et ses filiales de l'époque ne pourront bientôt plus freiner le mouvement. De ne plus le freiner à le promouvoir, il y avait un grand pas. Hydro-Québec le franchira passé 1965.

Sur cette évolution remarquablement rapide, Claude Boivin fait une analyse de professeur d'économie: «*Un monopole de fait comme Hydro, à Montréal d'abord puis dans tout le Québec passé 1963, pensait tout à fait naturellement que le marché devait s'adapter*

---

20. «*Stimuler les ventes pour augmenter les revenus*», *Information-Cadres,* Hydro-Québec, 28 janvier 1970.

21. «*La maison tout électrique*», *Notre Revue,* QPC, juillet 1963.

à ce que l'entreprise lui offrait. Hydro était alors une compagnie d'ingénieurs, pas de commerçants, pas de gens de service. Ses planificateurs se sentaient la mission de diriger le Québec dans le domaine électrique, donc de lui imposer leurs orientations. Les attentes de la clientèle ne faisaient absolument pas partie de leurs critères décisionnels. La tendance était clairement : "On décide et le marché s'adaptera!" Dans ce cadre qui ne leur était pas favorable, les fonctions commerciales des compagnies et d'Hydro vont jouer un rôle difficile mais majeur dans la prise de conscience de l'importance primordiale des attentes des clients dans le processus décisionnel des dirigeants. Ce sera graduel, souvent conflictuel mais, en bout de ligne, décisif!»

Pour bien comprendre l'ampleur du phénomène que va constituer le «*boom*» des ventes d'électricité dans les années 1965 à 1973, il faut se remettre dans le contexte de 1964-1965. La grande Hydro vient de naître. Elle est en train de définir ses structures. On construit le complexe Manic-Outardes. On bâtit le réseau de transport le plus puissant du monde de l'époque. On sent venir de grandes choses, mais, bémol d'importance, les ventes, annuellement en hausse de 7 à 10% depuis 2 décennies, semblent brusquement ralentir. Les années 1964 à 1967, avec des hausses de 2 à 4%, sont des années de stagnation relative, le grand mouvement de reconstruction industrielle suivant la guerre et la première grande vague de modernisation des modes de vie atteignant alors des plateaux conjoncturels.

«*Hydro vivait sur l'habitude que la consommation de son produit doublait aux dix ans*, dit Gaston Plamondon, *avec un taux de croissance annuel de 7%. En 1967, la croissance semblait vouloir se stabiliser à 3%, en dépit de l'élan donné par l'Expo… le phénomène était préoccupant.*» On se retrouve donc devant un paradoxe : la consommation ralentit au moment même où l'on se prépare à ajouter 5 000 MW (premières prévisions de production à Manic-Outardes), voire 10 000 MW (avec Churchill Falls) de puissance au réseau, des volumes d'énergie considérables quand on sait qu'alors la pointe de consommation annuelle est à 7 000 MW[22]. Développer la consommation va devenir dès lors impératif, au moins pour le clan procommercial des décideurs de l'entreprise. La résistance, dans les circonstances, se fera un peu moins forte au Génie et baissera au fil de la décennie. Il y aura, cela dit, encore longtemps affrontement entre les deux théories, celle des troupes favorables au développement du «tout électrique», appuyées par le directeur général Robert Boyd, et celle des planificateurs du Génie, soutenue par le nouveau commissaire confirmé le 1er juin 1965, Yvon DeGuise.

Boyd et DeGuise, deux premiers de classe, deux penseurs aux philosophies différentes, que leurs visions du développement d'Hydro dresseront fréquemment, sinon invariablement, l'un contre l'autre, s'estiment sans aucun doute, mais n'ont pas, pour le

---

22. Elle s'établira à 7 169 000 kW le 8 janvier 1968.

moins, d'atomes crochus. La décision de promouvoir ou non les ventes d'énergie dans le Québec de l'époque ne fera qu'amplifier leurs divergences. Yvon DeGuise est un mathématicien pur et dur, surtout pas un vendeur. Reste qu'il est très sensibilisé aux problèmes des exploitants, un monde qu'il connaît bien pour l'avoir dirigé au début des années 60. Son point de vue, fondé sur une prudence de père de famille, est simple : il redoute que les ventes dépassent les possibilités de production et, peut-être surtout, les capacités de transport de l'énergie disponible. Et qui peut lui donner vraiment tort alors que les lignes à 735 kV n'ont pas fait à l'époque la preuve de leur efficacité pour acheminer l'énergie nordique ? Il craint que les efforts promotionnels finissent par créer un *« monstre »* à l'appétit féroce et que les unités de Génie d'Hydro ne puissent satisfaire à la demande. Qu'arriverait-il si par défaut du réseau de Transport il fallait répondre aux charges par un programme massif de construction de centrales thermiques ou nucléaires ? Justement, c'est en 1965 qu'Hydro s'engage dans son programme nucléaire avec la mise en chantier de Gentilly 1, programme dit *« expérimental »* prouvant bien qu'à l'époque l'option hydroélectrique n'est pas encore retenue par le Génie. Comme de nombreux ingénieurs de poids de la maison et comme, finalement, l'industrie le souhaite depuis le début du siècle, DeGuise pousse, certes, à la maximisation de l'utilisation de l'électricité, mais sans ajout immédiat de consommation marginale ayant pour effet d'élever la pointe.

Boyd est plus pragmatique. Il fait le pari que l'énergie hydroélectrique sera disponible en abondance dans les années à venir, qu'on saura la transporter des sites de production de la Côte-Nord ou de la Baie-James jusqu'aux grandes villes et donne en conséquence le feu vert à ses troupes de promoteurs. Son pari, on le sait, sera le bon.

Claude Boivin, qui entre alors (1965) à Hydro[23], poursuit son analyse : *« Dans tout changement*, dit-il, *il y a toujours des forces en opposition. Nous, les gens des Ventes de la deuxième moitié de la décennie 60, avions pour mandat de développer les marchés. Nous y croyions avec un enthousiasme de missionnaires et poussions très fort pour faire bouger l'entreprise vers l'orientation commerciale que nous souhaitions lui voir prendre. D'autres que nous dans la boîte, de par leur fonction, à la Planification, à la Production ou à la Tarification, par exemple, considérant les conséquences potentielles de nos activités, avaient davantage le pied sur les freins. Résultat ? Du tiraillage constant dans le quotidien, mais*

---

23. C'est Gilles Béliveau qui offrira à Claude Boivin, de Sylvania, son premier poste à Hydro-Québec comme expert en éclairage. Mais, en fait, c'est Jean-Paul Cristel qui avait fortement recommandé le choix du jeune ingénieur à son adjoint Béliveau. Cristel raconte, et l'histoire pourrait servir de parabole à nombre de jeunes ingénieurs de demain, « *J'étais allé donner une conférence sur l'éclairage à l'Université de Montréal. J'avais beaucoup de diapositives à présenter aux étudiants. La conférence s'achève. Tout le monde s'en va et je reste là à ranger mon stock. Un seul étudiant de ceux qui m'avaient écouté s'est approché et m'a proposé spontanément de m'aider. J'ai pensé : "Tiens, ce gars-là a du cœur." Il s'est présenté : c'était Claude Boivin.* »

aboutissant progressivement à l'établissement d'une forme d'équilibre propice à l'avancement de l'entreprise dans le sens souhaité par Robert Boyd. »

Claude Boivin n'est pas seul à l'époque à étoffer les rangs de la force commerciale de l'entreprise désormais panquébécoise. *« Tout était à organiser, explique Béliveau. Cristel était là avec sa culture de service aux clients agricoles et domestiques et ses gens venus avec lui de la Shawinigan. Et puis, derrière eux, les poussant fréquemment, nous étions là, les "jeunes-anciens" d'Hydro comme Plamondon et moi et de nouveaux diplômés en génie comme Boivin, bien sûr, mais aussi Yves Quessy[24], André Chalifour[25] ou André Dore[26], des jeunes agressifs et talentueux qui avaient joint nos rangs. Nous étions là, avec nos longues dents, plus ou moins ralliés aux vues de Cristel, avec nos certitudes, notre enthousiasme et nos gros bras d'ingénieurs. Les deux groupes allaient composer un bassin de fermentation d'idées, à l'analyse rétrospective plutôt performant. »*

Fort du feu vert obtenu du directeur général de la Distribution et des Ventes, Robert Boyd, Cristel ouvre les régions d'Hydro aux jeunes diplômés en sciences commerciales des universités. Raymond Godbout, l'un de ceux-là, se souvient qu'ils étaient 6 embauchés de ce profil en 1964, sur les 60 étudiants (toujours essentiellement des ingénieurs) : 10 % de *« commerciaux »* : du jamais vu dans l'entreprise ! Quelques mois de formation interne et on les enverra partout dans les filiales et futures régions d'Hydro. Godbout, quant à lui, aboutira représentant aux Ventes en Beauce. D'autres étudiants du même profil seront ainsi régulièrement engagés pendant les trois années suivantes. À l'instar de Godbout promis à une brillante carrière dans la mouvance de Jean-Paul Cristel puis de Claude Boivin, ces diplômés vont considérablement renouveler la fonction commerciale en région. Celle-ci était avant eux l'apanage de quelques grands vendeurs d'anthologie, des gens formés sur le tas qui en menaient large, personnages à « grande gueule », longue expérience et soif souvent redoutable, des incontournables de l'histoire des Ventes en région. Les nouveaux diplômés, motivés et réfléchis, vont changer l'allure du secteur, lui enlevant de sa bonhommie et de sa truculence, pour lui donner sérieux, crédit et lettres de noblesse.

---

24. Yves Quessy fera toute sa carrière à Hydro-Québec, essentiellement dans le domaine de la planification commerciale.

25. André Chalifour restera jusqu'en 1976 au service d'Hydro-Québec. Convaincu de longue date de la nécessité d'économiser l'énergie, il sera l'un des précurseurs de l'efficacité énergétique au Québec. Fondateur de son propre bureau de génie-conseil en compagnie de Pierre Marcotte, il sera en 1985 à l'origine de l'Association québécoise pour la maîtrise de l'énergie (AQME).

26. André Dore quittera Hydro-Québec en 1973 quand l'entreprise réduira ses activités de promotion. Il ira d'abord au ministère des Transports puis rejoindra les rangs du génie-conseil. Il est aujourd'hui le vice-président de l'Exploitation de la firme d'ingénieurs Bouthillette, Parizeau et Associés.

➤ *Les colporteurs de lumière*

Un peu comme les naturalistes nous expliquent le passage de l'ex-singe-pas-de-poils au primate grossier, puis du *«cro-magnon»* un tantinet plus présentable au distingué bipède que l'on sait aujourd'hui, il y aurait beaucoup à dire sur l'évolution du vendeur québécois d'électricité. On retrouve ainsi, dans la préhistoire de la Distribution et tout particulièrement dans les compagnies privées actives en zone rurale dans la première moitié du siècle, une race d'employés aujourd'hui totalement disparue : les vendeurs itinérants.

À compter des années 50, une analyse évolutionniste de l'espèce montre que des agronomes vont peu à peu leur succéder, puis, une dizaine d'années plus tard, on constate la présence de plus en plus fréquente de diplômés universitaires dans le secteur des Ventes du monopole Hydro. Cette entreprise, bien évidemment, compte dans ces rangs aujourd'hui des agents commerciaux de toute nature, bipèdes mâles ou femelles le plus souvent, il est vrai, distingués, dont la filiation avec les vendeurs du début du siècle est effectivement difficile à imaginer. Probablement, comme disait Charles Darwin, une question de maintien d'équilibre entre l'espèce et son milieu.

Le grand Roland Bibeau, Georges Lalonde, qui impressionnait tant le jeune Belge Cristel à ses débuts à Victoriaville, Lucien Bellefleur, Fernand Héroux, Omer Vachon, Gene Boucher, Jean-Paul Rousseau, Gilles Robin, il en fut bien d'autres : ça, Monsieur, c'était des vendeurs ! Dans le monde d'hommes qu'étaient les compagnies du début du siècle, eux savaient tenir leur place aux banquets, dans les tavernes de village, au comptoir des magasins généraux ou debout à côté du «char» de la compagnie, à parler kilowattheures avec les habitants des rangs de colonisation, la caisse de bière dans le coffre et la boîte de cigares sur le siège, à côté du chauffeur.

C'était à l'image de Pagé, maître vendeur lui-même, mais de la génération des agronomes au comportement plus spartiate, des gens généralement fort en gueule, souvent des armoires à glace, parfois dotés de généreuses «bedaines de bière». C'est qu'à se déplacer constamment en automobile, les pauvres ne faisaient guère d'exercice, que la nourriture dans les auberges des villages était souvent faite au bon beurre et que les bars ouverts à la «caisse de 24» ou au «40 onces» n'ont jamais fait de bien grands athlètes.

Ils vendaient. Dieu, qu'ils ont pu vendre ! L'un d'eux, Jean-Paul Rousseau de la Southern, se rappelle : *«On vendait le plus possible de kilowattheures ! On ne se posait pas de question : c'était-tu économique, c'était- tu écologique, c'était-tu ci, c'était-tu ça ! Nous autres, on vendait !»*

N'était-ce que des vendeurs sans scrupules ? Un connaisseur, Jacques Beaudet, s'insurge et nuance. *«C'étaient généralement d'excellentes personnes, certes, sans beaucoup d'instruction, mais totalement dévouées à leurs employeurs, des gens de service qui ne comptaient pas leur temps et mettaient toujours leurs clients en avant.* » Imaginez un rassemblement de ces taupins, par exemple au Cascade Inn de Shawinigan, la fameuse auberge où le groupe les réunissait à quelque grande occasion. Non, il ne s'est pas bu que de l'eau dans l'histoire de Distribution ! Non, on n'y a pas toujours fait dans la dentelle à l'heure des farces plates et des équipées de gars chauds !

À proprement parler, ces gens-là ne savaient rien faire. Dès que la conversation devenait un peu technique au-delà des quelques notions qu'ils avaient retenues de leur contact avec ingénieurs et contremaîtres de ligne, ils changeaient de sujet, promettaient la visite d'un autre. Mais, c'était des personnages chaleureux, aimés de leurs collègues et de leurs clients, d'authentiques voyageurs de commerce, de véritables camelots aux histoires toujours renouvelées... des colporteurs de ce qui avait tant manqué jusque-là : la lumière.

Tous ces jeunes, comme l'ensemble des partenaires d'Hydro, il va falloir les former. Concevoir un Québec où toute nouvelle construction, résidentielle, industrielle, scolaire ou institutionnelle, serait chauffée à l'électricité, la nouvelle possibilité que la jeune bande d'ingénieurs des Ventes du siège social commence à entrevoir paraît fort hasardeuse à bien des ingénieurs responsables du devenir d'Hydro. Passer de l'éclairage des maisons et de l'alimentation de quelques petits appareils domestiques au chauffage des espaces est un pas énorme, lourd de conséquences sur toutes les activités de l'entreprise, mais également sur les modes et les habitudes de vie de la clientèle.

Comment une entreprise d'État à vocation éminemment sociale comme Hydro pourrait-elle envisager de mettre à la disposition de chacun de l'énergie, sachant qu'elle sera probablement mal exploitée ? Les manufacturiers d'appareils de chauffage qui continuent de naître un peu partout à l'époque s'affrontent sur le marché avec des équipements aux performances souvent misérables. Une bonne partie du monde de la construction, ingénieurs, architectes, promoteurs, n'est pas acquise aux vertus du chauffage à l'électricité et milite souvent contre elle. Nombre sont ceux parmi les experts chevronnés du milieu qui s'affichent comme des partisans expérimentés des techniques liées à l'utilisation des chauffages thermiques dits « centraux ». L'idée de devoir modifier leurs habitudes déplaît d'emblée et, logiquement, à plusieurs. Ceux-là devront être convaincus. Les autres, il faut les sensibiliser à la nécessité nouvelle d'isoler parfaitement les bâtiments, condition de base à l'efficacité de tout type de chauffage électrique. Chauffer des habitations en courant d'air, aux portes et fenêtres laissant passer le vent, aux sous-sols et greniers gelés quatre à six mois par année, c'est *« chauffer le Québec »,* une entreprise, certes, hasardeuse. C'est, en tout état de cause, gaspiller la ressource électrique. Enfin, les maîtres électriciens ignorent le b-a, ba de l'art du chauffage électrique.

Cette ignorance de leur part est loin d'être coupable. Tous les professionnels du chauffage et du bâtiment à l'époque vont devoir s'initier à de nouvelles techniques et modifier leurs façons de faire. Les distributeurs d'électricité, ne nous y trompons pas, n'en savent, du reste, pas beaucoup plus sur le domaine que le reste de l'industrie. Gaston Plamondon : *« On ne savait pas trop où on allait, mais, plein d'enthousiasme, on y allait ! Nous étions comme le général de Gaulle, pensant :* "L'intendance suivra." *On y croyait, on poussait, on se battait !»* Gilles Béliveau : *« Le chauffage électrique était la grosse question de l'époque. Quelle serait l'incidence de chaque nouveau kilowatt qu'on envisageait d'installer sur la pointe ? Au stade où nous étions alors, nous étions bien incapables de répondre à la question. On ne le savait tout simplement pas ! Nous étions prêts à attaquer tous les fronts, le résidentiel, le commercial, l'industriel, l'institutionnel, mais quels seraient les effets cumulatifs de tout ça ? Bien honnêtement, nous n'en avions pas la moindre idée. L'ambiance, chez nous, était à l'enthousiasme, mais nos pairs des autres unités s'inquiétaient… probablement à juste titre. »*

Réunion des représentants chargés de la vente des chauffe-eau à Hydro-Québec en 1960. De gauche à droite : Jean-Pierre Thibeault, René Girard, Gérald Leduc, Antoine Falardeau, responsable du groupe, Pierre Charland, contrôleur, et Louisette Guay, dactylo, Georges Lafond, Roméo Barré et Lionel Guindon.

Cette méconnaissance s'étend jusqu'aux principes techniques du chauffage. Comment chauffer efficacement ? Comment déterminer le type d'équipement adapté à chaque situation ? Quelle quantité d'appareils installer en fonction de leur puissance, de leur localisation dans les espaces à chauffer, de leur position par rapport aux fenêtres, de l'orientation géodésique des bâtiments, de l'isolation des constructions, etc. ? Tout cela est loin d'être à l'époque fermement défini, même si beaucoup de spécialistes, dans les compagnies et chez les manufacturiers, commencent à avoir les idées un peu plus claires.

Le nombre et l'ampleur des interrogations vont amener la prise de conscience rapide par les éléments les plus dynamiques de l'unité Mise en marché de la nécessité d'outiller Hydro pour lui permettre d'aborder intelligemment et en toute connaissance de cause le débat, et d'y jouer un rôle de chef de file vis-à-vis du reste de l'industrie québécoise de l'électricité. On va assister à l'époque à un étonnant brassage d'idées d'abord à l'interne puis, à l'initiative d'Hydro, aux dimensions de toute l'industrie électrique québécoise, sur le thème : *« Comment améliorer produits et techniques pour faire en sorte que le chauffage électrique soit efficace, rentable et compétitif par rapport aux autres types de chauffage ».*

« *En fait, passé 1965, nous n'avions plus bien le choix,* d'analyser Gaston Plamondon. *Nous avions énormément de pressions extérieures. Les clients entendaient parler en bien du chauffage électrique, les maîtres électriciens voulaient "de la business", les manufacturiers voulaient vendre leurs appareils, une bonne proportion d'ingénieurs-conseils en électricité n'attendaient que nos feux verts. Nous-mêmes étions de plus en plus convaincus qu'un marché phénoménal allait s'ouvrir. Il fallait répondre à ces demandes de façon intelligente, adapter l'entreprise à son milieu. Le danger était réel de laisser ça aller à vau-l'eau et se retrouver avec des problèmes de pointe épouvantables.* »

Intarissables sur leurs souvenirs de ces années où ils allaient contribuer à faire changer Hydro, deux vieux complices, des « *jeunots* » de l'époque, échangent. Et qu'on ne s'y trompe pas, ces deux-là furent véritablement des moteurs de l'évolution des Ventes à partir de 1965, une contribution reconnue par l'entreprise alors qu'en 1968 l'un d'eux, Gilles Béliveau, sera nommé directeur adjoint Mise en marché et l'autre, Claude Boivin, lui succédera comme chef du service Grande entreprise.

Béliveau : « *C'est là, en 1965, qu'on s'est dit :* "On va aller au chauffage électrique, mais pas n'importe comment, on va faire de la qualité !"

Boivin : *Vrai. On a associé hausse des ventes et développement de normes de qualité et rétrospectivement on peut dire qu'on avait raison. Je suis convaincu que grâce à ces normes, le parc de résidences québécois est aujourd'hui le mieux isolé au Canada, voire en Amérique du Nord.*

– *On a vendu du mieux vivre et imposé du mieux faire !*

– *Et c'est alors qu'on a mené nos vraies batailles !*

– *On s'est vite rendu compte qu'il fallait que la technique suive, que les procédés électriques et la qualité de nos services s'améliorent.*

– *Ça nous a donné une mission, une responsabilité sociale. Hydro avait la* drive *pour les imposer au milieu !*

– *Mais, fallait apporter un certain nombre de preuves qu'on savait où on s'en allait et, honnêtement, ce n'est pas toujours qu'on les avait ! Toi tu illuminais la province, moi je commençais à la chauffer, et souviens-toi il y en a qui nous regardaient aller avec de drôles d'airs.* »

L'âge d'or de la Ligue électrique

Dans le groupe des vendeurs d'énergie entourant Jean-Paul Cristel, D'Arcy Alarie fera toujours un peu figure d'intellectuel, de littéraire, dans un monde d'« opérationnels » se fiant généralement aux « petites filles d'Adrien Lalonde[27] » pour corriger et mettre en forme leurs approximatifs écrits. D'Arcy, lui, sait manier l'imparfait du subjonctif, c'est même pour cela qu'on l'avait embauché. Ancien journaliste à *La Presse*, conseiller un temps au bureau de Jean Drapeau, il sera la «*plume*» de Jean-Paul Cristel et le responsable de la rédaction des publications que les unités de Commercialisation produiront à l'intention de clientèles ciblées[28]. Avec un sens éprouvé de la synthèse, il explique aujourd'hui : «*Cristel, en véritable chef d'orchestre, sut transmettre à son monde sa conviction bâtie de longue date qu'Hydro n'avait qu'un seul produit à vendre : l'électricité. Rien à faire pour elle en aval du compteur. La production, l'installation des chauffe-eau, la construction, l'isolation des bâtiments à chauffer, la mise en place de l'équipement électrique chez les clients, tout cela n'était pas de son ressort. Mais, attention ! En choisissant de spectaculairement déléguer à l'entreprise privée cet aspect du travail, elle ne renonçait pas, loin de là, à ses exigences de qualité. L'exemple de la mise en marché des Cascade 40 et 60 est, à cet égard, parfaitement révélateur de la pensée d'Hydro : on adopte une norme et on la met à la disposition de tous ceux qui veulent produire des chauffe-eau, sans favoriser Pierre, John ou Jacques, sans privilégier telle région ou telle ville. Mais gare à l'entrepreneur qui ne suivrait pas scrupuleusement les spécifications techniques. Hydro donne, aide mais en contrepartie exige…*»

➤ *Diane Dufour, une femme à la Ligue électrique*

Diane Dufour est, dans son genre, une pionnière, une défricheuse. Elle choisira, à une époque où la chose ne se faisait guère, de faire sa carrière aux Ventes, milieu longtemps strictement masculin si l'on excepte les spécialistes pointues et dédiées à la clientèle strictement féminine qu'étaient les diététistes et les «*home economists*». Diane sera la «*première-femme-en-beaucoup-de-choses*» d'Hydro-Québec et l'assume aujourd'hui avec un grand sourire et le dynamisme qui l'animèrent sa vie professionnelle entière, et ce, même si les portes ne s'ouvrirent pas toujours facilement pour elle.

Maintenant retraitée, elle était, en 1962, de ce type d'employées de la Quebec Power Company que l'on embauchait plutôt avenantes et grandes pour qu'elles puissent, leur disait-on, faire du classement à la Facturation où les étagères étaient réputées

---

27. Il s'agit ici du service de Terminologie d'Hydro-Québec, fort d'une douzaine de terminologues, de rédacteurs et de traducteurs, véritable pépinière de talents littéraires, une équipe à 90 % féminine et dirigée jusque dans les années 80… par un homme, bien sûr, Adrien Lalonde, lui-même sous l'autorité d'un autre homme, Marcel Couture, autre preuve, s'il était encore nécessaire d'en apporter, de l'évident machisme de l'Hydro de l'époque.

28. Longtemps, la Mise en marché d'Hydro poursuivra la tradition du groupe Shawinigan et publiera trois périodiques à l'intention de clientèles ciblées : *Le progrès à la ferme*, pour les agriculteurs, *La bonne cuisine*, destiné aux maîtresses de maison et aux professionnels de la restauration, et *Vendre*, visant à informer tous les intervenants du secteur électrique, «alliés» d'Hydro-Québec. Elle ajoutera à cette production de nombreuses fiches techniques destinées à soutenir les efforts de vente qui seront particulièrement appréciées de la clientèle et fort populaires auprès des promoteurs du chauffage électrique.

bien hautes. Effectivement, les jeunes filles ne restaient guère en poste, convolant généralement en noces après quelques mornes années de tri et de rangement de fiches et de factures. Diane, elle, resta.

Après huit années de facturation, elle s'essaya au service à la Clientèle puis aux Ventes à la région Montmorency. Le chef de division de l'époque, Raymond Godbout, hésita longuement avant de l'engager au poste de représentante pour les locations de chauffe-eau. Elle semblait avoir toutes les qualités, mais... c'était une femme. Il lui faudrait aller dans la maison des clients, inspecter les sous-sols, vérifier les filages, les boîtes d'entrée. *« Était-ce bien là le travail d'une femme ? Ça ne s'était jamais fait à Québec jusque-là d'envoyer ainsi une femme seule chez les clients. J'hésitais beaucoup »*, confie avec franchise Raymond.

Diane Dufour et Charles Careau, son chef de section à la facturation de la Quebec Power Company, au début des années 60.
(Photo de Diane Dufour)

« J'ai "pogné" des rats et quelques gars chauds un peu trop collants dans des quartiers pas bien catholiques, dit madame Dufour, expéditive, *mais bon, je m'en suis sortie ! »* Et avec les honneurs, de préciser Godbout. Première représentante, elle sera aussi la première femme de la Ligue électrique, section de la Capitale. Là encore, tempérament jovial et résolument optimiste, elle ne garde que de bons souvenirs du contact de la bande des *« Boys »* de l'électricité à Québec, un groupe assez libéré et fêtard, merci !

Au chapitre de l'avancée de la cause des femmes dans cette entreprise, Diane sera encore la première représentante d'Hydro-Québec du programme Énergain au début des années 80, puis une des toutes premières représentantes du service à la Moyenne entreprise les années suivantes.

Consciente d'avoir ouvert des portes pour d'autres femmes ? *« Certainement, et fière de cela ! dit-elle. J'ai tellement entendu dire "une femme n'y arrivera pas !" Eh bien, j'ai des nouvelles pour les sceptiques : je les ai portés les cartables de 50 livres du cours Énergain ! Je les ai passés les examens et mes notes étaient bonnes ! Je suis montée aux échelles pour aller inspecter l'isolation des toits des clients... Et j'ai fait tout ça très bien, mieux que certains hommes ! »*

Diane Dufour a quitté Hydro, mais elle le dit avec un cœur qui ne laisse aucun doute sur sa volonté : *« Qu'Hydro me rappelle pour un travail aux Ventes et je reprendrais demain matin ! »*

« *L'idée brillante de valoriser le rôle de la Ligue électrique du Québec,* de poursuivre D'Arcy Alarie, *est inspirée de cette même volonté de s'assurer de résultats de qualité sans se substituer aux intervenants du milieu de l'électricité. Dans les faits, Hydro va "s'emparer" de la LEQ, la contrôler en y plaçant ses gens et en finançant ses activités, de façon à véritablement la mobiliser pour la mettre tout entière non à sa botte, mais à la réalisation de la mission qu'elle lui confie d'amélioration tous azimuts du niveau de compétence de l'industrie électrique québécoise.* »

Son « contrôle » de la Ligue, Hydro n'en fera guère mystère. Jusqu'au début des années 80, elle y consacrera des budgets importants en cotisations d'entreprises et en soutien aux campagnes publicitaires. Elle s'y fera représenter par six administrateurs au conseil (sur seize membres). Elle prêtera à l'organisme, bon an mal an, deux ou trois employés permanents pour faire

La Ligue électrique avait des sections dans toutes les régions. Ici, le conseil d'administration de la LEQ, section de la capitale. De gauche à droite, debout : Raymond Godbout et Clovis Guay, d'Hydro-Québec, Roland Lizotte, maître électricien, Jacques Hébert, d'Hydro-Québec et Henri Audet, maître électricien ; assis : Pierre Paquette, d'Hydro-Québec, Philippe Langevin, de Westinghouse, Marcel Turgeon, de Turgeon et Jobin, et Maurice Francœur, d'Electroheat.
(Photo de Henri Audet)

tourner son secrétariat, y déléguera de tout temps le secrétaire général, voire le président (Jean-Paul Cristel et Jacques Beaudet dans les années 60). Nombre de ses employés en région travailleront à temps partiel dans les quinze sections et les nombreux comités de travail de l'organisme.

Gilles Béliveau qui, plus spécifiquement chargé de la promotion vers les clientèles industrielle et commerciale sous (et parfois contre) Jean-Paul Cristel, prend, on l'a dit, tout au long de ces années épiques, de plus en plus de poids dans la fonction, évalue de son côté : « *Mobiliser des alliés, ça sonne un peu militaire, mais c'est exactement ce qu'Hydro va faire. On est allé chercher tous les corps de métier concernés de près ou de loin par l'implantation du chauffage électrique et on en a fait véritablement des "partenaires". Cristel connaissait énormément de monde et était comme un poisson dans l'eau à l'ACE et à la Ligue. Il avait cette qualité rare d'être un authentique rassembleur. Cette réussite auprès des alliés et l'incroyable mouvement créé dans le milieu doivent être entièrement mis à son crédit.* »

La LEQ, dans les années de sa gloire, décennies 60 et 70, se vante de rassembler en son giron «*tous les secteurs de l'industrie électrique québécoise et domaines s'y rattachant*». Effectivement, tous les acteurs semblent bien être là : quand la Ligue les convie à travailler, ils travaillent ; quand elle propose des activités promotionnelles, ils participent, et quand elle les réunit pour fêter… ils fêtent.

Voyages de familiarisation, normalisation des pratiques et formation de la main-d'œuvre, développement des technologies et, enfin, promotion des programmes : ce sont les quatre fers que l'état-major de la direction Mise en marché d'Hydro va mettre au feu tout au long des années 60 pour faire virer l'entreprise en même temps qu'une bonne partie de l'économie québécoise vers le «tout électrique».

Une première bonne façon de faire pour atteindre cet objectif du «*mieux faire*» évoqué par Béliveau était de regarder ce que faisaient les autres. On voyagera beaucoup dans l'Hydro des années 1965-1970, particulièrement aux États-Unis où les énormes manufacturiers que sont General Electric, Westinghouse et leurs filiales disposent de structures d'accueil imposantes pour assurer la promotion de leurs produits et services auprès des distributeurs du continent. Hydro-Québec veut former ses gens, elle enverra tous (ou presque) ses vendeurs, ingénieurs aux ventes, gestionnaires et représentants commerciaux visiter ces installations promotionnelles et se familiariser avec les concepts de généralisation de l'emploi de l'électricité dans tous les secteurs de la société. Mais, coup de génie des penseurs de la fonction commerciale de l'époque, elle ne les enverra pas seuls. Ingénieurs-conseils, architectes, manufaturiers, vendeurs d'appareils électriques, maîtres électriciens, tout ce que l'échiquier industriel de l'électricité compte de pions et de pièces maîtresses au Québec sera des voyages et participera, sous l'invitation de la Ligue et sur la note d'Hydro, au «*party*».

➤ *L'avion de Gaston*

Dans les années 60, les grandes compagnies américaines distributrices de matériel électrique, soucieuses d'accroître leur marché et de convaincre les «utilités» nord-américaines d'acheter leur produit, mettaient «*le paquet*» en promotion. Elles disposaient de quartiers urbains entiers où elles recevaient les acheteurs potentiels en leur faisant visiter de nombreuses installations mettant en valeur diverses applications d'avant-garde de l'électricité. Une compagnie proposait des tours en avion la nuit au-dessus de cités éclairées au sodium basse pression pour montrer l'efficacité de ce type d'éclairage. Une autre avait construit à Nela Park, en banlieue de Cleveland, une école où elle faisait des démonstrations sur la différence entre l'éclairage incandescent et l'éclairage fluorescent. Une troisième exposait des systèmes de chauffage *Heat by light* d'une nature tout à fait révolutionnaire.

Bref, le marché était en pleine productivité et Hydro voulait montrer tout cela aux alliés québécois, architectes, ingénieurs, constructeurs, électriciens, etc. Régulièrement donc, à cette époque, l'entreprise louait des avions et emmenait son monde pour de telles visites industrielles parfaitement bien organisées et souvent mémorables à divers titres.

Gaston Plamondon se souvient d'un voyage en particulier. «*Au moment d'Expo 67, on eut beaucoup de difficulté à noliser des appareils. Une bonne fois, c'est dire, nous avons dû nous contenter d'un vieux DC6. On le remplit à capacité et nous voilà partis. Le bar était ouvert, aux frais d'Hydro. Mes amis, on avait à peine décollé que tout le monde y était rendu. L'ambiance était à la fête, ça riait, ça parlait fort, disons-le, ça prenait un coup. Et ça dura comme ça jusqu'à ce que le pilote sonne la fin de la récréation. D'un coup on entendit sur l'interphone la voix sévère de l'hôtesse:* "Le capitaine vous demande d'aller vers l'avant et de mieux vous répartir dans la cabine!" *C'est pas des farces, le bar était à l'arrière: l'avion avançait la queue en bas.*»

Des voyages à l'époque et jusqu'en 1973, il y en aura de tous les genres et vers plusieurs destinations. Beaucoup poursuivront un strict but de formation, surtout ceux dirigés vers les installations modèles des gros fournisseurs américains, d'autres auront un caractère plus social (visites à Manic-5, à New York, etc.), pour entretenir l'esprit de corps de l'armée des «alliés» mise en branle par Hydro. Une constante, ces voyages-là ne seront pas tristes et disons que cette façon de présenter les choses relève fort de l'euphémisme.

Aucun doute possible, les témoignages sont nombreux et éloquents à cet effet, on ne s'ennuyait pas dans ce type de déplacement et non, on n'y buvait pas que de l'eau! Une ambiance joyeuse, frondeuse, finalement quelque chose comme un âge d'or: en avion, en train, en autobus, l'industrie électrique québécoise va se payer la traite et s'en donner alors à cœur joie comme plus jamais, gageons-le, elle ne le fera de son histoire. Ces voyageurs-là vous composent à l'époque un monde strictement et extrêmement «*machiste*». En a-t-on raconté alors, des histoires drôles! En a-t-on fait des «farces plates»! A-t-on ri! A-t-on «*lâché son fou*» et fait niaiserie sur niaiserie de potache! Et a-t-on bu! Il faut entendre les accompagnateurs d'Hydro – qui, cela dit, ne devaient pas être en reste à l'heure des fredaines – évoquer les frasques de leurs invités à Nela Park, dans la banlieue de Cleveland, en Caroline du Nord, à Syracuse ou à New York! Certes, toute la «*grappe*» électrique québécoise, se sensibilisait, se formait, apprenait ce faisant, mais Dieu que ces gens-là ont pu aussi rire, s'amuser, jouer des tours et copieusement arroser leur quotidien de voyageurs loin de la maison! Chose sûre, l'industrie mobilisée par Hydro était joyeusement en marche, mais d'un pas, à l'évidence, pas toujours bien assuré.

➤ *Le train de Raymond*

Des voyages de familiarisation industrielle, Hydro, en collaboration avec la Ligue électrique du Québec, allait en organiser de toutes les manières, ici et ailleurs, pendant l'époque de développement tous azimuts de l'industrie électrique, entre 1965 et 1972. On utilisa les autos personnelles, on loua des autobus, des avions et, parfois même... le train.

«Cette année-là, au début des années 70», se souvient Patrick Garneau, alors président de la LEQ, *« la Ligue, souhaitant se faire des revenus, organisa une grande exposition de l'industrie électrique à Montréal à la Place-Bonaventure, à l'occasion de la traditionnelle Semaine de l'électricité, tenue tous les ans en février. Des gens vinrent par centaines de partout en province. On eut des autobus en provenance de Chicoutimi, de Sherbrooke, de Rouyn, de Hull, et même un train entier venant de Gaspésie! Ce fut un énorme succès!»*

Il en est un qui peut bien en parler du fameux train et du succès de la fête : Raymond Godbout, alors chef de division aux Ventes à la région Montmorency, celui qui, pour Hydro, avait organisé le déplacement. *«Le train spécial de huit wagons partait de Gaspé. À chaque escale, il embarquait du monde. On était 500 à monter à Québec! À l'allée, tout fut bien beau. Il y eut bien quelques gars un peu chauds – eh! le voyage était pas mal long! –, mais rien d'épouvantable. C'est au moment du retour que les choses se gâtèrent. Les gens montent. On compte : il nous manquait 35 voyageurs! 35! pas 2 ou 3, là! 35!... On a attendu un peu, puis, coudon, on est parti. Il y en a là-dedans qui sont revenus chez eux trois jours plus tard!»*

Les alliés et souvent les employés, on ne va pas seulement les faire voyager, on va les renvoyer sur les bancs d'école. C'est la seconde préoccupation des dirigeants des Ventes d'Hydro. Elle est, le fait est notable, partagée au début de la décennie par les unités commerciales des compagnies privées qui deviendront filiales en 1963. Paul Larose, le responsable de Mise en marché au début des années 60 à la QPC, avait à l'époque un problème de taille qu'il évoquait ainsi : *«Quand un releveur de compteurs entre dans une maison pour faire ses lectures et que les clients lui parlent de chauffage électrique, le plus souvent il répond : "Oh là, attention, savez-vous que ça va vous coûter horriblement cher?" Exactement pareil pour les monteurs parlant au public au bas des poteaux : "Chauffer électrique? N'y pensez-pas! Ben d'trop cher!" Ces gens-là avaient toujours entendu tenir des raisonnements du genre au sein même des compagnies. Il fallait renverser la tendance, les sensibiliser, les former*[29].*»*

---

29. Cité par Patrick Garneau. Le même monsieur Garneau se souviendra alors avoir préparé une session de sensibilisation au chauffage électrique d'une durée d'une demi-journée qu'il devait donner à tous les employés de la QPC en contact avec le public et que tous les cadres, président Béique en tête, allaient suivre.

On va donc changer du tout au tout le discours tenu à l'interne aux employés. Et puis, dans un effort beaucoup plus considérable, tous les maîtres électriciens vont alors, sous les auspices de la Ligue, de leur corporation et d'Hydro, apprendre le pourquoi et le comment du chauffage électrique. C'est l'entreprise d'État qui définit les contenus des cours, les donne et en vérifie la compréhension par des examens rigoureux. Et si l'on rit pendant les voyages, là les professeurs d'Hydro n'entendent pas à badiner. Un maître électricien, un vrai, Henri Audet, ex-entrepreneur de Saint-Anselme qui deviendra président de sa corporation, témoigne : «*J'avais fait l'École des métiers et, comme beaucoup de techniciens québécois dans les années 50, je m'étais expatrié pour travailler aux États où les salaires des électriciens étaient trois fois supérieurs à l'époque. Mais ma femme s'ennuyait là-bas et je suis revenu en 1963. Je fus alors un des premiers à suivre un cours de chauffage, avec Pat Garneau à Québec et j'ai énormément appris…*»

Ils sont plusieurs dans l'entreprise à réclamer la paternité, ou une part de la paternité lorsqu'ils sont modestes, du fameux cours qu'Hydro uniformisera à son heure après 1965. «*Le chauffage électrique*», dit l'un de ceux-là, Patrick Garneau, recruté en 1961 par le service des Ventes de la Quebec Power, «*devenait alors de plus en plus populaire. Il se vendait "à la va comme j'te pousse", sans aucun calcul préalable, au pif de l'installateur. Les gens se plaignaient… à qui ? Eh bien aux compagnies d'électricité, bien sûr ! C'est alors que la QPC a décidé de monter son premier cours de chauffage et d'établir un embryon de normes d'isolation. Ce fut le mandat que l'on me confia et qu'on me demanda de travailler en compagnie de Paul-Émile Guay. On s'est enfermés tous les deux à la Canardière et on a écrit. Je ne vous dirai pas toutes les engueulades qu'on a eues ensemble avant d'aboutir… Mais on l'a sorti, le fameux cours, même qu'à l'issue de l'exercice, on était devenus des chums !*»

En 1965, Patrick Garneau retournera au privé[30]. Hydro décidera à cette époque de définir et de normaliser un seul et unique cours de chauffage. Elle réunira à cet effet John Hogan, de la Shawinigan, Paul-Émile Guay, de la QPC, et Lionel Guindon, de l'ancienne Hydro, les trois spécialistes internes de l'heure, et les fera plancher sur l'outil de formation qui servira des décennies durant à instruire le personnel interne des Ventes et les électriciens québécois. «*Les installateurs, dit Guindon, travaillaient le plus souvent sur des prémisses complètement fausses, notamment en appliquant un facteur de charge en fonction de la superficie : tant de watts de puissance au pied carré. Ils disaient des bêtises du genre :*

---

30. Véritable pionnier et touche-à-tout dans le domaine du chauffage électrique, Patrick (Pat) Garneau mènera une brillante carrière au sein de nombreuses compagnies spécialisées dans le domaine. Authentique expert en chauffage électrique, il sera le président de la Ligue en 1972. Il est encore aujourd'hui, 55 ans après avoir terminé son cours technique, conseiller pour la compagnie Convectair, groupe français spécialisé qu'il contribua à faire venir au Québec au début des années 80.

"On installe moins de puissance quand la pièce est au sud, au soleil !

– Ah oui, et comment ça chauffe les jours de temps couvert ou durant la nuit ?

– Oui… bien sûr… Il y a ça…

– Installe un thermostat et laisse-le faire son travail, mais installe ce qu'il faut de watts pour chauffer en tout temps ta pièce ! Et ça, ça se décide à l'issue de calculs. Ta maudite règle au pouce, oublie-la !"

On a rédigé à leur intention un manuel de base, d'une lecture relativement facile et on en a fait la matière d'un cours. La seule chose que les élèves avaient à débourser était le livre. Hydro payait tout le reste. »

Des cours, la société d'État va en donner partout au Québec, «*dans au moins 15 places différentes, à 25 électriciens en même temps, 5 ou 6 jours de formation*[31] *et pendant 15 ans*», à la grande fierté de Lionel Guindon, pédagogue de formation et, effectivement, l'un des principaux professeurs aux électriciens. Une entreprise de formation majeure ! C'est presque tous les membres de la Corporation des maîtres électriciens qui y passeront. Plus d'improvisation dans le domaine, mais de la rigueur, des principes et du suivi. «*Une armée*», dit le vice-président exécutif de la Corporation aujourd'hui, Yvon Guilbault. «*Les électriciens du Québec sont alors devenus l'armée d'Hydro sur le terrain.* » La réussite à l'examen permettait à l'entrepreneur électricien de se considérer comme «*spécialiste en chauffage électrique*», avec un grand S, suivant son nom sur sa carte professionnelle. Yvon Guilbault raconte : «*Aujourd'hui encore, ils ont ce S sur leur carte. L'an dernier* [2002], *on s'est demandé :* "*Le garde-t-on ou non ce vieil S ?*" *Résultat : un tollé dans le milieu ! Les électriciens restent attachés à cette lettre-là. Hors de tout doute, il fallait la garder.* »

L'armée des alliés en mouvement

Troisième fer au feu, le développement de la technologie. La première moitié des années 60 restera dans cette histoire comme une époque d'expérimentation tous azimuts par l'ensemble de l'industrie électrique locale sous l'égide de la QPC et d'Hydro. La seconde moitié de la décennie verra la consolidation des acquis et la mise en branle définitive de l'industrie vers l'électrification du Québec dans son ensemble.

Il convient d'abord de redire, pour bien le garder en mémoire à l'heure d'évoquer le spectaculaire développement que va connaître le secteur dans les années qui suivent immédiatement, que le génie-conseil québécois, les architectes, les constructeurs, les promoteurs publics et privés, les décideurs des diverses institutions gouvernementales

---

31. Les cours se donnaient un jour par semaine, pendant 5 ou 6 semaines, pour permettre aux électriciens de continuer en parallèle leurs activités professionnelles.

de l'époque sont, à l'image des grands distributeurs, remarquablement démunis et peu formés dans le domaine des applications de l'électricité dans la construction. Jean Bergeron, jeune ingénieur du temps qui va devenir un des grands patrons du génie-conseil des décennies suivantes[32], raconte : « *Tout ce qui se faisait d'importance alors à Montréal, en climatisation, particulièrement, mais aussi en chauffage et en réfrigération, était réalisé par des Américains. On avait tout à apprendre.* »

Jean-Marie Roy[33], architecte qui marquera sa profession dans la seconde moitié du siècle, tempérament d'artiste, visions fréquemment d'avant-garde, raconte qu'à ses débuts, en 1955, « *on ne se souciait pratiquement pas d'isolation dans les résidences privées comme dans les grands édifices. L'énergie alors ne coûtait presque rien et n'était pas un facteur important dans les décisions. Il nous était fort difficile de trancher entre le type d'énergie à installer : gaz, pétrole ou électricité. C'était comme à la Bourse, risqué !* »

En 1966, Hydro-Québec lance campagne de promotion sur campagne de promotion. Sur cette photo prise à l'automne, elle promeut la vente de couvertures électriques. Miss Économie, employée sélectionnée par les Relations publiques et les services de Promotion commerciale, est mise à contribution. C'est Louise Bouvier, du Génie, qui cette année-là agira comme ambassadrice de la sexiste Hydro de l'époque. De gauche à droite : Jean-Paul Leblond, Appareils et Économie domestique, Jean-Paul Cristel, alors directeur Mise en marché, Miss Économie elle-même qui capte l'attention de Léo Roy, directeur général Distribution et Ventes, et Jacques Beaudet, alors chef de service, Ventes domiciliaires.

Les ingénieurs des Ventes d'Hydro vont comprendre le relatif désarroi de leurs confrères du privé, leur exprimer des attentes et les aider à trouver des solutions. Sous l'impulsion d'individualités dynamiques et un peu aventureuses, les Jean-Paul Pagé, Marc Méthé, Pierre Simard ou Gaston Galibois, il pousse alors dans la région de Québec des projets « tout électriques » de plus en plus diversifiés. Hydro, qui voit aller la filiale, sentira le besoin de diriger, de rationaliser les expériences. Gilles Béliveau dit : « *On voyait la Quebec Power s'engager bien avant nous d'Hydro dans le domaine du tout électrique. D'un côté, ça nous stimulait, mais de l'autre ça nous préoccupait.*

32. Associé avec divers partenaires au gré des décennies, Jean Bergeron verra son nom lié à plusieurs entreprises de génie-conseil dont la plus importante aux fins de cette histoire sera la firme Roy, Bergeron Gariépy.

33. Monsieur Roy sera associé fondateur du cabinet Gauthier, Guité, Roy de Québec. Il sera fréquemment consulté comme expert par Hydro, notamment comme membre de son comité aviseur d'architecture et dans le cadre de la construction de l'Ireq. Il concevra également le siège régional de la région Montmorency.

Peut-être parce que nous étions plus près des unités de Génie qui ne cessaient de nous rappeler à l'ordre, on s'inquiétait de voir faire nos collègues de Québec et l'on n'aimait pas non plus devoir constater qu'ils nous devançaient dans bien des domaines. C'est alors qu'on a décidé d'une stratégie d'expérimentation. »

À l'époque, le gouvernement de Jean Lesage nourrit de grandes ambitions en éducation. Il met de l'avant un programme énorme de construction de nouvelles écoles secondaires : c'est l'Opération 55. On parle de 55 écoles polyvalentes à construire. Un train passe, Hydro va tenter de le prendre. Gaston Plamondon et Gilles Béliveau se souviennent aujourd'hui qu'à l'époque l'entreprise va convoquer quelques grands cabinets d'architectes et des maisons de génie-conseil choisies en fonction de leur dynamisme, et leur proposer le marché suivant. Si vous avez un projet d'école, eh bien faites deux types d'études : le premier de façon traditionnelle avec les techniques de ventilation et de chauffage que vous avez l'habitude d'utiliser, le second en envisageant l'installation du « tout électrique ». Nous comparerons les résultats et vous dédommagerons pour les frais engagés par cette procédure d'exception.

Plamondon précise : « *Notre approche soulevait énormément de controverses chez les plus expérimentés des ingénieurs habitués à installer des systèmes à gaz ou à huile, tout comme au gouvernement du reste. Sur la base des estimations reçues, nous avons établi un gros rapport qu'il a fallu défendre âprement au ministère de l'Éducation où nous avions nos partisans (entre autres Jean Méthé, le frère de Marc), mais aussi nos concurrents. Les premières polyvalentes à construire le furent toutes à l'huile et puis, peu à peu, le vent se mit à tourner en notre faveur. »*

Gaston Plamondon, jeune ingénieur
à la moitié des années 60, donnant
une conférence.
(Photo de Gaston Plamondon)

Bergeron confirme : « *Hydro nous a convoqués pour nous dire :* "Faites des projets types, une école, une polyvalente, un hôpital, un édifice à bureaux, tout électriques et venez nous voir avec les résultats !" *On a répondu :* "Oui, mais laissez-nous la chance de voir ce qui se fait ailleurs !" *Ce que l'on a fait, parfois avec Hydro, parfois sans elle. »* Béliveau s'enthousiasme : « *S'ils nous disaient :* "Il y a un nouveau concept de ventilation de grandes tours à bureaux à Chicago qui semble intéressant", *eh bien, on y allait voir avec eux. Hydro avait cette capacité financière de suivre tout ce qui se passait dans le monde, aux États-Unis comme en Europe. Notre credo était :* "Si c'est faisable ailleurs, OK, on va le faire ici et on va l'améliorer !" *C'est ainsi qu'on a progressé ensemble, le milieu de l'industrie électrique et nous. »*

Progresser, ce fut alors découvrir collectivement la nécessité de contrôler la consommation et les coûts, donc de travailler sur l'efficacité des systèmes et l'isolation des volumes à chauffer. En effet, les comparaisons demandées démontreront, de façon générale, un coût moins élevé à l'installation du chauffage électrique, mais des dépenses d'exploitation supérieures, compte tenu du fait qu'à l'époque les prix des produits pétroliers étaient à leur plus bas.

Un ingénieur-conseil, René Viau, autre débutant de l'époque aujourd'hui président du conseil d'administration de Bouthillette, Parizeau et Associés[34], relate «*Au début des années 60, on ne se posait pas ces questions de coûts de l'énergie. On chauffait ou on climatisait sans limites, au maximum des facteurs de charge. C'était confort avant tout et même avant les questions de budget.*» L'architecte Roy : «*Finalement, tout allait se faire sans qu'on le réalise vraiment sur le coup. Difficile aujourd'hui de dégager des étapes dans l'évolution et pourtant, et cela très rapidement, tout a changé. On vivait aux lampes Aladin, on chauffait au bois, on allait chercher l'eau au puits… c'était hier et c'est pour nous aujourd'hui du folklore. On pense désormais autrement, on envisage les problèmes différemment, on est beaucoup plus soucieux de la qualité : l'électricité dans les bâtiments a sans aucun doute considérablement modifié nos façons de concevoir et de construire.*»

➤ Le «tout électrique» et l'évolution architecturale

«*L'électricité, ce fut une véritable* "libération" *pour les architectes !*» René Viau, ingénieur.

«*Une résistance, un fil électrique, ça prend pas mal moins d'espace dans un immeuble qu'une canalisation d'air.*» Jacques Bourassa, ingénieur.

«*L'installation du "tout électrique" a modifié tout le concept de l'architecture des grands bâtiments. Avant, il fallait prendre en compte les centres de chauffe, les fournaises, les cheminées, les canalisations d'air. Tout a changé.*» Jean Bergeron, ingénieur.

«*Mon plaisir et ma responsabilité d'architecte : proposer les systèmes les plus avantageux au plan économique qui permettent les meilleures performances au niveau architectural et visuel. À cet effet, le* "tout électrique" *a considérablement ouvert le champ des possibles et suscité notre créativité.*» Jean-Marie Roy, architecte.

«*Dans un monde sans l'électricité*, ajoute encore Jean-Marie Roy, *il n'y aurait pas ces grands buildings qui qualifient et distinguent le centre de nos villes.*» On ne construit plus désormais comme on construisait avant, les étages sont plus bas d'au moins un pied compte tenu de la disparition des «*entre-plafonds*» où l'on passait au préalable

---

34. Une firme de génie-conseil associée de très près, à l'époque, aux recherches préliminaires au développement du concept du « tout électrique » dans la construction d'immeubles.

les conduites de ventilation et de chauffage. On a diminué les fenestrations côté nord, changé l'orientation des bâtiments en fonction de la course du soleil. Les édifices, à quelques spectaculaires exceptions près dans les centres urbains, sont moins grands ; on privilégie les structures horizontales On a à présent des préoccupations d'isolation qu'on n'avait jamais eues auparavant et qui ont amené un complet renouveau du Code du bâtiment. La climatisation qui était l'exception se généralise pour maximiser l'utilisation du facteur de charge. On conçoit des façades entières d'édifices où les fenêtres ne s'ouvriront jamais.

Mais il y a plus : nos modes d'occupation des immeubles eux aussi ont évolué. C'est Jean-Marie Roy qui le fait remarquer. «*L'électricité favorise le réaménagement des immeubles. On ne déplaçait pas les cloisons des édifices autrefois. Les nouveaux propriétaires s'accommodaient des pièces et des divisions existantes. Aujourd'hui, vous n'arrêtez pas de voir de gros tuyaux descendant dans des bennes de camion depuis les fenêtres d'étages de grands buildings. Tout est beaucoup plus mobile : on réaménage aussi facilement que l'on change de structures administratives.*»

Ou vice-versa. La voilà peut-être, au fond, l'explication des si fréquents changements de structures à Hydro dans les deux dernières décennies du XXe siècle.

On va donc beaucoup voyager, voir ce qui se fait ailleurs, comparer, adapter, imaginer et concevoir des premières façons de faire empiriques, mais c'est finalement ici, en fait à Québec, qu'on mettra au point des technologies qui feront brusquement avancer l'implantation du chauffage électrique et auront un impact déterminant sur son irrésistible essor au Québec. S'il fallait déterminer un élément déclencheur dans le processus, le paramètre qui d'un coup va faire exploser le bouillon de culture où se préparait le changement et produire le véritable «*boom*» du chauffage à l'électricité, le nom qu'il faudrait lui donner, aux dires de tous les observateurs concernés, serait Théodore Wildi.

«*On ne soulignera jamais assez l'importance de monsieur Wildi, dit Gilles Béliveau, dans cette évolution. C'est lui qui allait véritablement nous permettre d'envisager le chauffage autrement que comme une hérésie.*» Jean Bergeron, l'ingénieur-conseil : «*Tout a commencé avec les stabilisateurs de charge et les cycleurs de chauffage mis au point par Gentec, la compagnie de Théo Wildi. Sans la mise au point de ces techniques, le "tout-à-l'électricité" n'aurait pu s'implanter à l'époque.*»

Diplômé de Laval en 1957, Jacques Bourassa est le prototype même de l'ingénieur-conseil d'envergure. Il sera à l'origine de la création du cabinet Gilbert-Bourassa, en 1961, qui deviendra Gilbert-Bourassa-Gagné-Morin (GBGM) en 1965, connu depuis sous le nom de Génivar, l'une des plus grosses firmes de génie de Québec avec au-delà de 800 employés. Son bureau, selon lui, serait le premier avoir fait une école polyvalente «tout électrique» au Québec et ce, sous le règne de la QPC, à Québec, en 1962. «*C'était l'Institut Saint-Joseph–Saint-Vallier sur le chemin Sainte-Foy. Le projet avait fait parler bien du monde parce que ce n'était pas normal à l'époque de faire une école tout électrique. Ce fut un projet novateur qui donna d'excellents résultats, sauf que les coûts énergétiques dépassèrent nos prévisions. C'était l'enfance de la technologie, on avait effectivement fait des erreurs. Ce qui nous avait permis de proposer le concept? Les premières inventions de Wildi et, tout particulièrement, ses stabilisateurs de charge. C'est lui et nul autre qui nous permit d'envisager de chauffer électriquement des bâtiments entiers: sa contribution à cette industrie est exceptionnelle!*»

Le professeur Wildi est encore actif aujourd'hui, non plus en enseignement, mais comme expert, près de 60 ans après l'obtention de son diplôme de génie électrique de McGill en 1944. L'esprit resté remarquablement alerte, les talents évidents du pédagogue qu'il a toujours été, il explique et tout a l'air simple: «*C'était en 1959. Un technicien de la Quebec Power, un monsieur Laurent Bossé qui travaillait aux Ventes, vint me demander si je ne pouvais pas concevoir un appareil qui permettrait de débrancher automatiquement plusieurs charges en même temps aux heures de pointe et de les rebrancher la pointe passée*[35]. *Le but était de contrôler la consommation des réservoirs d'eau chaude des restaurants. J'y ai pensé chez nous pendant une semaine environ et puis j'ai fini par bricoler un petit mécanisme qui pouvait contrôler non pas seulement trois ou quatre éléments chauffants, comme le souhaitaient Bossé et la QPC, mais de quinze à vingt s'il le fallait.*»

C'est ainsi que tout commença. Il fallait donner un nom à la trouvaille bientôt brevetée et à la compagnie qui la produirait et la mettrait en marché. Monsieur Wildi chercha: «*stabilisateur de charge*», c'était bien long. «*Je voulais un nom, dit-il aujourd'hui, qui sonne bien et soit facile à retenir en français comme en anglais. C'est en cherchant autour de «General Technical Services», en anglais, voire «Gentils techniciens», en français, que je suis finalement arrivé à Gentec.*»

Quand un peu plus tard, le problème se posa de réguler la répartition du chauffage électrique dans des bâtiments, premier pas essentiel à l'idée que l'on puisse un jour chauffer à l'électricité, Wildi eut l'intuition toute simple et géniale de vérifier la façon dont une pièce isolée passait du chaud au froid en l'absence de chauffage électrique. «*Par une très froide journée d'hiver bien en bas du zéro Fahrenheit, je suis allé avec un de mes techniciens, Fernand Boivin, à l'école Anne-Hébert sur le chemin Sainte-Foy et ai demandé aux sœurs de bien vouloir me laisser procéder à une expérience. Nous avons coupé tout chauffage pendant quatre heures et enregistré la fluctuation de température avec*

---

35. Il existait alors sur le marché des appareils connus sous le nom générique de *Load Miser* qui débranchaient automatiquement un appareil à la fois lorsque la charge dépassait l'appel de puissance maximale. Le *Gentec* permettra quant à lui de contrôler plusieurs éléments chauffants à la fois.

douze thermomètres répartis dans le bâtiment. On a ainsi constaté que le mercure ne baissait que de deux ou trois degrés à l'heure, que l'inertie thermique était énorme. On a compris alors que, même par temps très froids, on pouvait couper le chauffage sans que le phénomène soit perceptible aux occupants avant quelques heures. Ainsi devenait-il concevable de ne pas chauffer toutes les pièces d'un édifice au même moment, mais plutôt de permuter d'un endroit à un autre la puissance chauffante, sans véritablement incommoder les résidents. C'est le principe même du chauffage cyclique que l'on va dès lors adopter dans toutes les grandes constructions chauffées à l'électricité. »

Découverte toute simple sur laquelle allait se fonder le brillant universitaire pour mettre au point l'autre de ses inventions majeures qui allait ouvrir la voie à la généralisation du chauffage électrique : le « *cycleur* », appareil permettant de contrôler à distance la mise sous tension des éléments de chauffage et d'en assurer le fonctionnement hors pointe, en rotation dans diverses parties d'un édifice. « *On en fera la première installation,* dit Théodore Wildi, *dans l'église Saint-Charles-Borromée de Charlesbourg où cela devait très bien fonctionner. Pas de chauffage pendant l'office un froid dimanche d'hiver et personne pour se plaindre : cette première allait nous ouvrir un marché considérable… »*

➤ L'essaimage derrière Théodore Wildi

Le vénérable octogénaire, pédagogue et entrepreneur peut être fier de l'effet d'entraînement qu'auront eu autant son enseignement que ses talents d'inventeur. Dans son sillage, quelques centaines d'ingénieurs et de techniciens qu'il a formés sont actifs dans une incroyable variété de postes de création ou de direction industrielle. Un peu partout des étudiants apprennent, aujourd'hui encore, avec l'un ou l'autre des livres ou des outils pédagogiques qu'il a conçus. Et puis des usines *high tech*, dont la taille et la facture témoignent assez de la réussite, donnent de l'emploi à des centaines de travailleurs de la région de Québec.

Bilan impressionnant, mais il y a plus. Théodore Wildi estime : « *Quelquefois, mes concurrents ont été des* spin-off *de Gentec, mais plus souvent des employés nous ont quittés à un moment ou à un autre pour créer leur propre compagnie, souvent dans le prolongement de ce que nous faisions et la majorité sont restés proches de nous. »*

La photo a dû être prise en 1963 ou 1964. On y voit un jeune homme concentré faisant le montage d'un appareil électronique dans un coin d'atelier. Ce jeune homme, nous a dit monsieur Wildi, s'appelle Dominique Gobeil. Nous l'avons retrouvé. Il est aujourd'hui le président d'une compagnie de Laval. « *J'ai été* personnellement engagé par Théodore Wildi il y a 40 ans pour faire partie de sa jeune équipe. Après 22 années à Gentec, j'ai fondé ma propre entreprise : *Les Distributeurs GFtec inc.* »

L'ancien technicien de Gentec en est devenu le distributeur officiel pour l'Ouest et le Nord du Québec et pour l'Est de l'Ontario. Il travaille encore dans la conception de systèmes de contrôle d'éclairage et de chauffage. Quarante années plus tard, il conclut : « *Ma rencontre avec monsieur Wildi fut une chance unique pour moi !* »

Gilles Béliveau et Gaston Plamondon à Montréal sont, comme tant d'autres diplômés en génie électrique de l'époque, des anciens élèves de Wildi restés proches de leur maître. Ils vont comprendre rapidement l'importance pour leur créneau d'activité des inventions du professeur de Québec et s'arranger pour leur donner le plus de notoriété possible auprès des décideurs d'Hydro, des compagnies privées et du génie-conseil. « *Pour nous, les jeunes ingénieurs en électricité, dit Gilles Béliveau, c'était formidable. On imaginait un Québec tout électrique, indépendant au plan énergétique. On sentait qu'il y avait là un avenir extraordinaire pour notre société. Pourquoi acheter du pétrole ailleurs alors que nous avions une énergie pratiquement inépuisable chez nous que nous contrôlions à toutes les étapes, de la production jusqu'à la mise à la disposition du client ? Les collègues du génie-conseil, nos patrons parfois, nous disaient :* "Mais que voulez-vous donc dire par "tout électrique ?" *et on leur parlait de chauffage, de climatisation, de ventilation, de confort.* "Mais, *s'interrogeaient-ils,* comment faire pour que ce soit accessible à tous et non seulement aux clients les plus aisés ?", *et dès lors la réponse était facile :* "Servez-vous des affaires de Wildi ! Installez des Gentec et dites-nous comment faire dans les écoles, les hôtels, les hôpitaux, les centres commerciaux"… »

Ce sera une véritable traînée de poudre, passé 1965, quand ingénieurs, architectes et promoteurs immobiliers vont découvrir l'incroyable potentiel des appareils de Wildi permettant d'effacer la consommation à la pointe et donc de réduire les coûts d'utilisation de la puissance requise. Le chauffage électrique devient tout à coup beaucoup plus attrayant, accessible et concurrentiel, d'autant que chacun reconnaît, par ailleurs, ses avantages en ce qui regarde la propreté, la facilité d'installation et la sécurité. Gentec[36] grossit à Québec et compte vite une trentaine d'employés. L'Université Laval devra accepter que son professeur vedette ne travaille plus à l'époque qu'à mi-temps. Théodore Wildi, fils d'un petit entrepreneur électricien suisse émigré au Québec

---

36. Plusieurs entreprises naîtront du giron de Gentec : Lab-Volt, Consulab, etc. Le groupe compte aujourd'hui 200 employés et l'entreprise est restée l'un des fleurons de l'industrie de Québec. Souhaitant revenir à l'enseignement universitaire à temps plein, Théodore Wildi quittera son bébé Gentec en 1969. Il ne le perdra, cela dit, jamais de vue.

pendant la crise de 1929, ne vivrait jamais plus les affres de fins de mois difficiles qu'avait connues son père.

Quatrième fer au feu : la promotion tous azimuts de l'Hydro de la seconde moitié de la décennie. Par le plus heureux des concours de circonstances, mais convenons qu'il s'agit-là moins de chance que de justesse des visions de Robert Boyd et de ses adjoints, c'est alors que la nouvelle technologie arrive sur le marché et qu'Hydro va disposer de l'énorme capacité de production des centrales de la Côte-Nord et bientôt du Labrador. Le transport à 735 kV se révèle, dès sa mise en service, performant. Certes, il y aura des pannes, et de majeures, sur l'énorme réseau à 735 kV, mais l'énergie électrique devient d'un coup disponible et abondante et les «vendeurs» au sein l'entreprise vont être, au fil des années 1965-1973, libérés de la hantise de savoir si le reste d'Hydro les suivra et pourra fournir la puissance et l'énergie vendues.

1965-1973, c'est l'époque où le Québec dans son ensemble va largement *«virer à l'électricité»* derrière son entreprise fétiche, Hydro, qui ne sera jamais aussi chère au cœur des usagers de son produit que pendant ces quelques années de marche triomphale. Tout réussit à la compagnie dirigée à partir de 1969 par Roland Giroux, aux orientations générales, aux finances et aux relations avec les milieux influents et le gouvernement, et par Robert Boyd, aux affaires courantes. Les deux sont complémentaires à bien des égards, leurs points forts ne sont pas dans les mêmes domaines, ils

Inaugurations, lancements, démonstrations diverses, événements promotionnels, Hydro-Québec dans la seconde moitié de la décennie 60 et jusqu'à la crise du pétrole de 1973 est de toutes les tribunes possibles, partout au Québec, à pousser la pénétration de son produit. Ici à Hull, de gauche à droite : l'heureux propriétaire de la maison célébrée, William Shopa, Marcel Lapierre, alors directeur de la région Laurentides, monsieur Assaly, constructeur de la maison, et Léo Roy.

se complètent, se sont entendus sur le partage de leurs responsabilités. Giroux, à la vigie, dirige le navire, enlève les écueils de sa route, navigue de conserve avec Québec, Boyd, aux machines, tient la barre de main ferme, maintient le cap vers la croissance, fait les bons choix dans la gestion quotidienne et la nomination des officiers de bord.

La flotille des alliés suit le vaisseau. Les maîtres électriciens ne fournissent plus à l'ouvrage : la Ligue électrique de Québec, dirigée à l'époque par nul autre que

Jean-Paul Cristel lui-même, en mène plus large qu'elle n'en mènera jamais. C'est réunion sur réunion, de mobilisation, de sensibilisation, de promotion des ventes. De nouvelles associations voient le jour pour travailler avec la société d'État : manufacturiers, distributeurs d'équipement électrique, fabricants de matériaux d'isolation, constructeurs d'habitations se regroupent pour profiter de l'effet d'entraînement de la vague qui déferle dans le sillage d'Hydro. C'est toute l'armée des alliés qui s'organise et avance à l'époque.

Hydro va lui donner une arme à sa mesure, un outil fantastique d'une efficacité redoutable qui va considérablement l'aider à gagner ses batailles contre ses concurrents, un système informatique du nom de CALMEC. Pourquoi CALMEC ? Pour « CALcul MECanisé ». C'est une méthode de calcul comparative informatisée permettant aux ingénieurs-conseils et à leurs clients promoteurs d'immeubles de grande surface de prévoir la demande en puissance et la consommation énergétique des bâtiments étudiés à chaque heure de la journée. Le même travail fait par les bureaux de Génie pouvait demander des mois et des mois d'analyse, là c'est en moins d'une minute que l'ordinateur rend le « verdict » en fonction des paramètres qu'on lui a transmis. Et l'entreprise offre gratuitement le service à tout entrepreneur intéressé. C'est Yves Quessy, ingénieur dédié à la grande entreprise de l'équipe de Gilles Béliveau, qui est à la base du projet. L'autre nom associé à CALMEC est celui

« *Devant l'équipement de Calmec*, indique la légende de la photo publiée en décembre 1968 dans Entre-nous, *de gauche à droite : Robert A. Boyd, Léo Roy, Jean-Paul Cristel et le commissaire Georges Gauvreau.* » *Doit-on comprendre que la jeune femme blonde dont le journal ne prend pas la peine de nous donner le nom fait partie de l'«équipement de Calmec» ?*

d'André Dore qui, embauché par Gaston Plamondon à la fin des années 60, va perfectionner le système, le raffiner et étoffer son potentiel d'options. Plamondon, un des principaux instigateurs du projet à l'interne, dit aujourd'hui : «*On faisait faire des études dans différents types de buildings par les ingénieurs privés, mais c'était long, coûteux, trop taylor made, projet après projet. Il nous fallait un outil de base, une grille d'analyse générale qui nous permette d'accélérer le mouvement vers l'électricité.*»

Dore explique : «*Il faut retourner dans le contexte des années 60 pour bien mesurer l'impact considérable qu'eut alors CALMEC. Certes, plusieurs ingénieurs-conseils avant-gardistes s'intéressaient déjà aux applications électriques, mais la grande majorité d'entre eux étaient encore acquis aux techniques traditionnelles qu'ils connaissaient par cœur et à la pratique desquelles ils étaient parfaitement efficaces. Il fallait les convaincre de penser électricité en premier. Leur offrir CALMEC sur un plateau, c'était d'un coup les libérer de mois de calculs comparatifs entre une option et une autre. Tout cela grâce bien sûr à l'informatique qui faisait alors son apparition au Québec. Là encore il faut mettre en valeur l'opportunisme d'Hydro. Il y a de cela 40 ans, il ne s'en faisait pas du calcul sur ordinateur au Québec. Cela prenait une grande entreprise riche comme Hydro, en ressources humaines comme en capacités d'investissement, pour se lancer en informatique, se permettre d'acheter de gros ordinateurs et offrir la technologie à ses partenaires. C'est finalement toute l'industrie électrique qui allait bénéficier de cette puissance d'Hydro et de l'esprit d'initiative qu'elle démontrait à l'époque. »*

Le succès de CALMEC sera rapide et relativement bref dans le temps. Rapide : Jean-Paul Cristel évaluera à 40 MW la charge installée attribuable à ce service dès sa première année d'existence[37] ; bref : la généralisation des mini-ordinateurs allait faire en sorte que le service ne serait plus requis sous cette forme d'assistance aux entrepreneurs à partir de 1974.

➤ Un bateau pour des îles

En 1964, l'équipe chargée des gros clients commerciaux dans le groupe des Ventes d'Hydro est sur un gros coup : le projet *« Havre des îles »*. Un promoteur immobilier propose de construire plusieurs tours sur les îles Nouvelle et Paton à Laval et de les chauffer à l'électricité, une presque première pour l'Hydro de l'époque où, on le sait, les unités de Génie hésitent à hypothéquer la charge à long terme en favorisant l'expansion du chauffage électrique.

Le projet est énorme. Les promoteurs visent à construire 3 000 logements à terme. C'est, à l'époque, la construction résidentielle la plus considérable à être envisagée au Canada. Le dossier va vite devenir un cas type pour les unités concernées d'Hydro : faut-il accéder aux demandes, les limiter ou tout simplement ne pas y donner suite ? Hydro est divisée.

Le négociateur pour l'entreprise est Gilles Béliveau. Il est prêt à faire parapher par Hydro une première entente portant sur une phase initiale de 394 logements sur l'île Nouvelle. Le jeune et fringant ingénieur est parfaitement convaincu qu'il faut qu'Hydro aille de l'avant. Il écrira dans son rapport à la Commission, et le texte est presque prémonitoire : *« Nous croyons que le chauffage électrique est le chauffage de l'heure et qu'en moins de 10 ans nous aurons accaparé une très forte proportion*

---

37. *« Les objectifs de ventes demeurent inchangés malgré la hausse des tarifs »*, *Entre-nous*, Hydro-Québec, fin janvier 1970.

du marché. Nous croyons donc urgent de favoriser les constructeurs qui consentent à recourir à l'électrification totale des logis qu'ils érigent. »

« Favoriser », au terme des négociations menées par Béliveau avec les promoteurs, signifie ici *« qu'Hydro-Québec garantit un coût maximal annuel d'exploitation »*, pendant les quinze premières années du contrat. C'est, pour les décideurs d'Hydro, admettre que, quelle que soit la hausse éventuelle des tarifs d'électricité, l'entrepreneur paiera le montant entendu au contrat par les deux parties. C'est une clause d'une facture toute nouvelle à Hydro. Elle est sans nul doute de nature à faire sursauter tout responsable de la planification ou de la tarification. Elle peut surtout – et le risque est gros – amener les commissaires à refuser d'entériner le contrat.

Gilles Béliveau s'ouvre à son patron, Robert Boyd, à l'époque directeur général Distribution et Ventes. Gilles s'en souviendra toujours : *« Il croyait au dossier. Il m'a écouté avec cet air qu'il avait toujours de s'ennuyer puis il a bougonné :* "Ça va être dur à passer, mais je vais m'en occuper. Hydro emmène des bailleurs de fonds américains visiter la Manic en bateau. Une réunion de la Commission est prévue[38]. Les commissaires devraient avoir la tête un peu ailleurs. C'est là que je présenterai votre recommandation !" *L'air de n'y pas toucher, il ajouta :* "Je ne crois pas que monsieur DeGuise y sera, ça aidera !" *Et c'est ce qu'il a fait. »*

Drôle de voyage que ce voyage à la Manic. Georges Gauvreau se souvient s'y être ennuyé à mourir. Il dit aujourd'hui : *« Tout le monde a pris un coup à bord. Ed Lemieux[39] fit un discours de trois phrases. On a tous applaudi, l'affaire était faite. J'avais trouvé ça insignifiant[40] ! »*

Quant au projet des îles, *« Non, dit l'ancien commissaire, je n'ai pas de souvenir particulier rattaché à cela. On n'avait pas dû en parler bien longtemps ! »* Pari gagné pour Monsieur Boyd : le fameux projet d'avant-garde passa sans coup férir à la Commission et pourtant, vérification aux Archives d'Hydro faite, Yvon DeGuise était bien sur le fameux bateau.

Hydro, pour qui jusqu'alors l'argent n'a encore jamais été véritablement un problème, va être d'une grande générosité envers ses employés, ses partenaires et de façon générale envers sa clientèle pour assurer la promotion du chauffage et, de façon générale, du « tout électrique » au Québec. Prêts d'employés, encouragements aux initiatives promotionnelles régionales les plus diverses, financement en seconde

---

38. Il s'agira effectivement de la 1055ᵉ séance officielle de la Commission hydroélectrique de Québec.

39. Edmond Lemieux, le directeur Finances d'Hydro à l'époque.

40. Le bateau était le *SS Tadoussac*. Sa location avait coûté 40 000 $ à Hydro-Québec, les sandwiches et les cafés 700 $ et les *« rafraîchissements »*… 4 134 $. La différence laisse songeur. Gageons qu'il avait fait chaud et rendons hommage à la perspicacité des souvenirs de Monsieur Gauvreau. Oui, la visite d'Hydro avait eu soif !

hypothèque des immeubles «*tout électriques*», subventions diverses dans tous les secteurs de développement économique[41], voyages de familiarisation, assistance aux associations, «incitatifs» tarifaires, cadeaux aux alliés : l'entreprise ne va cesser jusqu'en 1974 de soigneusement huiler les engrenages de l'énorme machine d'électrification du Québec.

Toutes ces initiatives engendreront dans l'industrie une atmosphère enjouée et stimulante qu'évoquent aujourd'hui avec nostalgie tous ceux qui ont participé à ces années de ventes exceptionnelles. Pas de doute, «*le fun était dans la place*» à l'époque. Chaque nouveau programme de promotion ou de publicité était présenté de façon privilégiée aux employés des Ventes et aux alliés avec grands repas offerts par l'entreprise. Tous les ans, tout le personnel commercial était alors convoqué à Montréal pour deux jours de rencontre de travail à fort volet social où les gens fraternisaient et se gonflaient d'énergie aux discours du motivateur de service, souvent Jean-Paul Pagé, qui excellait dans le rôle. «*On sortait de là "peppés ben raides", pis au retour dans les régions, ça vendait !*», s'amuse Raymond Godbout. On se retrouvait les fins de semaine, alliés et gens d'Hydro, pour faire visiter des maisons NOVELEC. Hydro ne payait pas d'heures supplémentaires à ses gens, mais offrait à tous le nécessaire, et un peu plus, à la tenue de la petite fête qui, invariablement, clôturait l'événement.

«*Mais*», et la chose est d'importance aujourd'hui encore pour un Gilles Béliveau, qui se souvient de ses motivations passées, «*nous mettions, certes, le paquet sous l'angle promotionnel, mais toujours avec cette idée de bâtir solide, d'associer ventes et qualité, avec l'idée très profondément ancrée d'assurer le confort du client autant que la pérennité de l'utilisation de l'électricité. Nous bâtissions pour l'avenir. Nous voulions être sûrs de ne pas perdre la clientèle dix ans plus tard à la concurrence parce que notre qualité serait devenue déficiente.*» Roland Couture, autre fameux ingénieur des Ventes, embauché en 1966 à Québec et qui, toute sa carrière durant, inventera et mettra au point avec brio des procédés techniques permettant d'optimiser l'usage de l'électricité par les grands clients, confirme : «*Notre but était de trouver des solutions pour que le client industriel ou commercial soit satisfait avec le produit électricité, et puis, à côté de cette satisfaction immédiate, que les solutions que nous imaginions soient de qualité pour qu'elles aient de l'avenir et permettent d'autres développements.*»

---

41. La plus appréciée par les promoteurs immobiliers et la clientèle sera la subvention en vertu de laquelle, au début des années 70, Hydro versait un montant de 5 cents par pied carré pour chaque logement ou «bungalow» chauffé à l'électricité. Avec l'ajout d'un chèque de 30 $ par chauffe-eau, la mesure fut incroyablement populaire.

« On est… » combien, dites-vous ?

Dans son traditionnel discours aux cadres de début d'année, le président Jean-Claude Lessard annonce que 1968 sera l'« *année des ventes* » à Hydro-Québec. Écho fidèle, la même année, la Ligue électrique adoptera l'orientation « *Vendre pour demain !* » comme thème de son congrès annuel. C'est à l'occasion de ce congrès que Jean-Paul Cristel lâchera un mot qui va passer inaperçu : NOVELEC. « *L'un des moyens de promotion moderne*, dit-il aux 200 congressistes participants, *est l'utilisation d'un symbole* […] *étroitement associé aux concepts d'électricité, d'excellence et d'énergie. Ce symbole est constitué graphiquement par un fil continu qui forme la lettre "E" et, sous ce dessin, se trouve l'inscription "NOVELEC*[42]*".* »

Bizarrement, l'idée NOVELEC restera par la suite sur les tablettes pendant près de deux ans. On n'y fera aucune référence dans les discours publics des promoteurs de l'électricité avant qu'à l'occasion de la *Semaine de l'électricité,* régulièrement organisée par la Ligue électrique en février[43], le ministre des Richesses naturelles du temps, Paul Allard, lance officiellement le concept brièvement évoqué deux ans plus tôt par Cristel, comme si c'était la nouveauté de l'heure. Ce lancement en 1970 fera l'objet d'un battage médiatique considérable alors que le Québec entier – autre époque – en fait la nouvelle du jour, avec discours, toasts et petits fours dans toutes les villes d'importance. Dès lors, NOVELEC va devenir pour quelques années le fer de lance des équipes de mise en marché et de la Ligue électrique. 1970 sera, du reste, la date que retiendra André Chalifour comme point de départ de l'existence de NOVELEC quand, cinq ans plus tard, il fera l'évaluation du programme : 70 000 unités de logement chauffées à l'électricité auront alors été certifiées par la LEQ, confirmant la pénétration majeure du chauffage électrique dans les nouvelles constructions résidentielles de l'époque.

De 1968 à 1971, c'est invraisemblable ce que le secteur des Ventes va figurer dans les pages d'*Entre-nous* (qui devient à l'époque *Hydro-Presse*) et alimenter les sujets de réflexion offerts aux employés. C'est une ronde incessante, numéro après numéro, d'entrevues des directeurs, Cristel et Béliveau, puis Cristel seul quand son adjoint quitte pour la direction Développement de l'organisation, d'annonces de remaniements structurels, d'offres promotionnelles aux employés, de présentations détaillées des programmes de ventes annuels, de reportages sur d'incessants colloques et remue-ménages divers réunissant les prolongements régionaux et leurs vis-à-vis

---

42. « *La Ligue électrique du Québec se donne une nouvelle orientation* », *Entre-nous,* Hydro-Québec, mi-décembre 1968.

43. Mois anniversaire, dit-on, de la naissance de Thomas Alva Edison.

«fonctionnels»[44], avec participation aux discussions de Boyd ou de Giroux. Des photos d'inauguration de maisons tout électriques, de premières pelletées de terre marquant le début de la construction de nouveaux bâtiments, (écoles, centres commerciaux, immeubles résidentiels tout électriques) voisinent avec des graphiques illustrant la progression des ventes. Et toujours les mêmes clous enfoncés par un Cristel omniprésent, l'homme de loin le plus médiatisé de l'entreprise par un Marcel Couture curieusement absent des pages de ses journaux à l'époque.

Des habitués du journal d'entreprise dans les années 70, Jean-Paul Cristel, à gauche, et Gilles Béliveau, à droite, entourant Émile Bourbonnais, président provincial de la Corporation des maîtres électriciens, et Maurice Saint-Jacques, alors directeur général Distribution et Ventes, à l'occasion du lancement d'un premier manuel français sur l'éclairage, instrument de travail quotidien pour les professionnels des installations électriques.

---

44. La table réunissant périodiquement les gérants des Ventes régionaux aux cadres «*fonctionnels*» des unités concernées du siège social sera un autre de ces «*cénacles*» assez mouvementés, caractéristiques de la vie interne des unités de Distribution d'Hydro-Québec jusqu'au début des années 80. Là comme en distribution technique, ce sont deux tendances lourdes qui s'affrontent : la vision nécessairement centralisatrice de la fonction montréalaise et les forces évidemment centrifuges des unités régionales. Les tentatives d'harmonisation et d'unification entre les points de vue seront, là aussi, laborieuses. C'est que, là encore, les «fonctionnels» vont se trouver assis devant de très fortes personnalités, le plus souvent issues des compagnies privées. Imaginer que des Jean-Paul Pagé, de Montmorency, puis de Saint-Laurent, des Jacques Suzor, Gilles Rheault ou Maurice Lavallée, tous dotés de bagou (et d'ego) assez impressionnants, chantent d'un coup en chorale à la baguette de Jean-Paul Cristel eut relevé d'un total angélisme. La mise en place des programmes commerciaux d'entreprise donnera souvent lieu à des manifestations intempestives d'autonomie par plusieurs. Bien souvent les programmes provinciaux resteront au fond des tiroirs de caciques régionaux. Raynald Aubin, l'un d'entre eux, représentant de la région Richelieu à la mouvementée table, ne le cache pas : «*Il y a des régions qui n'appliquaient même pas les programmes commerciaux annoncés à grands frais par le corporatif. Ils attendaient de voir la demande des clients. Si elle ne venait pas, c'était tout simplement oublié.*» Gaston Plamondon sera l'un de ces ingénieurs du «fonctionnels» qui aura fréquemment à défendre des dossiers dans la cage aux lions à la fin des années 60. Il synthétise aujourd'hui : «*On était clairement perçus par les plus expérimentés du groupe, les gens de terrain, comme des juniors qui n'y comprenaient rien. Pagé, pour un, nous ramassait avec une facilité, un plaisir évidents : on était pour lui "les gens de Montréal qui inventaient tout ça !" Heureusement, notre équipe d'ingénieurs était techniquement très forte, on a sorti de bons produits et on a gagné nos épaulettes. On a fini par acquérir un certain respect de leur part que ces gars-là ne nous auraient jamais concédé si l'on avait glissé sur les peaux de banane qu'ils nous plaçaient sous les pieds.*»

Même *Information-Cadres* est mis à contribution et y va de ses encouragements et de ses discours de motivation aux cadres. Les thèmes, jadis chers aux compagnies privées, reviennent à l'ordre du jour de la société d'État : nécessité impérieuse de vendre, appel au concours du personnel à cet effet, stigmatisation de la concurrence du gaz et du pétrole, etc. L'argumentation, à la différence des campagnes internes du début du siècle menées par les distributeurs privés, reste, cela dit, de bon ton, plus didactique que militante. On explique sobrement, on démontre, on rationalise plus qu'on harangue ou mobilise. Ce n'est pas le profit que l'on vise, et l'on ne cesse de le souligner, mais bien le maintien d'une Hydro forte, face aux énergies venues d'ailleurs, au bénéfice ultime de la bonne santé économique du Québec. Le ton, du reste, est fréquemment nationaliste. L'entreprise d'État est au front. Jamais, de ses presque 30 ans d'histoire, Hydro ne s'était montrée à ce point féroce face à la concurrence et soucieuse de ses ventes.

Ils sont tous là les gens de Relations publiques d'Hydro-Québec et des filiales, réunis en 1963 par l'« assistant exécutif » du président de l'époque, Léo Roy. Il faudra bientôt trouver un successeur au vieillissant René Therrien. Qui sera l'élu ? Cherchez le plus grand du groupe, dissimulant ses ambitions derrière des lunettes de soleil de star, juste derrière Léo Roy, et vous aurez la réponse. De gauche à droite : Lionel Durocher, d'Hydro-Québec, Roland Lalande, de la Northern Quebec Power, Jean-Paul Pagé, de la Quebec Power Company, Gérald Lefebvre, de la Southern Canada Power, Louis Trudel, de la Shawinigan Power Company, Charles Lamarche, d'Hydro-Québec, Rémy Gagné, de la Quebec Power Company, Léo Roy et Marcel Couture, d'Hydro-Québec, Fernand Keroack, de la Southern Canada Power, William Mucha, de la Northern Quebec Power, Aldège Sincennes, de la Compagnie d'électricité du Saguenay, Paul Bégin, de la Compagnie de Pouvoir du Bas-Saint-Laurent, Paul Paradis, de la Shawinigan Power Company, Hugues Crochetière, d'Hydro-Québec, Pierre Chamberland, de la Quebec Power Company, Roger Provost, d'Hydro-Québec, et Maurice Couture, de la Gatineau Power Company.

C'est alors que l'entreprise, longtemps totalement absente de la scène publicitaire, toujours plutôt circonspecte quant à la nécessité d'imposer ou de défendre son image publique, va s'engager de plus en plus résolument dans des campagnes de publicité non plus seulement pour mousser son produit, mais encore pour valoriser son image. C'est un fameux débat interne qui s'ouvre alors et qui, sur le thème de « *Qui, de mon équipe ou de la tienne, est responsable de la publicité ?* », divisera, pendant deux décennies, les deux frères ennemis, Marcel Couture aux Communications, Jean-Paul Cristel à la Mise en marché. Oublions ce débat conjoncturel. Il est alors, quant au dossier commercial, un débat de fond autrement plus intéressant au sein des décideurs d'Hydro. L'entreprise ne s'engagera pas dans la promotion publicitaire sans énormément d'interrogations internes sur le bien-fondé de la chose. «*Est-on fondé, quand on s'appelle Hydro-Québec et qu'on travaille pour le bien commun des Québécois, d'engager des ressources nationales gigantesques dans le développemment du potentiel hydroélectrique nordique pour favoriser l'émergence d'une société "tout électrique" ? Faut-il encourager les ventes et généraliser la consommation pour pousser et justifier ce développement ?*»

Le très sérieux bulletin *Information-Cadres* se questionne ainsi, en 1969, sur la légitimité d'inciter à la consommation de l'électricité, par un programme d'action commerciale de sept millions de dollars, dont deux seront engagés dans diverses campagnes publicitaires. C'est une interrogation lancinante, sans véritable réponse, qui reviendra de temps à autre dans l'histoire d'Hydro hanter ses décideurs. «*Ne vaudrait-il pas mieux se contenter de répondre à l'augmentation normale de la demande au lieu de chercher à exploiter de nouveaux marchés[45] ?*», s'interroge la revue. Réponse prudente de Jean-Paul Cristel qui, pourtant à l'époque, a coutume de faire feu de tout bois pour attiser les ventes : «*Pour accroître ses revenus, Hydro n'a d'autre moyen que d'intensifier son action commerciale, même si cette situation peut, au premier abord, sembler quelque peu paradoxale. En essayant de freiner l'expansion des autres formes d'énergie, la Mise en marché ne fait que protéger la charge actuelle du réseau[46].*»

Quatre années plus tard, notons-le – le débat, on l'a dit aura la vie dure –, ses ventes continuant pourtant irrésisitiblement de doubler aux dix ans dans un Québec s'électrifiant comme jamais au préalable, Hydro se questionnera encore et le dilemme du bien-fondé ou non des initiatives de promotion subsistera encore. Cette fois, c'est Gaston Galibois, récemment promu directeur d'Environnement, qui émettra des réserves et des doutes face à ses collègues de Mise en marché et Ventes réunis en colloque : «*Nos politiques promotionnelles doivent démontrer que l'on se sent responsable. Une stimulation de la croissance de la consommation serait perçue comme une provocation par les promoteurs de l'environnement. Le rôle des entreprises productrices est de satisfaire la demande d'énergie électrique dans une attitude de neutralité[47].*» Reste que le succès absolument phénoménal des campagnes publicitaires menées au début de la décennie 70 sera tel qu'il va mettre en sourdine, mais non museler, les quelques voix dubitatives.

---

45. «*Stimuler les ventes pour augmenter les revenus*», *Information-Cadres*, Hydro-Québec, 1969.

46. *Ibid.*

47. Gaston Galibois, allocution devant les cadres de Mise en marché et Ventes, Montréal, Hôtel du Mont-Gabriel, 16 octobre 1973, Archives d'Hydro-Québec.

➤ *Avant les « 12 012 »*

On a parfois l'impression que la campagne des « 12 012 », avec son impact déterminant sur l'image d'Hydro-Québec, fut la première campagne de publicité télévisée menée par l'entreprise. Il n'en est rien. Alain Mallette, qui les a répertoriées, mentionne que, dès 1964, assez timidement il est vrai, Hydro avait mis en ondes quelques premiers messages. Guy Fournier qui, souvent, participera à leur réalisation, confirme : *« Fallait surtout pas que ça aille bien loin, que ça ne coûte pas cher et que ça serve à la stricte promotion des produits. En fait, ça limitait beaucoup la créativité. »*

Une jeune femme moderne (Catherine Bégin) s'interroge en examinant sa facture d'Hydro : *« Mon Dieu, c'est donc bien cher ! – premier temps – Oui mais, qu'ai-je donc fait pour ce montant depuis deux mois ? »* Ah, la bonne question ! Succèdent à l'écran des tonnes de pain grillé, des piles de linge repassé, une montagne de vaisselle, etc., et la belle « Madame-Tout-le-Monde » de soupirer, au bord de l'extase : *« J'ai quand même de la chance de pouvoir compter sur l'électricité ! » – Musique...* On est en 1964.

1967. On ose davantage. Un homme, genre bûcheron ou ouvrier de la construction, la cinquantaine, costaud, mais pas trop beau, chauve, bedonnant, se déshabille en pleine nature en automne. On a froid pour lui.

On se demande surtout où nous emmène le publiciste. On comprend quand notre homme rendu en simple short arrête le strip-tease et s'exclame d'une invraisemblable voix de rocaille : *« Et maintenant, un bon Cascade tout chaud ! »* La caméra recule. On a une vue plus large de la clairière qui sert de scène : un poteau électrique, un Cascade et une baignoire où notre homme se frotte vigoureusement le dos qu'il a gras et poilu. La caméra recule encore, une ligne saugrenue d'une dizaine de personnes attendent leur tour pour prendre, devine-t-on, leur bain. Et notre bûcheron roulant ses « r » comme on n'ose croire : *« Quand y'en a pourrr un, y'en a pourrr dix ! » – Musique.*

En 1968, on exploite le thème de l'enfant. Celui-là, on le sait, sera redondant tout au long de l'histoire des publicités d'Hydro. La formule est désormais archi-connue. Vous prenez un tout-petit, *« craquant »* à souhait. Vous lui faites faire de superbes *« arreuh... arreuh »*, il bat des mains devant une plinthe électrique, sa maman l'endort – Dieu, qu'il dort bien – et vous terminez sur le gros plan figé du bébé souriant avec en fond sonore une belle voix type Radio-Canada qui susurre : *« Choisissez le confort, choisissez le chauffage électrique!* » Et comme la Commission hydroélectrique en veut pour les sous qu'elle investit, la même voix, au ton, reconnaissons-le, cette fois bien monotone, d'ajouter : *« Mais assurez-vous bien de respecter les normes de la Ligue électrique du Québec et consultez un spécialiste en chauffage à l'électricité ou un représentant d'Hydro-Québec. »*

On mesurera l'écart vertigineux entre les trois laborieux premiers essais et le coup de maître : la modernité, le punch, l'efficacité de l'inattendu *« 12 012 »*.

Guy Fournier, auteur, publiciste, cinéaste, n'a pas besoin de présentation au Québec. Fondateur à l'époque, avec son frère Claude, d'une petite compagnie de films, c'est dans les années 60 un jeune communicateur aux dents longues, plein d'idées, d'enthousiasme et de volonté de réussir. Il a pour Hydro, dès 1964, avec des budgets dérisoires, réalisé, avec d'autres, quelques premières campagnes d'une envergure, d'un intérêt et d'une audience passablement limités. Si Marcel Couture, l'homme que vient de mettre à l'époque Jean-Paul Gignac à la tête du secteur Communications d'Hydro, a de l'entre-gent et, en devenir, l'ego que l'on sait, Guy Fournier aussi, la petite histoire du milieu artistico-culturel québécois le démontrera assez, n'est pas en reste sur ces deux plans. Le Québec n'était pas assez grand pour que ces deux-là ne se rencontrent pas. Ils se rencontreront. Du reste, ils se connaissaient déjà avant d'être, l'un comme l'autre, des personnages en vue. *« Je connaissais Marcel depuis toujours,* dit aujourd'hui Fournier, *en fait depuis notre enfance à Trois-Rivières. »* Par Marcel, le publiciste rencontrera aussi Roger Provost, le chef du service Publicité des Relations publiques et Jean-Paul Cristel, avec qui – il fallait bien choisir un camp – il aura moins d'affinités. Au fil des rencontres, au gré de quelques premiers petits tournages, Fournier va tenter de convaincre ses vis-à-vis d'Hydro qu'une grande entreprise comme la leur a une image à établir, à faire valoir et à défendre et qu'il lui convient de se servir de l'outil majeur qu'est la publicité non seulement pour promouvoir ses produits, ce qu'elle fait sans grand enthousiasme à l'époque, mais pour affirmer cette image publique au Québec. La réception sera, dans un premier temps, assez réservée.

Le grand Marcel est d'une nature prudente, surtout à l'époque, alors que fraîchement nommé, bien évidemment moins fort qu'il le sera plus tard auprès du gouvernement, il ménage ses arrières et évite tout autant les combats d'avant-garde. Ce n'est pas lui qui ira défendre la publicité devant la redoutée Commission où il sait que le dossier a peu de chance d'être bien reçu. *« Faire de la publicité alors qu'on est en situation de monopole ! Quelle drôle d'idée ! »,* a-t-il déjà entendu dire au plus pragmatique des commissaires, Paul Dozois. Mais il est homme à volontiers envoyer quelque volontaire tester le front à sa place. Il va donc convaincre Guy Fournier de rencontrer Roland Giroux pour sonder le terrain.

«*Giroux était un sphynx, se souvient Fournier. Il m'écouta avec sympathie et se contenta de me répondre qu'il me ferait rencontrer ses collègues de la Commission. Ce qui fut fait, à la fin des années 60. Je suis arrivé là dans un grand silence. Les commissaires assis au fond de leur fauteuil, décor austère, aucune chaleur dans l'air. Je m'attendais à quelques bons mots d'accueil de la part de Giroux, mais il se contenta de dire entre ses dents :* "Voici Fournier qui a quelque chose à vous dire concernant la publicité. Posez-lui les questions que vous voudrez !"

*Pas plus confiant que ça, j'ai bien dû plonger et exposer ma petite affaire. Le seul qui parla ensuite fut, à mon souvenir, Dozois. Il trouvait mes idées débiles. Je me souviens que DeGuise se taisait, l'air plutôt réprobateur. Gauvreau non plus ne disait rien, mais au moins affichait un air un peu plus intéressé. Giroux restait égal à lui-même : impénétrable. Je les ai quittés persuadés d'avoir raté mon coup… *»

Et pourtant, les choses vont tranquillement décoller. «*Quand, à quelque temps de là, j'ai revu Marcel,* poursuit Fournier, *on n'avait pas d'accord formel, non, mais il interprétait qu'on avait la bride sur le cou pour, à tout le moins, proposer quelque chose. Nous étions fort conscients qu'il nous fallait, ceci dit, être prudents et raisonnables, deux qualités qui n'étaient pas de nos points forts ni à Marcel ni à moi.* »

Les choses vont d'autant mieux prendre forme que Couture, de façon fort adroite et opportuniste, s'est déjà doté à l'époque, à la barbe de Jean-Paul Cristel et sans que la Commission y ait vu à redire, d'un service de production graphique et audiovisuelle qui prendra d'énormes proportions au fil des années 60. Marcel va réussir le véritable tour de force d'utiliser la crainte et les appréhensions de la Commission pour tout ce qui ressemblait de près ou de loin à de la publicité, à sa phobie des dépenses de ce type, pour se doter de ressources internes au motif aimé des commissaires : «*Qu'ainsi Hydro contrôlerait totalement le contenu et les coûts des campagnes publicitaires.* »

La Commission tenait à ses journaux internes, d'où la présence de journalistes, de photographes et de graphistes, à la direction Relations publiques. Elle tenait à la qualité du français de l'entreprise, d'où la présence de rédacteurs, de terminologues et de traducteurs. Elle devait constamment publier dans les journaux des annonces diverses : avis d'interruption, appels d'offres, résultats de soumissions, etc., d'où la présence de personnel spécialisé. Quand, à l'occasion d'Expo 67, elle souhaita faire réaliser un, puis des films, alors qu'en direct de l'Exposition universelle les visiteurs pouvaient suivre les travaux de Manic-5, l'adroit Marcel lui chanta qu'au prix des «*Fellini*» de l'externe, elle était aussi bien, tant qu'à y être, de s'offrir également ce type de main-d'œuvre à l'interne. C'est alors qu'un jeune réalisateur, Roger Boisvert, l'ami et le second de toujours du grand Marcel, fera sa place à Hydro. Avec et derrière lui, ce sont des réalisateurs, des cameramen, des preneurs de son, des monteurs (d'images) qui vinrent grossir les rangs de la déjà pléthorique unité Relations publiques. Dans une Hydro qui ne cessait de grossir de partout à l'époque, il ne semble pas que les commissaires se soient alarmés du monstre qu'ils enfantaient.

« *C'était fort adroit de la part de Marcel,* dit Guy Fournier, *de se "staffer" ainsi. D'abord il s'assurait une complémentarité de fait avec Cristel et un regard sur ce que produisaient ses gens puisque, pour rentabiliser les services des Roger (Boisvert et Provost), tout ce qui, à Hydro, publiait quelque chose était bien obligé de passer par eux. Ensuite, cette façon de faire réaliser l'essentiel des produits à l'interne faisait en sorte que le coût des campagnes de publicité apparaissait moins exorbitant aux commissaires. On ne faisait que les concepts à l'externe. La pilule était plus facile à passer au 22ᵉ étage.* »

Personne ne pensait à l'époque que la campagne de publicité de 1971 d'Hydro-Québec ferait école, comme l'une des plus grandes campagnes de ce type jamais menée au Québec, et qu'elle resterait à ce titre dans notre mémoire collective. C'est au départ une petite initiative publicitaire avant tout pensée pour motiver les gens à l'interne. À la fin de février 1969, plus d'un an et demi avant le lancement de la campagne qui sera fait à l'automne 1970, Cristel et son adjoint Béliveau, sous le titre « *La Mise en marché recrute 12 000 vendeurs* », lancent, en fait, dans *Entre-nous*, le thème de la future campagne. « *L'idéal,* dit Cristel, *serait que les 12 000 employés de l'entreprise soient 12 000 vendeurs.* » C'est remarquable, car déjà, plus ou moins consciemment, les gens d'Hydro pensent slogan en arrondissant le nombre d'employés de l'entreprise à 12 000 alors qu'au 31 décembre de 1968 il n'est que de 11 723 (et de 11 890 à la fin de 1969). Et c'est avec ce chiffre de 12 000 employés et cette idée de les motiver que Marcel et Jean-Paul vont consulter des créateurs publicitaires.

Qu'est-ce qui fait qu'une idée de slogan publicitaire est géniale ? Jacques Bouchard, le créateur du concept « *12 012* » aurait-il eu son « *flash* » devant le chiffre de 11 723 ? Quoi qu'il en soit, c'est donc lui qui proposa le fameux « *12 012* ». « *L'un des meilleurs coups de ma carrière* », affirme-t-il aujourd'hui, ajoutant, et le mot est joli : « *Certains grands hommes ont des monuments qui restent après eux pour honorer leur mémoire, nous les publicistes, il ne nous reste comme ça, quand on a réussi, que quelques mots qui font un slogan. Mais quand tout le monde se souvient de ces quelques mots, c'est là notre monument. J'ai, depuis 1970, le mien.* »

C'est Fournier qui avait préparé la braise et les châtaignes, mais c'est Bouchard qui, d'un coup, arrive dans le dossier et tire les marrons du feu. Certains pourront s'en surprendre, Fournier, lui, ne cache pas s'en être assez violemment offusqué à l'époque. La clef de l'affaire ? Peut-être un effet des chicanes Cristel-Couture, c'est, en tout cas, ce que pense Fournier aujourd'hui, Jean-Paul privilégiant Bouchard à Fournier, perçu comme l'homme de Marcel. Certainement, en tout cas, la preuve de l'opportunisme de Marcel Couture recherchant toujours à disposer de plusieurs avis pour ne garder que le bon, fût-ce au prix de froisser ses proches, voire ses obligés.

➤ *Quand Yvon Deschamps bousculait le président d'Hydro*

Il fallait, au début des années 70, avoir une bonne dose d'assurance personnelle, de l'humour et un certain goût pour le risque, l'inhabituel et l'autodérision pour que le président vénérable de l'austère Commission hydroélectrique de Québec «*embarque*» dans la mascarade publicitaire imaginée par le tandem Couture-Cristel et leurs conseillers publicistes. L'histoire le démontrera suffisamment souvent, le président Roland Giroux ne manquait de rien à ces égards.

Yvon Deschamps était bien jeune et filiforme à cette époque, mais déjà en verve. Aux fins de la campagne de publicité interne sur les «12 012», c'est lui que l'on a retenu pour improviser sur le thème : «*12 012, cossa donne ?*». En abonné furibard, il apostrophe sur tous les tons une brave standardiste d'Hydro au téléphÔne, sur le thème : «*J'chut-en crime contre Hydro, j'veux parler à MÔssieur-président !*» La jeune femme lui répond qu'elle ne peut lui passer monsieur Giroux comme ça ; il se choque noir : «*Comme ça j'peux pas y parler à lui, y's'pense trop important pour parler au monde, crime, c'est nous autres qui le payent, lui... qu'y oublie pas ça !*»

On ne lui passe pas Roland Giroux ? Parfait, il ira le voir «*personnellement en personne*». On suit Deschamps, cheveux longs, veste de cuir cintrée, qui monte au 22e et entre en trombe dans le bureau lambrissé, au mur couvert de toiles de maîtres des présidents d'Hydro de l'époque. Et vraiment, la scène est réussie. Deschamps est à mourir de rire qui s'avance en grinçant entre les dents : «*J'vous dérange pas, toujours ?*» et Giroux, serein, qui se lève, costume foncé trois pièces, impeccable, la main tendue : «*Pas du tout ! D'ailleurs je ne suis pas tout seul, on est 12 012 comme ça pour assurer votre confort.*»

Le chiffre est le cœur du slogan destiné en priorité aux employés : «*On est 12 012 pour assumer "leur" confort*», lance-t-il dans sa première version. Preuve, s'il en était besoin, que le slogan est avant tout destiné à l'interne, ce sont de vrais employés, et non des acteurs professionnels que les «*spots publicitaires*» mettent en scène. Le jointeur au bord de son trou, tout comme le monteur en haut de son poteau qui vous disent avec un grand sourire sympathique : «*On est 12 000 euh !...*» et qu'une voix aide : «*12, Marcel !*», sont d'authentiques syndiqués de la maison tout comme les réceptionnistes, les préposées à la clientèle et autres techniciens et chauffeurs de camion que les «*spots*» présentent à leur travail. Un film est réalisé avec Yvon Deschamps en abonné frustré, Pierre Nadeau au commentaire et Marcel Couture et Jean-Paul Cristel en avocats de l'entreprise : «*12012, cossa donne ?*» Son but, sa diffusion sont strictement internes. Il s'agit de motiver les employés à donner du bon service. Une version du film est adaptée à chaque région, avec la participation du directeur régional.

La campagne recherchait avant tout un grand impact interne. Elle va certes parvenir à ce but, mais… par l'externe. C'est, avant tout, son impact considérable dans le grand public qui va sensibiliser les employés à l'importance de leur rôle et, sans aucun doute, les motiver et les valoriser. «*Les 12012 employés d'Hydro-Québec*», cette campagne de publicité presque légendaire au Québec, ne prétendait aucunement à la gloire qu'elle va pourtant immédiatement acquérir auprès du grand public. Bizarre, le slogan fera plutôt chou blanc à l'interne. À peine l'évoquera-t-on dans le journal des employés. La campagne initialement prévoyait des sous-thèmes à usage interne : «*Soyons efficaces chez nous*», «*Soyons efficaces chez l'abonné*» ou «*Soyons efficaces ensemble*». Annoncés aux cadres au début de la campagne, ils resteront dans l'oubli le plus total.

Mais, à l'externe, quel «*tube*»! Le maître slogan devient «*On est 12012 pour assurer "votre" confort*». Jacques Bouchard explique : «*Hydro voulait sa petite campagne pour remuer ses troupes. Moi, j'ai tout de suite pensé que ce slogan-là avait la capacité de susciter l'intérêt, l'engouement du public pour Hydro. J'ai poussé pour qu'on mette le paquet en le sortant en version externe. On a commencé assez sobrement, et le succès immédiatement obtenu a fait boule de neige…*»

Marcel Couture, en discussion ici avec Gabriel Gagnon, directeur de la région Matapédia, et Jean-Paul Pagé, alors directeur adjoint à Saint-Laurent, brille de tous ses feux. On est au lancement de la campagne de publicité des « 12012 ». Cet intuitif sait que la campagne qu'il copilote est bonne et connaîtra le succès. Un succès qui, cela dit, dépassera largement les espérances des plus optimistes.

Affirmer publiquement et à répétition qu'on était 12012 à Hydro, bien beau, dirent certains, mais qu'arriverait-il si quelque petit malin se mettait effectivement en tête de vérifier l'exactitude du chiffre ? Alain Mallette sera longtemps responsable de la publicité dans l'équipe de Marcel Couture. L'un des rares cadres de la grande époque des Communications à avoir survécu au naufrage du luxueux yacht du grand Marcel, il est aujourd'hui chef au service des Communications et, à ce titre, continue à travailler dans le domaine de la publicité qui n'a jamais cessé de lui être cher. Il raconte : «*La campagne lancée et connaissant le succès majeur que l'on sait, il y eut effectivement un moment d'inquiétude quant à la véracité du chiffre que tout le monde connaissait désormais. Étions-nous réellement 12 012 à Hydro-Québec ? Vérification faite, on avait légèrement dépassé le chiffre magique aux temps forts de la campagne en 1971, mais on avait bien été 12 012 employés à un moment donné en 1970. C'est du reste bien là, chacun peut le vérifier, le chiffre qui figurait au rapport annuel de cette année-là.*» Et Mallette, en narrant le fait, d'afficher un petit air entendu d'initié laissant un brin songeur.

Alain Mallette, au lancement d'une autre campagne de publicité de l'entreprise, cette fois en 1986.

C'est Guy Fournier qui récupérera la responsabilité entière des campagnes suivantes de 1972-1973 qui connurent également d'énormes succès, même si, à l'évidence, leur notoriété n'atteindra pas l'inégalé 12 012. «*On est propre, propre, propre*», «*On est HydroQuébécois*»[48] firent une marque certaine dans une opinion déjà fortement acquise à l'entreprise et qui lui accordait d'emblée un énorme capital de sympathie.

---

48. Celle-là sera un peu plus délicate politiquement. Guy Fournier raconte qu'il avait trouvé le slogan au terme d'une journée de réunion avec des amis créateurs à l'Hôtel Champlain. «*Marcel*, dit Fournier, *était emballé, mais à l'époque il était près des "séparatistes" et le slogan faisait un peu nationaliste. Il avait très peur des réactions de son président réputé proche de Robert Bourassa. Il me demanda de tester le slogan pour lui auprès de Giroux, lequel me dit effectivement : "Jamais Bourassa n'acceptera ça !" J'ai donc parlé au bureau du premier ministre qui, finalement, après réflexion, ne s'opposa pas à l'idée, jugeant, avec finesse, que ça coupait l'herbe sous le pied du PQ. Va donc pour "On est HydroQuébécois". Nous cherchions à l'époque, pour être le vecteur de ce slogan, une espèce d'ambassadeur publicitaire pour Hydro, une voix, un visage que nous envisagions d'utiliser sur plusieurs campagnes. Un jour, Marcel me dit : "J'ai vu le gars que nous cherchons. C'est un correspondant sportif de Radio-Canada à Ottawa. Aucun doute, c'est lui !" Il était pâmé, notre Marcel. J'ai fait des recherches et trouvé celui qui lui avait fait tant d'effet : c'était Serge Arsenault. Effectivement, le choix était excellent. Hélas on ne gardera pas Serge aussi longtemps qu'on l'aurait souhaité. Il connaissait sa valeur et n'entendait pas la brader. Rapidement il est devenu trop cher pour une Hydro infiniment près de ses sous quand il s'agissait de publicité.*»

➤ *Des publicistes qui n'avaient pas peur du ridicule*

Le cheval, le canoë, les sous-bois, le lac aussi, tout était beau. La fille, elle, était magnifique. Il faut bien dire qu'à cette époque et, si l'on veut bien nous excuser le terme, ce sont de véritables *« canons »*, d'authentiques et rares beautés, que les publicistes d'Hydro choisissaient pour interpréter les personnages des messages publicitaires de l'entreprise. Ces messages ne disaient-ils pas hardiment aux Québécoises d'alors : *« Soyez jeunes, soyez libres, soyez électriques[49] ! »* ?

Campagne publicitaire « On est HydroQuébécois », 1973.

On est en 1973. La fille chevauche, cheveux au vent, pagaye, cheveux ondoyant sur les épaules, ou reste là, pensive, au bout du quai, jambes nues, caressant doucement sa (décidément) superbe chevelure. Une ballade en fond sonore. Ce pourrait être la splendide créature qui la chante, mais non, on reconnaît la chaude voix de Nicole Martin. Tout cela est beau, esthétique, poétique, bien fait. La musique est envoûtante. On se plaît au refrain : *« Elle est lacs, elle est Cascade, elle est fleuves et rivières ; elle est claire, elle étincelle, elle se change en lumière. »*

Beau texte, intelligent, musical... Et puis, d'un coup, patatras, on va retomber sur terre, la poésie trébuche sur le kilowatt : *« Si j'ai l'eau et l'énergie et que je les marie, la cascade alors devient simplement mon Cascade. »*

Bonjour, amis poètes !... *Marcel Couture, comment aviez-vous laissé échapper celle-là ?*

Pourtant, après 1973 et pour une dizaine d'années, Hydro va cesser de mettre, par la publicité, son image en valeur dans la société québécoise, se contentant de promouvoir, avec parcimonie, du reste, de 1977 à 1979, l'utilisation judicieuse de l'électricité. Souvenez-vous de ce robinet fatigant n'arrêtant pas de couler goutte à goutte, de cette maman n'en finissant plus, après avoir couché les enfants, d'éteindre les lumières, de baisser la température sur les thermostats, d'éteindre la télé et de couper l'eau des saprés robinets toujours fuyants. On était en 1977, le tout s'accompagnait d'un vertueux : *« Dans la mesure du possible, économisons l'électricité ! »*, slogan qui mériterait son exégèse et nous y reviendrons, la première partie de la thèse limitant considérablement l'urgence de la seconde, preuve, s'il en était besoin, de l'existence d'une certaine confusion interne sur la nécessité et la portée d'un tel message prônant l'économie.

---

49. Campagne télévisée pour NOVELEC en 1972.

On sera toujours très chatouilleux à Hydro-Québec sur ces questions de publicité. Toujours, on l'a vu et cela restera le cas dans l'histoire récente de l'entreprise, le dossier sera de ceux qui «*monteront à la Commission*» ou aux bureaux des présidents quand celle-ci n'existera plus. Malheur aux initiatives locales sur le sujet publicitaire ! Que les responsables Relations publiques des régions – un groupe de gérants moins naturellement rebelles que leurs collègues de Distribution technique ou commerciale, quoique doté de solides tempéraments – achètent

Populaire, la pub des 12 012 ? À ce point que Marcel Sarrazin, l'authentique monteur d'Hydro que l'on voyait au sommet de son poteau dire « On est 12 012 », passera même à l'émission Studio 12 *de Lise Payette, comme* une vedette de l'heure au Québec.

des espaces dans les hebdos ou les journaux locaux pour publier les messages portant l'imprimatur du siège social, d'accord. Qu'ils retiennent à la limite des espaces pour informer leur clientèle d'interruptions programmées de service ou de la tenue de manifestations de promotion diverses, pas d'objection. Mais qu'ils ne s'avisent surtout pas de mettre en cause l'image de l'entreprise. On est là dans l'hyper-sensible, le super-névralgique, attention : terrain miné !

➤ *Combats de pères Noël*

Les couteaux entre publicistes volèrent bas à Québec cette année-là. Imaginez qu'à la veille de Noël, une grande compagnie de mazout sortit sa hache de guerre et provoqua la Ligue électrique, section de la Capitale, sur le thème : «*Le père Noël est mal reçu dans une maison NOVELEC*».

L'agression ? Un dessin, une annonce publicitaire, publiée dans *Le Soleil*, montrant le vieux barbu sonnant à la porte d'une maison NOVELEC et prenant un choc électrique. Du coup, le père Noël meurtri n'entrait pas et, pouvait-on supposer, s'en allait plutôt gâter les enfants des maisons chauffées à l'huile par la compagnie payant l'annonce.

Mèche assez courte, merci, Raymond Godbout prit mal la chose et, avec lui ses collègues de la Ligue. «*Un dénommé André Robitaille*», raconte-t-il en riant aujourd'hui, ce qu'il faisait probablement moins à l'époque, «*travaillait de près avec nous à la Ligue, dans le cadre de nos promotions. C'était un gars de CHRC qui avait le bras long et qui, voyant l'annonce, m'appelle et me dit : "Regarde ton Soleil demain ! On ne va pas se laisser faire !" »*

Effectivement, *Le Soleil* proposa alors à ses lecteurs un dessin en tous points semblable à celui publié la veille, sauf qu'on y voyait un père Noël sortant d'une cheminée toute sale, hirsute et plein de suie, effrayant les enfants sur son passage. Message (à peine) subliminal, *« Nous autres on est propre tandis que le charbon, le gaz ou le mazout... »*

La guerre au goût douteux s'arrêta vite. Le marchand d'huile n'insista pas. L'eût-il fait – qu'il le sache aujourd'hui –, il aurait gagné la bataille, Godbout, semoncé vertement pour son initiative par les gens du siège social ayant l'interdiction formelle de défendre NOVELEC par des répliques du genre. La chose fut oubliée, mais : « *J'en ai entendu parler une bonne secousse, par exemple ! raconte Godbout. La publicité était alors sous la responsabilité d'André Roy chez Cristel et je vous jure que j'ai entendu un méchant paquet de bêtises... »*

Cette frilosité des dirigeants d'Hydro pour la chose publicitaire relèverait de la psychanalyse. Guy Fournier en tente l'exercice : «*Ces trois campagnes du début des années 70 ont bousculé la Commission. Elle faisait jusque-là son petit travail tranquille en se préoccupant bien plus des politiciens que du public et voilà qu'on lui faisait sentir ses obligations devant sa clientèle. Mais il y a plus, la publicité lui donnait aussi soudainement une identité et du poids face à l'actionnaire gouvernemental, Hydro avait désormais une image à elle, elle était connue, les électeurs l'aimaient. Le fait a provoqué une drôle de réaction chez des gens comme Paul Dozois, par exemple, d'une honnêteté scrupuleuse. Tout cela était inquiétant, jusqu'où l'Hydro allait-elle être emmenée par ce mouvement. Et puis c'était dépenser de l'argent, beaucoup d'argent, pour des raisons qui ne tenaient pas à la production, au transport ou à la distribution de l'électricté. Bref, lui et ses collègues n'étaient pas à l'aise avec le dossier. Ils craignaient d'en faire trop, et là-dessus, la personnalité de Marcel n'aidait pas. Je sentais qu'à la première bonne raison ils arrêteraient les programmes*[50].»

L'apprentissage de la modération

Cette bonne raison, elle viendra en 1973 et aura tôt fait d'imposer un changement de cap à 180 degrés dans l'entreprise, comme si la Commission et une bonne partie des

---

50. À partir de 1984, Hydro-Québec reprendra résolument ses programmes de publicité en collaboration avec plusieurs grandes agences : Publicité Martin, BCP, Bos, Marketel, Cossette, etc. Certes, l'entreprise gagnera de nombreuses récompenses dans le milieu publicitaire par la qualité toujours soutenue de ses productions. Mais l'impact de ses divers slogans (« Tout bien calculé », « De l'énergie et du cœur », « L'électricité, ça vaut le coût », « Ici Hydro-Québec », « Notre propre énergie », « Le meilleur de nous-mêmes », « L'énergie qui voit loin », etc.), à l'évidence, ne sera jamais aussi fort qu'à ses premières campagnes des années 70.

cadres des unités de Génie et de Production n'attendaient que l'occasion pour siffler la fin de la récréation des vendeurs de Distribution. Flambée du pétrole et du gaz : d'un coup, l'électricité devient, en dépit des impopulaires hausses de tarifs, la source d'énergie la moins chère au Québec. Pourquoi dès lors en assurer la promotion par des campagnes publicitaires ou des subventions et incitatifs commerciaux coûteux ? Autre phénomène préoccupant à court terme, l'entreprise, entre la Côte-Nord et la Baie-James, suit avec une certaine inquiétude l'accroissement phénoménal de la demande d'électricité. Pour la première fois, à la pointe du 8 janvier 1973, elle a dépassé le cap magique des 10 000 MW. «*Les clients, les gros industriels, les constructeurs,* raconte Robert Boyd, *couraient littéralement après nous. Quelques explosions spectaculaires de gaz à Montréal avaient fait, sans que nous ayons eu à dépenser un sou, une excellente publicité à notre produit réputé sécuritaire. Tout cela, combiné à la hausse du coût de l'huile, faisait qu'on craignait des difficultés à rencontrer la demande en attendant l'énergie de la Baie-James.*»

Bref, dans les circonstances, Hydro-Québec va prudemment décider de suspendre la majorité de ses programmes promotionnels. «*Hydro appliquait jusque-là, dans l'allégresse la plus totale, 17 directives commerciales promotionnelles. La Commission en annulera 14 en 1974*», se souvient Raymond Godbout, qui devient, cette même année 1974, chef de division Commerciale, à la région Montmorency. Mais il y a plus, sur le plan des mentalités. La hausse du pétrole a été à la fois brutale, imprévue et débridée. Elle se révélera particulièrement déstabilisante pour l'industrie. Elle montre d'un coup la fragilité des acquis dans le domaine énergétique, souligne les limites des politiques d'approvisionnement gouvernementales. Même si elle ajoute de la valeur à l'énergie d'ici et, d'une certaine façon, donne raison à ceux qui y ont cru et l'ont promue, la crise est globalement insécurisante pour le milieu. On arrête de jouer, rien ne va plus. On va s'interroger, remettre sur la table des façons d'envisager ou de faire les choses qui semblaient acquises. L'inquiétude va remettre le balancier du côté de ceux qui prêchent la prudence dans les pratiques et les orientations économiques de court et de moyen terme.

Jean-Paul Cristel évoque cette époque par une image un brin hardie que nous transmettons, franco de port, à la postérité : «*Avec nos concurrents du secteur pétrolier, on tirait sur la corde chacun de notre côté, et l'on tirait fort. D'un coup, sans prévenir, ils ont lâché de leur bord. Qu'est-ce qui se passe dans ces cas-là ? On tombe sur le cul. C'est ce qui nous est arrivé !*»

La crise de 1973 va sonner le glas d'une Hydro régionale, festive et bon enfant, envoyer un coup de semonce déstabilisateur à l'euphorique Ligue électrique du Québec, rappeler solidement à l'ordre ceux-là qui, à l'interne comme à l'externe, vivaient, un peu trop à l'aise, des générosités d'Hydro. Finis, les «*payages de traite*» par le gars des ventes d'Hydro, finis, les journées de tournois de golf, les visites industrielles et les banquets, finis les «*partys*» d'inauguration des maisons tout à l'électricité NOVELEC, finis les conseillers commerciaux d'Hydro prêtés aux associations, animateurs sur leur temps de travail des clubs Richelieu, Kiwanis ou Lions, ou des chambres de commerce locales. Tout un chacun est rappelé à l'ordre.

Le coup est durement ressenti par la Ligue qui, un moment déroutée, va, cela dit, se restabiliser les années suivantes en «*accompagnant*», sur un mode nécessairement plus sobre, Hydro dans ses activités de promotion des économies d'énergie. Mais, de façon générale, les «*alliés*» renaclent. En 30 ans à la Corporation des maîtres électriciens, Yvon Guilbault, le vice-président exécutif, en a traversé des périodes de tension avec Hydro-Québec. Son souvenir de celle-ci reste assez amer : «*Suspendre comme cela, d'un coup, ses programmes, sans avertissement préalable aux partenaires, fut une des décisions les plus impopulaires que j'aie vues prendre par Hydro. Brutalement, la locomotive arrêtait. L'entreprise fut sévèrement condamnée à l'époque dans le milieu !*»

Que lui importe en vérité ? Hydro-Québec, c'est une constante de son histoire, avancera souvent en faisant plus de malheureux que d'heureux parmi son monde. C'est probablement le lot des grandes entreprises charismatiques du genre, auxquelles on croit très fort, pour qui l'on fait des sacrifices énormes à un moment ou à un autre de son existence et qui, d'un coup, pour un changement de gouvernement ou de conjoncture, vous abandonne. Untel, dont elle avait besoin à telle époque de son histoire, un beau jour, n'est plus l'homme de la situation. On s'en sépare ! Sûr qu'on l'indemnise et, le plus souvent, généreusement, d'ailleurs, mais il n'y a pas que l'argent, et le manque d'élégance de l'entreprise dans ce type de séparation laisse des «bleus» à l'âme de beaucoup de ses vétérans. Là, ce sont les gens de Ventes qui vont se voir indiquer la sortie, plus tard les gens d'Équipement, plus tard encore les hauts salariés des disciplines molles. Chaque époque aura ses charrettes de condamnés !

Les années 1973-1974 vont ainsi sonner le glas d'une certaine façon que l'on avait de faire les choses dans le secteur des Ventes dans cette industrie. Les grands vendeurs d'anthologie prennent leur retraite les uns après les autres et, le plus souvent, on ne les remplacera pas. Les règles du jeu trop changées, ils laisseront le métier. Plusieurs accepteront mal la syndicalisation des représentants commerciaux en 1976. Quelques-uns, proches de l'encadrement local, sinon anciens cadres eux-mêmes, se sentent trahis par l'entreprise. Beaucoup n'embarqueront pas dans le changement majeur qu'on attendra d'eux en leur demandant de promouvoir l'efficacité énergétique. Tout au long de la décennie qui vient, les ordinateurs entreront massivement dans la fonction commerciale qui se sédentarisera, se bureaucratiser. Les nostalgiques de la route, des rencontres animées avec les alliés et des poignées de main avec les clients s'ennuient du grand air.

Claude Boivin explique : « *La crise du pétrole de 1973 est arrivée alors même qu'on avait de l'énergie disponible suite à l'entrée sur le réseau des centrales de Manic et de Churchill Falls et qu'on avait gagné la bataille du chauffage dans la nouvelle construction résidentielle. Nous avions plus de 80 % du marché de tout ce qui se construisait désormais de surfaces d'habitation. L'électricité était partie en orbite. Il n'y avait plus dès lors aucun défi en Commercialisation pour un gestionnaire des Ventes. Le vrai "fun" c'est en Construction qu'il était, il fallait bâtir pour suivre les ventes qui s'emballaient. Sans la SEBJ où je suis allé alors, j'aurais fort probablement quitté Hydro à l'époque.* »

C'est une période où, à l'exemple de Boivin et de Béliveau (parti lui en Exploitation à Rimouski, directeur de la région Matapédia), nombre d'ingénieurs vedettes vont quitter le bateau des Ventes du siège social : Gaston Plamondon pour Saint-Laurent, André Dore et André Chalifour pour le génie-conseil privé. Le génie privé qui, lui, connaît alors ses heures de gloire. Il est à l'œuvre partout où l'on planifie et bâtit et n'a plus besoin qu'on lui montre la façon de construire « *électrique* ». Ce domaine va donc accueillir plusieurs des ingénieurs d'Hydro déroutés par le virage de leur entreprise. Un de ceux-là, André Chalifour se souvient : « *En mettant fin à la quasi-totalité de ses programmes promotionnels, Hydro poussait tous ses ingénieurs des Ventes vers la sortie. J'en connais comme ça au moins 25 qui, comme moi, sont restés accrochés aux poutrelles. Bien sûr qu'on pouvait se recycler dans l'entreprise et c'est ce que beaucoup feront. Moi, je suis parti et j'ai créé alors ma propre entreprise, une décision que je n'ai jamais eu à regretter par la suite.* »

En fait, Chalifour part avec une idée, une très bonne idée. Hydro, sans grands efforts d'imagination, prévoit pour les années à venir un accroissement important de la demande de son produit. Il lui faut donc construire de nouvelles installations de production et de transport, et elle se fait donner non sans peine à l'époque le feu vert pour y procéder à la Baie-James. Ses besoins conjoncturels de capital sont énormes. Le gouvernement lui accorde diverses hausses de tarif qui mettent sa popularité à l'épreuve. Mais plusieurs voix s'élèvent pour mettre en doute son choix de construire plutôt que de mieux contrôler l'utilisation en aval de son produit par la clientèle en en rationalisant davantage les modes de consommation. Tout cela porte un nom que l'on commence à prononcer un peu partout dans l'entreprise où il divise joyeusement les tables de réflexion : ça s'appelle l'« économie d'énergie ». Et l'idée de Chalifour s'y rattache.

« *Face à la hausse des prix de l'énergie, il me semblait évident – et j'étais loin d'être le seul – qu'il fallait faire quelque chose pour aider le client à utiliser plus efficacement l'électricité qu'on lui vendait. Le marché avait nettement besoin d'aide, mais Hydro n'était pas prête, je dirais "culturellement", à la lui fournir. Les économies d'électricité n'avaient pas une bonne image dans la majorité des "utilités" nord-américaines de l'époque et Hydro ne faisait pas* exception. *Même Jean-Paul Cristel était réticent. Quand il montait voir la Commission avec mes timides propositions prônant l'économie, j'imagine qu'il ne les défendait pas avec beaucoup de conviction. En tout cas, elles ne passaient pas!»*

Guy Fournier est un autre témoin de cette inertie initiale de l'Hydro des Boyd et Giroux face à la nécessité d'engager la clientèle à restreindre sa consommation. *«J'ai bien essayé,* dit-il, *d'engager Cristel, Provost et Couture dans de la publicité sur les économies d'énergie au choc pétrolier de 1973. Et là, mon ami, j'ai prêché de façon quasi suicidaire dans le désert. Dans l'esprit de Provost et de Cristel, je reniais tout ce qu'on avait fait ensemble avant. Hydro s'engageait dans la Baie-James. Ce n'était certainement pas le temps pour elle de freiner la demande de son produit. Je dois reconnaître que, seul, Marcel fut sensible à mes arguments, mais c'était une véritable girouette, sensible au plus fort vent, et les vents à l'interne soufflaient contre moi. J'ai ainsi tranquillement signé mon arrêt de mort avec Hydro. J'allais dans un sens où elle ne voulait pas me suivre.»*

La démarche adoptée à l'époque par André Chalifour est intéressante, en ce sens qu'elle témoigne bien de la façon dont les firmes d'ingénieurs les plus conscientes des problèmes de leur clientèle vont aborder le domaine de l'économie d'énergie. Lorsqu'il quitte Hydro en 1975, le jeune ingénieur va aller rencontrer ses anciens clients du temps où, expert du programme CALMEC, il les aidait à concevoir leurs installations électriques: *«Le premier à me recevoir fut le directeur général du complexe Desjardins. Je lui ai dit: "Mettez-moi à l'essai. Je peux vous aider à économiser sur vos factures d'électricité. Je vous offre mes services gratuitement." En une après-midi, je lui ai trouvé 50 000$ d'économie. Six mois plus tard, j'avais de l'ouvrage pour un ingénieur et demi. L'année suivante, on était trois. On est monté ainsi à 40 employés.»*

Cela prendra à Hydro un solide deux ans pour qu'elle s'engage dans la voie des économies et effectue, à vrai dire à reculons, la promotion de l'efficacité énergétique. Il y aura eu alors beaucoup de discussions tumultueuses aux réunions *ad hoc* des unités concernées à l'interne. Mais il y aura eu surtout, la chose est notoire,

Le 3 avril 1973, Alfred Rouleau, président du conseil d'administration de Place-Desjardins et Roland Giroux, président d'Hydro-Québec, signent l'entente aux termes de laquelle le complexe Desjardins, le plus important ensemble immobilier au Québec à l'époque, sera «tout électrique». Derrière les deux présidents, Yvon DeGuise, commissaire d'Hydro-Québec, Émile Girardin et Michel de Grandpré, du Mouvement Desjardins.

ce changement de garde politique à Québec qui amène au pouvoir le Parti québécois de René Lévesque, lequel délègue à l'Énergie le ministre Guy Joron. Le fringant ministre est un partisan notoire des thèmes en usage alors chez les «*défenseurs de l'environnement*». Vite, il annonce ses couleurs (teintées vert vif) et la teneur de sa politique visant à «*assurer l'avenir énergétique du Québec*»: limite aux développements tous azimuts selon des modes de production traditionnels, parti pris favorable aux formes d'énergie dites «*douces*», nécessité de diversifier les approvisionnements énergétiques nationaux et, bien évidemment, priorité aux économies d'énergie. Bref, un ministre avec des idées bien arrêtées et la volonté tout aussi ferme de voir Hydro y donner suite.

Reconnaissons-le, passé René Lévesque au début des années 60 et jusqu'à Jean Cournoyer, à compter d'août 1975, les puissants présidents d'Hydro avaient su fort bien s'accommoder de leurs quatre ministres de tutelle successifs. Jamais l'un des quatre n'aurait osé se dresser publiquement face à un Jean-Claude Lessard ou un Roland Giroux. Joron va, c'est évident, irriter l'omnipotente direction d'Hydro de l'époque par cette «*curieuse manie*» qu'il a de prendre toute sa place et de vouloir s'occuper des affaires de l'entreprise. L'air de n'y point toucher, Robert Boyd dit aujourd'hui: «*Longtemps, le gouvernement eut la sagesse de nous laisser faire. On travaillait sans interférence. On avançait. Et puis, effectivement, les interférences sont venues…*»

Aussi légitime qu'apparaisse de nos jours le fait que le gouvernement soit présent dans les grandes orientations comme parfois dans le quotidien de sa principale société d'État, la chose déplaît fort dans l'Hydro du temps. Giroux le premier tire sa révérence et s'en va présider d'autres olympes à l'été 1977. Boyd le remplace quelques mois comme dernier président de la Commission, dont Guy Joron obtient la tête en octobre 1977. Désormais et jusqu'à nos jours, Hydro sera gérée par un conseil d'administration aux membres nommés par le gouvernement en place.

Bref, à n'en pas douter, c'est Québec qui mène le bal ces années-là, bousculant la vénérable hiérarchie de la maison «trentenaire» avec Jean Cournoyer, tout d'abord, sur le front des Relations de travail en 1975-1976, et Guy Joron, sur tous les autres fronts les années suivantes. C'est toute la hiérarchie de l'entreprise qui va alors se sentir agressée et tous les cadres supérieurs qui vont faire corps derrière celui qui, à l'époque, va devenir le PDG de la maison, l'incontournable Robert Boyd. Tous, sauf un: Marcel Couture. Qui réussit l'exploit de rester ami avec l'honni Jean Cournoyer? Le grand Marcel, pour qui l'ancien ministre gardera toujours une admiration fréquemment témoignée publiquement par la suite. Qui va devenir l'«HydroQuébécois» favori du ministre Guy Joron, la courroie de transmission naturelle des messages difficiles du ministre dans l'entreprise? Le même Marcel. Beaucoup d'affinités naturelles, culturelles, voire politiques rapprochent les deux hommes et jamais l'astre Couture ne brillera aussi fort que dans cette fin de décennie.

C'est dans ce contexte qu'il faut situer le fameux slogan publicitaire mi-figue, mi-raisin, «*Dans la mesure du possible, économisons l'électricité*», dont nous avons déjà évoqué le caractère ambigu. «*Dans la mesure du possible*», c'est clairement la voix d'Hydro, ses interrogations conjoncturelles (est-ce bien à elle de transmettre de tels messages alors qu'elle se prépare à presque doubler la disponibilité de son produit ?), ses interrogations de fond aussi (on croit peu dans la maison à l'avenir des énergies douces et l'on répugne, par ailleurs, à admettre qu'il faille faciliter l'accès au Québec des énergies venant d'ailleurs). «*Économisons l'électricité*», c'est la grosse voix des gouvernements de Québec et d'Ottawa, le fédéral se mêlant également du dossier à l'époque. Le tout mixé par Marcel Couture sur fond de robinets fuyants…

«Économie d'énergie», on dira un peu plus tard «efficacité énergétique», voire, plus tard encore, «maîtrise de l'énergie»: «EE», les deux lettres, les mots sont lâchés, on va les retrouver cycliquement à bien des étapes des activités commerciales d'Hydro. Tantôt l'entreprise aura trop d'énergie et l'on n'en fera guère cas, tantôt elle en aura peu et le concept d'économie reviendra à la surface, sous un vocable ou un autre. La courbe qui suit sa popularité est une sinusoïde, un mouvement de vague suivant le ministre chargé d'Hydro à Québec ou les mises en service des centrales du programme d'équipement, ou les deux.

C'est en 1977 que la notion fait son apparition dans les discours des dirigeants d'Hydro. Dès le début, on sent qu'elle heurte des sensibilités dans l'entreprise de l'époque. La première fois, à notre connaissance, qu'un commissaire l'évoquera dans un discours public, ce sera en mai 1977 alors que le vice-président Robert Boyd déclare, dans une conférence à Rivière-du-Loup: «*La plus grande nouveauté avec laquelle nous serons appelés à vivre est certainement l'économie d'énergie. Il y a quelques années, l'expression aurait fait sourire, aujourd'hui c'est une réalité avec laquelle il faut apprendre à vivre.*» Le moins que l'on puisse dire est que la présentation du concept par l'«*ingénieur-qui-fit-Hydro-Québec*» manque d'enthousiasme. Cela dit, en seconde partie d'un discours où Boyd, largement considéré à l'époque comme le père, le bâtisseur de la Baie-James, a longuement exposé à son auditoire les projets de construction prévus à La Grande jusqu'en 1985. La contradiction dans les propos n'est pas qu'apparente. Elle reflète bien la situation ambiguë dans laquelle se trouve Hydro à qui l'on demande d'encourager la baisse de consommation de son produit, alors même qu'elle s'apprête à mettre en service le plus puissant complexe de production qu'elle ait jamais construit. Au passage, le vice-président a réglé le cas des énergies nouvelles chères au ministre délégué à l'Énergie: «*Au risque d'en décevoir plusieurs, il faut dire que les nouvelles sources d'énergie n'occuperont pas une place significative avant la fin du siècle.*» Et vlan! Quant à la conclusion de l'orateur, elle laisse peu de doute sur la perception qu'il a des efforts d'économie prônés par son ministre: «*Ce serait tout de même une illusion de croire que l'économie d'énergie sera suffisante pour combler nos besoins, loin de là[51] !»* À l'évidence, on n'est pas sur la même longueur d'onde au ministère et au 22ᵉ étage du 75, rue Dorchester.

Cela confirmera le ton, guère plus chaleureux que celui de son patron, avec lequel Jean-Paul Cristel répondra quelques mois plus tard aux questions d'*Information-Cadres* lui demandant avec à-propos de commenter le peu d'enthousiasme suscité par le programme d'économie d'électricité mis de l'avant par ses équipes. «*La politique de l'entreprise,* avance le rédacteur de l'article, *a suscité l'approbation de plusieurs, mais il n'en demeure pas moins que certaines réactions furent empreintes de scepticisme, voire d'indifférence. Qu'en pensez-vous ?»* Et Jean-Paul de patiner sur le thème : à l'international, les économies d'énergie sont la tendance de l'heure. Le Canada et le Québec n'y échappent pas, Hydro ne fait que suivre le mouvement, mais, dit-il : «*Précisons qu'il n'est pas question de limiter les besoins de la clientèle québécoise, mais de continuer à les satisfaire en essayant "cependant" de mieux tirer parti de nos ressources en électricité[52].»* On appréciera le nondit du «*cependant»* restrictif de monsieur Cristel. Mais oui, Hydro, comme les autres distributeurs d'énergie et comme le veulent Ottawa et Québec, veut bien essayer de faire quelque chose pour encourager sa clientèle à économiser l'électricité «*dans la mesure du possible»;* reste que son mandat est de répondre à la demande en électricité des Québécois et que c'est bien là ce qu'elle va continuer de faire.

Autre façon subliminale de faire savoir aux concernés qu'on ne se soucie que très moyennement de la nécessité de changer d'attitude face à la perception même du produit, l'électricité, voilà que l'Ireq déclare à l'époque que les économies d'énergie, ce n'est rien de nouveau pour elle. Comme monsieur Jourdain faisant de la prose, l'Ireq, qu'on le sache, elle le dit en tout cas, a toujours fait dans les «EE». *Information-Cadres,* présentant un dossier intitulé «*L'Ireq et les économies d'énergie»* à l'automne 1980, commencera tout naturellement le texte en écrivant : «*Depuis sa création, l'Institut de recherche d'Hydro-Québec s'est préoccupé d'économie d'énergie.»* Et voilà! Claude Richard, un de ses directeurs, déclare : «*On peut économiser l'énergie de bien des façons : en éliminant le gaspillage, en réduisant les pertes lors de la production, du transport et de la distribution de l'énergie ou en concevant des appareils plus efficaces[53].»* Abstraction faite du gaspillage, c'est le mandat même de l'Ireq que mentionne Claude Richard. La preuve est à peu près faite : Hydro n'a rien à démontrer en ce qui a trait aux économies ni de leçon à recevoir à cet effet, elle est depuis longtemps dans le dossier.

---

51. Discours de Robert Boyd au dîner annuel des clubs sociaux de Rivière-du-Loup, 11 mai 1977, Archives d'Hydro-Québec.

52. «*Les économies d'électricité»,* entrevue de Jean-Paul Cristel, directeur Services à la clientèle, *Information-Cadres,* Hydro-Québec, janvier 1978.

53. «*L'Ireq et les économies d'énergie»,* entrevue avec Claude Richard, directeur Recherche et Essais, Production et Conservation de l'énergie, *Information-Cadres,* octobre-novembre 1980.

On le sent, le sujet « EE » accroche dans l'Hydro de l'époque. En fait, il accrochera longtemps même quand, sous l'ère Coulombe, le principe – à tout le moins le principe – d'utiliser «*le plus efficacement possible l'électricité*» ne sera plus remis en cause. Il heurtera longtemps des sensibilités et divisera dirigeants, planificateurs et spécialistes des communications ou de la mise en marché chaque fois qu'il s'agira pour l'entreprise de recommander à sa clientèle la «*modération*» dans la consommation du produit qu'elle lui vend. «*Utilisez mieux !*» passera sans aucun problème ; «*utilisez moins !*» fait réagir un peu plus. Un analyste sans doute un peu sévère, mais fort crédible, des tourments de conscience vécus par Hydro dans le pilotage des dossiers « EE », Gilles Roy[54], affirme : «*Promouvoir l'économie était très clairement contre-culturel. Beaucoup de collègues y étaient franchement hostiles. Un kilowattheure qu'on épargnait c'était pour eux un kilowattheure qu'on ne construisait pas. Même en faisant je ne sais combien de fois la démonstration que deux kilowattheures économisés rapportaient plus à l'économie québécoise qu'un kilowattheure construit, en termes de travail et de retombées, nous ne passions pas, notre message était suspect. Les lobbies les plus forts au Québec ont toujours été ceux qui pensent consommation, pas ceux qui prônent la conservation.*»

Un nom restera dans cette histoire, très étroitement associé aux diverses applications des concepts « EE » durant la période 1975-1995 : celui de Raymond Godbout. Le jeune diplômé en sciences commerciales a fait son chemin dans l'entreprise depuis 1964. En octobre 1976, il est nommé au siège social où on lui confie la mise sur pied d'une équipe de gestion des programmes commerciaux. C'est à ce titre qu'il va mettre en œuvre les premiers programmes d'économie d'énergie d'Hydro. Et lui n'est pas homme à s'interroger longuement sur le bien-fondé des ordres qu'on lui transmet. Profil d'officier, il en a le sérieux, la discipline personnelle, la rigueur administrative et le sens de l'organisation. Depuis le début de sa carrière, il mène à bien, avec une efficacité régulièrement démontrée à ses supérieurs, les mandats qu'on lui confie. L'entreprise veut-elle vendre, qu'il vend (il a été proclamé meilleur vendeur de sa région de chauffage électrique et de chauffe-eau Cascade de 1968 à 1971). Voudra-t-elle promouvoir la vente de son produit au milieu des années 80, qu'il dirigera avec la même réussite son unité Marketing. En 1977, comme plus tard au début des années 90, lorsqu'elle souhaite et souhaitera des programmes d'économie, il les lui fournira avec la célérité qui le caractérise.

---

54. Gilles Roy, tout un personnage ! Un autre ingénieur électrique formé à Laval, entré, lui, en 1969 en Planification du réseau. Il y restera jusqu'en 1984, alors qu'il réorientera sa carrière dans le domaine de la Commercialisation. Il y passera de la vente de surplus à la promotion des économies, de la Tarification aux Services à la clientèle. Brillant, caustique, imaginatif, un brin *mal-engueulé*, ce sera un leader naturel respecté, un homme de contenu qui marquera son entourage dans tous les postes de direction qu'il occupera.

Le programme que le groupe qu'il dirige propose un éventail de cibles à 180 degrés. Tout y passe, depuis les propres bâtiments d'Hydro (où l'on baisse sensiblement le chauffage et l'éclairage nocturne) jusqu'à la grande entreprise (où l'on parle de normaliser à 95 % le facteur de puissance), en passant par la nouvelle construction immobilière (hausse des normes d'isolation), les centres commerciaux (baisse d'intensité de l'éclairage et de la ventilation), l'éclairage public (remplacement de luminaires à incandescence par des lampes au mercure) et l'ensemble des clients industriels et commerciaux chez qui l'on veut réaliser des « *inventaires de gaspillage* ». La palette d'applications concrètes vise encore l'incitation à l'installation de condensateurs dans l'industrie, de nouveaux mandats pour l'étude des phénomènes de récupération de chaleur, l'intensification de CALMEC, l'utilisation des rejets thermiques des centrales, des recherches en coproduction, la négociation de contrats de puissance interruptible, et nous en passons. Godbout et ses gens, manifestement, ratissent large, sinon creux, à cette étape initiale du processus.

Le même vaste programme, qui compile et annonce toutes ces mesures ciblées, fait également état de la possibilité pour Hydro de vendre de l'énergie excédentaire chez les abonnés de la grande entreprise en voyant « *à l'établissement de prix de vente qui soient attrayants pour l'abonné et rentables pour l'Hydro-Québec*[55] ». Grattez le promoteur d'économies et vous trouverez, pas bien loin, le vendeur ! Être « *attrayant pour le consommateur* », c'est à peu près l'inverse de ce que devrait, en théorie, viser une campagne du genre. Présentée dans un train de mesures dites « restrictives », la proposition a pour le moins de quoi étonner. Il en va de même avec l'annonce du programme de coproduction d'énergie, la proposition aux industriels de contrats de puissance interruptible ou la recherche d'utilisateurs des rejets thermiques des centrales. Dans un train de mesures restrictives, la présence de tels éléments visant non pas à économiser la ressource, mais, à l'analyse, à en accroître la disponibilité et à en mieux gérer la vente, laisse songeur.

Il est manifeste que, dans ces années pionnières, l'entreprise démontre publiquement beaucoup de bonne volonté à suivre la direction que lui indique Québec. Il est exact que certaines mesures, par exemple les changements proposés pour l'éclairage public par la généralisation des techniques au sodium[56], auront un impact sensible de réduction des ventes dans un secteur d'importance majeure. Mais quant au reste ?

---

55. « *Programme des économies d'électricité* », *Information-Cadres*, dossier 18, 1977, Archives d'Hydro-Québec.

56. « *On s'était donné pour objectif*, se souvient Raymond Godbout, *que le Québec vu d'avion la nuit ne serait plus blanc, mais jaune. C'était un programme essentiellement conçu à l'intention des 1500 municipalités du Québec de l'époque. Son but ? Changer l'éclairage au mercure pour du sodium à haute pression, sensiblement moins énergivore. C'est un programme qui s'est remarquablement déroulé, un véritable succès.* »

Rien qui ressemble à de véritables mesures dissuasives, des hausses de tarif essentiellement justifiées par la nécessité de lutter contre le gaspillage, par exemple, des limitations draconiennes de la disponibilité des kilowatts ou des restrictions imposées à la consommation des kilowattheures par les abonnés. Autant de mesures parfois appliquées ailleurs qu'au Québec, mais auxquelles l'entreprise répugne au nom de sa réelle préoccupation face à la clientèle.

À cette époque initiale où Hydro aborde assez laborieusement et sans véritables balises définies le dossier de l'économie d'énergie, elle ne s'engage jamais à moins produire, n'incite jamais le client à se serrer la ceinture où à renoncer quelque peu au confort qu'elle n'a cessé de lui vanter. Elle vise uniquement à ce que le milieu consomme mieux son produit. Elle encourage l'amélioration de l'isolation des bâtiments, des logements ou des installations commerciales et industrielles destinés à recevoir l'électricité, mais c'est là du travail, en quelque sorte, en aval qu'elle délègue aux consommateurs. Certes, on va les aider dans la définition des améliorations souhaitables, mais Hydro ne se donne pas le mandat d'imposer des économies impopulaires.

Hydro montre l'exemple comme consommateur en éteignant les lumières de quelques étages de ses édifices. On le sait aujourd'hui, la mesure est plus spectaculaire que réellement efficace en ce qui regarde l'économie, le maintien des lumières dans un édifice la nuit permettant de diminuer le chauffage. Faites comme moi, dit-elle, éteignez la lumière des pièces où vous n'êtes pas présent et changez les robinets qui fuient. Une maison mieux isolée consommera, certes, moins d'énergie, mais de plus en plus de maisons chauffées à l'électricité en consommeront globalement, bien évidemment, davantage. Des industries utilisant de façon plus performante l'électricité, bravo, mais nulle part on ne parle de freiner en aucune manière le développement d'industries énergivores, ce que d'aucuns souhaiteraient, bien au contraire. Tout cela restera, chez Hydro comme chez bien d'autres distributeurs d'ici et d'Europe, à l'époque, assez ambigu.

Un maître dans le domaine des ventes et des relations avec la clientèle comme Gilles Béliveau ne s'y trompe pas qui intitule un discours prononcé durant cette période sur le thème « EE » devant la Ligue électrique : « *L'économie d'énergie, chacun y trouve son compte : du producteur au consommateur* ». Le producteur, c'est Hydro, sauf erreur. Et que dit Gilles ? Pas du tout qu'Hydro doit ou va moins produire, mais, le thème est récurrent, que le client doit mieux consommer, il y a nuance. C'est par la possession par le client d'« *installations de qualité* » que la société québécoise va « *favoriser les économies d'électricité… tout en gardant le même confort dans nos modes de vie[57]* ». Et le point central

---

57. *L'économie d'électricité, chacun y trouve son compte*, discours de Gilles Béliveau devant la Ligue électrique du Québec, section Rimouski, février 1978, Archives d'Hydro-Québec.

est là. Hydro ne dit pas : on économise, donc on produit et on dépense moins. Elle dit plutôt : on économise, donc on dépense mieux. Elle ne dit pas : nous allons mettre un frein au développement de nos ressources pour les préserver. Elle dit plutôt : si vous utilisez bien notre produit, il vous coûtera moins cher, sous-entendu qu'il ne sera pas nécessaire de vous en priver. Finalement et c'est frappant, ce vocabulaire, cette argutie de la fin des années 70, ce sont ceux qu'a toujours tenus l'industrie. Que disaient les compagnies privées à leurs abonnés tout au long du siècle ? Équipez-vous « comme du monde » pour bien profiter de notre service ! Que dit Hydro ? Ajoutez de la qualité à vos équipements et nos livraisons vous coûteront moins cher ! (Sous-entendu, vous pourrez consommer plus pour le même prix, nous on en a de l'énergie à vous vendre.) C'est fondamentalement le même discours : un discours de vendeur.

On est alors en 1977-1978. La circonspection d'Hydro dans le domaine des économies d'énergie, ses premiers pas mal assurés, peuvent certes s'excuser par la nouveauté de la préoccupation d'économie d'énergie et par le fait incontournable que, si d'autres distributeurs manquent ou risquent de manquer d'électricité, Hydro, elle, en a. Gageons en conséquence que ses premiers efforts n'enthousiasment ni le ministre Joron ni les écologistes locaux qui la regardent faire. L'entreprise avance sans filet de protection sur un fil où elle n'a ni envie ni véritablement intérêt à s'engager. Ce fil, c'est celui de la modernité, ses incertitudes, la nécessité qu'elle implique de remises en cause constantes et de changements fréquents. Or, ne l'oublions pas, l'encadrement de direction, à l'image d'un Robert Boyd de plus en plus désillusionné à l'époque, a vieilli, blanchi sous le harnais. La majorité des directeurs en poste approchent, quand ils ne les ont pas dépassés, les 30 ans d'ancienneté, ont gagné leurs épaulettes dans une époque de développement constant, d'expansion continue, de certitude de bien faire au nom du bien commun. Ils ne sont pas hommes à remettre en cause la façon qu'ils ont de concevoir l'exercice de leur mandat de service à la population pour quelques « *barbus écolos* » qui s'énervent ou un jeune ministre susceptible de retomber dans l'anonymat à la prochaine élection.

La force d'inertie d'Hydro est probablement beaucoup plus considérable à la fin de la décennie 70 qu'elle le sera les décennies suivantes ou qu'elle peut l'être aujourd'hui. La société d'État vit à l'époque ses dernières années de tranquille certitude.

Un séisme nommé Coulombe

Reste que sous la houlette de Raymond Godbout qui, lui, est engagé de toute la force de sa rigueur intellectuelle dans l'accomplissement de son mandat, Hydro monte effectivement péniblement la côte de l'économie d'énergie. Les efforts sont réels et iront en s'accroissant sensiblement à l'aube des années 80.

D'abord, il convient de souligner que ses campagnes publicitaires et ses encouragements à l'économie largement véhiculés auprès de la clientèle et de ses alliés vont puissamment contribuer à provoquer une prise de conscience au Québec du coût de l'énergie, de son incidence dans les budgets familiaux et dans les bilans des entreprises. Les hausses de tarifs successives, à cette époque de forte inflation où l'on se rend compte que les développements hydroélectriques à la Baie-James vont coûter sensiblement plus cher que ses promoteurs l'escomptaient, sont, certes, tout aussi déterminantes dans la sensibilisation des consommateurs à l'économie. Doutons qu'on éteigne systématiquement les lumières dans toutes les pièces inoccupées des foyers québécois dès cette époque[58], mais une solide proportion des clients résidentiels, les promoteurs immobiliers, les gestionnaires d'établissements, de commerces et d'entreprises vont alors se préoccuper comme jamais de bilans énergétiques et d'amélioration des performances des systèmes de chauffage, de climatisation et de ventilation.

Les premiers à bénéficier du changement seront les ingénieurs-conseils d'un Québec où la construction « tout à l'électricité » connaîtra un essor sans précédent. Des ingénieurs-vedettes du milieu témoignent. Jean Bergeron : *« C'est l'époque où l'on a inventorié et mis au point toutes les techniques permettant à la fois de restreindre la consommation mais aussi, en parallèle, d'aller chercher le maximum d'utilisation de la puissance installée. C'est là qu'était la clef du concept "tout électrique" : élever le facteur d'utilisation du kilowatt installé pour permettre au client de payer moins cher le kilowattheure utilisé. Ce fut une période incroyablement stimulante de ma vie professionnelle. »* André Dore : *« On a fait tant de constructions nouvelles à l'époque avec cette idée solidement ancrée d'atténuer le plus possible les factures énergétiques de la clientèle, qu'en quelques années on allait changer beaucoup de choses dans les façons de construire, d'aménager, à la limite dans les modes de vie. On a créé une tendance et la fin du siècle allait nous donner raison. »* René Viau : *« Les premières campagnes de promotion des économies d'énergie d'Hydro puis les divers programmes spécifiques qu'elle va introduire dans le milieu ont fidélisé les firmes de génie à l'électricité. Ils vont énormément contribuer au développement et au maintien des activités de génie-conseil et à l'accroissement de notre champ d'expertise, à l'époque où la construction de grands ouvrages ralentira. »* Jacques Bourassa : *« L'implantation du « tout électrique » associée à la nécessité de réduire les coûts pour la clientèle a haussé sensiblement les critères de qualité de l'industrie. La combinaison des deux nous a donné collectivement une mission, une responsabilité sociale. En quelques années les ingénieurs ont évolué et l'électricité est spontanément devenue notre premier choix à l'heure d'entamer l'étude d'un nouveau projet. »*

---

58. Un sondage effectué en 1983 par Hydro montrera des résultats globalement révélateurs de l'impact des mesures de promotion des économies sur la clientèle domestique. *Hydro-Presse*, à la fin de janvier 1984, faisant rapport de ce sondage, écrit que 45,5 % des clients calfeutrent désormais portes et fenêtres, 41 % baissent le thermostat la nuit, 55,4 % le jour, etc.

➤ *Les limites du «tout électrique» selon les ingénieurs-conseils*

Bien sûr que le «tout à l'électricité» a gagné l'estime du génie-conseil d'ici et que c'est lui que, le plus souvent, les concepteurs d'immeubles ont, depuis les années 70, le réflexe de proposer à leurs clients. Reste qu'il est des cas où le «tout électrique» s'applique mal. Ainsi, dans les hôpitaux, vous dira l'ingénieur Jean Bergeron: *«L'électricité ne peut suffire. La gestion d'un hôpital suppose la génération de vapeur qu'il est plus rentable de produire avec des combustibles.»* D'autres usages sont également à déconseiller, selon le même Jean Bergeron, comme le chauffage des entrées de garage par des grilles métalliques coulées dans le béton (une autre invention de Théodore Wildi). C'est un système à l'efficacité parfaite dont la généralisation éviterait très certainement bien des ennuis aux manieurs de pelles, mais dont l'usage a été totalement dissuadé par Hydro-Québec, l'appel de puissance engendré par le dispositif étant énorme et survenant au moment des pointes de charge hivernales.

Un autre ingénieur, Jacques Bourassa, vous citera le cas des hôtels : *«Un client n'aime pas entrer dans une chambre, monter son thermostat et ne pas immédiatement constater une élévation de la température. Or, cela peut fort bien être le cas si on a équipé l'hôtel de Gentec.»* Les polyvalentes ne sont pas non plus des bâtiments faciles à chauffer seulement à l'électricité. C'est, une autre fois, Jacques Bourassa qui en fait la remarque. *«Je dirais*, dit-il, *que 90 % des écoles primaires sont chauffées uniquement à l'électricité, mais bien peu de polyvalentes, car dans ce cas, à cause de la présence d'ateliers, il faut pouvoir aérer, ouvrir des fenêtres. Cela rend l'édifice particulièrement énergivore en hiver et l'électricité, dans ce cas, est à déconseiller.»*

Si tous les centres locaux de services communautaires (CLSC), la presque totalité des églises, l'essentiel des immeubles récemment construits, ou des édifices à bureaux, sont de nos jours chauffés à l'électricité, il est un type de bâtiment qui échappe résolument à la tendance. C'est André Viau qui explique : *«Le "tout à l'électricité" ne peut convenir aux immeubles dont on ne peut déplacer les résidents. Pensez-y : c'est le cas des prisons...»*

Depuis 1974, les ingénieurs-conseils se sont groupés dans une association que dirigera à compter de 1986 Johanne Desrochers. Elle déclare : *«Dans la mouvance d'Hydro-Québec, les ingénieurs vont développer sur deux décennies, passé 1975, un secteur, un créneau, une expertise dans le domaine des économies d'énergie qui va leur ouvrir un marché réel à l'international. Aujourd'hui, dix ou quinze firmes ont de l'expertise dans le domaine, une expertise exportable compte tenu de la crédibilité acquise par le Québec en maîtrise de l'énergie et ce développement de compétence est clairement attribuable à l'action d'Hydro-Québec.»*

1980 : en février, Yves Bérubé, nouveau ministre de l'Énergie et des Ressources, annonce la création de Nouveler, société filiale de sociétés d'État consacrée aux énergies nouvelles et à l'économie d'énergie. La filiale conjointe d'Hydro, de la Société générale de financement (SGF), de la Société québécoise d'exploration minière (Soquem) et de Rexfor sera présidée par le président d'Hydro, Robert Boyd. Faisant partie du conseil, le président du temps de la SGF dont le nom est pour la première fois cité dans les journaux internes d'Hydro-Québec : Guy Coulombe.

1980 : en novembre, René Lévesque, premier ministre, annonce qu'Hydro-Québec pilotera un imposant projet d'économie d'énergie au montant de 100 millions de dollars par an pendant 10 ans.

1981 : en mars, annonce conjointe par le ministre Bérubé et le président du conseil d'Hydro, Joseph Bourbeau, des objectifs du programme dit alors d'«*Efficacité énergétique des résidences*[59]». Nomination de Raymond Godbout comme responsable du projet.

1981 : en octobre, lancement par Hydro-Québec du programme dont le nom commercial est désormais «*Énergain-Québec*».

Lancement officiel du programme Énergain, le 15 octobre 1981. De gauche à droite : Pierre Godin, Raymond Godbout, Jean-Paul Cristel et Micheline Bouchard.
(Photo de Raymond Godbout)

1981 : en novembre, annonce de la nomination de Guy Coulombe comme PDG d'Hydro-Québec.

On voit les préoccupations du gouvernement. Hydro, que cela fasse ou non son affaire, est perçue à l'époque comme «*due pour changer*» par son actionnaire dans ce dossier de l'économie d'énergie. On lui en donne les moyens financiers, mais on lui donne aussi le bouvier capable de mener l'attelage là où l'on souhaite qu'il aille, et quel bouvier !

À la même époque, le gouvernement fédéral arrive dans le dossier des EE avec le Programme canadien de remplacement du pétrole (PCRP) et s'entend avec Québec pour le faire administrer également par Hydro. Le programme accorde des subventions particulièrement généreuses aux clients résidentiels (jusqu'à 800 $ par système de chauffage au mazout remplacé). C'est énormément d'argent qui arrive dans le marché.

---

59. Le programme portera un temps le nom de *Programme d'amélioration énergétique des habitations du Québec*, avant de prendre son nom définitif d'Énergain-Québec.

Énergain, qu'on commence à appliquer à la veille de l'entrée en service de Guy Coulombe, est un programme tout à fait novateur qui sera d'une importance capitale dans l'histoire de la Distribution, à la fois parce qu'il est doté de moyens financiers sans précédents, mais encore parce qu'il confirme un engagement forcé peut-être mais cette fois total et sans retour d'Hydro envers l'efficacité énergétique.

Raymond Godbout fait préparer une méthode type d'analyse des performances énergétiques des résidences par la firme de génie-conseil Chalifour Marcotte, et retient un an dans l'entreprise les services d'un ingénieur spécialisé, Louis Boulanger. Raymond Godbout va faire également le choix de ne se doter au siège social que d'une très petite équipe de quatre « *concepteurs* » avec des prolongements opérationnels régionaux. Dans une initiative assez unique dans l'histoire de la Distribution, il va diviser le travail à faire entre des exploitants internes et des ingénieurs-conseils. « *On prévoyait la visite de 100 000 à 150 000 résidences par année pour y faire des analyses énergétiques et donner des bilans aux clients. Cela représentait un volume de travail considérable. Pour des questions de souplesse de gestion et sachant que le programme était limité dans le temps, j'ai proposé qu'on le délègue entièrement à l'externe. Mais finalement monsieur Boyd fut d'opinion que la pilule eut été un peu trop grosse à avaler pour le syndicat. "Coupez donc la poire en deux, me dit-il,* moitié interne, moitié externe" *et c'est ce que nous avons fait.* »

Tous les préposés aux analyses iront suivre des cours intensifs au collège Lionel-Groulx, retenu tout l'été 1981 par l'entreprise. Le programme va susciter un succès immédiat dans le public. Entre octobre où on l'annonce et décembre 1981, Hydro, en deux mois à peine, recevra 13 064 demandes d'analyse énergétique. Avec Énergain comme véritable point de départ, l'efficacité énergétique sera, pour les années à venir, indissociable des activités de mise en marché d'Hydro-Québec. Désormais les nombreux ingénieurs qui joindront le secteur des Ventes d'Hydro, et ce jusqu'à nos jours, auront pour principale préoccupation l'aide aux clients afin qu'ils utilisent de la façon la plus efficace possible les kilowattheures fournis par l'entreprise. Tout cela va rentrer dans les mœurs internes à compter de ce début des années 80. On ne jouera plus sur les mots, on ne tiendra

Un représentant d'Énergain en plein travail, à l'automne 1981 : Réjean Desforges, de la région Laurentides.

347

plus des discours ambigus sur le sujet. Certes, il y aura toujours à l'interne des opposants de fait au concept EE, et ils auront leur heure, mais ils devront maquiller leur opposition sous d'autres motifs plus «*présentables*» que la seule nécessité de développer à tout prix les marchés, moteur incontournable de l'entreprise privée. Désormais et jusqu'à nos jours, Hydro manifestera et démontrera un sincère et profond parti pris favorable aux économies.

➤ L'apprentissage d'un chef ou Jean-Pierre Sauriol et Énergain

L'histoire du groupe d'ingénieurs Dessau-Soprin est associée de bien des façons à celle d'Hydro-Québec. Le fondateur, Paul-Aimé Sauriol, aime à rappeler que c'est la construction de la route de la Baie-James, au début des années 70 («*450 milles de route en 450 jours*»), qui propulsa la jeune Dessau de l'époque *dans «les ligues majeures»* du génie-conseil québécois. Il mentionne encore que, quelques années plus tard, ce sera la surveillance de la construction de lignes du réseau de transport de la Baie-James, qui allait consacrer la firme de Laval comme un poids lourd du domaine. Depuis, Dessau accompagnera souvent Hydro dans le suivi technique de ses réseaux de transport et de distribution d'électricité.

Mais il y a plus. Dessau fera le choix de l'accompagner aussi en Commercialisation et en Efficacité énergétique. Monsieur Sauriol explique : «*Notre volonté bien arrêtée a toujours été de suivre Hydro dans ses activités les plus stratégiques, pour profiter de son effet d'entraînement sur le potentiel de développement international. Quand Hydro a choisi de se lancer en économie d'énergie, nous avons décidé de la suivre et de la seconder même si nous étions aussi néophytes qu'elle dans le dossier.*»

Dessau sera l'une des deux entreprises de génie retenues par l'équipe de Raymond Godbout à la lecture des soumissions[60] au programme Énergain. Qui pour piloter le dossier chez Dessau ? Le père va choisir son fils, pas tant – et bien au contraire – que le projet apparaisse facile, mais il faut un profil de gestionnaire plus qu'un profil de technicien pour mettre en place le programme d'analyse, or le jeune prétend préférer la gestion...

En collaboration avec Hydro, il faut inventer des façons de travailler pour mettre en place des équipes capables de réaliser les 150 000 analyses énergétiques requises sur 3 ans par le projet. «*Nous en ferons 40 000 chez Dessau*, dit aujourd'hui Jean-Pierre Sauriol. *J'étais entré dans l'entreprise en 1979 et j'étais loin d'y être le plus fort en technique. Énergain, quand on me l'a confié, avait tout du projet "peau de banane". Ce n'était pas un dossier classique de génie-conseil. C'était la première fois qu'Hydro offrait au privé un projet du genre. Elle non plus, en fin de compte, ne savait pas exactement où elle s'en allait dans ce cadre-là. Nous y sommes allés ensemble. Nous avons engagé nous-mêmes chez Dessau près de 50 personnes autour d'un solide noyau de techniciens en architecture. On a commencé par deux visites chez les clients*

---

60. L'autre sera la compagnie Bendwell, de Trois-Rivières.

par jour et on est allé à quatre. De cette date, le volet Efficacité énergétique est devenu très fort chez nous et nous ne cesserons plus d'accompagner Hydro dans les autres programmes commerciaux qu'elle lancera ou pilotera par la suite. »

Aujourd'hui, Dessau-Soprin emploie 1 300 professionnels, réalise 3 000 ou 4 000 projets par an un peu partout au Québec et dans le monde. Depuis 1992, c'est Jean-Pierre Sauriol qui préside le groupe. Il dit avec simplicité : *« Pour moi, Énergain est le projet qui, par son succès, m'a donné beaucoup de notoriété personnelle dans l'entreprise de mon père. Il m'a véritablement mis sur la carte. Ce fut mon école. »*

Il arrivera, et ce, très rapidement du reste, entre 1983 et 1986, sous des pressions politiques ou compte tenu de la présence d'excédents énergétiques, qu'on fasse passer au second plan les préoccupations d'économies, mais le souci de recherche d'efficacité va désormais rester intimement collé à l'image publique d'Hydro et régenter ses pratiques commerciales. La signature *« L'Électrifficacité »* que l'entreprise va bientôt adopter en témoignera et sera longtemps associée aux publicités et aux manifestations publiques d'Hydro, en fait jusqu'après 1990, une longévité assez exceptionnelle dans le monde de la promotion publicitaire en mutation perpétuelle.

L'heure est à la fusion des activités. La Direction Commercialisation, créée en 1982, regroupe les Services à la clientèle, la Tarification, l'Électrométrique, la Planification et les Programmes commerciaux. De gauche à droite : Claude Pouliot, directeur adjoint, Raymond Godbout, Roger Labrie, Jocelyne Pellerin, Jacques Finet, Jean-Bernard Payeur et Jean-Paul Cristel, le directeur.

---

61. Tous ceux qui étaient à l'origine de la fonction Distribution et Ventes subsistant alors à l'époque disparaîtront dans la tourmente : Maurice Saint-Jacques, Gilbert DuSablon, Jacques Bisaillon, etc. Ce sera l'heure du départ pour Jean-Paul Cristel également. Parmi les rares survivants du séisme, son *alter ego* de la fonction jumelle, Marcel Couture, longtemps menacé mais qui saura tenir, contre vents et marées, le temps d'un autre président.

Au début de l'année 1982, Guy Coulombe s'installe au 22e étage d'Hydro. Finie l'ère des bâtisseurs, des constructeurs, des planificateurs du Génie dirigeant la maison, le nouveau président ne prendra pas de gants, du reste, pour le signifier aux premiers intéressés. Monsieur Coulombe, sociologue de formation, est d'une farine fort différente de celle des fondateurs d'Hydro dont il relève la garde, les remplaçant tous, peu ou prou, dans les deux ou trois années suivant sa nomination[61]. Hydro sous sa gouverne va résolument prendre position face à quelques grandes orientations de base en distribution : l'adoption déterminée et définitive de l'option efficacité énergétique en est une, la modernisation des approches de l'entreprise vis-à-vis de ses clientèles, la valorisation du service et des exploitants chargés de le donner, la remise en place de structures proprement commerciales au plus haut degré décisionnel de la maison en sont d'autres.

La vieille Hydro des certitudes est ébranlée par la violence et l'amplitude du séisme. Elle va changer de vitesse de croisière en quelques mois, devenant alors une entreprise à l'inertie relativement moins forte, une société plus alerte, plus prompte à s'adapter aux modifications de l'environnement, plus rapide à répondre aux attaques, à l'image de son président, animateur exceptionnel qu'on va trouver partout dans la maison là où il faut de la stimulation, de la créativité et, au besoin, un bon coup de gueule ou un petit coup de fouet pour activer la marche.

La transformation vient à point nommé, l'administration Coulombe ayant immédiatement à faire face à une conjoncture de crise tout à fait exceptionnelle et devant s'adapter rapidement au contexte économique particulièrement difficile que nous avons déjà évoqué. Hydro va se retrouver à cette époque avec des excédents d'électricité considérables qu'elle se verrait en voie de perdre à défaut de les rendre accessibles à sa clientèle de façon urgente. Aussi déterminé que soit l'*a priori* favorable du président pour les économies d'énergie, l'heure, de façon bien conjoncturelle, n'est plus à la conservation d'une ressource rare, mais bien à la vente d'une denrée périssable si l'on ne la commercialise pas au plus vite. Raymond Godbout, en bon officier, va mettre la hache dans son programme d'EE. Il rationalise avec pragmatisme aujourd'hui : «*On avait avec Énergain un des plus plus beaux programmes d'efficacité énergétique de l'époque. Toute l'affaire baignait dans l'huile. On l'a mis tranquillement sur une voie de garage pour l'arrêter définitivement vers la fin 1983.*» Guy Coulombe explique : «*Il ne faudrait pas croire que l'on a demandé à Godbout d'arrêter Énergain à l'unique motif que l'on avait trop d'énergie. En fait, il devenait logique d'arrêter le programme, présence d'excédents de production ou non. Énergain était effectivement un excellent programme qui nous avait permis d''''écrémer" le marché. Il avait à l'époque atteint l'essentiel des objectifs que nous visions. Le continuer devenait de moins en moins rentable et justifiable.*»

De chef du secteur des Économies d'énergie, Godbout va devenir, le temps de changer de casquette, l'un des chefs des ventes d'énergie excédentaire, alors que Claude Boivin, nommé vice-président Marchés internes, le nommera directeur Tarification et

Planification commerciale en 1983. «*L'efficacité énergétique,* de justifier Guy Coulombe, *dans une boîte comme l'Hydro de l'époque, c'était clairement incompatible avec la construction. Je les ai assez entendus, les bâtisseurs de centrales ou de réseaux, me dire que ça n'avait pas de bon sens de promouvoir les économies. Mais pour un vendeur, c'est parfaitement normal de pouvoir passer de la promotion de l'économie du produit à la promotion de sa vente. Ça n'a rien d'incompatible. En théorie, plus les programmes d'efficacité fonctionnent, plus il reste d'électricité à vendre. Évident que les gens de marketing doivent* «*y faire face dans les deux cas! C'est leur métier!*»

Aucun «bleu» à l'âme chez Raymond Godbout qui va donc revenir à ses anciennes amours et vendre. Claude Boivin dresse la table: «*On avait 5 000 mégawatts de surplus à la mise en service de la Baie-James. "Débrouille-toi avec ça!", m'a dit Guy Coulombe en créant Marchés internes et en me nommant VP. Tout un mandat!*»

À l'image du tandem Boivin-Coulombe qui maintient la pression sur la petite équipe de marketing, il va falloir que les «*pondeurs*» de programmes commerciaux se montrent rapides et créatifs. Raymond Godbout illustre: «*La pression était terrible, il fallait les écouler les surplus. Je tenais à l'époque des réunions de réflexion avec mon monde à la recherche d'idées novatrices. Il arrivait que Coulombe se joigne à nous. Il cognait à la porte, entrait et s'asseyait là: "Pas de trouble pour moi, dérangez-vous pas les gars, continuez!" On continuait, mais bon, j'étais pas mal plus nerveux et les autres pas mal moins naturels. Coulombe nous laissait aller un moment, écoutait, intervenait peu. Mais, à la fin, au moment de conclure c'était comme plus fort que lui, fallait qu'il embarque:*

"Quand est-ce que vous pouvez faire ça, les gars?

– Dans six mois.

– Essayez-donc dans quatre mois!"

Et on le faisait en quatre...»

Depuis quinze ans qu'il faisait de la Planification, Gilles Roy s'est fait convaincre par les arguments de Guy Coulombe et de son adjoint Jean Houde, laissant entendre qu'une carrière réussie à Hydro impliquait des changements de caps fréquents et le passage presque obligatoire par l'Exploitation. Bref, on le retrouve à l'époque dans l'équipe des Programmes commerciaux d'Yves Quessy, l'ingénieur de CALMEC, revenu à la Commercialisation comme chef de service sous Godbout. Gilles est aventureux. Il est passé de cadre au Génie à simple conseiller au Commercial, mouvement à contre-culture impensable dans les décennies précédentes. Il entre dans un groupe au profil vendeur qu'il va enrichir de ses compétences techniques pointues et de sa connaissance en profondeur du produit «*électricité*». Il dit aujourd'hui: «*On était peu dans ce groupe-là à avoir un bon niveau de connaissances techniques. Ça nous donnait de la crédibilité en partant. À l'époque, il fallait vendre et l'ambiance, pour être "cow-boy" pas mal, était très stimulante. On exprimait des idées et ça marchait, ça se concrétisait. Tu imaginais un programme un jour et il aboutissait au conseil d'administration le lendemain! Jamais de ma carrière je n'avais vu les choses aller aussi rondement et efficacement.»*

Mais Gilles Roy, et c'est l'une de ses marques de commerce, est du genre à relativiser, à mettre en contexte, ce qu'il analyse, même lorsqu'il s'agit de bons souvenirs (imaginez les mauvais!), et sa dent est généralement dure. Évoquant aujourd'hui cette époque, il met un bémol à son enthousiasme : *«Ce que nous faisions en fait alors, et je le disais à mes collègues qui n'aimaient pas toujours m'entendre, ressemblait plus à du dumping qu'à du véritable marketing. On ne savait véritablement pas où l'on s'en allait collectivement, à long terme, avec tout ça. La commande était de vendre l'énergie excédentaire et on la vendait[62]!»*

Douze programmes commerciaux seront proposés aux diverses clientèles, *«tous des réussites»*, selon Raymond Godbout. On ciblera tour à tour les hôpitaux que l'on groupera pour qu'ils puissent bénéficier de tarifs plus avantageux, les institutions religieuses d'importance, les grands complexes commerciaux, les musées, les stations de ski, etc. C'est alors qu'on va pour la première fois amener au Québec le concept du chauffage bi-énergie, sur fond de concurrence sans merci avec les promoteurs des systèmes au gaz naturel, nouvellement arrivés sur le marché de la région métropolitaine et qui livrent à l'époque une guerre farouche et particulièrement efficace contre l'électricité. Les fournisseurs de mazout sont plus divisés : certains, comme Shell et Esso, décideront immédiatement de s'associer à Hydro; d'autres, comme Texaco, mèneront quelque temps une guérilla à terme improductive.

Le plus spectaculaire d'entre les programmes sera celui dit des *«bouilloires électriques»*, destiné à la grande clientèle industrielle : *«Un événement d'une importance capitale pour le développement économique du Québec en 1983»,* d'évaluer un connaisseur, André Chalifour. Hydro vendra 3 500 mégawatts en 15 mois aux entrepreneurs : du jamais vu[63]! *«On payait la chaudière et son installation[64],* dit Claude Boivin, *et, mieux que ça, on disait*

---

62. Cette préoccupation de Gilles Roy, d'autres que lui l'expriment. Citons ici André Chalifour, assez critique, lui aussi, à l'heure du bilan du dossier des *«bouilloires électriques»*, un des programmes majeurs de l'époque : *«Le programme d'écoulement des excédents en 1983 n'allait pas durer longtemps, malheureusement. Il est sûr que certains de ses impacts n'avaient pas été évalués comme ils auraient dû l'être. Un exemple : la main-d'œuvre des mécaniciens de machinerie fixe qui assuraient la maintenance des chaudières industrielles. Un nombre considérable de ces gens-là ont alors été mis à pied au terme de négociations longues et ardues pour briser les conventions collectives. Une couple d'années plus tard, Hydro n'ayant plus d'électricté excédentaire, il fallait les réembaucher.»*

63. Il nous était malheureusement impossible, dans la recherche nécessaire à l'écriture du livre, de rencontrer tous les acteurs importants de l'histoire de Distribution. Il en est ici un qui aurait pourtant certainement mérité d'être cité dans ces pages. Il s'agit de Gaston Boucher, cadre aux Ventes de la région Saint-Laurent, puis actif au Commercial au siège social qui, à lui seul, aurait réalisé au moins la moitié des ventes de chaudières électriques auprès particulièrement des industriels des pâtes et papiers.

64. Hydro-Québec subventionnait l'achat de la chaudière et des équipements mécaniques requis pour son fonctionnement, jusqu'à concurrence de 30 $/kW. Elle subventionnait également l'achat de l'équipement électrique nécessaire à l'installation jusqu'à 35 $/kW souscrit au contrat.

à l'industriel : "Maintenant, fais-la marcher ta bouilloire et on va te vendre l'énergie 10 % moins cher que tu la payais quand tu chauffais au gaz ou au mazout !" » Le prix de l'électricité était indexé aux tarifs des concurrents pour une période contractuelle pouvant aller jusqu'à quatre ans. C'était tout un risque ! « *Nous étions ce faisant très durs pour la concurrence*[65], poursuit Boivin, *mais comment mieux faire ou faire autrement ? Nous avions la disponibilité de ces surplus et c'était bien notre rôle que de les mettre au service des clients et du développement économique du Québec !* »

Le programme des « *bouilloires* », aussi bref sera-t-il, au grand dam de plusieurs – il sera définitivement suspendu, comme annoncé à sa mise en place, en décembre 1987 –, aura un impact considérable sur le développement industriel de l'époque. En commission parlementaire en mars 1988, Hydro-Québec évaluera qu'il aura engendré des épargnes de l'ordre de 650 millions dans la seule industrie papetière, lui permettant de se moderniser et d'accroître sa compétitivité.

Il est une conséquence interne du vaste programme qu'il convient de souligner ici. On a tellement évoqué les difficultés d'être entre les unités de Génie et de Distribution que, là, on écoutera Gaston Plamondon lever son chapeau à l'endroit de ses confrères de la Planification : « *Ce n'était pas facile pour eux. On leur demandait des raccordements de plusieurs dizaines de mégawatts en quelques semaines. C'était tout à fait contre la norme et les us du siècle. Ils se sont bousculés et ils y sont arrivés. Ils ont mis beaucoup de cœur à trouver des solutions et l'affaire a déboulé de façon extraordinaire.* » Claude Boivin de tempérer quelque peu l'enthousiasme reconnaissant de son collègue : «*Vrai, ce que tu dis là, Gaston ! Mais il y avait du Coulombe derrière ça ! Il réglait directement avec Hamel*[66]. *"Ch… !, Laurent, grouille le c… de tes gars, ça presse !"* »

À n'en pas douter, monsieur Coulombe était un président d'Hydro expressif…

L'histoire d'Hydro-Québec et des industriels québécois ne se maillera jamais autant qu'à cette période, et nous y reviendrons. La société d'État va leur offrir une panoplie impressionnante de programmes variés, du service à la carte, du sur-mesure : énergie interruptible, contrats à partage de risques, incitatifs tarifaires, etc. Elle va consacrer à l'époque des efforts énormes à développer de nouvelles façons de produire à l'électricité dans tout ce que le secteur industriel québécois compte de branches actives. Nous reviendrons sur ces réalisations, mais que l'on retienne à cette première étape d'analyse que l'ensemble de ces succès souvent retentissants va créer un impact certain sur la charge et la pointe de consommation électriques du Québec de l'époque et bientôt redonner des sueurs aux planificateurs du réseau.

---

65. Si dur, en fait, que certains s'en inquiéteront. Ainsi Jacques Parizeau, alors ministre des Finances, n'aimera jamais beaucoup le programme des « bouilloires », de se souvenir Guy Coulombe.

66. Laurent Hamel, alors vice-président exécutif Équipement, dont relevaient les équipes de Génie et de Planification technique.

➤ *Eh, le Québécois ! N'exagéreriez-vous pas un peu ?*

L'histoire se passe en France où Raymond Godbout donne une conférence au milieu des années 80. Il traite devant les collègues de l'EDF, cadres supérieurs, ingénieurs et agents commerciaux spécialisés dans les ventes d'électricité à la grande entreprise, de la phénoménale réussite des ventes d'énergie excédentaires dans le cadre du programme québécois dit « *des bouilloires électriques* ».

C'est qu'on ne rit pas. Hydro, par la voix de Godbout, affirme à ces spécialistes qu'elle vient de vendre en à peine cinq trimestres 3 500 MW de puissance, soit une augmentation ponctuelle de près de 20 % de sa charge de l'époque.

Le chiffre jette un grand trouble sur l'assemblée de connaisseurs. On se regarde, on s'interroge, on soupçonne une erreur. Finalement un homme se lève et demande : "Monsieur veut sans doute dire 350 MW ?" « *Ils n'en revenaient tout simplement pas ! Qu'on ait pu tant vendre en si peu de temps les dépassait* », de conclure Godbout.

Même bouleversement majeur dans le chauffage résidentiel avec l'établissement de plus en plus généralisé des formules bi-énergie dans les habitations autrefois simplement chauffées au mazout (385 000 en 1983[67]). Le concept bi-énergie, très largement médiatisé, est proposé aux propriétaires de maisons unifamiliales sous la forme d'un programme incitatif offert dans la foulée d'Énergain. Le premier programme, lancé en 1982, va combiner à la fois les généreuses subventions gouvernementales et les mesures incititatives tarifaires d'Hydro, offrant ainsi une formule particulièrement avantageuse au client soucieux de moderniser ou de changer ses installations de chauffage. Le concept est simple et profitable pour tous. Il est fondé sur l'utilisation par le client de deux sources d'énergie, soit l'électricité en service de base et un combustible en période de pointe. Le client chauffe donc en temps normal à l'électricité, mais sa chaudière au mazout ou au gaz démarre automatiquement à un certain seuil de température froide (−12 °C ou −15 °C, selon la zone géographique). Ainsi, sans que le confort du client soit affecté, la charge électrique disparaît en période de pointe, celle-ci survenant presque toujours au Québec en fin d'après-midi par les temps les plus froids et nuageux. À la fin de 1983, après deux ans d'application du programme, 60 000 conversions auront été réalisées. Un succès phénoménal.

Reste que la mise en place du premier programme bi-énergie correspondra à une époque assez trouble de l'histoire des alliés d'Hydro-Québec, milieu relativement désorganisé depuis la mise en retrait de la Ligue électrique du Québec. Depuis 1982,

---

67. Chiffre cité dans la revue *Commerce* de mars 1983, dans un article intitulé « *Gaz contre électricité* ».

Hydro-Québec, à l'initiative d'un Guy Coulombe poursuivant sa logique de remise en cause de tous les engagements de la société, a quitté la LEQ qui ne se remettra pas du départ de l'entreprise et de la perte de soutien qu'il signifie immédiatement pour elle. L'Hydro du temps, libérée de ses engagements du passé avec le milieu, avait jugé que l'industrie locale de l'électricité était suffisamment « mature » pourqu'elle puisse désormais avancer sans que la société d'État ait nécessairement à lui tenir la main. Reste qu'un rôle de surveillance, de respect de normes et d'éthique ne s'exerce plus à l'époque et que l'histoire du début de l'application des programmes bi-énergie sera entachée de quelques épisodes assez malheureux quand des individus plus ou moins scrupuleux s'improviseront promoteurs du bi-énergie pour profiter du nouvel eldorado.

Le programme bi-énergie fonctionnera si bien dans le secteur unifamilial que les spécialistes de la Mise en marché d'Hydro l'élargiront au début 1984 aux petits immeubles résidentiels et aux institutions (hôpitaux, écoles, bureaux des gouvernements, etc.). C'est le vice-président exécutif Georges Lafond[68] qui en fait l'annonce, affirmant que le système « *devrait permettre à ces catégories d'abonnés d'économiser de 15 à 20 % de leurs frais de chauffage par rapport à un système au mazout*[69]. » L'année suivante, la portée de cette véritable coqueluche des programmes commerciaux d'Hydro sera de nouveau élargie, cette fois à tous les immeubles résidentiels, quelle que soit leur taille[70]. En 1985, enfin, ce sont les clients des secteurs commerciaux et industriels qui pourront également en bénéficier. Bref, tous les clients sont rejoints au motif ultime qu'Hydro-Québec dispose alors de surplus d'énergie attribuables à la mise en service de la phase 1 du complexe La Grande et qu'elle entend que le plus grand nombre possible de clients profitent de l'heureuse situation.

---

68. Embauché au début des années 60 par Georges Gauvreau, trésorier de longue date de l'entreprise, Georges Lafond fut l'un des cadres les plus en vue d'Hydro dans les années 70 et au début de la décennie suivante. Sous l'impulsion d'un Guy Coulombe soucieux de voir ses relevants s'exercer à des fonctions diverses, il passera de la Trésorerie à la Mise en marché à la première organisation de l'administration Coulombe en 1982, nomination très bien perçue des observateurs à l'époque. Claude Boivin aux Ventes internes et Jacques Guevremont à l'externe seront alors ses deux relevants directs. Lafond quittera Hydro pour retourner dans le secteur financier puis à l'enseignement (aux Hautes études commerciales) à la moitié des années 80.

69. « *Élargissement du programme bi-énergie* », Hydro-Presse, Hydro-Québec, fin février 1984.

70. La logique de recherche d'efficacité énergétique sous-tendant l'accessibilité aux programmes bi-énergie fera en sorte que des analyses énergétiques seront également proposées aux marchés concernés. Huit firmes de génie-conseil vont se regrouper sous le nom de SNC + et obtenir le contrat de 35 millions accordé par Hydro à l'époque.

➤ *Les tribulations d'un artisan au pays des vendeurs*

Prenez des précautions quand vous parlez à Serge Pepin du premier
programme bi-énergie lancé par Hydro-Québec! Ne faites pas confiance
au premier vendeur de «balayeuses» venu quand il s'agit de chauffage!
Écoutez la parabole du pauvre artisan plombier de Belœil en Montérégie.

*«En ce temps-là, j'étais prospère. J'avais une affaire d'installation et d'entretien de
fournaises à l'huile sur la rive sud, plus de 5 000 clients, du travail plus que je ne pouvais en
faire, 4 camions de service payés, du bel argent sur mon compte en banque amassé au fil
de 18 années de dur labeur, 80 000 $ d'inventaire clair de toutes dettes. Tout était beau et
j'aimais ce que je faisais. Un beau jour, un de mes amis m'appelle:*

"As-tu entendu parler de d'ça: la bi-énergie?

– C'est quoi ça?

– Des éléments électriques que tu mets sur les fournaises à l'huile.

– Ah oui?

*– Je vends les éléments, moi. L'installation est subventionnée, pis pas à peu près.
Toi qui as des clients dans l'huile, tu pourrais faire une fortune."*

*Là pour mon malheur, j'ai embarqué dans son affaire. Je suis entré en contact avec un
gars de Longueuil qui avait parti une compagnie de vendeurs sur la gueule. Ces gars-là
n'y connaissaient rien en chauffage. De vrais vendeurs de balayeuses! Ils ne savaient
pas ce qu'ils vendaient, mais ils vendaient! En plus de ça, le même gars m'a convaincu
d'embaucher une vingtaine de solliciteurs au téléphone, puis, pour gérer le tout, un
directeur des ventes, et tout ça grouillait, réclamait des avances, touchait des
commissions et moi j'essayais de suivre à l'installation. Assez vite, il a fallu que j'engage
des électriciens pour compléter mon travail, et puis on a connu les pires ennuis sur les
vieux systèmes à l'huile et les échanges d'air. On aurait dit que tout se combinait pour
ne pas marcher. Je passais mon temps à aller faire des réparations gratuites!*

*Paye les électriciens, tes aides-plombiers, les hos…!!! de solliciteurs et de vendeurs: j'ai mangé
en 13 mois ce que j'avais pris 18 ans à ramasser! Je me suis retrouvé tout nu avec 284 000 $
de dettes et mes camions tout usés. J'ai fermé les portes, vendu comme j'ai pu les camions et
suis parti travailler au comptoir des pièces du fournisseur à qui je devais le plus. Je me suis dit:
"Serge, t'as fait une erreur, au moins, si tu en fais d'autres, tâche d'en faire de nouvelles,
pas la même. Ça fait que des vendeurs, Serge Pepin n'en a plus jamais embauché[71]!"»*

---

71. Monsieur Pepin est revenu de sa faillite et a remboursé tous ses créanciers. Au terme d'années de travail et de
choix un peu plus chanceux, il est aujourd'hui le président d'une dynamique entreprise d'installation de
thermopompes. L'histoire est belle, car il a choisi son nouveau créneau en devenant lui-même, un temps,
vendeur, dans un salon de l'habitation. «*J'expliquais aux gens ce qu'était le système de chauffage et climatisation
par thermopompe, et, comme plombier, je devais inspirer confiance. J'ai ramassé 42 noms au salon et, sur les 42, j'ai
vendu 38 pompes. Je me suis dit: "Coudon, mon Serge, tu as peut-être du talent dans la vente, toi!"*»

« J'économisais, puis je vendais ; j'économisais, puis… »

Le succès combiné des programmes, associé à la tendance forte de glissement du marché de l'énergie québécois vers l'électricité[72], provoque une croissance exceptionnelle de la demande en 1983-1985. La pointe s'établit à près de 25 000 MW le 15 janvier 1986 à 17 h 30. Pas de problème, l'entreprise dispose de l'énergie requise, mais vive inquiétude chez les planificateurs. On a répondu, certes, à la demande de pointe, mais *« les fesses serrées »*, en coupant des exportations et des charges interruptibles. Aucun équipement de production ne devant s'ajouter au réseau pour encore quelques années, que fera-t-on en attendant si la pointe devait continuer de grimper de façon aussi vertigineuse ?

Depuis 1986, Hydro a ralenti ses promotions. C'est une époque où l'entreprise va prendre une conscience toute nouvelle de l'importance de ses activités commerciales et leur donner une place primordiale sur le plan stratégique. Sous l'impulsion de Claude Boivin, bien soutenu et alimenté à l'époque par Roger Lanoue, devenu directeur, Services à la clientèle au début de 1985[73], et Raymond Godbout, nommé à la même époque directeur Planification commerciale, la société d'État va être assez vigoureusement secouée sur le thème du *« virage-clientèle »*, autre branle-bas interne sur lequel nous reviendrons. Sur le plan plus strictement commercial, l'unité Marchés internes va lancer deux initiatives majeures : un programme de sensibilisation des employés au marketing et la définition de la première politique commerciale d'Hydro-Québec.

Deux vedettes de l'*underground* comique de l'époque, Claude Meunier et Serge Thériault, les ineffablement loufoques Ding et Dong, vont être mis à contribution pour expliquer la chose commerciale et les lois du marketing aux employés[74]. On leur demande d'animer une vidéo intitulée *« Le client c'est l'affaire de tous les HydroQuébécois »*. Le résultat est pour le moins surprenant. On sent les deux jeunes artistes, coiffés de perruques et vêtus de vestes en peau de vache, en pleine improvisation, en total contrôle des inepties qu'on les a laissés libres de narrer pour faire les liens entre les messages

---

72. De 1966 à 1983, le nombre de logements chauffés à l'électricité au Québec est passé de 40 000 à plus de 1 000 000, ce qui représente un taux d'accroissement annuel moyen de 21 %. *« Sondage auprès de 8 100 abonnés d'Hydro-Québec par la direction Tarification et Planification commerciale »*, 1983, Archives d'Hydro-Québec.

73. Entré en 1972 à Hydro-Québec, Roger Lanoue, économiste, vient de la division Environnement et a transité par le bureau du PDG, dont il était l'adjoint depuis 1983.

74. Là encore, comme en 1970 avec Yvon Deschamps, il y aurait beaucoup à analyser, voire à psychanalyser sur cette attitude d'Hydro quand il s'agit de promotions réservées à l'interne. L'entreprise s'y montre irrévérencieuse, imaginative, débridée, bref sous un jour parfaitement différent de celui qu'elle affiche généralement dans ses communications externes, beaucoup plus formelles, guindées et prévisibles (à l'exception des « 12012 » et, peut-être, récemment, des jumeaux Laprise). À méditer…

plus officiels des autorités commerciales de la maison. C'est à la fois sympathique, déroutant et accrocheur, probablement réussi. On dit que 10 000 employés (sur les 18 000 de l'époque) assisteront aux séances d'information et de sensibilisation.

1987 va sonner le glas de la grande majorité des programmes liés à l'écoulement des surplus. La nature n'aide pas Hydro, alors que les réservoirs se remplissent mal en amont des barrages. La fin du programme des chaudières industrielles ne sera pas sans créer un large mouvement d'insatisfaction dans le milieu industriel concerné où l'on appréciait à leur juste valeur les largesses de l'entreprise. Hydro-Québec devra laborieusement expliquer devant les députés et le ministre John Ciaccia, qui taraude volontiers l'entreprise à l'époque de l'administration Coulombe, que, toute bonne chose ayant une fin, l'équilibre s'est refait entre l'offre et la demande de son produit et qu'il ne lui est plus possible de vendre des surplus pour l'excellente raison qu'elle n'en a plus.

La première nouvelle addition au réseau, Manic 5 Puissance Additionnelle, n'est prévue que pour 1989. Dans ces conditions, les ingénieurs de Planification prévoient des « *engorgements* » aux pointes jusqu'à l'hiver 1988-1989, alors que doivent prendre fin plusieurs programmes de vente d'énergie excédentaire. C'est la rançon du succès pour une Hydro peinant à maîtriser la popularité extrême de son produit. Et que fait-on quand une machine s'emballe ? On la freine. On va reparler très fort d'« *économie d'énergie* ».

Toujours des économies d'énergie, cette fois dans le secteur de la construction résidentielle. On est en mars 1987, au lancement du programme de la maison R-2000. De gauche à droite : Jean Charest, alors ministre d'État à la Jeunesse, représentant le gouvernement fédéral qui parraine le projet, Benoit Michel et Raymond Godbout, d'Hydro-Québec, et Armand Houle, président de l'Association provinciale des constructeurs d'habitations du Québec.

Pierre Godin à la retraite, Claude Boivin a été le choix de Guy Coulombe pour occuper le poste laissé vacant de vice-président exécutif Exploitation. Pour remplacer Boivin, Coulombe va se souvenir d'un grand et solide bonhomme qui lui avait fait bonne impression durant la première année de son mandat : Jacques Finet. Ancien de la Quebec Power, second de toujours de Jacques Bisaillon à Tarification, Finet est, depuis 1982, le maire à temps plein de Longueuil.

L'histoire de sa première rencontre avec Guy Coulombe, c'est Jacques qui la raconte. *« J'avais eu un dossier de tarification assez délicat qui avait été monté au Coge [Comité de gestion] de direction par Cristel et Godin. Les deux, pas plus convaincus que ça de ma proposition, avaient dû, j'imagine, ne la défendre qu'assez mollement. Bref, Cristel, à son retour du COGE, m'annonce que ça ne passe pas. Ça me choque et je lui demande de réinscrire le dossier à la prochaine réunion. Sa réponse :*

"Tu connais pas Coulombe, toi ! Avec lui, quand c'est non, c'est non, pis j'ai pas bien le cœur à le contrer !

– Demandez que ça repasse ! Je vais y aller moi…

– Jacques, ça ne passera pas. Tu ne connais décidément pas Coulombe ! Tu vas le mettre en beau chr… !

– Je veux y aller pareil, ça n'a pas de sens que ça n'ait pas été approuvé !"

On arrive là la semaine d'après. C'est le premier dossier à l'ordre du jour. On s'installe à la grande table. Coulombe était au téléphone dans son bureau à côté. D'un coup, il entre en trombe, l'air choqué. Tout le monde se tait. Il prend l'ordre du jour :

"Coudon, c'est quoi l'affaire ? Quelqu'un n'est pas d'accord avec notre décision ?

– Ben non, moi je ne suis pas d'accord". *J'avais parlé du bout des lèvres, pas plus faraud que ça, croyez-moi.*

"Qu'est-ce que t'as d'affaire à pas être d'accord avec ça, toi ?"

Je m'explique, il m'écoute.

– "Ouais… ouais… J'avais pas vu ça de même. Ça a du bon sens". *Aux autres :* "Êtes-vous d'accord, là ?"

Et mon affaire est passée. Il m'avait donné tout le temps de m'expliquer et je l'avais convaincu. J'avoue qu'un boss de même, ça m'avait impressionné. »

Et l'ami Finet n'était pas homme à se laisser impressionner par n'importe qui. Guy Coulombe, en 1987, se souviendra d'autant mieux de lui qu'à l'époque où il lui proposera de revenir à Hydro, l'autre fait fréquemment la une des journaux, et pour cause : monsieur le maire vient d'être triomphalement réélu pour un second mandat.

Les trois dernières années de la décennie seront des époques assez sombres de l'histoire de l'entreprise. On a vécu l'ère des rapports, pour le moins dire, très tendus entre Guy Coulombe et le ministre John Ciaccia. Coulombe, on le sait, a annoncé sa volonté de renoncer à ses fonctions le 1er avril 1988. Pour le remplacer, Québec nomme un tandem formé de l'avocat spécialiste en relations de travail, Richard Drouin, à la présidence de l'entreprise et de son conseil, et de Claude Boivin qui, tous les paliers hiérarchiques de la maison gravis un à un, se retrouve à sa présidence, chargé de l'Exploitation.

Le changement survient sur fond de scène difficile pour Hydro ou tout se conjugue pour aller bien mal à l'époque. Le jour même où Claude Boivin entre en fonctions, le 18 avril 1988, Hydro perd le réseau de transport. Elle le perdra une autre fois quelques mois plus tard, le 13 mars 1989. Les relations avec les syndicats deviennent, on l'a vu, épouvantables, l'image de l'entreprise est au plus bas dans les sondages, la presse se gausse d'elle presque quotidiennement, le gouvernement et le ministre John Ciaccia doutent publiquement de sa compétence et exigent des rapports mensuels de gestion, du jamais vu en 35 ans d'Hydro. Résultat : sa clientèle la boude, ses indices de popularité sont en chute libre. Pour couronner le tout, le niveau d'eau continue d'être à son plus bas dans les réservoirs nordiques.

C'est dans ce contexte pour le moins morose que Québec va réclamer de Jacques Finet un premier projet majeur d'économie d'énergie d'une ampleur jamais envisagée à Hydro. Il y a, en effet, et la chose est loin de chagriner la direction d'Hydro, changement de garde à Québec également, alors qu'à l'automne 1989 Lise Bacon succède à John Ciaccia comme ministre de l'Énergie et des Ressources. Ciaccia prônait une politique se démarquant nécessairement de celle de ses prédécesseurs du Parti québécois, privilégiant d'emblée le développement économique plus que la conservation des ressources. Son slogan, « *L'énergie, force motrice du développement économique du Québec* », indiquait une mouvance bien peu propice à l'efficacité énergétique. C'est en tout cas ce que constate Gabriel Polisois, longtemps directeur du bureau des Économies d'énergie mis en place par le gouvernement du Québec à Montréal. « *Rien qu'au titre de la politique, on pouvait constater que les économies, la maîtrise de l'énergie comme on commençait à dire à l'époque, n'étaient pas la première préoccupation du ministre.* »

Lise Bacon arrive en poste avec deux préoccupations bien affichées en ce qui concerne le rôle qu'elle veut voir jouer par Hydro : d'un côté, mener à bien le projet Grande-Baleine ; de l'autre, concevoir et réaliser des programmes d'efficacité énergétique d'envergure. C'est le principe d'alternance qui s'applique une autre fois, ce que Gabriel Polisois qualifie de « *mouvement de vague* ». On passe de nouveau d'un temps privilégiant les ventes à un temps privilégiant l'économie. C'est dans ce contexte que Finet se doit de livrer la marchandise attendue sans délai par la ministre. Raymond Godbout, à l'époque est, «*exceptionnellement*», sommes-nous tenté d'écrire, en congé de marketing. Il est alors le vice-président de la région Saguenay. C'est vers Gilles Roy, successeur de Godbout à la Planification commerciale, que va se tourner l'ex-maire. «*Je devais à l'époque partir pour une mission au Japon, se souvient Roy. Finet me l'a dit carré : "Tu ne pars plus !" J'avais deux mois pour lui sortir un programme d'efficacité énergétique d'une importance jamais vue jusque-là à Hydro-Québec ! C'est là qu'on a sorti le programme des 9,3 TWh sur dix ans.*»

«*TWh*» veut dire «térawatt par heure». Tout le monde ne pratiquant pas le grec ancien, indiquons ici que «*tera*» veut dire 10 à la puissance 12. Pour ceux à qui l'ordre de grandeur mathématique ne dirait toujours rien, disons que c'est de 9,3 milliards de kilowattheures que Roy et ses adjoints veulent faire baisser annuellement la consommation électrique du Québec. Un projet d'une ambition énorme. Gilles Roy et Roger Dunn, son principal adjoint de l'époque, carburent à l'adrénaline comme jamais. L'heure est à la créativité, à l'innovation, au jamais vu. «*Je vais vivre alors la plus belle période de ma vie professionnelle à Hydro-Québec, dit aujourd'hui Roy avec cœur. On inventait de toutes pièces des programmes applicables à tous les secteurs de la consommation. Là, on faisait du marketing pour vrai ! Il nous fallait convaincre nos patrons, le conseil, la population que ce que nous proposions était applicable par la clientèle et bon pour elle.*»

Toute dépense énergétique devient une cible potentielle d'amélioration. On parle ampoules à haute efficacité, thermostats programmables, manchons isolants pour tuyaux d'eau chaude, réducteurs de débit de robinet, aide financière à l'isolation des habitations, chauffe-eau plus performants, etc. On argumente : «*Durant les années 80, [on faisait de la] gestion de la consommation. Au cours de la décennie 90, Hydro mettra l'accent sur les économies d'énergie*[75].» La nuance reste tenue pour le néophyte, alors on l'expliquera[76]. Gilles Béliveau synthétise : «*De cette époque à nos jours, Hydro-Québec ne gère plus la charge, mais la disponibilité de l'énergie.*» On va, en 1990-1991, parler d'efficacité énergétique dans les journaux de l'entreprise avec la même abondance, la même urgence, la même présence qu'on avait, vingt ans plus tôt, pour parler de Ventes. Jacques Finet, la vedette de l'heure, va y être au moins aussi visible que Jean-Paul Cristel dans les années 70 et, Gilles Roy, tout aussi convaincant que Gilles Béliveau à l'époque.

Des engagements incessants à l'efficacité, l'ouverture d'une ligne téléphonique d'information à la clientèle, des messages publicitaires omniprésents dans les journaux et sur les ondes, Jean-Pierre Ferland qui susurre d'économiser à la télévision, des magazines à la clientèle, des panneaux-réclames, à l'externe ; pour l'interne, de longs textes d'analyse au personnel pour

---

75. «*Grâce à une panoplie de mesures incitatives, on vise à épargner 13 TWh par année d'ici 1999, soit 10 % de la demande actuelle*», Hydro-Presse, Hydro-Québec, fin mars 1990.

76. *Courants* explique ainsi la nuance en mars-avril 1990 : «*La gestion de la consommation vise à diminuer la demande de pointe, à répartir dans le temps la consommation globale d'énergie. Les économies d'énergie visent à gérer la croissance de la demande, en utilisant moins d'énergie pour obtenir des résultats comparables ou même supérieurs.*»

Gilles Roy, l'homme de l'heure des économies d'énergie au printemps 1991, écoute son président, Richard Drouin. le grand communicateur des messages de l'entreprise au début des années 90.

lui expliquer les positions de la direction sur le dossier, un appel aux employés pour appuyer les efforts d'économie de l'entreprise : Hydro *«met le paquet»*. On élargit une nouvelle fois le programme de bi-énergie résidentielle, on montre des maisons modèles, on reviendra (en 1991) aux programmes d'analyses énergétiques chez toutes les clientèles. Gilles Roy, l'un des principaux porteurs du message de la maison sur toutes les tribunes internes et externes de l'heure, y va de credos pédagogiques répétés et convain-cants. Dans *Courants* (le successeur d'*Information-Cadres*), il déclare, au printemps 1990 (un peu imprudemment, peut-être) : *«La gestion de la croissance ressort comme une grande priorité et nous ne croyons pas que c'est une orientation qui sera bousculée par des événements conjoncturels [...] Les différents intervenants de notre société ne nous laisseront simplement pas le loisir de reculer*[77].*»* Il faut, déclare-t-il à *Hydro-Presse* l'automne de la même année, *«que ça devienne aussi anti-social au Québec de gaspiller une électricité devenue précieuse que de conduire après avoir bu ou encore de fumer dans les lieux publics!»* Plus loin, dans le même texte, il ajoute un argument massue : *«Comme Québécois, nous payons collectivement plus de 20 TWh de trop par année. C'est énorme. Notre projet d'efficacité énergétique vise à diminuer résolument cette surcharge. [...] Il s'agit d'un vrai projet de société*[78]*!»*

Tellement de conviction, d'énergie et d'enthousiasme, le tout sur fond d'une logique incontestable! Le quotidien de la décennie 90 réservera bien des désillusions au fougueux directeur Planification commerciale. La tendance à long terme donnera sans nul doute raison à Gilles Roy, mais l'évolution conjoncturelle d'Hydro-Québec passé 1995 laissera une amertume encore perceptible aujourd'hui au retraité qu'il est devenu[79].

77. *«Les économies d'énergie»*, *Courants*, Hydro-Québec, mars-avril 1990.

78. *«L'efficacité énergétique : l'aérateur est à l'eau, les messages sont en ondes et le magazine est sous presse»*, *Hydro-Presse*, Hydro-Québec, mi-novembre 1990.

79. Ces quelques mots de Gilles Roy resté, en 2003 lorsque nous l'avons rencontré, nostalgique d'une certaine Hydro des années *«rock and roll»*, comme il dit : *«Il y avait un peu partout dans cette entreprise des capacités intellectuelles diverses et complémentaires. Ces gens-là faisaient naître des idées nouvelles, leur contact était stimulant. À force de tout couper, on a aussi coupé dans notre motivation et dans notre créativité. Je sais bien qu'il fallait cette évolution-là. Mais c'était le fun de travailler dans cette Hydro qui nous étonnait!»*

➤ *Pas de femme… et puis Lucie*

Quatre vieilles gloires d'Hydro, moyenne d'âge à la table : 80 ans minimum. Ce sont tous gens qui, à divers titres, en menaient très large dans les années 50 à 70 en Exploitation. Ils sont là, réunis par l'entreprise au début des années 2000, pour témoigner, aux fins de cette histoire, en tant qu'anciens responsables de la Distribution. Il y a autour de la table Archie Benjamin, Alexandre Beauvais, Marcel Pratte et Maurice Saint-Jacques, et la discussion est joyeusement animée, chacun coupant l'autre, y allant d'une précision, d'une anecdote, d'un souvenir. Et puis la question est posée par l'animateur de la rencontre : *«Les femmes à Hydro-Québec, Messieurs ? À votre souvenir, quel a été l'impact des femmes dans ces années-là ?»*

Lucie Bertrand, en 1984.

Suit un grand silence d'une éloquence évidente. L'un d'eux finalement se risque :

«Les femmes, euh… Ben il y a eu… Ah, c'était comment son nom déjà ?

– *(Un autre) De qui veux-tu parler ?*

– *(Les autres) Qui veux-tu dire ?*

– *Je ne vois pas, euh…*

– *Mais si, rappelez-vous, une chef de service, oui, c'est ça… en tout cas elle avait le statut de chef de service, on la voyait aux réunions des cadres de la Trésorerie*[80]*…*

– *Une femme parmi les cadres de Trésorerie ?… T'es sûr ? Non, j' vois toujours pas…*

– *Mais si là… la boss des infirmières…*

– *Ah, attends ! Aline…*

– *C'est ça, oui, Aline Perron.»*

L'anecdote se passe de commentaire. Les femmes dans l'histoire d'Hydro et des compagnies d'avant 1963, il faut les chercher une à une et seulement dans les bastions féminins qu'étaient le secteur de la santé, le secrétariat ou les *«switchboards»* téléphoniques.

Quand on demande aujourd'hui à la présidente du club des *«filles du Ritz»*, Lucie Bertrand, de citer quelques femmes ayant fait leur marque à Hydro, elle en trouve, certes, un peu plus. Celle-ci les réunissait effectivement au *Ritz Carlton* de Montréal du temps de leur gloire à toutes, dans les années 90. Mais, au niveau de vice-président, leur nombre n'a jamais dépassé celui des doigts d'une main et encore les trouvait-on surtout dans des fonctions de soutien administratif.

---

80. Les cadres de la Trésorerie étaient les *«chefs de service en montant»*, chèques verts à l'époque quand l'HydroQuébécois de base avait un chèque bleu, place de stationnement payée par l'entreprise, réception annuelle par la Commission, etc.

Une seule, en fait, occupera l'avant-scène de façon marquée. L'atypique Lucie Bertrand, qui sera la numéro 1 de la Distribution de 1996 à 1998, relativise, explique, s'indigne : *« Les cadres supérieurs cherchent pour les seconder soit des gens à leur image, soit des expertises complémentaires à la leur. Les femmes cadrent mal là-dedans.*

Dans les années 80-90, il y a eu un net mouvement favorable à la promotion féminine dans les entreprises. C'était du dernier chic de dire : "Je cherche des femmes pour mon conseil d'administration." On n'entend plus ça aujourd'hui.

Si l'on manque de femmes au niveau supérieur de la Distribution technique, c'est avant tout parce qu'on en manque à la base. Les gars ont écœuré les femmes monteuses. Ça fait qu'il n'y en a pratiquement plus aujourd'hui. En conséquence, on n'a pas non plus de contremaîtres femmes et tous les chefs de division sont des hommes. Impossible dans ces conditions d'en promouvoir aux postes supérieurs selon la logique de la progression hiérarchique d'Exploitation.

Tu vas trouver des femmes cadres en Communications, en Commercialisation, en Service à la clientèle, mais pas en Exploitation. C'est vrai qu'on ne déplace pas aussi facilement une femme qu'un homme ; c'est vrai qu'elles sont souvent moins disponibles pour faire du temps supplémentaire. Mais il y a plus que ça. C'est culturel, le milieu est un monde de mâles. Une femme se dit : "La vie est bien trop courte pour être emmerdée comme ça par les machos du coin."

Mon secret ? Moi, j'ai toujours eu du fun. Tout au long de ma carrière, j'ai travaillé avec des gens stimulants au-dessus et au-dessous de moi. Je ne me suis jamais ennuyée. »

En 1990, on ne parle plus simplement d'économiser les 9,3 TWh avancés par Roy en 1987, mais bien 12,3 TWh par an d'ici à l'an 2000 (on parlera de 13 en 1991), l'équivalent annuel de deux fois la production de Manic 5 ! D'autant plus solennel qu'il est parfaitement convaincu de ce qu'il avance, le vice-président exécutif Jacques Finet déclare à qui veut l'entendre qu'en trois ans trente programmes d'EE seront lancés et que leur effet cumulatif épargnera plus de 4 milliards de dépenses avant l'an 2000. Avec son aura d'ex-maire, sa carrure de joueur de trompette, sa tête de bon père de famille (ou disons de grand-père, le poil, toujours dru, blanchissant sur son vénérable crâne et son menton de père Noël), le solide vice-président exécutif annonce un premier programme, de sa voix de stentor, au printemps 1990. Opportuniste, il préside à son lancement quelques jours avant la tenue en mai d'une commission parlementaire sur l'avenir de l'électricité au Québec qui dégagera un vaste consensus sur la nécessité d'intensifier les efforts en efficacité énergétique. Le vice-président exécutif Marché québécois sort de sa manche avec fracas… la pomme de douche ! Et Jacques Finet ne ménagera aucun effort pour la publiciser. Son enthousiasme est tel que l'on peut gager que, si d'aucuns le lui avaient demandé à l'époque, il aurait pris sa douche publiquement sous le superbe appareil qu'Hydro propose à sa clientèle !

«*La pomme de douche économique est lancée*», titre (sans peur du ridicule ?)[81] *Hydro-Presse,* avec en sous-titre : «*C'est le premier d'une trentaine de programmes d'économie d'énergie à venir.*» La clef de l'économie, selon l'article : «*Le débit de la pomme économique est de 9,4 litres/minute contre 14,3 litres/minutes pour la pomme ordinaire.*» On ne rit pas ! Hydro parle de l'acquisition de 400 000 pommes du genre, pour des économies de 1,5 TWh. Non, elle ne rit pas du tout !… Tant de bonne volonté, tant d'initiatives, tant d'efforts, mais réussit-on pour autant ? Ce n'est pas évident. Les résultats tardent à venir, et rien de spectaculaire à l'analyse sur le front de la baisse souhaitée de la consommation dans les mois suivants. Gilles Roy, l'enthousiasme des mois précédents déjà un peu émoussé, doit admettre : «*Beaucoup de choses bougeront à l'époque à Hydro où l'évolution interne sera réelle, particulièrement au niveau de l'amélioration des services à la clientèle et de la prise de conscience de l'importance du client. Mais quant à la culture d'économie d'énergie, rien de bien spectaculaire. Cette entreprise est fondamentalement une grosse machine avec des tendances à l'inertie.*» La désillusion est sensible.

Au printemps 1991, Jacques Finet fera cette curieuse réponse au journaliste de *Courants* lui demandant son évaluation du projet d'efficacité : «*Je serais tenté de répondre que le projet d'efficacité énergétique a un an* [alors que cela fait presque quinze ans à l'époque que l'on met de l'avant et que l'on présente dans les journaux internes des programmes d'économie d'électricité à Hydro], *c'est-à-dire qu'il est jeune. On a parfois l'impression que nous sommes en retard. Il n'en est rien*[82]…» L'engouement affiché l'année précédente par le vice-président exécutif semble s'être érodé au contact de la réalité du marché. C'est que le programme des pommes de douche n'a pas obtenu le succès espéré. Dans la même entrevue à *Courants,* donnée un an presque jour pour jour après le «*lancement des pommes*», Jacques Finet concédera : «*Le demi-succès de la pomme de douche nous a appris que, si nous agissons seuls, nous ne pourrons pas atteindre les objectifs ambitieux que nous nous sommes fixés.*» Pour, un peu plus loin, amener l'idée forte : «*Il faut qu'Hydro-Québec* [sous entendu : qui n'y arrive pas toute seule] *travaille en collaboration avec toutes les forces vives du marché afin que notre projet d'efficacité énergétique devienne un projet de société.*» Rien de bien nouveau par rapport à ce que disait Roy l'année précédente, si ce n'est cette notion de «*forces vives du marché*» sur laquelle le vice-président exécutif revient en ajoutant : «*C'est plus long, bien sûr de travailler avec de nombreux partenaires, mais nous savons maintenant que c'est la seule façon d'obtenir les résultats que nous recherchons.* […] *Notre projet nécessite une concertation à tous les niveaux à partir du gouvernement en passant par les centres de recherche, les architectes, les ingénieurs, les détaillants, sans oublier nos clientèles.*»

---

81. Corrigeons tout de suite l'impression laissée : l'auteur de l'article est le journaliste Gilles Brouillet, d'une ironie et d'un sens de l'humour bien connus. À n'en pas douter, lui s'amusait avec ce titre. *Hydro-Presse,* Hydro-Québec, fin avril 1990.

82. «*Marchés québécois, nouvelle mission*», *Courants,* Hydro-Québec, mars-avril 1991.

➤ Paroles d'alliés

*« Dans les années 70-80, le métier d'électricien était vraiment quelque chose !
On travaillait proche d'Hydro, on se sentait comme les partenaires d'une industrie
en marche. On travaillait très fort contre la compétition. On avait de l'enthousiasme,
du fun ! »* Henry Audet, électricien, ex-président de la Ligue électrique (LEQ), section
de la Capitale, ex-président de la Corporation des maîtres électriciens du Québec.

*« Nous sommes plusieurs dans le milieu de l'électricité à regretter le temps de la
Ligue. On a tellement essayé de la remettre en marche ! Mais sans succès. Hydro
partie, la motivation n'y était plus. »* Patrick Garneau, consultant et conseiller
technique pour CONVECTAIR, ex-président de la LEQ.

*« Sans Hydro, on ne serait peut-être même pas dans les affaires ! On s'assoyait à la
même table et on expliquait comment on voyait que les programmes devraient
fonctionner, qu'est-ce qui ferait l'affaire du client, de l'entrepreneur et, ultimement
d'Hydro. D'autres fois c'est Hydro qui nous disait : "Occupe-toi d'avoir du stock, tel
programme s'en vient !" Les "gambleurs" embarquaient. On était gambleur ! »*
Raymond Beaulieu, président, Ouellet Canada inc.

*« J'ai vraiment apprécié la grande ouverture d'esprit des gens d'Hydro-Québec.
L'entreprise a toujours été remarquablement ouverte à toutes les idées nouvelles.
Tant d'innovations si rapidement au Québec, je ne crois pas que tout cela aurait pu
arriver si le secteur de l'électricité avait été piloté par l'entreprise privée. »*
Théodore Wildi, professeur, inventeur, entrepreneur.

*« Les programmes commerciaux d'Hydro ont développé une créativité
exceptionnelle dans l'industrie associée. Il s'est ainsi créé au Québec une véritable
industrie de professionnels de l'efficacité énergétique. Bravo à Hydro pour sa
souplesse à entrer et sortir du marché. De temps en temps de la promotion, de temps
en temps de l'anti-promotion et la population qui prend Hydro pour un
transatlantique à 20 nœuds a parfois de la difficulté à la suivre. Ça crée des tensions,
mais c'est Hydro qui a les bonnes visions. »* André Chalifour, ingénieur, président-
fondateur de l'Association québécoise pour la maîtrise de l'énergie (AQME).

*« Hydro a su aplanir les difficultés qui freinaient le développement du "tout
électrique". Ainsi, au début, les clients devaient s'équiper de chambres électriques,
ce qui était pour eux une source de préoccupation quant aux coûts et à la sécurité.
L'entreprise a innové avec le concept des socles et des chambres annexes à
l'extérieur de la propriété de l'abonné. Elle a libéré ses clients du problème.
Chapeau ! »* Jean Bergeron, ingénieur.

*« On ne peut exporter que ce que l'on fait très bien chez soi. Si le génie conseil
québécois est capable de vendre aujourd'hui ses services à l'étranger, c'est parce
qu'Hydro nous a donné la chance de nous développer ici. Les firmes d'ingénierie des
autres provinces nous envient cette réalité. »* Jean-Pierre Sauriol, président, Dessau-
Soprin, ex-président de l'Association canadienne du génie-conseil.

« Hydro, c'est gros! Les maîtres électriciens ont un jugement souvent ambivalent sur elle. Ils lui sont attachés, ils en sont fiers, mais, en même temps, ils veulent être considérés, consultés par la grosse machine pour leur expertise de terrain, de plancher. Notre histoire commune a connu des hauts et des bas, mais, à l'évidence plus de hauts... » Yvon Guilbault, vice-président exécutif, Corporation des maîtres électriciens du Québec.

« Avant, on disait : "Dieu va arranger ça. Dieu le père c'était le gouvernement, Dieu le fils, c'était Hydro-Québec !" Mais au début des années 90, on a réalisé que Dieu n'arrangeait plus rien tout seul. Grande Baleine nous a réveillés. C'est depuis que l'Association de l'industrie électrique du Québec (AIEQ) est devenue le porte-parole du secteur dans les débats de société entourant le développement de l'électricité au Québec. » Jacques Marquis, président-directeur général de l'AIEQ.

« On était en culottes courtes, nous, dans ce temps-là, quand Hydro est venue nous voir avec ses premiers projets promotionnels. On parlait alors de NOVELEC. On n'a jamais cessé de travailler ensemble par la suite. Hydro-Québec a sans aucun doute été un élément de dynamisme et d'entraînement pour toute l'industrie de la construction québécoise. » Omer Beaudoin-Rousseau, vice-président exécutif, Association provinciale des constructeurs d'habitations du Québec (APCHQ).

Est-ce ce retour aux *« alliés des années 60-70 »*, les anciens partenaires de la Ligue électrique (que l'on considère plutôt, à l'époque, comme les éléments de la grappe industrielle Énergie, chère à Gérald Tremblay, alors ministre de l'Industrie, du Commerce, de la Science et de la Technologie), qui va le justifier ? Toujours est-il que la direction d'Hydro va de nouveau faire appel à son expert du domaine des relations avec le milieu de l'électricité, Raymond Godbout, pour rejoindre le groupe Marchés québécois. Il y sera nommé vice-président délégué à l'Efficacité énergétique en avril 1991. Entente bientôt conclue avec Gilles Roy, son équipe va continuer de concevoir et d'implanter programme sur programme dont *Hydro-Presse* fait ses choux gras. Avec ses adjoints Chantal Guimont, Daniel David, Norbert Major, René-Claude Riberet, Denis Dugas et Jacques Mercier, il sort coup sur coup les programmes Écokilo, la bi-énergie nouvelle, l'éclairage efficace, les moteurs à haut rendement. Il passe de nouvelles ententes avec les anciens *« alliés »* de la Ligue électrique pour faciliter et encadrer l'application des programmes, bref, il reprend les choses là où il les avait laissées quatre ans plus tôt. Appliquant l'idée forte de Jacques Finet de favoriser la concertation de toutes les forces du marché de l'électricité, lui, qui les connaît bien pour avoir travaillé de longue date avec eux, ajoute les manufacturiers, les distributeurs, les entrepreneurs en construction, les entrepreneurs électriciens et les entrepreneurs mécaniciens en tuyauterie. Il reprend son bâton de pèlerin et va rencontrer tout un chacun dans les assiociations professionnelles où il a ses entrées.

Avec la collaboration de Robert Benoît, chef du service Communications commerciales, il entreprend une vaste campagne de «*remobilisation de la force commerciale*» de l'entreprise, un thème qui de tout temps lui avait été cher. Il va ainsi réunir à l'automne 1991 les 400 employés de profil commercial de l'entreprise (représentants, techniciens commerciaux, ingénieurs, attachés de comptes, délégués commerciaux, etc.) en colloque, selon la bonne vieille tradition des séances de motivation collective animées jadis par Jean-Paul Pagé, une initiative qu'on n'avait plus vue depuis une bonne vingtaine d'années.

Le reste des événements liés à l'évolution des ventes à Hydro fait partie d'une histoire encore trop récente et malléable pour qu'on l'évoque en détail ici. Un à un, les poids lourds et les pionniers de l'EE vont quitter le domaine dans les années suivantes : Claude Boivin, pour divers conseils d'administration du privé qui le courtisaient de longue date, Jacques Finet pour terminer sa carrière comme représentant d'Hydro-Québec en Europe, Raymond Godbout comme délégué de l'entreprise au projet UBI. Gilles Roy partira à la première occasion pour devenir directeur aux Services à la clientèle dans l'équipe de Roger Lanoue.

Venu du génie conseil, une discrétion de gentleman, mais un poids relatif limité dans l'entreprise où il est bien peu connu, Jean Ouimet sera le choix du successeur de Finet, Pierre Bolduc, pour diriger le secteur de l'Efficacité énergétique à compter de l'automne 1993.

Un nouveau remaniement ministériel à Québec, à l'époque, amène au portefeuille des Ressources naturelles monsieur Christos Sirros. D'un coup, les économies d'énergie vont baisser d'un cran dans les préoccupations ministérielles. «*L'efficacité énergétique n'intéressait pas vraiment monsieur Sirros*, d'analyser Gabriel Polisois. *Sa fixation concernait plutôt la planification intégrée des ressources.*». Quand à l'automne 1994 le Parti québécois revient au pouvoir, c'est François Gendron qui succède à Christos Sirros. Son attitude, comme celle de son successeur en janvier 1996, Guy Chevrette, sera de nouveau très favorable au dossier. Et la vague se poursuit.

Mais, dans l'intervalle, tout a bougé et ne cesse de bouger à l'interne. Pierre Bolduc est d'une sensibilité commerciale pointue, plus naturellement porté aux affaires, au «*business*» qu'à la promotion d'une cause pour lui assez «*molle*» comme la promotion des économies. L'efficacité énergétique, ce n'est pas son monde. Brusquement très «*low profile*» dans la presse interne de l'époque, le dossier EE piétine. Il ne semble pas que le dénommé Martineau, un temps (court) président du conseil d'administration d'Hydro à compter de 1995, se soit véritablement, lui non plus, intéressé à la chose. Quant à Armand Couture, le successeur de Claude Boivin, c'est un autre profil d'homme d'affaires, doublé d'un *«bâtisseur d'eau»*, un authentique constructeur, imperméable au dossier. *«Couture va mettre la hache dans les programmes*, d'analyser rétrospectivement Gilles Roy. *Quand ta hiérarchie ne croit plus à ce que tu fais, tu es aussi bien d'arrêter...»*

Reste que tous ceux qui, dans cette histoire, travaillèrent d'une façon ou d'une autre à guider la clientèle québécoise vers de meilleures façons de consommer l'électricité, ils n'ont pas à rougir de leurs efforts. Hydro-Québec évalue aujourd'hui que la consommation moyenne est passée d'un équivalent de 48 000 kWh par habitation en 1971 à 21 500 en l'an 2000. *«En fait»*, souligne Daniel David, l'actuel responsable du dossier Efficacité énergétique à Distribution, *«les économies annuelles d'énergie depuis 1990 équivalent à la consommation de 120 000 maisons.»*

«Je vendais, puis j'économisais; puis je vendais, puis j'économisais à nouveau..., philosophe aujourd'hui Raymond Godbout. *C'était fascinant de suivre ainsi les soubresauts commerciaux d'Hydro-Québec, sa constante préoccupation de faire dans le meilleur intérêt de la clientèle et du Québec, et de constater ce faisant sa fragilité et sa force mélangée... Une Hydro d'une humanité nulle part aussi visible à mon sens que dans le secteur des ventes.»*

5

*Le mariage
du XXᵉ siècle
au Québec :
industrie
et électricité*

Au Québec, l'électricité est abondante

*L'électricité a de tout temps été produite et distribuée
de façon à permettre la création et la multiplication
d'entreprises industrielles. Au fil du siècle, cette
abondance a fait en sorte que la grande, la petite
et la moyenne industries, incitées par les
gouvernements et diverses équipes de direction
d'Hydro-Québec, se sont tournées, comme nulle part
ailleurs au monde, vers l'électricité comme source
essentielle d'énergie. Un mariage à l'évidence
parfaitement réussi mais, il faut le dire, devenu,
avec le temps, coûteux pour la société québécoise.*

Les premiers entrepreneurs qui se mirent en tête de produire et de vendre de l'électricité au Québec seraient probablement fort surpris de constater que ce qu'ils mettaient en marché à la fin du XIXe siècle, allait, en quelques décennies, être utilisé par tous pour éclairer la maison, puis, une génération plus tard, pour doter celle-ci de toute une gamme d'appareils simplifiant la vie domestique et enfin, une autre génération passée, la chauffer, y regarder la télévision ou y travailler sur ordinateur. Qui d'entre ces promoteurs aventureux pour penser alors que la distribution généralisée de l'électricité serait un jour un service, et le kilowattheure un produit de consommation courante, accessible à tout un chacun ?

L'industrie de la production du transport et de la distribution de l'électricité ne naquit pas sous les traits du service public qu'elle est devenue aujourd'hui. Ses deux premières vocations étaient d'abord de fournir l'énergie destinée à l'éclairage urbain, puis, dans une seconde phase du développement des compagnies, d'alimenter des moteurs électriques à usage industriel. C'est l'engouement généralisé pour le produit et son caractère vite devenu indispensable à la vie moderne qui, souvent contre la volonté des compagnies, on l'a vu, vont dépasser largement les vocations initiales et multiplier de façon phénoménale les applications de l'électricité.

Le développement industriel (et conséquemment économique) sera, de tout temps, une des justifications majeures de la raison d'être de l'exploitation des ressources naturelles à des fins de production d'électricité. Le point ne sera jamais remis en cause depuis Edison : éclairage et force motrice pour les industries seront de tout temps les piliers des activités commerciales des entreprises privées ou publiques du domaine, au Québec comme ailleurs dans le monde industralisé. La promotion des autres utilisations de l'électricité connaîtra, on l'a vu, ses hauts et ses bas, aura ses détracteurs au gouvernement comme dans les directions des compagnies. Mais que l'on y voie clair la nuit et que les moteurs industriels tournent grâce à l'électricité relève du sens commun et fera toujours consensus. Cette première dualité de vocation va induire deux principaux modèles de développement dans l'entreprise privée au Québec qui se suivront pendant quelques années à la charnière du XIXe et du XXe siècle.

Deux partenaires du même milieu, familiers de longue date

Le premier modèle à voir le jour est celui des «*distributeurs*». Les centrales électriques des décennies 1880 et 1890, essentiellement thermiques, brûlant charbon, gaz ou pétrole, ont pour caractéristique commune d'être urbaines, tout comme les tout premiers équipements hydroélectriques de petite envergure, le plus souvent aménagés dans les villes ou à leur proximité très immédiate. Les velléités commerciales de leurs exploitants visent essentiellement l'éclairage. Leur but avoué est de remplacer les compagnies de gaz ou de pétrole qui, jusque-là, assuraient le fonctionnement des lampadaires. Leur premier marché est l'éclairage des rues des centres-villes et de quelques immeubles d'importance publics et privés. Leurs rares clients résidentiels sont des millionnaires, voisins des lignes. Car il faut bien que quelqu'un paie pour les développements et seules, à l'époque au Québec, les municipalités et quelques grands propriétaires ont le bel argent requis.

Les compagnies issues de ce modèle de développement sont et resteront avant tout des «*distributeurs*» (certes également producteurs, voire transporteurs, mais plus par nécessité que par vocation). La Montreal Light, Heat and Power Company dès 1901 et, en 1923, la Quebec Power Company sont de ce groupe. Une autre de leurs caractéristiques communes de «*distributeur*» est de compter des compagnies de gaz dans leur arbre généalogique. À Montréal, la MLH&P naquit du mariage de la Royal Electric Co., et de la Montreal Gas Co.; à Québec, la Quebec Power comptera dans ses ascendants la Quebec Gas Co., fusionnée avec la Quebec Railways Light, Heat & Power Co., laquelle, mariée à la Public Service Corporation of Quebec sous l'égide de la Shawinigan, engendrera la Quebec Power.

Cette présence du secteur gazier dans les deux entreprises est intéressante en ce sens qu'elle accentue leur culture propre de «*distributeur*» d'énergie. De la même façon qu'elles ne produisent pas tout le gaz qu'elles vendent, elles achèteront volontiers l'électricité produite et transportée par d'autres entrepreneurs, lorsque leur propre production sera devenue insuffisante pour répondre aux besoins de leur clientèle.

Le deuxième modèle de développement qui va apparaître à l'aube du XXe siècle n'est déjà plus lié au seul éclairage, mais vise à répondre à la demande de plus en plus importante concernant la prolifération des moteurs à courant alternatif de nature industrielle qui va engendrer d'énormes besoins en électricité. Les progrès des techniques de transport de l'électricité vont permettre d'élargir la première clientèle essentiellement urbaine à l'industrie qui, historiquement, occupera la deuxième place pour ce qui est de la consommation d'électricité, immédiatement après les municipalités. Ce sont ces deux marchés, les villes et les industries, qui vont justifier et permettre le financement de tous les premiers projets de développement hydroélectriques québécois. Et ceux-ci, on le sait, seront incessants, à compter du début du XXe siècle, dans toutes les vallées des grandes rivières québécoises et dans celle du Saint-Laurent.

➤ Pagé et Nilus ou l'art de vendre l'électricité à un industriel

L'entreprise Nilus Leclerc, reconstruite « tout électrique » après qu'un incendie l'eut détruite en 1951.
(Dessin publié dans le journal interne de la Quebec Power Company)

« L'Océan limitée, se souvient, soudain nostalgique, Jean-Paul Pagé : *ça, Monsieur, c'était un train ! Je le prenais souvent, au début des années 40, quand j'allais à Sainte-Anne-de-la-Pocatière.*

« Dans ce temps-là, tous les trains arrêtaient à L'Islet pour mettre de l'eau, je ne sais trop. Il y avait là un dénommé Nilus Leclerc qui fabriquait des métiers à tisser. Une saprée bonne affaire ! Le père de Nilus, Alfred, avait parti ça en 1875 en utilisant une roue hydraulique de 24 pieds de diamètre comme force motrice et une « roue à vent » quand il n'y avait plus d'eau. Des métiers, Nilus en vendait dans le monde entier. Il exploitait une grosse usine qui marchait avec un gros maudit de moteur Diesel : Pi-tong, Pé-tang, Pi-tong, Pé-tang.

« Je passais là pis ça me mettait en baptême. J'essayais de le convaincre le Nilus de passer à l'électricité. Il ne voulait rien savoir. Il se levait le matin avec son stéthoscope et il mettait ça sur son ch…!! de moteur : Pi-tong, Pé-tang, Pi-tong, Pé-tang. Nilus était content.

« Chaque fois que je prenais le train, j'allais le voir le Nilus, pis on écoutait Un homme et son péché. *Après ça on parlait. "Ce qu'il te faudrait, Nilus, c'est un moteur électrique par machine." Puis le train local passait et je m'en allais à Sainte-Anne. La fois d'après j'arrivais avec des dessins, des plans de filage. Il regardait ça, mais il l'aimait donc son gros Diesel.*

« J'ai fait ça pendant bien longtemps, sans aucun succès. Pis un jour le gros baquet de Diesel a un peu trop toussé dans le stéthoscope. À terre le Nilus. On a tout scrappé sa maudite machine et on a tout mis ça à l'électricité en 1951.

« Ce fut longtemps un des plus gros clients de la Quebec Power sur la rive sud. »

Chaque nouvelle centrale possède sa ou ses lignes de transport amenant l'électricité au distributeur de la grande ville voisine et à ses gros clients industriels. L'industrie de l'électricité et l'industrie des pâtes et papiers, de la chimie, des mines, de la métallurgie et, dans une moindre mesure, des manufactures vont, de façon remarquable, voir le jour et se développer en parallèle, la première permettant l'essor des secondes. C'est si vrai que certaines des compagnies privées de production électrique québécoises, à la différence des distributeurs des grands centres urbains de Montréal et de Québec, ne verront le jour et longtemps ne seront justifiées que pour répondre à des besoins industriels. Ce sera le cas au Saguenay, en Outaouais, dans le Nord-Ouest où les compagnies, avec bien sûr des nuances, seront initialement mises sur pied pour, en premier lieu et parfois exclusivement, répondre au développement d'une industrie locale.

La situation sera, à l'analyse, finalement assez semblable en Mauricie et dans les Cantons-de-l'Est où la présence de puissants producteurs et distributeurs d'électricité provoquera l'implantation d'activités industrielles d'envergure. Toutes ces compagnies resteront dans l'histoire avant tout comme des producteurs d'électricité, des transporteurs, à des degrés divers, par nécessité. Distributeurs, elles ne le seront que contraintes par les gouvernements ou poussées par le nécessaire essor de leurs activités économiques quand, au fil des décennies, elles vont peu à peu se rendre compte de l'envergure du potentiel de profits réalisables en multipliant les abonnés à leurs services[1].

Il est deux autres modes de développement qu'il faut brièvement évoquer ici. Très souvent au Québec comme ailleurs, le modeste entrepreneur, qui installera les premières dynamos, aménagera une chute ou s'équipera de chaudières à vapeur, le fera pour répondre aux besoins de sa propre petite manufacture. Il en est ainsi des dizaines, peut-être même des centaines qui, faisant preuve d'une débrouillardise inouïe et de compétences techniques assez étonnantes, vont doter leur coin de pays d'installations rudimentaires conçues initialement aux fins exclusives de leur propre industrie. Reste que chez les petits, à l'image de chez les gros, le produit sera immédiatement convoité par leurs voisins, soucieux généralement d'obtenir simplement de l'éclairage. Alors, souvent, de l'atelier ou de la petite usine, des lignes de type *« cordes à linge »* s'en iront rejoindre quelques maisons proches. Ce n'est pas autrement que commençait à l'époque l'histoire d'une compagnie de village. On l'a dit, elles seront nombreuses au tout début du siècle, mais la plupart seront vite rachetées par des entreprises un peu plus grosses, elles-mêmes regroupées au fil des décennies dans l'une ou l'autre des quelques puissantes compagnies privées de l'époque.

---

1. Un cas particulier ici, celui de la Compagnie de pouvoir du Bas-St-Laurent, atypique à plus d'un titre dans cette histoire (ne serait-ce que parce qu'un francophone, Jules Brillant, la présidait). La Gaspésie est relativement pauvre à l'époque en industries, grandes ou moyennes, et la compagnie ne peut compter que sur les revenus de ses ventes au secteur domestique. Elle a, comme la MLH&P et la QPC, un profil de distributeur, même si elle ne présente pas les mêmes caractéristiques urbaines.

➤ *Pianos et kilowattheures, au début du siècle à Sainte-Thérèse*

Souvent, ce sont de petits entrepreneurs de village qui vont pour leurs propres besoins d'énergie mettre au point les premiers réseaux miniatures. Une petite chute d'eau ou une machine à vapeur couplée avec une dynamo, quelques dizaines de mètres de lignes des poteaux pris à la forêt voisine et une compagnie voyait le jour.

Ainsi à Sainte-Thérèse, c'est un immigrant français, du nom de Jean Roux, qui amena, dès 1888, le courant dans la petite ville de la route des pays d'en-haut. Il attela à la machine à vapeur de 25 chevaux de sa menuiserie une des premières dynamos conçues par l'entreprise Craig et Fils de Montréal[2]. C'était, nous dit-on, une machine à courant continu de 15 kW qui produisait le courant à 110 V. Elle alimentait une cinquantaine d'ampoules de 16 bougies éclairant les rues et la boutique de quelques marchands. Les poteaux étaient d'épinette rouge, bois dur que les pointes d'éperons ne piquaient pas. On utilisait une échelle pour atteindre fils et lampes.

Quelques années plus tard, c'est la présence de cette petite entreprise locale d'électricité qui amènera un industriel à s'établir à Sainte-Thérèse. Le *Bulletin* de la Shawinigan raconte ainsi l'épisode : «*La lumière électrique est aussi responsable de l'établissement à Ste-Thérèse de l'industrie du piano qui comprend aujourd'hui* [l'article est de 1949] *3 fabriques florissantes. Un monsieur Foisy, négociant de Montréal, ayant fait un voyage en Allemagne pour voir des usines de pianos, ramena au pays 3 artisans dans le dessein de fonder sa fabrique. La perspective de pouvoir doter son usine d'un bon éclairage le fit opter pour Ste-Thérèse pour établir son entreprise.*»

En 1906, Jean Roux vendait son usine à Laval Electric, elle-même achetée en 1924 par la Shawinigan.

L'autre modèle est encore plus simple, c'est celui du gros industriel produisant à ses propres fins. René Lévesque, à la veille des élections législatives de 1962, décrira la situation de la production de l'électricité au Québec comme un «*fouillis invraisemblable et coûteux*» composé de 46 entreprises, auquel il entend mettre un terme. Dans ces compagnies, le ministre compte Hydro-Québec, l'Alcan et sa Saguenay Power, le groupe Shawinigan et ses filiales (SCP, QPC), ainsi que la Gatineau Power. «*Les 42 producteurs qui se partagent le reste (14,7 %) sont surtout des entreprises industrielles qui répondent à leurs propres besoins d'énergie et quelques municipalités*[3].»

---

2. Un dénommé J.-A. Lanouette qui raconte cette histoire dans le *Bulletin* de la SW&P de juin 1949, prétend qu'il s'agirait-là de la «*deuxième dynamo construite par le pionnier Craig*», ce dont on doit douter, Craig produisant de ces dynamos depuis déjà plusieurs années à l'époque.

3. *Québec, un siècle d'énergie*, p. 229.

Tout cela pour dire que, quel que soit leur modèle de développement, les producteurs privés seront longtemps, par nature et par héritage culturel, davantage à l'écoute de leurs clients traditionnels, des municipalités ou de gros industriels, que sensibles aux doléances des abonnés domestiques.

Tout a déjà été écrit sur les développements conjoints phénoménaux des groupes industriels québécois durant la première moitié du siècle, au Saguenay, en Mauricie, dans le Nord-Ouest, la Gatineau et les Cantons-de-l'Est. Il ne sera pas de notre propos d'y revenir dans cette histoire de la distribution d'électricité. En fait, le plus souvent, les grands groupes servaient directement leurs propres filiales industrielles à haute ou moyenne tension, se contentant de distribuer leurs excédents, quand ils en disposaient, aux autres industriels puis aux abonnés domestiques. Parfois, l'unité chargée de l'approvisionnement électrique n'était elle-même qu'une filiale, comme au Saguenay ou dans le Nord-Ouest, l'activité majeure du groupe étant autre (métallurgie, mines ou pâtes et papiers).

➤ Les « vendeurs » industriels du groupe Shawinigan

Pas d'ambiguïté, au groupe Shawinigan on est là pour vendre et l'on prend toutes les façons d'intéresser les clients, et particulièrement les gros clients que sont les industriels, à son produit. On est fier de son association de toujours avec l'industrie. Le président James Wilson, dans son adresse annuelle aux actionnaires en 1944[4], souligne ainsi : « *Les trois premières industries importantes qui se sont établies à Shawinigan Falls l'ont fait à l'invitation pressante de votre compagnie.* »

La promotion du groupe en regard de l'industrie est assurée par son Service d'initiative industrielle (SII), unité de pointe longtemps dirigée par un dénommé Lester McGillis qui fait feu de tout bois pour attirer des investisseurs et des entrepreneurs de partout dans le monde. On dit que pour la seule année 1946 le SII persuada 39 d'entre ceux qu'il avait ciblés, que pour les 6 premiers mois de 1952 il permit la  création de 340 nouveaux emplois industriels sur son territoire, etc.[5] Ses efforts sont plus particulièrement tournés vers les pays anglophones. Aux lendemains de la guerre, la SWP distribue à grands frais à des industriels au Canada, aux États-Unis et en Angleterre plus de 2 000 brochures promotionnelles en couleurs d'une grande qualité graphique vantant « *Quebec and the market of the world* ».

---

4. « *Remarques de M. James Wilson, président de The Shawinigan Water & Power Company à l'assemblée générale annuelle tenue à Montréal, le 16 février 1944* », Archives d'Hydro-Québec.

5. *Shawinigan Journal*, SWP, Archives d'Hydro-Québec.

L'équipe Stimulation des ventes de la Shawinigan Water & Power, vers 1950.
De gauche à droite : Jean-Paul Cristel, Wally Lavigne, Charles Talbot, Roméo Reny et André Jacob.
(Photo de Jacques Beaudet)

Qu'un entrepreneur manifeste de l'intérêt à venir s'installer sur le territoire de la Shawinigan et le SII ne le lâche plus. «*Le service s'enquiert de ses besoins en ce qui regarde bâtisses, commodités de transport par rail ou par eau, approvisionnement en eau pour procédés industriels, puissance raccordée de l'usine, personnel requis, etc. Une fois ces renseignements assemblés, on les place en regard des conditions qui prévalent dans 29 des principales villes et villages de notre territoire. On visite ensuite, avec le client, les endroits propices et on lui remet des copies d'études d'emplacements industriels[6].*»

Mais ce n'est pas tout. L'article du *Shawinigan Journal*, qui informe ses lecteurs de l'après-guerre des méthodes du service d'initiative industrielle, mentionne qu'il réalise à l'intention de ses clients des rapports très complets sur les types d'industries alimentées par le groupe, disposant ainsi d'une «*véritable encyclopédie industrielle des territoires desservis par Shawinigan et Quebec Power*» et qu'il dispose de fonds pour inciter les industriels encore hésitants à s'implanter localement. «*Lorsqu'un client manque du capital liquide et que la compagnie est convaincue du sérieux de son projet, le SII achètera le terrain, engagera l'architecte, approuvera les plans, recevra les soumissions, choisira l'entrepreneur et surveillera la construction de la bâtisse. Lorsque le client remboursera les montants dépensés pour la construction, l'argent retournera dans le fonds où il pourra encore servir au financement d'autres entreprises.*»

Dans un article publié au printemps 1954, l'auteur, un certain Jean-Paul Cristel, mentionne : «*La Shawinigan commença dès 1931 à s'occuper activement d'introduire l'électricité dans les petites industries [...] En 1953, le personnel de vente d'énergie aux industriels a fait 252 propositions dont il est résulté que 91 clients ont*

---

6. «*Leur succès fait nos affaires – L'initiative industrielle se cultive*», The Bulletin, SWP, 1947.

ajouté un total de 3 365 horse-power de charge au réseau. [...] Alors qu'il y avait dans notre territoire 685 clients industriels (sans compter les petits) en 1947, leur nombre s'établissait à 1 108 à la fin de 1953. Beaucoup d'industries, anciennes et nouvelles, ont choisi le Québec à cause de ses vastes réserves d'énergie. Le personnel de ventes d'énergie a pour mission de les aider à utiliser de plus grandes quantités de cette énergie pour leur propre avantage[7]. »

La SWP était là pour vendre, écrivions-nous, eh bien, elle vendait ! On est sérieux ou on ne l'est pas. On l'était manifestement à la Shawinigan envers ses clients industriels.

L'histoire est plus délicate à cerner chez les distributeurs, essentiellement la MLH&P et la QPC. De façon évidente, et nous avons déjà évoqué le phénomène, le client industriel y est roi, et ce sera le cas dans la première Hydro des années 40 de la décennie suivante. C'est l'âge d'or du capitalisme industriel où les élites des trois mondes dominants, soit l'électricité, les finances et la grande industrie, sont étroitement liés et défendent des idéaux et des intérêts conjoints.

Il faut bien comprendre que l'essentiel de l'énergie produite au Québec au début du siècle est destiné à l'industrie, encore 83,60 % en 1952[8]. C'est un chiffre qui va baisser peu à peu, passant à 76,50 % en 1960 et à 66,70 % en 1968, mais qui reste énorme et justifie le traitement de faveur accordé d'abord par les entreprises privées puis par Hydro à ce segment de leur clientèle.

A Votre Service . . .

Les spécialistes du Service Commercial de la compagnie Shawinigan. Ils sont à la disposition de tous et leurs services sont gratuits.

J. P. R. Cristel
Directeur du Service commercial, Montréal

Roméo Reny
Victoriaville
Surintendant des ventes

André Jacob
Trois-Rivières
Surintendant des ventes

Jacques Beaudet
Valleyfield
Surintendant des ventes

Eugène Boucher
Victoriaville

Marcel Carignan
Valleyfield

Roland Couillard
St-Joseph-de-Beauce

Roger Doniger
Shawinigan Falls

Lucien Bellefleur
Ste-Thérèse

Gérard Denis
Joliette

Fernand Héroux
Trois-Rivières

Bernard Payeur
Sorel

---

7. « *La magie dans l'industrie* », Shawinigan Journal, SWP, mars-avril 1954.

8. Alain Metton, « *Croissance des consommations électriques et développement économique et social au Québec* », Revue de géographie de Montréal, n° 2, 1970.

➤ Les « conseillers » industriels de la Commission

Quelques membres de la section des Ventes industrielles de l'Hydro-Québec montréalaise de 1960. De gauche à droite : deux préposés aux Ventes, Guy Favreau et Gilles Renaud, et le contrôleur, Claude Blais.

Dans l'Hydro-Québec de l'après-guerre, on vend également, et l'on dispose d'une unité destinée à assister les grands consommateurs industriels et commerciaux : le Service industriel. Mais on est loin de sentir dans la Commission des années 50 un engagement, une ferveur du type de ceux qui, à l'évidence, avaient cours dans les compagnies privées.

C'est à peine si l'article d'*Entre-nous* qui, en 1955, présente le Service industriel, parle de vente et de promotion. Les gens qui le composent, nous explique-t-on, *« étudient les problèmes, servent l'abonné, transigent des ententes, agissent comme intermédiaires entre la Commision et ces abonnés et comme conseillers auprès d'eux ».* Les mots *« vente »*, *« promotion »* sont à peine énoncés, comme si l'on répugnait à concéder que, eh bien oui, on fait des affaires, de l'argent et des profits. Au demeurant, l'article l'écrit en toutes lettres : *« On considère les vendeurs d'énergie comme des conseillers auprès des industriels qui les consultent et ils doivent mériter ce titre. »* C'est clairement mettre le conseil au-dessus de la vente, une aberration pour toute entreprise commerciale.

Comparons les conclusions des deux articles présentant les services des ventes industrielles d'Hydro et de la SWP, telles que publiées dans les journaux d'entreprise à la moitié du siècle.

Entre-nous d'Hydro : *« Par son rôle d'intermédiaire et de conseiller* [on ne mentionne même pas "de vendeur"], *le Service industriel rend de nombreux services aux* "abonnés" *qui en viennent à considérer la Commission non pas comme un corps rigide froid et inaccessible mais comme une personne sympathique, toujours prête à accorder sa collaboration, à mettre ses connaissances au service du public[9]. »*

Shawinigan Journal de la SWP : *« Pour les gens de notre Service d'Initiative Industrielle, un homme avec une idée en tête et une brouette est un client industriel en perspective[10]. »*

« Faisons-nous aimer de nos abonnés », dit l'Hydro. *« Vendons à nos clients »*, dit la *« Shawi ».* On appréciera la nuance.

---

9. *« Notre service industriel »*, *Entre-nous*, décembre 1955.
10. *Ibid.* Note 7.

Quand Hydro-Québec absorbera toutes ses consœurs et les coopératives, elle va devoir soudain gérer un secteur industriel aux dimensions et à la diversité tout à fait nouvelles pour elle, ou du moins pour ses administrateurs montréalais. Il y a là d'énormes pans d'activité qui lui sont en pratique inconnus : la métallurgie, les pâtes et papiers, l'agroalimentaire. Certes, l'entreprise était jusque-là, comme les compagnies privées, particulièrement soucieuse de sa grande clientèle. Robert Boyd, Gilles Perron, Roch Goyer et Marcel Lapierre, pour ne nommer qu'eux, étaient actifs, compétents et efficaces dans le suivi des dossiers des grands clients montréalais. Reste que la bouchée devient énorme et que, pour en faciliter l'absorption, l'homme de l'heure, Robert Boyd, choisira deux hommes de la filiale la plus associée à la grande industrie, la Shawinigan.

À la première organisation des troupes de Distribution et Ventes, on va dégager une direction spéciale « *Ventes à la grande entreprise* », confiée à Harry Abbott Smith. Jean-Paul Cristel, l'autre directeur choisi par Boyd aux Ventes, expliquait ainsi la décision de Boyd : « *Plusieurs compagnies avant 1963 avaient fait du secteur grande entreprise un service tout à fait à part. À l'Hydro-Québec, c'était seulement une spécialisation à l'intérieur du service de la Vente. On a préféré en faire une direction autonome pour bien connaître nos clients et étudier leurs problèmes*[11]. »

Quatre années plus tard, en 1968, la direction d'Abbott Smith, qui prend sa retraite, sera abolie et fusionnée à la direction Mise en marché. On apprend à cette occasion dans *Hydro-Presse*, qui annonce la fusion, que les compagnies ayant un appel de puissance de plus de 3 000 kW consomment 44,6 % de l'énergie vendue. C'est majeur en ce qui concerne les revenus d'Hydro et déterminant sur la carte économique du Québec. Le chiffre est d'autant plus frappant qu'il va notoirement fluctuer à la baisse dans les 15 années suivantes avant de revenir à des proportions comparables à la suite des programmes majeurs de promotion menés par l'entreprise à compter du début des années 80. De nos jours, la barre des grands consommateurs industriels a été hissée à un appel de puissance de 5 000 kW. Ils sont au-delà de 300 à la franchir[12] et consomment près de 42 % de la production vendue par l'entreprise[13].

---

11. « *Fusion de deux directions à Distribution et Ventes* », *Entre-nous*, Hydro-Québec, février 1968.

12. On jugera de l'efficacité de la campagne de charme tous azimuts d'Hydro dans la seconde moitié de la décennie 80 et depuis en notant que les clients de cette envergure, s'ils sont aujourd'hui au-delà de 300, n'étaient que 160 en 1986. « *Secteur industriel, les clients ont la parole* », *Courants*, juillet 1976.

13. Hydro-Québec, *Rapport annuel 2002*. On retiendra que la clientèle domestique consomme aujourd'hui 33,7 % du tout et la clientèle dite « *commerciale et d'affaires* », où figurent les entreprises industrielles avec appel de charge moindre de 5 MW, consomment plus de 24 %.

On n'a jamais restreint la consommation des industriels au cours du siècle. Hydro va faire plus en l'encourageant délibérément à compter de 1965. La façon qu'a Aurélien Michaud, chef de division Ventes à la région Matapédia à la disparition de la filiale CPBStL, de raconter la mobilisation des forces de vente à l'industrie est particulièrement révélatrice de la philosophie de l'entreprise et de celui qui va devenir son directeur général à l'époque, Robert Boyd. «*Les coopératives de la région autant que la Compagnie de Pouvoir faisaient payer très cher leurs services pour atteindre le seuil de rentabilité qu'ils s'étaient fixé. À la venue d'Hydro-Québec, les tarifs ont été baissés de façon majeure. Bien beau, mais la région administrative créée s'est retrouvée immédiatement déficitaire. Matapédia coûtait à Hydro 15 millions en frais d'exploitation et lui rapportait 9 millions en revenus. Boyd nous a dit : "Vous avez deux ans pour vous replacer !" C'était on ne peut plus clair, il fallait vendre.*»

Les autorités de la région n'ont effectivement d'autre choix que de développer leurs revenus. Aurélien Michaud est un fonceur, un novateur. Il connaît parfaitement le produit qu'il vend, l'électricité. Dans son jeune temps à la CPBStL, il a aussi bien planté des poteaux que fait des raccordements, «*filé*» des bâtiments que réparé des compteurs. Il est convaincant, c'est un homme d'entreprise et un autre de ces grands vendeurs de l'époque. Il est homme à prendre des risques. Il va convaincre des secteurs industriels régionaux entiers de passer à l'électricité, convertir des écoles, des hôpitaux, des administrations, amener des hôtels, des centres commerciaux tout électriques dans sa région avant bien d'autres. A-t-il, avec les industriels, des problèmes un peu trop compliqués pour les connaissances du maître électricien qu'il aurait pu devenir (il en a acquis la formation et l'expérience), qu'il fait venir des ingénieurs du siège social ou de Québec, les experts André Chalifour ou Roland Couture, pour trouver des solutions techniques aux problèmes régionaux.

Bref, il va à ce point se démener que la petite région Matapédia fait à l'époque figure de précurseur dans l'orientation d'Hydro vers le «*tout à l'électricité*», comme un éclaireur, mobile, imaginatif et débrouillard précédant une grosse armée. Aurélien jouera le rôle avec d'autant plus d'efficacité et de réussite que bientôt son directeur régional, nul autre que Gilles Béliveau, qui, appliquant en Exploitation ses principes acquis au siège social, lui donnera toute la corde et les encouragements nécessaires. Il dit aujourd'hui avec la fierté de celui qui a réussi : «*Tous les services de la région ont collaboré et ont poussé dans le même sens. On est réellement devenu une entreprise commerciale en Gaspésie bien avant que la grosse Hydro ne s'éveille à cette réalité. On a développé des liens de confiance très serrés avec les entrepreneurs industriels et les promoteurs locaux, avec les gestionnaires d'écoles, d'hôpitaux, de centres commerciaux. La Gaspésie est aujourd'hui électrifiée comme pas une autre région québécoise. À ma retraite en 1983, la région faisait 190 millions de revenus. On a travaillé fort, par exemple !*»

➤ *Aurélien, les « moulins à scie » et les bas-culottes*

En ce temps-là en Gaspésie, toutes les scieries et les usines de traitement du bois fonctionnaient à la vapeur de gigantesques chaudières chauffées au bois.

En ce temps-là en Gaspésie, Aurélien Michaud, responsable des ventes d'Hydro-Québec, cherchait à accroître le marché de l'électricité.

Aurélien Michaud, en 1980.

C'était, disons, dans la seconde moitié des années 60. *« Ce qui limitait alors notre expansion*, explique monsieur Michaud aujourd'hui, *c'est que les industriels locaux n'imaginaient pas comment l'électricité pouvait les aider. Il fallait faire pour eux le travail d'adaptation de technologies électriques à leur secteur d'activité et leur démontrer que ça pouvait fonctionner. Je visitais les moulins à scie et je voyais bien qu'ils avaient de la difficulté au niveau de l'écorçage. C'est le plus souvent après avoir été traînés au sol que les billots arrivent à l'usine : ils sont généralement sales, gelés, couverts de terre, parfois caillouteux entre bois et écorce. Le bois gelé s'écorce mal, les débris abîment les lames de scie, bref il faut nettoyer les billots à leur entrée dans l'usine. Le défi était de le faire à l'électricité plutôt qu'à la chauffe au bois. »*

Il fallait dépenser pour étudier un projet. Michaud en conçoit un, le soumet à Gilles Béliveau et Claude Boivin qui l'épaulent et dégagent un budget de recherche de 5 000 $. *« J'ai travaillé avec un industriel local, Charles Guerette d'Escour, près du lac Pohénégamook. Nous avons conçu un système où les billots, entrant dans un bassin d'eau froide, étaient douchés par de l'eau à 195 degrés, chauffée à l'électricité dans des réservoirs isolés à la sciure de bois. J'étais à 4 heures du matin, le jour où on a commencé les essais, nerveux comme un poulet. Les résultats ont dépassé toutes nos espérances. Les troncs sortaient lisses, blancs, impeccablement propres. On put ainsi réduire de moitié l'aiguisage des scies. Ce ne fut pas long : toute l'industrie adopta le procédé. »*

Le second fait d'armes historique d'Aurélien concerne une usine de Mont-Joli. Après les troncs, les bas-culottes. *« Il y avait à Mont-Joli*, se souvient Michaud, *une usine de ce type qui fonctionnait très fort. Elle pouvait embaucher 350 employés à l'époque. Elle était dirigée par un bonhomme très compétent en technique mais qui ne voulait rien savoir de passer sa production à l'électricité. J'allais souvent le rencontrer pour labourer, défricher le terrain. Nous jasions, mais ça ne donnait rien. Et puis, un jour, il dut changer sa technologie, et l'ingénieur qui le conseillait ne nous était pas favorable. C'est contre lui que j'ai conçu le projet, ce qui est toujours une façon difficile de travailler avec un industriel. J'ai converti, le soir, à la maison, chez nous une des chaudières du bonhomme à l'électricité. Ses techniciens n'ont plus eu qu'à recopier le modèle dans l'usine sur les neuf autres "bouilloires" que nécessitait sa chaîne de fabrication. »*

Ainsi, dans les années 60 et 70, au gré d'initiatives plus ou moins personnelles de certains de ses employés, Hydro-Québec poursuivait sa pénétration, alors lente, des marchés industriels.

Ce qui, à ses dires, va énormément aider Aurélien Michaud, c'est la tenue chaque année, entre 1968 et 1973, de colloques industriels. «*On avait imaginé des rencontres où l'on mettait en relation des industriels, des gens d'Hydro et des conseillers financiers des banques. On réunissait tout ce monde-là pour une journée, golf le matin, visite industrielle l'après-midi, banquet le soir ("On nourrissait aux crustacés" de préciser Aurélien.), discours. On pouvait réunir comme ça 400 personnes. Nos messages passaient sans qu'on ait à forcer…*»

Matapédia ne sera pas seule à convertir alors ses industriels. D'autres régions administratives périphériques (Saguenay, Manicouagan, Abitibi) connaissent à l'époque le même problème de coûter plus cher à la nouvelle et grande Hydro-Québec qu'elles lui rapportent en revenus. Toutes celles-là ont la préoccupation d'accroître leurs ventes pour réduire le déficit régional du coût de fourniture de l'électricité. Régions peu peuplées, riches en matières premières, c'est vers l'industrie primaire que les dirigeants Distribution d'Hydro orientent leurs efforts et, particulièrement, vers les pâtes et papiers.

«*En Abitibi à la fin des années 60,* raconte Jean-Guy Couture, le premier et, à l'époque, seul ingénieur d'Hydro-Québec Distribution sur place, *ça bougeait partout. La voirie faisait route sur route et l'industrie du bois qui sortait d'une période difficile allait connaître une reprise en force. Nous étions très proches de nos clients industriels. Nous sentions venir l'essor des usines de sciage et nous avons décidé localement de mettre l'épaule à la roue.*»

De tels cas de «*mariage*» d'une région administrative d'Hydro avec un secteur industriel dominant de son territoire seront fréquents entre 1965 et 1975. Celui de l'Abitibi et de son client

Jean-Guy Couture, en 1990.

local des pâtes et papiers illustre fort bien le processus de mise en place de telles synergies et leur réussite ultime au bénéfice des clients industriels et du développement régional. L'Hydro régionale va agir sur trois plans et l'exemple ici est particulièrement éclairant sur les façons qu'a la société d'État d'aider une industrie et sur ses interrogations de conscience internes ce faisant. La région d'Hydro va s'assurer, dans un premier temps, de l'alimentation des nouvelles charges créées ; elle va, ensuite, faciliter la livraison de l'électricité aux installations du client ; elle va, enfin, rechercher avec l'industriel des méthodes d'amélioration technique de son produit.

La période, nous l'avons vu et dit, est une période d'accroissement tous azimuts des marchés de l'électricité. L'énergie nouvelle de Manic et de Churchill permet à Hydro-Québec de voir venir la demande et d'y répondre sans grands problèmes. C'est le cas partout sur le grand réseau intégré, partout, sauf en Abitibi. L'Abitibi de l'époque n'est pas reliée au réseau de transport provincial. La région doit produire ou importer de l'Ontario l'énergie qu'elle distribue tout en devant faire face à des augmentations annuelles de consommation de 10 à 15 %. «*On était dans le trouble!* résume Jean-Guy Couture. *On se débrouillait dans l'immédiat avec nos centrales et nos trois connexions avec l'Ontario, mais nos simulations d'évolution de la charge nous démontraient qu'on allait manquer d'énergie à moyen terme. Les gens de Planification du siège social nous disaient: "Ça ne se peut pas! Refaites vos calculs!", mais nous on voyait bien que ça s'en venait et qu'on ne pourrait plus fournir à la demande. C'est alors qu'on a mis Cadillac en service, au terme de discussions musclées avec nos fonctionnels, une centrale à turbines à gaz qui allait coûter très cher à Hydro mais qui nous permit de répondre à l'accroissement des charges en attendant le raccordement au réseau principal.*»

Premier problème réglé : Hydro prend les mesures nécessaires, aussi coûteuses soient-elles, pour répondre à la demande des industriels. Mais l'entreprise s'interroge ce faisant. Doit-elle à tout prix favoriser la demande ? Est-elle dans l'obligation de répondre aux accroissements de charge quand le profit économique en découlant n'est pas assuré ? Là encore, ce sont quelques promoteurs internes hardis qui vont «*se mouiller*», prendre des risques et faire bouger la grosse machine au bénéfice des clients industriels.

«*À cette époque,* poursuit Jean-Guy Couture, *nous alimentions les clients industriels demandant plus de 300 kW en moyenne tension. C'était à eux de se doter d'un poste de transformation pour réduire le voltage. Mais les temps étaient durs pour les entrepreneurs forestiers qui, pour la plupart, étaient très limités quant aux possibilités d'investissement. Finalement, sur les conseils de nos gars de ventes, Rénald Roy et Gabriel Fontaine, on leur a construit les postes à 25 kV. Notre premier client à bénéficier d'un tel poste fut Normick Perron, à La Sarre. Ces gens-là relevaient d'une faillite et ça leur a fait du bien qu'on les soutienne. Mais, là non plus, les gens du siège social n'étaient pas bien d'accord. Leur position était tout à fait respectable. Ils avaient peur du précédent. "Vous concédez de tels privilèges dans des circonstances particulières, d'accord! Les forestiers peinent en Abitibi, d'accord! Mais qu'est-ce qui va se passer si votre client ouvre demain une succursale dans la région de Montréal? Hydro va-t-elle devoir répéter le modèle? Et puis, des scieries, ça ouvre, mais ça ferme aussi quand il n'y a plus de bois. N'investissez-vous pas trop? Il va falloir bâtir des lignes au milieu de nulle part. Est-ce qu'on récupérera nos investissements si ces gens-là se cassent la figure?" Les batailles furent sérieuses. Une chance, j'étais parfaitement bien soutenu par mes patrons régionaux. Ce fut la période la plus stimulante de ma carrière.*»

Une seconde entrave à l'expansion de l'électricité était écartée et le choix d'aider les papeteries abitibiennes se révélera bon. Une industrie dynamique et prospère s'établissait alors. Hydro, par ses spécialistes régionaux, lui donnera un autre bon coup de pouce au début des années 70 en l'aidant à mettre en place des technologies nouvelles de séchage du bois à l'électricité. Il existait déjà des séchoirs à bois au Québec[14]. Ceux-ci étaient amovibles et ne permettaient

Rénald Roy, en 1974, devant les tableaux de commande à distance du premier séchoir construit à Val-d'Or par la société Abiex.

le séchage efficace que de quantités de planches relativement petites à la fois. Là, les deux responsables locaux des ventes d'Hydro, les déjà nommés Rénald Roy et Gabriel Fontaine, vont concevoir d'énormes séchoirs stationnaires, en fait des hangars traversés de rails par lesquels entrent et sortent les trains de bois à sécher. Hydro-Québec consacrera 15 000 $ aux recherches menées conjointement avec un entrepreneur, Jean-Jacques Cossette. L'usage du séchoir se généralisera dès lors un peu partout au Québec.

On échange ses expériences aux réunions des comités des Ventes régionaux organisées périodiquement par l'équipe fonctionnelle de Jean-Paul Cristel. On va ainsi encourager l'usage industriel de l'électricité jusqu'en 1973, avec dynamisme, créativité et entregent. Jacques Bisaillon et les gens de Tarification, Lionel Cahill et les gens de Génie peuvent bien, à l'occasion, soulever interrogations, doutes et craintes, la machine est en marche et tout le Québec industriel des années 1965-1972 profite des largesses d'Hydro.

Mais, en 1973, changement de ton. Le balancier, on l'a dit, est de nouveau du côté des prudents, des inquiets, des planificateurs. Les gens de vente ont consigne de mettre la pédale douce. Les initiatives de développement nées d'Hydro deviennent exception, mais le marché continue de bouger et de s'électrifier avec ou sans mesures incitatives. La tendance reste au 7 % d'augmentation par an et l'industrie y est pour beaucoup.

---

14. Le premier séchoir québécois aurait été conçu et construit par un entrepreneur de Saint-Romuald, Ernest Lacasse, en 1960, du temps de la Quebec Power. Il permettait de sécher de 3 000 à 20 000 pieds de bois à la fois.

➤ *Le premier sécheur à lait électrique fut québécois*

Des «*mini-premières*» dans le domaine de l'utilisation industrielle de l'électricité, Hydro-Québec, associée au génie-conseil et aux industriels d'ici, en comptera beaucoup dans les années 80 et la décennie suivante. L'innovation que constitua le séchage électrique du lait a ceci de particulier qu'elle eut lieu en 1975 avant le déploiement majeur des troupes de recherche québécoises en électrotechnologie. C'est encore une fois dans la Gaspésie de l'ami Aurélien Michaud que la percée se fera.

En déshydratant le lait, on recueille, après évaporation du liquide, les éléments solides que les entreprises industrielles du domaine commercialisent ensuite sous forme de poudre de lait. Cette opération de dessiccation se fait dans de vastes cuves où l'on maintient une température de 180 degrés. La coopérative agricole du Bas-Saint-Laurent brûlait pour ce faire du propane ou du mazout. À la hausse des combustibles fossiles de 1973, elle s'adressa à Hydro, laquelle confia son dossier à une ressource régionale, Lorenzo Dubé, et à la sommité de l'heure sur le plan technique au siège social, André Chalifour.

Le premier sécheur électrique de lait était mis en service à Trois-Pistoles au printemps 1976, avec 6 modules de chauffage demandant une charge de plus de 4 MW. Modeste et réaliste, André Chalifour refusa que l'on parle alors d'une «*première mondiale*», mais recommanda plutôt au journaliste d'*Hydro-Presse* d'évoquer simplement l'«*optimisation technique et financière d'un procédé industriel*». Il allait y en avoir bien d'autres au Québec dans les années suivantes.

Toutefois, au fil de la décennie, le mouvement paraît s'essouffler. Effet des premières mesures d'économie d'énergie, conséquence du regain d'activité de la concurrence, amorce du ralentissement économique du début des années 80, les trois facteurs sans doute expliquent qu'en 1979 les ventes d'électricité «régulière» à l'industrie semblent en stagnation. Le secteur ne représente plus alors que 37,6 % des ventes totales d'Hydro. Cette année-là, la croissance n'y a été que de 1,2 %, alors que la croissance de l'usage général, pour avoir également quelque peu freiné, reste tout de même à 4,7 %. La période d'explosion de la consommation industrielle reste à venir.

Chaleur et secrets : des fréquentations de plus en plus étroites

Claude Boivin, analysant le phénomène, estime : «*Finalement, en y regardant de près, l'Hydro des décennies 60 et 70 travaillera surtout à l'accroissement des marchés commerciaux, institutionnels et domestiques. On se préoccupera aussi des PME, mais finalement bien peu de la grande industrie. Je ne nie pas que, çà et là, essentiellement en région, il y ait eu des efforts, parfois majeurs, consentis envers les industriels, mais l'entreprise n'avait pas d'approche globale et systémique de cette clientèle. On avait avec eux, on a toujours, du reste, parce que ce marché s'y prête bien, une approche au cas par cas, client par client. Certes, de tout temps, les entreprises privées et Hydro avaient pris l'habitude de leur vendre leurs surplus, l'énergie excédentaire que les centrales pouvaient conjoncturellement générer. Mais on leur vendait essentiellement et sans grande imagination du chauffage et de la ventilation. »* Il y avait, l'avenir le démontrera, beaucoup plus à faire. Boivin le synthétise ainsi : « *Notre potentiel de croissance était dans les procédés industriels de la grosse industrie !* »

Hydro va venir à s'intéresser à ce secteur particulier de sa clientèle, un peu forcée par la conjoncture, d'une part, mais d'autre part, grâce à la volonté particulièrement déterminée du tandem Guy Coulombe-Claude Boivin.

Revenons un instant sur le contexte du début des années 80 pour rappeler qu'il est affreux. Pour ne retenir ici que l'essentiel nécessaire à la compréhension de l'attitude d'Hydro à l'endroit des grands industriels, répétons que l'entreprise dispose de surplus énormes, 5 000 MW, grossièrement le cinquième de sa capacité de l'époque, dans un contexte économique où gaz et pétrole sont redevenus concurrentiels. L'heure est de nouveau à la commercialisation plutôt qu'à l'épargne du produit.

Se reposant entièrement sur Pierre Godin pour la gestion de l'Exploitation, Guy Coulombe va consacrer une part majeure de ses préoccupations et de son temps aux grands dossiers commerciaux et stratégiques de la maison, et tout particulièrement à la commercialisation de l'électricité. Il fait appel, pour réorganiser le secteur des Ventes internes, à Claude Boivin. Les deux hommes ont des méthodes de gestion assez semblables : ils écoutent, se font une idée et foncent. À chaque étape du processus, une constante : il faut que ça aille vite. S'ils ne se ressemblent absolument pas physiquement, Boivin mince et sec, Coulombe cubique et corpulent, les deux sont des leaders naturels qui commandent le respect. Ils ont le même type d'approche plutôt froide et expéditive. Il en est beaucoup pour figer devant eux. Pourtant, derrière la façade, beaucoup d'humanité et d'ouverture d'esprit, mais dont ils usent, dans le cadre de leur travail, à tout le moins, avec modération. Ni l'un ni l'autre pour s'embarrasser longtemps des embûches sur la route conduisant aux buts qu'ils se fixent. Surtout, les deux ont une puissante faculté d'analyse des problèmes, une capacité de synthèse assez époustouflante et des réactions d'une rapidité étonnante. Claude Boivin aux Ventes internes (tout comme Pierre Godin à l'époque à l'Exploitation ou Jacques Guèvremont aux Ventes externes) a ce complément absolument essentiel pour Coulombe qu'il est ingénieur, le produit kilowatt lui est familier et il connaît intimement Hydro, ses us et ses gens. Les 5 000 MW à écouler constituent un défi à la mesure de ces deux-là !

Claude Boivin entre en poste le 3 janvier 1983, avec un seul adjoint, Jean-Paul Cristel qui termine à ses côtés, comme conseiller d'expérience, respecté et écouté, sa brillante carrière. Boivin a carte blanche pour bâtir une équipe. «*Nous sommes arrivés au 6ᵉ étage, Georges Lafond et moi. Il était vide, sans cloisons, pas un chat, pas de bureau, pas de téléphone. On a posé nos caisses de déménagement chacun dans un coin de l'étage. C'était sinistre.*»

➤ *La réussite industrielle d'un allié : les plinthes électriques Ouellet*

Hydro-Québec aida les industriels d'ici de bien des façons, parfois en subventionnant l'entrée de l'électricité dans les entreprises, souvent en les aidant à améliorer leur production par de nouveaux procédés technologiques, toujours en mettant à leur disposition une source d'énergie fiable et concurrentielle, à des prix relativement stables. Mais d'autres entreprises vont bénéficier encore plus directement de la présence, des activités et du phénoménal développement d'Hydro dans les 40 dernières années : les compagnies directement dans son sillage, productrices d'équipements associés à l'implantation du «*tout électrique*». Ouellet Canada inc. est une de celles-là.

L'entreprise est située à L'Islet, sur la rive sud du Saint-Laurent, à l'est de Québec. C'est un grand bâtiment moderne de 10 000 mètres carrés. Curieusement, une bien petite maison blanche le prolonge, quelque peu déplacée dans la zone industrielle où est érigé le bâtiment. «*La maison du fondateur*», nous expliquera le président de l'entreprise Raymond Beaulieu.

Selon ce modèle québécois fréquemment observé, Ouellet est en effet une autre de ces entreprises qui va naître dans un petit garage attenant à la maison du fondateur. Celui-ci s'appelle Charles-Émile Ouellet. C'est un «*patenteux*», un simple artisan talentueux qui fabrique depuis 1967 des appareils de chauffage, essentiellement au mazout. Son principal client est un gros entrepreneur en chauffage et climatisation de Vanier, en banlieue de Québec, la compagnie Flamidor. Elle aussi, depuis 1959, est dirigée par un «*patenteux*» sans grande instruction mais qui a fort bien réussi, Jules Beaulieu, le 18ᵉ enfant d'une famille pauvre en comptant 21.

Ses deux fils, Robert et Raymond, l'ont rejoint dans Flamidor. En 1971, Charles-Émile Ouellet se cherche des partenaires. Robert et Raymond deviennent actionnaires majoritaires. En 1973, c'est la crise du pétrole. Les trois hommes d'affaires, sensibilisés par l'expérience de Flamidor qui constate l'engouement des clients résidentiels pour l'électricité, sentent le peu d'avenir au Québec du chauffage au mazout et cherchent un autre produit à manufacturer dans le domaine du chauffage électrique. «*On a senti le vent et on ne s'est pas trompés*, évalue aujourd'hui Raymond Beaulieu. *Mais ce n'était pas suffisant pour assurer notre réussite. Quand on a sorti notre première plinthe électrique en 1976, nous étions le quinzième manufacturier canadien à arriver sur le marché. L'aventure ne fut pas toujours facile!*»

Des manufacturiers de plinthes, il n'en reste plus aujourd'hui que trois au Canada. L'histoire du groupe de L'Islet suit en parallèle celle d'Hydro et parfois se mélange à elle. Elle évolue sur le fond des campagnes de promotion et des programmes incitatifs de la société d'État, elle fait grande place aux maîtres électriciens, elle bénéficie de l'apport des conseils d'ingénieurs de pointe d'Hydro (ici Roland Couture), elle passe par le LTEE pour des améliorations technologiques, etc.

Tout cela semble bien simple, il faut y ajouter le travail acharné des Beaulieu et le bien-fondé de leurs divers choix de croissance. Aujourd'hui, Ouellet Canada vend en Chine, au Japon, aux États-Unis, en Angleterre. L'entreprise compte 175 employés. La simple plinthe de ses débuts s'est complexifiée et enrichie de maintes améliorations technologiques. La compagnie qui faisait par an un chiffre d'affaires de 171 000 $ en 1971 atteint désormais normalement ce chiffre-là en une journée de travail.

Robert Beaulieu a pris sa retraite en 2001. Raymond garde le fort et l'enthousiasme.

Le nouveau vice-président de Commercialisation et son adjoint Cristel ne resteront pas longtemps seuls. Boivin va s'entourer, en plus de ses relevants hiérarchiques immédiats, de cinq attachés commerciaux de gros calibre dédiés aux cinq grands secteurs industriels de l'époque : Paul-Émile Guay à l'agroalimentaire, Rémy Montpetit aux mines, Micheline Bouchard à la métallurgie, Gaston Boucher aux pâtes et papiers et Jean Laflamme à la chimie. C'est cette patrouille de choc qui va parcourir le Québec et présenter aux industriels le programme des « *bouilloires électriques* ». Ce sera le premier des grands programmes de vente d'énergie excédentaire qui vont voir alors le jour[15].

On a déjà évoqué le succès du programme des « *bouilloires* » dans ces pages et nous n'y reviendrons que très brièvement ici, sous l'angle de son impact conjoncturel sur le développement de la grande industrie. Il va, en fait, dépasser en popularité dans le secteur primaire toutes les attentes de ses promoteurs, produire une évidente richesse à court terme chez la clientèle, mais aussi engendrer de l'insatisfaction à long terme. Il va surtout créer un nouveau climat de concertation entre Hydro-Québec et ses clients industriels.

André Chalifour qui, à titre d'ingénieur-conseil pour de grosses entreprises industrielles, supervisera l'installation de nombre des chaudières, raconte : « *Le premier problème a été de trouver les chaudières. Des équipements du genre, de 10 à 12 MW de puissance, il n'en existait tout simplement pas. On est allé chercher des plans jusqu'en Angleterre. Mais, en fait, à cette taille, on n'a pas réellement pu combler les besoins et il a fallu innover et faire produire au Québec la majorité de l'équipement requis, avec les risques que comportait une telle*

---

15 . En fait, le programme dit des « *bouilloires* » avait été lancé au printemps 1981. Les gens de Commercialisation l'arrêteront momentanément au printemps 1983 pour l'évaluer et reconsidérer en profondeur l'importance des surplus. Il repartira de plus belle et connaîtra ses heures de gloire à compter de juillet 1983.

Micheline Bouchard, alors attachée commerciale, discute ici, à l'été 1983, avec des représentants d'un constructeur américain de torches à plasma.

initiative. L'ensemble a amené une créativité exceptionnelle dans le domaine de la fabrication des chaudières et des équipements associés et provoqué une injection majeure de capitaux dans l'économie québécoise. Des manufacturiers québécois comme Volcano ont largement profité de la conjoncture. Mais tout cela baignait dans un certain climat de précarité et d'insécurité à terme. Hydro nous avait clairement indiqué que ses surplus étaient temporaires. Certaines des technologies tout à fait novatrices qui étaient développées par les manufacturiers de chaudières n'avaient pas fait leurs preuves. Bref, on jouait un peu collectivement avec le feu. Nous, du génie-conseil, qui suivions l'évolution des choses, recommanderons alors à nos grands clients industriels de garder leur équipement traditionnel qui pourrait toujours resservir une fois le programme passé. »

➤ Trois Cascade géants pour la CIP

Quand Hydro-Québec lança son programme des chaudières dans le marché industriel, l'une des premières entreprises à répondre à ses avances dans le domaine des pâtes et papiers fut la CIP. Le programme avait à peine deux ans que la papeterie avait profité des offres d'Hydro et installé d'énormes « *bouilloires* » à Matane, La Tuque, Trois-Rivières et Gatineau. Au printemps 1984, la CIP commandait une charge de 347 MW, une fois et demie l'énergie électrique nécessaire à une ville comme Sherbrooke !

Rien qu'à Gatineau, la plus grosse usine de CIP au Québec, il est vrai, la CIP installa à l'époque une puissance de 156 MW, dotant ses installations de trois énormes chaudières électriques alors qu'elles comptaient déjà sept chaudières alimentées au mazout et au gaz. Des monstres, de véritables monstres ! Des genres de chauffe-eau Cascade, mais qui tiendraient mal dans votre sous-sol : 3 mètres de diamètre sur 8 mètres de haut, produisant 250 000 kg de vapeur à l'heure (oui, c'est en kilogrammes qu'on évalue cela).

Gaston Boucher, un des grands vendeurs d'électricité de cette histoire, qui s'illustrera tout particulièrement dans le « programme des bouilloires », ici photographié en 1975.

Les contrats de vente d'énergie aux alumineries firent à l'époque couler beaucoup d'encre dans les journaux québécois. De l'entente avec la CIP, bien peu sinon pas d'écho. Et pourtant... C'est Gaston Boucher, l'attaché commercial du secteur des pâtes et papiers, qui le soulignait : *«La CIP paiera en 4 ans une somme d'environ 120 millions de dollars* [pour 357 MW]. *C'est plus important que les 112 millions que nous apportera pendant les mêmes 4 années l'aluminerie Pechiney à laquelle nous fournirons une puissance de 400 MW*[16].*»* Mais c'est avec le contrat de Pechiney que la presse fera ses choux gras.

Les gens heureux n'ont pas d'histoire.

Le conseil était bon. Effectivement, beaucoup d'entreprises d'importance vont alors profiter du programme pour doubler leur équipement de chauffage. Elles disposeront désormais de deux systèmes de production de vapeur et pourront passer de l'un à l'autre en fonction du coût de l'énergie et de la disponibilité, ou non, de volumes d'électricité excédentaire. Robert Groleau, directeur des achats d'énergie de la papetière CIP, s'en expliquait ainsi : *«Notre compagnie a intérêt à s'alimenter en énergie à toutes les sources possibles, de façon à pouvoir varier ses options au fur et à mesure des fluctuations de prix dans ce domaine*[17].*»* Évidemment, et c'est le calcul que vont faire tous les clients du programme : Hydro offre des équipements d'une durée de vie d'environ 40 ans et 4 années de disposition de surplus. Pourquoi refuser le cadeau, alors que ce serait bien le «diable» si en 36 ans la société d'État ne revenait pas à un moment ou à un autre avec d'autres surplus miraculeux ?

Reste que le choc sera rude en 1987 quand Hydro confirmera la fin progressive de ses programmes de vente d'énergie excédentaire. Il y aura de la grogne dans le milieu industriel quand l'entreprise cessera d'y déverser la manne électrique providentielle. Le même Robert Groleau de la CIP explique, en 1986 : *«Le programme des chaudières a été pour nous une bouée de sauvetage, mais que va-t-il se passer après 1988*[18]*?»* L'inquiétude est palpable, elle va dégénérer en insatisfaction. Une insatisfaction qui se répercutera jusqu'en Commission parlementaire alors qu'en mars 1988 Hydro devra répondre devant les élus de l'arrêt de telles promotions. L'entreprise s'explique : il arrivera dans l'avenir qu'elle ait encore, c'est bien sûr, comme elle a toujours eu, d'autres surplus de façon conjoncturelle, parfois hebdomadaires, mensuels ou saisonniers, et elle en fera profiter

---

16. *«Le programme des chaudières. Les papeteries occupent la première place, avec CIP comme chef de file »*, Hydro-Presse, Hydro-Québec, mi-février 1984.

17. *Ibid.* Note 16.

18. *«Secteur industriel, les clients ont la parole »*, Courants, Hydro-Québec, juillet-août 1986.

ses clients et, au premier chef, les grands industriels. Mais là, elle n'a tout simplement plus d'excédents de production. Et les dirigeants d'Hydro de pointer du doigt une des grandes responsables de la carence collective, cette satanée et persistante faiblesse de l'hydraulicité dans les territoires nordiques où s'accumule (peu) l'eau des réservoirs pluriannuels.

Mais le phénomène des «*bouilloires*» va, à l'analyse, faire beaucoup plus que, conjoncturellement, permettre, côté Hydro, l'écoulement de surplus et provoquer, côté grande industrie, quelques bonnes années de production. Il va rapprocher les partenaires, les amener naturellement à mieux comprendre leurs contraintes et intérêts réciproques et leur faire souhaiter d'aller plus loin dans leur collaboration. Il y a nettement à cette époque des années 80 une conjoncture tout à fait favorable à cette évolution. Dans le milieu de l'entreprise privée, tout d'abord, où l'on fait face au processus de mondialisation qui s'amorce alors. Les clients industriels, petits et grands – Hydro en dénombre 12 830 en 1986 –, doivent absolument baisser leurs coûts de production, améliorer leurs processus technologiques et étendre, en aval des productions primaires qui sont la marque de commerce de l'industrie québécoise depuis le début du siècle, l'éventail des fabrications secondaires. Hydro également est en période de mutation. Les années 80 seront marquées par le virage «*clientèle*» et nous y reviendrons. Le trio Coulombe-Godin-Boivin qui la mène dans le domaine de l'exploitation et du développement commercial, pour ne pas toujours être en harmonie parfaite quant à la gestion quotidienne de la maison, est en totale symbiose quant à la nécessité d'améliorer le service offert à toutes les tranches de la clientèle. La volonté politique est de développer la grande industrie québécoise et des gens compétents sont partout en place pour faire avancer les dossiers. L'heure est au mouvement.

Autres temps, autres mœurs, Robert Boyd nous racontait que, dans les décennies précédentes, il prenait un malin plaisir à faire «*poireauter*» dans l'antichambre de son bureau ceux qui venaient quémander d'énormes blocs d'électricité québécoise, distributeurs voisins, spéculateurs convertis en courtiers d'énergie ou promoteurs industriels d'envergure. Pourquoi les faire ainsi passer sous ses fourches caudines ? Monsieur Boyd était un homme d'affaires avisé, instinctif, un brin ratoureux. C'était, jugeait-il avec sa grande expérience de l'Hydro de l'époque, se mettre en bonne position de négociation que de masquer son possible intérêt, d'afficher une certaine indifférence envers les marchands et les brasseurs d'affaires. «*S'ils veulent mon énergie, eh bien qu'ils attendent, moi je ne les ai pas appelés !*» Mais c'était fort probablement plus que cela. En son âme et conscience, c'était, pour Boyd, montrer qu'Hydro-Québec, société d'État, était là avant tout pour servir le Québec et l'ensemble des Québécois, et non les spéculateurs, étrangers ou locaux. Qu'aucun de ceux-là n'imagine qu'on hypothéquerait les ressources hydrauliques collectives d'ici pour le bénéfice particulier d'un tel ou d'un autre, *a fortiori* pour des intérêts étrangers.

Cette rhétorique-là, éminemment respectable du temps de la Commission, n'a plus cours sous Guy Coulombe. Le gouvernement a voulu un changement dans la gestion d'Hydro, et c'est dans le secteur de la Commercialisation qu'il sera le plus sensible.

Claude Boivin raconte : «*On envisageait la fin des travaux à la Baie-James, on ralentissait toutes les activités au Génie, on mettait un terme au programme d'équipement nucléaire. Hydro s'est retrouvée d'un coup avec 300 ingénieurs sur le carreau, "excédentaires" selon le mot de l'époque. C'est Guy qui eut alors l'idée de génie d'en recycler une proportion importante en développement de technologies industrielles.*»

Ce n'est pas autrement que le concept des «*électrotechnologies*» va voir le jour au Québec. Que veut dire le nouveau vocable, bien absent de tous les dictionnaires même techniques de l'époque ? Qu'Hydro va chercher et mettre au point des procédés industriels utilisant l'électricité visant à remplacer, là où la chose sera possible et rentable pour les clients, les énergies traditionnellement utilisées. Présentant le phénomène, Gilles Brouillet, l'une des meilleures plumes jamais au service d'*Hydro-Presse*, les décrira ainsi : *Les électrotechnologies ne sont pas un phénomène marginal, un luxe d'industrie de pointe, une taquinerie que nous ferions, en passant, au gaz et au mazout. Elles sont l'avenir des industries québécoises. Elles donnent des produits de meilleure qualité, réalisés plus rapidement. Elles facilitent l'automatisation, la robotisation et la gestion informatisée. Elles utilisent complètement l'énergie, réduisant spectaculairement le gaspillage, la pollution atmosphérique et sonore. Elles seules permettront d'affronter, dans un proche avenir, certains défis de notre civilisation, comme l'élimination des détritus, des nuisances en milieu de travail, etc.*[19]»

Des «*défis de notre civilisation*», pas de doute, la marche est haute, mais gageons qu'effectivement cette description peut être considérée comme le but que Guy Coulombe et Claude Boivin vont donner à atteindre à ceux de leurs relevants qu'ils vont mandater pour développer le nouveau secteur de recherche.

Gros titre dans l'*Hydro-Presse* de fin juin 1983 : «*Hydro-Québec recherche des conseillers commerciaux*». Et l'article souligne : «*Le PDG Guy Coulombe a récemment chargé le vice-président Commercialisation, Claude Boivin, de mettre sur pied, dès que possible, un programme de formation de conseillers commerciaux spécialisés en mise en marché. Leur mandat sera de se familiariser avec les technologies utilisant l'électricité qui peuvent être appliquées au domaine industriel. Ces conseillers seront recrutés parmi le personnel de l'entreprise et devront être opérationnels dès la fin de 1983.*»

---

19. Gilles Brouillet, «*Aux frontières de l'électrification : les ingénieurs en électrotechnologies*», *Hydro-Presse*, Hydro-Québec, mi-novembre 1987.

On a déjà eu l'occasion de le mentionner dans ces pages, monsieur Coulombe «*n'aime pas les vaches qui vêlent tard*». Claude Boivin a six mois pour recruter son monde, de 20 à 30 professionnels, les familiariser avec les principaux secteurs industriels québécois et, comme le stipule l'article, les envoyer poursuivre «*leur formation auprès de compagnies d'électricité, de fabricants d'équipement électrique et de grandes entreprises fortes consommatrices d'électricité, tant aux États-Unis qu'en Europe*». Le message est on ne peut plus clair. L'entreprise «*met le paquet*». Elle a même commandé une étude au Stanford Research Institute de Californie en vue de choisir, aux État-Unis et en Europe, les entreprises qui accueilleront les stagiaires.

Une photo accompagnant l'article nous montre Claude Boivin et Jean-Paul Cristel en compagnie d'un nouveau venu que la légende nous présente comme «*chargé de projet*»: Louis Monier. Monsieur

Monier dit aujourd'hui: «*J'avais été embauché en 1965 et avais été responsable de la mise en service de la centrale nucléaire de Gentilly 1. À la première réorganisation de Guy Coulombe, tout le nucléaire a été arrêté et je me suis retrouvé excédentaire. Je suis resté 15 jours avec ce*

Louis Monier, Claude Boivin et Jean-Paul Cristel

statut-là. J'étais prêt pour une deuxième carrière à Hydro.» À ce moment, Claude Boivin constituait son équipe de gestionnaires de proximité et cherchait un directeur Grande entreprise. Louis Monier, qui doit se retrouver une place dans l'entreprise, pose sa candidature. Celle-ci ne sera pas retenue à l'issue du processus de sélection[20]. Claude Boivin se souvient: «*Ce gars-là était docteur en nucléaire, avait long comme le bras de diplômes français et américains. Son CV était tellement supérieur au mien que j'étais quasiment gêné de lui faire passer une entrevue.*»

Louis Monier ne se sera pas déplacé pour rien. S'il ne le choisit pas comme directeur, Claude Boivin va lui proposer l'un des plus beaux mandats jamais confiés à un cadre de l'industrie électrique d'ici: la responsabilité de composer l'équipe d'experts souhaitée par Guy Coulombe. Louis Monier, dont la carrière va dès lors changer du tout au tout pour, du nucléaire, s'orienter vers le développement technologique et la commercialisation, poursuit: «*Boivin m'a dit:* "Le président veut une nouvelle approche de la clientèle industrielle en appliquant ici les meilleures méthodes des compagnies du monde entier. Comment ces gens-là font-ils pour accroître leurs ventes? Comment sont-

---

20. On lui préférera à l'époque, en avril 1983, Laurent Cupani, ingénieur entré en 1967 à Hydro à la région Matapédia et qui était gérant du secteur Victoriaville de la région Mauricie au moment de sa nomination.

ils reçus dans le milieu industriel ? Quels sont les secteurs les plus prometteurs ? C'est la job. Organiser la recherche d'information. Envoyer des gens qui comprennent ça un peu partout dans le monde pour voir comment ça se passe et agir ensuite pour appliquer ça chez nous. Est-ce qu'un travail de ce genre vous intéresse ?" *Si ça m'intéressait !* »

Claude Boivin renchérit : « *Je vais vivre alors une des expériences les plus enrichissantes de ma vie professionnelle. Recycler ces "bollés" de l'ingénierie, de la construction et de la production dans la fonction commerciale était toute une réalisation. Le travail de conseiller commercial dans les conditions que nous avions annoncées allait, à juste titre, intéresser une foule de gens de talent. On en a fait passer des entrevues, Louis et moi ! Une bonne partie du génie nucléaire a rejoint Monier à l'époque et d'autres sont venus d'un peu partout dans la boîte, des gens de fort calibre qui vont créer l'une des équipes les plus étonnantes que j'aie eues à diriger. Il se développera un esprit extrêmement créatif dans le groupe. Ces gens-là allaient réaliser collectivement qu'ils étaient capables de faire autre chose que ce qu'ils avaient fait jusque-là pour Hydro et cela les motivera de façon extraordinaire.* »

Ce premier projet de recherche commerciale engagé, Guy Coulombe continue de réfléchir et de faire réfléchir son entourage sur le thème : « *Comment, au plus "sacrant", vendre les excédents ?* » À la lecture de publications d'affaires américaines, il vient bientôt une autre idée au créatif PDG qu'il met sur la table et brasse avec son monde de Commercialisation. Le redoutable joueur de poker qu'il est propose de sortir un léger pourcentage de la production d'énergie et de le commercialiser en prenant quelques risques. Il explique aujourd'hui : « *L'idée était toute simple. Nous avions à l'époque trop d'énergie. J'ai suggéré qu'on en prenne une partie et qu'on la vende à des joueurs intéressés, de très gros clients industriels avec lesquels on était assurés de faire des affaires sur le long terme. Pourquoi ne pas prendre quelques risques en leur consentant des tarifs incitatifs leur permettant d'accroître à court terme leur production et de rattraper par la suite les risques pris au début ? C'était certes un peu "gambler", selon le principe que, si tout allait bien, les deux parties faisaient de l'argent et que, si ça allait mal, les deux en perdaient. La négociation de tels contrats supposait deux choses : un, que nous ayons en face de nous des clients solides, et nous en avions ; deux, que nous puissions risquer 1 à 2 % de notre production. Il nous a semblé que nous le pouvions. Tu ne risques pas 300 MW quand tu en produis 1 000, mais tu peux en risquer 100 à 200 quand tu disposes, comme c'était le cas pour Hydro, d'un parc de production de 30 000 MW. De tels méga-contrats étaient vraiment dans notre ligne !* »

La négociation de contrats du genre supposait également l'aval du gouvernement non seulement sur le principe, mais au cas par cas, Hydro n'ayant pas le pouvoir de déroger aux tarifs publiés tels qu'acceptés par l'actionnaire, sans avoir obtenu un décret l'autorisant à cet effet. Ce genre de contrat va donc systématiquement devoir passer par les officines gouvernementales et tout particulièrement le bureau du ministre de l'Énergie (Yves Duhaime à l'époque), et y prendre forcément une connotation politique qui n'aura pas que des partisans, dans et hors l'entreprise.

Les traits du secrétaire général Jean Bernier, et du vice-président Commercialisation sont tendus alors qu'ils s'expliquent devant la presse sur le contrat signé à l'été 1983 avec le groupe Péchiney. Il s'agit de convaincre une presse hostile et une opinion dubitative que le contrat consenti au groupe aluminier français est avantageux pour les deux parties.

Hydro les appelle des «*contrats à partage de risques*», la presse les caricature rapidement sous le vocable de «*contrats secrets*» et les vilipendera sans grande nuance à chaque occasion d'en parler. Claude Boivin se souvient pourtant: «*Je crois toujours – j'ai toujours cru – que ces contrats étaient une bonne chose pour le Québec. On a essentiellement intéressé de très gros joueurs, QIT, le premier, des industries métallurgiques comme Fer et Titane à Tracy, des alumineries comme Reynolds ou Péchiney (que l'on a amenée ainsi à s'établir au Québec, avec toutes les conséquences économiques que l'on sait aujourd'hui). On négociait des contrats de 25 ans, encore actifs de nos jours. Notre objectif ultime était d'amener les industriels à investir au Québec; ils l'ont fait. Or, un entrepreneur veut toujours minimiser son risque initial. Pour nous, vendre moins cher pendant les premiers dix ans du contrat, c'était absorber une partie de ces risques. Le but était de négocier ainsi une entente gagnant-gagnant, en gageant sur la réussite à terme de nos clients. La période de véritable rentabilité pour nous venait après, dans les dernières années de l'entente.*»

Ce que l'on put en entendre parler des contrats secrets d'Hydro! À croire que l'entreprise passait des pactes avec le Diable en personne pour couler l'économie québécoise! La presse, disons-le de la façon la plus simple possible, n'aima pas le concept des contrats à partage de risques. Hydro, signataire d'ententes sensibles avec des partenaires privés, toujours en compétition serrée dans leur marché, était tenue à une élémentaire confidentialité quant aux chiffres discutés, puisque ceux-ci étaient avant tout fonction des données internes du partenaire au contrat. Mais les journalistes d'ici n'aiment pas que les représentants d'une société d'État – disons-le, que les *boss* d'Hydro – ne mettent pas immédiatement toutes les cartes sur la table lorsqu'ils le leur demandent.

La conjoncture économique mondiale n'aidera pas non plus Hydro dans le dossier, alors que les prix des matières premières et particulièrement ceux des métaux et de l'aluminium allaient longtemps faire craindre que le pari de rentabilité à terme des contrats soit perdu. Car les tarifs consentis sont bas, très bas, trop bas pour certains. Ils ont l'apparence de véritables cadeaux à la grande entreprise, aux alumineries tout particulièrement. Plusieurs gestionnaires, à l'intérieur même de la maison où ils sont bien peu – peut-être seulement une demi-douzaine, au souvenir de Guy Coulombe – à participer aux négociations et à en connaître les enjeux, ne se cachent pas pour émettre des doutes sur leur bien-fondé. Ceux-là craignent que quelques règlements d'ententes privilégiées avec de grandes compagnies privées et l'acceptation pour elles de tarifs manifestement préférentiels créent une disparité difficile à gérer avec les autres clients industriels.

Guy Coulombe, manifestement déçu, encore aujourd'hui, par la tournure prise par l'image du projet et par le tollé médiatique à son encontre, s'étonne : «*L'hostilité déclarée aux contrats dits "secrets" nous prit un peu par surprise. J'avais pourtant expliqué ça en détail en commission parlementaire où le projet avait reçu un bon accueil à la fois chez les parlementaires et vis-à-vis de la presse. Quelques articles suspicieux puis carrément hostiles et "toute la gammick" a dégénéré hors de notre contrôle. Une vraie niaiserie ! Dommage, car je reste persuadé que tout cela était bon pour le Québec.*»

Des gros sous dans la corbeille

Ces fausses notes ne ralentissent pas Guy Coulombe. Les réservoirs menacent toujours de déborder. En octobre 1984, Il promeut Claude Boivin au poste de vice-président exécutif. Du même mouvement, preuve de l'intérêt sans équivoque que le conseil d'administration et le président Coulombe portent au développement des ventes, la «*vice-présidence*» Marchés internes devient le «*groupe*» Marchés internes, une «coche» plus haute dans la hiérarchie de la maison. Un autre transfuge du Génie, Claude Dubé[21], devient vice-président, secondant Claude Boivin, Lucie Bertrand, directrice Tarification, Roger Lanoue, directeur Services à la clientèle. Laurent Cupani et Raymond Godbout gardent leur poste de direction à Grande entreprise et à Planification commerciale. C'est une équipe composite de talents divers et affirmés à la complémentarité remarquable. Jamais les Ventes d'Hydro n'auront été dotées de tant de matière grise à leur sommet et c'est sur ce pivot articulé, créatif et compétent, qu'Hydro va prendre ce tournant majeur de son histoire qui restera connu sous le vocable de «*virage clientèle*».

Louis Monier, qui passera dans le mouvement sous Claude Dubé, se souvient d'une autre de ces rencontres de réflexion qu'affectionnait tant Guy Coulombe. On se réunissait très volontiers à l'époque dans la grande salle du conseil attenante au bureau

---

21. Entré à Hydro-Québec en 1963, Claude Dubé a le profil pur et dur d'un ingénieur de Planification. Ce sera un autre cas de transfert entre le Génie et la Commercialisation particulièrement réussi. Il était directeur Planification à sa nomination comme vice-président adjoint de Claude Boivin.

du PDG. Tout bois faisait flamme, tout sujet était bon. Il y en avait de majeurs et d'autres moins, c'était selon. Le nombre de participants semblait illimité, le président aimant entendre le plus de points de vue possible sur les dossiers qui l'intéressait particulièrement. Ses relevants immédiats avaient compris le message et plutôt que de patiner avec plus ou moins d'aisance sur la glace où Coulombe était maître du jeu, ils préféraient souvent s'entourer de ceux qui dans leur personnel avaient les idées vives et le verbe suffisamment facile et téméraire pour les risquer et les défendre devant le patron. C'est lui, Coulombe, qui exposait le thème et lançait les discussions. S'il participait le plus souvent aux débats, il écoutait, surtout, enfoncé dans son siège, la mine le plus souvent renfrognée, dubitative ou provocante. À la fin de la rencontre, il en dressait une synthèse impeccable, dégageait des objectifs à atteindre, donnait quelques consignes et renvoyait tout un chacun dans le champ. Certains critiques notaient que ce genre de rencontre n'engendrait à peu près jamais de procès-verbal et que, parfois, les brillants exercices de synthèse du PDG restaient sans suite, certains cadres retors tablant sur la multiplicité des sujets d'intérêt du grand patron pour espérer son oubli. Ceux-là, retournés dans leur fief, continuaient d'y mener les affaires à leur guise. La chose n'était pas sans risque, mais, au pire, ils pourraient toujours se défendre en prétendant s'être mal souvenus…

La réunion dont Louis Monier se souvient, lui, parfaitement, avait été convoquée sur le thème redondant de : « *Que pourrait-on faire pour stimuler les ventes et que ça bouge davantage ?* » Finalement, un consensus s'était dégagé qu'à sa manière habituelle le PDG avait synthétisé. De la même façon que l'on avait recruté des conseillers commerciaux au siège social, Hydro allait former des ingénieurs, excédentaires ou non, pour les dédier à la promotion commerciale en région[22]. « *Faites-moi une proposition là-dessus d'ici une semaine !* », de conclure le président.

Louis Monier se souvient : « *On a, là encore, intéressé beaucoup d'ingénieurs de profil divers et, parmi eux, des gens de très fort calibre. L'équipe mise sur pied à l'époque comptait une vingtaine d'ingénieurs venus d'un peu partout dans l'entreprise. J'ai retenu les services de deux professeurs de l'UQAM en marketing qui les ont formés pour changer leur mentalité technique et les ouvrir à la promotion commerciale. Au bout de six mois on les a envoyés ou retournés en région comme "ingénieurs en électrotechnologies".* »

L'un d'entre eux, le déjà cité Roland Couture, de Québec, précise : « *C'était la façon pour Hydro d'élargir son spectre d'intervention dans le milieu industriel et de rejoindre les secteurs manufacturiers de haute technologie souvent situés en région. J'en savais déjà beaucoup*

---

22. On notera que d'autres programmes de recyclage du genre seront offerts à la même période à d'autres ingénieurs excédentaires d'Équipement pour les amener à s'intéresser à la Distribution. Ainsi, à la suite d'une expérience amorcée en 1983 à la région Richelieu par Jean-Guy Couture, l'entreprise formera en 24 mois 12 ingénieurs qui rejoindront par la suite l'Exploitation régionale.

à l'époque dans le domaine des applications électriques et des ventes, puisque j'avais toujours travaillé dans ce créneau, mais l'addition de formation reçue à cette occasion me fut vraiment précieuse. Les gens de Louis Monier étaient réellement très forts. Nous avons surtout établi à leur contact des méthodes de travail complémentaires qui allaient se révéler parfaitement efficaces pour rejoindre les industriels. Le programme est sorti à point nommé pour nous permettre de réellement bâtir le Québec industriel électrique. »

Roland Couture, en 1977.

Dès lors, Hydro, avec ses conseillers commerciaux du siège social et ses ingénieurs en électrotechnologies aux quatre coins du Québec, va disposer d'un bataillon de ressources techniques parfaitement organisé, motivé et compétent pour assister la force de ventes, envahir le marché industriel et construire le *« Québec électrique »* évoqué par Roland Couture. *« Le lien avec le client*, de poursuivre Louis Monier, *était toujours l'attaché commercial. Nous, nous étions derrière lui pour l'alimenter en idées novatrices, l'aider à faire des estimés très précis des charges et des coûts requis par et pour les projets des clients et l'orienter s'il y avait besoin de recherches ou de développement technologiques. Nous étions très "proclientèle". Chaque projet ainsi ficelé faisait l'objet d'une recommandation au conseil qui, s'il l'acceptait, pouvait décider, sur l'avis que l'on émettait, de le subventionner. »*

Claude Dubé, se défendant bien d'agresser la concurrence par le programme de subventions qu'Hydro va alors offrir aux industriels se dotant d'électrotechnologies, explique : *« Notre but n'est pas de remplacer une forme d'énergie par une autre* [comprendre : la nôtre]. *Nous voulons surtout améliorer les procédés industriels de manière à augmenter la rentabilité de l'industrie québécoise[23]. »* Reste que le *« Programme d'aide à l'implantation des électrotechnologies »* que son groupe propose au milieu qu'il courtise est d'une générosité manifeste, propre à séduire l'industrie et à lui faire abandonner ses autres prétendants. Même si, à l'époque, le prix des énergies concurrentes est sensiblement à la baisse, Hydro va mettre tellement d'argent dans la corbeille de la mariée que celle-ci va se laisser tenter. La société d'État aborde le marché industriel avec une volonté d'aboutir qui va ébranler le milieu, bouleverser les habitudes de nombre d'entrepreneurs, les amener à considérer l'électricité pour leurs développements futurs, en dépit de la réputation de noblesse et de cherté qu'elle avait jusque-là[24].

23. Claude Dubé, vice-président, Tarification et Clientèle industrielle, *« Les électrotechnologies : offrir aux industriels un produit plus performant »*, *Courants*, Hydro-Québec, mars 1986.

24. Plusieurs industriels manifesteront beaucoup de prudence et hésiteront assez longuement avant d'accepter les offres d'Hydro. Dans le texte cité à la note précédente, Claude Dubé explique ainsi le phénomène : *« Le Québec comprend beaucoup de filiales de multinationales. Ce qui signifie que les centres de décision sont souvent éloignés et n'ont pas la même vision des choses que la filiale québécoise. Il arrive fréquemment que les sièges sociaux des multinationales hésitent à adopter l'électricité parce qu'ils jugent cette forme d'énergie trop coûteuse. »*

Au signal de l'attaché commercial, les conseillers et les ingénieurs d'Hydro entrent dans les usines et font une première évaluation, gratuite, des procédés industriels en place. S'ils découvrent un potentiel d'amélioration possible par la mise au point d'une électrotechnologie adaptée au contexte du client, l'industriel, assisté par le génie-conseil souvent régional, et Hydro passent conjointement à une deuxième étape, la réalisation d'une étude de faisabilité aux coûts généralement assumés à 50% par les deux parties. Si l'étude démontre la rentabilité d'un nouveau procédé industriel faisant appel à une électrotechnologie, la table est mise pour une entente entre Hydro et son client. «*À ce stade d'évolution du partenariat,* explique Claude Dubé, *Hydro-Québec consent généralement à subventionner l'implantation d'une électrotechnologie, en essayant d'obtenir un temps de retour sur l'investissement égal à celui qu'obtiendra le client. Nous préférons nous associer avec l'industrie plutôt que d'agir seuls pour développer de nouveaux procédés. De cette façon, nous avons l'assurance que la technologie développée répondra à un besoin industriel précis*[25]. »

L'équipe des ingénieurs en électrotechnologies de la région Saint-Laurent, en 1987. De gauche à droite : Gabrielle Bodiskiss*, Georges Quentin, Yves Lafortune (chargé de services aux entreprises), Réal Arsenault, Pierre Dansereau et Jean-Pierre Brunelle.
* Soulignons ici que madame Bodiskiss fut la première femme ingénieure embauchée par Hydro-Québec, en 1959.

Georges Quentin, le doyen des ingénieurs en électrotechnologies de l'époque à la région de Saint-Laurent et spécialiste des technologies de chauffage à l'infrarouge, résume ainsi l'approche mise de l'avant par Hydro : «*Une stratégie de tête de pont. Une fois établie quelque part, tel un pilier, une électrotechnologie entraîne un effet multiplicateur : elle devient une référence dans son domaine en termes de quantité et de qualité. Les concurrents sont contraints d'y recourir à leur tour*[26]. » L'un de ses jeunes collègues, ingénieur comme lui à Saint-Laurent, Pierre Dansereau, abonde dans le même sens : «*L'implantation d'une électrotechnologie est une démarche qui prend facilement deux ans et qui requiert des investissements. Mais une fois établie, elle demeure, est rentable et défie la concurrence. Nous avons un client qui le reste et en fait d'autres*[27]. »

---

25. *Ibid.* Note 23.

26. *Ibid.* Note 19.

27. *Ibid.*

Hydro et l'industrie vont faire leurs noces de toutes les manières inimaginables. Il va se vivre alors, de 1984 à 1987, une époque de foisonnement qui va à jamais modifier la texture industrielle et économique du Québec. Fortes de la qualité de leurs composantes humaines et techniques, riches des connaissances acquises par leurs conseillers aux quatre coins du monde, soutenues sans équivoque par la direction de l'entreprise, les équipes commerciales du siège social d'Hydro, bien épaulées par leurs pendants régionaux et soutenues techniquement par l'Institut de recherches d'Hydro-Québec, l'Ireq, et les alliés du génie-conseil, vont pénétrer profondément dans la réalité industrielle d'ici, la moderniser et la solidifier à l'aube du troisième millénaire.

Et, bientôt, l'Ireq ne sera plus seule dans le domaine de la recherche. En 1986, le fédéral et le provincial s'étaient entendus pour doter le Québec et tout particulièrement Shawinigan d'un laboratoire de haute technologie. Un laboratoire, bien beau, de haute technologie, pourquoi pas, mais de quelle haute technologie ? Ça, c'était un peu moins clair pour les politiciens qui hésitaient un peu et finalement vont s'entendre sur le domaine de l'électrochimie. « *Électro* » pour justifier le choix de la province de Québec vis-à-vis des autres provinces canadiennes, « *Chimie* » pour expliquer le choix de Shawinigan vis-à-vis des autres villes québécoises, le groupe Shawinigan ayant, comme chacun sait ou devrait savoir, fait de la vallée de la Mauricie le berceau de l'industrie chimique au Québec[28].

Raisonnement lumineux, peut-être, sauf que : « *L'électrochimie à l'époque au Canada,* raconte Louis Monier, *c'était l'affaire à peu près exclusive de l'Ontario. Pas un seul "électrochimiste" de là-bas pour souhaiter venir s'établir à Shawinigan dans le plein champ où l'on projetait la construction du laboratoire. L'affaire s'annonçait assez difficile.* »

Le dossier, éminemment stratégique et politique, va évidemment aboutir sur le bureau du président Guy Coulombe, puisque c'est à Hydro-Québec que les deux paliers de gouvernement s'entendent pour demander la réalisation du projet. En fin renard, Coulombe va vite accepter, mais, si les politiciens hésitent un peu sur la vocation du nouveau laboratoire, lui ne manque pas d'idées pour les dépanner. Louis Monier poursuit : « *Coulombe n'était pas fou. Quand on lui a parlé de développer une expertise en électrochimie, il a dit tout de suite oui. C'était une occasion qu'il ne fallait surtout pas laisser passer. Mais il savait bien que l'électrochimie était loin d'être le fort du Québec. Alors il a pensé à élargir le mandat à ce qui nous préoccupait et nous intéressait tous à l'époque : les électrotechnologies.* » Et c'est pourquoi le laboratoire a été créé sous le nom de LTEE, pour Laboratoire des technologies électrochimiques et des électrotechnologies. Les politiciens ont fermé les yeux, les observateurs d'ici et d'ailleurs et les journalistes n'y

---

28. Les recherches en chimie menées par le groupe Shawinigan donnèrent naissance au début du siècle à une importante industrie locale fondée principalement sur la production de carbure de calcium, de produits dérivés de l'acétylène, en particulier d'acide acétique et de ses sous-produits.

ont vu que du feu, et ce sont essentiellement des électrotechnologies qu'Hydro-Québec allait développer dans son rutilant laboratoire de Shawinigan[29]. »

➤ Le LTEE, présenté par son fondateur

En ce temps-là, Jean Chrétien et Yves Duhaime, tous deux ministres des Finances et tous deux députés de Shawinigan, qui, libéral à Ottawa, qui, péquiste à Québec, cherchaient ce qu'ils pourraient bien faire pour témoigner leur reconnaissance aux électeurs de leur chère et bonne ville. Ainsi germa l'idée du LTEE. Avec des parrains de ce calibre, plus Hydro-Québec pour mère et Louis Monier pour tuteur, le jeune laboratoire campagnard, l'avenir le démontrerait éloquemment, naissait coiffé.

Le LTEE, à l'été 1991.

*Louis Monier,
le fondateur du LTEE.*

Répondant parfaitement aux besoins du milieu et de l'époque, doté de moyens impressionnants, d'un encadrement et d'un personnel de talent, le jeune LTEE va vite faire sa marque au Québec et ailleurs dans le monde. Plus encore qu'à l'Ireq des décennies précédentes, il va faire bon y travailler, y chercher et y créer. « *Nos premiers cinq ans de vie*, de déclarer Louis Monier, à l'automne 1992, *ont été exaltants. Nous avons atteint rapidement notre vitesse de croisière. Notre personnel est jeune et motivé. D'importantes ententes ont été signées et d'autres le seront bientôt pour la mise en marché de produits et de procédés[30].* »

Le jeune laboratoire va travailler avec tout ce que le Québec compte d'universités, avec les autres centres de recherche québécois et canadiens, avec des partenaires industriels français, belges, anglais. Parlant d'enthousiasme de son «bébé», Louis Monier dit encore: «*C'est un laboratoire industriel dont tous les travaux sont orientés vers la clientèle.*» Et la clientèle potentielle est d'une ampleur abyssale: «*Tous les utilisateurs de l'électricité dans les secteurs industriel, commercial, résidentiel ainsi que les fabricants qui les desservent.*»

---

29. Cette vocation sera confirmée par l'usage à ce point que le vocable « *électrochimie* » a totalement disparu aujourd'hui du nom même du LTEE, devenu LTE pour Laboratoire des technologies et électrotechnologies.

30. « *5ᵉ anniversaire du LTEE : Une expertise unique en efficacité énergétique* » *Courants,* Hydro-Québec, octobre 1992.

Qui va venir frapper et demander conseil à la porte du nouveau laboratoire shawiniganais, pour de grandes et petites choses, va être reçu avec attention et dynamisme. Entrepreneurs, ingénieurs-conseils, ingénieurs en électrotechnologies d'Hydro, ils vont être nombreux à venir et les résultats vont suivre. Aujourd'hui à la retraite, Louis Monier a gardé le même enthousiasme, en dépit des guéguerres qui opposeront par la suite le Laboratoire, l'Ireq et les gens de commercialisation sur les délicates questions d'exploitation de brevets. *« Nous avons vécu, dit-il, une époque incroyablement stimulante, avec cette sensation constante d'être profondément utiles à notre communauté. Nous sommes devenus des leaders dans la recherche mondiale, aussi connus que l'Ireq. Je vivais là la plus belle époque de ma vie professionnelle. »*

Décidément, Louis Monier, le transfuge du nucléaire, aura pris la bonne décision en choisissant la commercialisation des kilowatts après avoir renoncé à la libération des neutrons. Peu de cadres à Hydro peuvent se vanter de s'être vu confier deux fois d'aussi beaux mandats. C'est à lui qu'à l'époque Claude Dubé et Claude Boivin vont proposer la création et la direction des nouveaux labos. Après la formation de l'équipe de pointe des ingénieurs de Commercialisation, voilà qu'il lui faut de nouveau recruter du personnel de haut talent avec carte blanche pour embaucher des spécialistes partout dans le monde. Il doit encore redessiner les plans des bâtiments initialement conçus à des fins d'exploitation chimique. Pragmatique et direct, Coulombe lui a bien dit : *« On ne fera pas là de la recherche pour de la recherche. Le mandat, c'est de vendre plus d'énergie ! »*

« J'ai eu un an pour préparer mon affaire, dit aujourd'hui Monier. *On m'a donné un bureau à l'Ireq avec l'idée que j'y pige les ressources nécessaires. Mais les gens de Varennes n'ont pas aimé le projet. L'idée de partir s'installer* in the middle of nowhere *va rebuter la grande majorité de ceux à qui j'allais faire une offre. Seulement quatre ou cinq m'ont suivi, tout le reste de l'équipe, une centaine de personnes, est venu d'ailleurs. »*

Le sang neuf sera coréen, anglais, « *français de France* » : « *Une fichue de bonne équipe !* » d'analyser leur directeur. *On avait, en plus de ça, ce qui se faisait de mieux au monde en fait d'équipement. Nos gens voyageaient et nous revenaient avec des idées incroyables. Finalement on allait travailler avec succès à 90 % en électrotechnologies. »*

Les résultats ne se feront pas attendre. Hydro à cette époque va aider ses clients à acquérir et développer des technologies de pointe dans tout ce que le Québec compte de secteurs industriels. On va mettre au point des systèmes pour chauffer les mines d'or et de cuivre, utiliser les plasmas dans les brûleurs de cimenteries ou d'usines de réduction de minerai, sécher les panneaux de placoplâtre, adapter les pompes à chaleur au séchage industriel du bois, traiter «*tout électrique*» les sous-produits du lait, mettre au point des marmites électriques à cretons ou des friteuses géantes, adapter des «*thermoformeurs*» à la fabrication de produits en fibre de verre ou tremper du verre à l'infrarouge. Et ce n'est là qu'un aperçu. Tout ce qui produit industriellement au Québec sera touché.

Un mariage consommé

On va envoyer des ingénieurs d'Hydro dans tout ce que les régions comptent d'établissements industriels : des *mines de* Chibougamau à celles du lac Short, aux confins de l'Abitibi, de la scierie des Outardes, sur la Côte-Nord, à celle de Saint-Félicien, au Lac-Saint-Jean, des fromageries de Saint-Hyacinthe aux charcuteries industrielles de Québec, des fabricants de baignoire de Sainte-Marie, dans la Beauce, aux trempeurs de verre de Rivière-du-Loup. Les investissements consentis par Hydro-Québec vont être profitables à tous, aux clients, certes, mais aussi à l'économie québécoise dans son ensemble. En septembre 1988, Michel Labonté, vice-président Marchés industriels à l'époque, évaluera que la première phase du projet des électrotechnologies rapportait 45 millions annuellement à l'entreprise. «*Un bilan,* souligne-t-il, *très positif. Nous avons signé plus de 600 ententes et vendu 400 MW, dépassant de 100 MW notre objectif*[31].»

Gaétan Marois, alors vice-président de la région Richelieu, serre la main de Lino Saputo, président de la compagnie Les Fromages Saputo, en présence de Laurent Cupani, directeur Clientèle industrielle. Nous sommes en février 1986 et l'usine de Saint-Hyacinthe des Fromages Saputo vient de se convertir à l'électricité dans le cadre du Programme des électrotechnologies d'Hydro-Québec.

Le plus souvent, ces électrotechnologies ont le triple avantage de permettre l'atteinte de niveaux de performance largement supérieurs à ceux permis par les technologies connues jusque-là, tout en ayant les caractéristiques communes d'être moins polluantes et d'améliorer l'efficacité énergétique du parc industriel. Expansion des champs d'application industriels de l'électricité, préservation relative de l'environnement, amélioration des performances et efficacité énergétique vont faire tellement bon ménage que c'est avec ce thème, «*Les électrotechnologies pour mieux maîtriser l'énergie*», qu'Hydro participera au troisième congrès de l'Association québécoise pour la maîtrise de l'énergie (AQME) à l'automne 1988.

---

31. «*Électrotechnologies : une nouvelle formule encourageante pour les PME* », *Hydro-Presse*, Hydro-Québec, fin septembre 1988.

> **Cure de rajeunissement « *électrotechnologique* » pour les vieux poteaux de bois**

Quand on vous dit que les électrotechnologies vont toucher presque tous les secteurs industriels du Québec, de la production de billettes de cuivre[32] à la pasteurisation des œufs brouillés, de la valorisation des déchets industriels au séchage des bois de placage en passant par la décongélation des bleuets, imaginez que même le vieux poteau de bois des lignes de distribution va faire l'objet d'une triple utilisation d'électrotechnologies à la fin des années 80.

L'histoire se passe à Masson, dans l'Outaouais. On y produisait depuis dix ans des poteaux de support de ligne, essentiellement pour Bell Canada. L'usine employait alors 70 personnes et pouvait produire de 30 000 à 60 000 poteaux par année, essentiellement de pin rouge et de pin gris des forêts voisines.

Les problèmes résolus à partir de 1989 par les électrotechnologies ? Le séchage du bois par des pompes à chaleur, la fixation d'arséniate de cuivre chromaté par des fours à résistance et le réchauffement des liquides de traitement par des thermoplongeurs. Vite faits bien faits, désormais, les poteaux de Bell.

Wayne Bryan, président de la compagnie *Les Poteaux de Bois de la Rivière La Lièvre*, un autre client satisfait du programme des électrotechnologies d'Hydro-Québec !

Hydro vient alors d'annoncer la phase 2 de son Programme d'aide à l'implantation des électrotechnologies. Désormais, c'est au nom de cette recherche d'efficacité dans l'utilisation de la ressource électrique qu'elle continuera de subventionner l'implantation des électrotechnologies et non plus simplement pour écouler ses surplus. Michel Labonté, annonçant la nouvelle phase, précisera ainsi qu'elle « *cadre avec la politique énergétique du gouvernement qui désire favoriser les utilisations efficaces de l'électricité*[33] ».

La phase 2 du programme est même bonifiée, Hydro étant soucieuse de rejoindre également ses clients industriels de plus petite envergure. À leur intention, André Dubuc, le trésorier de l'entreprise, s'engage : « *Hydro-Québec garantira 75 % du solde de tout prêt consenti à une PME pour implanter une électrotechnologie.* » Et ce ne sont pas des « *prêts d'achat de minounes* » que l'entreprise est prête à garantir : « *Le prêt maximal sera de 3 millions, précise le trésorier d'Hydro, et de 6,6 millions pour l'ensemble des projets d'une même entreprise*[34]. »

---

32. Une billette de cuivre est un cylindre plein de 25 cm de diamètre sur 50 cm de longueur. La billette pèse plus de 200 kg. C'est ainsi que le cuivre sort à l'état brut d'une fonderie au Québec

33. *Ibid.* Note 31.

34. *Ibid.*

L'aide d'Hydro va continuer sur cette lancée. Torches à plasma, fours à induction pour des fonderies, bi-énergie avant-gardiste dans le séchage du bois, recompression mécanique de la vapeur dans l'industrie laitière, fours à convection d'air chaud pour cuire des résines destinées à l'industrie spatiale, cuves d'imprégnation et séchoir à l'infrarouge pour la fabrication de panneaux de mélamine, robots soudeurs et soudeuses par étincelage pour une manufacture de chaînes… Les conseillers et les ingénieurs commerciaux d'Hydro sont partout dans les ateliers et les usines du Québec, lançant des projets, donnant des subventions et découvrant de nouvelles utilisations de l'électricité. Le génie-conseil n'est pas en reste et connaît à l'époque une activité intense d'assistance aux entrepreneurs. C'est toute l'industrie qui avance de concert et acquiert alors la maturité technologique qui sera désormais sa marque de commerce.

Nous sommes cette fois à l'hiver 1987. Les industries de Métaux Noranda inaugurent de nouveaux fours à induction directement issus de leur collaboration technique avec Hydro-Québec. De gauche à droite : le président des Industries de Métaux Noranda, Roderik Henry, le directeur de l'usine, Henri Mikhael, et le vice-président Tarification et Clientèle industrielle d'Hydro-Québec, Claude Dubé, se félicitent de la mise au point de la nouvelle électrotechnologie.

Et Hydro n'est pas regardante. On va même voir l'entreprise, ce qui peut sembler un comble, participer à l'« *électrification des industries pétrolières* ». Elle va ainsi accorder une subvention de trois millions à Ultramar, à Saint-Romuald, pour que celle-ci remplace l'énergie thermique nécessaire pour chauffer des conduits par l'électricité. « *Un heureux retour des choses,* ironise Jean Laflamme, le conseiller d'Hydro dans le dossier, *quand on sait que l'électricité, grande compétitrice du mazout, devient ainsi un facteur déterminant pour consolider la position concurrentielle de l'industrie pétrolière*[35]. »

La phase 2 du Programme d'aide à l'implantation des électrotechnologies donnera ainsi lieu à la signature de 191 ententes équivalant à 360 installations d'électrotechnologies, pour une puissance de 84 MW. Et sur sa lancée, Hydro proposera une phase 3 du programme en 1993, visant plus particulièrement les petites et moyennes entreprises dites « *audacieuses* ». Les secteurs ciblés sont ceux des aliments, des produits plastiques et du caoutchouc, des produits chimiques, des métaux primaires et des produits métalliques. Hydro-Québec s'engage à accorder une aide financière aux entrepreneurs, représentant la moitié des frais nécessaires à la réalisation des innovations technologiques envisagées,

---

35. « *Ultramar, une autre étape dans l'électrification des raffineries* », *Hydro-Presse*, Hydro-Québec, fin mars 1989.

jusqu'à un maximum de 300 000 $ par projet, et offre encore sa garantie de 75 % pour les prêts consentis pour les travaux d'implantation de l'électrotechnologie concernée.

Qui dit mariage dit (souvent) messe et cérémonie. Il y en aura et de plus en plus fréquentes entre Hydro et ses clients industriels. Claude Dubé déclare en 1986 : «*Ce n'est pas Hydro dans sa tour d'ivoire qui pourra trouver d'instinct les attentes et les besoins des clients. Nous souhaitons établir avec eux un climat de confiance qui favorisera une compréhension mutuelle*[36].» La table est mise, Hydro va y inviter ses grands clients. Une première rencontre en mars 1988 est organisée par Guy Coulombe, à la veille de quitter l'entreprise, avec la participation du premier ministre de l'époque, Robert Bourassa. Le climat est euphorique. On se félicite de la hausse spectaculaire des ventes d'énergie enregistrée durant les quatre années précédentes, soit 41 %, largement attribuables à la consommation industrielle. On remettra ça en décembre 1989, dans un climat cette fois moins à l'optimisme. Hydro déplace de

En décembre 1990, Hydro-Québec rencontre une centaine de ses clients industriels de la région de Montréal. Sur cette photo prise pendant la rencontre, la discussion est animée entre Michel Bernier, chef du service à la Clientèle et Information à Manicouagan, Jean Houde, alors vice-président délégué Marchés et Information, et Jacques Finet, vice-président exécutif Marchés québécois.

nouveau ses gros canons : Claude Boivin devenu président et chef des Opérations, Jacques Finet, le vice-président exécutif Marchés québécois, Michel Labonté et Jacques Fontaine, deux sommités des Marchés industriels et de la Planification. Ils sont là pour répondre aux questions de la centaine d'industriels qui se sont déplacés. On expose les difficultés de l'entreprise (qui en compte beaucoup à l'époque), on écoute les avis, on prend note des attentes ou des doléances. L'ambiance de cette fin de décennie est morose à la suite des pannes de réseau et à la persistance de faible hydraulicité que connaissent les réservoirs nordiques depuis cinq ans, mais le climat est bon avec les partenaires à l'heure du verre de l'amitié. «*Une rencontre qui pourrait bien devenir une tradition*», souligne Jacques Finet. Ce sera effectivement le cas. On les multipliera dans les années suivantes. Le président Richard Drouin lui-même y participera fréquemment, montrant ainsi son intérêt pour le secteur industriel et assurant une grande crédibilité à l'exercice. Le nouveau vice-président Grandes entreprises, Joseph McNally, en sera lui aussi.

---

36. *Ibid.* Note 23.

Joseph McNally, vice-président Grandes entreprises, en 1995.

C'est sous la houlette de cet ingénieur, ancien de la Shawinigan, seul anglophone issu d'une compagnie privée à avoir jamais atteint le barreau de vice-président dans l'échelle hiérarchique d'Hydro, que les gens de Commercialisation vont systématiser, à compter de 1994, une autre approche de la clientèle industrielle dont l'usage, plus ou moins modifié, se perpétuera jusqu'à nos jours : des rencontres individuelles d'une durée d'environ quatre heures visant à mesurer le degré de satisfaction du client.

Cette nouvelle préoccupation d'Hydro vers la fin du siècle, soit de mieux mesurer ses performances et de communiquer et de comprendre davantage ses partenaires industriels, amènera les gens des Ventes et des Services à la clientèle à raffiner et approfondir sensiblement leurs modes d'intervention auprès de leur clientèle industrielle, et les clients, à manifester de nouvelles attentes envers l'entreprise.

Ils vieilliront ensemble

L'essentiel du potentiel de conversions réalisé, la majorité des électrotechnologies inventées, mises au point et implantées, Hydro et le monde industriel vont, par la force des choses, passer à une autre étape de leurs relations mutuelles. Les deux partenaires vont désormais miser sur l'approfondissement des connaissances qu'ils ont chacun de l'autre pour aller plus loin en affaires. Bien au-delà du rapport fournisseur-client établi depuis les débuts de l'ère de l'électricité et solidement arrimé dans le cadre des programmes du dernier quart de siècle, il va, à la charnière des deux siècles, se développer, entre les gens des ventes de l'entreprise et leurs vis-à-vis industriels, des relations nouvelles fondées sur le partage de préoccupations communes visant à la recherche de la meilleure qualité possible des produits issus de traitements à l'électricité.

Sur le thème *« Plus nous nous connaîtrons, mieux nous travaillerons ensemble »*, Hydro-Québec Distribution, ses clients industriels et le génie-conseil concerné vont entretenir des contacts d'une étroitesse constamment accrue et nourrir des échanges de plus en plus complexes sur le produit électricité, les contraintes d'Hydro en amont de sa livraison et les aléas de son utilisation en aval par le marché industriel. La profondeur de ces relations permettra le développement d'un langage commun et d'une compréhension conjointe des cibles d'amélioration technique propres à l'ensemble des partenaires. Elle va assez naturellement induire par ailleurs une nouvelle solidarité entre Hydro-Québec et ses clients industriels, riche d'un éventail étonnant de potentialités.

Certes, cette connivence entre vendeurs à l'industrie d'Hydro et grands clients avait existé tout au long du siècle, mais elle rejoint désormais des niveaux de complexité technique jamais effleurés par le passé. L'évolution du profil des spécialistes envoyés par Hydro vers ce segment de sa clientèle va témoigner de cette réalité. Bien finie l'ère des « *marchands à grande gueule* » des débuts de l'histoire, celle des gens de marketing des années 70 ; amorcé le déclin de la grande époque des ingénieurs-inventeurs convertissant, les unes après les autres, les industries d'ici aux électrotechnologies. Désormais, l'interface côté Hydro sera plutôt assurée par des experts reconnus, gens d'expérience d'une solide culture générale leur permettant de bien comprendre les enjeux de société, dotés de facilité d'écoute, de capacité de synthèse et d'ouverture d'esprit, le tout étoffé d'une connaissance profonde du produit électricité et de compétences techniques éprouvées. Des oiseaux rares.

Le déjà cité Jean Bertin-Mahieux est l'un de ces volatiles peu communs. Ingénieur à la vaste expérience et au bagage technique impressionnant, passé par l'Équipement, le Nucléaire et la Distribution technique, avant d'arriver aux Services à la clientèle, il explique simplement : « *Hydro n'est finalement pas différente de n'importe quelle compagnie qui veut vendre son produit et rester en affaires : il lui faut aller voir chez ses clients ce qui se passe avec ce qu'elle leur vend et les écouter si ça na va pas. Quand c'est le cas, eh bien il faut prendre le temps d'aller y regarder d'un peu plus près et de comprendre. La majeure partie du temps, notre produit est bon, mais le problème est qu'il ne répond pas parfaitement à ce qu'en attend le client. Il faut l'aider à définir le problème, lui chercher et lui proposer des solutions, au besoin lui trouver les ingénieurs privés qui puissent le conseiller afin de trouver des remèdes à l'incompatibilité entre ses installations et le réseau. C'est un nouveau type de relations.* »

Marie-Victoria Aranda est un autre étonnant spécimen de la précieuse volière. Entrée en 1981 comme ingénieure à Planification des équipements, elle est devenue déléguée commerciale Grande entreprise. Ses clients se trouvent parmi les 300 et quelques usagers nécessitant plus de 5 MW de puissance, de très gros joueurs. Son bagage universitaire (maîtrise de Polytechnique et MBA de McGill) autant que son expérience (en un peu plus de 20 ans, changeant de poste à la fréquence des remaniements administratifs d'Hydro, elle a connu Planification, Production et Transport, et Distribution et Clientèle) en font aujourd'hui une observatrice avisée et privilégiée de l'évolution des rapports entre l'entreprise et les grands consommateurs d'électricité au Québec. Elle témoigne : « *Oui, notre métier a changé. Il serait intéressant à cet égard d'évaluer à quel point l'arrivée massive d'ingénieurs issus du nucléaire dans les années 80 a fait évoluer les mentalités aux ventes d'Hydro. Leur rigueur intellectuelle a sans nul doute été extrêmement enrichissante pour le milieu. Mais chez les clients aussi on a pu à l'évidence constater l'amélioration sensible des compétences techniques. On retrouve aujourd'hui des ingénieurs de notre calibre aux tables de concertation plutôt que des techniciens, des mécaniciens ou les enfants du patron fondateur. Le génie privé en électricité qui conseille ces gens-là a lui aussi fait d'énormes progrès*[37]*. La préoccupation "Qualité" qui a fait son apparition chez Hydro dans la décennie 90 gouverne également ces grandes entreprises. Bref, on a tous considérablement évolué sur à peine une génération. On sait désormais de quoi l'on parle de chaque bord de la table et cette évolution a considérablement fait bouger la dynamique clientèle d'Hydro.* »

Les clients de Jean Bertin-Mahieux sont d'autres industriels mais à l'appétit quelque peu moindre que celui des usagers relevant de madame Aranda, commandant des charges de 100 à 5 000 kW. Il renchérit : « *Les attentes des clients sont aujourd'hui différentes. Ils parlent moins de la disponibilité du produit que de ses caractéristiques : la hantise des arrêts de production, la qualité de la tension, la compatibilité électromagnétique de leurs installations et des nôtres. Les gens de réseau ont tendance à considérer leurs clients industriels comme une moyenne. Ils se font une idée du client type et travaillent pour lui. Tandis qu'aux Services à la clientèle, nous les prenons un par un, nous apprenons à les connaître, à comprendre ce que, personnellement, ils attendent d'Hydro-Québec. C'est cette perception, cette compréhension des attentes qui fait bouger l'entreprise.* »

Presque les mêmes mots dans l'évaluation de Marie-Victoria Aranda : « *Un groupe commercial fort dans une entreprise comme Hydro, c'est un contrepoids très efficace à l'hégémonie technique des gens de réseau et un frein à la tendance qui est souvent la leur de normaliser et de généraliser leurs approches de la clientèle.* »

« *Et pour qu'un groupe commercial soit fort,* de renchérir Jean Bertin-Mahieux, *il faut qu'il existe en tant que "groupe", qu'il s'y développe une dynamique et une culture internes propres et qu'il bénéficie de la considération qu'ont des unités semblables dans les entreprises commerciales.* » Les mentalités changent des deux côtés et les partenaires vont cibler les vrais problèmes. « *À la toute fin des années 80,* poursuit Bertin-Mahieux, *les industriels ont commencé à avoir des arrêts de production dus non plus seulement aux pannes du réseau d'Hydro, mais liés à des variations de tension ou de fréquence. C'est venu en parallèle à la généralisation de l'usage des entraînements à vitesse variable à des fins d'efficacité énergétique. Ces familles d'équipement réduisent l'appel de puissance au moment du démarrage des moteurs, mais sont extrêmement sensibles à la tension qui les alimente. La moindre perturbation arrête les systèmes de contrôle et donc la chaîne de production.*

---

37. Et ce sera particulièrement le cas de firmes solidement établies dans les régions, par exemple, le groupe HBA de Drummondville.

L'automatisation, c'est magnifique, mais quand tous les paramètres d'opération sont continus. La qualité de la tension électrique est ainsi devenue une des préoccupations majeures de nos clients industriels. »

Souvenez-vous des problèmes des agronomes et de leurs clients des années 50 au temps de l'électrification rurale, alors que les moteurs calaient, les lumières baissaient, les pompes toussaient quand, à l'heure du train, deux cultivateurs démarraient leur trayeuse au même moment. On croyait le problème définitivement réglé avec la généralisation du 25 kV. Mais voilà qu'aujourd'hui des chaînes de fabrication industrielle d'une technologie mille fois plus complexe que des équipements d'étable vont, d'un coup, s'arrêter pour un rien, un « *flash* » dans l'alimentation, une coche à peine sensible sur l'onde électrique alimentant leurs systèmes de contrôle électronique.

« Il arrivera toujours des incidents sur des réseaux de transport ou de distribution, aussi performants et protégés soient-ils, d'approfondir Bertin-Mahieux. C'est là le quotidien des gens qui en assurent la maintenance : il y aura toujours des cas de foudre, des accidents d'auto, des branches venant en contact avec des fils lors d'une tempête ou d'une autre. Une ligne est alimentée au départ d'un poste par une barre de tension où elles sont une demi-douzaine à s'accrocher. Un défaut, quel qu'il soit, sur une ligne va faire, durant une fraction de seconde, baisser la tension de la barre et affecter la tension des cinq autres lignes. Pour la majorité des clients, ça ne changera absolument rien, ils ne s'apercevront même pas de l'incident. Mais pour plusieurs industriels aujourd'hui, ce flash peut être très ennuyeux, ainsi arrêter purement et simplement une chaîne de production[38]. »

Le problème est d'autant plus difficile à régler qu'il est du propre d'un réseau de vivre de tels soubresauts. Il y a la possibilité d'incident sur une ligne, certes, on peut imaginer certaines défaillances techniques nuisant à la qualité de la livraison par le distributeur, ce sont des choses qui peuvent arriver, mais il y a plus lorsqu'on considère l'impact de la clientèle industrielle sur les réseaux les alimentant. Jean Bertin-Mahieux poursuit : *« Bien sûr que la mise en route d'un énorme moteur industriel commandant un appel de puissance majeur va provoquer une baisse de tension sur la ligne d'Hydro concernée. De la même façon, l'arrêt du même moteur provoquera une montée en tension sur le réseau. Tout cela est rapidement corrigé par des régulateurs de tension dans les postes, mais provoque des variations ponctuelles extrêmement courtes mais sensibles pour certains équipements. Il faut s'y faire : l'électricité par nature n'est pas une belle onde régulière. »*

---

38. Citons ici, à titre d'exemple, l'industrie de l'extrusion des plastiques où un arrêt inopportun de la chaîne de production peut avoir des conséquences désastreuses s'il advient que le plastique poussé à chaud fige dans les conduites. C'est non seulement le lot travaillé qui est perdu, mais encore faudra-t-il souvent démonter entièrement la machine pour la débarrasser du plastique refroidi, occasionnant ainsi ennuis, coûts et retards de production.

Marie-Victoria Aranda ajoute : «*La pénétration tous azimuts de l'électronique chez nos clients depuis une quinzaine d'années a progressivement modifié leurs attentes et accru notre responsabilité. Tout à coup, la clientèle est devenue sensible à autre chose que les pannes! Nous avons commencé à nous préoccuper avec elle de la qualité de l'onde. Travailler ensemble à ce niveau a eu des conséquences profondes sur nos interrelations. C'est alors que les industriels ont réalisé que la propre utilisation qu'ils font de l'électricité a des incidences sur le réseau, qu'elle est l'une des composantes du tout. Ils se voyaient comme les acheteurs d'un produit aux caractéristiques précises, entendues et garanties, sans comprendre qu'ils avaient eux-mêmes des impacts sur ce produit. On leur a dit et il a fallu leur démontrer que l'utilisation qu'ils faisaient de l'électricité pouvait entraîner des conséquences sur la performance de leurs équipements, mais aussi sur le réseau d'Hydro et possiblement sur d'autres clients. Au moindre arrêt de production la tendance du client était de dire : "C'est la faute d'Hydro", or ce n'était pas toujours le cas. Il a fallu leur en faire la démonstration et les convaincre qu'ils avaient eux-mêmes un certain chemin à faire dans l'adaptation de leurs équipements aux caractéristiques du produit que nous leur livrions pour obtenir les performances particulières désirées. On ne vit pas avec une onde électrique pure.*»

Cette sensibilisation faite, les acteurs principaux, Hydro, les industriels et les ingénieurs privés qui les conseillent, conscients des limites du produit électrique, reste à savoir qui fait quoi. Jusqu'où va Hydro chez son client industriel ? De quoi y est-elle effectivement responsable ? À quel moment dans le processus est-ce au client d'agir ?

L'opinion de Jean Bertin-Mahieux là-dessus est pragmatique et reflète la position de la direction actuelle des Services à la clientèle industrielle d'Hydro. «*L'onde électrique ne sera effectivement jamais pure, jamais parfaite,* affirme-t-il. *Les problèmes d'irrégularité de tension ne seront jamais définitivement réglés. C'est une course à l'amélioration qui ne peut connaître de fin. On a fait du chemin, mais il en reste à faire. Tout est désormais une question de choix. Combien faut-il dépenser pour éviter tel type d'inconvénient ? Est-ce que la fin justifie les moyens ? Si la chaîne de production d'une entreprise sur cent, compte tenu de ses caractéristiques propres, doit tomber à tel niveau de baisse de tension sur sa ligne d'alimentation, faut-il modifier tout le réseau en dépensant des fortunes pour éviter l'inconvénient ? On pourrait probablement réaliser un réseau sans faille, hyper-protégé, capable de résister pratiquement à tout : mais à quel prix ? Il y a danger de dérapage, le risque de faire payer l'ensemble des clients pour régler les problèmes de quelques-uns d'entre eux. Alors on dit aux industriels : "Voilà notre produit. Il a ses propres caractéristiques compte* tenu de son coût. Chacun de ses paramètres, fréquence, tension, continuité de service, a une certaine variation. Avec ça, vous devez pouvoir faire fonctionner vos usines et l'on est prêt à vous aider à adapter vos équipements aux nôtres, pour être bien sûr qu'il en soit ainsi. Mais ne nous demandez pas la perfection : elle est hors de prix, du nôtre comme du vôtre."»

« Il faut, d'abonder en ce sens Marie-Victoria Aranda, concilier la volonté de nos clients d'obtenir un produit parfait avec les contraintes inhérentes au fait électrique. On navigue entre deux réalités : le zéro défaut est impossible à obtenir, mais Hydro reste encore à l'évidence perfectible, alors que fait-on, où le fait-on et surtout à quel prix ? Dans ce débat interne-là, nous, des Ventes, cherchons obstinément des solutions satisfaisantes pour le client. Tout Hydro est désormais proclientèle, mais nous, nous le sommes "au cube". Notre défi est d'arriver à respecter les principes qui sous-tendent nos règlements, nos encadrements et nos pratiques et à les adapter à la situation particulière de notre client. À la limite, il arrive que nous bousculions certaines habitudes. Mais l'idée de base est que tout le monde soit gagnant, le client comme Hydro-Québec. » Nous poussons l'entreprise à faire du "sur-mesure" pour nos clients, ce qui n'est pas toujours facile. Et, dans cette mesure, j'ai la profonde conviction qu'Hydro sert très bien ses clients industriels. »

Telles sont aujourd'hui certaines des interrogations que pose à Hydro-Québec le phénoménal développement industriel récent sur fond de généralisation du recours à l'électricité par les grandes entreprises d'ici. Il en reste une, grave, fondamentale, que nous ne ferons qu'esquisser ici mais qui préoccupe grandement la direction actuelle de l'entreprise : le Québec fait-il le bon choix en fournissant à bas prix son électricité aux industriels *« énergivores »* plutôt qu'en la vendant sur les marchés d'exportation ? À cet égard, André Caillé, le président-directeur général, concède volontiers qu'il est inquiet et nous lui laisserons le mot de la fin de ce chapitre. *« Quand on constate les difficultés financières rencontrées par le gouvernement, il est difficile de justifier que le Québec vende aux grands industriels une électricité dont elle pourrait tirer trois fois plus de bénéfices si elle l'exportait. C'est un choix qui a été fait par les équipes de gestion et les gouvernements précédents. Il avait certainement ses justifications au moment où il fut fait. Mais il faut savoir que le mariage entre Hydro-Québec et la grande industrie nous coûte un milliard de dollars par année. L'argent des Québécois est essentiellement dans l'eau qui produit l'électricité. L'électricité, c'est notre richesse et nous avons deux façons d'en tirer parti en la commercialisant à l'étranger : sous forme de lingots d'aluminium ou par nos lignes de transport. C'est quant à moi une façon de trop. Nous détruisons ainsi de la valeur collective. Il y a là un sujet de réflexion majeur pour les années à venir : le mariage ? Oui, bien sûr, mais à quel prix ? »*

Abonnés
ou clients ?
Clients !

« C'est le consommateur qui nous fait vivre,

il assure la prospérité de notre compagnie, soyons-lui-en collectivement reconnaissants, donnons-lui le meilleur de nous-mêmes et assurons-le du meilleur service possible. »

Pas une génération d'employés de l'un ou de l'autre des grands distributeurs privés québécois, pas une des six décennies que compte l'histoire d'Hydro-Québec qui n'ait entendu ce formel mot d'ordre envoyé et réenvoyé de toutes les façons possibles par les directions vers les troupes.

Le tout premier article écrit dans le tout premier journal jamais publié par un distributeur d'électricité au Québec à l'intention de son personnel s'intitule : « *Our aim : perfect service* ».

On est alors à l'été 1916 et c'est la Montreal Light, Heat & Power qui publie la feuille interne *Our magazine*. Du plus loin que l'on consulte les publications que les entreprises de service électrique d'ici destineront à leurs employés – et il en est des caisses, des caisses et d'autres caisses aux Archives d'Hydro-Québec –, on trouve, au premier rang des sujets de réflexion et des consignes d'entreprise diffusés par les rédacteurs, le répétitif et vertueux message des directions : « *Pensez et agissez toujours pour plaire à notre clientèle !* »

Certes, la force et l'impact interne du message seront différents d'une compagnie à une autre. Évidemment, la façon de présenter les choses se complexifiera un peu au fur et à mesure du processus de maturation de l'industrie et de l'évolution de son personnel et de ses clientèles. Bien sûr, plusieurs unités, à certaines périodes de l'histoire d'Hydro-Québec, y seront moins sensibles qu'à d'autres. Si, parfois, les pauvres employés en auront le crâne farci jusqu'à l'écœurement quasi complet, il y aura, c'est évident, d'autres temps de l'évolution collective de l'entreprise où la vertueuse ritournelle ne sera chantée qu'en sourdine dans les bureaux des bâtisseurs de centrales et des planificateurs de réseaux. Il se vivra, à Hydro, des époques où l'on perdra de vue l'objectif : périodes de train-train autosuffisant, décennies de construction intense, années de conflits de travail, etc. Chaque fois le Québec ne sera pas bien long à exprimer ses remontrances, ses attentes et ses rappels à l'ordre. Hydro-Québec fut, est et sera toujours prisonnière de l'opinion publique québécoise.

L'urgence « *qualité des services* » : un message sans âge

Lancinant, trop entendu, souvent ennuyeux, le message reviendra toujours, périodiquement, dans le vocabulaire des diverses compagnies assurant au fil du siècle la distribution au Québec : « *Le client est roi. C'est votre véritable patron : faites tout en votre pouvoir pour le satisfaire !* » Apparemment jamais éculé, même si, à l'évidence, ce sont toujours les mêmes mots (courtoisie [ah ! celui-là !], politesse, satisfaction, dévouement, efficacité, etc.) qui ont cours, la sauce l'accompagnant constamment remise au goût du jour, le sempiternel précepte est passé d'un siècle à l'autre, et du deuxième au troisième millénaire.

Gageons que le premier releveur de compteurs inculte de cette industrie se le sera fait dire à la moitié des années 1880, tout comme le plus jeune employé hyper-diplômé récemment embauché par l'Hydro-Québec d'André Caillé.

➤ *La légende du premier compteur*

S'il faut en croire le *New York Herald-Tribune* du 10 novembre 1929[1], le premier compteur électrique serait une autre invention de Thomas-Alva Edison. Le grand homme aurait eu parmi ses premiers clients, dans les toutes premières années de l'électricité, un dénommé Cornelius Vanderbilt, millionnaire près de ses sous qui trouvait (déjà) sa facture d'éclairage trop salée. À cette époque, les clients étaient facturés selon le nombre de lampes installées et non suivant leur consommation.

« Pourquoi devrais-je payer pour toutes les lampes installées si je n'en utilise que la moitié à la fois ? demanda intelligemment à l'inventeur l'avisé millionnaire.

– Good question, Cornélius ! répondit (peut-être) notre Thomas Alva. *Mais supposez que j'installe chez vous un appareil qui me dirait combien d'électricité ont consommé celles de vos lampes qui ont fonctionné ?*

– Impossible.

– Voulez-vous parier ? »

Ils parièrent. Alors, selon le journal, Edison conçut un premier compteur fondé sur le principe du *« dépôt du cuivre sur une plaque »* (souhaitons que les initiés comprennent) et l'installa chez ce Vanderbilt. Ratoureux comme pas deux, le millionnaire donna ordre à ses domestiques de noter soigneusement le temps de fonctionnement de chaque lampe. Et de conclure le *Herald* : *« Quelle ne fut pas sa stupéfaction de découvrir que les deux résultats étaient identiques ou presque. »*

Gloire à Edison : le premier compteur électrique était inventé.

Le phénomène de constant rappel à la main-d'œuvre de cette industrie de la nécessité de son engagement total envers la clientèle, mériterait sa psychanalyse, surtout durant les quatre dernières décennies du siècle alors que le seul sujet à analyser et à comprendre sera devenu le monopole Hydro-Québec. Une telle étude introspective des motivations profondes des directions ciblerait probablement, en premier lieu, une certaine difficulté d'être des entreprises de service (où qu'elles soient dans le monde, du reste), dans la perception qu'ont leurs dirigeants de leurs rapports avec la clientèle.

---

1. *« Un millionnaire ne se fiait pas à son compteur »*, *Dual Service Double*, MLH&P, janvier 1930.

Pas un citadin d'une ville où est établi un distributeur d'électricité, pas un seul habitant d'un rang desservi par un autre, pour échapper, hier comme aujourd'hui, où que l'on se situe dans le monde, à l'obligation de payer à l'un ou à l'autre, au mois, aux deux mois ou au trimestre selon les us de l'endroit, les indispensables services reçus. Ça lasse.

Disons qu'il est difficile, quand on est distributeur, d'imaginer être plus populaire à terme qu'un quelconque percepteur d'impôts. Alors, et c'est une caractéristique commune, elles souffraient, ces compagnies québécoises d'avant l'Hydro, et nous l'avons déjà dit dans ces pages, de cette absence d'amour de leurs abonnés à leur endroit, de ce manque de considération pour tout ce qu'elles faisaient pour la qualité de vie collective, de cette outrecuidance que manifestait l'usager commun, sensible aux diatribes de quelque tribun aux penchants socialistes de ne pas les laisser s'enrichir sans protester.

➤ *Releveur de compteurs en 1950 à la Southern Canada Power*

On a déjà écrit dans ces pages à quel point et de longue date le releveur de compteurs était un personnage sympathique et typé dans l'imaginaire collectif du Nord-Américain moyen. Raynald Aubin, un futur gérant des Ventes de la région Richelieu nous parle, par bribes, de ses débuts de releveur à Granby, en 1950, pour la Southern Canada Power.

Raynald Aubin, devenu chef Clientèle et Information à la région Richelieu, en 1987.

La formation ? « *Une journée avec un employé plus vieux qui connaissait ça. Il t'expliquait la job dans le sous-sol du bureau à Granby, pis envoie ! Tu regardes où vont les fils, ça te dit où est le compteur.* »

La façon de faire ? « *On avait nos routes sur de gros livres où chaque client avait sa page. Le matin, on relevait les compteurs, au dîner on donnait les relevés à la femme qui s'occupait de la facturation et l'après-midi on distribuait les comptes de la veille.* »

La périodicité de relevés ? « *Aux deux mois dans les villages, aux quatre mois en campagne dans les rangs, tous les mois pour les quelques rares clients qui avaient le chauffage électrique.* »

Le moyen de locomotion des releveurs ? « *À pied, à pied et à pied ! J'espérais toujours avoir une auto, mais la Southern n'était pas généreuse et je n'en ai jamais eu. En hiver en campagne, un client aux 500 ou 600 pieds, tu en marchais un coup et sûr que tu n'avais pas chaud !* »

Des clients confiants : « *À cette époque, les compteurs étaient la grande majorité du temps à l'intérieur de maisons. Alors les clients nous laissaient souvent un jeu de clefs. Le matin, avant de partir, on prenait le trousseau de clefs de la route que l'on faisait.* »

Satisfait de son travail, Raynald ? « *J'organisais mon propre travail. Je me sentais utile à la compagnie. J'aimais ça. J'étais dehors, jeune et en forme. Je n'ai jamais eu une job où je me suis senti si libre !* »

La Commission hydroélectrique des années 1944 à 1963 n'échappera pas à ce vague à l'âme, mais de façon plus discrète, voire «taiseuse», on l'a dit plus haut. La société d'État n'a pas à justifier sa présence dans le milieu, ses tarifs de l'époque, même s'ils sont critiqués par les payeurs de factures, sont les plus bas au Québec et souvent de très loin. Elle fait ses affaires dans un relatif anonymat où ses élites, francophones et proches du pouvoir unioniste ou anglophones et proches du capitalisme industriel montréalais, se satisfont de leur sort et n'ont guère d'attentes vis-à-vis de leurs abonnés. Elle eut apprécié, certes, cette Hydro métropolitaine, que les Montréalais l'aimassent davantage, mais, bon, elle savait se satisfaire d'un quotidien de relative indifférence propice à l'analyse, au business. Devenue panquébécoise, symbole, un temps, de fierté et de réussite collective francophone, elle paraîtra longtemps invulnérable à toute réelle animosité de sa clientèle envers elle. Elle n'en sera que plus atterrée quand, à la fin des années 70, la presse et le public en général la déboulonneront du piédestal d'où certains l'accuseront de considérer d'un peu trop haut sa clientèle.

Reste que, à la différence du percepteur qui prend sans rien donner d'immédiat lui-même, les compagnies de services, qu'elles fussent de nature privée au Québec ou qu'elle soit l'Hydro publique de la Révolution tranquille, elles, donnent. On pourrait même plutôt dire qu'elles «*prêtent*», puisque leurs services ne sont facturés à l'usager qu'une fois consommés. Ce qui, notons-le, n'engendre guère d'affection de la part d'autrui non plus. Il est rare que l'on porte longtemps dans son cœur les gens à qui l'on doit encore et toujours quelque chose.

C'est bien ce qui motivait la première campagne de publicité d'Hydro que nous avons déjà évoquée dans ces pages, proposée sur le mode : «*Quoique le client paie, il trouvera toujours cela trop cher parce que cela arrive après la consommation du produit et qu'il en oublie les bienfaits retirés pour ne considérer que le montant de la facture.*» Souvenez-vous : Madame Tout-le-monde recevant sa facture et disant sans réfléchir, l'ingrate cervelle d'oiseau : «*C'est donc bien cher, l'électricité!*» Et puis, brave femme quand même, la revoyez-vous d'un coup réfléchir et revoir dans sa jolie tête les piles d'assiettes, de torchons ou de tartines entassées depuis deux mois? La foi revenue, la belle se corrigeait, sourire béat, aux limites de l'extase : «*Mais non, c'est pas si pire! Merci Hydro-Québec!*»

Mais, évaluent les gourous de l'image des distributeurs, combien de clients réfléchissent vraiment à tout cela? Pas beaucoup, concluent-ils. Alors, pris dans ce cul-de-sac, toujours entre deux factures, les services publics seraient-ils condamnés par nature au dédain et à la désaffection de leurs contemporains? Non! ont de tout temps réagi lesdits gourous : pas si ce que l'on donne, ce que l'on prête, ce que l'on fournit, ce que l'on vend, en bref ce que l'on facture à l'abonné est un produit livré de façon impeccable, inattaquable par la critique, devant lequel ne pourraient que s'incliner d'éventuels dénigreurs. Pas si les services entourant la fourniture proprement dite de l'électricité sont à ce point bons, pas si les employés qui le donnent sont tellement polis, courtois et efficaces que s'insurger devant tant de qualité et de dévouement deviendrait grossier et déplacé. Alors, le public en admiration paiera chapeau bas et sans sourciller la facture, heureux même de le faire (la Commission – peur de rien – en tout cas en risquera l'hypothèse).

Le raisonnement, pour simpliste qu'il apparaisse, semble bien être le calcul fait par les dirigeants des compagnies privées du début du siècle. On le lit trop souvent et à pleine page dans leurs journaux pour que l'engagement qu'ils exigent de leurs gens ne finisse pas par devenir en quelque sorte suspect. Leur perception du rôle public exigé du personnel par rapport à leur propre attitude à cet égard est presque caricaturale. On délègue ni plus ni moins aux employés le devoir d'être sans reproche vis-à-vis de la clientèle, ce que l'on est loin d'être soi-même. On leur demande, par leur attitude, de justifier les coûts imputés aux abonnés. « *Soyez,* leur dit-on, *sans défaut, aimables, gentils, polis, efficaces, etc., afin que les abonnés paient sans rechigner nos factures.* » (Aussi exorbitantes soient-elles, ne peut-on s'empêcher de penser.) « *Soyez courtois, précis, affables, etc., braves employés »,* dira plus tard la Commission, ses tarifs pourtant infiniment plus raisonnables, « *afin que…* » afin que quoi ? « *que l'on nous aime »,* dit à mots à peine couverts l'Hydro-Québec du notaire Joseph-Arthur Savoie. Quand on vous dit que tout cela pourrait relever de la psychanalyse !

Comparons la chute des messages internes d'une compagnie privée et celle de la société d'État. La Shawinigan disait à ses gens : « *Le devoir de tout employé est de faciliter les affaires et d'agir en sorte que le client retourne toujours satisfait de la façon dont il a été traité.* […] *Le but premier et principal de toute compagnie est de produire et de vendre avec profit* […] *Le profit dépend d'un bon service et le meilleur service n'est pas possible sans un bon profit*[2]. » Tout cela ne peut être dit plus clairement : le groupe SWP est dans les affaires pour faire des sous et ne peut faire des sous que si ses clients paient régulièrement leurs factures en reconnaissance du fait qu'ils en ont pour leur argent. D'accord, on sait où va la compagnie !

La Commission des années 50, elle, dit aussi et sur le même ton à son personnel : « *L'Hydro-Québec, c'est vous. Aux yeux de l'abonné, vous êtes Hydro-Québec.* […] *Il est donc important que chaque geste en soit un de courtoisie, de précision et de service.* Mais pour conclure : « *En résumé, il faut amener l'abonné à payer sa facture en souriant, à être fier de sa Commission et avoir confiance en elle*[3]. » La Commission n'étant pas dans les affaires pour, en théorie, faire des sous, comment justifier vis-à-vis du personnel cette urgence de donner du bon service ? La réponse est moins claire : pour que le public soit fier et confiant, explique-t-elle à ses employés (qui marchent, du reste, plus ou moins)… On jugera, mais le message est certes plus mou et économiquement plus contestable.

---

2. *« Relations entre employés et public »,* Bulletin, SWP, mai 1923.

3. *« Aux yeux du public »,* Entre-nous, Hydro-Québec, février 1956.

Dans les deux cas, cela dit, et le fait est notable, c'est du pur «*pelletage*», du transfert de responsabilité à l'état brut… Car ce qui frappe, c'est que ces dirigeants qui prêchent l'ouverture et l'amabilité chez leurs gens sont eux-mêmes, à l'inverse, d'un type plutôt sévère, secret et renfermé. À l'exception historique d'un Henri Béique à Québec, d'une modernité et d'une ouverture d'esprit à cet égard déjà reconnues de son temps, les dirigeants des grandes entreprises capitalistes de l'époque comme ceux de la première Hydro montréalaise ne sont pas des communicateurs, du moins de masse, n'ont pas d'image publique, n'ont aucune propension à l'animation «*de terrain*», comme on dirait aujourd'hui. À la manière de généraux qui resteraient dans leurs quartiers à l'arrière et enverraient sans eux leurs troupes à l'assaut de l'ennemi sous la seule gouverne des lieutenants et des capitaines, ces gens-là au Québec ont de tout temps, en tout cas jusqu'aux commissions des années 60, délégué le contact avec le personnel aux cadres des maisons et le contact avec le public aux employés.

➤ *Le compteur du commissaire Dozois*

Le commissaire Paul Dozois, peu avant son départ d'Hydro-Québec en 1978.

Issu du monde politique municipal montréalais, le commissaire Paul Dozois était un homme strict et rigoureux. Il avait un côté *terre à terre* qui l'amenait à systématiquement interroger les spécialistes de la maison qui montaient leurs dossiers à la Commission. Il n'aurait pas été homme à signer un document sans être tout à fait sûr de bien comprendre ce qu'il comportait. Il était également, parmi ses collègues de la Commission, celui qui avait le plus à cœur le parti des petites gens. «*Il connaissait le monde,* raconte Jacques Finet, *sa préoccupation à lui, c'était la clientèle.*» À cet égard, les questions de Tarification l'intéressaient au plus haut point.

«*Le bonhomme m'appelait parfois avec sa facture d'électricité à la main,* poursuit Jacques Finet. *Il sortait son crayon et il fallait refaire avec lui tous les calculs amenant au montant qu'on lui avait facturé. Il ne me lâchait jamais avant d'avoir tout compris et ne se gênait pas pour me faire savoir quand ce n'était pas de son goût!*»

Les avis divergent sur les origines, les dates et les raisons de la chose, mais Hydro installa un jour un compteur à la demande à la résidence de Paul Dozois, propriétaire d'une grosse maison cossue tout équipée à l'électricité et, semble-t-il, énergivore à ce point que ses propriétaires comptaient parmi les plus gros clients résidentiels d'Hydro à l'époque. Bonne raison pour en faire un cas type. Certains disent que l'idée de faire du sévère Paul Dozois un cobaye venait du président Giroux lui-même, s'amusant d'avance de la réaction de son ami et collègue. D'autres affirment qu'elle venait de Louis-Georges Boivin, le directeur régional Saint-Laurent de l'époque qui, en désaccord avec l'idée émanant de Tarification, avait voulu faire «*péter la baloune*» [le mot est de Jacques Bisaillon] des compteurs à la demande. D'autres enfin vous diront que, non, le tout s'était fait avec l'accord de monsieur Dozois, intéressé le premier à participer à l'expérience.

Nous retiendrons ici la version de Jacques Bisaillon qui raconte : « *Quand j'ai présenté à la Commission le projet d'installer un indicateur de maximum (le fameux "compteur demande"), dans le cas d'appels de puissance risquant de dépasser 50 kW, monsieur Dozois m'a demandé si cela affecterait sa facture. Je lui ai répondu que non, puisqu'à ma connaissance, l'appel de puissance de sa demeure se situait à 35 kW. La mesure, lui avais-je plutôt expliqué, visait essentiellement les grosses fermes.* »

Seulement, il advint que les gens de Distribution de la région Saint-Laurent jugèrent bon d'installer un tel compteur chez le commissaire. « *Peu de temps après l'approbation du règlement, de poursuivre Jacques Bisaillon, j'ai été de nouveau convoqué à la Commission par un Paul Dozois fort en colère. Un compteur à la demande avait été installé chez lui. Que ça doive changer ou non sa facture n'était pas le problème, mais son épouse trouvait que ledit compteur enlaidissait la maison. C'est ainsi, pour la petite histoire, que l'on reprit les discussions sur l'utilité de l'appareil, ce qui eut pour effet de porter à 75 kW la limite précédemment établie.* »

Inutile de préciser que l'on enleva illico l'appareil de la demeure du commissaire. À quelque temps de là, monsieur Bisaillon apprenait d'un président Giroux riant aux larmes que c'était l'ami Louis-Georges Boivin qui, contre cette disposition du règlement tarifaire, avait commandé l'installation de l'impopulaire compteur à la maison Dozois.

« *Deux plaintes de clients insatisfaits sont montées à la Commission pendant les 17 ans où je me suis occupé de la Tarification* », dit avec fierté Jacques Bisaillon. Il a oublié le motif de la première. La seconde était celle de Paul Dozois.

Les journaux d'entreprise étaient là pour donner le ton, d'où leur justification et leur importance historique. Cela dit, qu'on ne se trompe pas sur leur poids stratégique, aucun dirigeant d'envergure pour condescendre à parler directement aux employés dans le journal au-delà du sempiternel et fastidieux message des Fêtes qu'il daignait signer. Pas un d'entre eux pour descendre dans l'arène, fût-elle interne. Il faudra attendre la grande Hydro née en 1963 pour voir un haut dirigeant répondre aux questions d'un journaliste de la maison ou expliquer une politique dans les pages internes. Même Jean-Claude Lessard ne se prêtera qu'avec parcimonie au jeu, alors que Roland Giroux et surtout Robert Boyd, habilement conseillés en cela par l'intuitif homme de pouvoir qu'était Marcel Couture, sauront parfaitement se servir d'*Entre-nous* puis d'*Hydro-Presse* et figureront en abondance dans leurs pages. Ne parlons pas ici de Guy Coulombe ou de Richard Drouin qui, avec ou sans le grand Marcel, sauront, eux, jouer de leurs interventions à l'interne, à l'écrit comme à l'oral, avec une aisance notoire, un plaisir évident et un art remarquablement maîtrisé.

Mais qu'en est-il de l'impact de ces « lavages de cerveau » sur les troupes ? Les employés des compagnies privées, puis plus tard d'Hydro-Québec l'ont-ils livré ce service « *courtois et efficace* » pour lequel leurs dirigeants les ont tant harangués ?

Établissons grossièrement le constat qu'avant 1963, Hydro-Québec, une bonne partie des compagnies privées et les coopératives ont effectivement, globalement, bien fait, en ce qui regarde les services, et compte tenu des attentes alors limitées de leur clientèle. L'Hydro montréalaise, on l'a vu et dit, y parviendra sans grand problème ni effort particulièrement remarquable. Elle a l'énergie ou – rendons-lui-en l'hommage – elle planifie de façon parfaitement efficace la construction de son parc de centrales et de ses réseaux pour constamment être à même de répondre à la demande. Elle a une clientèle – des « *abonnés* », disait-on plus fréquemment alors, il est vrai – relativement captive, puisqu'elle se contente parfaitement à l'époque de ne lui livrer que l'électricité nécessaire à l'éclairage et au fonctionnement de quelques appareils domestiques. Aucun besoin de promotion. Aucune préoccupation concernant la concurrence : d'abord, jusqu'à la fin des années 50, l'entreprise gérera également la distribution du gaz à Montréal. Quant au pétrole, si l'on commence à lui chiper çà et là le chauffage de l'eau, on n'est que trop content de lui laisser le chauffage des espaces. Les usagers peuplent densément le territoire permettant des tarifs bas et assurant sans trop rechigner des revenus sûrs et réguliers au distributeur d'État montréalais qui n'éprouvera même pas le besoin, tant sa base de revenus est stable et prospère, de majorer ses tarifs tout au long de son existence, en dépit des hausses constantes des prix à la consommation connues à l'époque. Aucun problème technique majeur que ne puisse régler sa brillante armada d'ingénieurs. Peu de soucis quant à la tarification laissée aux bons soins d'un vieux spécialiste de la maison, suivant cela depuis les temps de la MLH&P : Cooper Antcliff.

Robert Boyd dit : « *Les services n'étaient pas réellement une préoccupation à l'époque. La mécanique était bien rodée et cela allait sur sa lancée. Chaque aspect de la chaîne était bien organisé par des gens qui connaissaient leurs affaires. Chacun faisait ce qu'il avait à faire. On avait eu de la difficulté à suivre le boom de l'après-guerre, mais les choses s'étaient rapidement stabilisées par la suite, le marché était là, croissant régulièrement de 7 % par an. Le secteur des services suivait celui des ventes : les deux allaient tout seuls.* »

Le constat global d'efficacité des compagnies privées mérite toutefois une nuance fondamentale. On était en face à l'époque, et on l'a déjà écrit dans ces pages, de deux types de compagnies. Il y avait tout d'abord les compagnies vraiment axées sur la

La division dite des « Renseignements » de l'Hydro montréalaise du début des années 60 qui, avec ses 575 000 clients de l'époque, a bien de la difficulté à répondre aux demandes téléphoniques.

distribution, celles de l'ensemble du groupe Shawinigan. Celles-là n'avaient pas réellement le choix. Il leur fallait offrir un bon, voire un excellent service pour que les politiciens, les observateurs économiques et leurs clients acceptent leurs tarifs plus élevés que ceux du modèle Hydro-Québec et qu'ainsi elles puissent rester dans les affaires. C'est chez elles que l'on trouvera donc le plus de créativité dans les fonctions entourant la livraison du produit, le plus d'empressement à servir, le plus de programmes commerciaux, le plus de mesures incitatives à la consommation, le plus d'initiatives d'animation du milieu, etc. Bref, c'est chez elles que se développera véritablement au Québec la notion de services comme valeur ajoutée à la livraison de l'électricité.

Il en va tout autrement des compagnies périphériques de production vendant aux consommateurs résidentiels l'électricité leur restant après leur propre fourniture et celle de grands industriels locaux. Le service, chez celles-là est, ne craignons point les mots, généralement pourri, même s'il est rendu par des gens compétents et sérieux à qui, du reste, les compagnies disent de se «*désâmer*» pour bien servir les usagers et qui le font, mais en manquant dramatiquement de moyens.

➤ Georges Boiteau ou quand le service à la clientèle était un sacerdoce...

Croyez-le ou non, mais l'on disait de cet homme-là, dans les années 60, qu'il connaissait chacun des chefs de famille des 200 villages desservis par la Quebec Power. Il s'appelait Georges Boiteau.

Il existait comme cela, dans la tradition du groupe Shawinigan, des employés dont le métier consistait à aider les clients et à entretenir les bonnes relations de la compagnie avec son public. Ils parcouraient le territoire, rencontraient les propriétaires, les maires, les échevins, les commissaires d'école dans le but non pas

Georges Boiteau, en 1964.

de résoudre les gros problèmes, mais les petits, «*à la satisfaction du client et de la compagnie*». Ils mangeaient chez les uns, couchaient chez les autres quand il n'y avait pas d'auberge dans le village. Leur dévouement à leur clientèle était tellement reconnu qu'on les assimilait purement et simplement à leur compagnie. Lui, Georges Boiteau, était connu des 139 000 clients de son entreprise comme le «*dépanneur de la Quebec Power*».

«*Monsieur Boiteau*, dit le journal de la compagnie qui en fait le portrait[4], *est en quelque sorte le "trait d'union" entre les différents services de la compagnie, principalement ceux des releveurs de compteurs de la clientèle, de la perception, des taux et contrats et de la facturation.*»

«*Trait d'union*»: quelque chose comme un beau métier au service de la clientèle, oublié aujourd'hui.

---

4. «*Entrevue du mois : Georges Boiteau*», *Notre Revue*, QPC, janvier 1964.

Les coopératives enfin constituaient un autre modèle. Pour, le plus souvent, donner un excellent service de base, fourni par des gens, là encore, dévoués et entièrement dédiés à leur tâche, elles n'ont pas la culture proactive et contraignante des compagnies de distribution en activité de longue date. Ici, un exemple. Il est conté par Robert Brunette, qui se souvient quand Hydro prit les coopératives en charge en Abitibi : «*Ces gens-là étaient très consciencieux et tentaient de donner du bon service, mais finalement tout était à faire. Ainsi, ils envoyaient une carte au client qui devait faire son relevé de compteur lui-même et l'adresser à la coop, au risque d'être pénalisé s'il ne le faisait pas. Une fois par année, ils faisaient une lecture de vérification. Pareil au moment des pannes. Les monteurs attendaient que la tempête soit finie pour aller réparer. Quand on les a rattachés à Hydro, je les ai rencontrés et leur ai dit :* "OK, les gars. Désormais, vous êtes des employés d'Hydro. Tout ce qui était tolérable du temps de la coop ne l'est plus aujourd'hui. Vous sortirez maintenant sous la tempête !" *Et les monteurs se sont mis à sortir par n'importe quel temps, et ils étaient bien fiers de cela !*»

La nécessaire uniformisation tarifaire

En fait, à l'époque, ne nous y trompons pas, le principal critère de jugement d'une compagnie par ses abonnés était, avant tout le reste, le prix auquel les consommateurs étaient tenus d'acheter le produit électricité. Les prix et les conditions de vente et surtout, finalement, le montant de la facture, quel qu'il soit, seront de tout temps, car il n'y a aucune raison que l'avenir y échappe, des points d'une sensibilité extrême dans les relations des distributeurs et de leurs clientèles. Ils deviendront à chaque époque de l'histoire un irritant majeur en cas de hausse pour le consommateur de base. Et, pensons-y un peu : les choses ont-elles véritablement changé à cet égard en 2003, même après plus de cinq ans de gel des tarifs ?

L'énorme problème du début des années 60 était cette disparité des tarifs à l'échelle du Québec qui pouvait faire en sorte que l'on payait quatre ou cinq fois plus cher ici que là. On dénombrait alors quelque 85 tarifs domestiques et 80 tarifs d'usage général (commercial et industriel) au Québec. Les Montréalais, comme les résidents de la ville de Québec, cela étant dit, n'auraient jamais concédé qu'ils payaient peu (de 2,4 à 0,8 cents du kilowattheure, selon leur consommation, depuis bientôt 20 ans sans hausse de tarifs), même si les Gaspésiens, par exemple, payaient plusieurs fois comme eux (jusqu'à 12 cents du kilowattheure), dans les années 50 (sans compter les réseaux isolés, tel celui des Îles-de-la-Madeleine, où le consommateur pouvait payer jusqu'à 25 cents le kilowattheure). Non, s'il est une constante dans l'appréciation que les clients ont de leur compagnie d'électricité, ici et sans doute ailleurs, c'est que, quel que soit le montant demandé par le distributeur en paiement d'une consommation déjà effectuée, il est par nature trop élevé. S'il est un souhait que les consommateurs émettent lorsqu'on évalue leurs perceptions (et Dieu sait qu'Hydro les évaluera, tout au long de ses 40 années d'existence, les attentes de ses clients), c'est : «*Ne haussez pas les tarifs*», ou mieux, «*baissez-les donc !*».

Cela dit, le problème à la création de l'Hydro-Québec panquébécoise est une question ni de hausse, ni de baisse, mais d'égalisation, d'étalement et de normalisation. C'est en fait le premier mandat de la nouvelle société d'État : faire en sorte que tous les Québécois d'une même catégorie d'usage paient le même prix pour le kilowattheure utilisé, et que le nombre de catégories soit réduit au minimum. Georges Gauvreau se souvient : *« L'uniformisation des tarifs domiciliaires était la grande préoccupation gouvernementale. On allait travailler très fort sur le dossier. René Lévesque avait indiqué la cible à atteindre, mais sous lui, c'est surtout son conseiller Michel Bélanger qui s'occupait des tarifs. Il connaissait ça véritablement à fond et il lui fallait des résultats pour alimenter son ministre et le gouvernement qui avaient fait de la baisse des comptes d'électricité une promesse électorale. Bélanger ne voulait rien savoir d'Antcliff qui s'occupait de ça chez nous à l'époque. Il le préjugeait dépassé par l'envergure du dossier à venir. »*

Premier geste tangible, le président Jean-Claude Lessard annonce dès l'été 1963 de nouveaux tarifs visant à *« accorder aux abonnés autrefois desservis par les compagnies maintenant étatisées une structure tarifaire pour usage domestique semblable à celle dont bénéficient les abonnés domiciliaires de l'Hydro-Québec. »* Dans les faits, c'est la baisse annoncée par la publicité du Parti libéral aux élections de novembre 1962 pour 428 541 foyers[5]. Mais l'uniformisation souhaitée est encore loin d'être réalisée, même sur le strict plan des abonnés résidentiels, alors que les tarifs sont différents selon le nombre d'abonnés par ville ou

Sous la responsabilité et la surveillance du gouvernement fédéral, la réparation et l'entretien des compteurs incombaient aux compagnies. Nous sommes ici à l'atelier de la Southern Canada Power, à l'automne 1962. Un inspecteur du ministère de l'Industrie et du Commerce, à gauche, applique le sceau sur chacun des compteurs vérifiés tandis qu'un employé de la Southern fait fondre la cire à ses côtés.

village. Le premier geste symbolique accompli, tout, en définitive, reste encore à faire pour parvenir à la normalisation souhaitée et promise par le gouvernement. La Commission va donner en mars 1964 un mandat d'étude tarifaire à la compagnie américaine Ebasco Services[6] et puis chercher l'oiseau rare qui pourrait gérer ce secteur d'activité à Hydro-Québec.

---

5. Le chiffre est celui qui est publié dans les annonces publicitaires du Parti libéral de l'automne 1962. Hydro se contente de dire que *« Près de 400 000 abonnés se répartissant dans plus de 1 100 localités bénéficieront d'une économie de 4 000 000 de dollars par année ».* Entre-nous, Hydro-Québec, septembre 1963.

6. Cette étude sera finalement livrée à la Commission en 1967, après que les processus de normalisation eurent été engagés à l'interne.

La Tarification est alors l'affaire dans l'entreprise de la direction Recherches économiques de la mouvance Finances, un choix administratif qui déplaît au nouveau directeur général Distribution et Ventes, Robert Boyd, qui doit se contenter du seul secteur Mesurage. Il entend modifier cette situation mais, pour l'heure, aux côtés de Louis Boivin à la Distribution et de Jean-Paul Cristel aux Ventes, il lui faut trouver l'adjoint d'envergure qui lui donne la crédibilité nécessaire pour mettre la main sur la Tarification et l'aide à organiser la fonction aux dimensions nouvelles d'Hydro-Québec.

Des experts dans des domaines spécialisés de ce type, il n'en pleuvait évidemment pas dans le Québec de l'époque. Robert Boyd avait la plus grande confiance dans un spécialiste maison du Mesurage, Jules Audet, un as dans son domaine mais perçu comme étant peu intéressé par l'administration. Et puis, ledit Audet, pour brillant qu'il soit dans la technique pointue des compteurs électriques, n'était pas ingénieur. Or, pour figurer dans les plans du rigoureux Boyd et occuper une place importante dans son entourage immédiat, la carte de visite «*ingénieur*» était presque obligatoire.

En fait, on avait laissé partir pour New York le seul candidat d'envergure susceptible d'intéresser la Commission : Jacques Bisaillon. Tout un phénomène que ce Bisaillon-là, une réputation déjà solidement établie de marginal brillant mais retors, compétent mais difficile à mettre au joug. L'homme est l'un de ces ingénieurs francophones du groupe Shawinigan qui s'est engagé avec le plus de vigueur contre le regroupement des compagnies privées sous la férule d'une seule société d'État, estimant que les Canadiens-Français pouvaient fort bien prendre le contrôle du secteur privé par leurs seules compétences, sans l'aide des politiciens. Quand la

Joseph Léonard, de Jarry, examine une pièce d'un compteur démonté et nettoyé, à l'automne 1967.

chose est consommée, il commence, dès le début de 1963, à chercher ailleurs qui serait intéressé à ses services et à son expérience de douze ans à la conception et l'application des tarifs de la Quebec Power Company. Il trouve vite.

C'est un diplômé en génie électrique de Polytechnique (1948), embauché l'année de la fin de ses études par la Shawinigan et passé à la Distribution de la QPC. Son bagage technique n'est donc pas négligeable quand, au début des années 50, il quitte les chantiers de conversion de tensions pour le bureau de chef de Service Contrats et Mesurage à Québec. Il s'y fait vite reconnaître par sa rigueur, son intuition, sa compétence. Il présidera le groupe Tarification de l'Association canadienne de l'électricité et s'y fera apprécier et respecter par ses pairs.

En septembre 1963, on lui fait savoir que Robert Boyd de Montréal lui offre de devenir son adjoint provisoire au Mesurage. Boyd, tiens donc ! Il le connaît un peu, mais pas plus que ça. Il dit aujourd'hui : « *Vu de Québec, la vedette montante de l'Hydro de l'époque nous semblait être Léo Roy. Boyd était plus dans l'ombre. Il était venu l'année précédente donner une vague conférence. Son texte lu, plus personne ne s'occupait de lui. Le voyant seul, je lui avais proposé de l'emmener au restaurant. Dire que l'on avait sympathisé serait excessif, mais disons que l'on avait passé un moment agréable. À la fin du repas, il m'avait dit : "Je me souviendrai de vous." Et voilà qu'il s'en souvenait.* »

Mais, un peu tard, Jacques Bisaillon a déjà en poche son contrat avec la compagnie Commonwealth Services, Inc. Et puis, « *adjoint provisoire Mesurage* » ? Le titre n'est guère ronflant, d'autant que le côté Mesurage n'est pas celui qui passionne le plus Jacques. Il refuse. Alexandre Beauvais lui demande néanmoins, pour Boyd on le devine, un mémoire sur ce que devrait être un service Tarification à Hydro-Québec. Jacques prépare et soumet un texte tout en faisant ses valises pour New York où l'attend un poste d'expert consultant en tarification énergétique. Et il s'en va. L'été suivant, en vacances à Montréal, il demande de rencontrer Robert Boyd avec l'idée de lui proposer non pas ses services, mais ceux de sa firme. Agréable surprise, l'autre le reçoit immédiatement et Léo Roy est même de la rencontre, mais, déception, c'est pour l'informer que le contrat a été accordé à Ebasco. Qu'importe, il laisse sa carte et s'en retourne à New York.

Trois mois plus tard, il revoit Boyd qui lui offre à nouveau ce même poste d'adjoint sans titre qu'avaient déjà accepté Louis-Georges Boivin et Jean-Paul Cristel. Cette fois, Jacques Bisaillon va se laisser séduire. C'est que ledit Boyd a pris du poids dans la maison et parle comme le futur directeur général qu'il est en voie de devenir. Il peut cette fois promettre la responsabilité de la Tarification à l'ambitieux et compétent expert québéco-new-yorkais. « *Boyd ne contrôlait pas encore la Tarification à l'époque, se souvient aujourd'hui monsieur Bisaillon, Ed Lemieux, des Finances, la revendiquait. En fait, j'allais, par ma présence l'aider à l'avoir. Fallait à court terme que je me contente du Mesurage qui n'était pas mon point fort. Je le soumis à Boyd. "Pas de problème, dit-il, j'ai quelqu'un pour vous." Et c'est ainsi que dès le début de mon emploi à Hydro j'ai fait équipe avec Jules Audet. Quant à l'aspect Tarification, sûr de lui, il m'a demandé l'organigramme que je désirais. Je lui ai proposé trois divisions : Conception tarifaire, Études de prix de revient et de charge et Application des tarifs. Le service Tarification et Mesurage (bientôt muté en direction) fut créé. J'avais un titre et les coudées franches pour travailler.* »

➤ *Des histoires de mesurage*

Il y aurait des pages, voire des chapitres à écrire sur les compteurs d'électricité. On parle souvent de ceux qui les relèvent, mais il y a aussi ceux qui les conçoivent, les fabriquent, les installent, les réparent, les inspectent, etc. Nous nous contenterons ici d'évoquer en quelques points ces activités, rendant bien peu justice à leur importance dans l'histoire de la Distribution au Québec.

Le gouvernement fédéral manifestant une confiance limitée dans l'exactitude des compteurs installés par les distributeurs privés, le Canada fut le premier pays du monde à adopter, dès 1894, un système de vérification et de contrôle des compteurs électriques et à imposer une vérification des compteurs tous les six ans. Cette surveillance fédérale s'exercera par des inspecteurs fédéraux délégués dans les ateliers des compagnies et de leurs fournisseurs de compteurs jusqu'en 1986. Depuis cette date, Hydro-Québec, ayant fait la preuve de sa scrupuleuse rigueur dans ce domaine, est pleinement responsable de ses compteurs.

Isidore Mercure, de la Quebec Power Company, appose un numéro d'inspection sur de nouveaux compteurs, en 1949.

De tout temps, il y eut des fraudes par les abonnés tentant de ralentir ce disque qui tourne obstinément lorsque l'électricité est utilisée. Jean Ghaminé, ex-directeur de l'usine de la General Electric (GE) à Québec, raconte qu'il a vu des fraudeurs percer le compteur avec une petite mèche pour y souffler du graphite, lequel, alourdissant le disque, freinait sa rotation. Le compteur, disait-on alors, devenait *« paresseux »*. D'autres installaient le compteur à l'envers, le faisant ainsi non plus compter, mais *« décompter »*. *« Les petits malins*, dit Jean Ghaminé, *le mettaient vingt jours à l'endroit et dix jours à l'envers, n'enregistrant ainsi que le tiers de leur consommation mensuelle. »* Avant que la fraude devienne trop populaire, GE, précise Sylvain Bulota[7], son directeur des Ventes, mettra au point un enregistreur unidirectionnel dont l'usage est désormais généralisé. Et puis quelques-uns au caractère irascible iront de coups de bâton de baseball vengeurs sur les appareils. Stoïque, GE les fait aujourd'hui en *« lexan »*, plastique réputé incassable.

Un nom vient à la bouche de tous ceux qui ont suivi l'histoire des compteurs au Québec ; celui de Jules Audet, responsable du service Mesurage d'Hydro jusque dans les années 80, un véritable *« as »* de l'électrométrie. *« Je n'ai jamais vu quelqu'un*

---

7. Fréquemment concurrencée par des compagnies comme Sangamo, Ferranti-Paker, Westinghouse ou même ABB, la compagnie GE fut tout au long du siècle l'un des principaux fournisseurs de compteurs d'Hydro. Les besoins sont aujourd'hui d'environ 100 000 compteurs par année.

d'autant de talent jouer dans les compteurs et trouver autant de plaisir à le faire ! », dit de lui Sylvain Bulota. Longtemps son supérieur hiérarchique, Jacques Bisaillon souligne : « *C'est lui qui a inventé le compteur à suspension magnétique. C'était un touche-à-tout de génie. Grâce à lui, Hydro a toujours été à la fine pointe du mesurage. La chose se savait peu, mais c'était également un excellent gestionnaire qui a réussi à réduire de dix à un le nombre d'ateliers de compteurs dont avait hérité Hydro-Québec en 1962 et à négocier l'abandon graduel de la vérification fédérale des compteurs au Québec.* »

Le mesurage de la consommation d'énergie : tout a changé depuis cinq ans

Près de 500 personnes, installateurs, techniciens, ingénieurs, inspecteurs, spécialistes et réparateurs travaillent dans la division Distribution d'Hydro-Québec à l'activité Mesurage. Longtemps, le secteur a peu évolué, mais cette situation change rapidement compte tenu des progrès technologiques dans les domaines de l'électronique, de l'informatique et des télécommunications, et pour répondre aux attentes grandissantes de la clientèle. Il est depuis cinq ans en pleine effervescence. « *C'est toute la philosophie du mesurage qui est en train de changer,* d'expliquer le directeur Expertise et support, Ventes et Services à la clientèle, Michel Hudon. *On ne mesure plus seulement pour établir la consommation et la facture de l'usager, mais aussi pour offrir des produits et des services à valeur ajoutée pour le client et pour les autres divisions de l'entreprise.*

Des technologies avancées permettent aujourd'hui d'offrir aux clients d'affaires qui en font la demande de nouveaux outils de gestion de l'énergie afin qu'ils puissent mieux suivre et contrôler leur consommation. Ces technologies ouvrent encore la voie à un potentiel d'information encore inexploité pour la gestion des réseaux de transport et de distribution et des nouveaux champs d'activité dans la mesure des mouvements d'énergie auprès des différents producteurs privés et des réseaux voisins. Comme ailleurs en Distribution, nous avons pris un virage technologique qui place aujourd'hui Hydro-Québec à la fine pointe mondiale de la mesure et de la télémesure de l'électricité. »

Les dernières améliorations des techniques de mesurage, conçues dans le cadre de la recherche par Hydro du plus grand contentement de sa clientèle, concernent *les « compteurs communicants »*. « *Désormais,* selon Marie-Andrée Cournoyer, chargée d'équipe en développement des services pour la Clientèle d'affaires, *l'information générée par les compteurs, jusqu'ici utilisée seulement à des fins de facturation par Hydro, sera mise au service des clients qui verront se construire leur facture et pourront ainsi gérer en continu leur consommation.* »

De nos jours, 3 500 000 compteurs enregistrent la consommation des clients d'Hydro-Québec.

La composition du groupe d'adjoints sans titre de Robert Boyd, les *«Bisaillon-Boivin-Cristel»*, fut ainsi achevée en 1963-1964. Boyd allait façonner, mettre sur pied et faire fonctionner l'unité Distribution de la grande Hydro-Québec : la *«petite Shawinigan»*, comme aimait la désigner son patron à l'époque, une *«méchante bonne équipe»*, comme il dit aujourd'hui. Pour le seconder, Jacques Bisaillon va peu chercher à l'intérieur des rangs de la première Hydro-Québec, confirmant ainsi le doute entretenu (au moins par Robert Boyd) sur l'efficacité relative de l'ex-société montréalaise au regard des services. Mis à part Jules Audet à qui il déléguera en confiance tout le secteur Électrométrie, les autres relevants du futur directeur seront soit des ressources issues de la Régie de l'électricité et du gaz, René Laplante[8], ingénieur, et Jean Turcot, comptable, soit des experts du groupe Shawinigan, ainsi Charles Taschereau, ancien cadre de la SW&P aux Tarifs et Contrats[9]. Enfin, Jacques Bisaillon va faire venir de Québec son adjoint de longue date à la QPC, son véritable complément professionnel, aussi expansif que lui-même était réservé, aussi ouvert qu'il était discret, un colosse tranquille et pacificateur : Jacques Finet.

➤ De joueur de trompette à vice-président exécutif d'Hydro (et sans l'avoir voulu)

Le moins que l'on puisse dire est que Jacques Finet aura connu une belle carrière dans le merveilleux monde de la Distribution québécois. Entré en juin 1955 comme commis à la facturation chez QPC, il quittera Hydro en janvier 1994, laissant le poste de vice-président Europe[10].

Et pourtant, que cela se sache, Jacques Finet ne souhaitait pas nécessairement travailler pour la Quebec Power. *«C'est ma mère qui a voulu que j'entre là et je ne l'ai fait que pour lui faire plaisir. Moi, à l'époque, je jouais de la trompette et il n'y avait que ça qui comptait pour moi ! Je faisais divers types de musique : Orchestre symphonique des jeunes, fanfare du Régiment de la Chaudière, orchestres de danse, etc.»*

QPC lui offre d'abord un poste de commis à la Facturation. Il n'aime pas ça. On l'envoie aux Services à la clientèle répondre au téléphone aux questions des clients ; il n'aime pas ça non plus. On l'envoie passer des tests *«d'orientation professionnelle»*.

---

8. René Laplante, expert reconnu du domaine de la tarification énergétique, venait de la Régie mais avait été initialement embauché à Hydro-Québec dans le service Recherche économique, sous la tutelle de Léo Roy. C'était, à l'évaluation de Jacques Bisaillon, *«un mathématicien de génie dont les modèles mathématiques de consommation d'électricité ont été d'une importance majeure avant le recours aux ordinateurs»*. Il prendra sa retraite à la fin des années 60.

9. Le seul cadre à venir d'Hydro-Québec était un ingénieur du nom de Jean Monette qui, diplômé de Polytechnique en 1964, venait d'être embauché à Distribution, à la région Saint-Laurent.

10. Hydro-Québec, à l'époque (début des années 90), était aux prises avec une contestation particulièrement efficace des Indiens cris en Europe contre ses projets de construction hydroélectrique, particulièrement le complexe Grande Baleine. L'administration Drouin-Boivin jugea bon d'ouvrir alors un petit bureau à Bruxelles, près des parlementaires européens, pour surveiller ses intérêts et, tout particulièrement, contrer les campagnes de dénigrement des Cris aidés par certains groupes écologistes européens. C'est à Jacques Finet que fut confié l'intéressant et délicat mandat.

Que concluent les psys ? *« Il n'y a que le côté musique qui ressort. »* Et Jacques s'ennuie dans son travail routinier. *« Je me suis vite rendu compte que je n'irais pas loin dans cette entreprise-là avec ma douzième année commerciale. »* Ses supérieurs l'encouragent à parfaire ses connaissances : des cours universitaires, en soirée, payés en grande partie par l'entreprise, lui sont offerts. *« Il m'a fallu choisir : la musique ou les études. »* Le grand gars est consciencieux, il plonge dans les études et se fait son *« coffre d'outils ».*

Quelques mois plus tard, on lui propose de rejoindre le groupe de travail Tarification de la QPC, piloté alors par Jacques Bisaillon et Fernand McMaster. Et là, il aime. Sauf qu'en 1963, plus question de faire des tarifs dans la filiale d'Hydro. Bisaillon quitte pour New York et Jacques est muté au Budget, où, de nouveau, il s'ennuie à mourir. Disons-le, faire carrière dans la grosse Hydro ne tentait pas plus que ça Jacques Finet ! Il regarde ailleurs et accepte un contrat avec le ministère des Transports en 1965. À quelques jours de partir, son téléphone sonne. C'est Bisaillon, passé dans l'intervalle sous Boyd, à Montréal.

« Je suis maintenant à Hydro et j'aurais besoin de toi.
– Vous avez besoin de me faire une offre et vite. J'entre au gouvernement.
– À combien ?
– Tant.
– Je te rappelle. »

Et Jacques Finet de s'en venir à Montréal et d'y faire une brillante carrière comme *« second »* de Jacques Bisaillon. Cela l'intéresse longtemps, mais finit par le lasser. L'entreprise ne lui offrant rien d'autre, le conseiller municipal qu'il était à l'époque se présente comme maire de Longueuil en 1982 et est élu. Il y fait tellement bien que, quatre ans plus tard, il est élu de nouveau avec une majorité écrasante pour un autre mandat de quatre ans. Heureux temps pour le vénérable magistrat qu'il est devenu et, à l'époque, Jacques Finet ne souhaitait certainement pas retourner à Hydro ! C'est alors que le téléphone sonne à la mairie :

Jacques Finet, devenu vice-président exécutif Marchés québécois en 1990.

« Bonjour ! Ici Guy Coulombe. Je voudrais vous rencontrer.
– Oui, à quel sujet ?
– Ben, ça a l'air de bien aller à Longueuil ?
– Certain. Nous autres, à Longueuil, ça va très très bien.
– Ben nous autres à Hydro, ça barde en chr... ! On pourrait se voir ? »

Et Jacques Finet, à la surprise générale des gens d'Hydro, de ses administrés de Longueuil et des observateurs de la scène politique municipale, de revenir en 1987 dans l'entreprise, au poste de vice-président exécutif Marchés internes.

L'Europe fermera la boucle de l'étonnante carrière de Jacques. À la retraite aujourd'hui, il admet, sans retenue, avoir eu une carrière plus que satisfaisante, même s'il ressent à l'occasion quelques pincements au cœur lorsqu'il entend un groupe de musiciens offrir des performances comme il souhaiterait pouvoir encore le faire. Eh ! il y a de ces choix dans une vie...

Il va se faire alors à Hydro-Québec un travail assez phénoménal pour répondre à la commande gouvernementale et «*harmoniser*» les tarifs. Robert Boyd se souvient d'avoir ainsi dressé la table : «*Le défi était double en Tarification. Il s'agissait, d'une part, comme partout dans l'Hydro de l'époque de créer une mentalité commune dans l'ensemble hétérogène en respectant les droits des individus et en s'assurant d'une qualité égale de services à tous les clients partout en province : en Tarification, ça signifiait "uniformisation". D'autre part, il nous fallait moderniser nos politiques et nos pratiques tarifaires. Jusque-là, il pouvait arriver que plus un client industriel consomme, plus l'énergie lui coûte cher. C'était de l'anti-business. Le travail à faire était double.*»

Jacques Bisaillon et ses gens[11] s'y attellent à compter du 1er décembre 1964 et on ne tardera pas à savoir dans l'entreprise que c'est un homme articulé et coriace qui décide désormais à la Tarification. Il va rapidement annoncer deux encadrements majeurs. D'abord, et première bonne nouvelle pour nombre de clients ruraux, le règlement 80 établit un prix standard pour les abonnés alimentés en triphasé dans les territoires où les tarifs étaient au-dessus de la moyenne. La baisse promise par les politiciens est de plus en plus réelle. Mais le grand coup sera donné après une première période de mûrissement du dossier, en 1967, par le règlement 95 qui constitue une réorganisation et une uniformisation majeures des tarifs domestiques et d'usage général de petite et moyenne puissances. On n'y retrouve plus que huit groupes tarifaires établis sur le territoire selon

Jacques Bisaillon à son bureau de la Quebec Power Company en compagnie de sa secrétaire. Mlle Andrée Martin, en 1959.

le même critère appliqué en fonction de la densité de la population.

Mais 1967, dans cette histoire, restera la date de la première augmentation de tarifs d'Hydro-Québec. Depuis sa création, et le fait est tout de même lourd de signification, l'entreprise avait pu maintenir ses prix de vente aux taux de la MLH&P amendés à la baisse, comme on l'a vu, en 1944. Vingt-trois années consécutives de stabilité tarifaire, c'était vraiment remarquable. Mais là, elle n'y arrive tout

---

11. Mentionnons ici la présence d'une femme, Cécile Dion, qui mènera une brillante carrière dans le domaine des calculs de prix de revient et dans la gestion de la Tarification. «*Une fille pas mal extraordinaire qui nous était venue par le biais des Études de charge*», se souvient Jacques Bisaillon. Cécile Dion avait été embauchée, vers les années 1965-1967, par Jean Turcot pour effectuer des études de coûts. Elle prendra la relève des Bisaillon et Finet après leur départ et mènera une carrière remarquable.

simplement plus. On sent un grand embarras dans le verbe du président Jean-Claude Lessard qui annonce la hausse aux employés en première page de l'*Entre-nous* de février 1967. Le ton est grave : «*Chers amis, ainsi que vous le savez sans doute déjà, la Commission a dû prendre une importante décision : celle de décréter une hausse générale de l'électricité.*»

Cette première hausse de l'histoire est relativement douce, en tout cas vue selon les critères d'aujourd'hui. Hydro majorera la facture mensuelle des abonnés résidentiels de 50 ¢ à 3 $ en moyenne. Elle augmentera les revenus de l'entreprise de 14,6 millions en 1967, de 27,7 millions en 1968 et de 32,5 millions en 1969. Appliquée à des tarifs effectivement relativement bas et très concurrentiels avec ce qui se fait dans le reste du Canada, en Amérique du Nord et dans le monde, la hausse n'est pas effrayante. Mais c'est une tradition que l'on vient de suspendre en rompant une espèce de pacte non écrit entre l'actionnaire gouvernemental, Hydro-Québec, et sa clientèle qui faisait que le prix de l'électricité proposé par la société d'État était en quelque sorte figé, constant.

La crainte est élevée à la Commission sur l'impact qu'aura la vague de protestations attendue sur l'image de l'entreprise. Pour une énième fois dans l'histoire, on fait appel à la mobilisation générale des employés à qui le président Lessard écrit : «*Les informations que vous trouverez dans ces pages sont d'abord destinées à vous renseigner puis vous permettre de renseigner le public en général. Car je sais que vous n'hésiterez pas à vous faire les ambassadeurs d'Hydro-Québec auprès de votre entourage.*»

À l'interne, la genèse de cette première hausse historique avait elle-même entraîné son lot d'interrogations et de remises en cause des façons de procéder. Intarissable sur un sujet qu'il connaît à fond et auquel il s'identifie toujours puissamment, Jacques Bisaillon raconte encore : «*Il apparaissait évident en 1963, compte tenu des engagements politiques du gouvernement, qu'il faudrait hausser les tarifs dans les régions urbaines pour compenser les réductions de revenus dues aux baisses dans les zones rurales. René Laplante avait entrepris des études exploratoires à cet effet dès 1965. Ainsi, lorsque le président Lessard nous demanda si nous étions prêts à envisager des modifications tarifaires lors d'une séance de la Commission peu avant la première hausse de 1967, j'étais particulièrement fier de pouvoir lui répondre :*

"Mais oui, Monsieur le Président, nous nous sommes effectivement préparés à cet effet.

– Ces études exploratoires dont vous nous parlez, Monsieur Bisaillon, envisagent-elles des hypothèses de hausses tarifaires ?

– Mais certainement.

– De l'ordre de… ?

– De deux millions de dollars de revenus supplémentaires pour l'entreprise, Monsieur le Président.

– C'est de plus de 30 millions à terme dont nous avons besoin dans trois ans, à l'estimation des gens de Finances. "

Nos devoirs étaient complètement à refaire. Je me promis que nous ne revivrions plus jamais une situation semblable. »

Désormais, à chaque nouveau règlement tarifaire (comprendre à chaque nouvelle demande de hausse de tarifs et – qui pour l'ignorer ? – l'histoire future en connaîtra de nombreuses et de majeures), la direction Tarification mettra sur pied un comité pluridisciplinaire avec des gens de Finances, de Comptabilité et de Recherche économique (plus tard la Planification générale). Chaque fois, du temps de son règne, Robert Boyd y déléguera (*« y plantera »*, dit Jacques Bisaillon) un de ses adjoints directs (Yann Charuk, Gilbert Neveu, Rita Dionne-Marsolais, etc.), pour être tenu informé d'un sujet dont il ne négligeait surtout pas l'importance.

➤ *« Puisqu'il faut vendre »* **ou de la bisbille à la** *« Petite Shawinigan »*

Il est des phrases que l'on dit ou que l'on écrit, comme ça, une fois, un peu par hasard, dans une circonstance ou une autre, et qui vous collent au personnage toute une vie. Jacques Bisaillon, ci-devant responsable de la Tarification à Hydro de 1964 à 1982, en écrivit ainsi une dans une note à son supérieur du temps qui lui restera accolée dans cette histoire. Pas un qui nous en ait parlé, mais dix et, parmi ceux-ci, monsieur Bisaillon lui-même.

Jacques Bisaillon, à son embauche par la Shawinigan.

« J'avais des problèmes avec les vendeurs à pression », nous confie-t-il avec la même conviction qu'il devait avoir en le disant à ceux-ci il y a 40 ans. *La « chicane "pognait" avec les gérants des Ventes. Si j'avais écouté Cristel et surtout certains de ses gars les plus agressifs, il aurait fallu livrer la guerre au gaz building par building, tout aurait été chauffé à l'électricité, les églises, les centres de ski et même les abribus! Sûr que l'on n'était pas du même camp, Cristel et moi. C'est dans ce contexte que j'avais sorti cette fameuse phrase: "Puisqu'il faut vendre !", qu'on allait me resservir à différentes sauces tout au long de ma carrière. »*

Plusieurs pensent que le nécessaire affrontement entre les deux points de vue eut énormément de bon pour l'entreprise. Claude Boivin comme Jacques Finet occuperont tous les deux le poste de vice-président exécutif Marchés internes, chapeautant ainsi et Tarification et Commercialisation. Les deux émettent le même type de jugement sur les résultats de la lutte fratricide des années 70. Le premier dit, et nous l'avons déjà cité dans ces pages : «*Dans tout changement, il y a toujours des forces en opposition et c'est ainsi qu'une entreprise avance.*» Le second va plus loin : «*Le duo "Bisaillon-Cristel" apporta beaucoup à Hydro, même si ces deux-là avaient parfois de la misère à se parler. La position de chacun était très solide. C'était deux conceptions tout à fait viables du développement de l'électricité au Québec qui se dressaient l'une contre l'autre et le dialogue, aussi robuste soit-il, était sain pour l'entreprise.*»

Encore aujourd'hui, près de 40 ans après ces affrontements, il est passionnant d'assister au heurt des deux théories et de constater que le ton monte encore facilement. La discussion a lieu entre Gilles Béliveau, le vendeur, et Jacques Bisaillon, le «*tarificateur*», à la résidence de Jacques, au printemps 2003 :

Jacques : «*Ma mission était de simplifier, restructurer, uniformiser, je n'allais tout de même pas favoriser les tarifs à la carte !*

Gilles : *Oui, mais nous, nous sentions alors la montée en puissance de l'électricité dans le marché et voulions de toi des incitatifs tarifaires pour gagner bataille après bataille.*

Jacques : *Tu le sais bien : je ne voulais rien savoir de l'approche cas par cas. Je n'ai jamais été d'accord avec le principe d'utiliser la tarification pour promouvoir les ventes.*

Gilles : *C'est pourtant ça faire des affaires ! Ceci dit, la résistance a eu du bon. Elle nous a amenés à améliorer nos techniques. Au lieu de "garrocher" l'électricité dehors, on a appris au client à la récupérer, à l'épargner comme un produit précieux.*

Jacques : *Pour moi, l'utilité d'un service des Ventes dans une entreprise comme Hydro c'était de faire connaître les applications possibles du produit, en un, et de s'assurer que le client en fasse la meilleure utilisation possible, en deux et point final.*

Gilles : *Oui et là tu nous montais sur les pieds. Nous autres on avait bien plus d'ambition que cela. On voulait rendre le Québec moins dépendant du pétrole et du gaz et pour cela démontrer la supériorité de l'électricité.*

Jacques : *Faire de la concurrence au gaz pour faire de la concurrence au gaz, non ! Si le gaz était moins cher, eh bien que les Québécois en profitent et paient moins cher ! D'abord, le gaz et le pétrole, ça monte, ça descend. C'est là-dessus que vous aviez à tabler pour prendre l'ascendant, pas sur des ventes de feu de court terme.*

Gilles : *Tu analysais les dossiers sous l'angle des revenus de l'entreprise, nous sous celui de l'extension des marchés. Mais reconnais que notre vision était la bonne.*

Jacques : *Pas certain. Vous seriez probablement parvenus au même résultat de toute façon, promotions ou pas.*»

Et nous laisserons cette fois-ci le mot de la fin au «*tarificateur*».

Le grand problème d'Hydro-Québec au début des années 70 concerne les tarifs industriels. Il y en a de toutes les sortes. «*Dans ce temps-là,* poursuit Jacques Bisaillon, *il y avait pratiquement autant de tarifs que de contrats au-dessus de 250 HP.* » Les gens de Tarification, judicieusement placés par Boyd dans l'unité responsable de l'ensemble de la Distribution, vont travailler en symbiose avec les gens des unités voisines dédiées au service des gros clients industriels et commerciaux, à Montréal et en région. «*On leur a créé un tarif commun,* dit Jacques Bisaillon, *dégressif en fonction de la consommation de leurs clients, en leur donnant une certaine latitude dans l'application. En fait, j'ai déployé mon modèle et mes méthodes statistiques du temps de la Quebec Power à tout le territoire. Je disais aux prolongements opérationnels :* "Appliquez les tarifs avec souplesse et bon sens. Si à un moment donné cela provoque des augmentations que vous jugez exagérées, arrondissez les angles, adaptez la règle de base à votre concept particulier." *J'avais de la compréhension pour les problèmes vécus sur le terrain par les "opérationnels". Je connaissais le milieu. J'en venais.* »

Le contact avec les régions est généralement bon. La Tarification sera de tout temps une unité dont la centralisation, jugée nécessaire par tous, ne sera jamais mise en cause par les «opérationnels». Dès 1965, un *Comité des normes tarifaires* est mis sur pied ; il se réunira mensuellement. Il regroupe les chefs de section régionaux responsables de l'application des tarifs, les représentants de la Comptabilité-abonnés et, à l'occasion, des responsables de Contrats à la grande entreprise. On y travaille généralement dans un climat de confiance et de bonne coopération qui va favoriser l'harmonisation panquébécoise des prix et des conditions de ventes souhaitée par le gouvernement et la Commission.

L'unité chargée de la Tarification va prendre dès lors une importance stratégique considérable au sein de l'entreprise, d'autant que les années 70 resteront marquées par des hausses de tarifs majeures (presque toujours supérieures à l'inflation de 1975 à 1983), justifiées par les coûts de construction de la Baie-James combinés à l'inflation. À chaque réunion annuelle des commissions parlementaires étudiant sa gestion, Hydro-Québec devra se justifier, expliquer, convaincre. Ce sera l'une des tâches essentielles dont s'acquittera le président Roland Giroux jusqu'en 1977 et le travail ne sera pas aisé et deviendra en fait de plus en plus difficile au fur et à mesure de la hausse des besoins d'argent de l'entreprise et de la majoration conséquente de la facture des clients.

Si le Parti libéral de Robert Bourassa, au pouvoir jusqu'en 1976, appuiera, avec peu de réserve, les demandes de l'Hydro des bâtisseurs, l'opposition officielle du Parti québécois, remettant constamment en cause le choix de l'hydroélectricité par rapport au nucléaire, s'en prendra rigoureusement et vigoureusement aux positions défendues par la Commission. Cela prendra tout le talent oratoire et la force de conviction du président d'Hydro pour faire passer les hausses. Dieu sait que Roland Giroux n'en manquait pas.

Jacques Finet se rappelle : « *Avec Guy Joron et Claude Charron à la table, Hydro était pas mal brassée. Joron particulièrement avait le don de poser des questions embarrassantes. "Dites-moi, Monsieur Giroux, nous avait-il sorti un jour, de telles hausses de tarifs, y en aura-t-il encore beaucoup ?" Et là, je reverrai toujours mon Giroux, pas débalancé une seconde, se reculant sur son siège, imperturbable :* « Bof, si le gouvernement arrive à contrôler l'inflation, peut-être pas ! » *Tout le monde avait ri et on était passé à autre chose. Du grand art !* »

Roland Giroux donnait cette impression d'être toujours à l'aise quelles que soient les circonstances. Pourtant, ce problème répétitif de devoir demander des hausses de tarifs le rendait mal à l'aise. C'est encore Jacques Finet qui raconte. « *Il travaillait fort avant les commissions parlementaires. Je me souviens qu'on lui exposait nos dossiers de hausses tarifaires, Yann Charuk et moi et, qu'il posait énormément de questions sur la justification de nos propositions. On le sentait nerveux, pas toujours convaincu et pourtant, le lendemain devant les députés, il était d'un calme déconcertant. Je suis certain qu'en dedans, ça devait "shaker" quelque part, mais ça ne se sentait pas. Plus tard en politique municipale, j'essaierai souvent de tirer profit de son exemple.* »

Il faudra attendre une dizaine d'années pour que le mandat d'uniformisation et de rationalisation des tarifs d'Hydro-Québec soit rempli à la satisfaction de l'actionnaire, de la Commission et de ceux qui le pensèrent. Dans cette matière, la satisfaction des clients était à l'époque, sans grand outil pour l'évaluer, peu prise en compte, il faut le reconnaître. Jacques Bisaillon déclare : « *C'était loin d'être simple d'établir un tarif unique pour nos plus grands clients, les grosses industries ou les municipalités qui voulaient garder leur réseau de distribution, par exemple. Il y avait aussi une logique à discriminer : ainsi, je faisais payer plus cher le kilowattheure, aux réseaux municipaux indépendants, avec leur facteur d'utilisation de 50 % de la charge requise, par rapport aux industries qui généralement fonctionnaient à des facteurs d'utilisation sensiblement plus élevés. Il y eut, nécessairement dirais-je, des passe-droits jusqu'en 1973-1975, mais on a tranquillement rapproché la grande clientèle du modèle de base que l'on avait en tête et qui allait devenir le tarif "L" de la grande entreprise.* »

À partir de 1975, les quatre grandes familles de tarifs sont uniformisées : un seul tarif, le D, s'appliquera désormais aux clients résidentiels partout au Québec (à l'exception des clients des réseaux non reliés). Trois catégories de clients d'affaires sont définies : les clients du tarif général (le G), pour les commerces et les PME, la clientèle d'affaires (tarif M), pour les clients commandant une charge de 100 kW à 5 MW, et la grande entreprise (tarif L), pour ceux nécessitant une charge de plus de 5 MW. Jacques Bisaillon synthétise aujourd'hui : « *Le problème essentiel était de simplifier et de rationaliser la tarification à Hydro. En 1975, c'était fait.* »

➤ *Paroles de «tarificateurs complémentaires»*

Jacques Finet n'en a jamais fait mystère, c'est Jacques Bisaillon qui lui apprit son métier, et ce, depuis les temps de la Quebec Power à la fin des années 50. Il dit aujourd'hui, avec cette chaleur qui le caractérise: «*J'ai tout appris de monsieur Bisaillon qui fut en tous points mon mentor. C'était réellement l'un des grands spécialistes en Amérique du Nord, un type très professionnel, avide de faire avancer son domaine, très exigeant. Je ne pouvais pas rêver de meilleure école.*» Il ajoute, avec ce ton pince-sans-rire qui est un autre de ses charmes: «*Ce ne fut pas toujours facile, par exemple. Il était tellement brillant au plan technique qu'il n'était pas toujours capable de descendre au niveau des autres, pour expliquer et faire comprendre ce qu'il voulait faire. Tout le monde semblait lui pardonner cela[12], conscient de sa compétence pointue, mais moi ça a été un peu ma job de le "traduire" aux autres et d'aplanir les difficultés que son style pouvait créer.*»

Ces quelques propos épars, tenus séparément par les deux tarificateurs d'Hydro, donneront une idée de ce que veut nous faire comprendre l'ex-maire de Longueuil.

– Bisaillon: «*J'étais le seul qui savait où il s'en allait![...] J'ai ainsi réussi à éviter que les centres de ski aient des tarifs spéciaux. Tout le monde m'en réclamait. Mais je prenais les décisions et des passe-droits comme ça, je n'en voulais pas et il n'y en a pas eu!*»

– Finet: «*Les gens m'appelaient, m'expliquaient, me demandaient d'arranger les choses. Je jouais le rôle du bon gars. Parfois, j'intervenais auprès de monsieur Bisaillon et comme nous avions le même langage, il m'écoutait. Ce qui ne voulait pas dire qu'il changeait de point de vue. En fait, j'étais généralement d'accord avec ses orientations. Je le complétais en assurant ses communications lorsque nécessaire, et c'était souvent nécessaire.*»

– Bisaillon: «*J'avais un comité tarifaire qui regroupait les chefs de division Tarifs et Contrats des régions. J'avais un problème parce que les gérants Ventes qui étaient les patrons de ces gens-là voulaient toujours «embarquer» sur le comité. J'étais intraitable là-dessus et leur disais:"Je ne veux pas de vous là, ce n'est pas votre job!" et la guerre "pognait", et ça parlait fort avec Pagé!...*»

– Finet: «*J'étais candidat à un poste à Saint-Laurent et je comptais sur Jean-Paul Pagé que je connaissais bien pour m'appuyer dans cette démarche. Je lui dis:*

"Monsieur Pagé, je voudrais changer de job. J'en ai assez du siège social et de la Tarification, me semble que j'ai fait le tour du jardin.

---

12. Ici et brièvement deux témoignages, comportant une pointe d'ironie, de deux autres sphinx concernant cette difficulté qu'avait monsieur Bisaillon de se mettre au niveau de ses interlocuteurs. Pierre Godin: «*Souvent, Bisaillon ne prenait pas le temps de nous faire comprendre ce qu'il avait en tête, ne jugeant pas forcément nécessaire de le faire, du reste.*» Georges Gauvreau: «*Bisaillon ne parlait pas très clair, mais...* [après un temps de réflexion moqueuse] *il devait être bon. Les deux ensemble, lui et Finet, ils pouvaient bien nous embarquer là où ils le voulaient.*»

– T'es fou ! On a besoin de toi là pour faire le lien avec Bisaillon."

Et je n'ai pas eu la job. »

– Bisaillon : *« J'avais de la corde. Je prenais des décisions comme pas un autre cadre de mon niveau à Hydro. Je n'ai jamais voulu changer de job ! »*

– Finet : *« L'étiquette de "spécialiste en tarification" a fini par me peser lourd sur le dos. J'avais réellement envie de faire autre chose ! Il a fallu que je parte pour Longueuil. Je n'ai jamais pu changer de job à cette époque à Hydro ! »*

Silence, on gère !

Il y a assez longtemps qu'on ne demande plus, du moins de façon aussi ouverte et si dénuée d'artifices, aux employés d'Hydro-Québec d'être vertueux dans leur vie professionnelle et privée, comme le leur disait la Commission des années 50, pour que les Québécois apprécient leur société d'État. En fait, on constate à l'évidence que l'entreprise devenue en 1963 quasi-monopole de la distribution électrique au Québec va, un temps, reléguer son discours *« souci de la qualité du service et hantise de la clientèle »* au second plan de ses préoccupations et de ses discours publics. Il convient, cela dit, d'écrire et d'interpréter cet avancé avec beaucoup de circonspection et de nuances, et d'éviter d'en conclure qu'Hydro négligera alors ses services à la clientèle, une barrière trop allégrement franchie par plusieurs.

S'il est tout à fait exact de dire que l'Hydro issue de la prise en charge de toute la distribution au Québec va être aux prises avec d'énormes problèmes d'organisation interne, rationalisations diverses, mises à niveau des procédures et façons de faire, négociations avec des syndicats puissants et structurés, besoins pharaoniques de financement, etc. ; s'il est loisible de constater qu'elle va devoir faire passer ses programmes de construction et d'expansion des ventes au premier plan de ses activités : il serait trop rapide d'en conclure qu'elle dédaignera alors et pour autant les services de base à ses clients. La chose se dira pourtant abondamment quand, à partir de 1986, Hydro va, à grand ramdam médiatique, *« virer clientèle ».* Mais, comme tout constat trop simple à établir, elle est notoirement exagérée.

D'abord, il serait bien hasardeux de prétendre que l'un ou l'autre des présidents de la société d'État ait, à un moment ou à un autre de l'histoire des années 1965 à 1985, perdu de vue la clientèle. N'importe quel publiciste ou sociologue vous dirait qu'un Roland Giroux qui, en 1970, *« embarque »* dans le jeu d'une publicité interne vantant le service à la clientèle, fit, en souriant, probablement beaucoup plus cette fois-là en ce qui concerne l'impact proclientèle dans l'entreprise que bien des sermons passés et que bien des politiques, des orientations, des objectifs et des slogans verbeux à venir. Qu'à l'époque un homme de sa stature, avec son aura de grand manitou de la finance et de la politique, donne le ton simplement, en s'amusant, en disant aux employés d'Hydro ce qu'aucun président ne leur avait jamais dit jusqu'alors : «*Moi aussi je suis là, comme vous, pour servir le monde ordinaire*» ou, si vous préférez : «*On est 12 012 pour assurer leur service*», était autrement convaincant et stimulant que de se faire répéter cent fois le même prêche éculé : «*Soyez courtois envers votre client*»!

Écrire qu'un homme comme Robert Boyd aurait négligé le contact avec la clientèle tout occupé qu'il était à bâtir d'une main Hydro et de l'autre la Baie-James serait lui faire un affront personnel injustifié et insulter ce faisant tous les brillants hommes de service dont il a su s'entourer. Aujourd'hui encore, le grand vieillard reste tout à fait persuasif et d'une évidente sincérité lorsqu'il vous déclare : «*J'ai toujours cru profondément que la raison d'être d'Hydro-Québec était de bien servir sa clientèle. C'est après avoir constaté son souci de qualité des services aux clients que j'ai choisi Jean-Paul Cristel qui, venant de la Shawinigan, était nettement en avance sur nous d'Hydro à ce niveau-là.*»

Peu sensible à la clientèle, monsieur Boyd? Allons donc! Jean-Paul Cristel, lui, justement, raconte qu'à ses débuts comme adjoint de Boyd, un de ses soucis était que le futur président, occupant le bureau voisin, lui revenait constamment sur les problèmes des clients. «*Il voulait tout savoir, tout comprendre, tout contrôler. Il me posait les questions que lui posaient les clients et voulait qu'on y réponde, lui ou moi, immédiatement. Je lui disais : "Mais, Monsieur Boyd, on va devenir fous à faire tout ça. On a des représentants partout sur le territoire. Que les clients les appellent!" Mais non, sur ce plan-là, répondre aux clients, il avait beaucoup de difficulté à déléguer.*»

Lien ainsi fait, par Cristel et son équipe de promoteurs et d'agronomes issue de la Shawinigan, tous nourris de cette mentalité d'affaires des compagnies privées voulant qu'il faille impérativement choyer un client pour le garder, l'entreprise motivée en ce sens par des directions unanimement respectées et assumant pleinement leur mandat de service public, c'est tout naturellement, sans tapage, avec bonhomie, conscience professionnelle et efficacité que les employés d'Hydro vont alors assurer le service à leurs concitoyens, périodes de négociation de conventions collectives mises à part, nous l'avons dit.

Dire que dans les années 1982-1985, le client ne figurait pas ou figurait peu dans la liste des préoccupations du triumvirat Coulombe-Godin-Boivin serait faire fi de la réalité, confondre absence de discours public et inaction. En d'autres termes, ce n'est pas parce qu'on ne fait pas de bruit qu'on ne fait rien. Qui pour croire que ces futurs porteurs du «message clientèle» passé 1985 ne se souciaient pas jusque-là du domaine et dormaient sur leurs deux oreilles «bouchées bien dur» aux récriminations et aux attentes des clients d'Hydro? Et pourtant, on va sembler *«découvrir»* l'urgence-clientèle en 1986, comme si on l'avait oubliée dans une vieille malle au grenier depuis plus de 20 ans. Surprenant!

L'hypothèse ici retenue est que, pendant ces 20 ans, les questions de services étaient gérées par des hommes (peu de femmes aux commandes de Commercialisation, on l'a dit) compétents, efficaces, répondant sans éclat mais avec scrupule et rigueur aux attentes qu'ils percevaient. La direction de l'époque soupçonne-t-elle un certain relâchement qu'elle agit et gère le problème qu'elle perçoit.

Les exemples abondent. Prenons le plus important: Montréal. À la fin des années 60, la Commission n'est pas satisfaite du fonctionnement de la région Saint-Laurent dont la majorité de l'effectif technique et commercial est centralisé à Jarry, perçu comme un monstre retors et difficile à gouverner. C'est essentiellement au nom de la nécessité de fournir de meilleurs services à la clientèle montréalaise qu'elle va, nous l'avons vu, scinder la région en quatre secteurs, initiative impopulaire auprès du personnel, courageuse et coûteuse. Mais il faut faire plus. La Commission, Robert Boyd, le directeur général et l'homme qu'ils ont délégué à Jarry pour régler le problème, Louis-Georges Boivin, arrivent à la conclusion que les services à la clientèle montréalais sont mous, d'une efficacité douteuse et ne supportent pas la comparaison avec les services donnés dans les autres régions. On l'a dit, Jarry est à l'époque un monde grouillant de tout ce qu'Hydro compte de corps professionnels, mais le bassin de clients montréalais est énorme et les services, objectivement, sont de plus en plus difficiles à lui rendre. Le malaise le plus vif est à l'accueil téléphonique. Les standards sont constamment engorgés, trop de monde appelant à la fois. Les téléphonistes sur la ligne de feu, entre deux engueulades de clients mécontents d'avoir attendu, en ont plein les écouteurs à tenter de faire le tri des appels entre avis de pannes, plaintes ou demandes de raccordement ou de renseignements des clients quand ils ont la chance, après des minutes, voire des heures de poireautage, de leur parler.

➤ *Le chemin de croix téléphonique d'Hydro-Québec*

La légende de cette photo publiée en mars 1961 dans le journal Entre-nous *d'Hydro-Québec stipulait :* « Les téléphonistes du standard téléphonique du deuxième étage de l'édifice Hydro-Québec n'ont même pas le temps de lancer un sourire au photographe. »

Imaginez un 30 juin, à Jarry, dans les années 60, 70 ou même 80. Imaginez les clients montréalais tentant de joindre les standards téléphoniques d'Hydro pour signaler leur changement d'adresse. *« C'est bien simple,* stigmatise Roger Lanoue, *on ne répondait qu'à 4 % des appels à la saison des déménagements ! »* Hydro, disons grossièrement, pour faire image, tout au long du XXᵉ siècle, aura toujours connu d'énormes problèmes à répondre à sa clientèle au téléphone. Il faut bien dire que la chose n'était pas aisée.

Le problème était essentiellement de deux ordres : la répartition des appels dans l'entreprise par les préposées au téléphone, avant que chaque employé en contact avec la clientèle ait sa propre ligne, et l'engorgement périodique des standards téléphoniques.

« Il fut un temps, se souvient Marcel Pratte, ex-gérant Relations publiques de la région Saint-Laurent dans ces décennies sensibles, où *« les téléphonistes de Jarry nous "dompaient" les plaintes des clients. J'essayais bien d'orienter ça vers les services directement concernés, mais... »* Eh oui, mais... En dépit des réels efforts de monsieur Pratte et de ses conseillers, ce n'était certes pas du grand service à la clientèle qu'Hydro donnait là, et ce sera le cas en fait jusqu'à l'arrivée de Jean-Paul Pagé à Saint-Laurent. Décennies de martyre pour les pauvres standardistes ! Pas surprenant que leur métier fut très souvent mis en valeur dans les journaux internes et dans les premières publicités de la maison. Les standardistes exerçaient sans contredit l'une des tâches les plus ingrates de cette industrie. À la suite du travail de Pagé, les appels seront plus rigoureusement accueillis, acheminés et suivis à Montréal. Mais le problème des embouteillages aux temps forts de l'histoire du réseau, pannes, déménagements, etc., restait entier. Hydro ne pouvait tout de même pas engager des centaines de téléphonistes pour répondre à ces moments de pointe ? Elles étaient déjà 30 à Jarry en 1967. Alors que faire, se demandaient les gestionnaires concernés ?

Roger Lanoue, comme *« fonctionnel »* puis *« opérationnel »*, Jean Houde, vice-président régional, Saint-Laurent, et Jacques Finet, devenu vice-président exécutif Marchés québécois, pour ne citer que ceux-là, s'attaqueront avec cœur au délicat problème dans les décennies 80 et 90. Ils enregistreront des améliorations, certes, mais c'est véritablement les développements technologiques de la fin du

Les téléphonistes se plaignent de surmenage. Le président Jean-Claude Lessard se sensibilise à leurs doléances en prenant un instant la place du chef de la section téléphonique de la région Saint-Laurent en 1967.

siècle qui permettront de meilleures performances téléphoniques à la société d'État. Aujourd'hui, et nous l'avons évoqué, un centre d'appels réparti sur cinq sites l'essentiel des appels des clients (mis à part ceux de l'est du Québec, de la Côte-Nord, du Saguenay et de l'Abitibi). *« L'ordinateur répartit les appels en fonction de la disponibilité des représentants à la clientèle où qu'ils soient sur le territoire au moment où le client appelle. »* On répond à 70 % des appels à l'intérieur d'un délai de 20 secondes, se réjouit Yves Filion, *ce qui est considéré comme une excellente performance pour un service public canadien. »*

Un demi-siècle de communications difficiles d'Hydro avec ses clients : le véritable boulet aux pieds d'argile du colosse en marche.

La Commission fait face au problème et le gère. Qui, pour régler cette situation ? Louis-Georges Boivin a une idée qu'il teste avec quelques chevronnés de la Commercialisation, Jean-Paul Cristel, Gilles Béliveau, Claude Boivin. Tout le monde est d'accord avec le choix de… Jean-Paul Pagé, la forte tête de Québec. Un seul pour émettre quelques réserves, le responsable de l'époque de Distribution et Ventes, Maurice Saint-Jacques. Le gentleman réservé et diplomate qu'il est avance : *« Monsieur Pagé ? Vous croyez ? Ce n'est apparemment pas un homme de tout repos ! »* Et l'un ou l'autre de lui répondre dans un éclat de rire tonitruant : *« Certain, c'est bien pour ça qu'on veut le faire venir ! »*

Et Jean-Paul Pagé, le Québécois de Québec, vint et s'attela à la difficile tâche. Il convient ici de revenir brièvement sur ce point déjà établi précédemment que la QPC restera dans cette histoire comme la compagnie phare du développement de la qualité des services électriques au Québec. Pour un ensemble de raisons alliant la précarité de son

Vue d'une moitié de la salle des Services à la clientèle de la Quebec Power Company en 1956.
(Photo de Denis Bouchard)

statut de compagnie privée, sa proximité avec les politiciens, la qualité de ses dirigeants, l'esprit commercial animant l'ensemble des compagnies du groupe Shawinigan et sa rivalité de toujours avec la SCP, la compagnie de Québec sera, tout au long de son existence, la référence en ce qui a trait aux services à la clientèle. Plus tard, la région Montmorency maintiendra la tradition jusqu'à nos jours. Ce n'est pas un hasard si le

Michel Dubé.

directeur régional actuel, Michel Dubé, un autre des quelques rares cadres atypiques de cette histoire de profil non technique (formation en sciences politiques et en économie et carrière entamée, comme Jacques Grenier, aux Relations publiques), est également directeur des Services à la clientèle.

Dans le jargon des distributeurs d'électricité, les services à la clientèle regroupent de nos jours les ventes, les relevés de compteurs, la comptabilité-abonnés, la facturation, le recouvrement et les services (réponses téléphoniques, déménagements, raccordements, plaintes, etc.). Il n'en fut pas toujours ainsi. Longtemps, les compagnies cherchèrent les meilleures formules administratives leur permettant de communiquer avec leur clientèle. La première, la QPC, s'était pourvue en 1955 d'un service fédérateur où étaient centralisés tous les appels reçus des abonnés, les demandes de services, de renseignements ou de plaintes. Grâce à son chef, Alphonse Ouellet, décédé de longue date mais resté célèbre aujourd'hui pour sa compétence, son engagement total en recherche de qualité et son entregent, le nouveau service acquit rapidement ses lettres de noblesse. *« Nous avions une grosse réputation d'efficacité et de sérieux,* sourit l'un des seconds de Ouellet à l'époque, Denis Bouchard, *sauf la veille de Noël où la fête commençait assez tôt. »*

➤ Brefs souvenirs de trois « vieilles gloires » des services à la clientèle de Québec

À trois, Jean-Claude Bédard, Denis Bouchard et Charles Careau, de Québec, combinent une expérience de 100 ans largement passée dans le domaine des services à la clientèle de la QPC, puis d'Hydro-Québec.

Les trois sont entrés en fonctions à la QPC avant 1950, engagés par le même homme au personnel, un dénommé Émile Simard, organiste dans ses temps libres à la paroisse de Saint-Joseph. Charles, le premier embauché en 1947, nous confie : *« J'ai dit à monsieur Simard que mon père le trouvait bien bon à l'orgue. Je ne sais pas si cela m'a aidé, mais j'ai été embauché. »* Denis, le second, de 1947 aussi, se souvient : *« Moi, je ne connaissais pas monsieur Simard... [un temps d'arrêt], mais mon père le connaissait bien. Il m'a embauché. »* Troisième à se souvenir de son arrivée en 1949, Jean-Claude, s'amuse : *« Moi je le connaissais très bien, monsieur Simard. J'étais son livreur d'épicerie. »* Ainsi entrait-on à l'époque à la QPC quand on avait une douzième année de scolarité et l'envie de faire carrière dans les bureaux de la compagnie à la meilleure réputation de Québec.

Les trois amis sont des exemples vivants de la façon dont on faisait une carrière « de bureau » à l'époque chez les distributeurs. Charles Careau est immédiatement envoyé au *cash pulling*, à la facturation. Il y restera tant et aussi longtemps que l'on facturera à Québec (jusqu'en 1970, alors que l'ensemble des activités de facturation seront centralisées au siège social). Lui et trois autres employés doivent alors s'assurer une à une de la concordance des factures des clients avec la carte mécanographique correspondante. Il ira ensuite au *« Cardex »*, remplir à la machine à écrire des fiches de clients avant d'aboutir à la facturation proprement dite où il fera toute sa carrière ou presque. Denis Bouchard suivra le même chemin jusqu'en 1955, alors qu'il bifurquera vers la nouvelle unité des Services à la clientèle créée par Alphonse Ouellet, qu'il ne quittera qu'en 1975 pour aller terminer sa carrière en Comptabilité-abonnés. Jean-Claude Bédard fera quant à lui toute sa carrière dans le Recouvrement, unité où on l'assigne comme commis dès son embauche en 1949. Il en deviendra le chef en 1963, ajoutant, en fin de carrière, d'autres responsabilités en Comptabilité-abonnés.

Tous trois obtiendront le titre de chef de section à l'intérieur de leur unité. C'est une vie de travail tout entière tournée vers la qualité des services qu'ils évoquent lorsqu'ils se rappellent avec cœur, et souvent humour, leur vie professionnelle.

Denis Bouchard : *« Le client, c'était notre gagne-pain. Cela allait de soi pour nous qu'il fallait le satisfaire. Nous étions là pour donner le meilleur service possible à la clientèle et nous faisions tout pour l'offrir avec la plus grande conscience professionnelle dont nous étions capables. Nous sortions à l'époque des graphiques de satisfaction des abonnés qui étaient invariablement positifs. C'était le client avant tout le reste ! »*

Charles Careau : *« On travaillait toujours en cravate. On n'aurait pas imaginé ne pas en porter, par respect pour la clientèle que nous pouvions être menés à rencontrer. Ce n'est qu'à compter du conflit de 1976 que les employés vont se libérer de cette obligation. »*

Jean-Claude Bédard : «*On n'aimait pas devoir débrancher les mauvais payeurs. On faisait tout pour éviter d'en arriver là. Cela pouvait arriver dans une dizaine de cas mensuels sur 200 000 abonnés, ce qui était peu. On allait voir les curés, on entrait en contact avec les gens du Bien-être social. On faisait l'impossible pour trouver des solutions.*»

Charles Careau : «*Pour les clients qui nous payaient par courrier, on nous faisait vérifier que l'affranchissement postal avait bien été suffisant. Qu'il manque un ou deux sous de timbre et on le facturait au client sur la facture suivante. Les comptes à la QPC étaient d'une rigueur absolue.*»

Denis Bouchard : «*En ce temps-là, chaque village avait un bureau où les gens pouvaient payer leur facture. Cela pouvait être l'épicerie, le bureau de poste ou même, je l'ai vu, un commerçant de lingerie féminine... C'était à nous ensuite de vérifier que les chiffres concordaient bien.*»

Charles Careau : «*Exact ! et quand on travaillait aux chiffres, il fallait que tout balance à la «cenne» près. Balancer les systèmes, c'était notre hantise.*»

Denis Bouchard : «*Et ils ne balançaient jamais et il fallait impérativement que l'on trouve l'erreur, même pour une «cenne». Et l'on pouvait ainsi rester jusqu'à minuit à refaire nos calculs, à nos frais, bien sûr...*»

Trois retraités fiers de leurs services passés, convaincus qu'ils sont d'avoir fait de leur mieux au service de leurs clients.

C'est un modèle du genre que Jean-Paul Pagé veut implanter à Montréal. Des problèmes d'organisation de l'accueil des appels téléphoniques des clients, Québec aussi en connaissait. La création du Service à la clientèle avait permis d'y remédier en grande partie. Tous les appels aboutissaient dans la même salle où des professionnels étaient là en abondance pour répondre aux clients. Le téléphone de leur pupitre était muni d'un très long fil leur permettant de rejoindre le «*Cardex*[13]». C'était le volumineux fichier des cartes portant le nom de chaque client, les caractéristiques de son alimentation électrique, son mode de facturation et l'historique de ses transactions avec la compagnie. Les préposés à la clientèle répondaient à l'appel du client et gardaient le contact avec lui tandis qu'ils cherchaient sa fiche dans des classeurs où les cartes étaient répertoriées par municipalité et rue. De retour à leur bureau, ils poursuivaient la conversation, inscrivaient les demandes ou les plaintes, remplissaient des réquisitions de travail qu'ils adressaient aux services concernés, suivaient ensuite chacune des demandes, effectuaient les relances nécessaires et rappelaient éventuellement le client avec le résultat de leurs démarches. La fiche ne retournait dans le «*Cardex*» que lorsque le dossier était réglé et que l'information le concernant avait été notée.

---

13. Nous avons trouvé deux orthographes au nom «*Cardex*», écrit parfois «*Kardex*».

Devant un des éléments du « Cardex » de la Quebec Power Company, Denis Bouchard consulte la fiche du client avec lequel il s'entretient au téléphone. À l'avant-plan, la secrétaire Pierrette Lacasse remplit un formulaire.
(Photo de Denis Bouchard)

C'est un modèle qui fonctionnait bien dans le bassin de 200 000 clients que comptait alors la compagnie. Jean-Paul Pagé perdra quelques plumes à tenter de le transposer tel quel dans l'immense région montréalaise. Une tâche énorme. *« On a implanté une règle toute simple,* dit-il aujourd'hui, *la nécessité de répondre au client. Cela peut sembler une évidence de nos jours, c'était depuis longtemps comme ça que l'on fonctionnait à Québec, mais ce n'était pas dans la culture de l'Hydro montréalaise de l'époque, alors que les gens de technique menaient Jarry. Je leur ai dit : "Dorénavant, c'est le client qui va mener !" Un combat du maudit, mais on est venu à bout de bâtir quelque chose ! »*

La tâche est tellement vaste et délicate que Louis-Georges Boivin cherche un adjoint à Jean-Paul Pagé. C'est sur Claude Boivin qu'il va porter son choix, lequel Claude fera alors ses premières armes en Exploitation. Se souvenant de cette époque, il dit aujourd'hui : *« S'il fallait identifier le père du Service à la clientèle à Hydro-Québec, ce serait Jean-Paul Pagé. Il avait ça en lui. Avant lui, à Saint-Laurent, les clients appelaient, appelaient, il y avait des téléphonistes qui transféraient ça d'un bord et de l'autre, au gré des connaissances que les filles avaient de la boîte. Tout était à faire. »*

L'équipe Pagé-Boivin est remarquablement complémentaire : le premier, intuitif, expérimenté, véritable praticien du service au client, le second plus cérébral, plus théoricien et qui adopte alors une conviction qui ne le quittera plus de sa carrière : Hydro est là pour servir et doit bien servir. Jean-Paul s'enthousiasme : *« J'ai mis de l'ordre, en fait, j'ai tout changé, regroupé les services téléphoniques, assuré la formation du groupe de femmes qui étaient là. J'ai conçu des méthodes de suivi des demandes que l'on transférait aux gens de Distribution. J'ai obtenu que l'on informe régulièrement le client de l'état de son dossier. Désormais, quand tu appelais Hydro, tu avais une réponse. »* Avec un peu plus de recul, Claude analyse : *« Je venais de Commercialisation où nous commencions à développer le marché. Plongé d'un coup en Exploitation, j'ai vite réalisé que, sans le support de services à la clientèle bien organisés et efficaces, on n'arriverait à rien. Cette prise de conscience de la nécessité de doter Hydro de la porte d'entrée que sont les services à la clientèle fut, dans le cas de Montréal, une retombée des activités initiales de promotion commerciale. »*

Ce cas de l'assaut du « problème clientèle » montréalais par le duo de choc Pagé-Boivin est patent. Quand la Commission de l'époque cerne un problème, elle agit, nomme les bonnes personnes aux bonnes places, leur donne de la corde pour modifier les façons de faire, corriger les situations perçues comme peu performantes, appliquer des modèles performants ailleurs et envoyer les messages d'Hydro dans le milieu. Eut-elle dû en faire plus alors ? Il devient hasardeux de le prétendre. D'autant qu'à l'évidence, Montréal est un cas particulier en ce qui regarde les services. Si d'aucuns déplorent qu'on se traînait les pieds à Jarry avant la création des secteurs, il en va tout autrement en région où les équipes de ventes et de promotion, comme les équipes techniques de distribution du reste, maintiennent le cap vers la recherche du maximum de satisfaction du client. C'est fait comme une chose normale, selon la tradition héritée des compagnies privées.

Un gérant de secteur à la région Montmorency au début des années 80, le déjà nommé Jacques Grenier, témoigne : *« Tout dépendait finalement du directeur de la région. J'arrivais quant à moi de la Côte-Nord, une région de production et transport avec de très gros clients industriels mais seulement 25 000 clients domestiques à l'époque. Honnêtement, ces clients-là étaient très loin de constituer un gros souci pour le directeur Gérard Labossière[14]. Changement*

---

14. Là encore, on pourrait se servir de cet exemple pour illustrer la différence fondamentale de perception des dossiers de clientèle par la première Hydro-Québec d'avant 1963 et par les compagnies privées. Monsieur Labossière, grand ingénieur de Production et de Tansport, était un pur gestionnaire type Hydro, formé à Beauharnois et Bersimis. La région Manicouagan, quant à elle, ne fut jamais desservie par une compagnie privée mais par des coopératives et Hydro-Québec. Effectivement, la préoccupation *« Clientèle »* n'était pas au premier plan des soucis du grand Gerry. Ainsi de raconter Jacques Grenier : *« Je me souviens de la grève de 1976, alors qu'entre cadres régionaux nous organisions nos mesures d'urgence. L'un de nous dit à un moment : "Et que fait-on pour la clientèle ?" Labossière n'hésita qu'un moment. Se tournant vers le gérant Relations publiques : "Tu ramasseras les appels avec ta secrétaire et tu t'occuperas de ça !" C'était bien là le dernier de ses soucis. »*

En février 1968, le directeur général Robert Boyd formait le Comité directeur des Relations avec les abonnés dans le but avoué d'améliorer les pratiques d'affaires de l'entreprise pour répondre aux attentes de la clientèle. Les membres du comité changeront au fil des années. Ici, en 1970, le comité est composé, de gauche à droite, de : Dominique Lemay, Roger Girard, Albert Faucher, Maurice Saint-Jacques, Odilon Gagnon, Miche Larose et Jean-Paul Pagé.

de ton radical quand je suis arrivé à Montmorency. Gilles Béliveau donnait beaucoup de liberté à ses gérants. Tu t'organisais et il te laissait relativement en paix. Mais s'il y avait une plainte de client, là ça ne passait pas. Ton téléphone sonnait et tu savais que c'était lui. C'était une de mes préoccupations fortes qu'un client l'appelle. "Si les clients ne m'appellent pas, disait-il, c'est que vous faites votre job !" On ne s'y trompait pas, on la faisait !»

En 1972, Maurice Saint-Jacques est le responsable ultime de Distribution et des Ventes. Quel message envoie-t-il aux employés, en réponse aux questions d'*Hydro-Presse* ? Il explique qu'Hydro «*mène des enquêtes scientifiques pour connaître la satisfaction de sa clientèle*», qu'à ce chapitre «*notre service est excellent*». Il annonce : «*Dans le but d'offrir un meilleur service à nos clients, le poste de coordonnateur des services à la clientèle a été créé. Avec l'aide des régions, il procède actuellement à la réorganisation complète de cette activité dans l'entreprise.*» Il poursuit : «*Nous allons intensifier notre travail de planification car nous voulons connaître de façon plus précise les besoins de nos clients[15].*»

Connaître, agir, planifier, communiquer, ce que faisait alors monsieur Saint-Jacques, cela s'appelle gérer. Ces belles résolutions seraient-elles tombées en décrépitude à la charnière des années 80, en pleine construction de la Baie-James, alors que, prétendront d'aucuns, les têtes dirigeantes de l'époque ne se souciaient plus de la clientèle tellement le béton des barrages et l'acier des lignes obnubilaient leurs têtes de bâtisseurs ? À l'analyse, eh bien non ! Quel message adressait alors aux employés le nouveau vice-président Clientèle et régions, un certain Pierre Godin ? «*Le service à la clientèle ? Une action à laquelle l'entreprise attache énormément d'importance !*»

---

15. «*Gros plan : Maurice Saint-Jacques, tout le contraire d'un centralisateur*», *Hydro-Presse*, Hydro-Québec, mi-janvier 1972.

Dans un article d'*Hydro-Presse* intitulé sans équivoque : «*Toujours plus près de la clientèle*», il déclare : «*Nous allons renforcer la direction Services à la clientèle dans le but d'améliorer les services. [...] Il faut essayer de bloquer les problèmes à la source, de les prévenir avant qu'ils ne provoquent des plaintes de la part des abonnés*[16].» C'est, on le notera une autre fois, l'approche typique d'un gestionnaire : dotons-nous de moyens pour trouver les problèmes, s'il y en a, et réglons-les avant qu'ils ne deviennent cruciaux.

Prétendre qu'on aurait oublié les clients durant les années 70 serait également mettre le voile sur l'impressionnant travail effectué sur les mécanismes de gestion propres au traitement de la clientèle. L'année 1974 sera à cet effet une date charnière, alors qu'Hydro subdivise administrativement ses régions en secteurs au motif premier de se rapprocher de ses clients et d'améliorer les services qu'elle leur rend. Les secteurs à vocation première de distribution seront eux-mêmes divisés en districts selon un découpage géographique faisant en sorte que les bureaux de service soient établis le plus près possible des abonnés. Ces subdivisions régionales auront l'immense mérite de permettre des comparaisons sur les plans qualitatif et quantitatif entre unités de profil semblable. Les gestionnaires passant d'une unité à une autre constateront alors en effet avec une certaine surprise des façons de faire et des habitudes de travail fort différentes d'un endroit à l'autre. «*Même au sein d'une même région*, de découvrir Michel Dubé, *on avait des différences de culture tout à fait sensibles. On faisait d'une façon en Beauce et d'une autre à Lévis.*»

On classe les secteurs, selon le nombre moyen de clients par kilomètre de lignes, en secteurs urbains, semi-ruraux et ruraux, et l'on ne cessera plus désormais d'enregistrer et de comparer leurs résultats. Les années suivantes verront les gestionnaires des fonctions «*Clientèle*» définir des indicateurs de mesure leur permettant de situer leurs performances par rapport à celle d'unités comparables, et de déterminer les améliorations. Ces comparaisons permettront de plus, par l'étude des disparités, d'améliorer les façons de faire, le responsable d'un district peu performant sous tel ou tel aspect de ses services ayant l'occasion d'aller étudier la façon dont s'y prennent ses collègues plus performants d'autres unités de profil comparable. Cette façon d'évaluer avec les mêmes critères les performances de chacun au moyen d'indices précis (Hydro en compte aujourd'hui au-delà de 80) perdurera jusqu'à nos jours. Constamment raffinée, elle contribuera de façon majeure à uniformiser et améliorer les services et, en définitive, la satisfaction de la clientèle.

---

16. «*De directeur régional à vice-président, Pierre Godin : «Toujours plus près de la clientèle» ibid.*, fin février 1979.

Et puis, ces années 70 resteront surtout dans cette histoire comme celles de la mise en place des premiers gros systèmes informatiques internes facilitant les relations de l'entreprise avec les usagers de son produit. C'est un travail souterrain, de base, peu spectaculaire, très peu médiatisé, du reste, mais essentiel et qui permettra à l'entreprise d'être efficace et particulièrement performante pour l'époque en ce qui regarde le mesurage de l'énergie dépensée, la facturation, la comptabilisation et la gestion des abonnements. On consulte, à l'intérieur comme à l'extérieur, on s'interroge sur les meilleures façons de procéder et l'on va développer et mettre en place des systèmes informatiques d'avant-garde mondiale pour l'époque.

C'est qu'un peu partout dans la maison, en fait, on en arrache de plus en plus avec les vieux systèmes Cardex de classement des clients. Certes, ils ont progressé depuis les années 50. Les entrées de données ne s'y font plus à la main, mais par cartes traitées par des étages entiers de préposées à la perforation. Mais l'informatique, dont l'usage se généralise alors dans toutes les industries de services, laisse espérer tellement mieux. Dès le début des années 70, Hydro est à l'étude de systèmes qui lui permettraient de mieux communiquer avec sa clientèle et de faciliter les services qu'elle lui rend. Le plus célèbre d'entre eux, celui qui sera promis à la plus longue existence, est le SGA, pour Système de gestion des abonnements. On y travaillera dès 1972 et durant toute la décennie alors que l'implantation proprement dite se fera au début des années 80. Ce sera à son époque *« un des plus importants systèmes de gestion commerciale en Amérique du Nord dans les entreprises de services publics[17] ».*

Début de l'implantation du Système de suivi des demandes des clients. Nous sommes cette fois à l'été 1980, au secteur Lévis de la région Montmorency. Jean-Paul Cristel, Gilles Béliveau et Pierre Godin sourient aux explications de Lili Lavoie, conseillère au Service aux abonnés.

C'est depuis lors que les bureaux d'Hydro-Québec sont équipés d'écrans cathodiques reliés à l'ordinateur central de l'entreprise où figurent six banques de données et tous les dossiers des abonnés. Une batterie de mini-ordinateurs régionaux complète l'équipement. *« Désormais,* de s'extasier *Hydro-Presse, tous les dossiers seront mis à jour dans un délai de 24 heures maximum[18]. »* Le changement culturel est majeur. Près de 1 500 employés devront

---

17. *« Premiers pas du SGA dans les bureaux régionaux », Hydro-Presse, ibid.,* fin avril 1981.

18. *Ibid.*

être formés pour utiliser le système. L'entreprise agira en deux temps à cet effet, enseignant d'abord à ses propres formateurs internes qui ensuite partageront leur nouveau savoir avec leurs collègues sur le terrain. L'un de ces professeurs improvisés, Denis Bouchard, de Québec raconte : «*Hydro allait investir énormément de temps et d'énergie dans SGA. C'est toute notre façon d'exercer notre métier qui devait changer avec le travail sur écran d'ordinateur. Un bouleversement majeur. J'allais, quant à moi, donner de la formation sur SGA pendant cinq ans. Nous avions été trois ou quatre de la région Montmorency à aller suivre un trimestre de préparation à Montréal. Suite à ça nous avions la compétence nécessaire pour former pendant deux mois nos collègues. Et tout le monde s'est mis à l'ordinateur…*»

Le SGA sera à ce point performant qu'il est encore utilisé de nos jours. À peine si Yves Filion mentionne qu'il est devenu un peu désuet et coûteux à l'usage par rapport à ce qui se fait aujourd'hui, ce que l'on peut aisément comprendre quand on sait la prodigieuse amélioration des systèmes de cette nature dans les 20 dernières années. En conséquence, la division Distribution prévoit aujourd'hui l'implantation en 2006 d'un nouveau progiciel de gestion de route d'information concernant la clientèle au coût de 320 millions de dollars. Michel Dubé de préciser : «*SGA était un excellent système qui avait le mérite d'avoir été conçu pour nos fins exclusives et qui nous rendit sur près d'un quart de siècle des services inestimables. Mais sa limite essentielle tenait justement au fait qu'il était fait sur mesure pour nous, qu'il nous était propre. Le faire évoluer seul nous coûte énormément cher. Avec le temps, on a donc plutôt choisi d'y ajouter, au fur et à mesure des besoins, des petits systèmes satellites, efficaces un par un mais qui communiquent mal entre eux. On en compte presque 200 aujourd'hui pour tout Hydro-Québec Distribution. Le système SAP dont nous disposerons après 2005 nous permettra d'intégrer nos outils. Il aura par ailleurs un potentiel d'évolution considérable qui devrait nous permettre de poursuivre nos améliorations avec plus de souplesse.*» Bien sûr qu'un jour il faut remplacer les outils prenant de l'âge, mais, ce vieil SGA, quelle efficacité, quand même ! Sauf qu'on l'appela «*Système de gestion des abonnements*». Gageons que, quelques années plus tard, on l'aurait appelé «*Système de gestion de la clientèle*».

Non, à l'analyse, il ne semble pas qu'il y ait eu de véritables ruptures, dans un sens ou dans l'autre, dans la qualité du service à la clientèle dans l'histoire de la distribution tout au long du siècle et, après les années 60, sous Hydro-Québec. Il y a eu plutôt progression, étape après étape. L'automatisation des procédures en était une.

➤ L'obsession « clientèle »

Ce n'est pas d'hier que les distributeurs d'électricité au Québec se préoccupent de la qualité du service à la clientèle. Ce n'est pas d'hier en tout cas qu'ils expriment à cet effet des attentes très précises à leurs employés. Curieux, on le notera, comme les termes se ressemblent, décennie après décennie...

1916 : *« Le succès de notre compagnie dépend du service que nous donnons à nos abonnés. Le succès de ce service dépend de chaque employé. »* (MLH&P)

1923 : *« Comme utilité publique, il nous faut la bonne volonté du public : nos patrons. Tout doit tendre vers ce but suprême : plaire aux clients ! »* (SWP)

1935 : *« Il faut donner à l'abonné l'impression qu'il est l'objet d'une attention personnelle de la part de l'employé et le faire de façon aimable avec finesse et tact. »* (MLH&P)

1953 : *« Il appartient à chacun d'entre nous de ne pas tomber dans l'inertie ou l'indifférence. Il faut secouer notre torpeur et nous efforcer de maintenir la bonne opinion que le public a de nous. Que nos sourires et nos gestes soient toujours empreints d'intérêt et de courtoisie et que notre sourire soit sincère... »* (QPC)

1957 : *« L'abonné requiert un service rapide et courtois. [...] L'abonné !... Notre grand patron à tous. [...] Tout chez nous se fait dans un seul but : le service de l'abonné, raison d'être de la Commission. »* (Hydro-Québec)

1960 : *« Connaissances + courtoisie + politesse = avancement. »* (SCP)

1970 : *« L'idéal serait que les 12 000 employés de l'entreprise soient 12 000 vendeurs. [...] À ceux qui croient que la seule préoccupation d'Hydro-Québec est de construire sans cesse de nouveaux barrages la publicité répondra : "On est 12 012 pour assurer votre confort", et vous offrir un service de qualité. »* (Jean-Paul Cristel)

1986 : *« Le personnel doit développer une véritable "obsession", pour la clientèle. Cette préoccupation doit devenir le moteur des activités de l'entreprise. »* (Claude Boivin)

1987 : *« Qu'être employé d'Hydro soit synonyme d'amabilité, de courtoisie, de volonté d'aider... Pour chacun d'entre nous ce pourrait être vraiment le début du "virage clientèle". »* (Marcel Couture)

1989 : *« Il faut que l'ensemble de nos actions soit accompli dans le respect des droits et des attentes de la clientèle. Tout le personnel de l'entreprise doit donc offrir une qualité exceptionnelle de services aussi bien au niveau technique qu'au plan des contacts quotidiens avec notre clientèle. »* (Richard Drouin)

1993 : *« Nous ne nous contenterons pas de satisfaire le client : nous allons l'"émerveiller" ! »* (Jacques Régis)

2003 : *« En Distribution, s'il y a un mot qu'il faut mettre en évidence et garder à l'esprit, c'est CLIENT. Tout est là. C'est l'élément principal de motivation et de mobilisation des employés. C'est notre force. »* (Yves Filion)

2003 : En réponse à la question : « *Ne croyez-vous pas qu'à force de leur répéter "client, qualité, courtoisie, etc.", les employés vont finir par développer une certaine lassitude et de l'écœurantite aiguë ?* », Ghislaine Larocque répond : « *Absolument pas. On en parlera tout le temps, même si on en a déjà beaucoup parlé. C'est notre raison d'être. Quand je rencontre des techniciens en mesurage, par exemple, je leur demande : "Est-ce que vous pensez, quand vous travaillez sur un compteur, que derrière votre appareil il y a de l'énergie qui apporte du confort dans une maison, qui amène de la compétitivité dans une entreprise ?" Derrière la ligne, le poteau, le transfo, il faut savoir voir le client, on ne le répétera jamais assez !* »

Quand on vous dit qu'on leur a dit !

Dans le discours des équipes de gestion du siège social, par exemple, oui, et à l'évidence, il y aura rupture. Le ton va changer du tout au tout. On aura certes moins pensé «*clientèle*» de 1965 à 1985, moins sermonné l'employé moyen sur la nécessité pour lui d'être «*courtois et tutti quanti avec les payeurs de facture*» qu'à l'époque des compagnies privées ; on aura certainement moins mis en valeur durant ces vingt ans l'image des distributeurs d'Hydro que celle des planificateurs, des chercheurs et des bâtisseurs ; on aura parlé plus exploit technique, première mondiale et «*si tu savais comme on s'ennuie à la Manic*», que client ; on aura à l'évidence mis moins d'argent dans les réseaux de distribution qu'à la construction des gros ouvrages de production et de transport ; les syndicats à certains temps cruciaux de leur confrontation avec la direction se seront certes désintéressés des effets de leurs moyens de pression sur la clientèle (quand ils ne l'auront pas prise en otage) et la chose se répétera dans l'histoire plus récente ; mais, pour autant, Hydro aura-t-elle jamais négligé outrancièrement les clients ? Il semble diablement exagéré de le prétendre. Tout cela est une question d'image, de discours, de priorité et d'aura médiatiques. Avant la moitié des années 80, Hydro, à Montréal, eut surtout l'image, dans les médias, d'une entreprise de génie et de construction. Qu'on le sache, elle n'était pas que cela.

Pierre Godin, dont nul ne saurait mettre en cause la sincérité et la profondeur de l'engagement proclientèle, en vieux sage, rationalise : *Je pense quant à moi que, de façon générale, le client a toujours été bien servi par Hydro-Québec. Le nombre de plaintes a rarement été significatif dans l'histoire. On a travaillé fort et avec conscience sur ce que nous pouvions identifier comme problème : les coupures de service, les attentes au téléphone, les délais de raccordement. Il fut un temps où l'on n'avait pas grand-chose, vous savez, comme outil crédible pour évaluer la satisfaction des clients. Alors on faisait de notre mieux et je pense qu'on faisait bien par rapport aux attentes de l'époque.* »

Mais alors, si l'on retient l'hypothèse qu'Hydro-Québec n'était pas si déphasée que cela en ce qui regarde la qualité du service, comment justifier et comprendre le tapage des années 1985-1987, alors que la direction va entreprendre une campagne de motivation interne majeure et amorcer un véritable changement culturel sur le thème du « *virage clientèle* » ? « *En fait*, synthétise Gilles Béliveau, *le problème était essentiellement montréalais. Il fallait que toute l'entreprise, et son siège social en tout premier lieu, devienne axée sur le service et pas seulement ses régions.* »

Moteur, on « vire » !

Disons d'abord que, même s'ils ne sont pas d'accord sur tous les tenants et aboutissants du dossier, les membres de la direction d'Hydro sont hors de tout doute très sincères et convaincus de la nécessité d'agir, de corriger une situation, quand, au milieu des années 80, dans la foulée de l'adoption de la philosophie de gestion et de la politique commerciale[19], ils amorcent un formidable mouvement interne sur le thème du traitement de la clientèle et de la qualité des services d'Hydro-Québec.

Les hommes qui vont l'engager dans cette voie sont d'une crédibilité sans défaut. Il y a alors deux réalités mais une seule école de pensée à Hydro-Québec concernant les services à donner aux clients. D'un côté, l'Exploitation de l'entreprise, menée par Pierre Godin et Colin Longpré, son directeur Gestion commerciale, responsable fonctionnel de toute la force commerciale régionale, en fait l'essentiel des employés (ils sont alors plus de 3 000) qui assurent les services commerciaux aux clients. De l'autre, celle des Marchés internes, la petite unité stratégique de Claude Boivin que Guy Coulombe vient d'élever au statut de « *groupe* » dans l'entreprise. La première donne les services, applique les procédures en usage, gère les dossiers. Elle avance à vue dans le prolongement de ce qu'Hydro fait depuis qu'elle existe. La seconde est, en théorie, chargée de l'encadrer, de la piloter. Dans quelle mesure la première est-elle en train de tranquillement s'encroûter dans l'habitude ? Dans quelle mesure la seconde voit des problèmes là où il y en a peu et cherche à justifier son existence en émettant les messages les plus sonores possibles ? Tout cela est assez délicat à départager.

Reste qu'il y aura consensus des deux groupes sur l'urgence de motiver le personnel vers l'objectif de l'heure : corriger la trajectoire prise par le navire Hydro (c'est bien cela, un « *virage* ») en améliorant l'engagement des employés vers la clientèle et en bonifiant les services offerts par l'entreprise. Sous Claude Boivin, le responsable des encadrements du domaine est Roger Lanoue. C'est un économiste de formation qui a fait sa marque dans l'entreprise, dans l'unité Environnement, tout d'abord, dont il a été l'un des fondateurs et l'un des cadres les plus en vue dans certains dossiers chauds relatifs au

---

19. Issu du groupe piloté par Raymond Godbout, ce texte, d'une importance jugée majeure par son premier promoteur de l'époque, Claude Boivin, définissait des cibles au personnel de la fonction commerciale en les élargissant à l'ensemble du personnel. On parlera, dans son sillage, du « *virage commercial* » d'Hydro. Les cibles ? « *La satisfaction accrue des besoins de la clientèle, la rentabilité optimale de l'entreprise, la mobilisation du personnel, l'introduction d'une tarification réaliste, de meilleures communications…* »

Programme d'équipement, puis au bureau du PDG Guy Coulombe dont il était l'adjoint avant sa nomination chez Boivin. Il est à l'époque un jeune loup doublé d'un humaniste convaincant. Disons par là que, nanti de longues dents pour la défendre, il occupe la place qu'on lui donne et que, le cœur plutôt à gauche, il a les idées claires et bien arrêtées sur le rôle social et économique qu'il aimerait voir joué par Hydro.

Il semble bien que le fameux « *virage clientèle* », concept et nom de baptême compris, ce soit à lui qu'on le doive. « *J'ai formalisé le concept*, dit-il aujourd'hui sans compromis, *et Colin Longpré, lui, l'appliquait. J'étais à l'époque très proche de Claude Boivin. Nous étions sur la même longueur d'onde et partagions l'idée forte que la raison d'être d'Hydro, c'était le client. Le vrai centre d'Hydro-Québec pour moi, lorsque j'étais à Environnement, c'était Cristel. J'ai toujours souhaité protéger le client, le citoyen, l'individu pour qu'il ne se fasse pas écraser par la bureaucratie. En Construction, ça s'appelait "Environnement", en Commercialisation, ça s'appelait* "Virage clientèle" : *s'assurer que le client puisse s'exprimer et qu'il obtienne le service qu'il souhaite avoir.* »

On est alors en pleine période de valse-hésitation typiquement hydro-québécoise entre la promotion des excédents de production qui s'achèvera sous peu et la recherche concernant cette notion d'efficacité énergétique qui s'impose à l'époque, à l'échelle de l'ensemble du monde industrialisé. On est également en pleine période de restrictions et de compressions à l'interne. Le nouveau message arrive comme une grosse vague dans une mer déjà agitée. Tout le monde ne s'y retrouve pas. *Hydro-Presse* fait parler les employés sur leur perception du « *virage* » à l'hiver 1987. Au milieu du soporifique concert positif auquel ce type de sondage donne générale-ment écho, quelques bémols élo-quents. Un premier : « *Je n'ai pas senti qu'il y ait eu, à un moment donné, un* "virage" *comme tel. Il y a eu de nom-breuses améliorations dans nos ser-*

Roger Lanoue en 1985, alors que, devenu directeur des Services à la clientèle, il ira s'initier à la réponse téléphonique directe aux clients en empruntant un instant le fauteuil d'une représentante à la clientèle de la région Laurentides, Lucie Brisson, à ses côtés sur cette photo.

vices, mais c'est le résultat d'un effort entrepris depuis longtemps[20]. » Une autre : « *Il y a depuis longtemps, depuis toujours peut-être, un souci de la clientèle à Hydro-Québec. […] Le virage*

---

20. Jacques Bouchard, représentant à la clientèle, secteur des Seigneuries, région Richelieu. « *Enquête auprès des lecteurs… Hydro-Québec a-t-elle vraiment pris le virage clientèle ?* », *Hydro-Presse*, Hydro-Québec, mi-février 1987.

clientèle est actuellement une préoccupation de la gestion[21].» Un troisième : «*Après une période d'encouragement aux économies d'énergie, le message est à la consommation ; on parle de virage clientèle en même temps que de la gestion de la décroissance. Difficile de s'y retrouver[22].»* Un dernier : «*Pourquoi soudain ce thème de virage alors que la préoccupation clientèle a toujours existé à Hydro ? Qu'une entreprise de service comme la nôtre se préoccupe de clientèle, c'est normal, c'est sa raison d'être[23].»*

Les responsables des opérations commerciales en région émettent aussi quelques doutes ou, disons, formulent des attentes. On les sent nostalgiques des «*années Cristel*» (1965-1973), alors que la promotion commerciale avait les moyens de ses ambitions. Bien joli, lancent-ils, de vouloir «*virer clientèle*», «mais allez-vous nous en donner les capacités ?» «*Depuis quelques années on nous demande de faire plus et mieux avec moins, avance Raynald Aubin, de la région Richelieu. Personne ne le contestera, nous avions une bonne marge de manœuvre, mais elle est aujourd'hui épuisée[24].»* Son collègue Bernard Lapointe, de la région Laurentides, de renchérir : «*Un objectif d'entreprise ne prend forme qu'à travers les engagements réels que celle-ci prend, les budgets qu'elle leur affecte[25].»*

Surprise de la part de certains, attentes prudentes de gestes concrets manifestées par d'autres, scepticisme moqueur venant de quelques originaux, qu'importe, le virage est indiqué par la direction pour être pris par tout le personnel et d'un seul élan enthousiaste. Les journaux d'entreprise sont de nouveau mis à contribution, comme au début des années 70, la hiérarchie est enrégimentée, des réunions de motivation internes sont tenues ici et là, des affiches mobilisatrices envahissent les babillards, des programmes de formation sont mis sur pied à l'intention des cadres, etc. En quelques mois, nul ne pourra plus ignorer dans cette maison, s'il ne l'avait pas jusque-là compris, qu'Hydro est une entreprise au service d'une clientèle et que cela crée des obligations de «*courtoisie*» (encore et toujours), de *dévouement*, d'*efficacité*, à tout un chacun de ses employés.

Et l'action suit le verbe. Roger Lanoue a la vision large. Il affirme que la fonction commerciale doit devenir la «*locomotive de l'entreprise*». Fort de la confiance et des encouragements de Claude Boivin, il entend tout revoir et améliorer dans la jungle des pratiques commerciales : gestion du dossier du client, mesurage de sa consommation, tarification, facturation, encaissement, perception, recouvrement, interruptions de service, etc. Il entame sondages, tournée régionale, recherches de comparaison externes,

---

21. Claire Trépanier, conseillère, Service Clientèle et Information, région Montmorency. *Ibid.*

22. Jean Lemay, concepteur, Services informatiques. *Ibid.*

23. André Primeau, conseiller au Service du Personnel, région Laurentides. *Ibid.*

24. «*Hydro-Québec, à l'heure du virage clientèle*», *Hydro-Presse*, Hydro-Québec, fin janvier 1987.

25. *Ibid.*

rencontres avec des représentants de diverses associations de consommateurs, tenue de groupes échantillons pour connaître les attentes des clients et tester les hypothèses de réponse envisagées, etc. C'est à lui que l'on va devoir à l'époque la disparition de la vieille facture jaune d'Hydro et son remplacement par la feuille bleue que tout client reçoit aujourd'hui et qui intègre une somme de renseignements utiles et qu'Hydro jusque-là ne jugeait pas pertinent d'adresser aux consommateurs de son produit.

À la fin de l'année 1987, le prolifique Roger fera approuver neuf nouveaux encadrements commerciaux par Guy Coulombe visant «*à améliorer l'autonomie des employés en contact avec les clients et à les doter des outils pour améliorer la qualité des relations et du service et répondre aux besoins de la clientèle*[26].»

Guy Coulombe signant les encadrements commerciaux de 1988. Autour de lui : Roger Lanoue, Jacques Finet et Sylvie Voghel, alors chef de service aux Services à la clientèle.

Sans aucun doute, sous ce fort et bruyant leadership, la direction et l'ensemble du personnel vont se rapprocher de la clientèle à l'époque. Jusque-là les «*fonctionnels*» du monopole d'État analysaient les performances des services à la clientèle en fonction de leurs résultats, de leur impact, de leurs coûts relatifs, bref en gestionnaires. Des administrateurs reconnus du domaine comme Maurice Saint-Jacques, Pierre Godin, Robert Boyd lui-même fondaient leur jugement sur des sondages auprès de la clientèle (il y en eut beaucoup dans les années 70), des chiffres, des rapports circonstanciés des responsables en place. Là, l'Hydro de la ligne Coulombe-Boivin-Lanoue agit sur deux fronts. D'une part, elle fait de la nécessité de donner un service hors pair à la clientèle un problème de gestion. À cet effet, elle dote de nouveaux outils les employés en contact avec la clientèle, redore sensiblement le blason de la fonction Commercialisation, étoffe et valorise la mission des unités en contact avec le public. D'autre part, elle fait de cette nécessité d'ouverture l'affaire de tous les employés. C'est ambitieux, un «*changement de culture*», affirme Roger Lanoue. Il y aura des employés pour s'y mal situer, et ne pas bien trouver leur place dans le nouvel embrigadement.

---

26. «*Approbation de neuf encadrements commerciaux*», *Hydro-Presse*, Hydro-Québec, fin janvier 1988.

Hydro reprend ce faisant un thème favori du «*catéchisme*» clientèle des compagnies privées : «*Les clients, c'est votre affaire à tous, quel que soit votre travail dans l'entreprise. Votre vocation est de le servir : servez-le !*» Cela provoquera des situations parfois absurdes souvent cocasses, chacun dans cette entreprise se mettant à la recherche de «*son*» client. C'est que, pour certains, la chose n'est pas évidente, surtout, bien sûr, au siège social qui, en cette période de décentralisation massive, vit des heures de remise en question existentielle. «*Quel est mon client ?*», se demande avec anxiété le préposé à l'impression des factures, soudain horrifié à l'idée d'être l'un de ces individus, suspects et menacés de «*mise en disponibilité*», qui n'en aurait pas. «*Mon boss qui me dit quoi faire, le boss de mon boss qui signe mon temps supplémentaire, le responsable du contenu de la facturation, le gars du service des postes qui attend mes enveloppes ou l'abonné qui reçoit la facture et qui généralement n'aime pas du tout la recevoir ?*» Angoissant ! Et le brave graphiste qui illustre un article d'*Hydro-Presse*, ce journal interne que pas un (ou presque) client de l'extérieur de la boîte ne lira, quel est-il, son client à lui ? le journaliste qui lui demande l'illustration, le chef du service Publicité, (son *boss* dans la vie courante), les autres employés feuilletant le journal, ce monsieur «Tout-le-monde-usager-de-l'électricité» qu'on lui dit être l'aboutissement de tout ce qui se fait à Hydro ?

Et les avocats, et les constables, et les infirmières, et les informaticiens, et le chauffeur du président ? «*Il faut transcender !*», affirment les nouveaux gourous, «*transcendons donc !*, acceptent les besogneux, *et virons résolument client !*»

Mais foin des mécréants ! Reste que, à de très nombreux titres, l'impact du «*virage clientèle*» sera énorme sur le personnel, tout comme celui, dans la décennie suivante, du «*défi performance*». Sans aucun doute, les employés d'Hydro pensent et fonctionnent différemment depuis bientôt 20 ans qu'on ne cesse plus de leur répéter les deux grands mots : «client» et «qualité». Des cadres aussi profondément associés que Gilles Béliveau à l'ensemble de la réelle mouvance proclientèle et proqualité d'Hydro-Québec depuis bientôt 50 ans ne nient surtout pas l'importance du coup de fouet que les deux grands programmes de stimulation vont donner à compter de 1985. «*Nous avons, dit-il, martelé les messages, enfoncé le clou profondément. Il le fallait. L'ensemble de la boîte ne fonctionnait pas en cadence sur des perceptions de base aussi essentielles que celles de notre rôle collectif et de notre vocation première de service public. Les régions pour la plupart étaient considérablement en avance quant à la notion de qualité du service par rapport au siège social qui, bien souvent, n'en était pas là. Je suis persuadé que les deux branle-bas successifs, le «virage clientèle» d'abord, qui sensibilisa le personnel à la nécessité de s'engager, puis «défi performance», qui formalisa une approche et des méthodes pour ce faire, ont considérablement contribué à faire d'Hydro l'entreprise de service qu'elle est fondamentalement devenue aujourd'hui.*»

Claude Boivin que l'avenir retiendra, à l'instar de Gilles Béliveau, comme l'un des principaux protagonistes internes de la vision et du développement d'une Hydro commerçante et attentive à sa clientèle, rationalise : *Hydro-Québec a toujours été préoccupée par les besoins de sa clientèle. Mais on ne procédait pas toujours de la bonne façon. On définissait les besoins des clients à partir de notre propre expérience et on validait ensuite notre performance à partir de sondages sur le taux de satisfaction. En somme, on fonctionnait à l'envers*[27]. »

Et comment fonctionner à l'endroit, ou en tout cas de la bonne façon ? Hydro va énormément cheminer sur la question dans ces années introspectives de la charnière des décennies 80 et 90 pour finalement opter pour une recherche de qualité totale. Elle sera guidée dans cette démarche par son nouveau président et chef de la direction, Richard Drouin, qui va adhérer avec foi au projet qu'on lui propose sous le nom de « *Défi performance* » et dont il va devenir l'éloquent promoteur tout au long de sa présidence.

➤ *La table des tables*

Le modèle original vient de Toyota. La « *table des tables* », c'est l'instrument par lequel Hydro donne depuis plus de dix ans à tous ses employés la même vision des attentes de la part des clients. Dressée au début des années 90 dans l'équipe de Roger Lanoue sous Gilles Béliveau, adoptée et reconnue dans le cadre du « *Défi performance* », cette table est toujours la bible des Services à la clientèle, « *notre principal outil* », au jugement de Ghislaine Larocque.

Les sociologues Marie-Andrée Cournoyer et Yves Lamarche (ici, à l'été 1994), considérés comme les « parents » de la table des tables.

Elle est le résultat d'une démarche rigoureuse d'analyses constamment réactualisées des attentes et des préoccupations des clientèles à l'égard de l'entreprise. « *Elle nous permet de savoir exactement*, dit le « *père de la table* », Yves Lamarche, sociologue, *ce que veut le client dans ces mots à lui et selon l'importance relative qu'il accorde à chacune de ses attentes. C'est une sorte de carte routière qui nous indique les voies, les distances et les agglomérations. Il reste à déterminer quel sera notre itinéraire, notre vitesse, nos points de rendez-vous*[28]. »

Et que dit la table, depuis plus de dix ans qu'on la consulte ? « *Même si l'on change chaque année la composition des groupes témoins, ce sont toujours les mêmes thèmes qui reviennent : alimentation fiable, sécuritaire, continue, compréhension de la facture… et bas tarifs.* » Rien de nouveau sous le soleil, de constater madame Larocque.

27. « *Ce que veulent les clients* », *Courants*, Hydro-Québec, mai-juin 1992.

28. « *La table des tables, l'instrument pour connaître les besoins des clients* », *Hydro-Presse*, Hydro-Québec, fin juin 1992.

Mais il est à croire que ceux que la bonne fortune, leurs compétences et Québec désignent pour diriger Hydro-Québec nourrissent bien des doutes sur la valeur de ce qu'ont fait leurs prédécesseurs quant à la sensibilisation du personnel et sur l'aptitude de l'impressionnante armée des employés à comprendre les messages qu'on lui assène. Que dira Jacques Finet, devenu vice-président exécutif Marché québécois en 1990, cinq ans après les débuts officiels du « *virage clientèle* », devant la Chambre de commerce de la Rive-Sud ? « *Hydro-Québec doit* redevenir *un modèle d'entreprise de services à la population*[29]. » Qu'avait déclaré Richard Drouin devant la Chambre de commerce de Montréal l'année précédente ? : « *Il faut* revenir *à notre mission de base, modifier en quelque sorte notre ordre de priorité, redresser le tir pour que la satisfaction de nos clients* redevienne *notre premier objectif*[30]. » Mais alors, tous ces engagements, tous ces rappels à l'ordre ressassés depuis des années aux employés, ce « *virage* » qu'on s'est tant targué de devoir prendre puis d'avoir pris, tout cela pour rien, ou disons pas grand-chose ? Tout serait-il toujours à reprendre, à l'évaluation des nouveaux maîtres ?

La propension des dirigeants à sermonner les employés de cette industrie tout au long du siècle reste à l'analyse assez étonnante. Le danger de voir leurs troupes mépriser la clientèle ou mal la servir était-il si grand aux yeux des officiers de tout crin que, périodiquement, il leur fallait fouetter les fantassins ? Quelles craintes nourrissaient-ils donc ? Quels étaient véritablement leurs objectifs ce faisant ? On l'a déjà dit dans ces pages, une psychanalyse ne manquerait pas d'intérêt. En tout cas, que les clients d'Hydro-Québec tentés de rapidement juger que les employés de cette entreprise ont tendance à se traîner la jambe au travail ou à manquer de courtoisie sachent que ce n'est surtout pas là le résultat de quelque absence d'exigences de la direction.

Revenons en 1987. Roger Lanoue fait la démonstration brillante qu'il faut regrouper sous un seul poste administratif les unités chargées de servir la clientèle. Elles le sont effectivement, sous Jacques Finet, et le poste est comblé par… Pierre Fiset[31]. Roger Lanoue deviendra alors brièvement directeur Tarification, avant d'accepter le poste de directeur Clientèle et Information à Saint-Laurent[32], le tout pour finalement revenir

---

29. *Hydro-Presse*, Hydro-Québec, fin janvier 1990.

30. « *Hydro-Québec doit retourner à sa mission de base : offrir un service de qualité à tous ses clients* », *Hydro-Presse*, Hydro-Québec., fin avril 1989.

31. Pierre Fiset était l'ancien directeur Développement de l'organisation du siège social, devenu vice-président de la région Matapédia, puis Richelieu, avant de revenir au sège social. Il poursuivra par la suite sa carrière à l'international.

32. Irrépressible agent de changement, Roger Lanoue provoquera une intense réflexion dans la région sur le thème des relations avec les non-francophones, fort présents, on le sait, dans la métropole. Il cherchera à mieux connaître les attentes des diverses communautés culturelles et instaurera divers programmes, comme l'embauche d'employés capables de s'exprimer en plusieurs langues, pour y répondre.

remplacer Fiset comme vice-président Service à la clientèle en 1991. Il reprendra alors les choses exactement où il les avait laissées et reproposera à l'entreprise divers encadrements et méthodes d'amélioration des performances, poursuivant étape après étape sa longue (et déterminée) progression vers un raffinement de la qualité du service. La quête mènera jusqu'à l'adoption par Hydro de l'outil qui désormais allait donner aux milliers d'employés la même vision des attentes de la clientèle : *la « table des tables »*.

Roger Lanoue restera responsable de la clientèle jusqu'en 1996 puis poursuivra sa brillante carrière en planification et dans la gestion du secteur de la recherche[33]. L'un de ses derniers apports à la définition et à la mise en place des Services à la clientèle modernes d'Hydro-Québec sera, en 1995, la rédaction, sous sa gouverne, du règlement 634 fixant les coûts de fourniture d'électricité. *« On n'avait jamais véritablement imposé les façons de faire les choses en Service à la clientèle, analyse-t-il aujourd'hui. Ce n'était pas la manière de Jean-Paul Cristel. Au nom du sacro-saint respect de l'identité et de l'autonomie régionales, le fonctionnel sous sa tutelle n'exigeait rien quant aux méthodes si les résultats suivaient. On n'a jamais forcé Saint-Jérôme à faire comme Saint-Hyacinthe. On constatait encore des différences sensibles entre les régions à la fin du siècle. On était loin de procéder pareil à Hull ou en Beauce. J'argumentais plutôt que tous les clients du Québec avaient droit au même traitement standard de base avec, en plus, un service personnalisé pour chacun. Une nuance fondamentale. Finalement, c'est la généralisation de l'informatique qui va provoquer l'uniformisation figée et normalisée par le règlement 634. »*

La hantise du « mieux faire »

Bien des interrogations dans cette Hydro des deux dernières décennies du siècle, bien des préoccupations, bien des appréhensions et puis cette volonté constante de se remettre en question et de mieux faire. Finie l'Hydro-Québec des certitudes, celle de messieurs Boyd et Giroux, grande dame un brin hautaine, fière, racée et admirable pour certains, trop sûre d'elle-même et trop loin de sa clientèle pour d'autres. *« Dans le cours de son développement »*, d'analyser le nouveau président Richard Drouin dans son premier discours public, quelques mois après son entrée en fonctions, *quelque part en chemin, Hydro-Québec a, peu à peu, pris des allures de "super-entreprise" infaillible. Hydro-Québec est aujourd'hui un peu victime de cette réputation à laquelle, il faut bien l'avouer, elle s'était laissée prendre elle-même*[34]. *»* Mais oui, Hydro-Québec était, est encore une super-entreprise. Fallait-il s'en inquiéter ? L'heure était au doute, à la remise en question… ou au pas, on choisira.

---

33. À l'heure où nous écrivions ces notes, Roger Lanoue était devenu le vice-président Recherche et Planification stratégique d'Hydro-Québec. Il quittera l'entreprise au début de 2004.

34. *Ibid.* Note 30.

➤ Abonné ou client ? Le débat de la fin du siècle à Hydro-Québec

«Abonné: *qui a pris un abonnement.*»
«Abonnement: *convention entre un fournisseur et un client.*»

Que ceux qui déduiraient sans réfléchir de ces définitions du *Petit Robert* qu'«*abonné*» et «*client*» seraient peu ou prou des synonymes sachent qu'ils font ainsi preuve de cette même ignorance crasse que manifestaient les gens de l'Hydro d'avant le «*virage clientèle*».

On n'en finissait plus dans l'Hydro des années 80 et 90 de nuancer, de comparer, de faire de la sémantique entre les deux notions d'«*abonné*» et de «*client*». Vint à cette époque une espèce de perception bien hydroquébécoise que l'emploi du premier terme, «*abonné*», serait, en fait, une preuve subliminale de mépris à l'égard du consommateur, alors que le terme «*client*» démontrerait d'emblée beaucoup plus de considération commerciale pour ledit consommateur. Et les «*penseurs clientèle*» de l'Hydro de l'époque d'élaborer l'argutie voulant qu'un «*abonné*» soit en fait le «*client*» captif d'un monopole – suivez-vous ? – quand le «*client*» serait plutôt de cette race à choyer d'acheteur dans un marché en concurrence.

Constamment valorisée, répétée, réexpliquée aux employés et enfoncée comme un clou dans leur cervelle jugée réfractaire aux messages du «bien servir», la nuance devint l'un des points fondamentaux du parti pris marketing adopté à l'époque.

Sous-produit du «*virage clientèle*», la mise au rebut du terme «*abonné*» semble définitive. Simplement, les prêcheurs du «*client-par-dessus-tout*» expliquèrent que, jusque vers 1985, les distributeurs estimaient avoir des «*abonnés*» et que, depuis, ceux-ci, tels des crapauds de contes, s'étaient mués en «*clients*», reflet patent d'une évolution culturelle majeure de l'entreprise et de son personnel.

Ce que contredit toute lecture de la documentation des compagnies avant 1985. En fait, on y mélangeait assez cavalièrement les deux notions. «*Abonné*» ou «*client*»? Les rédacteurs qui voulaient éviter toute répétition dans leurs textes utilisaient l'un pour l'autre et l'autre pour l'un. À l'évidence, on ne se posait pas la question.

Tenez, pour le plaisir, relisons ensemble cet éditorial de l'ami Jean Benoît, journaliste de *La Presse* venu diriger *Hydro-Presse* à la moitié des années 60 et publié sous le titre: «*L'abonné a trois fois raison*». Constatez comme le bon bougre mélange tout : l'article, juste sous ce titre, commence par les mots «*Le client a toujours raison*». L'abonné ou le client? «*À Hydro, poursuit Jean, le client se nomme abonné. Mais il se trouve qu'il est aussi propriétaire de l'entreprise. Il doit donc avoir doublement raison. Et quand on constate que cet abonné n'est pas un client captif, car nous avons de solides concurrents dans le domaine énergétique, il faut reconnaître qu'il a trois fois raison*[35] !»

Que déduire de tout cela? Que «*clients*» ou «*abonnés*», les distributeurs d'ici auront généralement et de tout temps eu à cœur la qualité des services offerts aux «*usagers*» de l'électricité. Mais ce troisième terme, volontiers appliqué dans l'Hexagone, n'a jamais eu la cote à Hydro-Québec.

---

35. «*Commentaires: l'abonné a trois fois raison*», *Entre-Nous*, Hydro-Québec, mai 1969.

Le nouveau gourou de la dernière décennie qui orientera de façon majeure la réflexion de la maison est Jean-Marie Gonthier, la tête pensante derrière le verbe et l'action du «*défi performance*». Échelons administratifs gravis un à un en Exploitation dans la mouvance de Gilles Béliveau, il a une connaissance profonde de la maison et de ses gens. Un peu comme Jacques Grenier ou Michel Dubé, c'est un intellectuel au pays des ingénieurs. Comme Jacques, il était professeur, mais en Abitibi, avant d'entrer à Hydro. L'ensemble du «*brasse-collègues*» qu'il va mener avec rigueur et détermination pendant la première moitié de la décennie 90, solidement appuyé, on l'a dit, par Richard Drouin, mais aussi par les nouveaux venus à la direction supérieure que sont Yves Filion et Jacques Régis, va remettre en question tous les aspects de l'entreprise. Il va en changer profondément le verbe, l'allure et les temps de réaction. Sa recherche rigide et résolue de qualité totale des services, par la promotion des meilleures pratiques, la définition et la généralisation des processus les plus performants et la tenue systématique de revues de gestion, va mettre au pas le colosse, l'amener à s'interroger, à remettre en question ses façons de penser et d'agir. Habilement et rigoureusement mis en œuvre par Filion et Régis, d'authentiques meneurs d'hommes alternant à la tête des grandes unités d'exploitation au milieu des années 90, le «*défi performance*» va mettre un terme aux tendances cycliques à l'inertie ou au relâchement de la grosse machine Hydro; y détruire aussi une certaine spontanéité, parfois fantaisiste mais souvent créative, déploreront certains du bout de lèvres. C'est par charrettes entières que les plus vieux des employés, la cinquantaine à peine passée dans de nombreux cas, devenus surnuméraires, vont alors quitter Hydro-Québec, la préparant à devenir cette entreprise retournée à ses strictes préoccupations de base, aux réactions plus rapides, plus commerciale, moins hantée par son rôle social qu'elle l'est aujourd'hui, au souhait de son pilote actuel, André Caillé.

À gauche, derrière leur chef en 1994, Jacques Régis, les hommes (et la femme) de Distribution. À droite, derrière leur chef de l'époque, Yves Filion, les hommes de Production et Transport. De gauche à droite : André Mercier, Gaétan Marois, Jacques Grenier, Lous Bolullo, Roger Lanoue, Lucie Bertrand, Pierre Cardinal, Jacques Régis, Jean-Pierre Brassard, Yves Filion, Guylaine Bernier, André Boily, Claude Grandmaison, Roger Bérubé, Ghislain Ouellet, Hugues Saint-Onge et Roch Bourget.

Cette Hydro de service, parfaitement disparate aux lendemains de la Révolution tranquille, cette Hydro un peu brouillonne des décennies suivantes, cherchant les meilleures façons de faire ses ventes et sa distribution, l'Hydro tourmentée de la fin du siècle remettant en question tous ses acquis à la recherche d'une hypothétique qualité totale et de la satisfaction absolue des consommateurs de son produit est bien incarnée aujourd'hui par la division Distribution. *L'«invraisemblable fouillis»* que caricaturait René Lévesque est devenu, en ce qui a trait aux services aux clients, une puissante machine autonome au sein du groupe Hydro-Québec, avec des objectifs clairs, des méthodes d'évaluation éprouvées et de très hautes exigences vis-à-vis du personnel. C'est un milieu certes toujours complexe, mais aux procédures commerciales et techniques normalisées, informatisées et résolument à la pointe de ce qui se fait dans le domaine.

Bien finie l'ère du *«parent pauvre»*, la division est résolument à l'avant-scène des développements technologiques. On y a divisé en 1997-1998, à la grandeur du Québec, les équipes de Distribution technique et les équipes Clientèle. Dans la foulée du *«défi performance»*, on y fonctionne désormais par grands processus et la recherche de satisfaction totale de la clientèle y est plus que jamais à l'ordre du jour. On la teste cette satisfaction et on s'enorgueillit à juste titre de constater qu'elle atteint des sommets assez impressionnants, soit 95 %, en fait le plus haut pourcentage positif jamais enregistré depuis que l'on procède à de telles mesures. Même la routinière lecture des compteurs a bien changé. Elle est bien lointaine l'époque de la lecture au crayon sur les *«packs»* de fiches des routes quotidiennes. Les releveurs ont aujourd'hui leur MOM (micro-ordinateur de main) dont on ne cesse d'améliorer les performances. On en est à la troisième génération dudit MOM, aujourd'hui beaucoup plus ergonomique. La moitié des releveurs travaillent désormais de chez eux. Hydro-Québec Distribution leur envoie les données de leur tâche par leur ligne téléphonique et ils gèrent leur horaire en fonction du volume de travail à réaliser sur une période de 40 jours ouvrables. Une antenne intégrée peut même leur permettre de lire des compteurs à distance, quand les conditions d'accès sont difficiles. Cycliquement, on prédit la fin de leur activité, alors que les lectures seront faites par avion, par ligne téléphonique ou électroniquement dans un monde futuriste. Miche Dubé rationalise : *«Bien sûr qu'un jour on ira chercher les lectures autrement qu'en envoyant un piéton au compteur. Mais trois millions de compteurs ne se remplaceront pas si facilement que cela. Tout changement majeur supposera des coûts énormes et une évolution technologique qu'on imagine mal dans un avenir proche.»*

473

➤ *Les releveurs de compteurs et les chiens*

«*J'ai eu plus d'aventures avec certaines clientes qu'avec les chiens!*», sourit Raynald Aubin, évoquant ses souvenirs de jeune releveur de compteurs. Monsieur Aubin, gageons-le, ne voulait, par ces mots, qu'expliquer qu'il n'avait pas eu vraiment de mauvaises rencontres avec les chiens au cours de sa carrière. Ce qui ne semble pas être le cas, loin de là, de tous les releveurs.

Les trois photos qui figurent ici ont été publiées par *Hydro-Presse*. Sur la première, parue en 1977, Hector Villeneuve, releveur en Abitibi, fait la démonstration qu'un chien, aussi gros soit-il, n'est pas toujours l'ennemi du releveur. Sur la seconde, publiée en 1979, on s'observe. Michel Parent, releveur à la région Richelieu, nous semble bien téméraire en paraissant indifférent à la présence à ses côtés d'un berger allemand aux oreilles dressées qui n'a pas l'air amical. Il est vrai, nous explique l'article accompagnant la photo, qu'à l'époque les releveurs de Drummondville, dont Michel Parent, venaient de suivre un cours de «*familiarisation avec des chiens de garde*», initiative du chef local de la division Commercial après que «*trois des six releveurs du secteur s'étaient fait mordre en quelques mois.*»

Double alerte sur la troisième photo publiée en 1974 : un véritable document historique. Notre releveur est cette fois une femme, Aline Gauthier, de la région Laurentides, l'une des premières employées de l'entreprise à occuper ce poste aux mille dangers. Devant elle, un chien genre pitbull, oreilles là encore dressées, prêt à l'assaut et un individu au regard hostile muni d'une carabine. Attaqueront-ils ? Non, précise l'article, même si l'individu armé accompagnera madame Perron, *« une ennemie jurée dont il se méfiera jusqu'au bout »*, tout au long du relevé.

Releveur de compteurs, un métier dangereux ?

Bien sûr, il reste des cibles d'amélioration pour les gestionnaires de Distribution, par exemple sur le plan de la protection de l'environnement, de la continuité du service et, tout particulièrement, dans le dossier critique que reste celui de la tarification.

L'environnement d'abord ? Oui, parce qu'il y a toujours eu et qu'il y aura toujours des problèmes liés à l'insertion des lignes de distribution dans le milieu. Pas de gros dossiers à fort potentiel médiatique comme en transport à l'heure d'implanter les pylônes des grandes lignes à haute tension, mais ce que Sylvie Lacoste, la responsable du service Environnement de Distribution, appelle des *« problèmes de parterres »*. André Boisvert, l'un de ses adjoints, urbaniste de formation, explique : *« L'espace dans lequel doit s'insérer le réseau de distribution est le même espace qui sert de cadre de vie à la population. Des petites lignes amenant l'électricité aux clients il y en a, par définition, dans tous les milieux habités. Les gens de réseaux pensent nécessairement d'abord efficacité et sécurité du service électrique. Depuis la moitié des années 80, nous ajoutons des préoccupations quotidiennes d'insertion harmonieuse des lignes de distribution dans leur environnement. »*

Ils sont désormais actifs au sein des unités d'exploitation, les urbanistes, les géographes, les ingénieurs sanitaires qui, autrefois, composaient la grosse unité Environnement du Programme d'équipement. Il y en a 25, ainsi, dans la division Distribution, répartis pour l'essentiel dans les régions. En d'autres temps perçus comme des *« empêcheurs de planter des poteaux en rond »* (le mot est d'André Boisvert), ils ont désormais leur place bien à eux dans les équipes de construction. *« Ces gens-là, dit Sylvie Lacoste, et particulièrement les monteurs, sont des gens d'équipe. Quand ils te reconnaissent comme l'un des leurs, tu deviens effectivement un membre du groupe, respecté et reconnu pour son apport particulier. En fait, les spécialistes en Environnement ont été mieux accueillis en Distribution qu'au groupe Équipement. C'est qu'en Distribution, les gens sont "dans le monde", à même de constater les conséquences immédiates de leurs actes. Les traces d'un "4 roues" se voient pas mal plus dans un champ de luzerne ou sur une pelouse qu'au fond du bois ! »*

Leurs préoccupations ? Parfois les mêmes qu'au début et tout au long du siècle. Ainsi, l'élagage, qui continue de rester un point délicat dans les interrelations d'Hydro-Québec et de sa clientèle résidentielle à l'aube de ce troisième millénaire. *« Un problème séculaire,* constate André Boisvert. *Les compagnies coupaient des arbres pour installer leurs lignes. Les municipalités ou les riverains plantaient des arbres pour cacher les lignes et les compagnies repassaient couper les branches entrant dans les fils!»* L'entreprise n'a plus aujourd'hui d'émondeurs à son service. Elle confie l'élagage à des entrepreneurs privés en fonction de normes strictes définies à la fin des années 80. Sur le thème «*Le bon arbre au bon endroit*», elle a publié une abondante documentation, et même un livre qui connut un étonnant succès, pour sensibiliser les clients à la relation entre leurs arbres et les lignes. «*Le défi reste*, avance Sylvie Lacoste, *de faire comprendre aux gens qu'en fait l'élagage comme nous le concevons est un travail de protection de la ressource forestière qui, sans cela, devrait être purement et simplement éliminée à proximité des lignes. Ce n'est pas toujours facile.»*

La vice-présidence Réseau de la division Distribution obéit aujourd'hui à de stricts principes de respect de l'environnement affichés dans tout ce que l'entreprise compte de locaux où se réunissent ses équipes techniques. Elle a mis au point une grille des méthodes d'évaluation environnementale destinées aux estimateurs, aux agents de service et aux monteurs les aidant à considérer l'intégration des équipements dans l'environnement. Ce ne sont plus désormais simplement des spécialistes universitaires qui se penchent sur ces questions, mais l'ensemble du personnel technique: «*Une originalité d'Hydro-Québec qui suscite le respect et une certaine admiration dans le milieu*», évalue Sylvie Lacoste. Et l'on a obtenu que ces évaluations (le jargon interne dit «EEI», pour «Évaluations environnementales internes») soient intégrées dans les systèmes informatiques de l'entreprise, rendant indispensable leur enregistrement dans chacun des 20 000 projets que, bon an mal an, Hydro-Québec Distribution réalise sur le territoire.

Dans les 15 dernières années du siècle, on a enlevé tous les équipements utilisant des biphényles polychlorés, ces fameux BPC. En 2000, le Système de gestion environnementale de Hydro-Québec Distribution a obtenu son premier enregistrement ISO 14 000. On dresse des inventaires des laideurs du réseau et l'on corrige ce que l'on perçoit comme étant des erreurs du passé dans le cadre de programmes de rénovation. À l'initiative du président Caillé, et avec la participation financière du gouvernement, on a enfoui les lignes dans nombre de sites patrimoniaux (Vieux-Trois-Rivières, Vieux-Québec, etc.). On s'est découvert à l'occasion des préoccupations archéologiques. Chaque ouverture de tranchée pour enfouissement de lignes dans des secteurs historiques d'intérêt réserve ses surprises et son lot de découvertes soigneusement prises en compte par des spécialistes du patrimoine associés aux projets. On travaille avec l'Ireq sur des manières de faire qui auraient pour effet de diminuer le coût de la distribution souterraine afin d'en augmenter la part dans le réseau…

«*On est toujours un peu perçus comme des curés*, de sourire André Boisvert, *cela fait partie de notre métier. On doit toujours faire la preuve que nos préoccupations sont importantes. Il faut convaincre. Mais globalement Distribution a fait des pas considérables dans le domaine environnemental. Il en reste à faire.»*

➤ *Cachez ce poteau que je ne saurais voir…*

On a déjà écrit dans ces pages que les poteaux de bois du réseau de distribution ne semblaient pas gêner outre mesure les clients d'Hydro. Pourtant, leur présence ne remplit pas d'un orgueil démesuré les gens de Distribution et, parmi eux, les spécialistes en environnement. Alors, périodiquement, on les remet sur la sellette : tantôt, on les compare avec leurs concurrents de fer ou de béton, tantôt on en change les couleurs, parfois on les déplace pour les rendre moins visibles, à d'autres occasions, assez rares en fait, on les met au rancart et on enfouit les câbles. Le fait demeure : les vieux poteaux de cèdre ou de pin finissent le plus souvent par faire la preuve, dans le temps, de leur utilité.

Jusqu'aux années 50, on les protégeait au créosote, ce qui les noircissait de façon quelque peu inesthétique. En 1960, on les a plutôt traités au pentachlorophénol qui les brunissait, encore là sans en hausser l'hypothétique charme. Dans les années 80, Bell Canada les a teints, quant à elle, à l'*arseniate de cuivre chromaté* (CCA). Les poteaux étaient verts et considérés comme plus discrets dans l'environnement. *« Nous avons eu là-dessus*, dit Sylvie Lacoste, *une chicane de spécialistes avec nos collègues du Bell. OK, leurs poteaux semblent plus beaux et, avouons-le, puent moins que les nôtres, mais l'arsenic, le cuivre et le chrome utilisés, des contaminants inorganiques, ont un niveau de toxicité non négligeable. En plus, nos monteurs ne les aiment pas, ayant plus de difficulté à y planter leurs éperons. Hydro ne les met donc que là où il est possible d'accéder aux lignes à la nacelle. »*

Avec la contribution de l'Ireq, la vice-présidence Réseaux vient de développer un nouveau traitement semblable à celui du Bell, le CCA.PA, qui ne durcit pas les poteaux. L'avenir est peut-être là, à l'heure où Hydro-Québec Distribution et les autres utilisateurs de réseaux ont tendance à uniformiser leurs pratiques.
Mais, finalement, la bonne couleur apparaît être celle que donne la patine du temps. Le constat est sympathique : un vieux poteau blanchi au labeur, ayant perdu tout son potentiel polluant se révèle être le support le plus approprié dans les milieux les plus sensibles esthétiquement. Quant aux concurrents de béton et d'acier, ils ont, qu'on le sache, deux tares essentielles. Pour Hydro, à qui la clientèle ne cesse de rappeler qu'elle doit maintenir ses coûts de service, ils sont sensiblement plus chers à l'achat. Quant aux monteurs, ils se méfient des deux et, disons-le net, ne les aiment guère. Essayez, vous, de planter un éperon dans un poteau de ciment ! Quant au poteau d'acier, difficile de convaincre un monteur québécois (même si c'est le cas) que métal et électricité puissent faire bon ménage.

Avec cette réalité que la distribution souterraine ne crée pas grand enthousiasme au Québec, gageons que le poteau de bois – Hydro en plante 20 000 nouveaux par année et en remplace 10 000 – est bien là pour durer.

Au milieu des années 90, sous la direction éclairée de Gérald Soulières, un des premiers directeurs Distribution de l'histoire à démontrer une grande ouverture face à la nécessité pour son unité et ses prolongements opérationnels d'améliorer les performances au regard de l'environnement, Hydro met sur pied le programme ORIEL (pour Options de réseaux intégrés à l'environnement local). Le déjà cité Jean-Guy Couture, ingénieur pur et dur de Distribution, y terminera sa carrière. «*Le plus beau projet inimaginable!*», évoque-t-il aujourd'hui. On travaille avec les câblodiffuseurs, Bell Canada, Télébec, l'Association des municipalités, l'École de design industriel de l'Université de Montréal. L'idée? Monsieur Couture l'explique ainsi: «*Amener les décisions concernant les réseaux de distribution le plus près possible des municipalités afin qu'elles fassent elles-mêmes leurs choix en termes d'esthétique selon les attentes de leurs administrés.*» André Boisvert, qui avec Robert Brisebois et Maurice Leclerc, d'Environnement, sera l'un des autres concepteurs d'ORIEL, complète: «*On souhaitait donner des options aux municipalités, être en mesure de leur dire:* "Voilà, entre le réseau de poteaux de bois qui ne vous coûte rien et le réseau enfoui qui, lui, coûte très cher, vous avez les options que voici." *Il fallait pour cela que les principaux utilisateurs de structures câblées s'entendent, ce qui fut fait.*» Mais survint un certain janvier 1998 et le verglas du siècle, et ORIEL est alors passé au second plan des préoccupations de tout le monde.

Roger Bérubé

Mais ce début de coopération avec les autres utilisateurs de câbles ne restera pas sans lendemain. Le responsable technique du réseau, Roger Bérubé, voit des avantages énormes pour les parties et leurs clients dans cette volonté nouvelle des partenaires de travailler ensemble. «*Notre industrie,* rappelle-t-il, *vécut fréquemment dans son histoire une culture d'affrontement avec les autres utilisateurs de câbles. Finalement, une première entente entre usagers en commun des lignes fut magistralement tricotée pour Hydro par Gaétan Marois, le directeur principal Maintenances et Services sous Lucie Bertrand en 1998. Ce fut un point tournant de nos rapports avec les entreprises de télécommunications qui nous permit de passer de l'affrontement à la collaboration. Cette première entente a dressé la table à de nouvelles discussions qui viennent de nous amener, en 2003, à définir de concert des normes conjointes de conception, d'ingénierie et de construction des réseaux. Nous avons désormais la même rigueur dans l'implantation du réseau et, en particulier, dans la technique de plantage des poteaux. Nous avons défini un concept de "maître d'œuvre unique" qui fait en sorte qu'une entreprise peut concevoir et construire des réseaux pour une autre selon les mêmes critères. Tout cela est tout à fait stimulant.*»

«*Nous nous étions fixé pour objectif en 2005,* disait Yves Filion à la veille de quitter la présidence de la division Distribution pour celle de TransÉnergie, *l'atteinte d'un indice de continuité de*

service (IC)[36] de 1,7 heure au niveau provincial et d'une heure au niveau du centre-ville de Montréal. Nous étions à un peu plus de 2 heures en 2002. Nous maintenons le cap sur l'objectif, ce qui mobilise des efforts de tout instant. N'oublions pas qu'il y a seulement 10 ans, nous en étions à 7 ou 8 heures. À cet IC, 1,7, nous serions meilleurs que la moyenne canadienne, ce qui serait une excellente performance compte tenu des coûts engagés pour parvenir à ce résultat. On pourrait en effet faire mieux, mais cela nous coûterait beaucoup plus cher. C'est une question de choix de société, et nos indicateurs nous disent que nos clients ne souhaitent pas devoir absorber sur leur facture l'impact qu'auraient de telles éventuelles améliorations. »

Yves Filion

Car la tarification du produit, ce coût que les clients paient pour les services qu'Hydro leur fournit, reste la pierre d'achoppement majeur qu'elle a toujours été entre Hydro-Québec et sa clientèle, la variable la plus sensible dans la courbe de satisfaction des clients vis-à-vis de l'entreprise. Ghislaine Larocque, docteure en psychologie aujourd'hui vice-présidente Ventes et Services à la clientèle, ne s'y trompe pas qui évalue avec sobriété : *« Bien sûr que notre clientèle en 2003 est satisfaite et même très satisfaite, mais il faut bien*

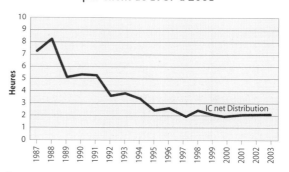

Nombre moyen d'heures d'interruption de service par client de 1987 à 2001

À partir de 1996, la courbe fait état de données « redressées » excluant les interruptions incontrôlables (tempêtes et verglas).

reconnaître que l'on n'a pas connu de hausses tarifaires depuis 1998 et que c'est là, bien évidemment, l'un des éléments fondamentaux de cette satisfaction que l'on nous exprime. Si l'on veut augmenter, il faudra s'assurer qu'on donne à nos clients un rapport qualité-prix qui leur fasse accepter le principe de la hausse. Il faut, c'est essentiel, qu'ils en aient pour leur argent et, pour cela, que la qualité soit au rendez-vous. »

On a beaucoup réfléchi et cheminé à Hydro-Québec sur ces questions de tarification depuis le départ de Jacques Bisaillon au début des années 80. Tout ce qui semblait limpide et lumineux au brillant concepteur de la normalisation tarifaire de l'entreprise devint de plus en plus complexe aux yeux de ses successeurs, compte tenu d'une conjoncture économique plus fluctuante, d'interventions plus fréquentes de la part de l'actionnaire et, aujourd'hui, de l'existence d'une nouvelle réglementation gouverne-mentale encadrant la tarification de l'électricité. Jusqu'en 2000, les augmentations de

---

36. Calculé sur une base annuelle, l'IC, rappelons-le, est le rapport entre la durée totale des interruptions de service et le nombre d'abonnés.

tarifs étaient autorisées par le gouvernement après dépôt des demandes d'Hydro à cet effet et débats en commission parlementaire. Ce serait faire affront aux gens de Tarification, aux fonctionnaires du ministère responsable d'Hydro et aux députés de la Commission d'écrire ici que cette routine tenait beaucoup de la formalité protocolaire. Mais les observateurs étaient à même de constater qu'à chacune des années où Hydro demandait une hausse, le même scénario se répétait. L'entreprise faisait sa proposition après consultation étroite avec les gens du ministère. Les députés de l'opposition étaient farouchement contre, les députés du parti au gouvernement plutôt pour, mais avec des réserves. Finalement, les hausses étaient acceptées avec une réduction plus ou moins importante par rapport aux demandes initiales sur un mode «à la bonne franquette», à l'analyse assez cavalière : «*Vous vouliez 5 %, en voilà 3 % et n'y revenez-plus, hein !*» Tout cela a changé aujourd'hui avec l'arrivée depuis juin 2000 de la Régie de l'énergie[37], l'organisme devant lequel Hydro doit désormais présenter et justifier ses politiques tarifaires. Yves Filion souligne : «*La venue sur l'échiquier réglementaire de l'énergie de la Régie a considérablement modifié la façon dont nous rendions compte de notre gestion à l'actionnaire gouvernemental. Nous nous retrouvons désormais face à des interlocuteurs à qui nous devons fournir toute l'information amenant et justifiant la prise de nos décisions. Il n'y a plus de coins sombres. Ces gens-là savent tout de nous. Nous devons être absolument transparents sur nos coûts de revient, répondre à toutes leurs attentes et, dans ce cadre, être constamment en mesure d'évaluer notre efficacité. Le changement est majeur. Il induit un sérieux énorme dans l'établissement de nos politiques tarifaires.*»

Ils furent nombreux dans les 20 dernières années les responsables du dossier à se succéder dans l'inconfortable fauteuil de directeur Tarification. Quatre époques dans l'historique des prix de vente de l'électricité passé 1975. Huit années de fortes hausses tarifaires, de 1975 à 1983, puis des augmentations proches de l'inflation jusqu'en 1989, de nouveau trois années de fortes hausses en 1990, 1991 et 1992 (7,5 %, 7 % et 3 %), suivies par quatre années de hausses inférieures à l'inflation. Depuis 1998, gel des tarifs.

Le titulaire du poste aujourd'hui s'appelle Albert Chéhadé. Un peu comme son prédécesseur Bisaillon, c'est un «*tarificateur*» qui connaît la technique de distribution. Il a déjà démonté de ses mains des transformateurs à son premier travail comme technicien à la région Maisonneuve. Une collection assez impressionnante de diplômes plus tard, une solide expérience acquise en planification financière, c'est lui qui, désormais, a la responsabilité pratique de la tarification à Hydro-Québec.

---

37. La Régie de l'énergie a été créée par le législateur en 1997. Depuis juin 2000, sa loi constitutive a été modifiée pour lui donner des responsabilités dans le domaine de la tarification.

➤ *Les cochons comme les familles*

L'industrie porcine, qui n'a pas forcément odeur de sainteté (elle en a d'autres) dans les campagnes québécoises, est, au corps défendant d'Hydro, subventionnée par la société d'État. Qui sait que les agriculteurs industriels d'ici paient les kilowattheures qu'ils utilisent, comme vous et moi, au tarif domestique ?

Tout a une explication, cette situation-là aussi. Albert Chéhadé met en contexte. *« De longue date, les cultivateurs ont toujours payé l'électricité consommée dans leur ferme au tarif domestique. C'est une espèce de droit acquis au bénéfice des agriculteurs que l'on retrouve partout en Amérique du Nord. Cette situation se défendait tout à fait (et se défend encore) quand les fermes familiales étaient de petites entités économiques branchées sur le même compteur d'électricité que la maison d'habitation du fermier. Mais au fil du siècle, de plus en plus souvent, les cultivateurs se retrouvaient avec deux, voire plusieurs compteurs et n'avaient plus droit en théorie au tarif D. Il fallait faire un ménage dans le dossier et nous l'avons fait en 1996, avec l'Union des producteurs agricoles. »*

Comment réglementer ? Les parties se sont entendues sur le fait que ce ne serait plus le nombre de compteurs qui ferait la différence entre les tarifs appliqués dans le monde agricole, mais la vocation des activités du fermier. *« Nous avons établi le principe*, dit Albert Chéhadé, *que tout ce qui constituait la base du métier de cultivateur, la production de végétaux et l'élevage des animaux au premier chef, bénéficierait du tarif domestique. Tout le reste, le conditionnement des produits, l'abattage, l'emballage, la commercialisation des produits de la ferme, etc., serait au tarif commercial (G). On a au moins fermé la porte à la transformation. Tout cela n'a pas été facile. Le dossier est monté jusqu'à l'Assemblée nationale. »*

Qu'elle trouve la situation logique ou non, Hydro-Québec applique donc aujourd'hui le même tarif D au fermier dont l'étable de 50 vaches est érigée derrière la maison qu'au grand intégrateur vivant en ville dont les porcheries de milliers de bêtes sont construites à des kilomètres de sa résidence.

« C'est une situation que nous souhaitons corriger, explique Albert Chéhadé, *mais il y aura de la résistance tant que le tarif D sera au-dessous du tarif G. La logique la plus élémentaire voudrait que les gros producteurs pratiquement industriels de porcs, d'œufs ou de poulets aient avantage à changer de tarif au fur et à mesure qu'ils prennent de l'expansion, mais ce n'est pas le cas actuellement au Québec. »*

Le problème fondamental de la grille tarifaire d'Hydro, *« bien du monde »* le sait depuis que l'administration Coulombe-Boivin l'a mis au jour, est celui de l'*« interfinancement »* entre le tarif domestique (D) et l'ensemble des autres tarifs G (petites entreprises), M (moyennes entreprises) et L (grandes entreprises). En d'autres termes, les tarifs auxquels l'entreprise, grande, moyenne ou petite, paie son électricité font faire de l'argent

Une tradition solidement ancrée entre les réseaux de la Nouvelle-Angleterre et ceux du Québec ainsi que des provinces de l'Est canadien : l'assistance en cas de crise grave connue par l'un ou l'autre. Nos sommes ici le 28 septembre 1985, à 8 h 00, à la frontière américaine. L'ouragan Gloria a frappé le Connecticut, le Rhode Island et le Massachusetts. Des équipes de la région Richelieu se forment pour aller prêter main-forte aux collègues américains.

à Hydro qui peut ainsi en perdre en vendant son produit aux clients domestiques au-dessous du prix coûtant. Autrement dit encore, les gros paient pour les petits. «*Bien du monde*» pour être d'accord avec ça. Le problème est que le tarif général (le G) étant plus élevé que le tarif domestique (le D), bien des consommateurs souhaitent rester au D, ce qui engendre des difficultés et des inégalités de traitement antiéconomiques, comme dans les tarifs appliqués aux cultivateurs et à certains utilisateurs de locaux mixtes (utilisés à la fois pour des fins d'habitation et d'activité commerciale).

«*Normalement,* souligne Albert Chéhadé, *une grille tarifaire bien faite devrait encourager le client à changer de tarif au fur et à mesure que sa consommation augmente et qu'il atteint certains paliers. En d'autres termes, et c'est un principe économique de base, le client quel qu'il soit devrait payer moins cher au G qu'au D et moins cher au L qu'au M. C'est une dégression que l'on constate pour les tarifs G, M et L, ce qui constitue un incitatif à la croissance économique. Mais ce n'est pas le cas du tarif domestique, le moins élevé des quatre, qui, ainsi ne couvre que 80 % de ses coûts de revient.*»

«*Bien du monde*» au Québec pour se satisfaire de cette situation privilégiant l'ensemble des consommateurs. Ce serait en quelque sorte un droit acquis pour les clients, les propriétaires ultimes d'Hydro-Québec, de payer leur électricité au-dessous de son coût de production et de distribution. C'est d'une certaine façon ce que reconnaît la loi qui a officiellement validé le principe de l'«*interfinancement tarifaire de l'électricité au*

Québec ». « L'évidence que l'"interfinancement" entre les tarifs est illogique et économiquement injustifiable, reconnaît Albert Chéhadé, *n'est, en fait, plus la question. La loi statue que la Régie de l'énergie à qui nous devons soumettre nos demandes de hausses tarifaires ne peut nous en accorder au motif d'atténuer l'"interfinancement". Le texte a au moins le mérite d'être clair. Si nous jugeons nécessaire de proposer une hausse des tarifs domestiques, il nous faut la justifier sur d'autres critères. »*

Car le dossier est désormais public, après cinq ans de gel des tarifs, Hydro-Québec Distribution souhaite des augmentations et a des demandes pendantes à cet effet devant la Régie de l'énergie. Albert Chéhadé explique : *« Il est des principes de base en tarification. L'"interfinancement" mis de côté dans le dossier argumentaire, il reste que les tarifs doivent refléter les coûts du service par le distributeur et donner un bon signal de prix des coûts marginaux de l'électricité. La Régie est mandatée pour nous écouter quand on lui expose combien va nous coûter et, par voie de conséquence, devrait coûter aux clients les prochains kilowattheures que nous allons leur livrer. C'est sur ces aspects du dossier que nous allons travailler. »*

Faire accepter par la Régie les hausses demandées était le principal défi personnel que se fixait Yves Filion lorsque nous l'avions rencontré au printemps 2003. C'est devenu le mandat officiel de son successeur, André Boulanger. Une drôle de tâche : faire comprendre à la clientèle que cette Hydro-Québec qui, chaque année, fait le plein de centaines de millions de dollars de profit[38], doit aller chercher plus de revenus chez les consommateurs ?

Citons ici Yves Filion : *« La Loi, pas nous, les dirigeants de Distribution, mais bien la Loi, prévoit ce que Hydro-Distribution doit verser à Hydro-Production et TransÉnergie pour disposer de l'énergie qu'elle doit distribuer à ses clients. Nous avons ainsi payé 6,6 milliards en 2002, pour des revenus de 8 milliards. Avec le 1,4 milliard de dollars qui nous reste, la Loi, je dis bien, encore une fois, la Loi, prévoit que nous devons faire tourner la boutique et être rentable. Et moi je réponds : "Désolé, mais dans ces conditions, nous ne pouvons pas !" Distribution était déficitaire de 533 millions, en 2001, de 395 millions en 2002 et nous prévoyons l'être de 200 millions en 2003[39]. Nous n'avons pas d'autre choix que de solliciter des hausses de nos revenus. »*

Un dossier difficile, impopulaire auprès de la clientèle, qu'Hydro-Québec Distribution doit prendre de front dans les mois qui viennent. Un sage doublé d'un expert en tarification d'évaluer, devant la tâche à accomplir et certaines contradictions qu'il perçoit dans le système d'encadrement réglementaire évalue : *« Dans ces conditions, je suis heureux d'être à la retraite. »* Signé : Jacques-Raoul Bisaillon.

---

38. *« Que veut dire 1,5 milliard de dollars de profit lorsque vous êtes endettés de 40 milliards ? »*, de relativiser Albert Chéhadé.

39. L'évaluation du président Yves Filion date, rappelons-le, du printemps 2003. Le déficit réel a finalement été de 132 millions.

Ce n'est pas d'hier que les profits d'Hydro-Québec suscitent certaines formes d'incompréhension dans le public. « Comment une entreprise qui fait tant de bénéfices peut-elle solliciter des hausses de tarifs ? », entend-on à l'externe. « Pourquoi, avec tant de profits annuels, ne pas augmenter davantage les salaires des employés ? » demandèrent parfois les syndicats à l'interne. Ainsi, au printemps 1983, le Syndicat professionnel des ingénieurs d'Hydro-Québec s'interrogeait déjà on ne peut plus publiquement sur la rentabilité d'Hydro-Québec en 1982, alors que l'entreprise réalisait le plus gros bénéfice annuel de son histoire.

➤ Vu de la relève

À l'heure d'achever cette histoire, nous avons demandé à rencontrer les deux derniers jeunes ingénieurs embauchés à Hydro-Québec Distribution. Émilie Champagne est une diplômée de l'Université du Québec à Trois-Rivières. Elle travaille aujourd'hui aux plans de maintenance de la vice-présidence Réseau. Kevin Moon vient de Calgary et a terminé ses études de génie à l'Université McGill. Il travaille en Planification du réseau.

Émilie dit : *« Je travaille sur l'analyse des équipements fautifs lors de pannes, afin que les bris ne se reproduisent plus. Notre but ultime : améliorer l'indice de continuité du service. Sûr que j'ai immédiatement été sensibilisée à l'importance accordée par Hydro à la qualité du service à la clientèle : c'est la raison d'être de mon emploi. »*

Kevin, quant à lui, travaille sur la rapidité du rétablissement du service en cas d'interruption. Le but ultime de son travail tel qu'il le perçoit : *« Faire le maximum d'efforts pour que les clients aient la meilleure alimentation possible ! »*

Ô, vous, qui tout au long de cette histoire souhaitiez que les clients soient bien traités par cette entreprise, restez en paix : il semble bien que vos messages aient été reçus et entendus.

Il est des clients d'Hydro-Québec qui savent qu'une hausse des tarifs s'en vient et qui ne s'en étonnent guère. Ce sont les grands industriels établis ici et en Ontario où l'électricité vient d'augmenter de façon majeure. C'est également le cas de ceux qui constatent la hausse sensible des énergies d'origine fossile. *« La vraie question que se pose notre clientèle industrielle aujourd'hui,* de souligner Yves Filion, *n'est pas : "Allez-vous hausser vos tarifs ?", mais bien plutôt : "De combien allez-vous hausser les tarifs ? Pensez-vous pouvoir vous limiter à l'inflation ? »*

En conclusion

La déjà citée Marie-Victoria Aranda, déléguée commerciale Grande Entreprise, confirme les propos de son président. *« Les industriels s'attendent à une hausse de nos tarifs. Je ne crois pas qu'elle les dérange vraiment si la hausse est relativement limitée, s'entend. Mais ce qu'ils attendent surtout, c'est toujours plus de qualité, de la souplesse de notre part, des programmes commerciaux, des options tarifaires. La qualité du service, ce n'est pas ce qui fait qu'une entreprise s'établira au Québec, mais ce pourrait être ce qui fait qu'elle n'y vienne pas. »*

Il y a là de quoi faire sourire tous les vieux grognards de la qualité du service qui ont toujours tenu semblable discours, les Pagé, Cristel, Béliveau, Boivin, Lanoue, Finet et tant d'autres ! Oui, ils avaient raison et leurs choix étaient les bons. Le chauffage électrique est aujourd'hui installé dans plus de 80 % des résidences québécoises, 12 fois plus présent qu'il pouvait l'être en 1963. La qualité du service s'est améliorée au point d'être supérieure à la moyenne nationale canadienne. L'énergie électrique québécoise est restée d'un prix relativement stable pour le consommateur et particulièrement concurrentielle avec les énergies d'origine fossile dont les prix, établis hors de tout contrôle québécois, se sont emballés, on le sait, au cours des dernières années. Et Claude Boivin de conclure : *« Il y en a eu des choix dans cette histoire : la création d'un monopole d'État, l'option de l'hydraulique et du transport, le pari du "tout électrique". On ne prend jamais de décisions que sur des hypothèses et en fonction de contraintes. On a construit et on a vendu, et on n'en a pas fait de cas de conscience. Et dans les grandes lignes on constate aujourd'hui qu'on n'a pas fait de mauvais choix. A-t-on fait les meilleurs ? Difficile à dire. Les a-t-on faits, ces choix, pour les bonnes raisons ? Difficile à affirmer aussi. Ce n'est peut-être là qu'un effet de ce qu'un de mes vieux amis, Georges Lafond, appelle la "sagesse des innocents". Mais on se retourne aujourd'hui et l'on se dit : "Bon Dieu, cette réussite d'Hydro, c'est fantastique pour le Québec !" et on est fier d'y être peut-être un peu pour quelque chose. »*

Il y a peu de temps de cela, Marie-Victoria Aranda rencontrait un de ses gros clients industriels ontariens : «*Un capitaliste pur et dur, bien peu susceptible d'être d'emblée en faveur des monopoles nationalisés,* raconte-t-elle. *Eh bien il me disait :* "N'allez pas faire ce qu'Ontario Hydro a fait[40]. Au fond, on ne voudrait pas qu'Hydro-Québec change !" »

Hydro ne changera pas. Son cap est pris et bien pris : c'est tout pour la satisfaction de la clientèle, «*aujourd'hui encore plus qu'hier*», comme l'ont souhaité toutes les directions se succédant à la barre de cette entreprise, «*aujourd'hui comme hier*», dirons-nous, au terme de cette histoire.

---

40. Le gouvernement ontarien a récemment scindé la presque centenaire Ontario Hydro en procédant à la privatisation partielle de grands secteurs d'activité de l'entreprise.

Remerciements

Il convient ici de remercier tous les anciens d'Hydro-Québec et ceux des organismes et des compagnies associés à l'histoire de la distribution de l'électricité au Québec qui eurent l'amabilité de nous faire part de leurs souvenirs. On en trouvera la liste dans les pages suivantes. Que chacun d'entre eux reçoive ici l'expression de toute notre gratitude. Tous nos remerciements encore à ceux qui poussèrent l'amabilité jusqu'à nous relire et nous conseiller sur la facture finale de ce livre.

Merci à Gilles Béliveau et Raymond Godbout, mes compagnons de route dans la rédaction de cette histoire qui, par leur encouragement, leurs compétences et leurs connaissances m'ont donné les clefs pour mieux pénétrer et comprendre le monde de la distribution.

Merci encore pour les conseils du guide exceptionnel que fut, dans cette aventure, Claude Boivin.

Merci enfin à ceux qui, de l'intérieur d'Hydro-Québec, parrainèrent et épaulèrent le projet : Yves Filion au premier chef, bien sûr, mais aussi, Michel Dubé, Jacques Grenier, Pierre-Luc Desgagné, Martine Provost, Gilbert Paquette, Jean-Marc Tremblay, Jacinthe Gagnon et Jacques Lecours.

Je veux redire ici la dette qu'ont tous ceux qui écrivent et écriront sur l'histoire d'Hydro-Québec envers toutes les équipes de journalistes d'entreprise qui, dans un journal interne ou un autre, ont narré au quotidien la vie des compagnies tout au long du siècle dernier. Ils constituaient ainsi un patrimoine vivant et coloré d'une richesse inouïe où l'histoire apparaît expliquée, « contextée », illustrée. Leur apport à ce travail est considérable.

Je tiens enfin à souligner l'excellent soutien fourni par Marie-Josée Deschênes et Patrick Testeau des Archives d'Hydro-Québec, gardiens attentifs, souriants et efficaces de la mémoire d'Hydro-Québec.

Jean Louis Fleury

Personnes rencontrées dont les souvenirs ont aidé à bâtir cette histoire

D'Arcy Alarie

Marie Victoria Aranda

Raynald Aubin

Henry Audet

Jacques Beaudet

Omer Beaudouin Rousseau

Jean-Luc Beaulieu

Raymond Beaulieu

Alexandre Beauvais*

Jean-Claude Bédard

Gilles Bélanger

Gilles Beliveau

Archie Benjamin*

Jean-Baptiste Bergeron

Michel Bernier

Yvan Bernier

Jean Bertin Mahieux

Lucie Bertrand

Roger Bérubé

Louise Bigras Desaulniers

Jacques Bisaillon

Claude Boivin

André Boisvert

Albert Bonneau

Denis Bouchard

Jacques Bouchard
(consultation téléphonique)

Alain Boucher

André Boulanger

Mario Boulanger

Jacques Bourassa

Robert Boyd

Normand Brousseau

Robert Brunette

Sylvain Bulotta

André Caillé

Charles Carreau

André Chalifour

Émilie Champagne

André Champagne

Albert Chéhadé

Patrick Christophe

Joe Corej

Guy Coulombe

Marie-Andrée Cournoyer

Jean-Guy Couture

Roland Couture

Jean Paul Cristel

Claude Daigneault*

Daniel David
(consultation téléphonique)

Guy Desormeau

Johanne Desrochers

André Dore

Michel Dubé

Diane Dufour

Gilbert Du Sablon

Yves Filion

Jacques Finet

Guy Fournier

Yvon Fournier

Jacinthe Gagnon

Patrick Garneau

Georges Gauvreau

Jean Ghanimé

Dominique Gobeil

Raymond Godbout

Pierre Godin

Jacques Grenier

Yvon Guilbault

Lionel Guindon

Yvan Hardy

David Hotte

Michel Hudon

Maurice Huppé

Marcel Jobin

Sylvie Lacoste

Roger Lanoue

Ghislaine Larocque

Roger Latouche

Donald Latour

Gérard Leclerc

Lorraine Leclerc-Finet

Jacques Lecours

Claude Lesage

Alain Mallette

Jacques Marquis

Marc Méthé

Aurélien Michaud

Louis Monier

René Montambeault

Kevin Moon

Jean-Claude Nepveu

Lucie Normand

Pierre Ostiguy

Jean-Paul Pagé

Marcel Pageau

Gilbert Paquette

Serge Pepin

Gilles Perron

Gaston Plamondon

* Entrevues réalisées sous l'égide de Jacinthe Gagnon et Jacques Lecours de l'unité Environnement d'Hydro-Québec.

Gabriel Polisois

Bertrand Poudrier

Yvon Poudrier

Claude Pouliot

Marcel Pratte*

Guiseppe (Joe) Ricci

Jean-Paul Rousseau

Pierre Roux

Gilles Roy

Jean-Marie Roy

Jean-Pierre Sauriol

Paul-Aimé Sauriol

Michel Sénécal

Gérald Soulière

Gérard Spénard

Maurice St Jacques*

Dom Odule Sylvain

Yvan Taillefer

Jean-Marc Tremblay

André Vaillancourt

René Viau

J-J.Villeneuve

Théodore Wildi

* Entrevues réalisées sous l'égide de Jacinthe Gagnon et Jacques Lecours de l'unité Environnement d'Hydro-Québec.